경제편

농업·임업정책(3)

일제 임업 및 면화·양잠정책

경제편

일제침탈사
자료총서 33

농업·임업정책(3)

일제 임업 및 면화·양잠정책

동북아역사재단 일제침탈사 편찬위원회 기획
이송순·노성룡·이대열 편역

동북아역사재단
NORTHEAST ASIAN HISTORY FOUNDATION

| 발간사

일본이 한국을 침탈한 지 100년이 지나고 한국이 일본의 지배로부터 벗어난 지 70년이 훌쩍 넘었건만, 식민 지배에 대한 청산은 이루어지지 못하고 있다. 일본의 독도영유권 주장은 도를 넘어섰다. 일본은 일본군'위안부', 강제동원 등 인적 수탈의 강제성도 인정하지 않고 있다. 일본군'위안부'와 강제동원의 피해를 해결하는 방안을 놓고 한·일 간의 갈등은 최고조에 이르고 있다. 역사문제를 벗어나 무역분쟁, 안보위기 등 현실문제가 위기국면을 맞고 있다.

한·일 간의 갈등은 식민 지배의 역사를 어떻게 볼 것인가 하는 역사인식에서 기인한다. 역사는 현재와 과거의 대화이며 이를 기반으로 미래로 나아갈 수 있다. 과거 침략의 역사를 미화하면서 평화로운 미래를 말하는 것은 불가능하다. 식민 지배와 전쟁 발발의 책임을 인정하지 않고 반성하지 않으면 다시 군국주의가 부활할 수 있고 전쟁이 일어날 위험성도 배제할 수 없다. 미래지향적 한일 관계를 형성하고 나아가 동아시아의 평화와 번영의 기틀을 조성하기 위해 일본은 식민 지배의 책임을 인정하고 그 청산을 위해 노력해야 할 것이다.

식민 지배의 역사를 청산하기 위해서는 식민 지배가 어떻게 이루어졌는지 그 실상을 명확하게 규명하는 일이 긴요하다. 그동안 일본제국주의에 맞서 조국의 독립을 위해 헌신한 독립운동가들의 활동을 찾아내고 역사적으로 평가하는 일에는 상당한 성과를 거두었다. 반면 일제 식민 침탈의 구체적인 실상을 규명하는 일에는 충분한 노력을 기울이지 못하였다. 제국주의가 식민지를 침탈했다는 것은 너무나 당연한 사실로 여겨졌기 때문에, 굳이 식민 지배에서 비롯된 수탈과 억압, 인권유린을 낱낱이 확인할 필요가 없었는지도 모른다. 그러는 사이 일본은 식민 지배가 오히려 한국에 은혜를 베푼 것이라고 미화하고, 참혹한 인권유린을 부인하는 역사부정의 인식을 보이는 데에까지 이르고 있다. 일제의 통치와 침탈, 그리고 그 피해를 종합적으로 조사하고 편찬할 필요성이 여기에 있다.

일제침탈사를 체계적으로 정리하는 일은 개인이 감당하기 어렵다. 이에 우리 재단은 한국학계의 힘을 모아 일제침탈사 편찬위원회를 꾸렸다. 편찬위원회가 중심이 되어 일제의 식민지 침탈사를 정치·경제·사회·문화 모든 방면에 걸쳐 체계적으로 집대성하기로 하였다. 일제 식민 침탈의 실체를 파악하기 위해 2020년부터 세 가지 방면으로 사업을 추진하고 있다. 하나는 일제 침탈의 실상을 구체적이고 생생한 자료를 통해 제공하는 일로서 〈일제침탈사 자료총서〉로 편찬한다. 다른 하나는 이들 자료를 바탕으로 연구한 결과물을 〈일제침탈사 연구총서〉로 간행한다. 그리고 연구의 결과를 대중들이 이해하기 쉽게 〈일제침탈사 교양총서〉를 바로알기 시리즈로 간행한다. 자료총서 100권, 연구총서 50권, 교양총서 70권을 기본목표로 삼아 진행하고 있다.

〈일제침탈사 자료총서〉에서는 정치·경제·사회·문화 모는 방면에 걸쳐 침탈의 역사를 자료적 차원에서 종합하였다. 침략과 수탈의 역사를 또렷하게 직시할 수 있도록 생생한 자료를 제공하는 데 목표를 두었다. 그동안 관련 자료집이 여러 방면에서 편찬되었지만 원자료를 그대로 간행한 경우가 많았다. 이번에 발간되는 자료총서는 해당 주제에 대한 침탈의 실상을 체계적으로 이해할 수 있는 구성방식을 취했으며, 지배자의 언어로 기록되어 있는 자료들을 독자들이 쉽게 읽을 수 있도록 모두 번역하였다. 자료총서를 통해 일제 식민 지배의 실체와 침탈의 실상을 있는 그대로 이해할 수 있게 되기를 기대한다.

2024년

동북아역사재단 이사장

| 편찬사

1945년 한국이 일제 지배로부터 해방된 지 79년의 세월이 지났다. 그럼에도 일본 사회 일각에서는 여전히 일제의 한국 지배를 합리화하고 미화하는 주장이 나오고 있으며, 최근에는 한국 사회 일각에서도 일제 지배를 왜곡하고 옹호하는 주장이 나오고 있다. 이는 한국과 일본 사회, 한일 관계와 동아시아 국제관계의 미래를 위해서도 결코 바람직하지 않은 일이다.

이에 동북아역사재단은 일제의 한국 침략과 식민 지배에 대한 학계의 연구 성과를 총정리한 〈일제침탈사 연구총서〉를 발간하기로 하였다. 이에 따라 2019년 9월 학계의 전문가를 중심으로 편찬위원회를 구성하였으며, 편찬위원회는 학계의 연구 성과를 토대로 정치 · 경제 · 사회 · 문화 부문에서 일제의 침탈이 어떻게 이루어졌는지 정리하여 연구총서 50권을 발간하기로 하였다.

주지하듯이 1905년 일제는 러일전쟁에서 승리한 뒤, 한국에 군대를 주둔시키면서 한국의 외교권을 빼앗고 통감부를 두어 내정에 간섭하였다. 1910년 일제는 군사력으로 한국 정부를 강압하여 마침내 한국을 강제병합하였다. 이후 35년간 한국은 일제의 식민 통치를 받았다.

일제는 한국의 영토와 주권을 침탈하였을 뿐만 아니라, 군사력과 경찰력으로 한국을 지배하면서 정치 · 경제 · 사회 · 문화의 모든 부문에서 한국인의 권리와 자유, 기회와 이익을 박탈하거나 제한하였다. 정치적으로는 군사력과 경찰력, 각종 악법을 동원하여 독립운동을 탄압하고, 한국인의 정치활동을 억압하고 참정권을 박탈하였으며, 집회와 결사의 자유를 억압하였다. 경제적으로는 일본 자본이 경제의 주도권을 장악하고 일본인 위주의 경제정책을 수행하였으며, 식량과 공업원료, 지하자원 등을 헐값으로 빼앗아 갔고, 농민과 노동자 등 대다수 한국인의 경제생활을 어렵게 하였다. 사회적으로는 한국인을 차별적으로 대우하고, 한국인의 교육의 기회를 제한하고, 한국인으로서의 정체성을 박탈하여 결국은 일본의 2등 국민으로 만들고자 하였다. 문화적으로는 표현과 창작의 자유, 종교와 사상의 자유를 억압하고, 한글 대신 일본어를 주로 가르치고, 언론과 대중문화를 통제하였다. 중일전쟁, 아시아태평양전쟁을 도발한 뒤에는 인적 · 물적 자원을 전쟁에 강제동원하고, 많은 이들을 전장에 징집하여 생명까지 희생시켰다.

〈일제침탈사 연구총서〉는 침탈, 억압, 차별, 동화, 수탈, 통제, 동원 등의 단어로 요약되는 일제의 침략과 식민 지배의 실상과 그 기제를 명확히 밝히고자 하였다. 이를 통해 일제의 강제병합을 정당화하거나 식민 지배를 미화하는 논리들을 비판 · 극복하고, 더 나아가 일제 식민 지배의 특성이 무엇이었는지, 식민 통치의 부정적 유산이 해방 이후에 어떤 영향을 미쳤는지를 밝히고자 하였다.

편찬위원회는 연구총서와 함께 침탈사와 관련된 중요한 주제들에 관하여 각종 법령과 신문 · 잡지 기사 등 자료들을 정리하여 〈일제침탈사 자료총서〉도 발간하기로 하였다. 아울러 일반인과 학생들이 보다 쉽게 읽을 수 있는 〈일제침탈사 교양총서〉를 바로알기 시리즈로 발간하기로 하였다.

일제의 한국 침략과 식민 지배의 역사는 광복 후 서둘러 정리해 냈어야 했지만, 학계의 연구가 미흡하여 엄두를 내기 어려웠다. 이제 학계의 연구가 어느 정도 축적되어 광복 80주년을 맞기 전에 이와 같은 작업을 할 수 있게 된 것을 다행으로 생각한다. 한일 양국 국민이 과거사에 대한 올바른 역사인식을 갖고 성찰을 통해 미래로 함께 나아갈 수 있기를 기대하면서 삼가 이 책들을 펴낸다.

2024년

동북아역사재단 일제침탈사 편찬위원회

| 차례

일러두기

1. 일제침탈사 자료총서는 가급적 일반 시민들이 읽고 이해할 수 있는 현대적인 문장과 내용으로 구성했다.
2. 인명 및 지명 등 고유명사는 처음 등장할 때 원어를 병기하고 이후에는 한글만 표기했다. 한글 표기는 국립국어원 외래어 표기법에 따랐다.
3. 연도는 서력 표기를 원칙으로 하고 관련 연호는 병기했다. 날짜는 원문 그대로 하고 음력과 양력 여부를 알 수 있는 경우에만 '(음)', 또는 '(양)'으로 기재했다.
4. 숫자는 천 단위까지 아라비아 숫자로 표기하고 만 단위 이상은 '만' 자를 넣어 표기했다. 도표 안의 숫자는 가급적 그대로 표기했다.
5. 국한문 혼용체와 같이 탈초만으로 문장을 이해하기 힘든 경우 가급적 현대어에 가깝게 윤문했다. 단 풀어 쓰기 어려운 낱말이나 문구는 원문을 병기하거나 편역자 주를 이용했다.
6. 낱말이나 문구에 대한 설명이 필요한 경우, 또는 편찬 사업의 취지에 따라 자료 해설이 필요한 경우 편역자 주를 적극 활용했다. 단, 편역자 주는 1), 2) 등으로 표기하고, 원 자료의 주석이 있는 경우는 *, **, *** 등으로 표현했다.
7. 판독이 불가한 글자의 경우 ■로 표기했다.
8. 화폐 단위는 원문에 따라 원, 엔을 그대로 표기했다. 일제강점기 조선에서는 조선은행권 '원(圓)'을 사용했지만 일본은행권 '엔(円)'과 등가교환권이었기 때문에 표기에서는 원과 엔이 혼용되어 사용되었다. 한글신문이나 잡지, 한국인 저서에는 대부분 '원'으로 표기했고 일본어 자료나 저서에는 '엔'으로 표기하는 경우가 많았다.
9. 자료 원문에 많이 나오는 '역사적' 용어는 시대적 상황을 드러내기 위해 원문 그대로 표기했다. 그러나 이해를 돕기 위해 현재 사용되는 용어와 그 뜻을 다음 표로 정리했다.

원문	뜻 (내용)
간벌(間伐)	입목의 수가 많아 수관이 서로 닿고 겹쳐서 개체목들이 광선을 충분히 받지 못하는 것을 조절하여 개체목들이 보다 잘 자라도록 일부를 솎아내는 일
간작(間作)	사이짓기
감저(甘藷)	고구마
견취도(見取圖)	입체의 모양을 어느 한 방향에서 보이는 대로 간략히 그려서 나타낸 그림
견치기(繭値基)	고치 가격 기준
경급(徑級)	임목을 흉고 직경의 크기에 따라 나눈 것
금비(金肥)	판매 비료
금조(金組)	금융조합
관행작벌(官行斫伐)	국유림의 경영 관리를 맡고 있는 관청이 입목(立木)을 직영으로 벌채하는 것
교맥(蕎麥)	메밀
내지(內地)	일본
대두(大豆)	콩
대맥(大麥)	보리
동척(東拓)	동양척식주식회사
마령서(馬鈴薯)	감자
묘포(苗圃)	형질이 우량한 조림용 묘목을 키우는 장소
무육(撫育), 보육(保育)	갱신이 끝나고 어린 임분이 조성되고부터 다음 갱신기가 올 때까지 임상을 정리하고 임목의 발육을 도와 재질을 향상시키고 생산 목적을 이룩하기 위해 임분에 대해서 주어지는 수단
무입목지(無立木地) 미입목지(未立木地)	보통 수목이 성립되지 않은 임지
미면(米棉)	미국 면
반도(半島)	조선
벌기령(伐期齡)	임분(林分) 또는 임목을 벌채에 이용할 수 있는 나무의 연령
보속(保續), 보속성의 원칙	임업 경영의 지도 원칙 중 가장 중요한 원칙의 하나로 보속의 개념은 다음과 같이 나눌 수 있다. ① 협의의 보속: 산림에서 매년 같은 수확량을 지속적으로 얻는 것 ② 광의의 보속: 산림에서 주벌된 임분이 지력을 유지하면서 또다시 우량목으로 갱신됨으로써 임지가 항상 임목 육성에 사용되도록 하는 것
보식(補植)	식물 식재 후 고사 혹은 현저하게 손상된 식물을 제거하고 그곳에 새로 식재하는 것. 메워심기라고도 한다.
북지(北支)	중국 화북지방

원문	뜻 (내용)
사방사업 (砂防事業)	사방사업은 비가 많이 오거나 바람이 심하여 흙·모래·자갈 등이 이동하여 나타나는 재해를 예방·복구하기 위해 실시하는 공사
산생지(散生地)	입목지와 미입목지의 중간의 일정한 입목도
서(黍)	기장
소두(小豆)	팥
속(粟)	조
시업(施業)	산림을 유지·조성하기 위한 벌채, 조림, 보육 등의 작업을 적절히 적용하여 산림경영 목적에 맞도록 산림을 관리하는 경영 행위. 넓은 의미로는 벌채 금지도 시업에 포함된다.
신탄림(薪炭林)	연료림. 탄재의 생산을 주목적으로 하는 임분. 용재림에 비하여 벌기령이 짧고 소자본으로 생산이 가능한 반면 지력 감퇴, 수익성 저조 등 단점도 있다.
신탄재(薪炭材)	땔감나무, 숯 등 연료재로 사용되는 산림 생산물
연맥(燕麥)	귀리
외면(外棉)	외국 면
용재(用材)	땔나무감 이외의 목재
용재림(用材林)	용재를 생산하기 위한 숲. 용재림은 실생묘로 키우며 보통 벌기가 길고 수고가 높아 고림(高林) 또는 교림(喬林)이라 한다.
윤작(輪作)	돌려짓기
원목(原木)	현지에서 벌채하여 얻어진 목재를 말한다.
인면(印棉)	인도 면
인공조림	숲을 만들기 위하여 종자, 묘목, 뿌리 등을 인위적으로 심는 일
임도(林道)	임산물의 반출과 임업의 합리적 경영 및 산림의 집약적 관리에 기반이 되는 시설로서 주로 목재와 같은 임산물의 반출을 위한 길. 또한 산림이 지닌 다양한 기능의 발휘를 위한 세부적인 산림시업을 수행하기 위해서도 필수적인 시설
임목재적 (林木材積)	살아 있는 나무의 재적, 즉 3차원적인 부피를 말하는 것으로 보통 직경, 수고, 형수 등을 측정하여 결정한다. 임목재적은 수많은 경영 목표들이 직접·간접적으로 재적과 결부되어 있기 때문에 하나의 합리적인 밀도 척도로 사용된다.
임분(林分)	수종·수령·임상·생육 상태 등이 비슷하고 인접 산림과 구별되는 한 단지의 산림. 산림의 취급 단위가 될 수 있는 임목과 임지를 합하여 임분이라고 한다.
임상(林相)	숲을 구성하는 수종, 임관의 조성, 연령, 생육 상태 등으로 나타나는 숲의 겉모양
임황(林況)	임분을 형성하는 수목 집단의 상황
입목(立木)	토지에 심어져 있는 수목의 집단을 법률적으로 입목이라 한다. 수목은 토지의 정착물이고 토지와는 별개의 부동산이고 따라서 토지와 분리해서 물권의 목적이 될 수 있다고 해석된다.

원문	뜻 (내용)
입회(入會)	다수의 사람이 동일 지역의 산림에 들어가서 공동 용역의 형태로서 풀, 낙엽, 낙지 등 임산물을 채취, 이용하고 방목 또는 일시적 임내 간작의 형태로 토지를 사용하는 행위
작잠견(柞蠶繭)	산누에
잠견(蠶繭)	누에고치
잠종(蠶種)	누에씨
정지(整地)	땅을 반반하고 고르게 만듦
제재(製材)	수목을 벌채해서 얻은 원목을 톱으로 켜서 판재, 각재로 만드는 일
주벌(主伐)	벌기령이 된 임목의 벌채
지나(支那)	중국
진과(眞瓜)	참외
척체(尺締)	부피를 측정하는 단위. 1척체 = $0.334m^3$

| 편역자 서문

일제강점기 식민지 조선의 현실은 전 인구의 80%가 농촌지역에 살면서 농업에 종사하는 농민이었고, 생산량의 70%가 농산물인 농업사회였다. 일제는 한국을 강점하고 식민지 자본주의적 제도 및 시설을 구축하며 제국주의적 확장을 꾀했다. 근대적 경제제도 및 기간시설의 정비는 개항 이후 조선[대한제국] 정부도 나름대로 추진했지만 이는 일제 식민지배의 기반이 되어 버렸고, 일본제국주의의 한 부분으로 포섭되었다. 이에 따라 식민지 조선은 일본 자본주의 발전과 제국주의 확장에 필요한 식량·원료 공급지로 자리매김되었다. 일본은 청일전쟁, 러일전쟁을 통해 자본주의 산업화의 토대를 만들었고 타이완, 가라후토, 관동주를 넘어 한반도를 식민지로 만들면서 제국주의 단계로 나아갔다. 일본 자본주의의 발전을 위해 저렴한 노동력을 유지할 수 있는 안정적 식량 공급뿐만 아니라 자본주의 공업화를 위한 원료 공급의 필요성도 증대했다.

한반도는 전 국토의 절반이 산지로 특히 압록강·두만강 일대의 산림은 목재자원이 매우 우수했기 때문에 일제는 1900년대 초부터 한국의 산림자원에 관심을 기울이며 산림조사에 나섰다. 한국 강점과 함께 조선총독부는 1910년 임적조사사업을 실시했고 1908년 「삼림법」, 1911년 「삼림령」을 통해 임야에 대한 소유권을 확정하고자 했다. 그 결과 막대한 국유림이 창출되었다. 조선 전통의 여민공지(與民共地)의 입회관행(入會慣行)을 무시하고 산림 이용을 제한하는 식민 임정은 한국인의 저항을 불러일으켰다.

막대한 국유림을 창출한 일제는 국유림에 대한 조림과 산림자원 창출을 위해 조림대부제도를 실시했다. 조림에 성공할 경우 소유권을 무상 양여하는 이 제도는 일본 자본을 유치하는 데 유용했다. 조림대부 면적 중 절반이 넘는 국유림이 일본 자본에 대부되었고, 그 결과 조선의 산림 소유 구조가 국유림 중심에서 민유림 중심으로 변화되었다. 조림대부제도는 산림녹화[조림]가 아닌 일본 자본의 조선 진출 및 산림 대지주 형성 수단으로 활용되었다.

조선총독부의 식민농정은 농민층의 몰락을 야기했고 고향을 떠나 산으로 들어가는 화전민이 증가했다. 화전민의 증가는 산림정책에 위협이 되었다. 1928년 화전정리안이 마련되어 화전민에 대한 강압적인 강제 이주가 시작되었으나 화전민의 격렬한 저항으로 결국 화전민의 정착화를 인정하는 방향으로 전환되었다. 이는 북선개척사업의 일환으로 전개되면서 산농보호구를 설정하며 화전민을 통제하고자 한 것이었다.

일제 식민임정의 기본 목표는 산림자원의 수탈이었다. 1926년 조선임정계획을 통해 종합적인 산림개발계획을 전개하기 시작했고, 특히 북부지역 산림개발을 위해 1934년 북선개척사업을 시작했다. 조선임정계획은 국유림 벌채량을 증가시켜 목재 생산을 늘리고 여기서 발생한 수익금을 민유림 녹화사업 재원에 활용하겠다는 것이었지만 실제는 국유림의 과벌(過伐)로 산림자원의 지속성을 훼손시켰고 민유림 녹화사업은 재원 부족으로 제대로 이루어지지 못했다. 1937년 중일전쟁 도발과 함께 군수용 목재 수요가 급증하자 조선총독부는 목재 생산에 더욱 박차를 가하기 시작했다. 전쟁 수행에 필요한 목재를 충당하기 위해 한국 산림에 대한 과도한 벌채가 지속되면서 산림은 급격히 황폐화되어 갔다. 그 결과 1945년 광복 당시 남한의 1정보당 입목축적은 10.9m^{3}에 불과했을 정도로 산림자원이 크게 감소했다

1941년 아시아태평양전쟁으로 확대되면서 일제의 대외무역은 봉쇄되었다. 상당수 목재를 수입해서 소비했던 일제는 미국의 무역 봉쇄와 경제제재로 인해 목재 부족 현상이 점차 심화되기 시작했고, 수요를 충당하기 위한 과벌이 광범위하게 행해졌다. 하지만 목재 생산량 증가만으로 폭증하는 전시 목재 수요를 감당할 수 없었던 총독부는 군수중점주의하에서 군수와 생산력 확충에 목재를 우선 공급하고 민간의 목재 수요는 되도록 억제하는 민간 수요 통제와 군수용 목재 공출을 실시했다.

식민지 조선의 식민농정은 일본제국권의 식량 공급지로서 미작 중심의 증산과 이출에 초점을 맞췄고, 식민임정 역시 한반도의 우수한 목재자원을 수탈하기 위해 국유림 창출, 일본자본 유입을 통한 산림대지주 형성을 토대로 조림 녹화를 통한 산림자원을 확대 생산한다는 계획이었다. 그러나 1930년대부터 침략전쟁을 확대하면서 조림 녹화보다는 기존 산림의 벌채에 주력하면서 한국의 산림은 황폐해져 갔다.

일제는 식민지 조선을 공업 원료 공급지로 설정했다. 산림자원의 수탈과 함께 20세기 초반 일본 자본주의 공업에서 경쟁력이 있었던 방직공업의 원료 확보는 중요한 문제였다. 면직물·견직물 공업은 일본 대자본의 주축이었다. 일본은 조선을 강제 개항한 후 미-면 교환체

제 형성을 통해 일본 방직업이 생산한 기계제 면포를 조선에 수출하면서 재래적 토포시장을 잠식해 갔다. 1904년 러일전쟁 이후에는 한국을 면포시장을 넘어 원료 공급지로 설정했다. 통감부 설치 이후 한국 면작 장려에 착수했고 강점 이후 총독부는 육지면 재배 장려를 위해 육지면재배6개년 계획(1912~1917)을 추진했다. 1919년 면작장려계획, 1933년 조선면화증산계획을 계속 추진하면서 면화 증산을 강제했다. 1937년 중일전쟁 이후 전시 군수물자에 대한 필요성이 증대했고, 군복 수요를 감당하기 위해 면화 및 면직물 증산은 더욱 박차를 가했다.

그러나 1920년대 후반 농업공황이 발생하면서 면화 가격은 지속적으로 하락했다. 농민들은 면화 가격이 폭락하고 있음에도 면화 재배를 강제하고 있다며 거세게 반발했다. 이에 면화재배손실보상제를 실시하며 전시 면화 증산을 꾀했지만 생산비도 보전하기 힘든 상황에서 실효성 없는 정책에 불과했다.

한편 식민지 조선에서 생산된 면화를 일본 방직기업에 저렴한 가격에 판매하기 위해 면화공동판매제도가 실시되었고, 면화의 품질을 확보하기 위해 「면화검사규칙」을 제정했다. 육지면에 대해서는 공동판매제와 지정판매제가 실시되었는데 이를 통해 면화 가격은 인위적으로 하락했다. 1920년대는 경쟁입찰제에 의한 공동판매제가 실시되었으나 1933년 이후 지정매수인을 통한 공동판매제로 전환되었다. 이는 농민의 이익을 무시하고 일본 대방직자본으로 구성된 지정매수인의 이익만을 대변하는 제도였다. 1941년 아시아태평양전쟁을 도발하면서 외국 면화의 수입이 완전히 두절되었다. 일제는 면화에 대해 1941년 공정가격제를 실시하는 한편 공동판매제를 공출제(供出制)로 전환했다.

면화와 함께 누에고치를 생산하는 양잠도 일본의 견직물공업 발흥과 함께 증산정책이 시행되었다. 1914~1918년 제1차 세계대전이 발발하면서 일본의 잠업은 번영을 누렸다. 일본은 1930년에 고치 40만 톤을 생산하고 생사(生絲) 70만 표를 생산하여 그중 50만 표를 수출했다. 세계 생사 시장에서 일본의 비중은 70%에 달했고, 일본 수출 총액에서 생사의 비중은 40%에 달했다. 이에 따라 조선총독부는 1919년 「조선잠업령」을 제정했다. 「조선잠업령」은 뽕나무, 누에씨, 생고치에 대한 면허, 검사를 실시하여 잠업에 대한 관리를 체계화한 것이었다. 이와 함께 1925년 산견100만석증수계획을 수립했다.

침략전쟁 도발로 인한 전시 수요를 위해 1940년 산견50만석증수계획을 실시했고, 1942년 「조선잠사업통제령」을 제정하고, 조선잠사주식회사를 조선잠사통제주식회사로 지정했다.

조선잠사통제주식회사는 누에씨, 고치, 생사 등 잠사업 전반에 걸쳐서 일원적인 통제를 담당했다. 이에 따라 공동판매제는 공출제로 전환되었다.

〈일제침탈사 자료총서〉『농업 · 임업정책』은 1910~1945년까지 일본제국주의의 조선 식민농정과 임정의 본질과 내용, 그 과정에서 자행된 수탈과 강제동원의 양상을 당대 자료의 언설을 통해 정리했다.『농업 · 임업정책』은 3개년에 걸쳐 1권『일제 식민농정-식량 관련 생산 및 유통 · 공출 정책』(2021년), 2권『일제 식민농정-토지소유 및 생산관계』(2022년), 3권『일제 임업 및 면화 · 양잠정책』 총 3권으로 편찬되었다.

자료집 구성은 각 장 · 절별로 해당 자료의 역사적 · 정책적 맥락 이해와 사료 비판을 위한 해제, 일제 식민정책 집행 및 과정, 결과에 대한 조선인 사회의 반응과 문제점, 대응 양상을 살펴볼 수 있는 한글로 발행된 신문 · 잡지의 관련 기사, 일제 식민정책의 의도와 내용을 기술한 조선총독부 정책 당국의 자료 순으로 정리했다. 이러한 식민정책을 뒷받침한 법령과 정책 집행 및 결과에 대한 통계 자료도 수록해 일제 식민농정의 기획, 집행, 결과, 그에 따른 조선사회의 변화 및 대응 양상을 일괄적으로 정리했다. 자료집에 수록된 신문 · 잡지 및 자료 목록은 〈자료목록〉 및 〈참고문헌〉에 정리했고, 각 장 · 절별로 해당 내용과 자료에 대한 해제를 정리했다.

이 자료집에 수록된 자료는 일제강점기 당대에 생산된 자료인 만큼 가독성에 있어 어려움이 있다. 조선총독부의 정책 자료 및 문서는 일본어로 기술되어 있고, 한글 신문 · 잡지는 한글이지만 현재의 맞춤법과 어휘와는 상당한 차이가 있다. 이에 일본어 자료는 번역 수록했다. 원문의 문맥과 내용을 전달하기 위해 가능한 직역했지만 현재의 맞춤법과 문법에 따라 가독성을 높이고자 했다. 현재 사용하지 않는 어휘나 국한문 혼용체는 쉽게 이해하기 어려운 점이 있어 내용을 훼손하지 않는 수준에서 윤문했고, 전문적이거나 역사적 어휘에 대해서는 각주를 통해 이해를 돕고자 한다.

이 자료집은 제1부 일제의 임업정책과 산림자원 수탈, 제2부 일제의 면화 · 양잠정책으로 구성했다. 제1부 1장은 산림 소유권에 대한 것으로 1900년대 초반부터 일제가 한국에서 실시한 산림자원 조사와 국유림 창출 과정, 1917년부터 임야조사사업을 통해 임야에 대해 배타적 소유권을 부여하는 과정을 살펴보았다. 2장은 산림이용권과 관련해서 산림법령 제정, 조림대부제도, 화전정리사업을 살펴보았다. 조선의 전통적인 입회관행을 무시하고 산림 이용을 법적 · 폭력적으로 제한함에 따라 조선인의 저항이 커지는 상황을 살펴보았다. 3장은 식민임정의 본질이 산림자원의 수탈이라는 면에서 조림보다는 벌채를 확대하면서 산림이 황폐화되고 임업 생산기반이 약화되는 과정, 중일전쟁 이후에는 군수물자 조달을 위해 산림자원을 공출하고 소비를 억제하는 양상을 살펴보았다.

제2부 1장은 면화 생산정책이다. 성장하고 있는 일본 방직자본에 대한 원료 공급을 위해 실시된 1910년대 육지면재배장려계획, 1920년대 면작장려계획, 1930년대 조선면화증산계획, 전시기 조선면화증산정책의 내용을 살펴보았다. 2장은 생산된 면화를 저렴한 가격에 일본 대자본에 공급하기 위한 면화유통정책으로서 공동판매제, 지정판매제의 변화 양상, 전시 면화 공출제도를 살펴보았다. 3장은 양잠정책이다. 일본 견방직 공업의 발흥에 따라 조선에서 그 원료 공급을 위한 산견증수정책의 시행과 누에고치 공동판매제도 실시 과정을 살펴보았다. 각 부의 4장은 관련 법령과 통계 자료를 통한 정책 실행 결과를 정리했다.

이번 자료집에서는 식량 중심의 식민농정만큼이나 일제강점기 조선인의 삶에 큰 영향을 미쳤던 임업정책, 면화 · 양잠 중심의 의류작물 정책을 살펴보았다. 산림은 전통적으로 공유지로 활용되었음에도 일제는 산림에 대해서도 배타적 소유권을 부여하고, 조림대부 명목으로 일본인 대자본에게 산림소유권을 넘기면서 조선인의 산림이용을 제한했다. 조선의 산림자원을 무제한으로 채벌하면서 산림 황폐화가 진행되었다. 해방 이후 석탄으로의 연료 전환과 1960년대 이후 산림녹화사업을 통해 한반도는 푸른 산림을 갖게 되었다.

면화와 양잠으로 대표되는 의류작물은 자급자족적으로 생산되며 가내수공업품으로 만들어졌지만, 근대 산업혁명의 상징으로 기계제 면포 · 견포가 생산, 유통되었다. 개항 이후 일본과 조선도 미-면 교환체제가 형성되면서 면포는 자본주의적 경제침탈의 첨병이었다. 강점 이후에는 제국주의의 상품시장으로서뿐만 아니라 원료 공급지로 설정되면서 식민지 조선에서 면화 · 양잠 증산정책이 시행되었다. 생산된 원료를 저렴한 가격으로 일본 대자본 기업에 공급하기 위한 공동판매제도가 실시되면서 농민들의 이익은 보전될 수 없는 구조가 형성되었다.

일제강점기 한국의 산야는 그야말로 일본제국주의의 이익을 위해 존재했고, 여기서 고된 노동을 이겨 내야 했던 농민들의 삶은 점점 더 힘들어졌다. 그럼에도 총독부 당국은 자신들의 식민정책을 홍보 · 선전하기 위한 각종 자료를 생산했다. 1920년대 이후 조선인 민족언론은 식민정책의 폐해와 한계, 조선인들의 저항과 비판을 전달하고 있기 때문에 신문·잡지 기사를 통해 당시의 현실을 살펴볼 수는 있으나 그 역시 한계를 가지고 있다. 일제강점기 자료를 통해 식민지 시기 역사상을 살피는 작업은 보다 냉철하고 신중할 필요가 있으며, 식민지적 맥락을 정확히 이해하며 자료를 활용하는 지혜가 필요할 것이다.

편역자를 대표하여

이송순

I

일제의 임업정책과 산림자원 수탈

1. 산림조사와 산림소유권 침탈

1) 조선 산림자원 조사

(1) 개관 및 자료 해제

한국의 산림자원에 먼저 관심을 기울인 국가는 러시아였다. 1896년 아관파천 이후 조선 내에서 주도권을 잡은 러시아는 조선정부로부터 많은 경제적 이권을 획득하는데, 그 대표적인 것이 바로 압록강·두만강 일대의 산림벌채권이었다. 러시아의 상인 율리 이바노비치 브리네르(J. I. Bryner)는 조선정부와 산림벌채 계약을 체결하여 1,900km에 달하는 막대한 면적의 산림벌채권을 확보했다. 의화단 사건 이후 대규모 군대를 만주에 주둔시킨 러시아는 이러한 산림벌채권을 이용하여 만주와 조선 지역에 군사적 영향력을 강화하는 동시에 대규모 산림 개발을 시도했다.[1]

이러한 러시아의 움직임에 대해 일본은 압록강·두만강 유역 및 만주 지역의 러시아 산림회사 활동이 눈에 띄는 성과를 보이지 않아 크게 우려하는 상황은 아니었다. 그러나 한국의 산림자원 조사를 통해 압록강·두만강 유역의 경제적, 군사적 가치를 인식하기 시작했다. 게다가 러시아가 만주 철병을 연기하자, 일본은 이것이 한반도와 만주에 미칠 파장을 우려했다. 따라서 일청의성공사(日清義盛公司)라는 관제 회사를 설치하고 러시아의 산림벌채권에 개입하는 등 압록강·두만강 유역의 산림이권을 두고 러시아와 대립했다.[2]

양국의 대립은 1904년 러일전쟁으로 확대되었다. 이 전쟁에서 승기를 잡은 일본은 「한러 산림협동조약」을 폐기하여 압록강·두만강 일대에서 러시아의 산림벌채권을 소멸시켰다. 나아가 1906년 통감부의 감시 아래 한일 양국이 공동으로 압록강·두만강 유역의 산림을 공동 경영한다는 내용의 「삼림협동경영약관」을 조인하여 최종적으로 산림이권을 장악했다. 일본은 이 지역을 관리하기 위해 1907년 압록강에 통감부 영림창, 두만강에 서북 영림창을 각각

1 조재곤, 2013, 「브리네르 삼림이권과 일본의 대응」, 『역사와 현실』 88, 325쪽; 김태현, 2024, 「일제의 국유림 '개발'과 벌채 편향성」, 고려대학교 박사학위논문, 17-18쪽.

2 조재곤, 위의 글, 315-324쪽.

설립했다. 영림창은 산림벌채를 통한 목재 판매라는 경제적 목적과 대륙 진출의 교두보라는 군사적 목적의 역할을 수행했다.

이처럼 조선의 산림이권과 내정을 장악한 통감부는 한반도의 전체 임상 및 소유별 산림분포를 파악하기 위해 본격적인 산림자원 조사를 계획하기 시작했다. 통감부의 산림정책을 주도하던 농상공부 차관 기우치 주시로(木內重四郎)는 홋카이도(北海道) 임정과장(林政課長)이던 사이토 오토자쿠(齋藤音作)를 초빙해 조선의 산림자원에 대한 조사와 이후 임야 처분을 담당시켰다. 전권을 위임받은 사이토 오토자쿠는 1910년 1월 9일 조선으로 건너와 산림자원조사, 즉 임적조사사업(林籍調査事業)을 실시했다. 그리고 이 사업 결과를 바탕으로 조선의 개략적인 산림소유권과 임상을 알려주는 조선임야분포도(朝鮮林野分布圖)와 산림통계자료를 제작했다.[3]

임적조사사업을 통해 나타난 조선 산림의 총면적은 1,584만 정보에 달했다. 우선 산림 소유별 면적의 비율을 살펴보면 '관리기관이 있는 국유림'이 6.5%, '관리기관이 없는 국유림'이 45.9%, 사찰림이 1%, 사유림 46.6%로 나타났다. 다음으로 임상별 면적의 비율을 살펴보면 성림지(成林地) 32.3%, 치수(稚樹) 발생지 41.8%, 미입목지(未立木地) 25.9%를 차지하고 있었다. 지역별로 보면 북부지역에 국유림이 많고 남부지역에 민유림이 많았으며, 임상별로 보면 북부지역이 남부지역에 비해 더 많은 성림지가 분포하고 있었다.[4] 일제는 임적조사를 통해 조선 산림의 개략적인 정보를 얻을 수 있었지만, 이 사업은 경비 부족과 짧은 조사 기간으로 인해 정확도가 매우 낮았다. 특히 북부지방의 많은 촌락공유림과 특수지역림이 사업의 간략성과 자의성으로 인해 '관리기관이 없는 국유림'으로 편입되고 말았다.[5]

임적조사의 한계에도 불구하고 사이토 오토자쿠는 이 조사를 바탕으로 향후 식민지 임정의 방향성을 제시하는 「한국임야정리에 관한 의견서」라는 정책제안서를 제출했다. 이 정책제안서는 ① 조선에서 조림은 값싼 천연 갱신 방법을 사용할 것, ② 730만 정보에 달하는 '관리기관이 없는 국유림'의 정리 방안, ③ 촌락공유림과 특수지역림의 처리 문제, ④ 영림창을 중심으로 한 국유림의 이용 방법, ⑤ 「삼림법」의 문제점과 개선 방향 등을 주요 내용으로 했

3 배재수, 2000, 「임적조사사업(1910)에 관한 연구」, 『한국산림과학회지』 89-2, 262-263쪽.

4 齋藤音作, 「韓國政府時代の林籍調査事業」, 『朝鮮林業日誌』, 朝鮮山林會, 53쪽.

5 배재수, 2000, 앞의 글, 267-268쪽.

다. 사이토 오토자쿠의 이러한 정책 제안은 향후 「삼림령」, 국유림구분조사사업, 조선임야조사사업 등을 통해 현실화되었다.[6]

1910년 임적조사사업으로 일제는 조선의 산림자원에 대한 개략적인 정보를 얻을 수 있었으나 국유와 사유의 구분조차 불명확했을 정도로 조사의 정확성이 떨어졌다. 국유 임야의 처분을 통해 산림재정을 확충하고 일본인을 조선에 식민(植民)시키고자 했던 조선총독부에게 임적조사사업의 결과는 상당히 불충분할 수밖에 없었다. 따라서 조선총독부는 1911년 국유림구분조사사업(國有林區分調査事業)을 실시해 신속하게 국유림의 범위를 확정하고, 임상의 상태에 따라 이를 구분한 후 향후 처분 방향을 결정하고자 했다.[7]

국유림구분조사사업의 결과 조선 전체 임야 1,588만 정보 중 60%에 해당하는 949만 정보가 국유림으로 확정되었다. 조선총독부는 949만 정보의 국유림을 크게 국토 보안·산림 경영상 국가 소유로 보존할 필요가 있는 요존국유림(要存國有林)과 임상이 불량해 국가가 관리 경영할 수 없어 일반에 개방하거나 민유로 처분할 불요존국유림(不要存林野)으로 구분했다. 불요존국유림은 다시 연고자가 없어 일반에게 개방 가능한 제1종 불요존국유림과 연고자가 있어 일반에 개방하지 않고 향후 연고자에게 양여할 제2종 불요존국유림으로 구분했다.[8] 국유림의 구분별 면적은 요존국유림이 531만 정보(56%), 제1종 불요존국유림이 109만 정보(11%), 제2종 불요존국유림이 309만 정보(33%)로 나타났다.[9] 국유림구분조사사업을 통해 국유림을 확정한 총독부는 제1종 불요존국유림을 대부·양여·매각·교환의 방법을 통해서 민간, 주로 일본인 및 일본 기업에게 처분했다. 제2종 불요존국유림은 이후 조선임야조사사업을 통해 산림 소유권이 확정된 이후 연고자에게 처분되었다.

하지만 국유림구분조사사업은 법률에 근거하지 않고 행정처분에 의해 국유의 범위를 확정했을 뿐만 아니라 소유권이 확정되지 않은 상태에서 급하게 진행된 탓에 많은 문제점을 가진 사업이었다. 실제로 이 사업 결과로 인해 상당수의 민유림이 국유림으로 편입되었으며, 이후 일본인 및 일본 기업에 처분되었기 때문에 이를 둘러싼 분쟁이 끊이지 않고 발생했다.[10]

---

6 배재수, 2000, 앞의 글, 269쪽.

7 강정원, 2019, 「1910년대 일제의 국유림구분조사 과정과 법률적 성격」, 『한국사연구회』 187, 43-44쪽.

8 강영심, 1983, 「일제하의 '조선임야조사사업'에 관한 연구(上)」, 『韓國學報』 33, 33쪽.

9 朝鮮總督府 殖産局, 1925, 『朝鮮の林業』, 朝鮮總督府, 18-19쪽.

10 강정원, 2019, 앞의 글, 51쪽.

조선의 산림벌채권을 둘러싼 러시아와 일본의 갈등에 대해서는 한국 정부와 러시아 상인 브리네르가 맺은 조선목상회사(朝鮮木商會社) 특허조약문과 주한공사인 하야시 곤스케(林權助)가 일본의 외무대신 고무라 주타로(小村壽太郎)에게 보낸 보고서를 수록했다. 먼저 특허조약문은 당시 압록강·두만강의 산림이권이 러시아에 넘어가는 사실을 알려주는 자료이다. 다음으로 하야시 공사의 보고서는 산림이권이 러시아에 넘어가는 배경과 과정, 산림벌채권이 가지는 정치적·경제적 의미, 그리고 이에 대한 일본의 견해와 대응책들을 상세히 담고 있다. 이 두 자료를 통해 산림벌채권을 둘러싼 러일 간 갈등의 전모를 파악할 수 있다.

임적조사사업에 대해서는 우선 이를 주도한 사이토 오토자쿠가 1933년 회고하면서 남긴 자료인 「한국정부시대의 임적조사사업(韓國政府時代の林籍調査事業)」을 수록했다. 이 자료는 임적조사사업의 배경, 전개 과정, 내규, 결과 등을 자세히 알려주어 사업의 전모를 파악하는 데 상당한 도움을 준다. 그 밖에 조선총독부가 발간한 정책 소개 자료인 『조선의 임업(朝鮮の林業)』(1940)과 오카 에이지(岡衛治)가 집필한 『조선임업사(朝鮮林業史)』(1945)의 임적조사사업 항목을 참조하여 보완했다. 임적조사사업 이후 사이토 오토자쿠가 작성한 정책제안서인 「한국임야정리에 관한 의견서」는 「한국정부시대의 임적조사사업」에 수록된 자료를 재수록했다. 국유림구분조사사업에 대해서는 『조선의 임업』과 『조선임업사』의 국유림구분조사사업 항목을 수록해 사업의 개략적인 내용을 파악할 수 있도록 했다. 국유림구분조사사업의 문제점에 대해서는 《동아일보》, 《조선일보》 등에 실린 분쟁지 기사를 통해 밝히고자 한다. 앞서 설명한 것처럼 국유림구분조사사업의 결과 상당수의 민유 임야가 국유로 편입된 후 일본인 및 일본 기업에 처분되었기 때문에 이를 둘러싼 분쟁에 관한 기사가 조선인 언론에 상당수 게재되었다.

(2) 신문·잡지 기사를 통해 본 산림자원 소사의 실내

〈자료 01〉 임적조사 방법(경남일보, 1910.03.08, 2면 5단)

농상공부 산림국에서는 본월부터 각 도의 임적조사를 개시하기로 결정하였는데, 그 목적은 관·민유(官民有) 임야의 배치 및 임업의 개요를 연구하고 하천, 도로, 도시, 촌락, 사단묘(寺檀廟), 능원묘(陵園墓), 산악, 도(道)의 경계, 경지의 구역, 해안선 등을 표시한 원도(原圖)를 만드는 데 있다. 또 이 원도에 의해 실지를 답사하고 동시에 봉산(封山)[11], 목장(牧場) 등 종전 관유(官有) 산림에 속한 구역 및 송산(松山), 사유(寺有) 산림, 미입목(未立木) 촌야, 치수의 소재 등의 구역 및 군(郡)의 경계, 사단묘·능원묘의 위치·명칭, 주요 수종(樹種) 등의 조사를 행하며 조사원을 7개 조로 나눠서 한일 판임관(判任官) 각 1명으로서 1조로 했다. 이외에 일본인 주임관(奏任官) 1명을 감독으로 하고, 한국 판임관 1명을 부속하여 조직했다. 해당 조사사업은 신계획에 속하기 때문에 이것의 경비는 예비금으로부터 지출하기로 내정하여 머지않아 추가 예산의 발포가 있으리라 한다. 해당 조사는 그 목적이 전부 삼림행정상의 기초를 확립하기 위함이오, 결코 관·민유의 구별을 정하는 것이 아닌즉, 일반 인민도 이에 오해를 하지 말고 조사수행의 편리를 주기를 바란다더라.

〈자료 02〉 임적조사의 완성 ①(매일신보, 1911.01.13, 1면 3단)

▲조사의 목적: 조선의 임정을 실시하는 데 가장 긴요한 것은 조선의 삼림, 산야의 면적과 국유림 및 사유림의 구획을 판명하는 것이다. 그러나 조선에는 임야대장(臺帳)이 없고 또 재래의 금산(禁山)[12] 등도 어디에 있는지 명확하지 아니하기 때문에 급무는 임적의 조사에 있다. 작년 1월에 위 계획을 수립하였으나 조선에는 적당한 기사(技師), 기수(技手)가 없음으로 일본으로부터 용빙(傭聘)하여 기수 1명, 통역 1명으로써 1조를 만들어 합계 13조를 편성했다. 빠르면 3월 말부터 늦어도 6월 상순까지 지방으로 출장하게 하여 실지 답사에 착수하였다. 그러나 완전한 지도가 없음으로써 특히 군사령부에 청구하여 비밀 이외의 지도를 빌려 이를 기초로 실사(實査)하는데, 왕왕 지도와 실지 간에 차이가 있어서 실사원(實査員)은 적지 않은 곤란을 겪었다.

▲조사의 경과: 임적조사에 관해서 지출된 예산은 약 1만 5,000원인데, 그중 1만 2,000원으로써 실사원의 출장 여비와 인부 임금에 충당하였다. 즉 비용의 제한 때문에 사업의 진행을 방해받은 것이 적지 않다. 또 3월 말부터 착수한 자는 그렇지 않았지만 6월 상순

---

11 조선 후기 특별한 목적에 의해 나무의 벌채를 금지한 산으로 주로 전선용 선재, 관곽용재, 건축용재 등에 사용되었다. 18세기 기준 전국 635개의 산이 지정되었다(노성룡·배재수, 2020, 「조선후기 송정의 전개과정과 특성」, 『아세아연구』 181, 52-53쪽).

12 조선 전기 산림을 보호하거나 일정한 용도에 쓸 목재를 확보하기 위해 목재 채취를 금지한 산으로 15세기 기준 전국 200여 개의 산이 지정되었다(노성룡·배재수, 2000, 위의 글, 44-46쪽).

부터 개시한 자는 곧바로 우기에 들어갔다. 그 곤란은 예상 이외였으나 실사원 등은 각종의 곤란을 물리치고 업무를 진행했다. 하루에 7~8리의 산로를 다니며 평균 30방리(方里)의 조사를 결행했기 때문에 예정대로 8월 말까지 답사를 종료하고 일부 원도를 작성하였다. 이후 다시 이를 축사(縮寫)하여 1/50만짜리 「조선임야분포도(朝鮮林野分布圖)」의 제작에 착수하여 완성에 이르렀다.

〈자료 03〉 임적조사의 완성 ②(매일신보, 1911.01.14, 1면 3단)

▲조사의 결과: 조사 결과 조선의 삼림, 산야 총면적은 약 1,580만 정보인데 그중에 국유가 830만 정보, 사유가 750만 정보였다. 또한 정확하다고 말할 수는 없으니 금후에 정밀한 조사를 한다면 국유에서 민유로, 민유에서 국유로 상호 간 편입되는 것이 전혀 없지 않을 것이다. 원래 조선에는 민유로 소유권이 확정된 것은 절대 없고 유래의 관계상으로 이번에 비로소 민유로 승인한 것에 불과하다. 또 앞선 총면적 1,580만 정보를 나시 수목의 유무로서 구별하면 삼림이 무성한 것은 50만 정보, 약간 치수를 가진 것이 660만 정보, 전혀 수목이 없는 것이 410만 정보였다. 삼림은 숫자상으로 510만 정보라 하나 그중에는 무용의 수목이 많고 또 대부분은 압록강, 두만강의 상류 일대에 있는 대삼림 등으로 운반의 방도가 없어서 무용에 속하는 것이다. 금후 실용에 적당한 것은 겨우 100만 정보 내외에 불과하다.

▲산림의 상태: 조선의 산악은 (…) 각지에 분포했기 때문에 대계획의 국유림 경영에는 적당하지 않은 점도 있으나 개인적 소규모의 식림에는 차라리 편리함이 많다. 남방에 번성함은 다만 소나무뿐이나 북방 일대에는 조선 오엽송(五葉松), 낙엽송(落葉松) 등이 울창하고 중부 일대에는 소나무(松), 개오동나무(楸), 감탕나무(橿) 등이 있다. 각 도 중 경상남북도는 가장 삼림이 적고, 충청남북도 및 경기도가 그다음이기 때문에 단지 경부선의 연선만 복색한 사는 조선의 산악에 수목이 거의 없는 줄로 알 것이다. 그러나 함경남북도에 이르면 만산(滿山) 삼림이 울창하여 홋카이도(北海道)의 심산(深山)과 흡사한 것이 있으며 한강, 대동강, 압록강, 두만강의 각 상류에 이르면 삼림이 풍부한 곳이 가장 많다.

〈자료 04〉 국유, 사유 구분 표준(매일신보, 1912.10.16, 2면 4단)

총독부에서 삼림, 산야 및 미간지의 국유, 사유 구분 표준을 제정한바 경성부청에서 이를 등인(等因)[13]하여 5부 8면장에게 통달하고, 일반 인민으로 하여금 진행하게 했다. 그 부 · 면(府面)에서 권리 보존 증명 기초가 될 만한 서류의 작성이 필요한 경우에는 이 표준에 근거하여 조사하되 착오가 생기지 않도록 주의해야 한다.

다음 각호의 하나에 해당하는 삼림, 산야 또는 미간지는 이를 사유로 한다. 다만 「삼림법」 제19조의 규정에 의하여 신고하지 않은 삼림 산야는 이 제한을 받지 않는다.

1. 결수연명부에 등재한 토지, 이제 등재하지 않아도 현재 지세를 부과한 토지, (…) 지세를 부과해도 영원히 그 이용을 폐지하는 토지는 이를 사유로 한다.
1. 「토지가옥소유권증명규칙」[14] 시행 이전 관청에서 사유인 것으로 인정한 토지.
1. 「토지가옥증명규칙」[15] 또는 「토지가옥소유권증명규칙」의 증명에 따라 사유로 된 것으로 인정하는 토지.
1. 확정 판결 또는 「토지조사법」의 처분에 의하여 사유인 것으로 인정한 토지.
1. 확정이 있는 사패지(賜牌地)[16].
1. 관청의 환부(還付) 및 부여 또는 양도한 토지.
1. 1908년(隆熙 2) 칙령 제39호 시행 이전 궁내부(宮內府)에서 사인에게 환부, 부여, 양도한 확정이 있는 토지.
1. 영년 수목을 금양한 토지.
1. 전 각호 외에 조선총독부에서 특히 사유로 인정한 토지, 전항에 해당하지 않는 삼림, 산야 또는 미간지는 이를 국유로 한다. 다만 구 「삼림법」 시행 전 공산(公山)이라 칭하는 국유

13 보내온 공문의 내용을 요약하고 결론지을 때 쓰는 용어.

14 1908년 대한제국의 칙령으로 발표된 법령. 「토지가옥증명규칙」(1906) 제정 이전에 불법적으로 취득했던 외국인(특히 일본인)의 토지에 대해서도 정부가 소유권 보존증명을 발급해 주도록 한 법령이다(정연태, 2014, 『식민권력과 한국농업』, 서울대출판문화원, 85-86쪽).

15 1906년 대한제국 칙령을 발표된 법령으로 이를 통해 기존에 불법이었던 외국인의 부동산 소유가 합법화되었다(「토지가옥증명규칙」, 『사료로 보는 한국사』, 국사편찬위원회, 〈http://contents.history.go.kr/〉)

16 국왕이 공이 있는 사람에게 내려준 토지.

삼림, 산야에 분묘를 설치하는 자는 분묘의 존재한 것에만 그 분묘 구역을 종래와 같이 사용할 수 있다.

〈자료 05〉 임야구분조사 관계자의 주의(매일신보, 1915.04.28. 2면 2단)

조선 국유 임야의 구분조사는 1911년(明治 44)부터 착수하여 9개년계획으로 1919년(大正 8)에 전부 완료할 예정이다. 최근에는 인원이 충실한 동시에 조사원 등도 또한 크게 경험을 쌓았으므로 사업이 현저히 진보되었다. 작년에는 황해도 이외 각 도에 걸쳐 2부 74군, 71만 501정보의 임야를 조사하였고 또 본년은 봄부터 우기에 이르는 기간에 대하여 전라북도 남원군, 전라남도 광양, 구례 2군, 경상남도 하동, 산청, 함양 3군, 평안남도 영원, 덕천, 맹산 3군, 평안북도 영변, 박천, 태천, 선천, 철산, 의주, 삭주, 창성 8군, 강원도 춘천, 화천 2군, 함경남도 홍원, 북청, 이원 3군, 함경북도 부령, 회령 2군, 합계 9도 23군을 조사 완료할 예정이다. 또한 현재 총독부에서 시행하고 있는 임야의 조사는 국유 임야 중 대체로 다음의 각항에 해당하는 자를 제외한 부분을 조사하여 이를 요존임야와 불요존임야로 구분하는 것이라.

1. 이왕가 능원묘, 기타 귀족이 소유한 심림(深林), 산야
2. 옛 기록 또는 역사의 존재하는 곳에 의하거나 사찰 연고가 있는 삼림, 산야
3. 구 「삼림법」의 제19조에 의하여 지적의 신고를 하지 않아서 국유로 귀속한 산야
4. 개간, 목축, 조림 또는 공작물 건설 때문에 대부한 삼림, 산야
5. 구 「삼림법」 시행 전 적법하게 점유한 삼림 산야로 입목도가 3/10 이상에 금양한 것
6. 구 「삼림법」에 의하여 설정한 부분림

또 그 조사에 즈음하여서는 총독부는 먼저 이를 도청에 통달하고 도청은 다시 부, 군, 면에 통첩하여 일반 인민에게 조사 구역을 주지하게 했다. 그 조사지와 접경한 사유 시역은 점유지, 또는 국유지 내에 종래 연고관계가 있는 인민에 대하여 조사에 입회하게 한 것인데, 조사의 방법, 국유·민유의 구분, 기타 관계의 사항에 대해서는 총독의 훈시 및 내규에 의하여 상세히 규정된 바에 따라 조사할 것이다. 따라서 전기 관계자 중 특히 국유지 내에 묘지를 설치한 자와 같은 것은 가능한 조사원에 대해 조사에 관한 사정을 질문하거나 혹은 각개(各箇)의

이의를 신청함에 유감이 없게 함이 필요하다. 또 그 조사에서는 민원이나 부 · 군에 대부 · 양여 등의 처분을 받고자 하는 희망자에 대해서도 이와 동시에 조사하는 것이기 때문에 이들에 대해서 희망을 개진함은 가장 좋은 기회이다. 또 조사의 결과 작성한 지도, 조서 등은 총독부로부터 관계 도, 부, 군에 송부할 것이다. 그 조사에 대하여 이해관계가 있는 인민 또는 장래 국유지에서 임야를 경영하고자 하는 희망자에 대해서는 언제든지 관계 관청에 대해 서류의 열람을 구할 수 있다고 하더라.

〈자료 06〉 당국은 무엇을 하느냐? 민중의 사활 문제(동아일보, 1920.05.04, 3면 2단)

작년 4월부터 전라남도 장흥군에서는 군민 2,000여 명이나 모여 군청에 대해 억울한 일이 있다고 이야기가 분분하였더니 다시 금년 봄부터 이 억울함이 점점 커져서 지금은 전라남도 전체에서 다 억울하다고 하는 이야기가 분분하다. 그 내용을 자세히 기록하면 장흥군에 있는 용두산(龍頭山), 제암산(帝巖山)으로 말하면 장흥군 중앙에 있는 면적이 대략 2,000정보나 되고, 이 두 산의 앞뒤로 둘러 있는 면의 수효로 말할지라도 8면이나 점령하여 있다. 이 8면에 사는 사람은 나무라든지 또 기타 농사에 쓰는 거름을 다 그 두 산에서 가져오지 아니하면 농사도 할 수 없고 땔나무도 어찌할 수 없는 지경이다. 그러므로 그 8면에 사는 사람들은 모두 자기의 생명으로 알고 있는데, 1915년(大正 4) 총독부에서 산림구분조사를 할 때에 이것을 잘못 조사하여 국유로 측량하였다. 그 근처의 인민들은 전혀 알지 못하고 있다가 1918년(大正 7) 봄에야 비로소 근처의 인민들은 이러한 일을 듣고 놀라서 즉시 연고 자격이 있는 인민들은 공동으로 당국의 격식대로 대부 청원을 하였다. 그 당시에 일본 사람 후지이 코오베(藤井伍兵衛)도 역시 대부 청원을 하였다. 1918년(大正 7) 11월 임야정리조사를 개시할 때 조선 인민이 청원한 것은 덮어 놓고 무리로 반환함으로 할 수 없이 인민들은 각각 연고자의 개인 명의로 또다시 대부를 청원하였다. 1918년 봄에 이르러 조선 사람이 청원한 것은 덮어 놓고 대부 청원을 한 후지이는 별안간에 자기가 허가를 얻은 산이라 하며 그 근처의 지역민에게는 위 두 산에 한 발도 들여놓지 못하게 하고 심지어 총까지 놓아 폐해가 적지 아니하다. 또한 아이들이 풀나무를 억지로 빼앗는 등 여러 가지의 악행이 있어 실제로 근처의 인민들은 곤란하여 살 수 없는 지경에 이르렀다. 인민들은 그 군청에 대하여 대부 청원의 열람을 청했고, 살펴보니 일본 사람 후지이는 청원의 차례로 말할지라도 지역민의 청원보다는 접수한 날

짜가 뒤에 있음을 발견했다. 그리고 이 사실을 군청에 질문하니 군청에서는 이러한 것은 관청에서 참작하여야 할 것이라고 물리친 까닭에 인민들은 할 수 없이 도청으로 재삼 그 억울함을 청원했다. 도청의 말에 따르면 이것은 군청에서 일시 잘못한 일이라 다시 하기로 총독부에 청원했다. 총독부에서는 즉시 그 도청과 같이 실지에 임검(臨檢)하라 하였으나 그 임검원(臨檢員)은 군청의 소개 때문에 실지에 임검하지 아니하고 그 군청 직원을 파견하여 거짓 임검을 하였다. 이로 인해 실지조사와 민정은 조금도 상달되지 못하였고, 지금 그 인민들은 위원을 선정하여 이 억울한 사정을 총독부에 또다시 청원하였다. 현재 장흥군의 인민들은 자못 억원(抑冤)의 부르짖음이 대단하며 그 군청에서는 근처 인민의 대부 청원을 한 사실을 극력 반대하며 보통 경찰에도 부족한 순사를 매일 4~5명씩 산으로 순행하게 하여 후지이가 대부하였다는 산림을 보호한다고 한다. 최근 소문을 들은즉 근처의 연고자들은 확실히 연고의 관계를 인정하니 임야조사를 공시(公示)할 때 불복을 신청한다고 한다. 이 사건은 지금 큰 문제가 되어 장흥군 인민의 명맥이라고 극력 운동한다더라.

〈자료 07〉 산림 사건 또 분규(동아일보, 1920.05.07, 3면 2단)

국유 산림 대부 사건에 대해서 일전에도 전남 장흥군 인민의 억울한 사실을 보도하였거니와 지금에 또다시 부당한 산림 대부 사건이 발생하였다. 경남 울산군에서는 인민이 도무지 억울하고 원통한 사정을 진술하여 당국에 다시 청원한다고 하고 대표자를 선정하여 여러 방면으로 부당하고 무리하게 군청이 처리한 대부 허가를 고치라고 운동한다고 한다. 그 내용을 자세히 보도하면 경남 울산군 대령산(大靈山)은 면적이 2,000정보나 되는 큰 산인데 그 근처에 사는 인민들은 종래로부터 이 대령산에서 나오는 나무라든지 또는 거름도 다 그 산에 갔다가 해마다 농사를 지으며 농촌의 생활을 하여 갈 터이다. 대령산은 원래 큰 산일 뿐 아니라 이 산속에 있는 년의 수효가 나싯이나 되고 그 근처에 있는 사람의 수효를 보면 3,000명이나 되는데 지난 1912년(大正 1)에 산림구분조사를 할 때 그 근처에 사는 사람들은 공동히여 대부 청원을 하였다. 그러나 군청에서는 조선 사람들이 생활의 명맥을 걸고 청원한 것은 흐지부지 덮어 놓고 일본 사람 하야카와 류스케(早川龍介)에게 대부를 허가하였나. 인민들은 여러 사람의 명맥이 달린 그 산림을 아무 관계 없는 일본 사람에게 대부한 것을 부당하다고 신정하여 겨우 그 허가는 취소되었다. 그 근처의 인민 3,000여 명은 다시 1915년(大正 5) 4월경에 청원서를 제출하였더니 22개월 동안이나 아무 통지도 없이 책장 속에 넣어 두었다가 급히 몇 해 동안 만에 대부 청원의 서식이 틀렸다고 내쳤다. 부득이하게 인민들은 다시 1917년(大正 6) 5월에 두 번째로 청원서를 제출하였더니 또 역시 아무 통지도 없이 23개월 동안이나 덮어 두었다가 나중에 하는 말이 청원 서류가 완전하지 못하다 하여 내쳤다. 인민들은 이렇게 군청의 학대를 돌아보지 않고 또다시 작년 12월에 세 번째로 대부 청원을 제출하였다. 하지만 지금까지 몇 달이 되도록 아무 소식이 없고 한편으로는 일본 사람 후지이(藤井)에게 이미 허가하여 주었다 하니 몇 해 동안 3,000명의 지역민들이 명맥을 걸고 운동하던 그 산림은 아무 관계도 없는 일본 사람 한 명에게 대부하였다는 말을 듣고 원통함을 이기지 못하여 1915년부터 연속하여 대부 청원을 하였다. 지금까지 아무 이유도 없이 물리쳐 버리고 도리어 아무 관계도 없는 일본 사람 후지이 한 사람에게 허가하여 준 것은 울산 군청에서 청원서를 처리하는 데 부당한 사실이 있다고 하여 지역민들은 모여서 총대 이문영(李文英) 씨를 선정하고 금번에 경상남도청에 출두하여 억울함을 진정했다. 도청에서도 만일 투철한 판단을 하지 않으면 기어코 총독부까지 대표자를 보내어 지역민의 생명인 대령산의 대부를 운동한다고 하며 총대 이문영 씨는 이미 수일 전에 울산에서 출발하였다고 한다.

〈자료 08〉 경기도 식림장려 실행(동아일보, 1923.06.28, 2면 8단)

경기도에서는 1918년(大正 7)부터 식림장려25개년계획을 수립하여 이 기간에 관내(管內) 전부의 식림을 완성할 계획으로 이에 노력 중이다. 원래 이 계획의 근본은 1910년(明治 43)에 답사(踏査)한 임적조사(林籍調査)를 기초로 하기 때문에 금일에는 실지와 임황이 많이 다르다고 해서 근본적 개정에 착수할 필요를 느꼈다. 이에 토지조사 및 임야조사의 결과에 기초하여 하나의 임목지(林木地)마다 임황을 조사하고 상세한 식림계획을 수립하여 작년 말부터 예산에 착수하였다. 실지조사 완료까지는 상당한 연월이 필요하므로 먼저 현재의 임황 개요를 답사하고 당분간 이에 준거하여 본월 중에 착수한다더라.

〈자료 09〉 국수봉 산림 국유 편입 문제(조선일보, 1930.11.27, 7면 5단)

충북 보은군(報恩郡) 회북면(懷北面) 소재 국수봉산(局秀峰山)은 임야 800여 정보로 임야구분조사 때에 국유불요존(不要存)임야로 편입되었다. 회북면은 6개 리로 호수 543호 인구 3,210

멍으로서 일상생활의 연료 및 비료는 물론 시초 채취 등은 동민(洞民)의 필수품이었다. 1922년(大正 11)도 국수봉산이 지방비 기본림으로 편입되자 위의 동민들은 기뻐하여 임야보호조합(林野保護組合)을 조직하는 등 보호 · 감시하며 동민들의 소유와 같이 되어 왔다. 1929년(大正 18) 3월에 사정에 따라 기본림을 해제하여 국유로 반환함에 이르게 되자 총독부에서는 타인에게 대부 또는 매각 처분을 행한다고 했다. 위의 동민들은 소유권이 이동되면 동민의 유일한 시초 채취를 금지당하므로 회북면에서는 금년 6월 하순에 위 임야를 총독부에서 공개입찰에 부친다는 것을 듣고 회북면에서 대부출원(貸付出願)한 결과 불허가 처분을 당했다. 동민들은 이것을 듣고 사활 문제로서 그냥 간과할 수 없으므로 일치단결로 출자 매수하라고 하였으나, 다액에 달하여 동민림(洞民林)으로는 사지 못하고 앞의 6개 리 동민 대표 400여 명이 연서로 회북면 기본 재산림으로 1평 1리(厘)의 가격으로 특매하여 달라고 조선총독에게 진정했다고 한다.

(3) 산림자원 조사와 국유림 창출

〈자료 10〉 벌목과 양목(養木)을 규정한 조선목상회사(朝鮮木商會社) 특허조약문

(1896, 『駐韓日本公使館記錄』 14)

대조선국(大朝鮮國) 대군주께서 서양의 양목하는 방법을 조선에서 모집 · 보급하기 위하여 아래와 같이 특허함.

제1조 러시아의 블라디보스토크(海蔘威) 일등 상민(商民) 브리네르에게 조선목상회사라 호칭할 합작회사 창립권을 허가함.

제2조 본 회사가 몇 가지 자유롭게 행할 권리는 언어 20년을 약정하고 관유지 산림에 벌목하고 양목하되 두만강 상류 오른쪽에 있는 무산(茂山)과 울릉도의 지정한 모든 곳에 정당하게 작업을 시작한 후에 그 회사가 계획한 인원을 파견하여 압록강 조선 경계에 있는 산림을 소상히 섬검하고 그 지방에서 어느 군을 막론하고 양림(養林)하기 좋은 곳을 선택하여 「두만강변산림조관(豆滿江邊山林條款)」에 준하여 적절히 실시할 권리를 허가함. 이 계약을 서명 · 날인한 후 5년 이내에 조선목상회사가 압록강 조선

경계에 작업을 착수하지 못한 경우에는 이 지방에서 향유할 수 있는 권리를 갖지 못함.

제3조 아래의 몇 군데에서 가장 가까운 곳에 도로를 개설하고 마차로(馬車路)와 강을 준설하여 목재 수송을 편리하게 하며 가옥과 공장을 건축하는 일을 일임함.

제4조 본 회사에서 이 계약 기간 동안에 양목학교(養木學校)를 졸업한 러시아인으로 감독하게 하고 또 러시아인 몇 사람을 고용하여 각종 사무를 분담하게 함. 30년 이하의 나무를 베지 못하게 하며 치수를 보호하되 100그루 내에 상등수 1그루씩은 벌채하지 말고 종자(種子)를 전하게 해야 하며, 치수를 벌채한 곳에는 이식해야 함. 이 회사에서 착실히 보호하고 실화(失火)를 미연에 방지하기 위해서는 근처 지방관에게 협조를 얻어 덤불을 모아 불을 놓는 것도 금지하게 함. 회사인들이 벌목할 때는 전산(全山) 여기저기 흩어져서 하지 말고 구렁과 개천을 선택하여 1년에 1차례씩 벌채하되 9월에 시작하게 함. 본 회사에서 정한 산림을 자연 그대로 20군데로 분할하고 그 1방(方) 내에서 벌목하는 것과 포구로 출하하는 작업은 겨울 2회, 여름 1회로 국한하되 매년 9월 15일부터 5월 15일까지만 하게 함.

제5조 본 회사에서 나무를 자르기 위하여 조선 경계나 러시아 국경 지대에 편리한 대로 기옥(機屋)을 건축하거나 기구(機器)를 설치하여 생산된 목재를 포구로 출하도 하고 현지에서 방매하기도 함.

제6조 본 회사에서 고용하는 수산임직(首山林直)이나 산림규칙(山林規則)을 마련할 때는 조선 정부의 요구대로 하며 조선 정부는 이 법을 다른 곳에서도 적용할 수 있음. 조선인에게 묘목 재배법과 토지의 시비법을 전수하게 함. 조선 정부는 기기소(機器所)에 관원(官員)을 파견하여 수습하게 함.

제7조 본 회사에서 요청하는 목재 운반 시에는 조선 정부가 인부를 고용하게 하고, 외국인을 고용할 때도 조선 정부에서 증명서를 발급하고 보호하게 함.

제8조 인부는 조선인을 많이 고용하되 만일 각종 폐해가 있을 때는 본 회사가 러시아인이나 청나라 사람을 대신 고용할 권한을 부여함.

제9조 양미(糧米) 등을 조선에서 구입하되 가격이 비싸거나 물량이 부족하면 외국에서 매입하여 인부들에게 식사를 제공하고 소요 비용 외에 다른 이익을 얻지 못하게 하며 기기(機器) 등의 포구 반입과 재목 반출 시에는 해관세(海關稅)를 면제함.

제10조 러시아 상민 브리네르는 자본금을 풍족히 투자하여 회사 운영에 지장을 초래하지 않도록 함.

제11조 브리네르가 대군주 폐하의 정부에 서면으로 계약하되 자본금을 출자하지 않고 회사기업(會社基業)의 25/100를 납부할 것. (…)

제12조 본 회사는 우선 사무실을 블라디보스토크에 설치하고 또 분설(分設)하되 경성이나 인천항에 설치하고 1년에 1차례씩 주주나 대리인들이 경성이나 인천항에서 개최한다. 주주 한 사람에 가부 의사 표시권을 주어 그 수의 다소에 따라 이 조약에 등재되지 않은 각 사항의 사무를 처리함. (…)

제13조 ① 대군주께서 관원 한 사람을 임명하여 조선 정부에 관계되는 사무를 감독하게 하되 벌목한 수효 및 기기소에 있는 목재의 양과 한 곳에 적재해 둔 총수를 기재하게 하고 때때로 관원을 파견하여 장부를 상세히 검사하게 함. ② 지방관 한 사람을 파견하여 목재의 반출 전표를 발급하되, 입회자의 성명과 목재 수량 및 연월일, 어디로 무슨 용도로 반출하는지 기재하게 함. ③ 만일 11월 15일까지 일기 때문에 목재를 강물로 수송하지 못할 경우에는 지방관이 목재 몇 개가 무슨 이유로 적체되어 있는지 증서를 발급하고 이 증서에 따라 다음 해 봄에 다시 수송하게 함.

제14조 ① 대군주의 정부에 납부할 이익금을 매년 경성에서 수납하되 러청은행(俄淸銀行)에서 인출하여 납부함. ② 이 은행에 브리네르가 본 회사 은(銀)으로 1만 5,000루블을 예치했다가 대군주의 정부에 매년 납부하는 기한을 어기지 못하게 하고 상납하는 대로 예치금을 그 은행에 계속 예치하여 끝까지 차질이 없게 함.

제15조 이 계약을 체결하고 조인한 후 1년 안에 작업을 착수하지 못할 경우에는 이 계약을 이행하지 않는다. 만일 전쟁이 발발하거나 이와 유사한 일이 생겨 본 회사의 힘으로 막을 수 없을 경우에는 대군주의 정부에서 관리를 파견하여 회사와 협의하여 기한을 연장하게 함.

제16조 만일 이 기한 내에 불행히도 브리네르가 일신상의 사고가 있을 때는 브리네르의 대리인이 사무를 관장하게 한다. 혹 일신상의 사고가 아니더라도 기타 부득이한 경우에는 러시아인이나 회사에 위임하여 사무를 처리하는 권한을 가지게 함.

제17조 이 계약을 러시아 글로 작성하고 한문으로도 번역하여 첨부한다. 그 내용은 같으

나 만약 이의가 있을 때는 러시아어로 확인하게 함.

〈자료 11〉 러시아인의 산림벌채 특허에 관한 건(林 公使, 1903, 『駐韓日本公使館記錄』 19)

러시아인 브리네르라는 자가 1896년 9월에 울릉도 · 두만강 및 압록강안에서 삼림벌채의 특허를 얻은 사정은 그 당시의 계약서 사본을 첨부하여 보고드린 바 있습니다. 지난번 이래 러시아 대리공사는 한국 조정에 대해 이 삼림벌채권의 실행에 관해 교섭을 시작하였다는 취지를 들어서 알고 있습니다. 이에 본 공사는 이 나라 외부대신(外部大臣)에게 상세하게 내용을 확인하였던바, 본 특허 중에서 압록강안의 벌채권은 「합동조약」 제2조에 의해 조인 후 5년 이내 즉, 1901년 9월까지 착수하지 않을 때는 그 권리를 상실하도록 정하고 있습니다. 따라서 러시아 공사 파블로프 씨는 1901년 3월에 외부대신 박제순(朴齊純) 씨에게 별지(別紙) 갑호(甲號)의 공문으로써 압록강안의 벌채권을 주한(駐韓) 러시아 대리공사였던 마튜닌(N. Matuhine) 및 아트리로프 두 사람에게 이전시킨 사실을 통고하였습니다. 또한 그 실행은 위화단 사건 때문에 지연되었기 때문에 이 특허 기한은 1901년 1월 1일부터 기산하여 20년간으로 고치고, 착수 기한은 3년 이내에 착수하지 않을 때는 이를 무효로 하는 것으로 고치고자 하는 뜻을 조회하였더니, 박제순은 별지 을호로써 그 뜻을 승낙하는 회답을 주게 된 전말을 알았습니다.

위의 경과에 대해 러시아인이 이번에 삼림벌채권을 실행하는 것은 그 기한에 있어서는 이의가 없습니다. 다만 상세히 본 특허에 대해 연구할 때, 아래의 사항에 관해 이의가 생기는 것으로 생각됩니다.

러시아인 브리네르에게 주어진 삼림특허에 관한 의문

1. 브리네르에게 주어진 특허는 조선목상회사(朝鮮木商會社)라고 일컫는 회사를 합성(合成)하는 권리를 준허한 것입니다. '합성(合成)'이란 자의(字義)와 조선목상회사의 명칭에 대해 생각할 때, 이 회사는 러시아인과 조선인의 합성이란 의미를 가졌습니다. 특히 제4조에 '러시아인 몇 명 고용'이란 항이 있기 때문에 더욱더 이런 의미를 확인할 수 있을 것입니다.

   그런데 이 회사는 이런 의미에서 이미 성립되었는지, 회사가 성립되지 않으면 사업에 착수할 수 없음은 물론입니다. 또 제11조의 주식 25/100는 이미 정부에 납입하였는지, 또 러시아인이 제멋대로 회사를 조직하는 것이라면 이 특허에 이러한 조항을 둘 필요도 없을 것입니다.

2. 이 특허는 관림(官林) 벌목과 수목 배양의 2항으로 이루어지기 때문에 단지 벌목만을 할 수는 없습니다. 수목의 배양도 역시 동시에 해야 합니다. 배양의 방도를 세우지 않고 단지 벌목만을 하게 되면, 당연히 산림을 유린하여 대단히 큰 피해를 주게 되기 때문에 오로지 벌목만 하는 것은 이를 준허해서는 안 될 것입니다.

3. 제2조에 "두만강 상류 오른쪽의 무산(茂山) 및 울릉도로 하며 위의 제처(諸處)에"라고 되어 있습니다. 두만강안에서 무산에 한할 때에 '제처(諸處)'라고 한 것은 무산과 울릉도를 가리키는 것인지, 아니면 무산의 제처, 울릉의 제처를 가리키는 것인지가 상세하지 않더라도, 결국은 무산의 범위를 벗어날 수 없는 것입니다.

4. 같은 조항에 "이 회사는 상당한 인원을 파견하여 압록강의 조선 경계에 있는 산림을 상세히 검사시킴은 물론 어떤 군을 불문하고 수목 배양에 적당한 곳을 선택하여, 전적으로 두만강안의 산림규칙에 의해 적당히 확장하는 권리를 준허함"으로 되어 있습니다. 원래 이 특허의 주된 것은 무산, 울릉에 있으며, 압록에 관해서는 이 하나의 항이 있을 뿐입니다. 그리고 압록 방면은 특히 수목 배양에 적당한 장소로만 되어 있지 조금도 벌목을 언급하지 않기 때문에 벌목의 범위에 들지 않는다고 봐도 지장이 없는 것 같습니다.

또한 그 장소와 같은 것도 "적당한 곳을 선택하여" 운운하고 있지 장소의 수를 말하지 않기 때문에 연안 전부라고 말할 수 있는 동시에, 한 면에서 이를 보면 각 군에 대해 적당한 1개소를 선택하는 것으로 해석하지 않을 수 없는 이유도 없을 것입니다. 어쨌든 간에 선택이라고 되어 있는 이상은 이 회사가 성립된 뒤에 선택한 후의 일로서 그것조차 압록에 관해서는 벌목의 권한이 없고 단지 배양할 수 있을 뿐이라고 보아도 지장이 없을 것입니다.

"오로지 두만강의 산림규칙(山林規則)에 의해"라고 되어 있는데, 이는 배양에 관해서만은 두만강안과 동일하다고 해석할 수 있을 것입니다. 이 때문에 벌목까지 두만강안과 동일하다는 논의는 타당하지 않습니다.

위의 여러 가지 점들은 결국 합동의 내용에서 생기는 이의이지만, 오히려 한 걸음을 나아가 서북 변경에서 러·한 간의 관계에 대해 고찰할 때는, 한국의 행정은 특히 극도로 조잡하기 때문에 일단 이 지방에 러시아의 이권을 주입시키면 단지 러시아의 침식을 용이하게 할 뿐만 아니라, 나아가 한국의 내정에 참견하게 될 우려가 있습니다. 특히 최근 여러 가지 보도에 의해 이를 종합해 볼 때 이 벌채권의 실행은 도저히 개인의 영리사업으로서 볼 수 없습니다. 은밀한 러시아 정부의 보호에 의해 정치적 의의를 가지고, 또한 만주 철병 문제와도 다소의 관련이 있는 것으로 확신하기 때문에 저는 될 수 있는 대로 그 실행을 저해하기 위해 앞의 합동에서 기인하는 이의의 요점을 한국의 궁중 및 외부에 은근히 설명하여 그렇게 하도록 권하고 있습니다.

또 다른 일면으로는 한국의 농상공부(農商工部)는 금년 3월로서 별지 병호(丙號)와 같이 이재회사(理材會社)에 대해 압록강 상하 일대의 삼림벌채권을 특허하였습니다. 청나라의 의성공사(義盛公司)라는 것은 위의 이재회사와의 계약에 의해 그 권리를 양수하고, 또 별지 정호(丁號)와 같이 우리나라 사람 아베 준스케(阿部準輔)와의 사이에 합자회사를 설립하여 현재 그 실행을 계획 중에 있습니다. 따라서 저는 아베 준스케 등의 권리가 러시아인의 권리에 저촉되지 않는 범위에서 그 실행을 이루게 하고자 생각하고 별지 무호(戊號)의 조회를 박제순 외부대신에게 보내는 동시에 제118호 전보로써 대요를 보고드렸습니다.

이보다 앞서 저는 러시아인이 가진 권리의 근원을 알아내기 위해 아베 준스케로부터 출원이 있었다는 뜻에서 러시아인과 동일한 권리를 얻고자 하는 취지를 외부에 조회하여 둔 바가 있습니다. 이에 대해 외부대신은 표면상으로는 별지 기호(己號)와 같은 회답을 저에게 주는 동시에 궁중 및 외부로부터는 몰래 사람을 보내어, 이번에 될 수 있는 대로 러시아의 권리 실행을 부인 또는 연기하자고 하였습니다. 이에 저의 주장을 이 위에서 공고하게 하고 또한 한국 조정에서 러시아 공사관에 대해 해야 할 답변 내용에 관한 저의 의견을 구하였습니다. 저는 우선 앞의 합동 내용에 입각한 이의를 제기하여 두었사오니 위와 같이 알아주시기를 바랍니다.

〈자료 12〉 임적조사(朝鮮總督府, 1923, 『朝鮮の林業』, 9~10쪽)

1908년(明治 41) 한국 정부가 「삼림법」을 제정하여 발포한 당시에는 임야에 관한 대장 또는 도면의 설비가 없어 국·민유의 구분은 물론, 대략의 면적조차 알기 어려운 상태로, 임정 방침 수립상 지장이 적지 않았다. 그래서 「삼림법」을 시행할 때 삼림, 산야의 소유자는 3년 이내에 지적의 신고를 하게 하고, 만약 기한 내에 신고하지 않을 때는 국유라고 간주한다는 취지를 법으로 정해 지적 신고를 하게 했다. 물론 지적 신고를 한다고 해서 반드시 민유를 인정하는 것은 아니었지만, 지적 신고에 의해 국유·민유 구분의 대체를 알 수 있었다. 1910년(明治 43) 소위 임적조사의 계획을 시도하여 전국 임야 분포의 상태, 임야의 명칭, 임상의 대략적인 모양, 대략적인 면적 등의 조사에 착수했다. 사업 진행 중에 한일병합이 되어 사업은 미완성인 채로 조선총독부에 인계됐고, 이후 조선총독부의 신정(新政)하에 승계·완성되었다.

임적조사의 결과 대강 임야 분포의 상황 및 그 면적 등을 알 수 있었지만, 국·민유의 경계가 아직 판명되지 않았고, 기타 신고를 했다고 해도 아직 이에 의해서 그 권리를 확정하기에 이르지 못했다. 임야의 권리 관계는 여전히 혼란한 상태여서 임업의 촉진상 적확한 계획을 수립할 수 없었다. 한편에서 국유림 경영상 존치가 필요한 것과 아닌 것의 구분을 조사 결정하고, 그 존치가 필요 없는 것에 대해서는 이를 민간에 개방했다. 다른 한편에서는 사유림의 권리 관계를 조사하여 그 귀속을 명확히 할 필요가 인정되었다. 우선 1911년(明治 44)부터 국유림구분조사에 착수하였고, 더욱이 1917년도(大正 6)부터 임야정리조사에 착수하여 모두 현재 시행 중에 있다. 이렇게 구분조사를 정리조사에 앞서 시행한 것은 임업 경영상 어쩔 수 없는 초미의 필요에 나오는 것으로 양 사업의 개요 및 성적은 다음과 같다.

〈자료 13〉 임적조사의 배경(岡衛治, 1945, 『朝鮮林業史 上』, 299~301쪽)

조선의 임야는 옛날부터 무주공산이라 칭하여 사점(私占)을 금지하고, 일반 민중이 자유로이 입산하여 함께 사용하는 것을 원칙으로 했다. 이런 원칙은 이미 고려시대에 왕명에 의해 사점을 엄금하는 금령이 발령된 것을 봐도 명백하다. 조선시대에 이르러서도 종종 왕명을 내려 사점 금령을 발령하거나 벌칙을 제정해 일체 개인의 소유를 인정하지 않는 것은 사실이다. 그러나 중세에 이르러 공신 또는 왕족 등에게 분묘 설치 등을 위한 산과 들을 하사하는 사례를 만들고 나서부터는 권신, 호족 등이 관아에 청하여 사유(私有)를 기도하는 경우가 속출하기에 이르렀다. 이에 금단을 도모하였지만, 이미 관아의 위령(威令)은 행해지지 못하고, 마침내 하나의 항규(恒規)가 되어, 속속 산과 들의 사점을 보기에 이르렀다.

한편, 민중은 극도의 미신에 의하여 임야 내에 지상(地相)[17]을 보고 분묘를 축조하는 풍속이 있었고, 조선왕조 이전부터 국민의 머릿속에 깊이 박혀, 무주공산인 임야 내에서 분묘의 축조는 자연히 자유에 맡겨졌다. 따라서 서로 다투어 지상을 보고 좋은 땅을 점령하는 것이 다반사로 되었다. 그래서 임야에는 곳곳에 분묘가 만들어지고 마침내 그 분묘 주위에 서 있는 수목을 금양하는 습관이 생기게 되고 진정한 뜻으로 사유 임야를 실현하는 데 이르게 되었다. 여기에 사점 금단의 제도는 파탄을 보게 되고, 임야의 소유는 점점 혼돈 상태에 이르게 되었다. 그러나 이러한 것에 대해서 하등 정리·관리할 기관이 없이 다만 막연히 방임하여 경과함에 따라 임야는 점점 남벌·폭채를 마음대로 하게 되어 황폐가 심해졌으며, 그 참상은 극에 이르게 된 것이다.

임야 사유의 경과는 대체로 이상과 같다. 따라서 사유 임야의 경계라던지, 그 면적 등이 뚜렷할 리가 없었다. 원래 전 조선에서 임야는 그 분포, 면적, 국유·민유의 구분, 그 사이의 경계 등은 일체 오리무중 상태에 있었다. 금후 임업상의 여러 가지 설계를 하는 데 그 근거가 없어 불편이 작지 않았다. 이에 한국 정부는 1908년(明治 41) 법률 제1호로서 삼림법령의 효시라고 말할 수 있는 「삼림법」을 발포했다. 그 제19조에서 국유·민유의 소유 구분을 명확하게 할 목적으로 민유 임야의 소유자는 본법 시행 후 3개년 이내에 그 취지를 농상공부 대신에 제출하도록 하고, 기한 내에 제출이 없는 것은 모조리 국유로 본다는 취지의 조항을 만들었다. 그 심사에 따라서 소유를 확정할 예정이었으나, 그 제출 기간에 병합이 이루어지면서 하등의 심사를 할 만한 상황이 되지 못했다. 이에 1911년(明治 44) 새로 「삼림령」의 발포와 함께 그 법령은 폐지되고 말았다.

1910년 3월 전국에서 국·민유 임야의 배치 및 임상 그리고 면적의 개요를 조사하고, 조선에서 삼림의 대세를 알고자 하는 목적으로 임적조사라는 것을 시행하여 종래 하등 알 수 없었던 조선 임야의 분포 상태를 개관할 수 있었다. 이에 앞서서 1906년(明治 39) 「토지가옥증명규칙」이 발포되어, 토지·가옥에 대한 매매, 증여, 교환 또는 전당(典當)에 관한 계약 공인의 제도가 만들어졌다. 이어 1908년(明治 41) 「토지가옥소유권증명규칙」을 발포하여 소유권을 공인하고 일정의 공부(公簿)에 등록하는 제도를 만들었다. 그러나 임야에 대해서는 국·민유

17 건물(建物)을 세울 때 집터의 형세를 관찰하여 길흉을 감정(鑑定)하는 일.

의 구분마저 인정 표준이 없어서, 산야에 대한 소유권 증명에 관하여 여러 가지 의문이 생기고 조회가 오고 갔다.

〈자료 14〉 한국정부시대의 임적조사사업(齋藤音作, 1933, 『朝鮮林業日誌』, 朝鮮山林會, 39~81쪽)

제1장 총설

나는 1909년 12월 11일 홋카이도청 기사인 채로 한국 정부에 초빙의 건의 허가를 받아서 1910년 1월 9일 경성에 착임했다. 한국 산림 정치(整治)의 임무에 대해 농상공부 대신 조중응 자작, 농상공부 차관 기우치 주시로(本內重四郎) 씨로부터 한국 산림 정리에 대해 속히 근본적 방책을 수립해야 한다는 부탁이 있었다. 따라서 우선 한국 산림의 상황 및 종래의 시설 등에 대해 조사했는데 당시 한국의 산림은 자못 혼돈(渾沌)한 것으로서 그 개략의 분포, 임상 및 면적의 대체조차 이를 알 길이 없었고, 기타 정치 방책을 수립하는 데 필요한 각종 근본적 자료를 거의 결여하고 있었다. 따라서 먼저 전국에 대해서 일단 진찰을 수행하고, 그 용태의 대체를 아는 것이 급무라고 생각했다. (…) 이 사업은 동서고금 타에 비슷한 예가 없는 신사업으로서 실행의 전도에도 또한 수많은 곤란이 있고, 그 책임이 실로 중대한 것이었다. 당시의 곤란한 것 2~3가지를 들면,

1. 기초로 되어야 할 적당한 지도가 없는 것.

   조사해야 할 원도(原圖)는 축척 1/20만로 예정했지만, 당시의 한국 지도는 극히 유치하고 불완전한 것으로 그 가장 양호한 것일지라도 1/1,000만 대한제국 지도 및 축척이 없는 한국통신약도(韓國通信略圖)만 있었다. 거기에서 우선 해군 당국에 교섭해서 해군 수로부(水路部)의 해도를 빌려서, 이를 1/20만로 통일해서 해안선, 즉 전국의 윤곽을 그렸다. 다른 한편에서 육군 당국에 교섭해서 육지측량부의 1/5만 지도 및 청일전쟁 당시에 작성한 견취약도(見取略圖) 등을 빌려서 이를 1/20만로 통일, 신축하였다. 그 통일한 것을 앞의 해안선 내에 넣고, 하천 · 도로 등 연결이 없는 부분은 각종의 지도를 참조하고, 책상 위의 상상으로서 이를 보수하여 이렇게 겨우 기본 원도를 만들 수 있었다. 그러나 경상남도의 부산 및 마산 방면, 함경남도의 원산 방면, 함경북도의 나진포 방면처럼 군사

상의 기밀에 속하는 곳은 이를 베끼는 데 수많은 곤란을 맛보았다.

2. 폭도가 각지에 반거(蟠居)해서 위험이 적지 않은 것.

실사원(實査員)의 보호에 대해 육군 당국과 교섭을 거듭했는데 군대로서 호위하게 했을 때는 폭도에게 알려지기 쉬워서 도리어 위험이 증가할 뿐으로, 오히려 1반의 인원수를 최소한으로 하여 가능한 눈에 띄지 않도록 잠행 조사를 하는 것이 득책임을 알았다. 1반의 구성은 일본인 1명, 한국인 1명으로 하고 위험을 무릅쓰고 감행하기로 했다.

3. 적임자를 얻기에 곤란한 것.

조사원은 기량(伎倆) · 학식 · 경험 등에서 적임자인 것은 물론, 신체 강건하고 질병에 걸릴 우려가 없는 건강한 사람으로서 연일 산악을 행군하는 데 잘 견디고, 또 곤란을 싫어하지 않고 정직히 또는 충실히 조사를 수행하는 자를 필요로 했다. 따라서 이것의 선임 · 채용에는 고심을 했다. (…)

제4장 실행의 상황

1. 1/20만 원도를 작성: 3월 초순 완료.
1. 반원의 출발: 빠른 것은 3월 23일에 출발했지만, 채용의 사정으로 인해 최종은 5월 20일 출발함.
1. 평균 조사행정(調査行程): 원도 구역은 14방리(方里), 원도 없는 구역은 10방리로써 1일의 행정으로 예정함.
1. 제주도 및 울릉도, 기타의 해안 도서는 금회의 조사에서 제외.
1. 가도(假渡) 조사비: 여비 · 인부임 · 통신비를 합친 14반의 합계 1만 1,911원 26전이었기 때문에 조사 전 면적 1만 3,929방리에 대해 1방리당 85전 5리(厘), 10정보에 대해 5리 7모(毛)의 소액에 지나지 않았다. 다만 이 외에 약간의 감독비 및 소모품이 필요했다.
1. 종전 관유 임야에 관한 재료의 모집: 반원의 출발 전에 노력해서 그 소재 · 명칭 등을 명확히 하기로 하여 탁지부 · 궁내부 등의 조사 서류 · 본국(本局) 비부(備附)의 도서류 등에 대해 조사했는데, 도서에 명칭이 있지만 실지에 존재하지 않는 것, 도서에 이름은 존재하지 않지만 실지에 존재하는 것 등 다수 정돈되지 않은 것을 발견했다.
1. 사유 산림과 공산과의 구분은 다음의 표준에 의해 조사하기로 했다.

(1) 분묘 및 그 법정 경계는 사유로 할 것.

(2) 영년금양(永年禁養)[18]한 임상지 또는 중인공지(衆人共知)의 사실이 있는 것은 사유로 할 것.

(3) 사패지 혹은 공적인 증거 서류로써 소유의 사실을 증명한 것은 사유로 할 것.

(4) 매수문권을 가진 것으로서 식수(植樹), 기타의 노비(勞費)를 더한 사실에 의해 사유로 인정받기 온당한 것은 사유로 할 것.

(5) 종래 지방 인민에 대해서 연료 혹은 비료를 채취한 관행이 있는 삼림, 산야에 대해서는 그 지상의 수익권을 인정하고 그것을 지반 소유권의 행사로 간주하지 말 것.

그러나 실지에 임해서는 하나하나 관계자에 대해서 이상의 사실을 조사하는 것은 불가능했기 때문에 다수의 경우는 임상 및 주변의 상황에 의해서 판단하여 지장이 없게 했다. 즉 인공적으로 금양(禁養)한 삼림과 자연 그대로 생육된 삼림을 구분하고, 분묘 및 경지의 산점(散點)한 산록과 방기해서 돌아보는 사람이 없는 높은 봉우리를 구분해서 관·민유 경계선을 기입하는 것을 인용할 것.

1. 지방관아의 자료: 군아 및 재무소에 대해 종전 관유 임야의 개소·면적 등을 조사하게 했지만 새롭게 발견한 것은 매우 드물었다.

1. 실사 방법: 미리 지도상에서 순로를 정하여 좋은 위치의 산 정상에 올라서는 사방을 전망한다. 촌락에 들어가서는 촌락 사람에게 묻고, 1일 6리의 리정(里程)을 표준으로 했지만, 멀 때는 10여 리에 이른 경우도 적지 않았다.

실조사원은 원도상에 임야의 소유·임상·수종 및 국유 임야의 명칭 등을 기입하고, 또한 일반의 지도로써 필요한 사항도 조사하여 오류가 있는 것은 이를 수정하고 원도에 존재하지 않는 지역은 새롭게 작성했다.

조사원은 또 야장(野帳)을 휴대하여 국유 임야의 임황 및 현재 보호의 상황 등을 기재하고, 또 각지 임업의 방법 및 구관(舊慣) 등도 기재했다. 도상 및 야장에 기입해야 할 사항은 오로지 야외에서 이를 기입하기로 했다. (…)

18 오랜 기간(永年) 나무를 베지 않고 기른(禁養) 행위를 일컫는 말. 1913년 관통첩 제46호로 발포된 「영년금양림 인정에 관한 건」에 의하면 총독부는 10년 이상의 나무를 금양한 것을 영년금양한 것으로 인정했다(「永年禁養林ノ認定ニ關スル件」, 『朝鮮總督府官報』, 1913.02.22.)

〈자료 15〉 한국 임야정리에 관한 의견서(齋藤音作, 1933, 『朝鮮林業逸誌』, 朝鮮山林會, 59~81쪽)[19]

12. 삼림, 산야의 국유·사유 구분에 대한 방침

조선의 삼림, 산야에 대해서는 아직 국유·사유의 구분이 판명되지 않았기 때문에 필요에 따라 다음 방침에 의하여 구분 조사를 수행한다.

(가) 1911년(明治 44) 1월 20일까지 「삼림법」 제19조의 신고를 하지 않은 삼림, 산야는 모두 국유로 할 것.

(나) 전항의 신고를 한 삼림, 산야 중 다음 각호에 해당하는 것은 사유림으로 할 것.

① 현재 결세(結稅)를 부과한 토지 및 면세 후 사용 수익을 폐지하지 않은 토지. 단 화전은 결세를 부과했어도 그 소유권을 인정하지 않는다.

② 「토지가옥증명규칙(土地家屋證明規則)」 및 「토지가옥소유권증명규칙(土地家屋所有權證明規則)」 시행 이전 관청에서 사유라는 것을 인정했던 확증이 있는 토지.

③ 「토지가옥증명규칙」 및 「토지가옥소유권증명규칙」의 증명에 의해 사유라는 것을 인정했던 토지.

④ 확정 판결에 의해 사유라는 사실을 인정했던 토지.

⑤ 확증이 있는 사패지. 단 사패 중 특히 영년 전해졌다고 기재되지 않은 것은 1대에 한하여 그 소유권을 인정한다.

⑥ 관청이 부여 또는 양도했다는 확증이 있는 토지.

⑦ 1908년 칙령 제39호 시행 이전에 구 궁내부(宮內府)에서 사인에게 환부, 대여 또는 양도했다는 확증이 있는 토지.

⑧ 「삼림법」 시행 이전에 사인으로서 수목을 식재했거나 또는 영년금양(永年禁養)했다는 확증이 있는 토지

(다) 국유 삼림, 산야 내에 분묘를 설치했던 것에 대해서는 고유한 기간 동안 지상권의 성

19 이 의견서는 조선의 임야정리를 어떻게 할 것인가에 대한 의견을 제시한 정책 제안서로 사이토 오토자쿠(齋藤音作)에 의하면 임적조사사업이 한참 진행 중이던 1910년 8월에 조중응(趙重應) 상공대신 및 데라우치(寺內) 통감에게 제출되었다고 한다(배재수, 2000, 앞의 글, 270쪽).

질을 부대하는 특종의 권리를 인정한다.

(라) (…) 국유로서 존치할 필요가 없는 삼림, 산야라 할지라도 사유라는 확증이 없는 것은 먼저 이를 국유로 사정하고 그러한 연후에 점차 상당한 처분을 행하는 것이 득책이다.

13. 지적보고의 처리에 관한 방침

1908년 1월 21일 시행된 「삼림법」 제19조에 "삼림, 산야의 소유자는 본법 시행일로부터 3개년 이내에 삼림, 산야의 지적 및 면적의 약도를 첨부하여 농상공부 대신에게 신고하되 기간 내에 신고치 아니한 것은 전부 국유로 간주한다"라고 규정한 결과 지금까지 수수한 것은 이미 14만여 건에 달하고 신고 기간 만료까지 20만 건 이상에 달할 상황이다. 이 처리에 대한 방침은 다음과 같다.

(가) 폐물(廢物)로 하시 말 것: 법률을 개정하여 폐물로 하사는 의견이 있지만 이미 법률의 규정에 의해 지방 인민이 많은 비용을 들였다[측도(測圖) 등을 위해 1인이 수백 원 들인 자도 적지 않다고 한다]. 신고했던 것을 이대로 폐물로 돌려서는 관청의 위신을 해치고 인민의 법률 존중심을 희박하게 하는 악영향이 적지 않음으로 법정 기일까지는 이를 수리하고 정리 후 격납(格納)하여 둘 것.

(나) 신고 기간을 연장하지 말 것: 신고 기간을 다시 1, 2년을 연장하여 법률을 알지 못해 신고 기간을 놓친 자에게 편의를 주어야 한다는 의견도 있다. 그러나 이 의견은 필경 자기의 태만(怠慢)으로 인해 법률상의 기간을 이용하지 못한 자를 다시 보호할 뿐이다. 만약에 연기를 한다면 신고는 배가되어 헛되이 민간의 투자 비용을 크게 하고 또한 공사의 번거로움도 증대시키는 불이익이 커지게 된다. 따라서 연기설을 채용하지 말 것.

(다) 당분간은 필요에 응하여 국유·사유의 경계만을 사정할 것: 수리했던 보고서는 도·부·군·면별로 정리하여 두고 국유 임야의 경계를 사정할 필요가 있을 때마다 관계 부분을 휴대하여 심사 확정의 자료로 제공할 것.

14. 국유 삼림, 산야의 요존 구분 방침

국유 삼림, 산야 정리의 제1사업은 먼저 이를 요존지와 불요존지로 구분하는 것으로 이 방침의 대요는 다음과 같다.

(가) 국가의 경영을 필요로 하는 삼림, 산야는 요존지로 할 것. 이를 세별(細別)하면 다음과 같다.

① 군사상 국가의 소유가 편리하다고 인정하는 곳.

② 보안림 또는 보안림에 준하여 경영할 필요가 있는 임야로서 개인의 경영에 맡길 때는 위험하다고 인정되는 곳.

③ 학술상 특히 존치할 필요가 있다고 인정되는 곳.

(나) 국가의 경영에 적합한 삼림, 산야는 요존지로 할 것. 그 이유는 다음과 같다.

① 사유림이 과대할 때는 소유자가 임의로 목재 가격을 폭등시켜 일반 민중을 괴롭히는 폐해가 있다. 또한 오사카, 아오모리 등의 큰 화재 때 목재 가격이 크게 앙등하지 않았던 이유는 생산한 목재[產材]로 가격의 조절을 도모했기 때문이다.

② 전시 또는 불경기가 영속되는 등 민간경제가 곤란한 때에는 일반적으로 사유 임목의 투자가 이루어진다. 따라서 공급의 과다와 재가의 폭락을 가져올 우려가 있으므로 이때 조절을 계획할 만한 국유림을 존치할 필요가 있다.

③ 사유림은 경영의 방침이 각각 나뉘어 통일을 결여함으로써 어느 시기의 조림이 특정 수종으로 편향될 염려가 늘 존재한다. 따라서 삼림의 대부분을 사유로 할 때는 어느 시기에는 특정 수종의 생산만을 과다하게 하여 다른 수종의 공급에 부족을 초래한다. 이는 임리(林利)[20]를 감소시키고 한편으로는 임산 수용자에게 많은 고통을 주게 됨으로써 이를 조절할 만한 국유림을 존치할 필요가 있다.

④ 삼림의 대부분을 사유로 할 때는 목재 가격의 앙등 또는 목재 수요의 격증이 초래될 경우 다투어 벌채를 시작하여 결국에는 반대로 목재 가격의 폭락을 초래하였다. 목재 가격이 하락할 때는 일반적으로 베기 아까워하다가 결국에는 공급의 결

---

20 임업의 이익.

핍을 초래하여 목재 가격 앙등의 반동을 불러옴을 일상으로 했다. 따라서 목재 가격은 항상 일고일저(一高一低)하는 등 동요가 매우 심했다. 이 점에서 생각해 보아도 이를 조절할 만한 국유림을 존치할 필요가 있다.

⑤ 특수공예재, 조선재 등은 임리의 여하에 구애받지 않고 이를 조림하여 군사상, 기타의 수요에 응할 필요가 있다. 그러나 사유림에서는 일반적으로 임리가 큰 것을 조림하고 임리가 적은 경영은 늘 피하는 실정으로서 수종이 소수의 것에 국한되어 특종재의 결핍을 초래할 우려가 있다. 이 때문에 상당한 국유림을 존치하여 국가 백년의 대국에서 계획된, 소위 국가적 삼림 경영을 시행할 필요가 있다.

⑥ 식림 사상이 유치한 시대에 과대한 사유림을 조성할 경우 감독·장려상 거액의 경비를 필요로 하기 때문에 국가 경제상 도리어 손실이 크다.

⑦ 유치한 시대의 사유림에 대해서는 감독을 매우 엄하게 하는 등 경영상 간섭할 필요가 있다. 그러나 엄중한 감독, 주밀(周密)한 간섭을 받는 것은 일반 인민이 기뻐하지 않는다. 이 점에서 생각해 봐도 과대한 사유림은 피하는 것이 득책이다.

⑧ 삼림경영의 본 취지는 최소의 비용으로서 임지 생산력의 체증(遞增)을 계획하고 또한 삼림을 개량하여 법정의 상태로 나아가게 함에 있다. 그리고 이 목적을 달성하기 위해서는 완비된 관리기관과 숙련된 고등기술자를 필요로 한다. 또한 되도록 대규모로 하는 것이 이로울 뿐만 아니라 단호하게 눈앞의 이해에 초연할 필요가 있으므로 국가의 직영사업에 해당한다.

⑨ 대규모의 삼림경영은 노력이 필요한 것이 상대적으로 적고 감독 역시 비교적 쉬울 뿐만 아니라 매년 수입은 가장 안전하며 또한 해가 지남에 따라 증가하는 성질을 갖기 때문에 국가의 직영사업에 적당하다.

⑩ 대삼림은 대자본이 축적된 것으로 국유로 될 때는 국가의 존영을 보유하는 조건이 되고 또 국가의 비상시에는 재정상의 구조자가 되며 혹은 지폐 발행이 편리함을 줄 수 있는 이점이 있다(진보한 삼림은 매년 1정보당 평균 10원의 수입을 올리는 것이 어렵지 않고 이를 연 5%의 이율로 볼 때 삼림 1정보의 평균 가격은 200엔이 된다. 100만 정보가 되면 2억 원, 1,000만 정보가 되면 20억 원의 가격이 된다).

⑪ 국유림의 수입이 증대할 때는 이로 말미암아 공평을 얻기 어려운 악세(惡稅) 혹은

다액의 징세비를 요구하는 불이익세를 감면하고 더욱 나아가서는 조세 부담의 하중을 경감할 수 있는 이점이 있다. (…)

15. 요존국유임야 정리 방침

(가) 경비가 허락되는 한 되도록 속히 정리할 것. 그 이유는 다음과 같다.

① 그 대부분은 수원 함양, 토사 방지, 어부림(魚附林)[21] 등 보안상 관계가 있기 때문에 조속히 경영을 개시할 필요가 있다.

② 현재 성행되고 있는 도벌을 줄이기 위해.

③ 현재 성행되고 있는 화전을 줄이고 정리하기 위해.

④ 헛되이 썩거나 혹은 생장이 정지한 노대임목(老大林木)을 이용하여 치수의 무분별한 채취(亂刈), 가지 꺾기의 폐해, 낙엽 채취 또는 나무뿌리 채굴(採掘)의 폐해를 줄이기 위해.

⑤ 조속히 요존지역을 확정하여 대부지, 기타 민원 처리에 대한 헛된 노력을 줄이고 아울러 처리상의 편리함을 기하기 위해.

⑥ 당분간 벌채할 수 있는 삼림과 벌채할 수 없는 삼림을 조속히 구별하여 산물 구매 등의 민원에 대한 헛된 노력을 줄이고 아울러 처리의 편리함을 기하기 위해.

⑦ 도벌을 없애고 보속적 경영을 수행하여 임상의 개량을 꾀하기 위해.

⑧ 착실한 사업을 발흥시켜 산촌 인민에게 일을 부여하고 일본인의 이주를 증대시키며 또한 산림 부근의 농산 수용을 증대하기 위해.

⑨ 산간벽지에 임농(林農) 겸업 부락을 형성하는 이점이 있기 때문에.

⑩ 조속히 경계를 사정하여 현재 계속 성행되고 있는 침해를 피하고 특히 장래 삼림의 이용상 중요한 토지를 보존할 필요가 있기 때문에.

⑪ 황폐할 우려가 없는 범위에서는 되도록 다량의 산재를 생산하고 한편으로는 목재가의 앙등을 제한하여 일반 수용자를 이롭게 하고 다른 한편으로는 수입재의 감소를 꾀하기 위해.

---

21 어류의 생식과 번식을 돕기 위해 유지, 관리되고 있는 삼림.

⑫ 국고의 수입을 증대시킬 재원이라고 생각하기 때문에.

(…)

16. 불요존국유임야 정리 방침

(가) 경비가 허락되는 한 되도록 조속히 정리할 것. 그 이유는 다음과 같다.

① 식림 장려의 재료로 이용할 필요가 있기 때문에.

② 황폐 임야를 민력(民力)에 의해 정리할 필요가 있기 때문에.

③ 산촌 주민에게 자가용의 신탄재 또는 용재를 쉽게 얻도록 할 필요가 있기 때문에.

④ 국고의 수입을 증대할 좋은 재원이라고 인정하기 때문에.

(나) 삼림지는 다음의 방침에 의해 토지 · 임목 모두 합쳐 매각할 것.

① 보안림 또는 보안상 관계 있는 삼림은 되도록 그 이해 관계자에게 특매하거나 혹은 이해 관계자로 하여금 매입하기를 권한다. 또한 구입하기 어려울 때는 신용이 두텁고 남벌 · 황폐시키지 않는다고 인정하는 자에게 특매할 것. 적당한 구매자가 없을 때는 당분간 처분을 보류하여 둘 것.

② 부락 부근의 소(小)삼림에 대해서는 입회의 관행이 있는 것은 되도록 그 촌락 또는 촌락민 등 특별한 연고자에게 특매하거나 연고자로 하여금 구입할 것을 권유한다. 만약 구입하기 어려울 때는 다른 사람에게 특매하거나 또는 공매할 것.

③ 기타의 삼림은 공매 또는 특매할 것.

④ 매각은 약 20개년을 기한으로 하여 가장 팔기 쉬운 삼림 또는 황폐의 우려가 있는 삼림 등부터 점차 조사하여 예상 가격을 정하고 그 가격 이상으로 처분할 것.

⑤ 매각 후는 보안상의 관계가 현저한 것은 보안림에 편입하고 기타는 「삼림법」을 개정하여 영림 감독의 조항을 설치하고 이에 의하여 황폐시키지 않도록 단속할 것.

⑥ 본 업무는 특히 폐해를 발생시킬 우려가 있으며 또한 특수 전문의 기능을 요하고 통일을 필요로 하기 때문에 실행은 중앙기관에서 할 것.

〈자료 16〉 국유림구분조사(朝鮮總督府, 1923, 『朝鮮の林業』, 15~20쪽)

국유림구분조사사업은 국유림 경영 또는 국토 보안 등을 위해 장래 나라에서 보존이 필요한 것과 그렇지 않은 것의 구분을 조사, 결정하여 국유 임야 관리 경영의 기초를 수립함과 동시에 불요존임야에 대해서는 이를 일반에 개방한다고 함을 목적으로 했다. 그 개요는 다음과 같다.

① 요존(要存) · 불요존(不要存)의 구분 표준

본 조사를 실시하는 데 먼저 조사의 기본으로 되어야 할 요존, 불요존의 구분 표준을 수립했다. 즉 (1) 군사상 또는 학술상 존치가 필요한 곳, (2) 국토보안상 존치의 필요가 있는 곳, (3) 하나의 사업구로서 경영에 충분한 약 2,000정보 이상 집단한 곳, (4) 기타 국유림 경영상 이에 부속되어야 편리하다고 인정되는 곳 등을 요존임야로 구분했다. 요존임야에 해당하지 않는 것을 불요존임야로 했다. 이 불요존임야는 2종으로 구분해서 (가) 구 「삼림법」의 규정에 따른 지적 신고를 하지 않았기 때문에 국유로 귀속됐던 것, (나) 종래의 관습에 의해 「삼림법」 시행 전부터 점유하여 계속해서 이를 금양한 것, (다) 기타 특별의 연고관계를 가진 것으로서 그 연고관계에 의해 대부 · 매각 등의 처분에 있어 일반에 개방하기 어려운 사정하에 있는 것 등은 제2종 불요존임야로 했다. 이 외의 하등 연고자를 가지지 않아 일반에 개방해야 할 임야를 제1종 불요존임야로서 조사하는 것으로 했다.

② 조사 희망 면적

임야조사의 결과에 의해 추정하면 임야 총면적 1,588만 정보 중 민유 및 제2종의 불요존임야는 818만 정보, 요존예정임야 및 제1종 불요존임야는 770만 정보에 달할 예정이다. 그리고 이 제2종 불요존임야는 각각 연고자를 가짐으로써 일반적으로 개방 처분하기 어려운 사정이 있다. 또 이것을 급속히 처분할 필요가 없음에 따라 구분조사에서는 앞의 요존예정임야 및 제1종 불요존임야라고 인정되는 국유림에 대해서만 상세 조사를 하여 요존, 불요존을 구분하는 것으로 했다. 그렇지만 종래 구분조사는 토지조사를 마친 국유 임야를 제외함으로써 장래는 이 임야에 대해서도 조사를 시행할 필요가 있다.

③ 조사 기관 및 방법

영림창 소관 구역에 속하는 국유 임야에 대해서는 영림창, 기타는 전부 총독부 직속의 사업으로 했다. 그리고 기수(技手)를 반장으로 하는 조사반을 편성하여 조사 후 앞의 표준에 의거하여 요존, 불요존의 구분을 했다. 요존예정임야에 대해서는 경계를 정하고 표식을 마련해서 1/5만 견취도(見取圖)[22] 및 지황(地況), 임황(林況) 등의 개황에 대한 충분한 조서(調書)를 제작했다. 또 제1종 불요존임야는 조사 완료 후 곧바로 조림대부 등의 처분을 필요했기 때문에 경계를 사정하여 표식을 마련했다. 이후 간이 실측을 행하여 1/6,000의 지도 및 처분상 필요한 사항의 조서를 제작했다.

④ 사업완료기

총독부의 사업은 1911년도(明治 44)부터, 영림창의 사업은 1913년도(大正 2)부터 이에 착수하고, 모두 1922년도(大正 11)로써 완료할 계획이나.

⑤ 실적

조사 예정 면적 636만 정보 중 총독부 관리 구역은 480만 정보, 영림창 소관 구역은 218만 정보에 달했다. 1919년도(大正 8)까지의 실제 조사 면적은 총독부 376만 6,000정보, 영림창 177만 2,000정보, 합계 553만 9,000정보에 달하여 예정 면적의 87%를 조사, 완료하기에 이르렀다. 1919년도(大正 8) 말 현재 구분조사가 끝난 면적은 다음과 같다.

소관 구역	총독부	영림창	합계
요존예정임야	2,986	1,772	4,758
불요존임야	780		780
합계	3,766	1,772	5,538

〈자료 17〉 국유임야구분조사(岡衛治, 1945, 『朝鮮林業史 上』, 349~351쪽)

1910년(明治 43) 한일합방을 전후하여 전국에 걸쳐 임적조사를 하였지만, 처음부터 국유·

22 등고선, 도로, 하천, 수로, 시가 등 주요 지형지물을 간략히 그려서 나타낸 지도. 스케치.

민유의 구분 및 경계 등을 판명하지 않았다. 뿐만 아니라 국유 임야에서도 장래 국유로서 존치시킬 필요가 있느냐 없느냐의 한계도 명료하지 않았다. 따라서 「삼림령」의 운용은 물론 제반의 시설계획의 수립상 불편이 적지 않았다. 그래서 먼저 그 존치의 필요성 유무를 결정하고, 존치해야 할 국유림에 대해서는 근본적인 사업계획을 수립할 필요가 있었다. 불요존임야는 이것을 민간에 개방하여 민유 임업의 개발 촉진에 이바지할 필요가 있었다. 따라서 국유임야구분조사사업을 계획하고, 1911년(明治 44) 이후 당시의 농상공부 및 영림창에 기사·촉탁·기수 등의 직원을 임시 배치하여 이것을 시행하기에 이르렀다.

그리고 구분의 표준에 대해 1911년 11월 농상공부장관 통첩에서 지시한 바 있다. 이를 요약하면 다음과 같다.

① 군사상 또는 학술상 존치의 필요가 있는 곳.
② 국토보안상 존치의 필요가 있는 곳.
③ 사업구로서 경영하는 데 충분한 2,000정보 이상 집단된 곳.
④ 기타 국유림 경영상 이에 부속시키는 것이 편리하다고 인정되는 곳.

이상의 조건 등을 생각하여 요존예정임야로 하고, 이에 해당하지 않는 것을 불요존임야로 했다. 그리고 이외 불요존임야를 다시 2가지 종류로 구분하고 (가) 구 「삼림법」의 규정에 의해 지적을 제출하지 않아서 국유로 귀속된 것. (나) 종래의 관습에 의해 구법 시행 전부터 점유하고 계속 이것을 금양한 것. (다) 기타 특별의 연고관계를 가지는 것으로서 그 연고관계에 의해 대부, 매각 등의 처분에서는 일반에 개방하기 어려운 사정 아래에 있는 것은 이것을 제2종 불요존임야로 했다. 이것 이외 하등의 연고를 가지지 않고 일반에 개방할 수 있는 임야를 제1종 불요존임야로서 조사하기로 하였다.

그리고 위에 말한 제2종 불요존임야는 각각 연고자가 있기 때문에 빨리 처분할 필요가 없었다. 따라서 구분조사에서도 앞에 말한 요존임야 및 제1종 불요존임야로 인정된 국유 임야에 대해서만 상세한 조사를 하고 그것이 필요한지 아닌지에 대해 구분을 하기로 했다. 그리고 본 조사는 총독부의 사업은 1911년도(明治 44)부터, 영림창의 것은 1913년도(大正 2)부터 이에 착수하여 마침내 1924년도(大正 13)에 완료하게 되었다.

본 사업은 당초 필요 조사면적 636만 정보로 추산하고 대부분은 조사 완료에 이르렀으나, 임야정리조사에서 새로 편입 또는 제외 등에 의해 경계 및 면적의 변동이 발행한 것이 있었다. 그리고 현재 요존임야의 확정 면적은 총독부 조사가 318만 2,000정보, 영림창 조사가 212만 8,000정보, 합계 531만 정보에 이르렀다.

2) 조선임야조사사업과 산림소유권 침탈

(1) 개관 및 자료 해제

초기 산림정책과 산림조사는 국유림의 범위를 확정하는 데 중점을 두고 전개되었다. 이와 같은 국유림 중심의 정책은 산림소유권과 경계를 법적으로 확인하는 장치가 결여되어 있었기 때문에 분쟁으로부터 자유롭지 못했다. 국유림 구분조사에서 배태된 분쟁을 일소하기 위해서는 국·민유 모든 임야에 대한 소유권 조사가 필요했다.[23]

산림소유권 조사는 토지조사사업(1910~1918) 내의 임야조사와 임야조사사업에서 실시한 임야조사는 2가지 방향으로 전개되었다. 우선 전자의 경우 조사 대상의 경지(耕地) 내에 있는 소규모 임야에 대한 소유권 확인에 그치는 사업이었다. 따라서 이 사업으로 조사된 임야는 28만 7,000정보에 불과했다.[24]

본격적인 임야조사사업은 토지조사사업이 마무리되는 1917년부터 시작되었다. 관련 법령이 아직 제정되지 않았기 때문에 우선 조선총독부는 1916년 마련된 「임야정리조사내규」에 의해 조사를 실시했다. 이후 1918년 「조선임야조사령」, 「조선임야조사령 시행규칙」, 「조선임야조사령 신고심득(申告心得)」, 「조선임야조사령 시행수속」 등이 잇따라 제정되면서 법적 근거가 마련되었다. 이와 같은 임야조사 관계법을 통해 조선총독부는 임야에 대한 신고·통지 제도의 확립, 임야소유권 판정 기구 및 인정 절차의 체계화, 등기제도의 실시 등의 기본 원칙

23 강정원, 2014, 「일제의 山林法과 林野調査 연구: 경남지역 사례」, 부산대학교 사학과 박사학위논문, 66-67쪽.

24 강정원, 위의 글, 2014, 69쪽.

을 확립할 수 있었다.[25]

임야조사사업은 전담 기구를 마련한 토지조사사업과 달리 산림의 경제성과 총독부의 재정상의 문제로 인해 지방행정기관이 담당했다. 우선 임야의 조사 및 측량 업무는 부(府)와 면(面)이 담당했다. 부와 면은 토지조사사업에 참여해 관련 경험이 있던 93명(일본인 54명, 조선인 39명)의 기술자들을 선발하여 1개월간 강습과 훈련 후 각 지방에 나누어 배치했다. 조사된 임야의 사정(査定)과 공시(公示) 업무는 도에서 담당했다. 임야소유권의 사정에 불복해 이의를 제기하는 불복신청 사건의 심의·처리, 즉 재결(裁決) 업무는 총독부에 설치한 임야조사위원회(林野調査委員會)에서 처리하도록 했다.[26]

임야조사사업의 소유권 조사 작업은 '신고주의' 원칙에 따라 진행되었다. 산림 소유자는 오랜 기간 해당 산림을 금양(禁養)해 온 자로서 그 사실을 신고하면 부·면에서 채용한 측량원이 출장해 측량을 실시한 다음 지적도를 작성했다. 이후 지적도를 첨부한 정식 신고서를 작성하여 제출하도록 했다. 도는 이와 같은 측량 결과와 신고서를 참고해 소유권을 확정하는 사정 작업을 실시하고, 이를 다시 면사무소에 비치해 신고자가 확인하도록 했다. 만약 문제가 있을 경우 총독부에 설치된 임야조사위원회에 이의를 제기할 수 있었다.[27]

사정 결과에 이의를 제기한 불복신청 사건은 11만 1,377건, 13만 3,002필로 사정이 완료된 347만 9,915필과 비교해 보면, 1,000필당 38필(32건)의 불복신청률을 보였다. 당시 조선총독부가 토지조사사업 결과에 기초해 불복신청을 1,000필당 1건으로 예상했다는 점을 고려할 때, 예상치의 32배에 달하는 높은 수치였다. 이와 같은 불복신청 사건의 대부분(94%)은 소유권에 대한 불복이었으며, 주로 민간이 조선총독부를 대상으로 제기한 것이 많았다(59%). 즉 임야조사 결과 국유로 사정된 임야의 연고권자들이 자신들의 소유권을 주장하며 조선총독부를 상대로 이의를 제기한 것이었다.[28] 이처럼 임야조사사업의 불복신청이 많았던 이유는 산림이 토지에 비해 소유·이용·연고 등 권리 관계가 복잡했기 때문이다. 조선총독부는 이러한 복잡한 권리 관계를 일물일권(一物一權)의 배타적 소유권으로 정리고자 했고, 그 결과 이를

---

25 강정원, 위의 글, 2014, 69쪽.
26 강정원, 위의 글, 2014, 70-71쪽.
27 최병택, 2009, 『일제하 조선임야조사사업과 산림정책』, 푸른역사, 55쪽.
28 강정원, 위의 글, 2014, 167-169쪽.

둘러싼 다양한 분쟁이 발생할 수밖에 없었다.

임야조사사업이 끝나는 1924년 사정이 완료된 임야는 총 347만 9,915필, 1,630만 2,429정보였다. 이 중 국유림은 106만 27필(30.5%), 955만 9,763정보(58.6%)였고, 민유림은 241만 9,888필(69.5%), 674만 2,666정보(41.4%)로 국유림 비중이 높게 나타났다.[29] 소유권이 확정된 임야는 임야조사부에 등재하였다. 임야조사부는 지번, 지목, 임지의 등급, 소유자, 연고자를 기재하여 임야에 대한 소유권을 확인할 수 있도록 했다. 이와 같은 과정을 거쳐 확정된 소유권에는 절대성이 부여되었다.[30]

이후 조선총독부는 사정 완료된 국유림 중 임상이 불량해 수익성이 낮은 임야의 처리를 서두르기 시작했다. 우선 연고자가 없는 국유 임야(필지 2.8%, 면적 64.7%)에 대해서는 조림대부제도를 통해 주로 일본 임업자본에게 소유권을 처분했다. 다음으로 연고자가 있는 국유 임야(필지 96.7%, 면적 35.3%)는 1926년 「조선특별연고삼림양여령(朝鮮特別緣故森林讓與令)」을 제정하여 처분하고자 했다. 이 법령의 목적은 임야조사사업 당시 금양 실적이 낮아 소유권을 인정받지 못했던 연고림을 사유로 전환해 해당 임야를 둘러싸고 발생한 조선인들과의 분쟁을 해소하고 이를 기반으로 식림을 추진하는 데 있었다.

그 결과 220만 정보에 달하는 국유림이 민유림으로 전환되었고, 이로 인해 한국의 산림소유 구조는 국유림 중심에서 민유림 중심으로 변화하기 시작했다. 이후 조선총독부는 임야세를 신설하고 「조선특별연고삼림양여령」을 통해 증대된 민유림에 이를 부과함으로써 산림정책과 식림에 필요한 재원을 충당해 나갔다.[31] 그런 의미에서 민유림 중심의 산림 소유 구조로의 변화는 조선인 임야 소유자들에게 산림정책 및 식림 비용을 전가하는 구조를 구축하는 과정이었다.

임야조사사업의 배경, 전개 과정, 결과에 대해서는 『조선임업사』(1945)의 임야조사사업 항목을 발췌하여 수록했다. 이 사료는 동감부 산림기술자였던 오기 에이지(岡衛治)[32]가 조선총

29 강정원, 위의 글, 2014, 183-184쪽.

30 현재 국가기록원에는 서울·경기·강원·경남 등의 4개 시·도, 24개 군, 269면, 2,530리의 임야조사부 7,610건이 수장되어 있다. 임야조사부 자료는 국가기록원 홈페이지(www.archives.go.kr)와 지적아카이브(https://theme.archives.go.kr/)에서 검색 및 원문을 서비스하고 있다.

31 강정원, 위의 글, 2014, 74-75쪽.

32 오카 에이지는 일본 후쿠시마현(福島県) 소림구서장(小林區署長)을 역임하다가 1906년 대한제국의 초빙에

독부의 산림정책의 전반을 망라해 기술한 역사서이다. 다만 오카는 조선총독부의 산림기술자이자 관변단체인 조선산림회(朝鮮山林會)의 임원이었기 때문에 조선총독부의 산림정책에 대한 비판적인 평가는 거의 찾아볼 수 없으며, 대부분 당시 총독부 임정 관료의 시각을 그대로 옮겨 놓고 있다. 따라서 조선의 임정에 대한 『조선임업사』의 평가를 그대로 받아들이기보다는 비판적으로 바라볼 필요가 있다. 『조선임업사』는 이런 사료적 한계에도 불구하고 산림정책에 대한 방대한 사료 및 통계를 수록하고 있을 뿐만 아니라 다른 자료에서 구하기 어려운 사료가 많기 때문에 자료집으로서의 가치는 상당히 높다고 평가할 수 있다.

임야조사사업의 집행기구와 분쟁지 처리에 대해서는 『조선임야조사사업보고(朝鮮林野調査事業報告)』(1938)의 자료를 수록했다. 임야조사사업의 전개 과정과 결과를 정리한 보고서로 해당 사업에 대한 조선총독부의 공식적인 입장을 엿볼 수 있다. 임야조사사업의 조사, 측량, 사정, 분쟁지 처리 등을 둘러싸고 발생하는 다양한 갈등과 조선인들의 저항에 대해서는 《동아일보》, 《조선일보》 등의 신문기사를 통해 파악할 수 있다. 마지막으로 임야조사사업의 후속 조치로서 실행된 「조선특별연고삼림양여령」에 대해서는 『조선임업사』의 「조선특별연고림양여령」 항목을 발췌해서 수록했다.

(2) 신문·잡지 기사를 통해 본 조선임야조사사업과 소유권 침탈

〈자료 18〉 임야 청원 격증(동아일보, 1920.08.21. 3면 9단)

근래 임야에 관한 여러 종류의 청원을 하는 자가 격증하는 경향이 있다. 이들의 다수는 임야조사의 결과로 해결할 수 있는 자임에도 불구하고 임야조사 시행 지역에 「임야조사령(林野調査令)」의 수속에 의하지 아니한 자 또는 사정 공시를 하지 아니한 지역에 대하여 만연히 임야조사위원에 불복의 신청을 하는 자도 있다. 심한 경우에는 동일 취지의 청원을 각 방면으로 재삼 제출하는 자가 있어서 당국에서는 자못 곤란하다고 한다. 이는 필경 「임야조사령」의

의하여 조선으로 건너왔다. 이후 대한제국의 임정 관료로서 「삼림법」(1908) 제정을 주도했던 미쓰이 미츠유키(道家充之)의 밑에서 산림사업의 계획과 실행을 맡아 활동했다. 1910년 강제병합 이후에 일본으로 돌아갔다가 1918년 조선으로 돌아와 1921년 조선산림회(朝鮮山林會)의 창립 위원으로서 활동했다. 조선산림회 창립 이후에는 상무이사직을 역임했다(배재수, 1997, 「조선임업사를 넘어」, 『산림경제연구』 5-2, 90쪽).

취지가 철저하지 못함에 기인한 것임으로써 경기도에서는 「임야조사령」을 선전하여 임야에 관한 권리의 확정은 임야조사를 기다리는 것으로 했다. 이를 오해하고 이미 청원서를 제출한 자에 대하여는 각각 「임야조사령」의 취지, 신고 기간의 수속, 사정에 대한 불복신청의 기간 수속 등을 간절히 설시(說示)한 후 무익 청원에 귀중한 시간과 무용한 경비를 낭비함과 같은 일이 없기를 바라며 금회 각 군수에 대하여 통첩을 발하였더라.

〈자료 19〉 임야조사리원(林野調査吏員)의 내정을 의심하는 성천군민(成川郡民)(동아일보, 1922.10.09. 3면 7단)

평안남도 성천군(成川郡)에서는 수개월 전부터 임야조사를 시행하는데, 몇 년 전에 토지조사 때에는 인민의 불찰로 자기 땅이 다른 사람의 소유가 되기도 하고, 또 국유지가 되기도 하였기 때문에 이번에는 인민이 깊이 자기의 권리를 주장하는 중이다. 이런 중에도 혹자는 자기의 임야도 아닌 땅을 지주총대(地主總代)와 측량기수를 끼고 자기 소유로 측량한 일이 비일비재하다. 이 일에 대하여 인민이 측량기수나 검사반에 질문하면 그들은 어물쩍 이물쩍 침으라고만 하고 잘 규정을 지어 주지 않는다. 따라서 의심이 많은 지방 인민들은 혹시 그 측량기수나 지주총대가 무슨 뇌물이나 바라고 그러는 것이 아닌가 하는 의심까지 하는 일이 있어서 일반 인민은 임야조사원을 원망하는 사람이 많다고 하더라.

〈자료 20〉 임야조사 상황(동아일보, 1923.05.30. 3면 7단)

조선총독부의 임야조사는 1917년(大正 6) 이래 도지사의 감독하에 부윤 및 면장이 그 사무에 종사하여 비상히 노력 중이다. 하지만 논밭의 경계, 기타 국유·사유 경계 등의 여러 가지 분쟁이 발생해서 예정대로 진전되지 못했다. 현재 조사 완료된 곳은 충청남북도 전부, 기타 310만 필(筆)이요. 시행 중인 곳은 경성 이북의 함경남북도, 강원도, 황해도, 평안남북도인데 1924년(大正 13)에는 전부 종료하기로 되었다. 경계, 기타 소유권의 소재에 대한 분쟁은 도지사가 이를 결재하고 도지사의 결재에 불복하는 자는 임야조사위원회에 불복신청을 하게 되어 위 위원회에서 최후의 재결을 한다. 실제 조선에는 임야의 소유권을 증명할 서류를 소지한 자가 적으나 십수 년 금양한 사실이 있다고 인정하는 경우에는 그 증빙서의 유무를 불문하고 소유권을 인정하였다고 모 당국자는 말했다.

〈자료 21〉 임야사정에 대한 민원(조선일보, 1923.06.07, 4면 3단)

경남 창원군(昌原郡) 진해면(鎭海面) 및 태동면(態東面) 소재 임야는 원래 민유로서 1907년(明治 40)경에 진해군항 설치의 때에 군용지에 편입되었다. 따라서 소부분(小部分)은 해군성(海軍省)에서 매입하고 대부분은 원소유자가 보존하던 중 1908년(隆熙 2) 「삼림법(森林法)」 제19조에 의해 해당 소유자들은 지적보고(地積報告)를 하기 위해 자기의 임야를 측량하면 해군성에서는 군용지라 하여 이를 제지했다. 한편 한국 농상공부(農商工部)에 조회하여 이미 접수된 지적 보고도 각하하게 하여 수백 년 당당한 민유림을 마침내 해군성 소유라 칭하고 이에 반항하는 자가 있으면 사법관청에 교섭하여 상당한 경계 처분을 가함으로 원소유자들은 해군성의 횡포에 겁을 먹어 자기의 소유 임야라도 자기가 들어가지 못한 지 10여 년이 흘렀다. 기회마다 총독이나 지방장관에게 끊임없이 반복해서 억울한 사정을 호소하였지만, 유야무야 간에 이들의 소원(訴願)이 수포로 돌아갔다. 이후 1918년에 사이토(齋藤) 총독은 일시동인(一視同仁)이란 표방하에 조선에 부임함을 들은 원소유자들은 한 줄기 빛을 얻은 듯이 기뻐하며 임야조사의 결과 사정 공시를 고대하고 자기의 소유권이 부활할 줄로 희망하였다. 하지만 경상남도 지사의 직정공시(直定公示)를 접하고서는 예상과 달리 국유지이니 해군용지니 학교조합 부속(學校組合附屬)이니 도모범림(道模範林)이니 보안림(保安林)이니 하는 사정에 대하여 원소유자의 실망을 어찌 형언할 수 있으리요. 어쩔 수 없이 법규에 의하여 고등조사위원회(高等調査委員會)에 불복을 신청하였는데 만일 고등조사위원회의 재결이 여의치 못하다면 중앙정부까지도 소원하겠다고 원소유자들은 말한다더라.

〈자료 22〉 국유 · 민유의 계쟁(係爭) 산림(조선일보, 1923.07.28, 3면 8단)

경북 봉화군(奉化郡) 소천면(小川面)에 있는 임야 분쟁 사건으로 임야 소유자의 대표 신오균(申午均), 권병섭(權昞燮) 씨가 경성에 와서 지난 24일에 총독부에 구두로 진정하였다. 그 내용인즉 그 임야 2,000여 정보는 본래 촌민 10여 명의 사유(私有)로 다년간 관리하던 것이 부지중 요존림으로 편입되었음으로 이것은 국유라 하여 소유자의 권리 행사를 구속하여 왔다. 지금으로부터 5~6년 전 임야조사 할 때에 그 산림을 계쟁지로 조사하여 간 후 아무 소식이 없으므로 억울하게 빼앗긴 인민들은 도청과 총독부를 향하여 수십 차례 탄원하였으나 지금까지 원만한 해결이 되지 아니한바 이번에 대표를 정하여 다시 총독부에 탄원하게 되어서 그 대표 양씨가 니시무라(西村) 식산국장을 면회하고 전후 사실을 누누이 말했다. 이에 니시무라 국장은 머지않아 조치를 해 주겠다고 하나 그 대표들은 이것이 총독부에서 언제든지 어름어름하는 수작이오. 아주 결정하여 말하지 않는다고 의심과 번민을 가슴에 품고 다음 날 고향으로 내려갔다.

〈자료 23〉 민성(民聲)(조선일보, 1923.09.21. 3면 8단)

이 세계는 소위 20세기 문명 세계라 하여 세계 민족이 각기 문명을 자랑하며 각각 그 부강을 자랑하며 따라서 안락에 무도(舞蹈)하며 평화에 환희한다. 그런데 우리 조선 민족에게는 이와 정반대로 갈수록 고통뿐이며 애원뿐이니 이 일을 장차 어찌하자는 말인가? 황해도 서흥군과 신계군 등지에서는 임야사정인지 무엇인지 할 때에 분명한 민유지가 국유 혹은 연고림으로 되었다고 한두 사람만 모여 앉으면 임야사정 건이 한 이야깃거리가 되어 민원이 창천하다. 사이토 씨가 제창하는 소위 문화정치가 어찌하여 이 모양인가? 우리에 토지 50~60%는 이미 동척, 식산은행, 기타 회사와 개인(일본인)에게 매각되고 이제 나머지 산림까지 마저 이 모양이 되니 장차 우리 조선 민족은 어느 토지에서 거생(居生)하잔 말인가? 이에 대하여 당국자는 '가랑잎으로 눈가리고 아웅' 하는 수작으로 어떠한 변명을 하려는지 알 수는 없지만 양심으로써 생각하여 보라. 이른바 선수(善樹)는 선과(善果)를 맺고 악수(惡樹)는 악과(惡果)를 맺는다 함이 도저히 원리상 범상한 말이 아닐까 한다?

〈자료 24〉 임야조사회의 심사 건수 7만(동아일보, 1924.01.24. 1면 7단)

제1부 제15회 임야조사회는 24일 총독부에서 개최될 터인데, 금회의 조사 안건은 76건으로써 주로 국유와 민유에 관한 소유권의 분쟁 및 경계선 분쟁이 많다고 한다. 임야조사위원회 사무관(事務官)의 말을 들으면 발령 이래 작년까지의 수리한 건수는 6만 2,207건으로서 재심의 28건을 가하면 6만 2,235건이나 되는데 가망이 없어서 동년 말까지 취하한 것이 8,888건, 재심의 취하한 것이 17건, 재결이 3,069건, 합계 1만 1,974건이 처리되었다. 위원회는 대저 매월 1회 또는 2회 개최하여 1년간에 약 5,000건을 처리하고 있는데 현재는 처리 미제의 건으로 5만 217건과 재심 31건이 위원회 수중에 남아 있다. 또 이외에 1924년도는 각 도가 이 임야조사의 사정 사무를 종료할 예정이다. 즉 동년에도 1만 건가량의 신청이 있을 듯한데, 즉

결국 7만 건에 달할 듯하다. 원래 각 도에서는 도지사가 사정할 임야를 지정하면 공사를 31일간에 종료하고 그 후 60일간에 소유권에 대하여 이의가 있으면 위원회에 신청하게 되어 있다. 즉 사정 공사의 처음부터 통산하여 90일 이내에 하라는 규정이다. 현재 공사를 전부 종료한 곳은 충청남북도, 경상남북도이며 다른 곳은 미제대로 있다. 심사 신고가 가장 많은 도는 현재 전남의 1만 7,286건, 경남의 1만 1,603건이 가장 많으며, 진주 같은 곳은 기왕 재판소에 있던 서기가 대서업(代書業)을 개시하고 지방민에게 권고하여 소유권 사정의 신고서를 써 가지고 돈벌이를 한 덕분으로 이 지방에는 건수가 격증하였으나 하나도 소용이 없었음으로 신청자는 대서업자를 원망한 일도 있다고 한다.

〈자료 25〉 임야조사 성적(동아일보, 1924.06.28. 1면 9단)

총독부의 임야조사위원회(林野調査委員會)는 1918년 4월 성립하였는데, 이 조사위원회 성립 이래 본년 5월 말일까지의 사업을 보면 전국 각 지방으로서 불복신청 건수는 처리 수 8만 2,558건으로서 신청자 중에서 중도에 취하한 것이 9,901건, 심사의 결과 재결(裁決)[33]을 받은 것이 3,497건, 처리 미제의 건이 6만 9,160건에 달한다. 게다가 불복신청의 수리 건수를 도별로 보면 다음과 같다.

건수

▲경기도 5,984 ▲충청북도 2,483 ▲충청남도 8,566 ▲전라북도 4,300 ▲전라남도 20,853 ▲경상북도 5,862 ▲경상남도 20,555 ▲황해도 2,647 ▲평안남도 927 ▲평안북도 2,441 ▲강원도 2,286 ▲함경남도 4,181 ▲함경북도 1,473

〈자료 26〉 구성군민(龜城郡民) 사활 문제, 연고림 불하 진정(동아일보, 1926.08.07. 5면 8단)

구성군(龜城郡)은 본시 산이 많고 들이 적은 곳이므로 자고(自古) 이래 빈궁에 물든 읍민은 생활 재료를 들에서보다 산에서 많이 구하여 살아왔다. 이 역시 여러 산록을 모두 다 연고자가 있어서 각기 처리하여 왔던 것인바 1920년(大正 9)에 일개 측량기수의 부주의로 인하여 10면

33 이의 신청이나 소원(訴願) 또는 재결 신청에 대해 권한 있는 행정기관이 내리는 판정을 말한다.

곳곳에 산재한 산림은 전부가 국유지로 편입되었다. 그 후부터는 4~5년 동안을 농민은 산에 올라 나무 한 가지, 풀 한 포기를 가질 수 없게 되어 엄동설한에도 세민들은 따듯한 온돌을 얻어 볼 수 없었다. 더구나 나무를 캐어 생활을 하던 사람들은 막연히 호구할 길을 잃어 버릴 지경에 이르게 되어 그 곤란은 상상할 수도 없는 형편이다. 이에 군민 일동은 일치결의 하여 연고림을 순전히 민간에 불하하여 달라고 대표자 차응남(車應南) 씨 외 29명의 연서(連書)로 진정서를 총독부 당국에 제출하고 일반 군민은 그 하회가 어떻게 될까 하는 초조한 심정으로 기다린다고 한다.

〈자료 27〉 삼방약수포(三防藥水浦)를 독점하려는 일본인(조선일보, 1927.05.13, 2면 5단)

산수 좋고 약샘이 유명한 함남 안변군(安邊郡) 삼방약수포(三防藥水浦)는 세상이 알게 된 지 6~7년 이후 수천의 남녀가 해마다 모임으로 여관의 설비를 완전히 하고 다대한 노동력으로 험로를 수축하였다. 작년부터는 임시 정거장이 설치되어 풍경이 좋고 교통이 편하여 지금은 전국적 명소가 되었다. 즉 이 조그마한 지역에는 자유와 기쁨이 넘칠 뿐이었으나 최근에는 홀연히 암흑의 마수가 뻗어 일대 파동을 일으키고 있다. 들은 바에 의하면 약수포 일대는 삼방동(三防洞)의 명의로 되어 있음으로 1924년(大正 13) 임야사정 때에 위익면(僞益面) 소유로 편입하게 되었다. 하지만 1912년(大正 1) 경원선(京元線) 철도공사를 청부하였던 이케자키 신타로(志岐新太郎)라는 일본 사람이 "이곳은 그때 주민에게 건물과 같이 가대(家垈)를 매입하였음으로 자기 소유다"라고 주장하며 총독부 당국에 불복신청을 하였다. 본월 4일 조선총독부 임야조사위원회로부터 사이토(齋藤) 사무관 외 1명이 실지조사를 한바 아직까지 결정이 되지 않았으나 만약 이곳이 개인 소유지로, 더욱이 일본 사람 개인의 소유가 되면 인근 100호 주민은 생활의 위협을 반드시 받을 것이다. 이곳은 조선 사람들만 흔히 모이는 곳임으로 감정상으로 좋시 못하리라 하여 일빈의 여론이 비등하였는데, 지역 주민은 본월 5일에 주민대회를 개최하고 박영선, 오경달, 김호신 3명을 대표로 군과 도 당국을 방문하고 이케자키와 약수포의 관계를 입증하는 동시에 장래의 안정을 위하여 당국자의 신속한 처리를 재촉하여 소유의 변동이 없기를 극력으로 주장하는 중이다. 현재 직접 상내사가 되어 있는 위익면에서 면 소유로부터 변경이 되는 때는 면 기본 재산에 동요가 있을 터이요. 또한 당국자의 위신에 큰 관계가 있을 터라 하여 이 사건의 낙착을 일반은 주목한다고 한다.

〈자료 28〉 연고림 양여의 출원기가 절박(동아일보, 1927.12.13, 5면 6단)

조선총독부에서 연고 임야를 연고자에게 무상 양여하기로 하여 「특별연고삼림양여령」을 시행하였다는 것은 기보와 같다. 그 출원 기일은 1927(昭和 2)년 2월 2일부터 1928년(昭和 3) 1월 30일까지로 불과 2개월여가량밖에 아니 됨에도 불구하고 원서를 제출하지 않는 자가 적지 않다고 한다. 당국자의 이야기에 의하면 이 출원 기간이 경과한 이후에는 어떠한 이유라도 용납하지 못하겠으니 기한 내에 원서를 연고자가 거주하는 도당국에 제출함이 연고자에게 이익이라고 한다. 또 이 임야조사위원회에 불복신청서를 제출한 자이든지 위원회에서 각하의 재결을 받은 자라든지 연고자로부터 양여 매매 등에 의하여 연고를 계승한 자 등도 똑같이 기한 내에 원서를 제출하되 만약 출원서를 모르는 자는 도·부·군·면 삼림조합(森林組合), 농회 등에서 설명을 듣던지 또는 수속을 대행하여 달라고 청함이 옳다고 하더라.

〈자료 29〉 화전민 생활 곤란(동아일보, 1928.03.14, 5면 4단)

명천군(明川郡) 상가면(上加面) 북간동(北間洞) 서화덕촌(西火德村) 화전민 15~16호는 자기가 경작하니 자기의 것인가 하고 있다가 하루아침에 1평에 3전이라는 돈으로 매수하지 않으면 생활하지 못하고 떠나게 된다고 한다. 그 조사한 내용을 들으면 동촌(同村)은 궁벽한 산간이므로 1915년(大正 4) 토지 측량 때에도 미조사지(즉 화전지)가 있었는데, 1922년(大正 11) 임야조사 당시 해당 촌민들이 당시 측량기수에게 간청하여 신고하려 했다. 이때 기수의 말이 이 촌락은 원래 산곡이라 필수(1필이 많은 것은 6~700평, 적은 것은 4~5평)는 다수여서 모두 각기 신고하면 임야할(林野割, 신고료)만 해도 토지 실제 가격의 3배나 되니 대표 3명을 선정하여 기간지, 미간지를 합쳐서 3필로 신고하는 것이 좋다고 했다. 촌민들은 이에 찬동하여 그 지방에 제일 유력하다고 인정하는 김이권(金利權) 외 2명을 선정하여 정규의 임야할을 납부하고 측량하게 하였다. 작년 말에 연고림양여원(緣故林讓與原)을 수속하려 조사한즉 그때부터 현재까지 면장으로 있는 김덕선(金德善)의 친동생 김수억(金秀億)의 명의로 12.39정보가 사정되고, 그 전 면장 유동찬(劉東燦)의 친동생 유동수(劉東璲)의 명의로 10.8정보가 사정되어 있음을 알게 되었다. 촌민들은 그 이유를 물은즉 그때 검사위원 일본인 나카오(中尾)가 자기의 소유로 만든 것이라고 하나 면장이란 직권과 세력만 믿고 무식한 촌민들을 속여 그와 같이 만들어 놓고 이유야 어찌 되든 이미 나의 소유가 되었으니 너희들은 고가(高價)로 매수하라, 그렇지 않으면 금년부터는 경작하지 못한다고 하였다. 촌민들은 무지한지라 어찌된 일인지 알지 못하고 있다가 하루아침에 못살게 되었음으로 이런 억울하고도 무리한 일이 또 어디 있으랴? 하고 이에 대한 대책을 강구한다고 한다.

〈자료 30〉 공유임야를 자기 소유로 만들고 피소(동아일보, 1928.12.08, 5면 1단)

경남 창원군 진북면(鎭北面), 진전면(鎭田面)의 9리(里) 1,000여 호의 인민 대표자 김재이(金在二), 박광현(朴光鉉), 장두상(張斗相) 3명의 명의로 이수선(李秀先), 권응효(權應孝), 윤사선(尹仕善) 3명 및 이전 면장 조옥승(曺玉承)과 그의 아들 조병기(曺秉箕) 등 5명을 상대로 하여 공유임야권 부당 취득에 대한 위증 고소를 부산지방법원 마산지청(馬山支廳)에 제기하였다. 이 법원에서는 마산경찰서 사법계에 위임하여 취조 중이라는데, 그 사실 내용은 다음과 같다. 창원군 진북면에 있는 국사산(國師山) 83정보의 임야는 종래 수백 년으로 진북면 및 진전면에서 금양하여 1,000여 호 농민의 연료 및 비료를 공동 채취하여 왔다. 1910년(明治 43)에 이르러 임야 지적을 신고하는 규정에 의하여 전기 양면 9개 동리민(洞里民)이 협의한 결과 당시 진북면장인 조옥승 씨를 대표자로 하여 신고하게 했다. 1917년(大正 6) 임야조사 시에 이 양면 공유로 신고한 것을 대표자 조옥승 씨는 돌연 자기 개인 소유라고 주장하여 이의를 제기하고 해당 산림이 자기의 명의로 지적신고 된 것을 이용하여 비밀리에 임야소유권 증명을 얻었다. 당시 임야조사 반장(班長)은 현장에 출장하여 관계 양면 대표자 및 조옥승 씨를 해당 산 아래의 의림사(義林寺)에 소집하고 실지 임검과 증거를 조사한 결과 조옥승 씨의 허위로 간파하고 양면 9개 동리 공유로 확인하였다. 1923년도(大正 12) 임야사정 공시에 위 산림은 진북·진전 양면의 특별연고림으로 사정됨에도 불구하고 조옥승은 자기 부자(父子)의 소유라는 불복을 신청한 후 증인 권응효, 윤사선, 이수선 등과 공모하여 조사위원이 갱사(更査) 시 허위를 공술한 결과 본년 3월 임야조사위원회에서 조옥승 및 그 아들 조병기의 소유로 재결되었다. 이수선 씨는 현 진북면장으로 거대한 면유 재산인 양면 공유권을 포기하고 조옥승 부자의 이익만 옹호한 내용에는 흑막이 잠재한 것이라 하여 양면 9개 동리 1,000여 호 농민은 분개하였다. 이에 수백 년 이래 공동 채취하던 연료 및 비료의 원산지를 상실하고 생활상 일대 공황을 통감하여 부득이 전기 5명을 상대로 하여 고소를 제기하는 동시에 면민 대표자 김영배, 권오봉 양씨 이외 3명이 1,000여 명의 서명 날인한 진정서를 도 및 군 당국에 제출한 것이라는데 일반은 각 당국

처치 여하를 매우 주목 중이라더라.

〈자료 31〉 지주총대 기회로 동민(洞民) 임야 사측(詐測)(조선일보, 1930.02.13, 3면 2단)

강원도 화천군(華川郡) 간동면(看東面)의 모(某) 구장(區長)은 구장 직에 있음을 기회로 동민의 소유 산림을 자기의 소유로 만든 일이 있어서 피해자는 물론이요. 일반까지 비난함을 마지 않는다고 한다. 자세한 조사에 의하면 예전 임야사정 때에 구장들이 지주총대가 되었던바 그들은 이를 기회로 무지한 동민에게 통지도 하지 않고 자기의 명의 혹은 자기 자식의 명의로 전부 사정하여 자기의 소유로 만들었다. 아무것도 알지 못하는 촌민은 사정이 무엇인지도 알지 못하고 자기의 소유로만 믿고 살아온 것인데 지금에 이르러 그 내막을 알게 되자 억울함을 호소할 곳이 없어서 위의 구장만 원망하고 있다고 한다. 지금에 이르러 어찌할 도리가 없으나 그런 구장을 그대로 내버려 두면 동리에 무슨 일이 생길지도 모른다 하여 위 구장 배척의 기운이 점점 농후하여 간다고 한다.

〈자료 32〉 조사위원이 뇌물을 받고 부정하게 임야를 사정(조선일보, 1930.04.13, 3면 1단)

지난 3월 6일부터 19일까지 조선총독부 임야조사위원회에서 조사원 두 사람이 정평군(定平郡) 춘류면(春柳面) 면사무소를 임시사무소로 정하고, 춘류, 문산(文山), 귀림(歸林) 3개 면의 분쟁 중에 있는 임야를 사정하였다. 조사원 중 하(河) 씨가 뇌물을 받고 불공평하게 사정하였다 하며 춘류면 영곡리에 사는 심상학(沈相學)은 뇌물 수수한 사실을 들어 정평경찰서에 고발하여 일반의 물의가 높다. 이제 고발 내용을 듣건대 앞의 심 씨와 춘류면 덕흥리(德興里) 김병린(金秉麟) 사이에 분쟁 중인 임야가 있었는데 위의 사정위원이 억울하게 사정함으로 이에 심 씨는 이면에 부정한 사실이 없는가 하여 조사해 본 결과 이와 같은 놀라운 사실을 발견하였다. 위의 김병린이 사는 덕흥리와 춘류면 화동리(禾洞里) 이용흡(李龍洽) 씨 사이에 분쟁 사건이 있어서 지난 3월 8일 앞의 덕흥리민 중 김병린, 김윤숙(金允淑), 김병갑(金秉甲), 김병희(金秉喜) 외 9사람이 신상리(新上里) 김표숙(金彪淑)의 집에 모였다. 이때 김병린이 여러 사람을 향하여 자기도 심상학과 그 외 한 건의 분쟁 사건이 있어서 30원을 사정위원에게 증뢰(贈賂)한 결과 무난히 승리하였으니 이 중에서도 얼마를 증뢰하기를 권하여 즉석에서 증뢰하기를 가결하고 현금 10원을 차입하여다가 춘류면 향동리(香洞里) 한병식(韓秉植)의 손을 거쳐 위의 조사원하 씨에게 보낸 사실이 있다고 한다. 이외에도 위와 같은 부정한 사실이 있는 듯하다 하여 관계자들을 각 방면으로 조사하는 중이라 한다.

〈자료 33〉 임야사정(林野査定) 불복 격증(조선중앙일보, 1933.06.01, 2면 1단)

이전부터 권리 관계가 극히 모호하여 정리되지 못한 조선의 임야소유권을 확정하기 위하여 총독부에서는 1918년(大正 7)에 「임야조사령」을 반포하고, 1924년(大正 13)까지 전국 임야 1,630만 정보에 대하여 사정사업을 행하였다. 하지만 권리 관념의 급격한 발전과 임야에 대한 경제적 가치를 점차 인식함으로 소유자 및 경계 등 사정에 대하여 불복신청을 한 것이 늘어 그 수가 실로 11만 5,625건에 달하였다. 1차 사정 및 결재에 대하여 재심을 요구한 것이 387건의 다수에 달하여 위 예정 계획에 적지 않은 차질을 보게 되었다.

(3) 조선임야조사사업의 결과와 소유권 분쟁 양상

〈자료 34〉 임야조사(岡衛治, 1945, 『朝鮮林業史 上』, 304~331쪽)

(1) 총설

1910년(明治 43) 3월 임시 토지조사국 관제(官制)가 제정되고, 「토지조사법」에 의하여 조선 전국에 대한 토지조사의 대사업이 시작되었다. 하지만 일반 토지와 함께 임야 전부를 조사하는 것은 어려울 뿐만 아니라, 당시 임야의 경제적 가치가 낮고 권리 관념 또한 발달하지 못하여서 임야는 단순히 조사되어야 할 토지 사이에 끼어 있는 소면적 임야의 조사에만 그치고 일반 임야의 조사까지 이르지 못했다. 그 후 사태의 추이와 함께 임야의 경제적 가치도 점차 인식되고, 권리 관념의 진보를 보는 시대가 됨에 따라 임야 문제는 등한시할 문제가 아니라는 시대적 기운에 이르렀다. 동시에 토지조사사업이 종료할 때가 가까워짐에 따라 1917년(大正 6) 임야조사사업의 준비 조사에 착수하고, 1918년(大正 7) 5월 「조선임야조사령」의 발포를 보기에 이르렀다.

본 임야조사가 목적으로 하는 바는 다음과 같다.

① 「토지조사령」에 의하여 조사를 하지 못한 임야 및 임야 내에 있는 임야 이외의 토지에 대하여 조사 및 측량을 한다.
② 토지조사와 마찬가지로 부동산의 표시에 불가결한 지번을 창설하고, 그 위치 · 형상을 도상(圖上)에 그려 경계와 소유권을 확립한다.
③ 토지조사와 함께 조선의 지적제도를 확립한다.
④ 임정계획의 기초를 확실하게 한다.
⑤ 산야의 황폐를 막고 그 진흥을 계획한다.

하지만 조선 전국의 면적 70% 이상에 상당하는 1,630여만 정보의 임야에 대해 이 대사업을 수행한다는 것은 쉬운 일이 아니다. 그러나 토지조사사업처럼 특수한 기관을 설치하는 것은 당시의 재정상 이것을 받아들일 수 없었다. 부득이 신중한 고찰을 한 결과 편법으로서 실행기관을 2단계 기구로 하고 조사 및 측량을 부윤 또는 면장의 사업으로 하여 이에 필요한 비용 또한 부 · 면(府 · 面)의 부담으로 했다. 그리고 사정 사무를 도지사의 관장에 소속시켜 국비 지출로 하는 절약제도 실시의 계획을 수립하였다. 즉 부 · 면에서는 조사 및 측량을 실시하고 그 결과를 도지사에 보고하면, 도지사는 그 보고에 의해 다시 신중한 심사를 한다. 이후 사정상 필요가 있다고 인정될 때 다시 이것을 조사한 뒤에 소유자 및 그 경계를 사정하고 일반에 공시하도록 했다. 이에 대한 지도 · 통제는 도 산림과(또는 산업과) 내에 특별기관을 설치하고 부 · 면과 연락을 취하면서 감독을 하고, 통일적으로 시행하여 능률의 증진 및 조사의 적정을 기하는 방법을 세웠다.

그리고 모든 재정상 부득이한 변칙적인 절약제도를 사용함에 따라 총독부에서도 상무원(常務員)으로 하여금 이를 맡도록 하고, 집행기관인 도 및 부 · 면에서도 극히 소수의 하급 직원만 배치하고, 간부 직원은 겸직으로 위촉하였다. 종업원은 토지조사사업에 종사한 사무원 및 기술원 중에서 이를 모집하고, 총독부에서 강습을 시켜 순차적으로 각 도에 배속시켰다. 조사기관인 부 · 면의 종업원도 되도록 토지조사의 경험자 중에서 채용하고 각 도에서 필요한 강습을 받도록 하여 유감이 없음을 기했다. 그리고 감독은 도지사 통제하에 특별 종합식의 조사반을 조직하여, 한 반마다 반장을 두고 실제 작업의 지도 · 감독 제도를 만들어 수시로 실지에 나누어 파견하여 지도 · 감독을 맡도록 했다.

본 사업 시행 구역이 미치는 범위는 「토지조사령」에서 조사를 하지 않았던 임야 및 임야 내에 있는 임야 이외의 토지에 대해 조사 및 측량을 하는 것을 원칙으로 했다. 그러나 국유 임야에서는 장래 국유림으로서 영구히 존치 경영해야 할 임야와 그렇지 않은 임야의 구분조사 사업의 실시가 급했다. 따라서 1911년(明治 44) 이래 총독부 및 영림창에서 구분조사를 시행하고 있었던 중이었으나, 구분조사는 민유 임야 및 연고자를 가지는 국유 임야 이외의 국유 임야에 대하여 시행하는 것으로, 전체 국유 임야에 대해서는 부·면으로 하여금 임야조사를 시행시킬 것이 아니었다. 또 존폐 구분조사에서 경계용 말뚝을 설치하고 실측을 하여 두 번 다시 임야조사를 수행할 필요가 없었다. 따라서 이것을 이용하는 것이 이로운 까닭에 부·면 조사에 속할 임야의 범위는 민유 임야 및 일정의 연고자를 가지는 국유 임야에 한정하고, 국유 임야에 대한 것은 이를 제외하였다. 또 도서(島嶼)로서 다음 표준에 해당하고 일반 조사를 희망하지 않는 것에 대해서는 임야조사를 생략하는 것으로 했다.

① 토지조사 또는 구분조사를 행하지 않은 도서로서 추성 면적 50정보 미만의 것. 단 주요 도시, 항구, 만 또는 다른 조사지에 근접하는 것 및 교통이 편리한 도서를 제외함.
② 토지조사 또는 구분조사를 하지 않은 도서로서 추정 면적 50정보를 초월하나 교통이 매우 불편한 곳.

(2) 법령

1916년(大正 5) 중 경기도 등 몇 개 도에서 시험적인 조사를 실행함과 동시에 법령의 입안에 착수했다. 그 결과 1918년(大正 7) 5월 제령 제5호로서 「조선임야조사령」, 부령 제38호로서 「시행규칙」을 공포하였다. 이후 같은 해 11월 훈령 제59호로서 「임야조사령 시행수속」의 발포 및 관계 법령의 정비를 보기에 이르렀다. 단 본 법령 공표 이전에 실시한 조사 및 측량은 비공식적이기는 하지만 그 조사 일체는 내규 초안에 바탕을 두고 실시하였으므로 법령상의 효력을 인정하는 것이 타당하다고 보았다. 따라서 그 취지를 「조사령」의 부칙으로써 특례를 만들고 지정 지역 역시 1919년(大正 8) 1월 고시 제3호로서 고시하였다. (…)

(3) 사업의 실시

조사는 원칙적으로 신고주의를 취하고 소유자 및 국유 임야에 대한 연고자로서 토지신고서를 제출시켰다. 연고자란 다음과 같은 관계를 가지는 자를 말한다.

① 옛 기록 또는 역사가 증명하는 바에 의해 임야에 연고가 있는 사찰.
② 「삼림법」 제19조의 규정에 의해 지적신고를 하지 않아 국유로 귀속된 종전의 소유자 또는 상속자.
③ 개간, 목축, 조림 또는 공작물 건설을 위한 임야의 차수인(借受人).
④ 「삼림법」 시행 전에 적법적으로 점유를 하고 계속하여 금양한 자.
⑤ 국유 임야에서 입회관행을 가진 자.
⑥ 부분림 분수(分收)의 권리를 가진 자.

토지의 신고는 본 사업의 기초가 되는 중요 자료이므로 이 취급은 가장 엄정해야 했다. 뿐만 아니라 기재하는 내용도 또한 조선 구래의 관습상 복잡다기하므로 통일을 도모하기 위해서는 신고 양식을 일정하게 하고, 또한 신고 심득(心得)을 만들어 1918년(大正 7) 7월 이를 공포하였다. 그리고 빠지는 것을 막기 위해 동리마다 지원총대(地元總代)로 하여금 정리시키고, 부면에 제출시켰다.

〈자료 35〉 임야조사 집행기관(朝鮮總督府 農林局, 1938, 『朝鮮林野調查事業報告』, 11~15쪽)

1. 조사 및 사정 기관

임야조사사업 기획 당시는 때마침 토지조사사업의 종말기여서 본 사업도 토지조사국으로 하여금 속행하게 해야 할 것인지, 또는 조선총독부의 직할 사업으로서 실시하게 해야 할 것인지, 아니면 별도의 조사기관을 특설해야 할 것인지를 두고 각 방법의 득실에 대해 관계 당국에서 신중히 연구 협의를 거듭했다. 그 결과 임야는 논·밭·대지(臺地) 등과 현저히 그 경제적 가치가 달라서 토지조사와 같은 정도(精度)를 필요로 하지 않았다. 따라서 약간 그 정도를 저하하여 토지조사의 예를 따라 전부 국비사업으로 시행하는 것이 이상적이고 최선의 방법이라는 결론에 이르렀다. 하지만 당시의 재정 상태는 도저히 국비사업으로 할 수 없었기 때문에 편법으로서 실행기관을 2단 기구로 했다. 조사 및 측량은 부윤 또는 면장의 사업으로 하여 비용을 부·면(府面)의 부담으로 하고, 사정 사무는 국비 지출로 하여 도지사가 관장하게 하는 간략한 제도를 채용했다. 즉 부윤 또는 면장이 제1차의 조사 및 측량을 하고, 그 결과를 도지사에게 보고하게 했다. 위 보고를 받은 도지사는 이를 신중히 조사하여 사정상 필요하다고 인정될 때는 다시 조사를 수행한 후 소유자 및 그 경계를 사정하여 이를 일반에 공시하기로 했다.

이와 같은 기관은 변칙적 간편법에 지나지 않아서 조사기관인 다수의 부면에 대한 지도·통제는 대개 지난한 일에 속하여, 이것의 실행을 맡은 당국자의 가장 큰 고심으로 되었다.

즉,

① 조사 실시에서는 우선 부윤, 면장의 보조기관으로서 제일선의 조사측량에 종사해야 할 측량기술원을 고용해야만 했다. 그러나 대개 구직자가 비교적 영속성을 희망하는 것은 당연한데, 일개 부면의 사업은 단기였기 때문에 자연히 적합한 인재를 구하기 어려웠다. 가령 일단 적임자를 구했다고 해도 항상 이동을 면할 수 없었다. 따라서 업무에 성의가 결여되고 좋은 결과를 거두기 어려웠다.

② 이것의 지도·감독은 부윤 또는 면장의 책임이지만, 원래 이들 기관은 이러한 특수사무의 지도·감독을 충분히 기대하기 어려웠다. 뿐만 아니라 자칫하면 취급 방법이 제각각으로 흘러 각 부면 조사의 통일을 결여할 우려가 없지 않다.

③ 사정 관청인 도에 전임 직원을 배치하여 이것의 지도·감독을 담당하게 했지만, 소수의 직원이 산재한 다수의 각 부면에 대해 충분한 활동을 바라기 어렵다.

④ 기타 사업 시행상 필요한 제반의 설비 또는 조사비의 경리 등에 관하여 불리·불편이 적지 않았다. 따라서 사업 시행상의 편의에 따라 도내의 제1차 조사 업무를 각 부면의 공동적 종합조직으로 하고, 사정 관청인 도의 권업과(勸業課) 또는 산림과(山林課) 내에 이 종합식 특별기관을 병치하여 일원 통제하에 부윤 및 면장과 감독상 연락을 지키며 본 사업을 시행하기로 했다. 즉 부면에 속하는 종업원은 해당 부면의 업무 종료와 동시에 형식상 다른 부면으로 이동하여 순차 계속하게 해서 가급적 영속성을 지키고 신분상

불안 동요를 방지하여 적합한 인재의 흡수에 대비했다. 사업을 집약적으로 하고 지도 · 감독을 편리하게 하는 것은 대개 조사 능률의 증진 및 조사의 적실, 정확을 기하기 위함이었다.

2. 사업은 앞에서 설명했던 것처럼 재정상 어쩔 수 없이 자못 변칙적인 간략한 제도를 채용했기 때문에 사업계획의 중추인 총독부에 전임 직원을 둘 수 없어 수시로 경상부(經常部) 또는 다른 임시부(臨時部) 직원으로서 이에 담당하게 했다.

집행기관인 도 및 부면에서는 극히 소수의 하급 직원만을 배치하는 데 그치고, 간부급 직원은 모두 상무(常務) 직원의 겸장(兼掌)에 속하게 했다. 그리고 토지조사사업에서는 임시토지조사국에 국원 양성소를 부설하여 사무원 및 기술원의 양성을 한 후 실지 작업에 종사하게 했지만, 임야조사사업에서는 이와 같은 여력이 없었다. 다행히 토지조사사업에 종사한 사무원 및 기술원이 각 소에 산재하고 있어서 이를 고용할 수 있는 편의는 있었다. 이처럼 양성기관을 마련하지 않고 주로 토지조사의 경험자 중에서 종업원을 채용하는 방침을 수립하여 1917년(大正 6) 8월 도의 보조기관으로서 이에 종사하는 직원을 모집했다. 토지조사의 경험을 가진 자, 총독부 산림과원으로서 임무행정에 종사했던 자, 농림학교 졸업자 등 다수의 지원자 중에서 엄선한 후 일본인 54명, 조선인 39명, 합계 93명을 고원(雇員)으로 채용했다. 총독부에서 1개월간 산림과장, 주임기사 등의 지도하에 임야조사에 필요한 학술 강습 및 작업 실습 훈련을 했다. 최우선으로 임야조사를 실시해야 할 경기도 외 6도에 이를 배치했는데, 이들 강습원은 당초 배치 도의 사업 진척에 따라 순차 다른 도로 전속하게 하는 방침을 채택했다. 조사기관인 부면의 종업원에 대해서는 경험상, 기타의 관계상 총독부에서 집합 · 양성하기 어려운 사정이 있기 때문에 오히려 각 도에서 적절히 양성함이 마땅하다고 생각했다. 이것의 인선은 도 직원에 준하고 가능한 토지조사 출신자를 채용하기로 하는 원칙을 세웠다. 앞의 도 배치 직원 지도하에 각 도의 필요에 응해 강습을 하고, 사업 시행상 특히 필요가 있을 경우에 수시로 총독부 직원(산림과)을 파견하여 이것의 응원에 담당하게 함으로써 시업(施業)상 유감이 없음을 기했다.

〈자료 36〉 임야조사위원회의 경과(岡衛治, 1945, 『朝鮮林業史 上』, 346~349쪽)

(1) 개요

임야조사위원회는 임야조사사업의 부대사업에 속하지만, 그 임무는 임야소유권의 분쟁에 관하여 최후의 확정을 할 중대한 권한을 가지고 있었다. 임야조사의 사정은 도지사의 임무이지만, 잘못하면 조사·측량의 착오가 있게 되고, 자료의 불비·오인 등으로 인하여 사정에 잘못이 없다고 하기 어렵다. 이에 대해서 임야조사위원회라는 독립적인 재결기관을 만들어 도지사가 확정한 소유자 및 경계 사정에 대해 불복하는 사람은 일정 기간 내에 이 위원회에 신고하여 그 재결을 구할 수 있게 하였다. 이를 통해 이들에 대한 구제의 길을 연 것으로 그 중요성을 생각해서 이 처리를 공정·신중하게 하기 위해 민사재판의 2심 제도를 모방하여, 도지사의 사정에 대해 불복신청의 기간이 경과한 것 및 불복신청에 대해 임야조사위원회의 재결을 거친 것은 사법기관이라 할지라도 이를 움직일 수 없는 절대적인 확정력을 가질 수 있었다. 또한 그 사정 또는 재결이 범죄 행위에 기인하는 경우에는 민사소송의 재심을 본받아 이것을 시정·구제할 필요가 있다고 하여 다시 재심을 구할 수 있게끔 하였다. 그러나 재심은 일단 확정한 사항에 대한 비상 구제의 한 방법이므로 재심의 조건을 ① 벌을 받아야 할 행위에서 사정 또는 재결이 있을 경우, ② 사정 또는 재결의 증빙이 될 문서의 위조 또는 변조인 경우 2가지로 한정했다. 그리고 그 범죄 행위에 대한 판결이 확정되었을 때 또는 증거 흠결(欠缺) 이외의 이유로서 형사소송 수속의 개시 또는 실행을 할 수 없는 경우에 한하여, 사정의 확정 또는 재결의 날로부터 3년 내에 임야조사위원회에 재심을 신청하도록 했다.

임야조사위원회는 특수의 재판기관일 뿐만 아니라, 그 이상 상소하여 구제할 길이 없고, 실로 종심(終審)인 까닭에 이 조직도 가장 엄숙·장중해야 했다. 또한 그 직능이 민사재판에 유사한 특수성을 고려하여 사법관을 이에 참여시키고, 행정관과의 합의 조직으로 했다. 이를 통해 심의의 공명·적정을 도모하고, 또 본 위원회의 권위를 나타내게 했다. 그리고 위원회의 구성은 최초 2부제로 하였으나 신고 건수가 예정 이상으로 증가하였으므로, 1921년(大正 10)의 관제 개정에 의하여 3부, 1925년(大正 14)의 개정으로 5부로 확장했다. 1932년(昭和 7)에는 행정 정리의 여파를 받아서 3부로 감축하고, 1935년(昭和 10)에는 다시 2부로 축소하였다. 그리고 이러한 각 부에는 부장, 위원, 보조기관인 사무관, 서기, 통역생을 배속하여 처리하도록 했다.

(2) 실적

임야조사가 필요한 총필지(筆地)는 당초 1부·면 평균 1,000필, 전국 총필수 252만 필로 추산되었다. 이에 대한 불복신고 건수는 총 2,500건 내외로 예정하고, 이를 재결기관으로서 소규모의 조사위원회를 조직하였다. 하지만 예상과 달리 해마다 그 신고가 증가함으로써, 1920년(大正 9) 5월 말 3부(府) 9군(郡)의 불복신고 수가 최초 예정의 21배인 총 2,213건의 다수에 이르렀다. 이후 해마다 증가를 볼 뿐이었으므로, 그 계획을 변경하지 않을 수 없었다. 결국 불복신고 총건수 11만 1,377건, 재심 신고 455건의 다수에 이르렀다.

위 위원회는 심사에서 신중을 기하기 위하여 각 관청과 충분한 연락을 취하고, 세목을 협정하였다. 불복신고에 관해서는 그 신고 사정의 경중에 따라 임의 취하를 시키거나 연고 불하를 하거나 실지조사를 하는 등 최후의 권리 확정상 유감이 없도록 했다. 이처럼 면밀한 조사 심의를 수행하였는데, 위 조사를 위해 임야조사위원회, 지방청 또는 현지에 소환 조사된 당사자, 이해관계인, 증인 등 총인원은 실로 18만 명, 실지조사를 한 것만 하더라도 8,000여 건, 증빙서류의 감정을 수행한 것이 400여 건에 이르렀다.

이와 같이 면밀한 조사를 한 결과, 재결안을 작성하여 이것을 위원회에 부의(附議)하고, 사업의 큰 성취에 유감이 없도록 했다. 이 위원회 개설 이래 불복 신고 총건수는 11만 1,377건, 그 필지 수는 13만 3,200필지, 그 면적은 62만 3,874정보였다. 이에 대한 재판 결과는 다음과 같다.

① 사정명의인의 승낙에 의해 도지사의 사정을 경정(更訂)한 것: 17,142건

② 증거 서류에 의하여 신고인의 주장을 인정하고 사정을 변경한 것: 5,002건

③ 신고기한이 경과한 것: 2,898건

④ 신고의 이유가 없다고 인정하여 각하한 것: 16,201건

합계 41,243건

그중 불복 40,986건, 재심 257건

⑤ 이상의 결과 이외 조사의 결과 신고인의 자발적 취하, 화해 성립에 의한 취하, 연고림의

양여 처분에 의한 취하 등 합계: 70,391건

이에 다소 주목할 만한 사실은 도지사가 국유로 사정한 것을 취소하고, 신청인의 소유를 인정한 것이 그 필지 수로서 2,715필, 면적으로서 2만 5,630정보에 이르렀다는 점이다. 도지사가 사정을 번복하는 데에는 여러 가지 영향을 준 것이 많지만, 민유인 확증이 엄존하는 이상은 권리 구제의 본뜻에 바탕을 두어 독자의 권능에 의해 신중한 심의를 한 결과 이에 이르렀으므로 어쩔 수 없는 일이었다.

이와 같이 하여 재결 원본은 1건 기록과 함께 보존하는 동시에 등본을 만들어 그 신고인에게 교부하고 또 조선총독부관보, 토지 소재지의 도보(道報)에 공시하는 이외에, 위 위원회 및 토지 소재의 부 · 군 · 도 청사에 비치하고 일반의 열람에 제공하여 재결의 결과를 주지시켰다.

〈자료 37〉 분쟁지 처리(朝鮮總督府 農林局, 1938, 『朝鮮林野調査事業報告』, 74~75쪽)

○ 분쟁지 처리

부윤 · 면장 조사의 때 소유권 · 연고 관계 또는 경계에 관하여 분쟁이 발생하거나 혹은 소유권 또는 연고 관계의 유무에 관하여 의문점이 발생했을 때는 우선 주무계(主務系)에서 일체의 관계 서류에 대해 정밀히 조사, 검토를 수행한다. 부윤 · 면장과 그 의견을 달리하는 것 또는 그 자료의 불비 · 부당이 인정되는 것에 대해서는 다시 각종의 자료를 수집하고 필요에 따라 실지조사를 행하는 등 적극적 재조사를 한 후 조서를 작성해서 분쟁 관계를 천명(闡明)한다.

국유 임야에 관한 것에 대해서는 미리 소관 관헌인 총독부의 의견을 구하고 국유임야구분조사와의 연락 · 협조를 한다. 이에 기초하여 화해의 여지가 있는 것에 대해서 힘을 다해 이를 권설(勸說)[34]하여 원만한 해결을 도모한다. 도저히 화해 성립의 희망이 없는 것에 대해서는 심사위원회를 소집해서 일체의 관계 서류를 제시하고, 이것을 심의에 부쳐 신중 · 엄밀한 조사를 거쳐서 분쟁 사항을 결정한다. 이에 따라 처리한 것이 총 2만 8,015필지의 다수에 달한다. 그중 황해도가 8,287필지로 가장 많고, 충청남도가 42필지로 가장 적다. 도별로 그 성적을 보면

34 이유를 잘 설명하여 그렇게 하도록 권함.

다음과 같다.

〈표〉 분쟁지 일람표

도명	건수	필지 수
경기	1,437	2,872
충북	227	335
충남	42	42
전북	407	496
전남	2,673	2,673
경북	2,814	2,814
경남	687	1,134
황해	2,613	8,287
평남	646	775
평북	2,766	2,766
강원	270	2,478
함남	2,606	2,606
함북	737	737
합계	17,925	28,015

〈자료 38〉 특별연고삼림의 처분(岡衛治, 1945, 『朝鮮林業史 上』, 567~579쪽)

1. 총설

한국 정부에서 1908년(明治 41) 법률 제1호로서 「삼림법」을 발포하고, 「삼림법」 제19조에서 국유·사유의 구분을 명확히 하고자 사유림 소유자로부터 지적계(地籍屆)를 제출하도록 규정하였다. 하지만 그 신고에 대해 심의할 틈도 없이 1911년(明治 44) 「삼림법」은 폐지되고 현행의 「삼림령」이 발포되어 각종의 특전을 만들었지만, 지적이 명확하지 않으므로 법의 실행을 저해하는 바가 적지 않았다. 그래서 1912년(大正 1) 삼림·산야 및 미간지 국유·민유 구분 표준을 정하고 국유·민유의 구분조사를 시행하여 소유의 확증이 있는 것, 그리고 영년금양의 사실이 있는 것은 이를 사유로 인정하기로 했다. 그러나 「삼림법」의 발포를 모르고 신고하지 아니하였던 것, 또는 지난날의 관의 증명이 있는 것을 이유로 해서 오해에 의해 제출을 하지 않은 것, 또는 신고했으나 구분표준의 각호에 해당하지 아니한 것 등은 모두 국유로 귀속하기에 이르렀다. 그래서 금양이 불충분한 것은 물론 사유 인정의 증거를 가지고 있는 것이라 할지라도, 그 대부분은 국유로 편입되기에 이르렀다. 이것이 즉 연고임야(緣故林野)의 원인으로 이에 대해 법령상 연고자를 인정한 것은 1912년(大正 1) 부령 제10호 제1조로서 8가지 종류의 연고자를 규정하기 시작했다. 이어 1915년(大正 4) 국유임야구분조사 내규에서 제2종 불요존임야에 편입할 연고 임야를 정하고, 다시 1918년(大正 7) 「임야조사령 시행규칙」 제1조에 의해 소유자와 비슷하게 신고할 6가지 종류의 연고자를 정한 바 있다. 이상과 같이 연고자는 그 임야에 관해 사실상 자기의 소유로서 보호 · 금양하고 또는 사용 · 수익해 왔음에도 불구하고, 국 · 민유 구분표준이 엄밀했던 관계 또는 「삼림법」의 규정에 의한 지적신고의 결여에 따라 사유로 인정받지 못한 사정이 있었다. 이때 민중의 이해를 생각하고 이것을 구제할 필요를 인정하여 「삼림령」 제29조에서 영년금양한 자는 조림의 성공을 인정하고 이것을 양여하는 규정을 만들었다. 또 1912년(大正 元年) 칙령 제6호 「국유 삼림 미간지 및 삼림 산물 특별처분령」으로서 삼림의 매각, 대부, 산물의 매각에 대해서는 수의계약에 의할 수 있도록 했다. 또 조림을 목적으로 하는 대부는 무료로 하고 사업의 성공에 따라 양여하는 특전을 만들었다. 그 뒤 「임야조사령」 및 부속 법규에서 다시 종전 민유의 확증이 있었던 것, 「삼림법」에 의해 지적계의 유무에도 불구하고 민유로 인정한 것, 토지조사에서 미간지는 물론 임야라 할지라도 면적 1정보 이내의 것은 지적계가 없을 경우라도 그 증거 또는 점유의 사실이 있는 것은 1913년(大正 2) 민유로 조사했던 것이다.

이와 같이 여러 차례의 입법에 의해 취급은 점차 완화되고, 연고자를 구제했지만, 아직 연고자가 있는 임야가 국유로 남은 것이 적지 않았다. 즉 (가) 임야조사를 시행한 지역에서는 ① 옛 기록 또는 역사가 증명하는 바에 의해 임야에 연고를 가지는 사찰, ② 「삼림법」 시행 전 적법으로 점유하고 계속 금양을 했지만, 평균입목도 3/10에 이르지 못한 임야의 점유자, (나) 임야조사를 시행하지 않은 곳에서는 ③ 「삼림법」에 의해 지적신고를 하지 않아서 국유로 귀속된 임야의 소유자 또는 상속자, ④ 「삼림법」 시행 전부터 적법으로 점유하고 이어서 금양을 한 것 중에서 특히 ②에 속하는 것이 그 대부분을 점유하였다. 이러한 대부분의 것은 법률상 하등의 보장을 받을 수가 없었기 때문에 항상 불안하여 조림하지 않음은 물론 오히려 남벌 · 폭채하여 국토의 보안, 임업 장려상 우려할 만한 상태였다. 이에 민심의 안정과 조림 촉진의 취지에서 대영단(大英斷)을 내려 연고림을 모조리 연고자에 대하여 무상 양여할 방침을 확립하였다. 즉 1926년(大正 15) 4월 제령 제7호로서 「조선특별연고삼림양여령(朝鮮特別緣故森林讓與)」을 공포, 같은 해 12월 「시행규칙」을 제정, 다음 해 2월 1일 이를 시행하여 양여의 은전(恩典)을 열었다. 이를 요약하면 연고 임야는 그 소재의 상황을 따질 때 국가의 경영에 적당하지 않을 뿐만 아니라 수익 재산으로서 보더라도, 장차 민중사상의 관계로 보더라도 좋은 방책일 수는 없었다. 그래서 이러한 현상을 방임하면 점점 민중의 반감을 초래하고 탄원서가 많아지는 반면 임상은 점점 황폐해져 임업 장려상 큰 장해가 생길 우려가 있다. 따라서 깊이 지방민의 이해를 고려하고, 또 조선 통치의 대국을 살펴 은전적인 제도를 시행했던 것이다.

2. 「양여령」의 운용

1) 「양여령」을 적용할 수 있는 임야

「양여령」은 특별한 연고자가 있는 국유 임야에 대해서는 따로 양여를 거절할 특별 규정이 없는 한, 우선하여 그 임야의 전부에 적용된다. 「양여령」을 적용하는 데 관계하는 실제의 운용에 대해서는 다음에 간단히 기록하는 바와 같다.

「임야조사령」에 따라 조사를 시행한 지역에서는 「임야조사령」 제3조에 의해 소유권의 조사와 동시에 연고를 조사하고, 이를 임야조사서에 등재 · 공시하여 국유 연고 임야로 이미 결정된 바가 있었다. 그렇기 때문에 임야조사 시행 지역에 관해서는 임야조사서에 등재된 연고 임야에 적용함을 원칙으로 했다. 기타의 국유 임야, 즉 요존치예정임야 및 제1종 불요존임야에 대해서는 여러 가지 관계에 따라 연고자가 없는 것으로 해서 일반 국유 임야에 결정 · 편입된 것이 적지 않았다. 따라서 이러한 특수 임야에 대해서는 양여를 필요로 하는 사정이 있는 것에 대하여 엄밀한 조사를 하여 예외적으로 이를 적용하기로 하였다.

「토지조사령」에 의해 조사를 시행한 지역에서는 그 조사에서 단순히 소유권만을 조사하고, 국유 임야로서 사정한 것이었다. 따라서 연고의 관계가 뚜렷하지 못하고 또 「임야조사령」 및 「토지조사령」, 어느 것도 시행되지 않은 특수한 도서(島嶼)의 임야는 연고 관계는 물론 국유냐 아니냐 하는 구분조차도 뚜렷하지 못한 상태였다. 이와 같은 지역에 대해서는 그 전부 이를 적용하기로 했다.

이미 대부의 허가를 받은 임야, 토석 채취의 허가 받은 임야, 부분림 설정을 허가 받은 임야 등은 그 처분에 의해 일정한 권리를 설정했었다. 따라서 피허가인의 동의가 있는 것 또는 피허가인이 연고자인 경우를 제외하고는 적용을 배제하기로 했다.

또 국토의 보안 또는 삼림 경영을 위해 국유로서 보전의 필요가 있는 임야, 즉 「삼림령」 제6조에 해당하는 임야에 대해서는, 공공의 이익을 보호하는 견지에서 이를 적용하지 않도록 「양여령」 제3조에 규정했다. 또 현재 공용에 속하는 임야 또는 육해군 군용지, 철도 용지 등과 같이 농림국 주관에 속하지 않는 임야에 대해서는 실제상 양여는 불가능하므로 이러한 임야에 대해서는 공용을 폐지했다.

2) 「양여령」의 적용을 받을 수 있는 연고자

「양여령」에 의해 양여를 받을 수 있는 연고자의 범위는 「양여령」 제2조에 이를 정하고 있었다. 종래 연고자에 대해서는 1912년(大正 1), 부령 제10호 제1조 또는 1915년(大正 4) 「국유임야구분소사내규」 혹은 1918년(大正 7) 「임야조사령 시행규칙」 제1조에 의해 취급되었다. 모두 연고의 내용과 그 범위가 달랐기 때문에 자칫하면 이것저것 혼잡을 초래할 우려가 있었다. 따라서 부령 제10호에서는 연고자를 8가지 종류로 하고, 「구분조사내규」에서는 보안림 관계의 것은 요존임야로, 입회관행의 것은 촌락 임야로 편입하여 연고자에서 제외하고, 「임야조사령」에서는 능원묘 및 보안림은 연고자를 인정하지 않기로 했다. 그래서 「양여령」에서는 아래와 같은 것을 연고림으로 결정했다.

① 옛 기록 또는 역사가 증명하는 바에 의해 임야에 연고를 가지는 사찰.
② 「삼림법」 제19조의 규정에 의해 소유권을 신고하지 않아 국유로 귀속된 삼림의 소유자 또는 상속인.
③ 「삼림법」 시행 전에 적법하게 점유한 삼림의 점유자 또는 상속인.

①은 지난날 사찰 소유였던 옛 기록 또는 역사에 의해 증거를 찾을 수 있지만, 사찰의 쇠퇴

에 따라 현재의 점유 관계가 박약하게 된 임야 중 그 권원(權原)[35]이 확실한 것은 연고자로서 인정했다. ②는 종래 소유자가 있는 임야로서 지적신고 혹은 「임야조사령」에 의한 신고를 게을리하거나 「임야조사령」에 의한 조사를 하지 않아서 국유로 귀속된 것을 권형(權衡)상 인정한 것이다. ③은 사유지라고 생각됨에도 불구하고 국유 · 사유 구분표준에 해당하지 않아 사유로 인정되지 않은 것으로서, 임야조사의 결과 그 임상이 평균입목도 10분의 3에 달한 것은 사유로 인정하였다. 하지만 임상이 위 표준에 이르지 못한 것, 또는 전혀 임야조사를 하지 않고 국유로 소속시킨 것은 불합리한 점이 있으므로 번호에서 그 점유의 사실을 인정하고 연고자로서 인정하였다.

(…)

3. 사업계획

연고 임야는 지방 민중에 깊은 이해관계를 가지고 있을 뿐만 아니라, 점차 황폐를 초래하여 그대로 둘 때 어려운 상황으로 될 우려가 있다. 당국에서는 물론 민간에서도 속히 위의 양여 실현을 열망한 지가 오래였다. 1923년(大正 12) 1월 각 도 임무주임회의에서 경기, 충북, 평남, 강원의 각 도부터 의견의 개진이 있었다. 1923년(大正 12) 전라남도 부윤, 군수, 도사 회의 및 1925년(大正 14) 3월 경기도 평의원회에서도 비슷하게 빨리 양여의 길을 강구해야 된다는 결의가 있는 등, 각 방면에서 그 실행은 점차 급선무가 되어 갔다. 그래서 가능한 최소 기간에서 실시할 방침을 정하고, 1927~1931년에 이르는 5개년 계획을 수립하였다. 하지만 경비 관계상 계획 수행이 어렵게 되고, 그 후 2회에 걸쳐 실시 기간의 연장을 보았다. 그 결과 1934년도(昭和 9)까지 8개년으로서 완료되었다. 그리고 본 사업은 중요 사업인 까닭에 총독부에서 실시하는 것 이외에 대부분은 각 도에서 실시하고, 특히 중요하고 복잡한 것에 대해서는 총독부에 내부적 처분 심사 기관을 만들어 신중하게 이를 처리하도록 했다.

양여할 연고 임야의 출원자 수는 정확한 것을 예정할 수 없었기 때문에 먼저 임야조사에 의한 연고 임야 102만 5,594필 그리고 토지조사에 의한 국유 임야 35만 397필, 합계 137만 5,901필과 이 가운데 6만 3,795필에 대해 분쟁을 고려하여 출원 총수를 144만 4,696건으로

35 어떠한 행위를 법률적으로 정당화하는 근거.

예정하였던 것이다. (…)

4. 사업 실행

1) 처분 준비

처분은 연고 임야에 대한 최종의 계획으로서 장차 이와 같은 특전은 두 번 다시 열리지 않을 가능성이 클 뿐만 아니라 법정 기간 내에 출원하지 않을 경우 그 자격을 잃어버리는 까닭에, 이러한 불우자를 만들지 않도록 「양여령」 시행에 있어 당국에서는 전력을 다하여 홍보에 철저를 계획하였다. 먼저 총독부에서는 산림부장 담화를 인쇄물로 작성하여 경성부(京城府) 내 각 신문에 발표했다. 각 도에서는 산림부장의 담화를 부연하여 다시 구체적인 수속을 명시한 '삐라' 또는 '팜플렛'을 작성하여 연고자는 물론 삼림보호조합원, 부·면·리·동, 경찰서, 학교, 시장, 음식점, 기타 여러 사람의 눈에 띄기 쉬운 장소에 배부하거나 게시하고, 다시 지방신문에 그 요령을 게재했다. 또 도 및 군에서는 기술원 또는 담당 서기의 회합을 개최하고 기타 면장·구장회의를 이용하였다. 또한 학교 학생들을 통해 선전하고, 간도, 남만주철도 부속지, 안동(安東), 봉천(奉天), 신경(新京), 여순(旅順) 등을 여행하거나 거주하는 연고자에게 인쇄물을 송부하는 등의 방법으로 취지의 보급을 철저히 했다.

「양여령」의 취지 및 출원 신고에 대한 홍보를 열심히 했지만, 기간 내 빠짐없이 출원 신고를 기대한다는 것은 불가능하고, 그간 불량한 대필업 등에 편승하는 바도 있어 연고자가 받는 손해가 역시 적지 않았다. 따라서 서류의 완성과 경비의 경감을 도모하고, 제출의 누락을 방지할 필요가 있다고 하여 1927년(昭和 2) 2월 각 도 임무주임관회의에서 출원 수속 방법에 관한 회의 후 실행하였다. 즉 도에서는 일정의 용지를 인쇄하여 보호조합원, 군·면 직원 등으로서 대행 작성하고 연고자의 날인을 구하는 등의 편법을 강구하였다. 그 대행 실시의 방법은 각 도 대동소이하지만, 각 지방 직원은 열심히 2~3번의 수속을 마다하지 않고, 또는 직접 출장하여 그 수속의 모든 것을 대행하였으므로 연고자가 받은 편의는 실로 컸다.

이와 같이 해서 1927년 2월 1일부터 다음 해 1월 31일까지 이르는 법정 기간 동안은 이를 수리하는 것이 한산하였으나, 6월경부터는 그 수가 크게 증가하였고, 특히 기간 만료가 임박하자 한층 더 증가해 갔다. 1928년(昭和 3) 2월 10일에 이르러 각 도 전부 수리를 끝마쳤다. 그 총건수는 실로 118만 606건의 다수에 이르렀고, 평안북도 3만 4,423건으로 최소로, 황해도의 22만 8,218건을 최다로 하였다.

2. 산림이용권 박탈과 조선인의 저항

1) 산림법령 제정과 산림이용권 제한

(1) 개관 및 자료 해제

러일전쟁 승리 이후 대한제국의 내정을 장악한 일제는 조선 산림 소유 구조의 재편, 산림 보호, 일본인의 원활한 산림소유권 확대 및 자본 침투 등을 위해 1908년 「삼림법(森林法)」을 제정했다. 「삼림법」은 크게 ① 임야의 소유 구분, ② 산림이용의 제한, ③ 부분림제도의 도입 등의 내용으로 구성되었는데, ①은 산림 소유 구조의 재편, ②는 산림 보호, ③은 일본인의 산림소유권 확대와 관련되어 있었다.[36] 하지만 「삼림법」이 제정되었던 1908년은 아직 임적조사사업조차 실행되지 않았던 시기였기 때문에 임야 소유에 대한 조사·정리가 전혀 이뤄지지 않은 상태였다. 이런 상황에서 통감부는 가장 쉽고 빠르게 산림 소유 구조를 재편하기 위해 신고제를 통해 임야소유권을 파악하고자 했다.

「삼림법」에서는 산림 소유자가 3년 이내 지적과 면적의 약도를 첨부해 신고하도록 했으며, 만약 기간 내 신고되지 않은 산림은 모두 국유로 간주한다고 규정했다. 이러한 행정 편의주의적인 신고제는 일방성과 폭력성이 강하게 작동했기 때문에 많은 문제점을 야기할 수밖에 없었다. 실제로 당시 신고된 임야는 겨우 220만 정보에 불과했을 정도로 조선인들의 신고 실적은 매우 부진했으며, 이에 따라 1,400만 정보에 달하는 나머지 미신고 임야가 국유림으로 간주되는 사태가 발생했다.[37] 또한 조선인들의 입회관행(入會慣行)[38]을 인정하지 않고 기존에 관행적으로 행해졌던 산림이용을 법적으로 제한했기 때문에 조선 사회로부터 많은 반발을 초래했다.

1910년 임적조사사업 이후 조선 임정을 주도하기 시작한 사이토 오토사쿠는 「삼림법」이

36 ③ 부분림제도에 대해서는 제2절 조림대부제도에서 개관하고 본 절에서는 생략한다.

37 강정원, 2014, 「한말 일제의 산림조사와 삼림법의 성격」, 『한국근현대사연구』 70, 19-20쪽.

38 지역민이 채초 또는 온돌용 연료 등 생활상 필요한 시초(柴草) 등의 부산물을 근처의 산림에서 채취하도록 인정하는 관행.

초래한 문제들을 개선하기 위해 새로운 산림법령인 「삼림령」(1911) 제정에 나섰다. 「삼림령」은 크게 ① 「삼림법」하 미신고자들의 구제 방안 마련, ② 산림이용 제한의 완화, ③ 부분림제도의 폐지 및 조림대부제도의 신설 등의 내용으로 구성되었다.[39] ①에 대해서는 미신고로 인해 국유림으로 편입된 임야 중 영년금양(永年禁養)한 실적이 있을 경우 「삼림령」 제7조에 따라 조림대부를 받은 것으로 간주하는 조항을 마련했다. 즉 국유림으로 편입된 미신고지를 조림대부라는 형식을 통해 원래 소유권자에게 대부한 후 조림 성적을 거둘 경우 소유권까지 양도함으로써 「삼림법」하 신고제가 야기한 문제를 해결하고자 한 것이다.

②에 대해서는 「삼림법」하에서 인정되지 않았던 입회관행을 「삼림령」에서는 부분적으로 인정함으로써 조선인들의 산림이용의 제한을 완화했다. 하지만 조선총독부는 근대법적 권리관념 속에서 입회관행을 매우 엄격하게 해석했기 때문에 상당수의 촌락이 입회관행을 인정받지 못했다. 입회관행, 즉 조선 촌락의 전통적 산림이용 관습은 지역사회의 고유한 관습, 지리, 문화에 따라 다양한 형태로 나타났음에도 불구하고, 조선총독부는 입회 대상, 주체, 용익방법과 목적이 뚜렷한 경우에만 관행을 인정했다.[40] 그런 의미에서 「삼림령」 역시 「삼림법」과 마찬가지로 조선인의 산림이용에 대해서는 상당한 제한을 가하고 있었다.

「삼림령」을 통해 조선인의 산림이용을 제한한 조선총독부는 국유림보호명령제도를 실시해 전통적 산림이용 관습을 흡수하고자 했다. 국유림보호명령제도는 임산물 채취 금지로 지역 주민의 생계가 곤란할 경우 「삼림령」 제10조 1항에 의해 지역 주민에게 산림의 보호를 명령하고 그 보수로서 임산물을 채취할 수 있도록 하는 제도였다. 조선총독부는 국유림보호명령제도를 통해 국유림의 산림 관리, 화재 예방, 국영 조림 등 다양한 의무를 조선인들에게 전가했으며, 무상으로 그들의 노동력을 동원할 수 있었다.[41]

민유림에서의 산림이용의 통제는 1913년 결성되기 시작한 삼림조합(森林組合)을 통해 이뤄졌다. 삼림조합은 관제조합으로 조선총독부의 임정을 보조하는 역할을 수행했는데, 특히 민유림의 보호·단속을 담당했다. 삼림조합은 조선총독부의 비호 아래 폭력적인 방법으로 온갖 횡포를 자행하며 산림이용에 대한 과도한 단속을 수행했기 때문에 조선인들로부터 많은

39 ③ 조림제도에 대해서는 제2절 조림대부제도에서 개관하고 본 절에서는 생략한다.

40 강정원, 2018, 「일제의 조선 산림 관습조사와 그 성격」, 『한국민족문화』 68, 82-83쪽.

41 김태현, 2022, 「식민지시기 산림이용권을 둘러싼 갈등과 그 성격」, 『역사문제연구』 26, 117-118쪽.

규탄을 받았다.[42] 대표적으로 단천군 삼림조합의 경우 조합 직원이 자기 산에서 나무를 베는 농민들에게까지 폭행과 폭언을 가해 지역사회에 공분을 불러일으켰다. 이에 단천 군민들은 단천삼림조합의 해체를 내세우며 면사무소와 경찰서를 습격했고, 그 과정에서 17명의 사상자를 내기도 했다.

이처럼 「삼림령」 제정과 함께 허가받지 않은 모든 산림의 이용은 법적으로 금지되었다. 당시 전체 농가 중 22%만 임산물을 자기 소유 임야에서 자급자족할 수 있었다는 점을 고려했을 때, 이와 같은 산림이용의 제한은 조선인들에게 심각한 임산물 수급난을 초래했다. 조선에서 임산물은 연료, 비료, 사료 등 생활 및 영농상 반드시 필요한 자원이기 때문에 조선인들은 「삼림령」을 위반하면서까지 임산물 채취, 즉 도벌(盜伐)을 지속할 수밖에 없었다.

조선인들의 「삼림령」 위반이 계속되고 있는 상황에서 조선총독부는 조선인의 산림이용을 완화하기보다 더욱 억압하기 시작했다. 1933년 조선총독부는 「민유림지도방침대강(民有林指導方針大綱)」을 제정해 국유림에서의 산림이용 통제 방식을 민유림으로까지 확대했다. 「민유림지도방침대강」은 민유림에서 지피물(地被物)과 하초(下草) 채취를 제한함으로써 산림의 보속성(保續性)[43]을 강화하겠다는 내용을 담고 있었다.[44] 하지만 대체재가 없이 오직 조선인의 산림이용 제한만 강요하는 금제정책(禁制定策)은 실효를 거두기 어려웠다. 여전히 대다수의 조선인들은 조선총독부의 감시망을 피해 임산물을 채취했고, 그 결과 1924년 5,003명에 불과했던 「삼림령」 위반자 숫자는 「민유림지도방침대강」 제정 이후인 1934년 1만 2,065명으로 2배 이상 급증했다. 이처럼 대체재 없는 강력한 금제정책 속에서 많은 조선인들은 산림 범죄자로 낙인찍히고 처벌을 받아야만 했다.

「삼림법」의 문제점과 이에 대한 조선인들의 저항에 대해서는 《대한매일신보》와 《경남일보》에 게재된 기사를 수록했다. 당시 신문들은 「삼림법」하에서 이뤄진 신고제, 즉 지적신고가 복잡한 행정 절차, 행정기관의 부재, 측량 등 지적신고에 필요한 비용 문제 등에서 많은 문제점을 가지고 있다고 비판했다. 따라서 위 기사를 통해 「삼림법」의 문제점에 대해서 파악

42 강영심, 1998, 「일제의 森林組合 결성과 한국인의 저항」, 『한국근현대사연구』 8, 154-156쪽.

43 산림에서 목재 수확을 매해 균등하게 하여 지속적으로 목재를 공급할 수 있도록 하는 것.

44 최병택, 2007, 「1930년대 전반 일제의 민유림정책 '전환'과 임야세제 도입의 배경 및 의미」, 『한국사연구』 138, 195-196쪽.

할 수 있을 것이다.

「삼림령」의 제정 과정과 목적을 파악하기 위해 이 법령의 제정을 주도한 사이토 오토자쿠의 「조선삼림령 및 부속법령 제정의 사정」(1933)을 수록했다. 이 자료는 「삼림령」의 주요 내용들이 어떠한 목적과 의도로 작성되었는지를 담당자인 사이토 오토자쿠가 상세히 설명하고 있기 때문에 「삼림령」의 전모를 파악하는 데 가장 핵심적인 자료이다. 「삼림령」 제정 이후 조선총독부가 실시한 강력한 산림이용 제한에 대해서는 『조선의 임업』과 『조선임업사』의 국·민유림 보호 항목에 대한 자료를 수록했다. 두 자료는 국유림보호명령제도, 국유림보호조합, 「사유림취체규칙」, 산림 단속 기구 등 조선총독부의 산림 보호·단속 제도와 기구를 개략적으로 설명하고 있기 때문에 일제강점기 산림정책에 대한 전반적인 내용을 파악할 수 있다.

「삼림령」하에서 전개된 산림이용 제한에 대한 조선인들의 대응에 대해서는 『주막담총』과 《동아일보》, 《조선일보》의 기사를 활용했다. 『주막담총』은 주막에서 오고 가는 조선인들의 일상적인 대화를 헌병보조원과 순사들이 듣고 기록한 자료로서 「삼림령」에 대한 당시 조선인의 생각을 파악하는 데 도움을 준다. 《동아일보》와 《조선일보》 기사는 「삼림령」하에서 펼쳐지는 가혹한 산림이용의 제한을 비판하는 사설, 산림을 이용하지 못해 생계에 어려움을 겪는 조선인들의 생활상, 살기 위해 「삼림령」을 위반할 수밖에 없는 조선인들의 사정 등 「삼림령」을 대하는 조선인들의 다양한 반응을 파악할 수 있는 자료이다.

삼림조합에 대해서는 『조선의 임업』의 삼림조합 항목을 수록해 조직의 개요를 파악할 수 있도록 했다. 또한 《동아일보》, 《조선일보》 등에 게재된 조선인들의 삼림조합 반대투쟁 기사는 삼림조합의 문제점과 조선인들의 저항을 파악할 수 있다. 「민유림지도방침대강」에 대해서는 임정 관련 법령집인 『조선임무제요(朝鮮林務提要)』(1935)에 수록된 자료를 활용했다. 이 자료는 「민유림지도방침대강」의 전체 내용을 기술하고 있기 때문에 그 전모를 파악할 수 있다.

(2) 신문·잡지 기사를 통해 본 산림이용을 둘러싼 갈등

〈자료 39〉 산림측량에 대한 일탄(一嘆)(대한매일신보, 1909.11.16, 1면 1단)

최근 「삼림법」 발포 이래로 지방 인민이 산림측량의 필요를 알고 천신만고로 삼림을 측량한 후에 그 신고 증명의 길을 알지 못하여 주저하는 중에 농상공부로 직접 신고하라 하여 상경하는 자도 있으며, 군수에게 증명을 청하는 자도 있다.

농상공부에서는 신고를 받고도 확실한 증명건을 주지 않아서 일시 지방 인민이 측량도를 휴대하고 관아로 가서 증명을 청했다. 그러나 군수된 자는 이것은 군수 소관이 아니라 하여 퇴거하거나 혹은 규식(規式)[45]을 알지 못해 기다리라 한다. 또 제일 괴상한 자는 탁지부에서 토지측량이 불필요하다고 훈령을 내린 후에 이를 산림측량도 금지했다고 하여 증명을 주지 않기 때문에 인민이 그래서 온갖 생각이 와해(瓦解)하여 측량도를 휴지로 만들고 백가 산판을 향하여 눈물만 흘리는 자가 많다고 하더라.

〈자료 40〉 사설: 「삼림법」에 대한 문답(경남일보, 1910.01.07, 2면 1단)

문(問): 「삼림법」 제1조에 제실림(帝室林), 국유림, 공유림, 사유림의 구별은 어떻게 하오?

답(答): 제실림은 황실의 소유니 궁전(宮殿), 묘사(廟社), 능원단(陵園壇)에 소속한 삼림이오. 국유림은 각지 봉산 및 각 궁, 각 관아의 소속한 삼림이오. 공유림은 공공 민중의 소유이니 종계(宗契), 동산(洞山) 등의 삼림이오. 사유림은 즉 개인의 사유에 속한 것이니 이 법령은 삼림뿐만 아니라 일체의 산판(山阪), 교야(郊野) 등의 진황지(陳荒地)도 포함한다. 그렇기 때문에 별행(別行)에 말한 산야는 삼림에 준하여 본법을 적용한다고 한다.

문: 제2조 국유삼림 산야의 매각, 양여, 교환, 대부에 구별과 국유 임산물의 매각이라 함은 무엇이며 사유라도 이 법규에 의하는가?

답: 매각은 매도함이니 가령 국유 삼림이라도 부득이 매도할 필요가 있을 경우에는 농상공부 대신이 심사회에 의결을 거치고 이를 수의매도(隨意賣渡)한다. 그 매도의 필요는 「국유 삼림 산야 및 산물 처분규칙」 제1조에 상세히 적어 놓았으니 다음에 그 개요만 적기 힌다.

(…)

그러나 이는 단지 국유림에만 한정이오. 제실림과 공·사유림의 삼림 산야는 그 소유 주권이 자재(自在)한즉 농상공부 대신이 직접 매도하거나 양여, 교환, 차대의 권리는 없다. 이하 별

45 규칙과 법식.

기한 양여, 교환, 대부의 조건도 이와 마찬가지이다.

〈자료 41〉 사설: 「삼림법」에 대한 경고(경남일보, 1910.01.17, 2면 1단)

대저 삼림은 우리의 일상 수요에 가장 필요한 산업이라 그 이익의 다대함은 말할 필요도 없거니와 또한 산업상 이익뿐만 아니라 각종 방면으로 그 효과가 심대함으로 일본의 어느 임학자가 말하기를 삼림은 경제상, 교육상, 종교상, 문학상, 국방상, 윤리상에 지대한 관계가 있으니 일국의 정치, 정책은 반드시 임정에 주의할 것은 불가결한 일이다.

어느 나라던지 그 국토에 들어가면 그 산악이 동탁(童濯)[46]하고 원야가 황량함을 본다면 그 나라의 빈약함을 미루어 알 수 있을 것이다. 현재 아국의 국내를 회고하면 산악은 동탁하여 사태(沙汰)[47]가 발생하고 원야는 황량하여 사막과 같으니 그 빈폐(貧弊)의 심함을 실로 통탄하는 바이로다.

기왕 45년 전에는 아국도 삼림의 금법(禁法)이 엄중함으로 산악이 울창했다고 하더니 최근 10년 이래로 금법이 해이해져 마침내 금일과 같은 상태에 이르렀다. 정부에서 이를 위해 「삼림법」을 발표하고 조림업을 장려하니 인민은 이 시기에 응하여 임업에 착수해야 한다. 그러나 인민 된 자는 이 법령의 해석에 몽연(蒙然)[48]하여 보안림(保安林), 부분림(部分林) 등의 의의를 알지 못하여 국유림, 공유림, 사유림의 분별을 살피지 못하고 몽매(夢寐) 중에 살아가는 자가 많았다.

부분림의 설정은 고사하고 자기가 소유한 삼림, 산야도 등한시하고 지적 및 면적의 약도를 조제하여 기한 이내에 신고하는 것을 알지 못했다. 1910년이 초과하면 「삼림법」 시행의 기간이 이진(已盡)한 후는 공사유를 물론하고 신고한 지적이 없는 것은 모두 국유로 간주할 지니 이때에는 원통함도 무용이오 후회라도 막급이라, 공·사유의 삼림, 산야가 모두 국유지로 점탈될 것이다. 그렇기 때문에 본 집필인은 일반 동포에게 이를 권고하기 위하여 연일 문답을 피하지 않았다. (…)

---

46 산에 초목(草木)이 없음.

47 언덕이나 산비탈이 무너지는 일.

48 사물(事物)의 속내를 잘 모름.

〈자료 42〉 지적보고에 관해서(대한매일신보, 1910.04.01, 1면 1단)

오호라, 민유 산림 지적보고의 3년 기한이 백구(白駒)의 과극(過隙)과 같이[49] 겨우 6~7개월만 남았다. 우리가 기왕에 붓을 들어 지적보고를 재촉했지만, 지금에도 안면(安眠)한 자가 많다고 한다. 이 어찌 가탄(可嘆)할 일이 아닌가?

그렇기 때문에 지금 한마디로 국민 동포를 제성(提醒)[50]하며 당국자에게 권고하고자 하노라.

먼저 국민 동포에게 제성하노니, 동포는 급히 산림을 측량하여 지적을 보고해야 한다. 만일 그렇지 아니하고 6~7개월의 단기간을 무료(無聊)히 보내면 후회해도 소용이 없을지니라.

그 지방 인민 중에 어느 날 아무리 지적을 보고하더라도 필경 산림을 빼앗길지니 지적을 보고하는 것이 무슨 득이 있소라고 하는 자가 있으나 이는 이익이 없는 망론(妄論)이오. 어느 날 일본인 측량자가 측량하지 않으면 무효라고 하는 자가 있으나 이는 이유가 없는 우견(愚見)이오. 또 어느 날 관리가 독려는 아니하고 도리어 저지할 뿐으로 즉 지적보고가 무용하다라고 하는 자가 있으나 이는 상식이 없는 어리석은 생각이다. 돌이켜 보건대 국민 동포는 이들 완몽(頑蒙)[51]을 만들지 말고 속히 이 지적보고를 실행해야 한다.

다음으로 당국자에게 권고하노니 당국자는 급히 인민의 지적보고를 장려함이 가하다. 만일 그렇지 아니하고 인민으로 하여금 불행의 지경에 빠지게 하면, 이 또한 당국자의 책임이라고 할 수 있다.

그 지방관리가 혹 측량취체규칙을 제정하여 산림측량을 금지한다 하며, 혹 삼각 측량을 이해하지 못하는 기술자는 산림측량을 불허한다 하며, 혹 산림증명을 지체한다 하니 이는 무법의 일이오. 돌이켜 보건대 당국자는 추호라도 민정에 뜻을 두고 속히 이 지적보고를 장려할지다.

마지막에 당국자에게 한마디 하면, 지금 이 지적보고가 영성(零星)한 책임이 인민에게 있든지 당국자에 있든지 막론하고 지금 이 지경에 이르렀으니 잔여 기한 6~7개월 내로는 도저히 이 지적보고의 완료를 보기 어려울지니 당국자는 심사하여 그 기한을 연장케 하여 관민은 서로의 직(職)을 다하여 민국복리(民國福利)의 보(補)를 만들게 함이 어떠하오?

---

49 눈 깜짝할 사이 지나갔다는 의미.

50 잊었던 것을 생각하여 깨우치게 함.

51 완강(頑強)하여 사리(事理)에 어두움.

〈자료 43〉 「삼림령」과 민원서(民願書)(매일신보, 1913.11.29, 2면 4단)

종래 「삼림령 시행규칙」 제2조에 의하여 제출하는 민원서에 첨부하는 도면은 실측으로 하고 1911년(明治 44) 8월 31일 조선총독부 고시 제272호의 제10호 양식에 의하여 작성해야 했다. 그럼에도 불구하고 일반 인민은 왕왕 이를 정비하지 않는 자가 있어 조사상 불편함이 적지 않다. 따라서 지금 이후는 반드시 실측을 필요로 하되 가급적 평판측기(平板測器)를 사용하고 위의 제10호 양식에 따라 출원지 부근의 상황을 상세히 명기하는 도면을 첨부해야 한다. 또한 도면의 축척은 10정보 이하는 1/1,200, 10~100정보는 1/3,000, 100정보 이상은 1/6,000로 극히 주의 조제해야 한다.

〈자료 44〉 소위 연고림에 대하여 상(上)(조선일보, 1924.02.16, 1면 1단)

민중 생계의 최상 막중한 문제는 식(食)이라는 것임으로 그 식의 대종원료(大宗原料)가 나는 농업을 천하의 대본이라 하는데 (…) 현대 문명의 제도에서도 부강을 자랑하는 국가에서 국민 권업상 임업 행정이 농정 행정과 평행되는 것을 보면 산림도 이용후생(利用厚生)의 공효(功效)가 저대(著大)하여 경시하지 못할 것으로 민생 대본의 하나가 된다 할 것이다.

그런데 현재 조선에서는 「삼림령」이란 것이 제령 10호로 발포된 후 금일까지 수미상접(首尾相接)으로 발생하는 탄원, 진정, 항의의 갖은 분쟁은 모두 임야 처분의 불공평, 불합리하다는 것으로 연심월적(年深月積)하도록 해결이 되지 못하였다. 그러한 분쟁의 이유는 한둘이 아니겠지만은 그중에도 유일한 원인은 「삼림령 시행규칙」 제2조에 "국유 삼림의 매각, 교환, 양여 또는 대부 또는 산물의 연기매각(年期賣却)을 받고자 하는 자는 도면을 첨부하여 조선총독 또는 지방장관에게 출원함"이라 함과 「삼림령」 제7조 "국유 삼림의 대부를 받은 자에 대하여 사업이 성공된 경과에는 그 삼림을 양여함"이라 하는 조문에 의하여 국유 삼림의 대부나 양여를 받을 수가 있다고 한다. 동시에 완전한 소유권으로 확인할 만한 증가가 없고 「삼림령」 제28조에 "본령 시행 전에 설정한 부분에 대하여는 종전의 규정에 따름"이라 함과 제29조에 "본령 시행 전에 영년금양한 국유 삼림은 제7조의 대부를 받은 것으로 간주함"이라는 조문에 의한 것 이외에는 누구의 소유 임야라도 모두 국유로 인정하여 누구라도 대부를 출원(出願)할 수 있다는 해석 때문이었다. 이에 따라 일본인 개인 또는 법인이나 관청의 경로가 있는 조선인 유력자는 법령을 이해하지 못하고 능력이 미열한 잔민(殘民)의 임야로 자기 사업에 유망할 듯한 구역이면 무슨 수단을 쓰든지 그 도면을 작성하여 대부신청서를 제출하면 관청에서는 전후 심사하지 않고 그 출원인의 설계에만 의하여 허가를 하였다. 이와 같이 되니 그 재래의 관계 주인이 늦게 항쟁하여 관청에 진술하면 법령에 의해 결정한 것은 진퇴할 수 없다는 한마디로 거절한다. 이것을 당한 인민은 그대로 지식(止息)[52]하는가 하면 그런 것도 또한 아니어서 소요(騷擾)가 전국 13도에 없는 곳이 없는 것으로 생업이 조절되고 선묘를 상실하여 그 원한은 환산할 비경에 이르렀다 하는 것이 부락으로도 얼마이며 개인으로도 얼마인지를 헤아릴 수 없게 되었다. 그러나 이것은 모두 「삼림령」 시행 초에 행정 당국도 민정을 고찰하지 못하고 처분을 신중하지 못하였다가 금일까지 그 폐단을 수습하지 못하는 것이오. 그리하여 그 사정을 시행함에 이르러서 국유와 민유를 구별할 때에는 순국유를 제외한 「임야조사시행수속」 제27조 좌항 9호에 해당한 것만 민유로 판정하고 그 나머지는 모두 「임야조사령」 제3조 2항에 "국유 임야에 대하여 조선총독이 정한 연고가 있는 것은 전항의 규정에 준하여 신고함"이라 하는 조문에 의하여 조사의 신고를 제출하게 되었다. 그러고 보니 소위 연고 임야는 소유도 아니고 점유도 아니고 직접 국유도 아닌 이상한 상태에서 그 연고사는 보통의 민유나 국유와 동일히 신고하여 사정이 지난 지 한참이 된 현재에 조사의 선후를 좇아 그 사정이 공시된 곳도 있고, 공시되지 못한 곳도 있다. 그러나 대체로 조선 전국의 임야사정이 완료되어 감을 따라 그 연고 임야도 국유, 민유와 같이 연고라는 명의를 가지고 확정될 시기가 도래하였다.

그러면 상술한 것과 같은 소유도 아니고 점유도 아니고 직접 국유도 아닌 이상한 상태에 있는 연고 임야는 「조사령」 이전에 함부로 대부를 허가하던 것 같은 폐단은 다시 없다 하겠지만은 민유라던지 국유라던지 일정적으로 귀결을 짓고 마는 것이 이해관계의 안전한 것이다.

〈자료 45〉 폭등하는 청양 시탄(柴炭) 가격(조선일보, 1925.12.21. 2면 0단)

청양군 읍내 부근은 원래 산이 없고 들이 있는 지방으로 나무와 숯이 별로 많지 못하다. 따라서 작년 평균 시가(時價)로 말하면 솔가지(松枝) 한 짐에 보통 40~50전, 숯 한 짐에 1원 30~40전에 불과하던 것이 금년 초가을부터는 시세가 오르기 시작하여 나무 한 짐에 80~90

---

52 진행해 오던 행동을 잠시 멈춘다는 의미.

전과 숯 한 짐에 3원 50전까지가 보통 시세로 매매되었다.

요사이에 와서는 적설(積雪)이 태산 같고 일기가 맹렬히 추움으로 더욱 나무 값이 폭등하여 한 짐에 1원 50전에 매매가 됨으로 일반 상황이 심각하다. 이제 그 자세한 사정을 듣건대 원래 나무가 풍족하지 못한 지방에서 금년부터는 삼림조합으로부터 채벌 허가를 절대로 해 주지 않음으로 산곡 사람들이 겨울 나무를 예비하지 못했다. 따라서 읍내 시장으로 말할지라도 하루에 수백 짐의 나무가 매매되던 것이 요사이에 와서는 하루에 나무가 불과 몇십 짐밖에 안 되므로 그 가격이 폭등하여 일반 생활에 타격이 막심하다고 한다.

〈자료 46〉 배고픈데 추위까지 않으며 나무 도적(조선일보, 1927.02.27, 3면 7단)

26일 오전 11시경 시내 본정서(本町署) 사법계(司法係)에는 단 하나밖에 없는 아들을 놓아 달라고 애걸복걸하는 늙은 부인 하나가 있었다. 이제 그 자세한 내용을 들으면 이 노파는 시내 광희정(光熙町) 일정목(一丁目) 이재수(李載洙)의 어머니로 얼마 전까지는 이재수가 손발이 달도록 노동을 하여 6식구의 모진 목숨을 이어 가던 중 설상가상으로 이재수는 다리병을 앓게 되어 몇 달을 두고 병석에 신음하는 몸이 되었다. 온 집안 식구는 속절없이 굶어 죽게 되자 생각하다 못한 늙은 모친은 일본 사람의 집에 고용살이를 하여 몇 푼 받는 벌이로 그날그날을 지내던바 수일 전에 늙은 어머니가 무슨 일로 마을에 간 사이에 날씨가 돌연히 추워져서 굶주린 아이들은 거의 얼어 죽을 지경에 이르렀다. 이에 이재수는 아픈 다리를 이끌고 장충단 공원에 올라가서 나무를 하다가 산직(山直)에게 발견되어 「삼림령」 위반으로 본정서에 안치 중이다.

〈자료 47〉 연고림 취득 문제로 면사무소에 쇄도, 면장 구타(조선일보, 1928.12.16, 5면 3단)

경상북도 상주로부터 오는 소식에 의하면 상주군(尙州郡) 외서면(外西面) 가곡동(佳谷洞)에 있는 연고림을 얼마 전에 면유림으로 편입한 일이 있어서 면사무소와 면민 간에 감정이 매우 소격하게 되었다. 그러다 수일 전에 동민(洞民) 두어 사람이 그 산에 가서 나무를 하다가 「삼림령」 위반으로 처분받게 되었음으로 동민들이 면사무소로 가서 용서를 애원하였으나 듣지 아니함으로 촌민들은 크게 격앙하여 지난 10일에 촌민 60여 명이 면사무소로 기세등등하게 쇄도하였다. 그 후 면장 오성재(吳聖在) 씨를 잡아내어 모둠매를 때린 까닭에 면장은 전치 3주일의 부상을 당하고 일시 인사불성의 상태에 빠졌다. 촌민 중에 김상복(金相福) 외 10여 명은 방금 소관 상주서(尙州署)에 검거되어 엄중한 취조를 받는 중이라고 한다.

〈자료 48〉 단천에서 면사무소 습격(조선일보, 1930.07.21. 2면 8단)

단천삼림조합에서 신탄·목재 벌채 단속이 너무나 가혹하다고 불평을 품어 오던 하다면(何多面) 연대리(蓮臺里) 주민들은 삼림조합 출장원 모씨와 일본인 모씨의 폭언에 격분을 금치 못하여 면사무소에 몰려가 항의하였다. 그런데 출장원들이 순사 자전거를 집어던지는 등 그 폭행이 너무 심하므로 이에 반항하여 면사무소를 파괴하고 출장원 및 면직원, 순사 등을 난타하는 참상이 벌어졌으며 이때 군중은 만세를 고창했다. 한편, 주재소에서는 이를 본서에 알려 경찰 20여 명의 응원을 얻어 진압에 노력하던 중 오늘 아침 4시부터 검속이 시작되어 40명이 압송되었다. 이에 남녀 수백 명이 경찰서에 몰려와 무조건 석방을 요구하면서 해산하지 아니하므로 사태가 매우 위급하게 되었다.

〈자료 49〉 단천사건의 발단(조선일보, 1930.07.24. 3면 1단)

단천사건을 일으키게 된 그 자세한 내용을 들으면 단천군에서는 수년 전부터 준비하여 오던 삼림조합을 일부 반대가 있었으나 지난 5월 1일에 5, 60명의 조합원이 모여서 창립총회를 마친 후 조합비 고지를 발부하였다. 그런데 하다면 연대리에서 주민들이 조합에서 탈퇴하겠다는 의사까지 갖고 있었는데, 수일 전에 삼림조합 간수(看守) 양성환(梁成煥)이 허달규(許達奎)의 집에 가서 주인은 없고 부인만 있는데 얼마전 베어 온 나무를 보고 시끄럽게 굴었으므로 이 말을 들은 주민들은 더욱 격앙했다. 그래서 지난 17일에 면사무소에 쇄도하여 억울한 사정을 말하니 삼림조합 간수가 다시는 안 그러겠다라고 하여 무사히 해산하였다. 다음 날 18일에 군조합으로부터 삼림주사 박만훈(朴晩勳)과 고토(後藤) 두 사람이 가서 양성환을 주재소로 데려가고, 또 동내 설효식(薛孝植)의 집에 가서 화목(火木) 몇 단이 있는 것을 보고 문제를 삼아 면사무소에 데리고 가서 처벌한다고 힐난했다. 이에 주민들은 격분하여 면사무소에 이르렀는데 삼림주사와 면직원들은 폭언을 하며 자전거를 군중에게 던졌음으로 군중은 고함을 치고 달려들어 출장원은 물론이고 면직원을 비롯하여 이시이(石井)라는 순사를 붙잡아 난타하여 중상을 입히고 면사무소를 파괴했다. 이에 따라 19일 새벽부터 40여 명을 검속하게 된 것이다.

〈자료 50〉 춘천 삼림조합에서 총동원 일제 취체(조선일보, 1931.01.23. 7면 5단)

춘천삼림조합에서는 수일 전부터 삼림조합 직원, 서기, 기수, 보호원 십수 명을 총동원하여 대오를 나누어 신남면, 남산면, 남면 등의 순서로 방방곡곡 유루가 없는 일제 취체에 나섰다. 이 때문에 가뜩이나 곡가(穀價)의 하락으로 허덕이고 있던 농촌 일대에는 그들의 자취가 닿는 곳마다 공포를 느끼며 원성이 높아지고 있다고 한다.

그 까닭을 들으면 농민의 대다수는 자기 소유의 삼림이 없을 뿐만 아니라 남의 산에 입산표(入山票)조차 차마 받을 바가 없다. 불을 때고 사는 이상 나무를 사서 땔 형편도 못 되는 그들은 집집마다 범칙(犯則) 아닌 사람이 없을 것으로 많은 농민들이 벌금의 처분을 받게 되는 까닭이라고 한다. 삼림조합에 대해서는 평소부터도 여러 가지 말이 많으며 그 원성이 높다 함은 자주 듣는 바로 장래 크게 우려되는 것이 사실이다. 더구나 이번과 같은 일제 취체는 범칙자를 내기 위한 전문 취체로서 그 결과 여하와 함께 장래 크게 주목을 받는 바라고 한다.

〈자료 51〉 금산군 삼림조합리(森林組合吏)의 취체 수단이 가혹(조선일보, 1931.01.27. 7면 1단)

지난 21일 오후 3시경 전북 금산군 제원(濟原)에서는 소위 삼림의 도벌을 취체하려고 다니던 금산군 삼림조합 직원 임모라는 자가 돌연 나타나 13개 동리의 계인 신안송계(身安松契)에 어귀에 몸을 숨기고 있다가 앞의 13개 동리의 주민들이 이른 아침부터 죽을힘을 다해 온종일 떼오는 나무를 삼림조합 임모는 그 가운데 청송(青松)이 몇 가지씩 섞여 있다는 것을 구실로 그들이 하루 종일 노력한 보수인 그것을 모조리 뺏어서 함부로 불에 태워 버린 사실만 해도 일반은 너무나 혹독하다고 느낄 것이다. 하지만 그는 오히려 그것도 부족하여 농군들의 자본인 '지게'와 '낫'은 말할 것도 없고 심지어 '밥그릇'과 '수저'까지도 모조리 불에 태워 버렸다. 그리고 제원리 김병룡(金秉龍)이라는 사람에게는 말할 수 없는 매질을 한 후 그가 입고 있던 '옷'까지 불에 태워 버려서 그 주머니에 들어 있던 '지갑', '인장', '돈' 등이 모조리 재가 되었다고 한다. 또 김인길(金仁吉)이라는 농군 역시 그에게 "모르고 청송이 한두 가지씩 섞여 있다고 그만 불에 태워 버린 것도 심각한 것인데, 그 후에 사람까지 때리고 옷까지 태워 버리는 것은 심하기 짝이 없다"는 어조로 그의 무리한 행위를 이야기했다. 그러자 그는 또다시 달려들어 그 농군의 머리채를 움켜쥐고 뺨을 치고 발로 차고 몽둥이로 난타하여 한동안 모진 매를 맞고 공포에 떨고 비분에 눈물짓는 사람이 부지기수였다고 한다.

농민의 격앙과 이원(吏員)은 탈주

위 금산군 삼림조합리(吏)가 신안송계 어귀에서 13개 동리민들을 폭행함으로 이에 농민들은 분개하였으나 관청의 세력이 두려워서 감히 어떠한 착수를 못하고 어름어름하면서 있었다. 그때 마침 이 소문을 들은 동리에서는 가족들과 친지들이 현장을 향하여 달려갔다. 여기저기에서 인심이 소란해지자 그는 그만 겁이 나서 더 이상의 행패를 계속하지 않고 '빵구'로 인하여 탈 수 없는 자전거를 억지로 집어 타고 어디로인지 창황히 달아나 버렸다. 이에 대하여 주재소에서는 사실을 조사 중이며 제원의 모씨는 말하기를,

"범칙(犯則)을 저질렀으면 당국자로서는 친절히 지도하여 다음에 범과(犯過)[53]가 없도록 할 것이고, 그것이 취체자로서 훈계로만 그칠 수 없으면 법에 부쳐 얼마든지 죄를 줄 수 있습니다. 그러한데도 불구하고 취체자로 직접 행동을 취하여 민중을 함부로 유린하는 것은 해서는 안 됩니다."

〈자료 52〉 「삼림령」 위반에 벌금형 받고 유리하다 자살(조선일보, 1931.08.04, 3면 7단)

경원선 연천역(漣川驛) 앞에 거주하는 한태수(韓泰洙)라는 청년은 다량의 양잿물을 먹고 자살하였다. 그 자세한 원인을 듣건대 해마다 닥쳐오는 불경기에 나무가 없어서 살 수가 없으므로 앞산에 가서 나무를 베어 온 사실을 삼림조합에서 알게 되자 벌금형 30원에 처하였기에 이를 물어내지 아니 하려고 피신하여 경성에 갔다가 도로 자기 집으로 왔다. 만약 벌금을 못 물게 되면 무서운 철창 생활을 하게 됨을 무서워하여 울다가 연천 천변에서 다량의 양잿물을 먹고 죽었다.

53 잘못을 저지른다는 의미.

〈자료 53〉 「삼림령」 위반 농민을 염천(炎天)하에 사역, 솔가지 하나 쪘다는 죄로

(조선일보, 1931.08.16, 7면 3단)

충북 영동군 삼림조합(森林組合)에서 최근에 이르러 소위 「삼림령」 위반에 대한 취체가 너무나 가혹하여 솔가지 하나 베었다는 이유로 농번기에 임한 수백 농민을 호출하여 설유(說諭)하거나 생활이 극도로 빈궁하여 호구할 길이 없는 궁민들에게 거액의 벌금을 가하는 등 당국의 무리한 처사에 대한 사실은 본보에 이미 보도한 바 있다. 영동군 삼림조합에서는 또다시 지난 10일에 30리 내지 5, 60리에 있는 양강면, 용화면 일대에 농민 50여 명을 「삼림령」 위반으로 호출한 바 있었다고 한다. 호출을 당한 그들은 새벽에 집을 떠나 오전 8시경부터 군청으로 모여들었는데, 삼림조합 당국자는 소위 범행에 대한 일장 연설을 한 후 그들을 돌려보내지 않고 군청 내에 잡초를 뽑게 했다. 더욱이 군 건견장(乾繭場) 앞에 새로 만드는 정구 코트에 돌을 줍게 하는 등 폭사하는 햇볕 밑에서 노예같이 그들을 혹사하였다고 한다. 혹사를 당한 그들은 관권에 눌리어 불평이 있어도 불평을 말하지 못하고 당국의 그 불법적 행동에도 하등 항변 없이 점심도 굶어 가며 오후 3시까지나 고역을 견디고 각각 돌아갔다고 한다. 소위 인민의 복리를 도모한다는 행정당국으로서 가령 그들의 범행이 「삼림령」 위반 조문에 해당한다면 법규에 의하여 처벌할 것이지 법령을 무시하고 법규에 벗어나는 불법적 행동에 나아가 그들의 하루의 노동력을 무상으로 사역하였다는 것은 어디로 보든지 당국자로서 하지 못할 일이라고 영동 사회의 여론은 점차 비등하고 있다.

〈자료 54〉 「삼림령」 위반 8천 건(동아일보, 1932.12.28, 1면 1단)

금년 1월부터 6월에 이르는 반년 동안 「삼림령」 위반으로 검속된 자가 실로 8,000건에 달한다고 한다. 반년 동안의 검거 건수가 8,000이라 하니 이 논법으로 나간다면 1년간 「삼림령」 위반자는 무려 1만 6,000건이나 된다. 내 산이 아닌 산에서 나무 한 대를 베어도 「삼림령」 위반, 내 산이 아닌 산에서 나뭇가지 한 개만 쳐도 「삼림령」 위반. 「삼림령」 위반은 적용 범위가 넓고 세밀하다. 남의 산 일초일목(一草一木)을 왜 벨까 하고 도시에서 생장(生長)한 인사는 상상키도 어려우나 대대손손 자가의 산림으로 갖고 있던 삼림이 국유지로 편입된 것을 모르고 이것을 벌채하거나 몇십 년, 몇백 년 동리의 공유림으로 여기던 산림이 개인에게 불하되어 이미 남의 것인 줄을 모르고 초목을 벌채하는 건 산간에서 흔히 보는 바다. 겨울은 춥고 보이는 것은 삼림인데 예사다. 사유 관념으로 보면 이런 행위는 추호도 용서치 못할 바이지만 현실과 법률과는 배치됨이 많다. 「삼림령」을 완화할 것이냐, 세민(細民)에게 산림을 줄 것이냐. 이것은 현재 조선의 급박한 문제 중 하나다.

〈자료 55〉 삼림보호와 민정(民政)(조선일보, 1933.09.02, 1면 1단)

1. 외국 사람들은 조선인을 평하여 삼림의 존재가 얼마나 이용후생의 가치를 가지며 또 얼마나 향토의 미관을 돋운다는 것도 전혀 이해하지 못하고 한갓 채벌로만 일을 삼는다고 한다. 현재 조선 도처에는 몰풍경한 민둥산(禿山)이 산재해 있고 또 그로 인하여 해마다 거대한 수해를 당하기 때문에 우리로서 그들의 평을 반박하기는 곤란하다.

   그러나 조선인의 애림사상이 부족하기보다도 조선인의 생활이 삼림을 아끼지 못하도록 만든 것이다. 만일 조선에도 온돌 제도가 행하지 않고, 또 화전민이 있지 않았으면 구태여 무림번수(茂林蕃樹)를 함부로 유린하고 짓밟아 버리는 일은 도저히 생각되지 않는다. 그럼으로써 조선의 삼림을 보호하려면 무엇보다도 첫째, 화전민 그들의 생활로부터 구출하는 동시에 온돌을 개량하거나 대용 연료를 제공하는 것이 절대로 필요한 일이다. 이 모든 근본적 대책을 등한시하고 엄격한 법령과 준열한 처벌 방침을 가지고 그 보호를 꾀해 봤자 그 결과는 인민의 생활상 위협과 아울러 악감(惡感)만 자아낼 뿐이다.

2. 작일 본보의 보도를 들으면 「삼림령」 위반이 작년 하반기에만 7,000여 건으로 검사국에 송국된 자가 3,000여 명이요. 기소된 자가 1,800명에 달한다고 한다. 그중에는 물론 고의의 벌채도 있고 또 「삼림령」을 알지 못하는 무지의 벌채도 있겠지만은 아마 생활 곤란으로 인하여 범법을 마지못해 저지른 것도 사실일 것이다. 돌이켜 조선의 농촌을 한번 살펴보라! 빈소농의 중요한 생활 수단으로서 장사하는 땔나무와 또 그 많은 농민들의 땔나무도 순연히 임야에서 구하고 있으며 선납의 방축(防築), 전포가택(田圃家宅)의 울타리 등 재료도 또한 임야에서 취하고 있다. 뿐만 아니라 금비(金肥)가 고등한 오늘날 녹비(綠肥)의 사용은 다시 격증할 것이니 그들은 법망을 무릅쓰고서까지 삼림 벌채를 감행하게 된다. 또 빈소농으로부터 화전민으로의 몰락도 해마다 증가하여 가는 것으로 1927년(昭和 2)부터 1931년(昭和 6)까지의 5개년 동안 화전민은 40%로 격증되었으며 금후로도 특별한 구제책이 나오기 이전에 그 증가 현상이 변하지 않을 것이니 화전민의 취체

아래 오직 범법자의 속출만을 면치 못하게 된다. 일찍이 사방사업(砂防事業)[54]을 말할 때도 이미 언급한 바 있거니와 삼림보호가 물론 총독부의 적절한 처치임에 틀림이 없다고 하더라도 폐해의 유래를 구명하여 먼저 그 근본의 대책을 세우고 또 인민의 생활을 참작하여 잠깐 그 완화의 방법을 두는 것이 필요한 일이 아닐까?

3. 1924년(大正 13) 5월에 삼림주사(森林主事)와 영림서(營林署) 직원에 대하여는 사법경찰관 또는 사법경찰리의 직무를 부여한다고 결정하고 지난 4월에 사법경찰관에 대하여 화전민 취체의 권한까지 부여하기로 결정하였다. 「삼림령」의 시행을 철저히 하기 위하여 삼림주사와 영림서 직원의 권한을 확대시키는 것도 필요하고 또 화전민의 삼림 감독을 방지하기 위하여 경찰관에게 그만한 권한을 주는 것도 필요할지 모르나 그 권한의 남용이 없지 않은 것 같다. 그것은 작년 하반기 송국자 3,000여 건에서 기소된 자가 겨우 1,800여 건인 것을 보아도 짐작할 수 있는 것이다. 삼림주사, 영림서 직원 등은 연초 전매국과 함께 무단 가택 수사, 양민 구타를 자행하는 폐해가 있어서 각 지방 주민의 비난 대상을 이루어 그 행동의 근신을 요하는 점이 적지 않다. 그들의 모든 행동이 감독관청이 시킨 것이라고 꾸짖지는 못하겠지만은 적어도 감독자로서 감독을 게을리하는 책임만은 묻지 않을 수 없다.

〈자료 56〉 삼림범죄의 격증(조선일보, 1934.07.08, 1면 1단)

1. 조선에 「삼림령」과 「국유임야보호규칙」이 실시된 이후 연료와 비료 가격이 등귀하여 가는 반면에 일반 세민은 이로 인한 고통이 더욱 심해짐은 해마다 늘어 가는 삼림범의 숫자가 증명하고 있다. 본보에 보도된 총독부 조사에 의하면 작년 중의 삼림범죄의 총검거 건수는 실로 2만 9,654건으로 전년에 비하여 8,212건의 격증을 보았다 한다. (…)

   그러나 이와 같이 격증해 가는 삼림범죄 현상에 대하여 당국에서 간단히 '국법 위반의 불량 국민'이라고 속단하고 범죄자의 근절을 목표로 현행 삼림법규 강행에만 주력한다

54 사방사업은 비가 많이 오거나 바람이 심하여 흙·모래·자갈 등이 이동하여 나타나는 재해를 예방·복구하기 위해 실시하는 공사를 말한다. 사방사업에는 주로 토목적인 방법과 조림적인 방법 또는 양자를 병행하여 실시하고 있다. 시공 장소에 따라 산지사방·야계사방(野溪砂防)·해안사방으로 대별한다. 사방사업은 황폐지를 복구하거나 산지, 기타 토지의 붕괴, 토사의 유출 또는 모래의 날림 등을 방지 또는 예방하기 위해 공작물을 설치하거나 식물을 파종, 재식하는 사업 또는 이에 부수되는 경관의 조성이나 수원의 함양을 위한 사업이다.

는 것은 재삼 고려할 필요가 있는 일이다.

2. 삼림이 필요한 조선에서 삼림보호를 여행(勵行)하는 당국의 방침에는 물론 이의가 없다. 곳곳이 민둥산으로 산수가 화려하지 못한 것은 그다지 큰 문제가 아니라 하더라도 해마다 홍수의 참화를 당하고 있는 조선으로서는 무슨 방법으로던지 삼림보호를 여행하여야 하겠다는 것은 식자가 공인하는 바 사실이다.

이러한 필요에 의하여 구 한국시대에 이미 「삼림법」을 제정, 발포하여 삼림보호에 노력하였고, 그 후 총독부 제령으로 여러 가지 법령을 제정하여 계속 노력하여 온 것은 만인이 주지하는 바이다. 최근 「국유임야보호규칙」의 제정, 시행에 의하여 당국의 삼림범 취체는 한층 더 조직화되었고, 따라서 상술한 바와 같이 삼림범죄는 매년 격증의 현상을 보이게 되었다. 그러나 삼림범 취체에 대해서 당국으로서 망각해서는 안 될 점은 취체의 궁극적 목적이 삼림보호 자체에 있는 것이 아니오, 삼림보호에 의해 그 땅에 사는 주민의 생활을 보다 더 향상하려 함에 있다는 점이다. 따라서 극도의 엄중 취체에 의하여 일반 인민이 받는 고통이 그로 인해 얻을 효과보다 큰 경우에는 입법의 정신으로 환원히여 이를 완화할 수도 있어야 할 것이다.

3. 조선인이 어느 다른 국민 또는 민족보다 특별한 범죄성이 풍부하지 않은 것은 여기서 새삼스럽게 이야기할 필요가 없다. 그럼에도 불구하고 조선에 필요한 삼림법령에 위반한 건수가 연 2만 9,000여 건에 달할 뿐만 아니라 이 현상이 매년 증가되어 가는 반면에 그들로 하여금 그렇게 만드는 무슨 필연적 외적 조건이 없지 않을 것이다. 그러면 그 필연적 조건이란 무엇인가? 조선에는 외국에 없는 조선 독특의 온돌제도가 있다. 이 온돌제도가 좋고 나쁘고는 잠깐 다른 문제로 하고 이 제도 때문에 연료가 많이 들고 연료의 결핍으로 삼림범이 많은 것만은 사실이다. 그런데 현재 형편으로는 조선에서 온돌제도를 폐지하기는 지난한 일이다. 온돌을 구경도 못한 일본 내지인도 한번 조선에 와서 온돌의 온미(溫味)를 보면 이것을 찬양하는 상황이다. 대대로 온돌에서 살아온 조선인이 하루아침에 이를 폐지할 수 없는 것은 물론이다. 다른 한 가지 사정은 조선 농업도 점차 조방적 상태로부터 집약적이 되어 옴에 따라서 비료의 절대 필요를 느끼게 되었는데, 금비가 현재와 같이 고등한 이상 결국 녹비에 의하지 않을 수 없게 되니 이 또한 삼림범을 증가하게 하는 하나의 원인으로 되었다. 만약 당국에서 작금과 같이 삼림범 취체를 엄

중히 해야 하면 이상 두 문제, 특히 조선 가정의 연료 문제를 해결해 주어야 할 것이다. 이에 관한 대책이 없이 취체만 엄중히 한다면 백성의 고통만 더할 것이오. 결국 아무런 성과가 없을 것이다. 우선 그들의 당면 문제 해결에 노력할 것이오. 해결책이 성안되기까지 현재의 삼림 취체를 완화하여야 할 것이다.

〈자료 57〉 임야정책의 완화(조선일보, 1935.08.05, 1면 1단)

1. 조선의 임야 총면적은 1,644만 정보로서 조선 총면적의 74%를 점하였다. 그리하여 설사 그중 280만 정보가 전부 미입목지라고 할지라도 입목지가 1,912만 정보, 산생지가 265만 정보이므로 이 임야의 조선에서의 가치는 지대한 것이며, 이것의 선용(善用) 여부는 국가 인민에 중대한 관계를 가진 것이다.
2. 그런데 과거 조선의 임야정책을 보면 과연 민간의 이익을 더 많이 염두에 두었는가? 단순한 임야 보호를 위한 임야정책이었는가를 의심할 만한 정도였다.
   1908년(明治 41) 조선통감부는 한국 정부에 권하여 「삼림법」을 발포하여 임야보호 취체의 기본을 정하고 또 「삼림법」 부대의 「처분규칙」, 「부분림규칙」, 「토석채취규칙」을 발포하여 임야의 보호 경영, 식림의 장려, 산물의 처분에 이바지했다. 그리고 1911년(明治 44) 6월 다시 「삼림령」을 공포하고 또 「시행규칙」을 제정하여 식림의 보급 장려 및 삼림의 보호, 영림감독을 주로 했다. 아울러서 국유 임야의 정리 및 경영을 기하였으며 나아가 1912년(大正 1)에는 임야의 국유, 사유에 관한 표준을 정하였다. 그 결과 국유 임야 531만 정보, 민유 임야 113만 정보라는 국유 임야 면적의 엄청난 통계를 보게 되었다.
3. 국유 임야 면적이 이와 같이 방대한 것은 봉산, 금산(禁山)이라 하여 벌채를 금하였던 국유림과 인민의 자유 입산을 허하였던 소위 공산(公山)을 전부 국유림으로 편성했기 때문이다. 그 외에 첫째 민유 임야로서 그 임상이 민유로 인정할 만한 표준에 달하지 못하였다는 것, 둘째 구 「삼림법」의 규정에 의한 지적계를 게을리한 것, 셋째 고기(古記) 또는 역사의 증명하는 바에 의하여 사찰에 연고를 가지는 것이라도 필요에 의한 것은 국유로 사정했기 때문이었다. 그리하여 이 처분에 대한 불평은 현재도 상당하거니와 임야 처분 당시에 실로 중대한 것이었다. 조선 전래로 가져온 사유림과 무주공산이라 하여 자유롭

게 벌채하던 임야가 일단에 국유로 편입되어 일초일목을 손대지 못하게 되니 어찌 관념상 소유의 상실뿐이리오? 일상생활의 대기초가 되는 연료, 목재, 토지에 중대한 손실이었다. 그리하여 당국은 1926년(大正 15)부터 국유 임야라도 민간에 연고가 있는 350만 정보는 연고림이라고 하여 1926년 4월 제령 제7호로써 「조선특별연고림양여령」을 제정했다. 따라서 같은 해 12월 부령 제80호로써 「시행규칙」을 발포하고 다음 해인 1927년(大正 16) 2월 1일부터 위 연고 임야는 모두 해당 연고자에게 무상양여하기로 했다. 1933년도(昭和 8)까지 처분한 국유 연고림은 110만 8,000여 건, 130만 4,000여 필, 390만 2,000여 정보에 달했다.

4. 그러나 이 연고림의 양여는 임야 소유자에 대한 양여요. 무주공산에 매달려 살던 누만(累萬)의 세민에게는 하등 은혜를 주지 못하였다. 물론 토지를 못 가진 빈농이 국유지를 불하받은 지주로부터 토지를 차경하는 것과 같이 임야의 시초를 잘라 주어 그 일부분을 얻어 쓰는 것이 있을지 모르나 이전과 같이 시초를 풍부히 벌채할 수는 없다. 그리하여 그들은 「삼림령」의 처벌이 있는 줄 알면서도 겨울의 동사(凍死)를 면하고자 보안림 구역 내에 침입하여 시초를 도벌한다. 이것이 해마다 수만의 건수를 내는 「삼림령」 위반이란 것이다. 어찌 한두 명 개인의 생활 문제리오?

5. 당국에서는 이에 비춰서인지 다음 해부터는 임야의 보존제일주의(保存第一主義)를 완화하여 임야를 개방하여 농경지 혹은 목장지로 한다고 한다. 그러나 농경지나 목장지를 개방한다 할지라도 일부 자산계급에 개방하고 세민에게 개방하지 않는다면 하등 효과가 없을 것이다. 왜냐하면 그들은 경지를 가졌기 때문이다. 그러므로 공개림(公開林)을 만들어 연료를 제공하게 하며, 촌락 공동 경작지를 만들어 세민들에게 경작할 땅을 가지도록 해야 비로소 산림 개방의 의의가 있을 것이다.

이렇게 하려면 관리비 같은 것이 필요한 것도 사실이나 기껏 임야를 개방한다고 세민에게 이익이 균점되지 않는다면 종래의 임야 대부가 결국 일부 자산가의 이익을 옹호했다는 것과 같은 비난을 면하지 못할 것이다.

〈자료 58〉 「삼림령」 위반(조선일보, 1933.08.31. 3면 5단)

조선의 궁민범죄로 형사정책상 중요한 문제가 되는 「삼림령」 위반 범죄의 작년 하반기 검거 상황을 보면 합계 7,522건으로 상반기보다도 885건이나 증가되었다. 그중 부령 위반이 3,512건, 도령 위반이 4,010건이다. 범죄별로 보면 부령 위반에만 도벌이 3,270여 건으로 범죄 대부분은 산에서 나무를 함부로 베어 갔다는 것이다. 그중에는 고의로 벌채한 것도 있겠지만, 대부분은 산림을 애호하는 생각이 부족한 데다가 땔나무가 없어서 산림에 들어가 함부로 나무를 베어다가 붙잡혀 처벌받게 되는 것이다.

검거된 인원의 처리 상황을 보면 작년 하반기는 상반기에서 넘어온 것 958건을 합하여 8,480건 중 훈계 방면이 4,303건으로 약 절반 이상을 점하고 있다. 경찰 당국과 영림서에 넘긴 것이 914건, 검사국 송치가 2,460건, 그 외 733건은 처리가 되지 못하였다. 그런데 이상의 즉결 관청과 검사국에 넘긴 사건 합계 3,374건 중 즉결 관청에서 처벌한 것이 928건, 검사국에 기소한 것이 1,828건으로 전에 비해 290건이나 증가하였다고 한다.

(3) 산림법령 제정과 산림이용 제한

〈자료 59〉 『주막담총(酒幕談叢): 1910년대 일제의 비밀사찰기－공주를 주막에서 엿듣다』(국립공주대학교 공주학연구원 · 공주시, 2017)

『주막담총』 1권(공주헌병대본부 · 충청남도경무부, 1911, 원본 344쪽, 번역 251쪽)

요즘 땔감이 없어서 밥을 못했기 때문에 장안리(壯安里)에 있는 소나무 산에서 나무를 하게 해 달라고 헌병대에 전했지만 허가해 주지 않았어요. 나무도 중요하긴 하지만 땔감이 없는 것도 곤란하지요.

『주막담총』 1권(공주헌병대본부 · 충청남도경무부, 1911, 원본 466쪽, 번역 347쪽)

「삼림법」은 참으로 가혹한 법령이다. 솔가지 하나 꺾어도 주재소에 탐문당하고 순사가 나와 엄히 금지하기 때문에 산림 주인마저 솔잎, 섶 한 짐도 미리 모아 둘 수 없으니 이 엄격함에 얼어 죽을 지경이다.

『주막담총』 3권(공주헌병대본부 · 충청남도경무부, 1913, 원본 15쪽, 번역 377쪽)

2~3년 된 나무를 베는 걸 금지하는 것이 국가에도 인민에게도 이롭겠지만, 나뭇가지를 줍는 것조차 쉽게 허가해 주지 않으니 이 점이 곤란하다.

『주막담총』 4권(공주헌병대본부 · 충청남도경무부, 1914, 원본 159쪽, 번역 431쪽)

산림 단속도 적당히 하지 않으면 사람을 죽여서 나무를 살린다는 말이 나올 것이다.

〈자료 60〉 「삼림령」 및 부속법규(岡衛治, 1945, 『朝鮮林業史 上』, 195~197쪽)

한국 정부 시대에 발포된 「삼림법」의 시행은 조선 임정상 일대 개혁이었으나 시세의 변천과 함께 기왕 3년간 실시한 경과에 비춰 아직 이것으로서 만족할 수 없었다. 한층 더 민간의 상황에 적합시키고자 조선총독부에서는 최초의 삼림법령으로서 「삼림령」을 제정하고 1911년(明治 44) 6월 20일 조선총독부 제령 제10호로서 이에 따르는 부속법령과 함께 공포하였다. 같은 해 9월 1일부터 실시하기로 하고 동시에 이전의 「삼림법」은 폐지되었다. 이것이 현행의 「삼림령」으로 조선의 임정 근본 방침을 수립한 것이다. 그 주요한 점은 구 「삼림법」에 대비하여 보안림 이용의 제한을 완화하고 영림의 감독을 규정하고 부분림제도(部分林制度)를 폐지하여 대부조림을 장려하기로 했다는 것이다. 그밖에 기타 국유 임야의 보호명령, 임야 및 산물의 처분, 지방 장관에 대한 위임 권한의 확장 등이 있었다. 원래 이 「삼림령」은 일본 본토에서의 「삼림법」과 「국유임야법」을 합친 성격의 것으로서 일본 본토에서의 「삼림법」은 주로 공법적(公法的) 관계를 규정하고 일반 삼림의 이용, 경영상에 간섭을 주는 사항을 정했다. 「국유임야법」은 주로 사법적(私法的) 관계를 규정하고 국유 임야 및 그 산물의 관리 처분 및 정리에 관한 사항을 정한 것이었다. 하지만 조선의 새로운 「삼림령」은 공법적 관계 이외에도 사법적 관계도 아울러 규정하였다. 다시 그 내용의 주요한 점을 개설하면 다음과 같다.

① 국가 소유의 필요가 없는 부분은 점차 이것을 민간 소유로 옮겨 임야의 정리를 했다. 동시에 조림사업 장려를 위해 조림을 목적으로 하는 국유 임야의 대부를 실시하고 사업 성공이 된 뒤에는 무상 양여하는 제도를 만들었다는 것.

② 종래 지방의 관행은 되도록 이것을 존중하고 국유임야입회(國有林野入會)의 권리를 인정

한 것.

③ 지역주민으로 하여금 국유 임야의 보호를 하도록 하고, 그 보수로서 자가용 신탄(薪炭) 재료, 기타의 산물의 일부를 양여하는 길을 열었다는 것.

④ 국토의 보안, 기타 공익상 필요한 토지에 대해서는 보안림의 편입 또는 개간의 금지 제한을 실시하고 피해를 예방하는 일.

이상과 같은 내용으로서 요컨대 식림사업은 정부의 경영만으로서는 쉽게 완성할 수가 없으므로, 일반 인민으로 하여금 애림(愛林) 관념을 가지게 하고, 식수(植樹)의 필요를 인식시키는 것을 가장 중요한 대책으로 하였다.

〈자료 61〉 「조선삼림령」 및 부속법령 제정의 사정(齋藤音作, 1933, 『朝鮮林業逸志』, 196~220쪽)

1. 한국 「삼림법」 및 부속 법령의 불비

구 한국 정부에서는 1908년(明治 41) 1월 21일로써 「삼림법」을 발포했다. 그후 계속해서 「부분림규칙(部分林規則)」·「국유 임야 및 산물 처분규칙」·「삼림법 시행세칙」 등의 부속법령을 제정하고 시행해 갔다. 나는 1910년(明治 43) 1월 구 한국 정부의 초빙에 응해서 유심히 그 시행 실적에 대해 조사하고, 또 임적조사에 의해 얻은 자료를 바탕으로 고찰했다. 그 결과 현행의 「삼림법」 및 부속법령에는 적지 않은 결점이 있음을 깨달아 속히 이들 법령이 개정될 필요가 있다고 느꼈다. 지금 개정을 필요로 하는 주요 부분을 당시의 기록(1910년 8월 21일) 가운데서 발췌하면 다음과 같다.

(1) 부분림제도를 폐지하고 매각·대부 또는 양여의 제도로 고칠 필요가 있는 것.

① 부분림의 출원자 중에는 성의가 없는 자가 많다. 부분림제도에는 대부료 등의 출금을 필요로 하지 않기 때문에 그 출원자 중에는 성의가 없는 자가 적지 않다. 특히 대면적의 출원자 중에는 이 종류의 사람이 점증하는 경향이 있어, 실시 후 2년여가 지나지 않아서 그 폐해가 이미 현저한 것이 있기에 이르렀다. 그렇기 때문에

이 제도는 속히 이를 폐지하여 화근을 없애고 그 대신에 좋은 산림은 이를 매각하고, 그렇지 않은 산림은 대부를 하여 해마다 대부료를 징수하고, 조림 성공 시에 이를 양여하는 제도로 고치는 것을 득책이라고 생각했다.

② 부분림을 설정하기 위해서는 공사(公私)의 번거로움이 상당히 크다. 부분림에서 토지는 영구히 국유로 하고, 입목은 설정 전부터 존재하는 수목의 경우는 국유로 되나 설정 후 생긴 수목은 국가와 조림자의 공유로 되는 등 권리 관계가 복잡하다. 그렇기 때문에 이를 설정하기 위해서는 공사 모두 많은 번거로움이 필요하게 되는 점은 「부분림규칙」 등에 명백히 나타난다. 뿐만 아니라 실제를 보면 더욱더 번거로움이 큰 것을 통감하기에 이른다. 예를 들면 설정 전의 입목(국유)과 설정 후의 입목(공유)을 벌기에 이르기까지 명확히 이를 구별할 방법 같은 것은 조사를 한다고 해도 도저히 불가능하다고밖에 말할 수 없다.

③ 설정 후에 공사의 번거로움 또한 크다. 이는 「부분림규칙」의 내용에 명백히 나타난다.

④ 조림자에게 유리한 제도가 아니다. 법령과 계약을 어느 정도까지 공문(空文)으로 하지 않는 한 실제로 조림자에게 유리한 사업이 아니다.

⑤ 국가는 벌기에 달하기까지는 무수입이어서 불리하다. 재원이 궁핍한 한국으로서 치산비를 증가하기 위해서는 삼림 수입을 증가시킬 필요가 있지만, 부분림제도에서는 벌기에 달하기까지 완전 무수입으로써 치산사업 촉진상에서 볼 때 불리함이 크다.

(2) 「삼림법」 제19조는 실정에 적합하지 않고 또 무리한 규정인 것.

「삼림법」 제19조 삼림 · 산야의 소유자는 본법 시행일부터 3개년 이내 삼림 · 산야의 지적 및 면적의 약도를 첨부하여 농상공부 대신에게 신고해야 한다. 기한 내에 신고하지 않은 것은 모두 국유로 간주한다.

① 하등 대장(臺帳) 같은 공부(公簿)[55]가 없고 또한 어떠한 삼림 · 산야를 사유 · 공유로 할지의 규정도 공시되지 않은 상태에서 막연히 이런 명령을 발포한 결과 심각한 착오

55 관공서가 법령의 규정에 따라 작성 · 비치하는 장부.

에 빠지는 것은 당연하다고 생각된다.

② 한국 민중의 대다수는 이런 법령에 무관심할 뿐만 아니라 신고를 한다고 해도 실행상 무능력한 사람인 것.

③ 전문의 대행 직업자가 나타나 신고를 할 때는 곧바로 그 소유로 되면 기만적 선전을 하여 1건당 5원 내지는 10원 등의 수수료를 징수하는 옥석혼효(玉石混淆)[56]의 신고를 하는 자가 다수 발생하는 것.

④ 그렇기 때문에 진짜 소유자가 아닌 자가 신고하는 것이 다수이고, 진짜 소유자로서 신고하지 않는 자도 또한 다수인 것.

⑤ 2명 이상의 중복 신고도 다수 있음에 따라 벌목, 기타의 이용에 대해 분쟁이 발생할 우려가 있는 것.

⑥ 기간 내에 신고하지 않는 것은 모두 국유로 간주하는 규정은 문명의 법령으로서 온당하지 않은 것.

(3) 실정 및 관습 등에 적합하지 않은 점이 적지 않은 것.

① 지역민의 입회관행에 대해 매우 냉담하다고 생각된다. 국유 임야 중 과반을 점하는 공산(公山)에 대해서는 대부분 종래 오랜 기간 입회 또는 유사한 관행이 있다. 즉 사료 및 온돌 연료의 자유 채취는 물론, 경우에 따라서는 건축, 기타 용재로도 자유롭게 벌채하는 관행이 있는 것이 명백함에도 불구하고 「삼림법」에서는 갑자기 종래의 관행을 고쳐서 매수하도록 했다. 이는 지나치게 가혹한 것이며 실제는 종래대로 자유 채취하고 있어서 법령은 공문(空文)인 실상이다. 따라서 속히 적당한 정도로 완화·개정하여 지역 세민(細民)이 견딜 수 있을 정도로 해서 보육의 목적을 달성할 수 있게 해야 한다. 또한 그 실행 구역의 결정 등도 제정할 필요가 있다.

② 입회 임야 이외의 국유 삼림에 대하여 전혀 지역주민에게 상호적 제도를 마련하지 않은 것도 실정에 적합하지 않다. 또한 삼림보호상에서 봐도 바람직하지 않다. 입

56 옥과 돌이 어지럽게 뒤섞여 있다는 뜻으로 좋은 것과 나쁜 것이 뒤섞여서 좋고 나쁨을 구분하지 못할 때 쓰이는 말.

회 임야 이외의 국유 임야도 전혀 지역주민과 무간섭으로 되면 안 된다. 범죄 의사가 없이 주·부산물을 채취하거나 혹은 자유 개간을 하는 등의 관습이 있는 구역도 적지 않다. 한편 보호상에서 고찰해도 지금 갑자기 다수의 보호 관리를 배치하는 것은 재정상 허하는 바가 아님으로써 각 임야의 실정에 따라 적당한 구역을 정해서 산림의 보호를 부근 촌락민에게 명령하고 그 보수로서 약간의 임산물을 하부하도록 제정하는 것이 실정에서 고찰할 때 적당한 처치이다.

③ 수해, 기타 비상한 재해가 있을 경우에 그 이재민에게 국유 삼림의 임산물을 양여하는 길을 마련하지 않는 것도 종래의 관습 및 실정에 비춰 적당하지 않다.

④ 요존예정임야에 대하여 어떠한 경우라고 할지라도 매각·교환·대부·양여의 길을 열지 않는 것도 임정상 불비(不備)이다. 예를 들면 공용 혹은 공익사업을 위해 필요한 경우에는 매각·양여·교환을 허락하는 경우도 있어야 한다. 또 입목의 매수자 혹은 광업자에 대해 임야지의 약간을 대부하는 경우도 실제로 누누이 출현함으로써 속히 이 길을 열 필요가 있다.

⑤ 임야의 처분에 관한 건은 모두 중앙정부의 권한으로 하고, 이를 지방장관에게 위임할 수 있는 규정이 없음으로써 실제 처리상의 간첩(簡捷)[57]이 결여되고, 인민이 불편을 느끼는 점이 매우 많다. 따라서 어느 범위를 정하여 지방장관에게 권한을 위임하는 길을 여는 것은 급무이다.

⑥ 임야의 사용 수익에 관한 폐해를 교정하거나 해충의 구제·예방을 하기 위해 지방장관으로서 지방명령을 발포하는 권한을 부여하는 것도 매우 편리하고 또 필요함에도 불구하고 「삼림법」에는 이에 관한 제정이 빠져 있다.

⑦ 사유 보안림에 대하여 벌목 금지를 제정하고, 이로 인해 생기는 직접의 손해는 배상한다. 그 배상금은 직접수익자에게 부담하게 하는 규정이 있다. 하지만 이와 같은 것은 한국의 실정에 비춰 실행할 수 없는 것일 뿐만 아니라, 원래 보호림에는 금벌을 명령할 필요가 없음으로써 속히 금벌의 제도를 폐지함과 함께 배상의 제도도 삭제할 필요가 있다.

57 간단하고 빠르다는 의미.

2. 「삼림령」 및 부속법규안 작성의 고심

(1) 농상공부안의 작성

「삼림법」 및 부속법령이 한국의 실정에 적합하지 않고 또 실시상 불리 · 불편이 많은 것은 앞에서 이야기했던 대로였다. 따라서 이를 근본적으로 개정하는 것이 급무라고 생각하여, 1910년(明治 43) 8월 20일 개정의 요항에 대해서 기우치(木內) 농상공부 차관 및 조중응(趙重應) 농상공부 대신에게 진언했다. 다행히 두 사람 모두 "그것은 지극히 좋으니 속히 개정에 착수해야 한다"라고 동의를 했다. 따라서 곧바로 다음의 순서에 따라 우선 농상공부안을 정하는 데 착수했다.

① 한국의 관계 법령 및 구관(舊慣) · 습속(習俗) 등에 대해 한층 철저하고 구체적으로 조사를 진행한다.

② 일본 · 홋카이도 · 대만의 관계 법규 및 서양 각국의 법령을 분류 · 비교해서 참고에 제공하기로 한다.

③ 일본 · 홋카이도 · 대만 등의 법령은 단지 이를 참고하는 데 그치고, 어디까지나 한국의 구관 · 습속 · 시세(時勢)의 추이 및 임야의 현상 등에 적합함을 우선으로 한다. 우선 그 골자로 되어야 할 사항에 대해서 대체의 방침을 정하기로 했다.

- 내지처럼 「삼림법」에는 주로 공법적(公法的) 관계, 즉 일반 삼림의 이용 · 경영상 간섭을 가할 사항만을 정한다. 사법적(私法的) 관계, 즉 국유 임야 및 그 산물의 처분 정리에 관한 사항은 별개의 법령으로 해야 할지 혹은 이를 한 법령으로 묶어야 할지를 정할 것.
- 경사도의 원야 및 경지 등에 대해 준용해야 할 범위를 정할 것.
- 보안림의 이용 제한에 대해 관엄(寬嚴)[58] 정도를 정할 것.
- 영림의 감독 및 개간의 금지 제한에 대해 그 범위 및 정도를 정할 것.
- 입회관행의 인용 및 입회지의 정리에 대해 그 범위 및 법책(法策)을 정할 것.
- 지역주민으로서 국유 임야를 보호하게 하고, 그 보수로서 산물의 일부를 양여하는

58 관대함과 엄격함의 정도.

길을 정할 것.

- 부분림제도를 폐지하고 그 대신에 조림대부제도를 마련할 것.
- 국유 임야 및 그 산물을 양여하는 범위를 확장할 것.
- 삼림의 사용 수익에 관한 폐해를 교정하고, 또 해충의 구제 예방을 행하기 위해 지방장관에게 필요한 명령을 발포할 수 있는 권한을 부여할 것.
- 임야에 관한 처분 중 그 약간을 지방장관에게 위임할 수 있는 규정을 마련할 것.
- 「삼림법」 제19조의 구제방책을 정할 것.
- 삼림, 산야의 소유자 혹은 점유자가 공동해서 삼림의 보호 또는 조림의 사업에 종사하게 하기 위해 필요한 명령을 발포할 수 있는 길을 열 것.
- 삼림, 산야에 관한 벌칙은 일반 형법에 의할지 혹은 특별의 규정을 마련하는 것으로 할지, 그 관엄의 정도 등을 어떻게 할지 정할 것.
- 영년금양의 사실이 있는 국유 삼림은 이를 그 금양자에게 양여하는 특전을 마련할 것.

④ 이상 각호의 방침을 정한 후에 법률 및 부속 법령안을 기초 심의하기로 했다.

이렇게 해서 조사 심의에 착수한 것이 9일, 즉 8월 29일이었는데, 갑자기 한일병합의 조서가 발표됨에 따라 법령은 한국 법령이 아니고, 일본의 일부인 조선의 법령으로 변경되어 자연히 개정이 필요하게 되었다. 따라서 조사와 심의를 거듭하는데, 한편에는 나의 제안이 관대하다고 주장하는 자가 있음과 함께 다른 한편에서는 한층 더 관대해야 한다는 주장이 있는 자들도 있어서 심의의 일치가 어려운 경우가 적지 않았다. 하지만 다행히 기우치 농상공부장관은 탁월한 의견으로써 적당히 이를 재단하고 그 주요 사항에 대해서는 거의 나의 제안을 용인해 주었다.

이렇게 해서 연구에 연구를 더하고 심의에 심의를 거듭하며 몇 번인가 관계 국·과와 논의를 수행하고, 밤낮 구분 없이 휴일에도 희생하여 간신히 1911년(明治 44) 1월 27일 농상공부안을 결정할 수 있었다.

이렇게 해서 「삼림령」, 기타 관계 법령안을 정돈하고 또한 다음과 같은 설명서를 첨부하여 1911년(明治 44) 2월 4일 이를 총독부에 전달했다.

○「삼림령」 및 관계 법령안의 설명 요지

구 한국 정부가 제정한 「삼림법」은 불비·결점이 적지 않았다. 게다가 실시상 불리·불편 또한 자못 많았다. 따라서 조선 종래의 관습에 기초하고 나아가 시세의 추이에 적합함을 목적으로 하고, 한편에서는 지방 인민에 편익을 줌과 함께 식림의 보급, 치산의 촉진을 기하고, 다른 한편에서는 국유 임야의 정리 및 경영을 완전히 하기 위해 「삼림령」 및 「삼림령 시행규칙」 등을 제정했다. 동시에 「삼림법」 및 관계 법령 전부를 폐지하고자 한다. 지금 개정의 내용에 대해 중요한 사항을 설명하면 다음과 같다.

① 「삼림령」의 준용(準用)

「삼림령」은 오로지 삼림에 관한 규정을 마련했다고 하나 삼림 이외의 산악 및 경사가 약간 급한(15도 이상) 원야 같은 것도 삼림에 준하여 취급할 필요가 있기 때문에 이들은 산야라고 칭하고, 이에 대해서는 「삼림령」의 전부를 준용하기로 했다. 또 경사가 완만한 원야·경지 등에 대해서도 수해 방비 등을 위해 「삼림령」 중 보안림에 관한 규정만을 준용한다. 보안림에 편입된 토지에 대해서는 아직 삼림의 상태를 이루지 못했다고 해도 「삼림령」 중 필요한 규정을 준용하여 보안림 편입 효과의 완전을 기하도록 했다(「삼림령」 제24조, 「삼림령 시행규칙」 제7조).

② 보안림 이용의 제한

보안림은 국토의 보안·위해의 방지·기타의 특별히 필요가 있는 삼림으로서 그 목적에 적합한 정도에서 임상을 보호하게 한다고 하기 때문에 보안림의 이용에 대해서는 상당의 제한을 가할 필요가 있다. 현행 「삼림법」에서는 개벌(皆伐)[59] 및 개간을 금지하고 벌목의 제한·금지 또는 보호를 명령하는 규정을 마련했지만, 개간의 금지는 보안림의 목적에 반드시 필요한 바가 아니다. 또 개개의 명령에 의해서 벌목의 금지·제한 및 보호를 행하는 것은 실제 그 번거로움을 견디지 못함으로써 「삼림령」에서는 산림 무육(撫育)[60]이 아닌 벌목, 개간 또는 낙엽의 벌채, 우마의 방목 등 삼림의 보호상 통상 제한이

59 목재를 수확하는 방법 중의 하나로 특정 숲에 있는 나무를 한꺼번에 모두 자르는 것으로 모두베기라고도 한다.
60 임목의 생장 촉진과 재질(材質)의 향상을 위해 실시하는 작업.

필요한 사항을 열거하여 지방장관의 허가를 받도로 하고, 필요한 임상의 보호를 해치지 않는 정도에서 그 사용 수익을 허가하고자 한다(「삼림령」 제2조).

③ 보안림 편입으로 인한 손해의 보상

「삼림법」에서는 보안림 편입으로 손해를 받는 삼림소유자는 그 벌목을 금지당하는 경우 직접의 손해에 한하여 이것의 보상을 청구하는 권리가 인정되었다. 또 일본 「삼림법」에도 이것과 유사한 규정을 마련했음에도 불구하고 「삼림령」에서 이 규정을 생략한 것은 대개 보안림 편입의 목적이 앞에서 말한 것처럼 단순히 임상의 보호에 있음으로써 항상 윤벌(輪伐)[61], 기타의 방법에 따라 이것의 이용을 허용하고, 절대로 그 벌채를 금지할 필요가 생기지 아니함에 있기 때문이다.

④ 영림 감독(營林監督)

사유림 남벌의 폐해는 최근 더욱 심해져서 점점 황폐화가 진행됨에 따라 「삼림령」은 새로 영림 감독의 규정을 설치하고 임정상 필요하다고 인정될 때에는 삼림의 소유자 또는 점유자에 대하여 영림 방법을 지정하거나 조림을 명령할 수 있는 규징을 설치했다. 이미 황폐하고 특히 황폐해질 임야 또는 경영이 졸렬하여 경제성을 손상하는 정도가 심한 임야에 대해서는 민도와 관습을 참작하여 가혹하지 않는 정도 내에서 이것을 구제하기로 했다(「삼림령」 제4조).

⑤ 개간의 금지 및 제한

급경사지의 개간은 조선 종래의 폐풍으로서 토사를 붕괴시키고 범람을 초래하는 해독이 큼으로써 「삼림법」에서는 삼림 · 산야의 개간은 사유의 것이라고 해도 농상공부대신의 허가를 받도록 하는 규정을 만들었다. 그러나 삼림 · 산야의 개간은 인민은 이것을 출원하는 데 번거로움이 많고, 관청에서는 이것을 처리하는 수속에 견딜 수 없는 상황이나. 따라서 「삼림령」에서는 국토 보안, 기타 특별한 사유에 따라 개간이 유해하다고 인정되는 토지에 대해서는 미리 개간의 금지 또는 제한을 명령할 수 있도록 했다. 기타 일반 사유 삼림 · 산야에 대해서는 각자의 자유로운 개간에 맡기도록 했다(「삼림령」 제5조).

⑥ 부분림제도의 폐지와 조림대부의 장려

---

61 다시 나무가 자랄 수 있도록 산림의 일부를 나누어 순차적으로 벌채하는 일.

「삼림법」에서는 부분림제도를 만들었지만, 원래 부분림은 국가와 조림자가 수익을 나누어 가지는 계약이었다. 부분림의 수목은 국가와 조림자의 공유에 속하는 것으로 국가는 근소한 지분의 권리를 보호하기 위해 큰 번거로움이 발생하게 되었다. 인민 역시 번잡한 간섭을 받는 고통과 토지 소유권을 획득할 수 없는 불편이 있을 뿐만 아니라, 또 대부료가 필요하지 않아서 왕왕 실행의 성의가 없는 출원을 보는 폐해가 있었다. 그래서 삼림령에서는 부분림의 제도를 폐지하고 국유로서 존치가 필요하지 않은 산야에 대해서는 조림을 위한 대부를 실시하고 사업 성공 이후에는 이것을 양여할 수 있는 규정을 만들었다. 또한 특히 필요한 경우에는 대부료 면제의 길도 열었다. 그래서 인민으로 하여금 조림의 이익을 알도록 하고 속히 식림의 보급을 기하도록 했다(「삼림령」 제7조, 제28조).

⑦ 입회관행의 인용

국유 임야는 봉산, 기타 특별한 보호를 준 것 이외에 대개는 소위 무주공산으로 칭하여 인민이 자유롭게 산물을 채취하고 자가용으로 사용했다. 뿐만 아니라 영리의 목적으로 사용하는 자도 있어서 마침내 오늘날의 삼림 황폐화를 초래했다. 「삼림법」은 이러한 점을 생각하여 엄중히 산물의 자유채취를 금지하였으나 원래 지방의 세민은 채초 또는 온돌용 연료를 위해 부근의 국유 임야로부터 시초 등의 부산물을 채취하는 것이 생활상 부득이한 것으로 여겼다. 따라서 지금 속히 종래의 관습을 고쳐 모두 매수를 시킨다는 것은 가혹하다는 우려가 있었다. 그렇기 때문에 「삼림령」에서는 입회의 관행인 부산물의 채취 및 방목은 인용함과 동시에 「시행규칙」에서 입회관행의 뜻을 정했다. 그 범위는 입회한 촌락민이 일정의 구역을 한정하고 타인을 배제하면서 촌락용 또는 자가용 산물을 채취하고 방목을 한 관행에 한정할 것으로 하여 이것의 폐해를 사라지도록 기도했다.

⑧ 입회지의 정리

생활상 부득이한 입회관행은 앞에서도 말한 바와 같이 이것을 인용한다 했지만, 그 구역이 필요 이상으로 넓은 것 또는 그 위치가 적당하지 않은 것에 대해서는 그 구역을 축소하거나 위치를 변경시킬 수 있는 규정을 만들었다. 또 관행에 맡겨 그것을 방치할 때에는 조림 실행의 목적을 얻을 수 없다는 우려가 있으므로 이에 조림을 명하고 성공한 뒤에는 이를 양여할 수 있는 규정을 설치했다(「삼림령」 제8조, 제9조).

⑨ 국유 임야의 보호

국유 임야의 황폐는 점차 그 정도가 나빠지고 있으며, 종래 특별한 보호를 하여 좋은 임상을 가졌던 곳도 점차 도벌 또는 화재의 희생을 받는 상황에 있다. 또 요존임야 중 황폐 부분도 지금 상당한 보호 조치를 세운 곳은 천연생 치수의 육성에 의해서 상당한 삼림을 형성할 수 있는 것은 크게 어려운 일은 아니지만, 지금 속히 다수의 보호 관리를 배치하는 것은 재정적으로 어렵다. 따라서 「삼림령」에서는 새로 국유 임야의 보호를 지역주민에게 명하고 그 보수로서 산물의 일부를 양여하기로 했다. 양여할 산물의 범위는 「시행규칙」에서 정하고, 국유 임야의 보호기관을 설치함과 동시에 지역 촌락에 연료 및 용재를 공급하는 방법을 만들었다. 또한 보호의 의무를 지역민 전부의 연대책임으로 하고 고의 또는 중대한 과실이 있을 때에는 임야의 손해를 배상시킬 것으로 하는 등 보호의 실적을 올리고자 하는 것을 목적으로 했다(「삼림령」 제10조, 「삼림령 시행규칙」 제38조).

⑩ 이민단체에 대한 국유 임야의 처분

「삼림령」에서 이민단체용으로 제공할 필요가 있는 국유 임야를 양여할 수 있는 규정을 마련한 것은 일본 이민으로서 농업을 하면서 한편으로 유리한 사업인 임야를 경영시켜 토착할 수 있다는 신념을 강화하는 데 그 목적을 둘 뿐이었다(「삼림령」 제11조).

⑪ 국유 임야 산물의 양여

「삼림령」에서 국유 임야의 산물 양여에 관한 규정을 마련한 것은 「삼림법」에서 공용 또는 공익사업을 위해 필요한 경우에도 이를 양여할 수 없도록 해서 불편이 적지 않았기 때문이다. 또 심각한 재해가 있을 경우에 이재민에게 건축·수선의 재료 또는 연료 등을 양여하는 것 등은 적절한 구조 방법일 것이므로 새로 이에 대한 규정을 만들었다. 또 산림 무육을 위하여 지역주민을 사용하고 그 보수로서 채취한 지엽(枝葉)[62]을 이용하도록 하는 규정을 만들었다는 것은 국유 임야의 경영에서 관과 지역주민 사이에 적절하고 편리한 처치를 취하고자 하는 취지에서 나왔다(「삼림령」 제13조).

⑫ 임정에 관한 지방명령

62 가지와 나뭇잎.

「삼림령」에서는 삼림의 사용 수익에 관한 폐해를 교정하고, 또 해충의 구제 예방을 하기 위하여 필요한 명령을 발포할 수 있는 권리를 지방장관에게 부여했다. 생각건대 조선에서는 삼림 남벌의 결과 연료의 결핍을 초래했기 때문에 낙엽을 채취하고, 나무뿌리를 파고, 어린 나무를 자르고, 과도한 가지치기를 하는 등 명령에 의하지 않으면 쉽게 교정하기 어려운 악풍이 없지 않다. 따라서 해충의 구제 방지는 명령으로서 한 지방에서 일제히 이것을 시행시켜야 할 필요가 있는 것이다(「삼림령」 제15조).

⑬ 삼림의 공동시업(共同施業)

삼림 · 산야의 보호 또는 조림 등은 일정의 구역에서 임야의 관계자를 공동 참여시키는 것이 편리한 경우가 많다. 또 입회권자에게 조림을 명령하거나 또는 지역주민에게 국유림의 보호를 명하는 것도 명령으로서 이를 공동작업 시킬 필요가 많을 것이다. 이것이 「삼림령」에서 새로 규정을 마련하고 이에 대한 공동시업의 방법을 세울 수 있도록 한 취지이다. 종래 조선에서의 공동보호 방법으로서는 다행히 송계(松契)와 같은 구관(舊慣)[63]이 있기 때문에 이러한 구관을 이용하고 선도할 경우 그 목적을 달성하는 데 어렵지 않을 것이다.

⑭ 권한의 위임

「삼림법」에 의하면 임야에 관한 여러 가지 처분은 모두 중앙정부의 권한에 속하는 것이므로 처리의 간편 · 신속에 결점이 있고 인민에게 불편을 초래하는 바가 있었지만, 당시 지방청의 활동이 아직 충분하지 않았기 때문에 사실상 다른 방법이 없었다. 그러나 오늘날에는 처분의 일부를 지방청에 위임하는 것이 적당하다고 믿어 「삼림령」에서는 총독의 권한 일부를 지방장관에게 위임할 수 있도록 하는 규정을 만들었다. 「삼림령 시행세칙」에서 그 범위를 정하여 처분의 신속성을 도모함과 동시에 지방의 실상에 적합한 조치를 취할 수 있도록 했다(「삼림령」 제17조, 「삼림령 시행규칙」 제1조).

⑮ 개인이 금양한 국유삼림

「삼림법」 제19조에 의한 지적보고 3개년의 기한은 1911년 1월 23일로 끝난다. 기한 내에 신고를 하지 않은 토지는 모두 국가에 귀속시킨다고는 하지만, 소유자가 단순히 신

63 옛날부터 내려오는 관행 · 관습.

고를 태만히 했기 때문에 그 소유권을 잃어버리게 하는 일은 그 사정이 딱함으로써 「삼림령」에서 이러한 임야 중 실제로 금양의 실적이 있는 것은 「삼림령」 제7조에 의해 대부를 받은 것으로 간주했다. 따라서 성림으로 인정받으면 다시 이를 사유로 옮기는 방법을 채택하기로 했다. 또 그 임야에서 실제 금양의 실적이 없는 것에 대해서는 새로 「삼림령」에 의해 대부를 받도록 하고 이에 대해서는 대체로 성림을 기다려 이를 사유로 옮기고자 한다(「삼림령」 제29조, 제7조).

⑯ 국유 임야 및 산물 처분에 관한 계약서

「삼림법」에서는 국유 임야 및 산물의 처분이 있을 경우에 별도로 계약서를 만드는 것이 필요하고, 일정의 연한 또는 금액 이하일 경우에는 수령증을 가지고 이것을 대신할 수 있도록 했다. 그러나 이것은 단순히 가격의 높고 낮음에 의하여 구별할 것이 못 되고, 취체가 번잡하게 됨으로 오히려 처분에 대해 수령증을 받고 정리하는 편법(便法)으로 고치기로 하여 새로운 「시행규칙」에서는 모두 이를 따랐다.

⑰ 대부료의 면제

「삼림법」에서는 국유 임야를 대부할 때는 대부료를 징수하는 것을 원칙으로 했다. 특히 이를 면제받는 경우는 공용, 공익사업, 임업 부대사업을 위해 대부하는 경우에 한했지만, 「삼림령 시행규칙」에서는 이것 외에 조림장려, 기타 필요하다고 인정되는 경우에도 이를 면제하는 규정을 마련하여 조림대부와 함께 조림장려의 목적을 달성하고자 했다. 또 「시행규칙」에서 영년금양지의 대부료를 면제하는 것도 종래 사유지였던 사실에 비춰 당연한 규정이라고 인정한다(「삼림령 시행규칙」 제12조, 제16조).

총독부에서는 주로 탁지부·내무부 및 참사관실에서 심의했다. 탁지부에서는 주로 국유 재산 처분 및 이 법령의 결과로 인한 세입·세출의 선노에 내해 심의했디. 내무부에서는 주로 국유·사유의 구분에 대한 표준, 국유 임야를 요존치와 불요존치로 구분하는 표준, 정리 후 국유·사유의 예상 면적과 비율에 대한 적부(適否), 불요존치임야의 처분 방침, 구관 및 민도로부터 본 임야 및 임산물의 처분 방침, 입회 관계의 속행·정리, 공공·공익사업 또는 비상 재해 시의 이재민에 대한 임야 산물의 특별처분, 조선인에 대한 특별의 은전, 다수 조선인의 연료 공급 방법, 도·부·군·면 및 공립학교의 기본재산으로 되어야 할 국유 임야의 처분 방침, 치수상에서 본 치산 촉진의 상세(常勢), 「삼림령」 및 부속 법령을 민중에 주지시키고 또 이를 실행하는 방법, 「삼림법」 제19조의 '구제법' 등에 대해서 심의했다. 참사관실에서는 주로 권의(權義)[64] 관계 및 입법 기술 등에 대해서 심의를 수행한 결과 모두 대체로 농상공부안에 협찬을 했다. 이에 작은 문구만 개정한 채 대부분 농상공부안대로 1911년(明治 44) 3월 24일로써 총독의 결의를 얻어 총독부안으로서 결정을 보기에 이르렀다.

(…)

〈자료 62〉 국유림 · 민유림 보호(朝鮮總督府, 1938, 『朝鮮の林業』, 46~51 · 88쪽)

1. 국유 임야의 보호

국유 임야의 보호에 대해서는 1912년(大正 1) 주요의 개소에 삼림보호구(森林保護區)를 설치하였고, 1913년(大正 2)에는 일부의 지방에 산림감시소(山林監視所)를 설치한 이래 제도의 개혁 및 기관의 증설 등 여러 가지 변천이 있었다. 현재에는 국유 임야 560만 정보 중 454만 정보(그중 요존예정임야 441만 정보, 불요존임야 13만 정보)에 대해서는 보호기관을 배치하였다. 나머지 106만 정보에 대해서는 지방청으로서 보호를 담당하고 있다.

그리고 이들 보호직원에 대해서는 1924년(大正 13) 부령 제33호에 의해 사법경관(삼림주사) 또는 사법경찰(삼림주사보)의 직무 집행을 지명하여 오로지 임야의 보호 취체를 담당하게 했다. 이것의 보호의 목적을 달성하는 데는 조선의 특수사정에 비춰 일반 지역주민 등에 대해서 애림사상의 함양, 보급을 도모하는 것이 긴요함으로써 이에 대해 포스터의 전시, 공연의 순회공연 등 각종의 시설을 진행하고 있다.

한편 적당하다고 인정되는 장소에는 「삼림령」 제10조의 규정에 의해 보호명령(지역주민에 대해 그 연대책임으로써 국유림의 보호를 하게 하며 이것의 보수로서 임산물의 일부를 양여하는 제도)을 발포하여 그들로 하여금 보호조합을 조직하게 함으로써 관계 지역주민을 지도 · 통제했다. 앞의 각종 시설은 오로지 조합을 통해서 이를 행하고, 그 활동을 촉진하고 있다. 1937년(昭和 12) 12월 말 현재에서 보호명령 실시 중인 곳은 782건, 면적 419만 정보로서 명령을 받은 호수는 18만

64 권리와 의무.

여 호에 달한다.

그러나 삼림 피해의 실정은 최근 5개년간 평균 매년 수만 정보에 걸쳐 황폐지가 생기고 있어 참으로 유감인 바이다. 다만 북선개척사업 실시 지역에서는 사업 실시 이래 삼림의 피해는 현저히 감소하여 보호 취체의 효과가 자못 현저한 것이 있음은 특기할 만한 사실이다.

이상 장래 요존으로서 경영하는 국유 임야 중 북선 개척 지역과 아닌 지역에 따라 보호기관의 배치 농도가 다르고, 삼림 피해의 상황 또한 현저히 차이가 있음으로써 북선 개척 지역 외 국유 임야의 보호, 충실 계획을 수립해서 이것의 실현을 도모했지만, 재정의 관계상 일부의 실현을 보았을 뿐이다. 금후 가능한 속히 보호원의 충실을 도모함과 함께 극력 당무 직원을 독려하여 소기의 목적 달성에 노력해야 한다.

2. 민유 임야의 보호

구 한국 정부 「삼림법」에서 '해충의 구제 예방 명령 및 화입의 제한 등에 관한 사항'을 규성하여 각종 피해의 예방, 구제를 도모했지만 실제 지도, 취체가 충분하게 되지 않았기 때문에 실적은 볼만한 것이 없었다. 1911년(明治 44) 「삼림령」을 제정하고 삼림의 사용 수익의 폐해 교정 및 해충의 구제, 예방에 대한 지방장관의 권한을 확장하고 도령으로써 「사유림보호취체규칙」을 발포하는 등 열의로 이것의 시행에 노력했다. 한편 보호의 실적을 거두는 데는 민간의 자치적 활동을 촉진하는 것이 긴요하여 재래의 송계(松契), 식림계(植林契), 동계, 군삼림조합 등을 지도, 감독해서 남벌·남채의 제한, 해충 구제, 화재 방지 등 삼림의 보호를 위해 노력하게 했다. 또 1937년도(昭和 12) 국비로써 군도 삼림주사를 배치하는 등 악습의 타파에 힘을 쏟았다. 더욱이 완벽함을 기하기 위해 군삼림조합을 폐지하고 1933년도(昭和 8)부터 그 사업을 각 도에 승계하게 했다. 1938년(昭和 13) 1월 현재 보호직원은 국비 삼림주사 100명, 도비 산업기수 125명, 지방삼림주사 250명, 지방삼림주사보 1,120명 합계 1,595명에 달했다. 또한 서북선의 화전지대에는 1937년도(昭和 12) 국비로서 군삼림주사 80명, 군삼림주사보 88명을 배치하여 오로지 개간의 취체에 담당하게 하여 화전의 확대·방지에 노력하고 있다.

〈자료 63〉 보호명령의 활용(岡衛治, 1945, 『朝鮮林業史 上』, 354쪽)

국유 임야의 보호는 그 기관을 갖춘다고 해도 지역주민의 자각과 자제가 있어야 가장 큰 효과를 얻을 수 있다. 따라서 「삼림령」 제10조 및 「삼림령 시행규칙」 제36·38조의 조문에 따라 국유 임야 소재의 지역주민에 대해 보호명령을 발하여 보호 의무를 맡게 하고, 이에 보답하기 위해 어느 정도의 임산물을 주는 제도가 있다. 그 시행에 대해서 1914년 10월 정무총감의 통첩이 있었는데 내용은 다음과 같다.

○ 국유림 보호명령에 관한 건(1914년 10월 3일 관통첩 제362호)

「삼림령」 제10조에 의한 보호명령 실시의 건에 관해서는 이번에 자문한 바이나, 그 답신을 청취하건대 보호를 명령받은 지역주민은 현재 묵인하에 산물의 채취를 하고 있으므로 따로 보호명령을 받을 필요를 느끼지 않는다. 따라서 이것을 명령한다는 것은 시기가 아직 빠르다는 의견이 있는 듯하다. 그렇지만 본 규정을 적용하지 않으면 지역주민의 임의 채취는 모조리 범죄행위로서 처벌할 수밖에 없고 이것을 묵인하는 것은 온당하지 않다. 뿐만 아니라 국유 임야의 보호·육성도 바라기 어렵기 때문에 빨리 이것을 실시하여 지역주민으로 하여금 임야 보호의 보수로서 자가용 신탄 재료 등을 얻는 은전을 받도록 하는 것이 급무이다. 그래서 본 규정의 취지를 잘 새기고 경무관헌과 협력하여 지역주민에 대해 그 사리를 설명하는 등 보호명령 취지를 철저히 할 것이다.

영림창에서도 크게 이것을 장려하기 위해 몇 번인가 통첩하여 그 이행을 도모한 바 있다. 1916년 3월 영업 제309호로서 보호를 명령할 국유삼림조사에 관하여 주의 사항을 정해 지점 출장소 등에 통첩했다. 동시에 본 건은 지역주민에 대한 정부의 은전이기 때문에 그 취지를 이해시키고 기쁜 마음으로 삼림보호의 책임을 맡도록 설득시켜야 할 취지를 통첩했다. 그 주의 사항은 다음과 같다.

○ 보호를 명할 국유 삼림 조사상 주의사항

1. 보호를 명할 국유 삼림

요존예정임야 및 대략 요존임야 선정 표준에 해당할 것으로 인정되는 구역.

2. 보호의무자

보호의 책임을 밝히고 그 실적을 올리고자 한다면 되도록 보호구역을 작게 나누고 보호의무자를 적은 숫자로 하는 것이 중요하다. 그래서 보호의무자는 되도록 촌락의 최소 단위로 하고 또 필요가 있으면 다시 이것을 2~3으로 작게 구분하는 것도 좋다. 단 일단(一團)으로 할 의무자 및 이에 보호시켜야 할 구역의 결정에 대해서는 지방행정에 관계하는 바가 큼으로써 잘 지역주민의 의향을 참작함은 물론 지방관헌 및 경찰관헌과도 협의하여 그 처저를 기할 것.

3. 보호구의 명칭

보호구의 명칭은 되도록 그 소재와 보호의무자를 식별할 수 있도록 명명할 것. 즉 "어떤 산, 어떤 계곡, 어떤 마을 보호구" 등으로 하는 것과 같음.

4. 보호명령 신청

앞의 각호에 의하여 조사하였을 때에는 보호구역마다 보호명령조서(아래 양식)를 작성하고 도면을 첨부하여 신청할 것,

(양식) **국유삼림보호명령조서(예)**

1. 소재지: 도 · 군 · 면 · 동 · 리 지명, 지번, 지목.
2. 추정 면적: 약 몇 정보.
3. 지황 및 임황: (…)
4. 종래의 취급 방법: 지역주민이 마음대로 입산하여 신탄재를 채취하였다.
5. 보호할 촌락 및 호수: 24호.
6. 보호를 필요로 하는 이유: 임의로 입산하는 자에 대하여 보호명령을 하고 의무를 주는 동시에 권리를 주고자 하는 데 있음.
7. 명령 사항

   ① 별지(아래) 「국유삼림보호조합규약」 순칙에 따라 조합규약을 만들어 삼림보호의 실적을 올린다.

   ② 삼림보호에 필요한 노임의 분담 및 산물의 분담 방법은 대표자(되도록이면 면장 또는 이장으로 할 것)가 영림창장의 승인을 거쳐 이를 정할 것.

   ③ 다음 사항은 실행 전에 안(案)을 만들어 영림창장의 인가를 받을 것.

   가. 죽은 나무, 넘어진 나무 및 죽은 가지의 채취 구역 및 기간

나. 자유 채취를 할 수 있는 부산물의 종류 및 그 채취 구역과 기간

④ 다음 사항은 명령을 받은 뒤 2개월 이내에 안을 만들어 영림창장의 인가를 받을 것.

가. 화재의 예방 및 소방에 관한 방법과 시설

나. 도벌의 예방과 방지에 관한 방법 및 시설

다. 치수(稚樹)의 보육에 관한 방법

⑤ 다음의 사항이 필요할 경우에는 소속 영림창 지점 또는 출장소에 지휘를 받아 조사하고 1개월 이전에 영림창장의 인가를 받을 것.

가. 삼림보육을 위하여 벌목하거나 가지를 채취하고자 할 때

나. 「삼림령 시행규칙」 제38조 제2항의 산물의 양여를 받고자 할 때

(…)

(별지) **「국유삼림보호조합준칙(國有森林保護組合準則)」**

제1조 본 조합은 「삼림령」 제10조에 의하여 보호를 명령받은 국유림을 보호 · 육성하고 그 보수로서 필요한 산물의 양여를 받는 것을 목적으로 한다.

(…)

제4조 조합원으로서 지역주민의 자격을 상실한 자는 탈퇴자로 간주한다.

제5조 본 조합에는 조장 한 사람, 평의원 몇 사람을 둔다. 조장은 조합 사무를 통리(統理)하고 조합을 대표힌다. 평의원은 조합 사부에 관하여 조장의 자문에 따라 업무 시행의 상황을 감독한다.

제6조 본 조합에서 시행하는 업무는 다음과 같다.

① 삼림의 보호에 관한 사항.

② 양여를 받은 산물 채취의 감독 및 이에 대한 처분 사항.

③ 애림사상의 고취에 관한 사항.

④ 각호 이외 특히 관으로부터 지시된 사항.

제7조 조장은 실지에 관하여 평의원과 협의하고, 조합원의 수요를 참작하여 정해진 채취 구역 및 기간을 작게 구분한다. 각 조합원은 성실하고 또 공평하게 채취 구역에서

산물을 채취하는 것으로 한다.

제8조 조합원은 협심하고 힘을 모아 서로 돕고 서로 이끌어 본 규약의 수행에 노력할 의무가 있는 것은 물론이고, 조합에서는 감시인을 두어 임시 보호구역을 순시시키고 그 피해를 미연에 방지하도록 노력할 것.

제9조 조합원은 보호구역 내에서 다음 사실이 발견되었을 때는 조장에 신고할 것.

① 화재, 도벌, 기타 표식의 이동, 훼손, 기타 삼림에 심각한 이상을 인정하였을 때.

② 위 이외에 삼림 피해의 우려가 있었을 경우

(…)

제11조 조합원은 삼림 피해에 관하여 관 또는 조장으로부터 예방 방지에 관한 지휘가 있었을 때 곧바로 이에 종사해야 한다.

제12조 조합의 업무 시행을 위해 경비가 필요한 경우에는 관의 인가를 거쳐 조합원으로부터 이를 징수하는 것으로 한다.

제13조 조합원이 본 규약에 정해진 사항을 위반하였을 경우 조장은 평의원과 협의하여 10엔 이하의 과태금을 부과할 수 있다.

제14조 조합원이 본 조합규약을 위반하는 정도가 여러 차례일 경우에는 관에 부탁하여 설득을 청구한다. 그래도 개선이 없는 자는 그 취지를 면내 일반에 고시하고 또 관의 인가를 거쳐 제명하는 것으로 한다.

제15조 본 조합규약에 기재된 사항은 조합원의 가족 및 고용인에 적용하고, 그 자의 행위는 이를 주재하는 조합원이 그 책임을 맡는 것으로 한다.

(…)

이상 기술한 바와 같이 보호기관의 정비와 각 시설에 따라 국유 임야의 보호에 대하여 철저하게 피해 방지에 노력했다. 하지만 보호직원의 담당 구역이 너무 넓을 뿐만 아니라, 그 임지가 대체로 벽지에 있으므로 사회적 자극이 부족하기 때문에 자칫하면 사기가 이완되고 소극적으로 될 우려가 컸다. 그래서 때때로 주의를 환기시켜 그 지도 훈련에 노력하고, 평소의 감독을 엄중히 했다. 1935(昭和 10)년 3월에는 보호에 관한 사무의 감독 실시에 관해 감사 사항을 만들어 힘써 행했다. 또 실지의 순시를 독려하고, 그 현지 감사에 한층 더 중점을 두고,

내외로 호응하여 능률의 증진을 도모하고, 국유 임야 보호의 완벽을 기했다. 한편 보호명령을 활용하여 지역주민에 대해 권리에 수반하는 의무를 강요하고 그 지도에 힘을 썼다. 한편 애림사상의 환기를 도모하는 등, 당국으로서는 상하 협력하여 이에 철저를 기하고 있다.

〈자료 64〉 삼림조합(朝鮮總督府, 1923, 『朝鮮の林業』, 65~66쪽)

조선에서 민유 임야는 광대한 면적을 점하지만, 대개 소유를 달리하는 소면적 또는 공유에 속하는 임야가 많다. 이것의 시업을 촉진하는 데는 가능한 관계자를 조합으로 조직하게 하여 그 자각을 환기하고, 공동작업을 할 필요가 있다. 유래 조선에서는 송계 또는 식림계라고 칭하는 소유자 공동으로 임야의 보호 · 조림의 사업을 실행한 관행이 있었다. 최근에는 불요존임야 대부 처분의 진보에 따라 지역민 조합을 조직하여 식림사업을 실시한 곳이 점차 많아지기에 이르렀다. 이들의 조합 중에는 설치 이래 상당 세월을 경과하여 성적이 뛰어난 곳도 있지만, 시대의 진운에 따라 이것의 개선이 필요한 것 또한 적지 않다. 이후 다시 일정의 방침을 정하여 사정이 허락하는 한 이것의 설립 · 지도에 노력하고자 한다.

1921년(大正 10) 조합 총수는 1,344개로서 그 사업지의 예상 총면적은 약 811만 정보, 1개년 소요 경비 약 38만 엔에 달한다. 이 조합을 사업별로 나눌 때는 다음과 같다.

조림을 목적으로 하는 조합: 275개
보호를 목적으로 하는 조합: 625개
조림 및 보호를 목적으로 하는 조합: 444개

〈자료 65〉 「민유림지도방침대강」(朝鮮山林會, 1935, 『朝鮮林務提要』, 朝鮮總督府, 905~906쪽)

시정 이래 민유림의 개선에 힘을 쏟아 임상의 추이가 볼만한 것이 있다. 하지만 종래의 실적 또는 민도 및 임야의 현황에 비춰 조림 방법의 합리화와 벌채에 관한 폐해의 교정을 도모함으로써 치산사업의 진전을 기할 필요가 있다. 또한 농업 경영상 임지의 합리적 이용을 증진하기 위해 지도에 관한 방침 및 그 실시 요령에 대해서 지금 아래 방침에 기초하여 실시해야 한다.

「민유림지도방침대강」

민유림의 개선은 민도 및 임야의 현황 및 임산물의 수급 상황에 비춰 간이 · 확실한 조림 방법을 선정함과 함께 삼림의 사용 · 수익에 관한 폐해를 교정함으로써 우선 임업의 구성과 지반의 안정을 도모하고, 이를 수행하여 우량 임분을 조성함을 원칙으로 한다. 그 지도 방침 및 실시 요령은 다음과 같다.

갑. 조림장려 방침

민유림의 조림장려는 연료의 공급을 풍부하게 하고 또한 치수의 효과를 완전하게 하기 위해 임총(林叢)[65]의 구성에 주력을 기울인다. 다음으로 수익 증진을 위해 임상의 개량을 도모한다. 그리고 용재림의 조성은 당분간 적당히 이를 제한하고 우량 임지에 대해서는 집약적 임업을 조성한다. 또한 학교 용지에 대해 고려를 기울인다. 그 실시 요령은 다음과 같다.

(1) 임총 구성: 치수, 수근(樹根) 및 지피물(地被物)[66]은 보존, 증가시킨다. 또한 필요한 인공을 가해서 임총을 구성할 것.
(2) 임상 개량: 모수(母樹)의 보호, 양목(良木)의 보존, 수종의 변경, 식재, 시업의 개선 등에 의해 노력해서 경제적 방법으로써 점차 우량 삼림으로 유도한다. 특히 적송(赤松)에 편중된 지방에서는 활엽수의 증식을 도모할 것.
(3) 용재림 조성: 경영자의 능력 및 지리적 관계, 지황 등을 종합 고려하여 용재림으로서 성공이 확실하다면 경영을 할 것.
(4) 우량 임지 이용: 우량 임지에 대해서는 지방의 사정에 비춰 특종 수종을 식재한다. 또 임야 황폐 지방에서는 시냇물(溪間), 우량 임지에서는 단벌기(短伐期)의 왜림(矮林)[67]을 경영하게 하는 등 집약적 임업을 조성할 것.
(5) 농목용지: 임업 이외의 이용에 제공해도 지반의 유지, 임산물의 수급 등 임정상 지장이 없고 또 지방의 상황에 있어 농목용지 또는 그 부대지로서 필요한 지역은 보통의 조림

65 나무가 빽빽하게 모여 있는 숲.
66 땅을 덮고 있는 떨어진 나뭇잎이나 나뭇가지, 종자 따위의 온갖 물건.
67 키가 작은 나무들로 이루어진 수풀.

을 장려하지 않는다. 대신 그 일부를 개간지 또는 채초지 혹은 녹비채취림으로서 이용하게 하는 등 농목용지 지역의 선정 및 이용에 대해 고려한다.

앞의 제1항 내지 제4항의 조림은 대체로 다음의 각호에 의해 실시할 것.

(6) 천연조림: 적송은 천연하종에 의해 비교적 쉽게 조림할 수 있음으로써 노력해서 이를 조성한다. 기타 수종에서도 가능한 천연조림을 응용하여 조림비의 절약을 도모할 것.

(7) 파종조림: 상수리나무 및 참나무는 주로 파종조림에 의한다. 기타의 수종도 가능한 파종조림을 응용할 것.

(8) 활엽수 증식: 적송림에 혼생(混生)하는 활엽수의 벌채를 제한하거나 식재 혹은 파종에 의해서 혼효림(混淆林)으로 유도하는 것 외 적지를 선정하여 활엽수림을 조성할 것.

(9) 조림 계획: 본 방침에 기초하여 세밀하게 지방별 조림장려 계획을 수립하고 이에 기초해서 수종별 양묘 연차 계획을 정해서 양묘사업의 통제를 도모할 것.

을. 벌채 지도 방침

임목의 벌채는 실시가 간이하고 폐해가 적고 또는 갱신이 확실하고 수확을 증가하는 방법으로 이를 지도한다. 더욱이 치수, 지피물, 가지(生枝) 또는 수근(樹根)의 채취 등에 관한 폐해를 제거함으로써 삼림의 보속과 지반의 보호를 도모할 것. 그 실행 요령은 다음과 같다.

(1) 임목 벌채: 임목의 벌채는 치수 및 필요한 지피물을 보육·증식하고 삼림의 보속을 도모하기 위해 상층목의 벌채를 본칙(本則)으로 한다. 시업의 목적 또는 삼림의 상태에 의해 상층목의 벌채가 적당하지 않을 때는 갱신의 확실과 지반의 안정을 잃지 않는 범위에서 적당한 방법에 의할 것. 그리고 이를 실시하기 위해,

(가) 법령으로써 제한한 치수 및 지피물의 채취는 가능한 허가하지 않을 것.

(나) 우량 임지의 이용을 높이기 위해 벌채 제한은 가능한 수고(樹高)로써 정할 것.

(다) 법령으로써 제한받지 않는 비교적 대형 임목의 벌채에 대한 삼림조합 등의 간섭은 지방의 상황에 따라 점차 이를 폐지하게 할 것.

(2) 생지 및 수근의 채취: 가지의 채취는 임목의 성육을 저해하고 수근의 채취는 지반의 안정을 손상한다. 또 맹아에 의한 성림을 불능으로 만드는 데 대해 함께 노력해서 채취하

지 않게 할 것.

(3) 맹아 채취 및 산초 남채(山草濫採): 활엽수 맹아의 채취 및 산초의 남채는 활엽수 증식의 방침에 위배하거나 지반의 황폐를 유치(誘致)하는 경우가 많아서 치산상 유감으로 하는 바이다. 하지만 한편에서 농업 경영상 녹비, 퇴비의 증산, 증식 장려와의 경합을 계속하기 때문에 지방에서는 일정의 방침에 의해 점차 제한하고 동시에 가능한 맹아 예취지 또는 채초지를 이용하게 하는 등 필요한 대책을 강구할 것.

「민유림지도방침대강」 설명

제정의 취지

시정 이래 민유림의 개선에 힘을 써서 임상의 추이가 볼만한 것이 있었다. 하지만 종래의 실적 또는 민도 및 임야의 현황에 비춰 조림 방법의 합리화와 벌채에 관한 교폐(矯弊)를 도모여 지산사업의 진진을 기할 필요가 있었다. 이에 지도에 관한 방침 및 그 실시 요령을 통제함으로써 민유림 개선에 관한 지침이 되도록 했다.

방침의 요점

민유림의 개선은 민도 및 임야의 현황 및 임산물의 수급 상황에 비춰 간이 · 확실한 조림 방법을 선정함과 함께 삼림의 사용 수익에 관한 폐해를 교정했다. 이에 따라 임총의 구성과 지반의 안정을 도모하고 점차 삼림의 개량으로 옮겨 가기 때문에 조림의 속성과 벌채에 관한 교폐는 본 방침에 2대 요강으로서 경중, 완급의 차이가 없다. 따라서 그 실시는 속히 합리화해야 할 당면의 업무이다.

임총 구성

임야의 현황에 비춰 민유림 당면의 문제는 연료 공급을 풍부하게 할 것 및 빠르게 지반을 안정화해서 토사를 방지하고 나아가서 지미(地味)[68]를 개량하는 것에 있다. 따라서 우선 치수,

68 흙의 성질.

수근 및 잡초 등의 지피물을 보존·증식하고, 보속(保續)[69], 보파(補播)[70] 등의 인공시설은 필요한 정도에 그치고 가능한 천연력을 이용해서 속히 임총을 구성하는 것으로 한다.

(…)

임상 개량

임총의 구성에 주력을 기울이는 방침으로써 조림장려는 이 정신에 근거하여 계획 지도해야 한다. 하지만 임총 구성의 사업이 완료되지 않아도 지방의 상황에 따라 기성의 임총 및 불량의 삼림을 점차 개량해서 우량 삼림으로 유도하여 수익의 증가를 도모하는 것이 필요하다. 그리고 이를 위해 모수를 보존하고 천연 갱신으로 다시 양목을 보존해서 용재의 생산을 도모하고, 수종을 변경해서 집약적 임총을 행하는 등 방법이 여러 가지가 있다. 하지만 특별한 사유가 없는 한 오로지 경제적 방법에 의한 지도를 해야 한다. 또 적송림에 편중된 지방에서는 활엽수의 식재를 도모하여 산물의 증수, 임지의 개량, 위해의 방지 등에 이바지하는 것으로 한다.

용재림 조성

용재림같이 그 조성에 장기간이 필요한 것은 경영자의 능력 및 지리적 관계를 특히 고려할 필요가 있다. 그러나 종래의 조림은 주로 미입목지 또는 산생지에 집중되거나 용재수종의 조림이 많았기 때문에 자연히 경영 능력이 적은 소면적 소유자가 대다수를 점했다. 게다가 용재보다도 연료재를 필요로 하는 지방에서 비교적 광대한 용재림을 조성하는 사례가 적지 않은 것은 유감인 바이다. 그리고 보통 농가에 사용되는 소용재는 연료림 중의 잔목(殘木) 등으로부터 생산할 수 있기 때문에 소면적의 경영자에게는 이후 용재림을 장려할 필요가 없다. 요컨대 용재림의 조성은 경영자의 능력에 충분히 주의를 기울여서 대면적 경영자 등 장기간 경영에 견딜 수 있는 자에 주로 이를 장려한다. 또 지리적 관계에서는 대체로 인구 조밀지보다도 교통 불편지에 보다 많이 장려함을 원칙으로 한다. 오로지 민도와 용재·연료의 수요

69 신림으로부터 수확을 해마다 균등하게, 그리고 영구히 지속적으로 얻는 것.
70 뿌린 씨가 싹이 트지 아니하거나 잘 자라지 아니한 곳에 씨를 더 뿌리는 작업.

관계에 고려를 기울여서 용재림으로서 성공시킬 수 있는 확신이 있을 때 경영시킬 필요가 있다. 위 방침에 따라 용재림의 경영을 제한한다고 해도 지방의 수요에 차질이 생기지 않으며 도리어 소용재 등은 현저히 증산하는 것으로 인정된다.

우량 임지 이용

임총의 구성은 연료의 증산과 치수의 목적을 달성하기 위해 급속히 이를 실시할 필요가 있다. 또 임상의 개량은 오로지 경제적으로 점차 유도할 방침이지만, 우량 임지에 대해서는 처음부터 수익 증진의 목적으로써 각각 지방의 사정에 적합한 수종을 식재하여 가능한 집약적 방법에 의해 최대 수확을 할 수 있도록 한다. (…)

임목 벌채

임목의 벌채는 실행이 간이하고 폐해가 적으며 갱신이 확실하고 수확을 증가하는 방법에 의해 이를 시도함으로써 지반의 보호와 임리의 증가를 도모해야 한다. 그럼에도 불구하고 종래 입목의 벌채를 극력 회피했기 때문에 과도하게 대목을 베는 안타까운 폐풍을 조성하였다. 나아가서 연료로서 치수 및 지피물을 남채하는 폐해를 양성하여 이르는 곳마다 임간리지(林間裡地) 또는 이런 종류의 기형적 삼림을 보기에 이르는 것은 심히 유감스러운 바이다. 그렇기 때문에 금후는 치수 및 필요한 지피물은 힘써서 이를 보육·증식하고 삼림의 보호를 도모하기 위해 보통의 삼림에서는 상층목 벌채를 원칙으로 한다. 시업의 목적 또는 삼림의 상태에 따라 상층목 벌채가 적당하지 않을 때는 갱신의 확실과 지반의 안정을 잃지 않는 범위에서 적당한 방법을 채택해도 지장이 없다. (…)

2) 조림대부제도와 일본인 중심 산림 불하

(1) 개관 및 자료 해제

1908년 「삼림법」 제정 당시 통감부는 국유림을 녹화하기 위해 부분림제도를 신설했다. 부분림제도는 국유림의 조림을 민간 자본에 위탁하고 이로 인해 발생하는 수익을 정부와 조림자가 나눠 갖는 제도였다. 따라서 소유권에 대한 변동은 발생하지 않았고 조림으로 자란 수목에 대한 소유권만을 정부와 조림자가 공유하는 방식으로 운영되었다. 통감부는 부분림제도를 통해 일본 자본의 산림 투자를 유치하고자 했으나 1911년 폐지되기 전까지 출원된 부분림은 22건, 7,422정보에 불과할 정도로 민간 자본의 외면을 받았다. 부분림제도는 소유권의 변동 없이 수목 처분에 대한 수익만 나눠 갖는 형식이었기 때문에 일본 자본에게 매력적이지 않은 제도였다.[71]

1910년대 조선 임정을 주도한 사이토 오토자쿠는 「삼림령」 제정과 함께 부분림제도를 폐지하고 이를 대신할 새로운 제도로서 조림대부제도를 구상하기 시작했다. 조림대부제도는 조림을 목적으로 국유림을 민간에 대부하고 사업이 성공했을 경우 이를 양여해 주는 제도로서 이에 따라 누구든지 국유림을 대부받아 조림에 성공한다면 소유권을 무상으로 양여받을 수 있게 되었다. 조림대부제도의 대상으로 되는 국유림은 1911년 국유림구분조사사업에서 제1종 불요존국유림으로 구분된 산림이었다. 제1종 불요존국유림은 임상이 불량해 재정상 조선총독부가 직접 조림하기 어려운 산림이었기 때문에 일본 자본을 유치한 후 이들을 중심으로 조림을 추진하고자 했다. 조림 성공 시 소유권을 무상양여하는 조림대부제도는 단순한 수익 분배에 불과하던 부분림제도에 비해 일본 자본에게 훨씬 매력적인 제도였다.[72] 동시에 민간이 국유림을 조림의 목적으로 대부받아 성공한 경우 그 소유권까지 무상으로 양여해 주는 제도는 전 세계 어느 곳에서도 볼 수 없는 처분 방식이기도 했다.[73]

조림대부제도는 제도 설계상 대부자, 특히 대자본에 매우 유리했다. 우선 조림 성공 기준이 상당히 낮았다. 평균입목도 7/10 이상으로서 천연조림 구역은 8년 이상, 인공조림 구역은 식재 후 2년 이상의 요건을 갖춘 자는 대부 기간과 관계없이 성공한 것으로 보고 산림을 무상 양여해 주었다.[74] 실제로 1941년까지 조림 실패로 반환된 면적은 전체의 9%에 불과할 정도였다. 다음으로 대부료가 1정보당 5~80전으로 매우 저렴했다. 만일 1정보의 임야를 대부받아 천연갱신을 하여 8년 후 조림 성공을 인정받아 무상양여를 받는다면 여기에 소요되는

71 노성룡, 2021, 「일제강점기 조림대부제도와 동양척식주식회사의 임업경영」, 『일제강점기 산림정책과 산림자원의 변화』, 국립산림과학원, 66쪽.

72 노성룡, 2021, 위의 글, 67쪽.

73 산림청, 1997, 『한국임정50년사』, 산림청, 147쪽.

74 배재수, 2002, 「조림대부제도의 전개과정에 관한 사적 고찰」, 『한국산림과학회지』 91-1, 117쪽.

비용은 3.2~6.4원에 불과했다. 불요존국유림의 1정보당 평균 매각 대금이 19.9원인 것에 비해 상당히 대부자에게 유리했다.[75] 마지막으로 대부자 선정에 자산과 신용을 참고한다는 점, 대부 면적에 제한이 없다는 점, 차지권의 양도 및 담보도 가능하다는 점에서 특히 대자본 대부자에게 유리했다.[76]

1941년까지 조림대부제도로 처분된 국유림은 175만 정보로서 전체 임야의 11%, 불요존국유림의 33%에 달하는 규모였다. 이처럼 조선총독부가 불요존국유림을 민간에 계속 처분한 결과 1927년 917만 정보였던 국유림은 1941년 535만 정보로 급격하게 감소한 반면, 같은 기간 민유림은 729만 정보에서 1,091만 정보로 크게 증가했다. 그런 의미에서 조림대부제도는 우리나라의 산림 소유 구조를 국유림 중심에서 민유림 중심으로 변화시키는 데 많은 영향력을 미쳤다.

각 주체별 조림대부 면적은 조선인 31%, 일본인 22%, 일본 기업 34%, 기타·공공단체 13%로 전체의 56%가 일본 자본에 대부되었다. 대부 1건당 면적은 조선인 68정보, 일본인 260정보, 일본 기업 763정보로 조선인은 주로 소규모 임야를 대부받은 반면, 일본 기업은 대규모 임야를 대부받았다. 지역별로 살펴보면 조선인의 조림대부지는 조선 남부와 북부에 고르게 분포되어 있는 데 반해, 일본 기업은 82%가 조선 북부에 위치했다. 조선 북부 산림은 남부에 비해 임상이 양호할 뿐만 아니라 임지가 드넓게 분포하고 있으며, 인구밀도가 낮아 산림이용을 둘러싼 지역사회와의 분쟁이 발생할 확률이 적었다. 조선총독부는 북부 산림 중심의 조림대부를 통해 일본 기업이 대규모 임업 경영에 적합한 환경을 조성해 주었다. 일본 기업은 넓은 임지, 낮은 인구밀도와 산림이용률, 저렴한 가격이라는 조건을 이용하여 규모의 경제를 실현할 수 있었으며, 유리한 환경에서 임업 경영을 시작할 수 있었다.[77]

특혜에 가까운 일본 기업 중심의 조림대부제도 운영은 해당 임야를 전통적으로 이용하고 있던 지역주민의 반발을 초래했다. 지역주민들은 오랜 기간 자신들이 이용해 왔던 산림이 국유림으로 편입되자 조림대부제도를 활용해 소유권을 되찾고자 했다. 하지만 조선총독부는 지역주민의 입회관행이나 연고권을 인정하지 않는 경우가 많았고, 그 결과 상당수의 조림대

75 배재수, 2002, 앞의 글, 117쪽.

76 萩野敏雄 저·배재수 역, 2001, 『韓國近代林政史』, 한국목재신문사, 16쪽.

77 노성룡, 2021, 앞의 글, 71-72쪽.

부지가 일본 기업에게 대부되었다. 대자본에 유리한 조림대부제도하에서 조선인들은 일본 기업과 경쟁이 되지 못했던 것이다. 일본 기업들은 조림대부지의 임산물 채취를 강력하게 통제했고, 전통적으로 해당 산림을 이용했던 지역주민들은 이에 반발하며 강력히 저항했다. 따라서 일본 기업이 대부받은 조림대부지는 소유권 분쟁이 끊임없이 발생했으며, 지역주민들은 자신들의 권리를 주장하며 반대투쟁을 전개해 나갔다.[78]

물론 선진적 임업 기술과 대규모 자본을 보유하고 있던 일본 기업이 조림대부제도를 통해 조선의 산림에 대한 적극적인 투자와 조림을 할 경우 산림녹화에 긍정적인 영향을 미칠 수도 있었다. 조선총독부 역시 소유권 양도→기업 투자→조림 및 산림녹화→임업 생산력 향상→투자금 회수 및 재투자로 이어지는 선순환 구조를 생각해서 조림대부제도를 설계했다. 조선 내 가장 많은 조림대부지를 대부받은 동양척식주식회사(이하 동척) 역시 조림대부 신청서에는 선진 임업 기술과 많은 자본 투자를 필요로 하는 조림 방식인 인공조림을 중심으로 조림사업을 진행할 것을 약속했다. 하지만 동척은 1928년 기준으로 조림대부지의 14%만 인공조림으로 실시했고, 69%에는 상대적으로 비용이 적게 드는 천연조림을 실시했다. 동척은 선진적 임업 기술과 자본 투자 없이 조림대부지의 지역민에 대한 강력한 통제를 바탕으로 산림을 관리 · 경영했다. 이처럼 일본 기업들은 조림대부지에 적극적으로 투자해 산림녹화에 기여하기보다 조림대부제도를 이용해 손쉽게 산림 소유를 확대하고 이를 통해 기업의 자산을 형성하는 데 더 많은 노력을 기울였다. 결과적으로 조림대부제도는 산림녹화가 아닌 일본 자본의 조선 진출 및 산림 대지주 형성 수단으로 활용되었다.[79]

조림대부제도의 배경과 목적에 대해서는 조선총독부 산림기사였던 고토 후지(後藤房治)가 『명치임업일사(明治林業逸史)』(1931)에 게재한 글을 통해 파악할 수 있다. 이 자료는 조림대부제도가 왜 일본 기업을 중심으로 운영되었는지에 대한 사정을 담고 있다. 또한 조림대부제도에 반대하는 조선인들의 저항을 바라보는 조선총독부 관료 측의 시선을 잘 나타내고 있다. 그 밖에 조림대부제도의 부족한 전체상을 보완하기 위해 『조선임업사』의 불요존국유림 처분 항목을 수록했다.

---

78 강영심, 1997, 앞의 글, 202-205쪽.

79 노성룡, 2021, 앞의 글, 83-100쪽.

일본 기업의 조림대부지 운영에 대해서는 조선 내에서 가장 많은 조림대부지를 대부받은 동척의 기업 자료를 이용했다. 우선 동척의 기업사를 정리한 『동양척식주식회사20년지(東洋拓殖株式會社二十年誌)』(1928)의 산림사업 항목을 수록해 동척의 조림대부지 경영 및 조림 방법을 파악하고자 했다. 다음으로 동척이 황해도 황주군 남면(南面) 주민들과 맺은 「조림대부지 산림보호계약서」는 일본 기업이 조림대부지 지역주민들을 어떻게 통제하고, 또한 해당 산림을 어떻게 관리했는지를 파악할 수 있다. 그 밖에 『조선임업사』에 수록된 쓰미토모(住友) 회사의 조림대부지 경영 사례도 수록했다.

조선인들의 조림대부 반대 투쟁에 대해서는 《동아일보》와 《조선일보》의 기사를 수록했다. 해당 기사를 통해 전국적으로 전개된 조선인들의 격렬한 조림대부 반대 투쟁의 내용은 조림대부제도의 문제점을 생생하게 보여 주고 있다.

(2) 신문·잡지 기사를 통해 본 조림대부 실태

〈자료 66〉 지역주민의 명맥인 2천 정보의 국유 산림을 속히 대부하라는 진정서

(동아일보, 1923.01.27, 3면 3단)

평남 중화군(中和郡) 천곡면(天谷面)과 수산면(水山面)에 있는 임야 2,000정보는 그 근방 백성들의 생활하는 근거인데, 이 삼림 전부가 국유로 편입된 후 백성들의 곤란은 무한하여 원망하는 소리가 자못 높았다. 그러나 그 후 이 산림은 불요존림으로 되어 누구에게든지 대부하기로 했으므로 그곳 백성들은 평양 시내의 자본가 몇 사람과 합동하여 상원조림조합(祥原造林組合)을 조직하고 1919년(大正 8)에 안병삼(安秉三), 최태선(崔泰先), 임시은(林時殷) 등 20여 명이 연서하여 대부 청원을 총독부에 제출했었다. 그러나 그 후 4년이나 되는 오늘날까지 아무런 소식이 없음으로 대표자들은 그간에 혹 총독부에 가서 탄원도 하며 평남 도청으로 가서 진정도 하였으나 도청에서는 시방비모범림으로 하고자 한다고 하며 확실한 회답이 없었다. 그 산과 직접 생활 관계가 있는 그 지방 백성들은 아래와 같은 탄원서를 중화군청과 평남도청과 총독부에 제출하였다.

탄원서

(…)제1종 불요존국유림 대부 출원을 하였는데 아직 허가되지 않고 최근 들은 바에 의하면 다른 유력자가 해당 산림의 대부 출원을 하였다고 하오니 이게 과연 사실이라고 하면 해당 지역주민에게는 실로 사활 문제입니다. 유래 해당 산림에는 입화경작자(入火耕作者), 목탄 제조 판매업자, 시초 채취 판매업자 등 해당 산림을 근거로 하여 생활하는 자가 약 150여 호, 인구 약 700명인데 조선의 가장 중요시하는 선조의 분묘 등이 많아 지역주민은 해당 산림을 생활상 조상이 남긴 유일한 유산으로 안다고 해도 과언이 아닙니다. 이를 지방 사정에 정통하지 못하는 다른 사람에게 허가하시는 날에는 지역주민은 생로를 잃고 사면팔방으로 유리하지 않을 수 없는 비참한 일을 당할 뿐만 아니라 당국자의 처치에 대해서도 인민의 사정을 돌아보지 않고 생활의 명맥을 탈취한다는 원성(怨聲)이 소연(騷然)할 것은 의심할 여지가 없는 일이옵니다. 충분히 정사(情査)하신 후 지역주민을 본위로 하여 조직된 상원조림조합에 허가하셔서 지역주민 일반의 복리를 증진하고 생활의 안도를 얻어 관의 인민에 대한 애무의 정이 심후한 것을 감지(感知)하게 하시옵소서. 또한 해당 산림은 인화경작(人火耕作)하기 위하여 해마다 화전 면적이 광대하게 되어 지금 그대로 방임할 때에는 산림 전부를 소실할 우려가 있사오니 하루라도 빨리 인가하셔서 식수를 보양하여 국가의 이익을 도모함과 함께 지역주민의 복지를 증진하도록 해 주옵기를 바라면서 이에 탄원하나이다.

〈자료 67〉 한 명의 일본인을 위하여 조선인 오천 명을 사경에 넣은 동래 철마산의 산림 대부 사건(동아일보, 1923.06.11, 3면 6단)

한 개인의 사복으로 말미암아 5,000명이 살아갈 수 없는 지경에 빠진 지 10년이나 되어도 총독부 당국에서는 조금도 돌아보지 아니하여 일반 인민의 원성이 자자하게 된 사실이 경상남도 지방에서 일어나게 되었다. 경남 동래군 마산면에 있는 철마산은 주위가 60리며 면적이 1,500정보나 되는 국유지로 그 산은 종래에 그 부근 5,000여 명의 주민들이 마음대로 나무를 하여 쓰는 곳이었는데, 지난 1914년(大正 3) 6월경에 부산진 사야타 기타로(佐谷瀧太郎) 씨와 서무과 주임 사이토 히로시(齋藤寬) 씨에게 상당히 운동을 하여 양씨의 주선으로 데라우치 총독의 허가를 받아 철마산 전체의 대부를 맡아 가지게 되었다. 그리하여 하루아침에 연료의 공급지를 남의 손에 빼앗긴 그 부근의 1,000호의 주민들은 어찌할 바를 알지 못하고 당국에 호소하였다.

하지만 냉정한 당국에서는 "총독부의 허가"라고 하여 일반 주민의 사활 문제를 조금도 돌아보지 아니하였다. 순량한 주민들은 할 수 없이 참고 지냈으나 밥을 지어 먹을 수가 없는 곤경에 빠지게 됨에 부득이 몰래 산에 들어가서 풀잎이라도 가지고 왔는데, 이때 법률만 내세우는 사야타가 그들을 산림 도벌의 죄목으로 당국에 고소하여 부산지방법원 검사국에 압송하기까지 한 사실도 한두 번이 아니었다. 그뿐만 아니라 당초 허가를 얻을 때에 대부 기한은 금년 5월까지로 하고 철마산 전부에는 상당한 나무를 심어 조림하기로 한 것인데, 사야타는 이러한 조건을 무시하고 전후 10년 동안 1,500정보나 되는 곳에 겨우 10정보밖에는 조림하지 않고 부당한 이익을 먹으려 함으로 일반 주민들은 크게 분개하여 재작년부터 작년까지 전후 4차례나 총독부 당국에 이 뜻을 전하고 일반 주민들에게 대부하여 주기를 탄원하였다. 하지만 뜻을 이루지 못하고 다시 지난 5월에 도 당국에 진정하였는데 지난 4일에 와다(和田) 지사가 동래군청에 와서 일반 인민의 눈물 섞인 하소연을 자세히 듣고 지사도 매우 놀랐다 한다. 경상남도 이사관과 동래군수도 실지조사를 하려고 철마산을 답사하였는데 두 사람은 산에 올라가서 비참한 주민의 생활 상태를 보고 깊이 동정하였다고 하며 다시 총독부에 탄원할 것이라고 하더라.

〈자료 68〉 인민의 생명과 법률 본말을 전도(동아일보, 1923.06.14, 1면 1단)

원래 법률이라고 하는 것은 민도와 민습을 떠나서는 실시될 가치가 없는 것이니 만일 국민의 실생활에 적응하여 안녕을 유지하며 인민의 행복을 보장하지 못하면 그 법률은 존재할 이유가 없다. 그뿐만 아니라 국민 생활과 국가의 융성에 해독이 적지 않으니 그러므로 시대정신과 국민의 실제 생활에 대조하여 법제는 합당한 변화가 있지 않으면 안 된다. 총독부 정치는 재래 조선의 정치적 폐해를 개정한다고 하고 각종의 법령을 발포하였다. 물론 개중에는 재래의 폐습을 개량함에 유리한 자가 전부하지는 않나. 그러나 조선인의 민정에 맞지 않는 것이 다대하니 이는 과거에 본지가 지적해 온 바가 이를 증명하거니와 그중에도 토지에 관한 처리가 더욱 결점이 다대하였다.

원래 복잡한 법규와 그 수속으로써 권리 관계를 구별하지 아니하던 조선인은 하루아침에 번다한 법규를 활용하기 어려울 것은 구미 제 민족의 과거를 봐도 분명하다. 더욱 교육이 보급되지 못한 조선에서는 특히 실제 생활에 조리가 정연한 법규를 적용함에는 조화와 절충을 적절하게 하지 않으면 불가하리니 이에 대하여는 당국자도 충분한 이해가 있을 줄 믿는다. 또한 아무리 선량한 법률이라고 하더라도 그 운용상 적절함을 잃으면 또한 그 결과는 해독이 일반 국민에게 미치니 이 점은 특히 구사회에서 신사회로 천이(遷移)하는 국가와 사회에 대하여 더욱 주의할 바인 줄 믿는다.

그러므로 현재 조선 삼림지의 정리에 일반 인민의 생활과 그 생활상 필요조건에 대하여 당국자는 이해가 있어야 할 것이오, 성의가 있어야 할 것이다. 만일 정치가 인민의 생명을 보호하기 위하여 있는 것이라면 그것이 의지하는 법률도 인민의 생명을 보호하는 이유하에서 적용되어야 할 것이니 조선인의 시초(柴草)는 미곡과 동등으로 생활상 필요품이다. 재래에 채용하던 산야를 하루아침에 금하면 전일 보도와 같이 국법상 범죄인만 증가할 뿐이오, 실효는 없을 것이다. 이러한 실제를 무시하고 삼림을 보호하며 조림을 장려한다는 이유로 광대한 산야를 개인 혹은 하나의 회사에 대부하면 그 산야에 생활을 의탁하던 4~5,000 혹은 3만 명의 생활상 가장 긴요한 연료를 구할 곳이 없게 되었다. 이는 재래에 대대로 전해 오던 산야에서 범죄인을 만드는 것으로 인민의 생존을 고료하는 이상에는 위정자가 취하지 못할 바인 줄 믿는다. 동래군(東萊郡) 마산(馬山) 사건에 관해서는 다시 조사 중이라 하니 그 결과가 어찌 될지는 오직 도 당국자의 적절한 주선과 처리를 바란다.

또 충남 예산군(禮山郡) 사건은 유무라(湯村) 토지개량과장(土地改良課長)이 "매우 가여운 일이나 무슨 짓을 하든지 아무런 효과가 없을 줄 아오"라고 하였고, 한편으로는 농민이 자기네 생사 문제이니 기필코 목적을 달성하겠다는 결심으로 또다시 100명이나 상경한다고 한다. 해당 삼림지를 해외척식주식회사(海外拓殖株式會社)가 대부를 받은 이면에는 다소 불공평한 어느 계책도 있는 듯 전하니 그 진상이 어떠한 것인지는 우리는 지금 단언하기 어려운 바이다. 만일 그러한 것이 사실이라고 하면 이는 관리가 다수 인민을 기만하여 그 생활상 필요품을 일개 회사에게 대부한 것이 되리니 중대한 책임이 있다고 하리라.

다수의 인민이 생사에 임하여 정당한 처리를 호소하는데 당국자는 "총독부 허가"라고 하여 인민의 사활 문제를 돌아보지 않았다고 하니 이것은 일반 인민의 생명보다도 총독부 허가가 중한 것을 의미하는 말이 아니고 무엇인가? 조선에서 인민의 생명보다도 관청의 위신을 중히 하여 무리한 행정을 한 사건은 결코 이러한 사건에만 있는 것은 아니지마는 우리는 이번에 다시 법률을 위하여 국민의 생명을 희생할 것이 아니오. 법률은 국민의 정당한 행복을 위하여 활용되어야 할 것이라는 것을 너무나 분명한 상식이지만은 이에 반복하는 것이다.

〈자료 69〉 예산 부정대부(동아일보, 1923.06.14, 3면 1단)

산림 문제로 총독부에 진정서를 제출하고 반가운 소식만 기다리는 70여 명의 예산 촌민들은 여전히 매일 60원의 비용을 써 가며 경성에 체류 중인데, 지난 13일에도 여전히 총독부에 나가 종일토록 화답을 기다렸다. 그러나 총독부 편에서는 도저히 한번 허가한 일을 다시 취소할 수도 없는 일이요. 더욱이 해외척식주식회사(海外拓殖株式會社)는 본사가 일본 도쿄에 있는 거창한 회사이므로 여러 가지 관계상 도저히 취소하기 곤란함으로 될 수만 있으면 이장비(移葬費)와 산판 값을 다소간 물어주는 한이 있더라도 인민의 진정은 각하할 예정인 모양이다.

본래 이 산림이 국유지로 편입되어 버린 원인을 인민들의 진정서에 의하여 보건데, 대강 임야조사 당시에 예산군청과 면사무소의 지도에 의하여 각 소유자는 신고서를 제출하였으며 그후 임야조사반이 실지조사를 하고자 출장하였을 때도 지주총대가 일일이 입승하여 소유자의 씨명이 분명히 조사부에 기재되었다. 그 후에 다시 면 담당 임명호(任命鎬) 씨의 말이 아무리 조사부에 가입이 되었다고 해도 무슨 판결이 날지 모르니 자기 생질이 되는 정희덕(鄭熙悳)이라는 면서기에게 위임하여 다시 산판을 측량을 한 후 각 개인의 명의로 대부 신청을 하면 다소간 비용은 나도 완전한 자기의 것이 될 수 있다고 했다. 이에 따라 일반 산주들은 즉시 2~3원 내지 3~4원의 수수료를 내고 그대로 순종하였다.

다만 면 담당 임양호의 말만 믿고 임야사정 공시가 나고 불복 기한이 지나도 태연히 무심히 있었더니 마침내 대대로 물려 내려오던 산림은 선조의 백골과 함께 국유가 되어 버리고, 공연한 금전만 면 담당의 생질에 주게 되고 만 것이었다. 그 뒤에 또 해외척식회사가 목장을 실시하고사 할 때에 인민들은 백방으로 저항하고자 했으니 그럴 때마다 소관 경찰서에서는 경관들이 자동차로 출장해서 억울하게 생각하는 인민을 압박하였다. 더욱이 경찰서장과 군수는 해외척식주식회사에 대해 니시무라(西村) 식산국장과 마루야마(丸山) 경무국장의 개인적인 청이 있으니 하는 수 없다고 언명한 일도 있었다고 한다. 과연 이와 같은 복잡한 내용을 가진 사건의 앞길은 어찌 해결될지 일반은 주목 중이라고 한다.

〈자료 70〉 강동(江東) 임야 부정대부로 수천 주민의 탄원(동아일보, 1924.02.09, 3면 1단)

지방의 인민이 생활의 근거로 알고 세전(世傳)하던 임야를 무리하게 한 당국자가 조림이라는 이름 아래 하루아침에 그곳 주민이 아닌 다른 사람에게 대부를 하였기 때문에 애통하는 소리가 조선 전체에 사무친 것은 본보에 누차 보도한 바이다. 최근 평남 강동군(江東郡)에 또 이와 같은 일이 일어나서 수천의 인민이 대표를 선정하여 4~5차례 평남도청과 총독부에 탄원서를 제출하였으나, 아무 소식이 없다는데 호소할 곳이 없는 백성들은 하늘을 우러러 사정을 부르짖고 도로에 방황하며 눈물을 뿌리게 되었다. 이번에는 일본 의회에 이 사정을 진정하기로 한다는데, 그 내용은 강동군 원탄면(元灘面), 외삼면(外三面)에 8,000정보 되는 큰 산림은 그곳 지역주민이 선조 때부터 확실한 소유권이 있어 오늘날까지 대대로 이어져 왔을 뿐만 아니라 그간에 서로 매매까지 하고 오랫동안 사유로 금양해 온 사실은 일반이 다 아는 바이다. 그런데 1913년(大正 2) 봄에 이 산림을 일본 사람 이타쿠라 마쓰타로(板倉益太郎)에게 대부한 국유림 가운데 혼입이 되고 말았다. 그 후 나카무라 구미(中村組)에서 이 대부권을 계승하여 지금은 솔가지와 시초를 베는 구역을 정하고 20~30원의 비싼 값으로 매년 인민에게 판매함으로 그곳 주민들은 분하고 원통함을 삭이지 못하여 4~5차 진정서를 제출하는 동시에 저번 임야조사 할 때 분쟁신고를 제출했다. 여기서 이 임야는 국유림인 흑룡산에 있다고 하지만은 다른 이름이 따로 있는 구역 내에 있으며 그곳 주민의 분묘가 있고 사유림에 연속하였다는 말을 자세히 하였다. 그러나 아무 소식이 없고 나카무라 구미는 나무를 비싼 값으로 판매한즉 이와 같이 억울한 일을 파헤쳐 달라는 것이라더라.

〈자료 71〉 누구를 위한 임정, 산림도 겸병된다(동아일보, 1924.03.21, 1면 1단)

1. 당국의 조사에 의하면 조선의 임야는 총면적이 약 1,588만 정보에 달하여 실로 전 토지의 71%를 점한 세계 희유의 산국(山國)이다. 이 71%를 점한 광대한 토지가 울창한 수림으로 수호되었는가 혹은 동탁불모(童濯不毛)[80]의 땅으로 등기(等棄)[81]되었는가가 국부 정도에 비상한 현격을 만드는 것은 물론이다. 그러나 조선의 현상은 어떠한가? 인적이 드

80 산에 나무나 풀이 없는 불모지.
81 탐탁하지 않게 여겨서 버림.

문 심산궁곡(深山窮谷)[82]은 예외로 할지라도 기타 인가(人家) 부근과 도로 연변의 산야 그 대부분이 황폐한 자토(赭土)[83]가 아니면 민둥산으로 있는 형편이다. 이를 숫자로 보면 1,588만 정보의 임야 중 성림지(成林地)로 간주할 것이 548만 정보로 전 면적의 1/3에 불과하다. 이 숫자 중에는 소생지(疏生地) 또는 산생지(散生地)를 포함한 것이며, 그 나머지 2/3는 천연생(天然生)의 치수생육지(稚樹生育地)와 초생지(草生地) 또는 민둥산에 속하는 것이다.

2. 산림이 이와 같이 황폐된 원인은 물론 제한 없는 벌채에 있거니와 그 결과 토사는 유하(流下)하고 하상(河床)은 매몰되었고, 한편으로 국토를 파괴하였으며, 수원의 고갈과 기후의 실조는 산업과 위생상에도 막대한 악영향을 미쳤다. 이리하여 금수강산을 자랑하던 우리 반도는 풍윤수려(豐潤秀麗)한 그 본래의 기색을 상실하였을 뿐만 아니라 그 회중(懷中)에 안기여 사는 우리 주민은 일상생활에 필요한 목재, 신탄도 그 공급의 길을 잃어 가옥은 점점 왜소·누추한 토실(土室)로 변하고 산야에는 낙엽·고초의 여유가 없는 참상에 이르렀다. 『성서』에 "하늘은 풀로써 땅을 구치셨다"는 어구가 있거니와 온돌에 상주하는 우리 신탄 이외에 연료를 구할 수 없는 우리는 삼림으로써 땅을 굳히지 않으면 안 된다. 따라서 임정에 대해서는 일시(一時) 반시(半時)도 범연(汎然)히 못할 우리이다.

3. 당국이 이 점에 착목한 결과 「삼림령」을 발포하여 보안림의 제도를 정하고 한편 국유 산야의 조림대부를 실시한 것은 위정자로서 당연한 시설이라 하려니와 그 법령 실시의 결과 우리는 어떠한 이택을 입었는가? 이 점에 대해서는 다소 검토의 필요가 있을 것이다. 당국의 조사에 의하면 1920년도(大正 9) 중 국유불요존림의 대부 면적이 6만 6,946정보 중 3만 7,533정보, 약 반수 이상은 일본인이 점하였으며, 1921년도(大正 10)의 6만 3,937정보 중 2만 9,855정보를 점하였고, 1922년도(大正 11)의 8만 8,041정보 중 역시 반수 이상인 4만 9,345정보를 점하여 매년 대부 산림 중의 약 반수 내외는 일본인의 수중으로 돌아갔다. 그러면 해마다 이들 광대한 산림을 점유하는 일본인은 과연 그 점유 산림에 대해 이를 점유할 만한 연고와 공로가 있었는가? 우리들 조선의 산림에 대하여 전속적

82 깊은 산골짜기.

83 붉은 산화철이 많이 함유된 붉은색의 흙.

연고 관계가 결코 없는 것은 물론이거니와 그렇지 아니하면 그들은 식림 배양의 결과로 자토를 청변(青變)한 공로자인가? 우리는 극소한 일부 이외에 그 사실을 인정할 수 없다.

4. 원래 대부의 목적물로 되는 산야가 인적이 드문 심산궁곡은 아닐 것은 물론인즉, 거의 전부는 종래 조선인이 사실상으로 점유하였던 연고림 아니면 부근 주민의 임의 채초하던 무주공산(無主空山)이었다. 따라서 그 산야는 비록 황폐하였다 할지라도 부근 주민의 족적(足跡)과 수택(手澤)으로 수호되던 산야이며 공동으로 몽리(蒙利)하던 산야이다. 이러한 연고림은 하루아침 일본인 유력자의 점유한 바가 되어 엄혹한 간금(看禁)하에 즉 고래의 연고자로부터 몽리권을 박탈한 결과 그 구역 내의 천연생 치수가 다소 성장함에 불과한 것이다. 연내 각 지방에서 산림에 대한 분쟁이 종식을 얻지 못한 것은 그 원인이 전부 이에 있는 것이다. 이리하여 조선인은 그 반만년 간의 연고지와 이별을 고하는 한편에서 일본인 부호는 그의 욕심을 채웠다. 현재 조선에서는 스미토모(住友)의 6만 정보를 위시하여 한 개인으로서 1,000정보 이상의 산림을 점유한 자가 실로 46명의 다수에 달하는 현상이다. 이것이 과연 일반 조선인을 위하여 복리를 도모한 결과가 되는지는 다만 현명한 당국자가 이를 알거니와 모든 생활의 근거로부터 분리되는 우리는 또한 별개의 각오를 요할 것이 아니냐?

〈자료 72〉 150만 평 산림을 일본인에게 무상 양여(동아일보, 1924.04.10, 3면 1단)

국유지, 국유림 등을 민간에 대부한다는 명목 아래 광대한 토지와 임야가 일본인의 손아귀로 들어가는 현상임은 원래 다시금 밀할 필요도 없다. 경기도 포천군 청산면에 있는 147만 평의 국유 임야도 조림을 목적한다는 표방 아래에서 지난 1914년에 일본인 경영인 미쓰이(三井) 합명회사(合名會社)에 대부하였던바 최근에 이르러 이미 사업도 완성하고 성적도 극히 양호하다 하여 소위 「임야령」 제7조에 의해 임야 전부를 무상으로 위 회사에 양여하였다. 따라서 앞의 국유 임야가 완전무결하게 일본인 경영의 일개 회사의 소유가 되고 말았다.

〈자료 73〉 무릉리(武陵里) 산림 분쟁(조선일보, 1925.10.29, 2면 5단)

강원도 이천군 용포면 무릉리 임야 전부를 1917년(大正 6)경에 소유자인 인민은 알지도 못하는 와중에 쓰미토모(住友) 회사에 대부되었다. 무릉리에 거주하는 일반 인민은 대대로 전해 오던 산림을 한순간에 잃어버려 생활의 길을 잃고 남부여대하면서 도로에 방황하는 지경의 비참한 최후를 당하였다. 이에 일반 인민은 필사적으로 최후를 맹세하고 쓰미토모회사와 분쟁하여 수년 이내로 총독부, 도청, 군청, 임야조사회에 10여 차례 진정서를 제출하여 왔다.

그런데 지난 6일경에 쓰미토모회사에 나무를 심기 위해 측량을 하고자 하여 일반 인민은 남녀노소가 총출동하여 반항하던 중 마침내 순사가 호구조사차로 출장하였다가 그 광경을 보고 인민과 회사의 분쟁을 말렸다. 그러다가 순사와 인민도 잠시 분쟁이 있어서 이천경찰서에서 그 사실을 탐문하고 서장이 현장에 출동하여 일반 인민을 위안시켰다. 그런데 인민은 서장의 설득을 듣고 무릉리 산림은 대대로 자신들의 소유인 사실과 중간에 쓰미토모회사에 부당대부되어 억울하게 산림을 잃어버리고 사경에 빠진 비참한 상황을 각 관청에 10여 차례나 진정하였으나 아무런 해결이 없음을 말하고 원만한 해결을 요구하며 탄원하였다. 서장은 인민의 대해서만은 동정을 표하고 원만한 해결이 되도록 해 주겠고 하므로 일반 인민은 서장의 설득에 감화되어 원만한 해결만 갈망한다고 하더라.

〈자료 74〉 원부(怨府)[84]의 칭호 잇는 소위 '황해사(黃海社)'(동아일보, 1926.02.17, 5면 1단)

일본 정우회(政友會) 대의사(代議士) 마쓰야마 쓰네지로(松山常次郎) 씨를 사장으로 한 소위 황해사에서는 황해도 장연군(長淵郡) 대구면(大救面), 용연면(龍淵面)에 있는 연고 임야에 대해 개간권을 대부하여 가지고 연고권을 매수하는 데 위협 혹은 농락 등의 강제 수단을 사용함으로 민원이 자자하다 함은 이미 여러 번 보도한 바이다. 이렇게 매수한 것의 대금은 1년 이상씩 끌어가기를 예사로 하더니 최근에 이르러서는 어떠한 사단이 생겼는지 사용인(使用人) 모모(某某)가 얼마 전부터 피신하고 보이지 아니함으로 돈 받을 사람들은 모두 눈이 둥그레져서 사방으로 거처를 탐문하는 중이라 한다. 그중에 용연면 신오리(新梧里)에 사는 현택조(玄澤祚)라는 사람은 토지 대금 50여 원을 받기 위하여 1개월 이상이나 와서 묵었다는데 지금 그 50여 원을 모두 받아도 밥값과 기타 여비에 부족하리라더라.

---

84 대중의 원한(怨恨)이 쏠리는 단체나 기관.

〈자료 75〉 연고림 부정대부로 8천 주민 생활 위협(조선일보, 1926.08.27, 3면 1단)

황해도(黃海道) 장연군(長淵郡) 대구면(大救面)에 있는 연고림 1,500정보를 지난 1920년(大正 9) 4월 24일에 일본인 측에서 경영하는 소위 황해도를 개척한다는 의미에 있는 황해사(黃海社)에 대부한 까닭에 주민 7,000여 명은 생활의 근거를 잃게 되었다. 따라서 하는 수 없이 작년 5월 중순 면민 대표 세 사람이 상경하여 당국에 탄원서를 제출하는 동시에 식산국장과 토지개량과장을 방문하고 사실의 내용을 전부 진술하였다. 식산국장과 토지개량과장은 사실을 다시 조사하여서 주민들의 억울함이 없도록 할 것이며 경우에 따라서 이미 대부한 것이라도 취소하리라는 언명이 있었음에도 불구하고 1년이 지나도록 하등의 처치가 없어 주민들이 한층 초조해했다. 그러던 와중에 지난 4월 5일부터 제령에 의하여 연고 임야를 연고자들에게 무상양여하게 되었음에도 불구하고 오직 위의 임야에 한해서 정당하지 못한 대부를 여전히 지속하고 있었다. 이에 26일에 이르러 또다시 면민 대표들은 관계당국자들에게 재차 탄원서를 제출하는 동시에 만일에 이번에도 들어주지 않는 경우에는 필경 도쿄 내각에까지라도 사실의 전말을 탄원하고자 하는 중이라더라.

〈자료 76〉 정녕(丁寧) 계약한 동척 산림 보호, 회사 측의 배신으로 보호민 적극 항쟁 (조선일보, 1928.11.09, 5면 3단)

함남 문천군(文川郡) 군내면(郡內面) 도창리(道昌里)·교월리(橋越里)는 주민의 대다수가 연래(年來)로 부근 소재의 동양척식회사 임야에 대하여 1917년도(大正 6)부터 보호계약을 체결한 후 산불 방지와 산림 보호에 절대 노력하였다. 위 계약 체결 당시 회사 측으로부터 보호민(保護民)에 한해서는 화목(火木)을 무료로 베게 계약하였다는데, 금년도에 와서는 갑자기 산감(山監) 전택규(全澤奎)가 신세(薪稅)를 물고 화목을 베라고 하므로 일반 촌민들은 연내 무료로 하던 것이라 세금을 물게 된다고 해도 과중하지 않을 것으로 알고 있었다. 하지만 현재 이르러 50속(束, 한 동)에 대한 세금으로 운반에 편불편(便不便)에 따라 50전 내지 80전까지의 과중한 요구를 하므로 일반 보호민들은 무리한 세금과 억울한 사정을 산림감수(山林監守) 장숭규(張崇奎)에게 말하였다. 그러나 감수의 말을 들으면 회사 측에서는 "너희가 싫으면 그만두라", "우리 산에 우리가 나무를 길어서 돈 받고 파는데 무슨 상관이 있느냐" 하여 다년간 보호하였음에도 불구하고 이와 같이 폭언함으로 일반 보호민들은 동척 측의 무리한 행사에 분개하는 동시에 적극적으로 항쟁할 것이라고 한다.

〈자료 77〉 국유 임야 처분을 신중히 하라(동아일보, 1935.06.21, 1면 1단)

1. 보존할 필요가 없는 국유 임야를 처분하자는 것이 결정된 것은 수년 전의 일이다. 그런데 그 처분에 관하여 문제가 많이 일어나는 것을 보게 되는 것은 실로 유감이라고 하지 않을 수 없는 바이다. 그것을 처분하는 중요 목적은 공익을 증진하자는 데 있다고 하지 않을 수 없다. 국가 자신의 힘이 미치지 못하는 곳에 타인으로 하여금 유리하게 그것을 이용하여 조림을 행하게 하는 것은 그것이 직접 · 간접으로 사회에 이익을 끼치는 것이 된다는 것이 처분 문제의 요점이 될 수밖에 없다.
2. 그러므로 국유 임야를 처분할 때에는 사회의 공익을 안중에 넣지 않으면 안 될 것이다. 그러자면 물론 그 지방 주민에게 임야가 어떠한 관계를 갖고 있는가를 제일 먼저, 또 가장 신중히 고려하지 않으면 안 될 것이다. 대체로 말하면 지방 주민에게 관계가 깊은 임야는 그것을 지방지치단체에 허여(許與)하여 그 지방 주민의 복리에 적합하도록 사용하게 하는 것이 온당한 방법이다. 그러나 우리는 물론 국유 임야는 절대로 개인에게 허여하여서는 안 된다는 것은 아니다. 경우에 따라서는 그것을 정당시하게 될 수도 있을 것이다.
3. 그러나 그것은 그 지방 주민들에게 해를 끼치지 아니하는 경우에만 말할 수 있는 것이다. 그런데 우리는 이번에 문제된 함경남도 영흥군(永興郡) 선흥면(宣興面)의 국유 임야 대부에 관한 사건을 살펴볼 때 매우 불안을 느끼는 바이다. 그 면적은 1만 2,000여 정보나 되는데 향산리(香山里) 외 10개 동리를 포함한 것이다. 주민으로 말하면 호수가 1,500여 호에 달하고, 인구는 8,000여 명에 달할 터이다. 그리하여 그들은 이 국유임야 내에 주택을 갖고 있으며 또 거기서 신탄을 채취하며 화전을 경작하며 기타 여러 가지 방법으로써 생활의 자료를 획득하게 되는 터이다. 이와 같이 되어서 8,000여 명의 주민은 만일 이 국유 임야 3,000여만 평이 다른 사람의 손으로 넘어가게 되면 생활의 근거를 완전히 상실하게 되는 것이다. 그런데 금일 4월에 개인의 명의로 그 대부 신청이 있게 되었기 때문에 그들은 어찌할 줄 모르고 공포에 싸여 있게 되었다.
4. 지방에서 주민의 이 딱한 사정을 선찰하는 이들은 누구나 다 그것을 주민에게 허여하는

것이 당연하다고 생각하고 상부 기관과 교섭하는 중이라는 것을 듣게 되는 바이다. 우리는 당국자들이 최후의 결정을 지을 때에 이들의 사정을 고려할 줄 믿는 바이나 만일 주민의 소리에 귀를 기울이지 아니하고 만연(漫然)히 처결해 버린다면 문제는 퍽 우려될 성질의 것이라는 것을 생각하지 아니할 수 없는 바이다. 우리가 이와 같이 우려하게 될 근거가 없는 것도 아니다. 해당 임야지대 내에 순 화전민만 1,000여 명이 있다는 것을 지적하고 그것이 만일 개인에게 허여되는 경우에 그들의 처치 문제를 어찌할까 하는 질문에 대해 임정과(林政課)의 모 기사(技師)는 "그들을 쫓아내면 좋지 않으냐?"고 아주 간단하게 대답한 것을 보면 민중의 사활 문제에 대하여 경솔하게 생각하고 있다. 하여간 문제가 한번 결정되어 버리면 개정되기가 어려운 것이니 우리는 이 기회에서 그것을 처리함에 당국자가 주민의 이익을 위하여 신중히 고려하지 않으면 안 된다는 것을 고조(高調)하지 않을 수 없는 바이다.

(3) 조림대부제도와 일본인 산림 대지주의 형성

〈자료 78〉 제1종 불요존임야의 처분(岡衛治, 1945, 『朝鮮林業史 上』, 409~410쪽)

국유임야구분조사는 장래 국유로서 경영할 요존임야와 민유에 개방할 불요존임야로 구분하고, 그 불요존임야를 다시 제1종과 제2종으로 구별하여 처분의 편리를 계획했다. 제1종 불요존임야는 하등 연고자가 없기 때문에 자유로이 이것을 민간에 개방시켜 경영할 수 있는 것으로서, 이 종류 임야는 다른 임야에 비교하여 대체로 황폐가 심하고 빠른 복구를 도모할 필요가 있었다. 이것의 처분에서도 조선 임야의 현황을 생각하여 조림의 속성에 무게를 두고, 조림을 가장 긴요한 조건으로서 처분할 방침이었다. 따라서 1910년(明治 43) 조림대부제도를 만들어서 조림 촉진의 가장 주요한 방책으로 하였다. 이어서 양여하는 것에서도 되도록 조림용으로 할 것을 주요 내용으로 하고, 부득이한 경우에서만 매각 또는 교환의 방법으로 처분하기로 했다. 그리고 임야는 다른 관유(官有) 부동산만은 그 취지를 다르게 하는 것이 있어 그 처분 수속에 관해서는 1911년(大正 1) 칙령 제6호 「조선국유삼림미간지 및 삼림산물특별처분령」에 의해 수의계약으로서 매각 또는 대부할 수 있는 특별 규정을 설치하고, 대개 이에 따라 처분했다.

이들 처분 권한에 관하여 「삼림령 시행규칙」 제1조에는 지방 장관에 위임된 것으로 했으며, 그 처분 권한은 처음에는 면적 30정보 이하의 일시 대부, 5정보 이하의 연기 대부 등의 작은 범위였다. 하지만 1920년(大正 9) 4월 총독부령 제44호로서 그 범위가 확장되고, 대부는 면적 50정보 이하, 기타의 처분은 10정보 이하로 개정되고, 다시 1932년(昭和 7) 3월에 이르러서 대부는 100정보 이하, 기타는 20정보까지 확장되기에 이르렀다. 그리고 본 위임 범위는 1929년(昭和 4) 6월 8일 임무(林務) 제800호로서 각 도지사 앞으로 통첩된 것에 따라 면적 10정보를 넘지 않는 국유 삼림이라 할지라도, 그 가격이 500원을 초과하거나 그 지상 산물의 재적이 500척체(尺締)[85]를 초과하는 경우에는 「삼림령 시행규칙」 제1조 제1항 제3호의 규정에 따라 도지사의 권한에 속하지 않는다고 명시했다. 더욱 1939년(昭和 14) 9월 1일 농림국장으로부터 각 도지사에 통첩을 보내서 이러한 점을 밝히고 모든 것을 가격에 의해 제한받는다는 사실을 나타냈다.

조사 요령 중 조림대부료(造林貸付料)의 연액(年額)은 1931년(昭和 6) 5월 임무 제92호로서 통첩한 바에 따라 다음과 같이 개정된 바가 있다.

조림의 목적으로 사용하는 삼림의 대부료는 해당 삼림의 교통 운반의 편리성, 지황(地況) 및 임황(林況) 등에 의하여 다음 표를 표준으로 하여 조사할 것. 단 시가지 부근 등 일반적으로 지대(地代)가 높은 곳에서는 표준 최고액보다 증액하고, 교통 운반이 극히 불편한 벽지 등의 지대가 낮은 지방에서는 표준 최저액보다 감액할 것.

조림지 1정보 대부료 연액표

치수(稚樹)가 많고 거의 파식(播植)을 요하지 않는 토지	치수가 드물게 나고 시초(柴草)를 이용할 수 있는 토지	치수가 거의 없지만 시초를 이용할 수 있는 토지	치수가 거의 없고 시초도 이용할 수 없는 토지
24~80전(錢)	12~60전	6~40전	3~30전

85 1척체=0.334m³

〈자료 79〉 제2종 불요존임야의 처분(岡衛治, 1945, 『朝鮮林業史 上』, 432쪽)

제2종 불요존임야는 임야구분조사 당시는 국유로 칭했지만, 여러 가지 연고(緣故)를 가졌던 임야였다. ① 영년(永年) 수목(樹木)을 금양하였지만, 「삼림법」에 의한 지적계를 제출하지 않았으므로 국유로 귀속된 토지, ② 금양했지만 입목도, 금양 기간도 다소 부족했던 토지, ③ 기타 사정에 의해 연고를 가졌던 것은 사실이어서 국유로 인정하지 않았지만, 「임야조사령」에 의해 연고 있는 국유로 인정하였던 것 등이 있었다. 그래서 이러한 임야의 정리는 그 사실을 조사하고, 이것을 연고자에 부여하는 것으로 했다. 이를 위해 1926년 4월 제령(制令)으로서 「조선특별연고삼림양여령(朝鮮特別緣故森林讓與令)」을 공포하고, 1927년 2월 1일자로 시행되었다. 출원 기간인 1928년 1월 31일의 출원 건수는 114만 4,052건, 그 면적은 311만 6,433정보로 1929년도에 처분을 완료했다. 그 처분 필수는 104만 4,771필, 그 면적이 227만 9,928정보였다.

〈자료 80〉 조선임업(後藤房治, 1931, 『明治林業逸史』, 大日本林會, 509~512쪽)

임야의 처분은 1908년 구 「삼림법」 실시부터 개시되었다. 한편에서는 조사를 진행하고, 또 다른 한편에서는 이를 처분했다. 조사의 진전에 따라 그 처분도 점차 수가 증가했다. 임야의 처분에는 대부, 매각, 양여, 교환이 있었지만, 그중 조선에서 특수 처분이라고 인정되는 것은 임야의 대부 처분이다.

국유림 조림대부 처분은 불요존임야에서 실시한 것으로 그 목적은 황폐임야의 재조림에 있었다는 점이 특징이었다. 구 「삼림법」에서는 이 목적을 위해서 제3조에 부분림제도를 마련했지만, 민심에 부합하지 않았다. 이후 3개년의 경험에 의하면 성적은 양호하지 않았기 때문에 현행 「삼림령」에서는 이 제도를 폐지하고, 그 대신으로 제정했던 것이 이 조림대부제도였다. 「삼림령」 제7조에는 "조선총독은 조림을 위해 국유 삼림의 대부를 받은 자에 대하여 사업이 성공할 경우에 그 삼림을 양여할 수 있다"라고 규정하였다. 또 그 「시행규칙」에서 대부 당시의 천연 치수가 성림했을 때에는 차수인의 소유로 옮겨 주었다. 그리고 특히 필요할 때는 대부 요금을 면제했다. 또 일반 사인에 조림의 이익을 알리게 하여 식림의 보급을 도모했다.

데라우치 총독은 1911년(明治 44) 7월, 도장관 회의에서 지시사항으로 "조림의 목적으로써 국유 임야의 대부를 받은 것에 대해서, 국유로서 존치할 필요가 없는 것은 사업 성공할 때 이를 양여할 수 있다는 규정을 마련하고, 또한 「시행규칙」에서 대부료 면제의 길도 열었던 것은 인민에게 식림을 시작하게 하기 위해서였다. 대개 임야의 상황에 대하여 이해관계가 가장 밀접한 사람은 지역 촌락으로써 조림대부는 먼저 이를 지역주민에게 허가하고, 나머지가 있다면 이를 다른 사람에게 허가할 방침으로써 장려하고자 한다"라고 말했다. 또한 "소면적의 조림은 노동력 외에 다수의 경비가 필요하지 않다. 따라서 개인의 소면적 출원에 대해서는 주로 사업 수행의 성의 여하에 유의하여 단지 자산의 다과만으로써 결과를 결정하지 말아야 한다. 또한 지역 촌락 일반의 이익에 비춰 개인으로서 그 부근 일대의 지역을 점유하게 하는 것이 없도록 해야 한다"라고 말함으로써 당국자의 뜻하는 바를 알기에 충분했다.

조선인은 집마다 온돌이라고 하는 것을 설치하여 매년 12월부터 다음 해 3월에 이르는 전후 4개월간은, 특히 연료가 다량 소비되는데, 종래 그 부근의 산야, 즉 공산(公山)에서 이를 구했다. 그러나 발포 당시 법령의 진의가 일반에 보급되지 않아 임야 소재의 주민은 하등 관심을 느끼지 못하지는 상태였다. 하지만 지방관 및 총독부 관리가 출장하여 권유하거나 또는 내선(內鮮) 간행의 신문 · 잡지 등에서도 서민이 환영할 만한 특수의 시설로서 장려한 결과, 점차 위아래로 이해되어 메이지 말년에 이르러서는 대소 각종의 임야에 대해서 조림대부의 의지를 표명하는 자가 속출하기에 이르렀다.

한편 총독부는 현재 구분조사의 결과, 불요존치 임야의 면적은 광대한 구역에 걸쳐서 단지 조선인만의 힘으로는 도저히 소기의 목적을 수행할 수 없다고 예상되었다. 따라서 다시 일본인 사이에 선전해서 조선 임야의 치수 이익을 고취하고, 조림대부의 출원을 환영한 결과, 일본 자본가, 기타 법인으로서 조림대부를 받고자 하는 자가 점차 증가하기에 이르렀다. 일본인 출원자의 다수는 대자본과 재계에서 세력을 가진 자로 그 출원 면적은 대면적을 보통으로 했다. 이 일은 직접적으로 고통을 느끼는 조선인을 자극하였고, 점차 의구심을 불러일으켜 한때 인심의 동요를 초래했다. 또한 이 일을 좋아하는 무리들이 이에 편승하여 많은 유언비어를 퍼뜨리고 민심을 혼란시키고자 하였다. 즉 "우리나라의 이익을 몰수해서 일본인의 점유로 귀속시킨다"고 말하거나 "전국의 임야는 점차 일본인 손에 떨어져 우리는 일상의 땔감을 얻을 길이 없게 되어 전부 동사(凍死)하게 된다"라고 말했다. 뿐만 아니라 "머지않아 조선의 임야는 전부 일본인 손에 들어갈 것이다"라는 등 선동적인 언사를 내뱉어서 민중의 공포심을 일으키는 자도 있었다. 그렇기는 하나 그 진상이 판명됨과 함께 진정되었다.

하지만 실제로 그 대부의 결과를 보면 조선인이 10의 권리를 얻는 것에 비해, 일본인의 권리는 겨우 2 내지 3에 지나지 않았다. 조선인이 그 수가 매우 많음에 따라 그 면적도 컸는데, 일본인은 사업 경영의 사정상 1건의 면적이 크고, 그 사업도 대규모였기 때문에 일시에 눈과 귀를 빼앗은 것 같은 인상을 나타냈던 것이다. 그 주된 것은 동양척식회사, 미쓰이 합명회사, 쓰미토모(住友) 합자회사, 다이호우(大寶) 농림부(農林部) 등의 자산가였다.

조림대부를 받은 자는 자기 계획하에 모든 책임을 지고 임야의 식림에 노력해야 했다. 하지만 그 은전, 즉 성공하여 무상으로 임야의 양여를 받을 때까지의 고심(苦心)은 쉬운 일이 아니었다. 앞서 1919년(大正 8) 독립 소요[86]의 반동 시기에는 일부 세상 물정 모르는 자들의 선동이 있었고, 또 지역 촌락의 반감도 있었다. 조선 임업가의 조림대부지에서는 그다지 장해를 듣지 못했다. 그러나 일본인 경영의 대부조림지는 참담하여 형사사건 등도 야기되었다. 어떤 일본인은 이 때문에 사업을 중간에 포기하고 그 토지를 총독부에 반환한 자도 있었다. 그러나 이들의 반응은 점차 소멸해서 대체로 순조롭게 진행되었다. 「삼림법」 발포 이래 1923년(大正 12) 말에 이르기까지 조림대부는 총계 4만 3,880건, 면적은 81만 4,000정보에 달했다. 그중 일본인이 대부받은 것은 약 2,000건, 면적 약 41만 정보, 조선인은 4만 2,000건, 면적 약 40만 정보에 달하고 있다. 그리고 그중 대다수는 다이쇼(大正) 시대에 처분되었던 것으로 메이지(明治) 말에 이르기까지에 대부된 것은 3,828건, 면적 1만 4,584정보에 불과했다. 이처럼 관민이 협력해서 조선의 산야를 녹화한다는 당초 이상의 실현이 궤도에 올랐던 것이다. 사업이 성공해서 양여를 받은 자는 메이지 말년까지는 1명도 없었지만, 다이쇼를 거쳐 쇼와(昭和)에 이르러서 성공하는 것이 속출하여 소유권의 양여를 받았다.

〈자료 81〉 동양척식주식회사의 산림사업(東洋拓殖株式會社, 1928, 『東洋拓殖株式會社二十年誌』, 東洋拓殖株式會社, 68~74쪽)

본사 창립 당시에 조선 내 산림의 황폐는 특히 심하여 이것이 각종 산업에 미치는 영향이 심대했다. 그중 농업은 매년 한발과 수해에 위협을 받아서 농사의 개량도 산미의 증식도 바랄 수 없는 상태에 있었다.

86 3·1운동.

본사는 이 점을 심히 유감으로 하여 본래의 사명에 비춰 창업의 당초부터 수묘(樹苗)의 육성을 도모하여 1910년(明治 43) 황해도에 처음으로 인공조림에 착수했다. 이후 경기도, 강원도, 함경남북도, 기타 각 도에 걸쳐 국유림, 사유림을 매수하거나 국유 임야의 대부를 받는 등 점차 경영 면적을 확대했다. 그리고 이에 적합한 수종을 식재하거나 천연생 치수를 선택·보류함과 함께 이들 사영림(社營林)에 대하여 1919년(大正 8) 이래 순차 시업안을 편성해서 경영의 합리화를 기한 결과 그 성적이 자못 양호했다. 국유 임야 차수지의 대부분은 이미 조림 사업을 완성해서 양여받기에 이르렀다. 또 일부의 조림지로부터 간벌 수확을 얻고 있다.

1. 경영 면적

1938년(昭和 13) 12월 말 현재 경영 면적은 11만 6,128정보로서 다음과 같다.

1938년 임야 경영 면적 단위: 정보

도별	국유림 차수지	국유림 양여지	매수림	합계
경남			357.45	357.45
경기		3,427.38	15,800.62	19,228
황해	84.68	17,433.47	1,371.53	18,889.68
강원	5,140.30	4,565.91	2,255.36	11,961.57
함남		32,584.36	1,348.79	33,933.15
함북	24,991.75		6,766.50	31,758.25
합계	30,216.73	58,011.12	27,900.25	116,128.10

2. 관리 및 보호

사영림(社營林)은 경상남도 소재의 소면적을 제외한 것 외 전부 조선지사에서 직할 경영한다. 관리 경영의 편의상 모든 사영 임야를 관리구, 사업구 및 보호구로 구분하여 각 주요 지점에 사원을 주재시켜서 오로지 실지의 관리 및 조림, 수입(手入), 작벌(斫伐), 제탄(製炭), 묘포(苗圃) 사업 등의 작업 및 보호·단속의 임무에 담당하게 하고 있다. 또한 임야의 경영은 회사 독단으로서는 충분한 효과를 거둘 수 없으므로 이전부터 지역 촌락과의 융화·선도에 가장 주의를 기울이고 있다. 따라서 지역 유력자를 산감(山監)으로 촉탁하거나 지역민과의 공존공영의 정신을 기조로 하여 각종의 시설을 행하거나 보호조합(保護組合)을 조직하게 해서 사영림 수양의 철저를 도모하는 등 그 실적이 매우 양호하다.

3. 조림사업

(1) 조림 면적

1938년(昭和 13) 12월 말까지 식재 또는 천연보육에 의해 조림한 면적 및 금후 식재조림을 요하는 면적을 표시하면 다음과 같다.

도별	총면적	조림 면적			제지(除地)	요조림지(要造林地)
		천연조림	인공조림	소계		
경남	357	357		357		
경기	19,228	14,353	3,433	17,787	1,257	183
황해	11,961	9,489	2,096	11,585	295	80
강원	33,933	18,461	12,544	31,006	2,675	251
함남	31,758	22,377	4,576	26,953	1,060	3,743
함북	18,889	12,671	4,304	16,975	1,856	57
합계	116,128	77,709	26,956	104,666	7,145	4,316

즉 이 표에 보이는 것처럼 사영림 총면적 중 제지를 뺀 소위 시업지 면적은 10만 8,982정보로서 조림을 미친 면적은 이미 그 약 94%에 날하고 있다.

(…)

(3) 조림 성적

천연치수 보육림에서는 다년간 남벌해 온 폐습을 교정해서 보호·무육에 힘씀과 함께 적절한 제벌, 수입을 행한 결과 점차 지력이 회복함에 따라 생육이 양호로 되었다. 활엽수림 같은 것은 이미 축차 벌채·제탄하고 있다.

또 인공 식재 조림은 시업안에 기초하여 적지적목(適地適木)의 선정에 주의하고 또 다년의 경험에 의해 그 시업 방법도 점차 개량·숙달하여 활착 비율이 90% 이상에 달하고 조림비도 현저히 체감하는 등 성적이 매우 양호하다. 이로 인해 항상 조선 내 임업 사업자의 모범으로 되는 것은 당사의 가장 흔쾌로 하는 점이다.

(…)

4. 임산사업

조림 무육에 관련하여 당사 산림경영의 개황은 상술한 대로 아직 홍업의 지경을 탈피하지 못하여 예정의 윤벌(輪伐) 수입을 거두기까지는 금후 상당의 세월이 필요하다. 일부 활엽수림 가운데 노령 · 장령 임분(林分)[87]에 대하여 정리, 벌채를 행해서 직영 제탄 또는 입목처분(立木處分)을 하거나 침엽수림 중 과밀의 부분에 대하여 간벌을 실행하고 있다.

이들 사영림이 점차 이용기에 가까워짐에 따라 1932년(昭和 7) 함경북도 주을(朱乙) 방면에서는 새롭게 국유림을 불하받아서 벌목, 운재, 판매 사업을 직영했다. 또 강원도 평창군 소재 오대산(五臺山) 내 월정사(月精寺) 사유림 4,375정보 구역의 입목 전부를 매수하였다. 이후 여기서 벌목, 유재, 제재업을 영위하였는데, 마침 목재계가 호전되어 대체로 예기의 성과를 거두고 있다.

〈자료 82〉 조림대부지 산림보호계약서(東洋拓殖株式會社, 1922, 「國有林野讓與許可の件-黃海道黃州郡南面(국가기록원 관리번호 CJA0010589)」, 284쪽)

계약서

우리들은 귀 회사 조림지 내의 하초(下草)[88] 채취를 허용하는 바에 대해서 다음 각항을 지키겠습니다.

1. 하초 채취는 계약 구역 내에서 이를 행하고 구역 외에는 들어가지 않을 것. 다만 계약 구역은 별지 도면대로 할 것.

---

87 수종 · 수령 · 임상 · 생육 상태 등이 비슷하고 인접 산림과 구별되는 한 단지의 산림.

88 큰 나무밑에 자라는 잡목.

1. 식수 및 천연생의 수목을 예취하지 않을 것.

1. 하초 채취는 일출 후부터 일몰 전에 이를 행할 것.

1. 항상 산야 화재의 유무에 주의하고, 만약 화재가 있을 때는 속히 소방에 진력할 것.

1. 산림이 번무(繁茂)하다면 지역민의 이익 증진이 됨으로써 동심협력(同心協力)하여 계약자 외의 입산을 엄금할 것.

1. 도벌자(초예를 포함)가 있을 때는 그 주소, 성명을 산림감시(山林監視)에게 신고할 것.

1. 가지치기(樹木枝伐) 등의 수입(手入)은 귀 회사의 지휘 외에 이를 하지 않음은 물론 수입에 의해서 발생하는 산물은 이에 종사한 자의 보수로서 귀 회사의 인정에 따라 그 일부 혹은 전부의 급여를 받을 것.

1. 이상 각항을 위배할 때는 본 계약을 취소해도 이의가 없고, 또 회사에 손해를 입힐 때는 귀 회사의 지정에 의해 손해를 배상할 것.

이상

〈자료 83〉 일본 기업의 조림 경영(岡衛治, 1945, 『朝鮮林業史 下』, 715~718쪽)

○ 주식회사 쓰미토모 임업소의 임업 경영 개요

1. 사업 경영의 연혁 및 사업 개소

조선에서 스미토모 임업소의 임업 경영은 1918년(大正 7) 창업하였고, 사업지는 경상북도, 강원도, 함경남도, 함경북도, 평안남도의 5개 도에 걸쳤다. 현재 경영 면적 9만여 정보가 있으며, 일본 규슈 및 홋카이도에서도 사업을 경영하는 관계상 경영의 중추라 할 수 있는 본사는 오사카시에 두고 각 사업지에 지소를 설치하여 시업안에 기초한 조림 · 벌목 · 조제 · 제탄 등의 임업 및 이에 부대하는 사업의 경영을 하는 외에 별도로 조선 판매소를 설치하여 임산물의 판매를 실시한다.

2. 지소 및 판매소의 소재지, 기타 소관 면적

영해지소: 13,210정보

이천지소: 10,675정보

함흥지소: 27,215정보

청진지소: 17,557정보

개천지소: 21,351정보

3. 사업 실행의 개요

(1) 조림

조선에서의 임업소 사업은 앞에 열거한 5개 도에 걸쳐 조림 성공 양여를 목적으로 하는 국유임야의 대부를 받는 것을 시작으로 이러한 대부지에 있는 화전 등 미입목지에 대해서는 낙엽송을 위주로 하는 인공식재를 실행하며, 소나무 천연치수지 및 졸참나무를 위주로 하는 활엽수림은 이를 무육하여 성림을 촉진시켰다. 황폐지 임야의 녹화와 성림에 의한 숲의 가치를 향상하는 데 노력하며, 목재자원의 증식 이외에도 치산치수 · 국토 보안상에도 공헌할 수 있도록 하는 염원을 가지고 창업한 것이다.

따라서 창업 당시의 환경은 반드시 양호한 것은 아니며, 임업소의 조림사업에 대한 지역의 오해와 반감은 종종 집단적 방해 행위로 나타나거나 산불의 빈발 등 당초 10여 년간은 경영상의 고심은 적지 않았다. 하지만 만난을 이겨 내고 초기의 뜻을 가지고 수행한 결과 창업 20여 년에 점차 그 성과가 현저해지는 것을 보게 되었다.

현재 낙엽송 · 소나무를 위주로 하는 인공조림 면적 2만 7,000정보, 소나무 천연조림지 면적 1만 2,000정보에 달하고, 그 성적은 대체로 양호하여 일반적으로 일본의 조림 성적과 비교하여 손색이 없으며, 초기의 낙엽송 조림지와 같은 것은 평균 흉고 직경 21cm, 평균 축적은 정보당 800석의 미림(美林)을 이루고 있다.

(2) 이용

초기의 낙엽송 조림지는 전면적으로 이용 · 간벌(間伐)[89]의 시기를 맞이하고 있고, 부분적으

89 나무의 성장이 거의 이루어진 산림에서 육림(育林)과 수입(收入)을 목적으로 하는 일부를 남겨 놓고 자르는

로는 장래에 주벌기(主伐期)에 달하는 것도 있으며, 수년 전부터 매년 수백 정보의 간벌을 시행하고 있다. 벌채량은 앞으로 급증할 것으로 예상되는바, 벌채목은 전부 갱목(坑木)이나 펄프 용재로써 이용한다.

졸참나무를 위주로 하는 활엽수 장령림(長齡林)은 제탄 자재로써 이용하며, 전시하 국민의 생활필수품인 목탄이나 땔감의 증산에 노력하고 있다. 벌채 적지(適地) 가운데 조림 적지에 대해서는 낙엽송 · 잣나무 등을 심거나 천연소나무림으로 유도하여 임종 개량에 의한 용재림(用材林)의 조성에 노력을 기울이고 있다.

(3) 보호 · 관리

산림의 보호 · 관리에 대해서는 창업 이래 실제적 경영에 기초하여 시설에 주의를 기울이고 있다. 현재 산림을 2,000정보 이내 보호 담당구로 나누어 각 분담구에는 보호소를 두고 담당 직원 1명을 상주시킨다. 그 이외에도 필요에 따라 보조원 1~2명을 배치하며, 산불 위협기에는 특히 산불감시원을 각 분담구 내의 필요한 곳에 배치하여 산불 방지에 만전을 기하고 있다.

산림의 보호 · 관리상 중요한 지역과의 융화 · 협조에 대해서는 지역주민에 대한 경지의 대여, 농경 작업용 축우의 대여, 연료의 공급, 기타 지역 번영을 위한 제반 시설 등 기타의 복리증진에 항상 주의를 기울인다. 일반적으로 애림사상의 함양, 산림보호의 단체적 훈련 등을 목적으로 하는 보호조합 조성의 장려, 기타 육성 발전의 조장에 노력을 기울이는 등 주로 지역과의 공존공영을 염원하면서 산림보호에 완벽을 기하고 있다.

3) 화전정리사업과 화전민 통제

(1) 개관 및 자료 해제

조선총독부의 식민지 농정으로 인해 몰락한 조선 농민들은 정든 농촌을 떠나 도시로, 해외

것. 산림이 성장함에 따라 가지와 잎이 번성하여 입목 사이에 경쟁이 치열해지면 성장이 열등한 나무, 초본식물은 고사하게 되고 입목의 성장도 둔화되고 병충해와 풍해(風害), 설해(雪害) 등을 받기 쉽게 된다. 이러한 경쟁을 완화하기 위해 간벌을 실시하여 숲의 밀도를 조절하고 건실한 나무의 성장을 회복시킨다.

로 산으로 이동하는 현상이 심화되었다. 이 중 산으로 들어간 농민들은 산에 불을 놓아 잡목을 태운 뒤 그곳에다 농사를 짓는 화전농업(火田農業)을 영위하는 화전민으로 전락해 갔다. 위와 같은 화전과 화전민은 식민 농정이 진전될수록 더욱 증가해 갔는데, 1909년 1만 4,541정보에 불과하던 화전 면적은 1938년 44만 정보로 무려 30배로 확대되었고, 1916년 24만 명이던 화전민은 1932년 131만 명, 1939년 152만 명으로 크게 증가했다. 이는 농민 인구의 1/11에 달하는 것으로 당시 화전의 규모를 짐작하게 한다.[90]

산을 불태우는 화전 농법의 특성상 화전민의 증가는 산림정책에 큰 위협이 되었다. 따라서 조선총독부는 산림 보호를 명목으로 화전 금지 대책을 강화시켜 나갔다. 우선 1916년 「화전정리에 관한 건」을 발령해 요존국유림 내의 화전정리에 대한 방침을 정했다. 이 화전정리안의 주요 내용은 경사 35도 이상 산지에 소재하는 화전은 완전 금지하고, 기존에 경작하던 화전민은 이주지를 선정 후 이주시킨다는 것이었다. 이와 같은 방침에 따라 화전정리가 시작되었고, 그 결과 1924년까지 요존국유림 내 화전농가는 4만 8,743호에서 3만 5,313호로 감소했다. 그러나 조선총독부가 제공한 이주지가 경작에 적합한 토지가 아니었기 때문에 대부분의 화전민들은 원래의 경작지로 돌아왔다. 따라서 1916년 화전정리사업은 큰 성과를 거두기 어려웠다.[91]

이후 계속 화전민이 증가하자 조선총독부는 1928년 정무총감, 산림부장, 경성제국대학교수 등으로 구성된 조선화전조사회(朝鮮火田調査會)를 소집해 화전민 대책을 마련할 것을 지시했다. 몇 차례의 회의를 거친 끝에 이 조사회는 31개조로 이뤄진 구체적인 화전정리안을 결정했다. 주요 내용은 ① 제1종 화전에 대해서는 대부료를 징수하는 조건으로 경작을 용인할 것, ② 제2종·제3종은 15개년 이내에 모두 이전하도록 할 것, ③ 화전민을 모두 공려조합(公勵組合)에 가입시킬 것 등이었다. 조선총독부는 화전정리안에 따라 2·3종으로 구분된 화전민들을 강제로 이주시키기 시작했다.[92] 이와 같은 강압적인 화전민 강제이주 대책 속에서 많은 희생자를 발생시킨 갑산 화전민 구축 사건(1929)이 발생했다. 이 사건에서 화전민들의 격렬한 저항에 직면한 조선총독부는 폭력을 동원한 강제이주정책보다 화전민의 정착화를 강조하는

---

90 강영심, 1990, 앞의 글, 240쪽

91 최병택, 2012, 「조선총독부의 화전 정리 사업」, 『한국문화』 58, 153-157쪽.

92 최병택, 2012, 위의 글, 161-163쪽.

방향으로 정책을 전환하게 된다.[93]

화전정리사업은 1932년 조선총독부가 추진한 북선개척사업의 일환으로서 다시 전개되기 시작했다. 이때 조선총독부는 화전민의 정주화를 사업의 목표로 삼고 그 지도기관으로서 산농지도구(山農指導區)를 설정했다. 산농지도구는 화전민 500호를 1지도구로 묶고 1명의 지도수(指導手)를 배치했다. 전국에 설치된 산농지도구는 총 61구에 달했다. 산농지도구 안에는 산농공려조합을 설치해 산농지도구의 운영과 화전민의 통제를 맡겼다. 산농공려조합은 농사개량, 임야 보호, 부업 장려, 생활 개선 등 화전민의 정주화를 위한 다양한 사업을 전개했다.[94] 그 결과 1941년까지 4만 6,512정보의 화전을 정리하고 3만여 호의 화전민을 이주시킬 수 있었다. 그러나 산농지도구로 이주한 화전민들의 삶은 결코 나아지지 않았다. 이들이 이주한 토지는 대부분 농경에 적합한 토지가 아니었고, 토지 개간에 많은 노동력과 비용의 투자가 필요했기 때문에 그 기간을 버티지 못하는 사람도 적지 않았다. 대표적으로 신흥 · 춘산령 내 산농지도구 같은 경우 이전 수용을 필요로 하는 97호의 화전민 중 실제 이전을 완료한 화전민은 11호에 불과했다.[95]

화전정리사업의 개요에 대해서는 조선총독부의 정책자료집인 『조선의 임업』의 화전정리사업 부분을 발췌해 수록했다. 또한 화전정리사업에서 가장 중요한 조선화전조사위원회의 화전정리안에 대해서는 이 위원회에서 작성한 보고서의 해당 부분을 발췌해서 수록했다. 화전민이 증가하는 구조적 원인에 대해서는 이여성 · 김세용의 『숫자조선연구(數字朝鮮研究)』의 「산으로 가는 대중」이라는 항목을 수록했다. 이 자료는 조선총독부가 발간한 자료들을 재해석하여 공식 통계 속에서 나타나지 않는 조선 민중들의 다양한 실태를 통계 수치를 통해 밝힌 자료이다. 화전민의 증가 원인을 화전민 개인의 문제로 돌리고자 하는 조선총독부의 의도를 비판하고 있다. 화전민의 생활 실태에 대해서는 젠쇼 에이스케(善生永助)의 『화전의 현상(火田の現狀)』(1926)을 수록했다. 젠쇼는 조선총독부 촉탁으로서 조선 내 다양한 사회조사를 담당했는데, 이 자료 역시 조선총독부가 화전민 대책을 마련하기 위한 기초조사로서 편찬되었

93 강영심, 1998, 앞의 글, 243쪽.

94 김정아, 2020, 「일제강점기(1916~1937)의 화전민문제와 조선총독부의 山農指導政策」, 고려대학교 한국사학과 석사학위논문, 19-24쪽.

95 김정아, 위의 글, 2020, 28-31쪽.

다. 화전 및 화전민에 대한 개요, 경작 및 영농법, 관습, 생활 상태, 화전정리 방법에 대한 정책적 제언 등 화전을 둘러싼 다양한 내용을 담고 있다. 따라서 당시 화전 및 화전민의 실태를 파악할 수 있다.

마지막으로 조선총독부의 화전정리사업의 강압성과 폭력성, 그리고 이에 대한 조선인들의 저항에 대해서는《동아일보》,《조선일보》등 당시 신문 기사를 수록했다. 조선총독부는 화전민들을 구축하기 위해서 경찰력을 동원한 강제이주를 실시했는데, 대다수의 화전민들은 자신의 살던 터전을 떠날 수 없어 이주를 거부하며 저항했다. 이 과정에서 조선총독부는 폭력을 동원해 그들을 화전에서 구축해 냈고, 그 결과 많은 화전민이 희생되거나 삶의 터전에서 쫓겨날 수밖에 없었다. 당시 신문기사는 총독부 정책의 본질과 화전민의 저항 양상을 통해 화전정리사업의 성격을 파악하는 데 중요한 자료이다.

(2) 신문·잡지 기사를 통해 본 화전정리사업과 화전민의 저항

〈자료 84〉 5천 생명의 빈사를 듣고(조선일보, 1924.04.16, 1면 1단)

지난 3면에는 영원(寧遠)으로부터 전하는 무서운 소식이 사실이었다. 5천의 다수 생명이 죽게 되었다는 것이다. 이와 같은 무서운 소식이 우리의 고막에 부딪혀 이와 같은 무서운 보도가 우리의 안전에 전개될 때에 그 누가 전율하지 아니할 자 있으리오? 이것이 곧 우리 민족의 생활이 나날이 파멸되는 증명이오. 따라서 생활의 파멸로 말미암아 우리의 생명이 나날이 빈사하게 되는 현상이다. 우리의 생활이 대세의 자연적 도태로 멸망당하는 것도 오히려 견디지 못할 일이어늘 하물며 인위적 위협으로 말미암아 처참한 구축을 당하는 현상이랴?

보라, 당지의 1,000여 호는 거의 전부가 화전을 경작하여 수확한 감저류(甘藷類)로서 근근이 생명을 부지하여 온 것은 세인의 주지하는 바이나. 이와 같이 궁경에 빠진 빈민의 생활을 비록 자유에 방임하더라도 멀지 아니한 장래에 빈사의 비극이 연출할 것은 피치 못할 현상이니 마땅히 그들의 생명을 위하여 보장의 대책을 강구하는 것이 위정 당국의 당연히 취하지 않을 수 없는 사명이다. 그럼에도 불구하고 하등의 대책이 없이 수년 전부터 평남도청에서는 '소유 국유 산림'을 보호한다는 이유로 거다한 비용을 투하하여 화전민의 주택을 태반이나 헐어 버리고 화전의 경작을 절대 금지했다. 그 결과 거주할 가옥이 없고 먹을 감저도 없어진 그들은 갈 바를 모르고 남과 북으로 혹은 서북 간도에 혹은 의지할 곳이 없이 도로에 방황한다 하니 이것이 그들에게 얼마나 참상이며 우리들에게 얼마나 침통을 느끼는 보도인가?

물론 국유 산림을 보호한다는 것을 비난하는 바는 아니다. 그러나 국유 산림을 보호하기 위하여 다수한 생명을 빈사하게 한다는 것은 우리는 일찍이 들어도 보지 못한 산림정책이다. 이와 같은 모순은 있을 수 없는 것이다. 만일 조선인에게 생활의 보장이 있다 할 것 같으면 원래 5천의 다수 생명이 화전의 감저로써 원시적 경제의 생활을 감작(堪作)하지 아니하였을 것이오. 또 화전의 취체로 말미암아 이와 같이 빈사의 궁경에 빠지지 아니했을 것은 이제 다시 논할 필요도 없다. 우리의 생활의 참상이 어찌 영원에서 처음 발생하는 사실이리오? 우리의 만반(萬般) 생활 중 어느 것도 이러한 과정을 밟지 아니하는 것이 없다. 그러나 5천 생명의 빈사에 아직까지도 하등의 대책이 없이 화전 취체로써 국유 산림을 보호하고자 하는 평남도청과 영원경찰서의 태도는 실로 규탄하지 않을 수 없는 일이다.

그들 화전민은 이러한 최후의 결심까지 가졌다고 한다. "우리는 이미 살 수가 없는 이상 국유림에 방화하고 우리가 같이 분사(焚死)하겠다"고. 아 이것이 얼마나 무서운 말이며 얼마나 그들의 참담한 현상을 절규하는 행동인가? 듣는 자에게 이와 같이 공포의 전율을 금치 못할 때야 이것을 당하는 그들의 처지가 어떠하랴? 또 우리는 보도에 의해 도 당국이 조사한 결과 화전민의 생활 상태가 보도 이상으로 참상이 심하다는 것을 들었다. 감저류의 식료가 1일 2회에도 부족하며 또 이보다 더 심한 자들에게 있어서는 연일 산간 계곡에서 혹은 갈근(葛根) 혹은 목피를 채취하여 이것으로써 생명을 보존하고자 하는 현상이라 한다.

이와 같은 참상을 조사한 당국으로써 만일 응급적 구제의 방책이 없이 등한시 간과한다 할 것 같으면 당국이 조선인의 생활에 보장이 없다는 것보다 조선인의 생활을 박해하는 극단의 구축정책이라 하지 않을 수 없으며 또는 조선인의 생명을 뇌사(腦死)하게 하는 극단의 위협적 정책이라 하지 않을 수 없다. 이것이 어찌 위정자가 차마 할 일이오? (…)

〈자료 85〉 화전민의 궁상(동아일보, 1924.05.04, 3면 2단)

가을에 산에 불을 놓아 두었다가, 그 이듬해 봄에 귀밀, 조, 기장 등을 심어서 겨우 연명거리의 식량을 얻고, 돼지나 닭을 쳐서 옷벌이나 얻어 가지고 구차한 목숨을 이어 가던 가련한 화전민이 총독부 조사에만 의해서도 7만여 명이라 하며, 그밖에 조사되지 못한 수요까지 합하면 10만 이상 15만 명이라 한다.

총독부에서는 소위 산림을 보호한다는 의미로 1916년(大正 5)부터 화전을 엄금한 까닭에 수많은 화전민들은 그 남은 밥줄을 빼앗기고, 더욱 깊은 산중으로, 그렇지 않으면 서북간도로 쫓겨가게 된다고 함은 날마다 신문 지상에 보도되는 사실이다.

산림을 보호하는 것도 좋고, 백성이 함부로 하는 것을 단속하는 것도 좋다. 그러나 이 세상에 가장 큰일은 살고 죽는 것밖에 없지 않은가? 산림보호도 백성을 위함이라 하면, 이로 인해 백성의 생활이 파멸되는 때에는 무슨 다른 도리가 있어야 할 것이 아닌가?

이에 대해서 종래의 총독부 편에서 취해 온 태도에 대해서는 구태여 여러 말 할 필요도 없거니와 이제 소위 당국의 방침라 하여 전하는 바를 보면 이제 조선 안에 있는 국유불요존림으로 숙전에 적당한 곳이 약 30만 정보인데 장차 이 땅을 화전민에게 나누어 주어서 그들의 생활을 안정하게 하리라 한다. 당국의 계획이 과연 얼마나 성의 있는 태도로 실행될지는 아직 의문이거니와 화전민의 궁상이 점점 심해 가는 것을 생각할 때에 우리는 오직 한심을 금치 못할 뿐이다.

〈자료 86〉 조선고(朝鮮苦)(개벽 49호, 1924.07, 14~26쪽)

(…)

화전민이라 하면 아는 사람보다도 모르는 사람이 더 많을 것이다. 강익강(强益强) 약익약(弱益弱) 부익부(富益富) 빈익빈(貧益貧)의 오늘 사회에 있어 평지에 살 수 없는 빈한(貧寒)한 사람들이 북만주(北滿)나 노령(露領)으로 유리(流離)하는 서막(序幕)으로 먼저 부싯돌(燧石) 한 개와 몸뚱이 하나를 가지고 깊이깊이 산속으로 들어가 평균 3,000척(尺) 내지 4,000척의 고산(高山) 또 고원(高原)에 나무를 찍고 불을 놓고 거기에 고구마(馬鈴薯), 귀리(燕麥) 같은 것을 심어 그것으로써 목숨을 이어 가나니 말하면 최근까지 그들에게는 법률이 없고 사회가 없고 오직 천연(天然)한 원시림(原始林)에서 부싯돌 한 개로써 자가(自家) 독특의 원시생활을 해 왔을 뿐이다. 그런데 근년에 행정당국으로부터 수원 양성(水源養成)에 저명하고 산야에 대한 일체 화입을 금단(禁斷)하매 부싯돌 한 개로써 자기의 전생(全生)을 지배하던 그들은 다른 곳으로 가려 하나 자본이 없고 그대로 있으려고 하나 현재 법률이 허하지 않는바, 그들은 지금 굶어 죽게 된 형편이다.

월전(月前)에 누군가 평북(平北) 강계(江界) 지방의 화전민 생활 상태를 조사하러 갔다 왔는데 그가 보고 온 사실 중 하나를 소개하면,

보통사람들이 사는 평지에서 약 200리를 산을 향하고 들어간즉, 서로 통행하는 길도 없고, 사람 사는 냄새도 나지 않는 산곡(山谷) 중에, 5리에 한 집, 10리에 한 집 격(格)으로 화전민이 사는데, 어떤 한 집을 들어갔다. 그 집에 다른 사람은 없고 (아마 풀뿌리를 캐러 갔던 것이던 게지) 늙은 노인 혼자가 앓아 누워 있는데, "그래, 무슨 병으로 이렇게 고생을 합니까"라고 하자, 그 병인(病人) 대답이 "먹을 것은 없고, 그러나 거저 죽지는 않고 해서 속당(粟糖)[96]을 얻어다가 거기에 둥굴레(黃精)를 넣고, 죽을 쑤어 먹었더니, 대변(大便)이 불통(不通)되어, 이렇게 누워 있노라"고 했다. "그러면, 내게 세(泄)하는 약이 있으니 이것을 자시고, 어서 일어나시오" 하니, 그 노인이 눈물을 흘리며 하는 말씀이 "이러한 병을 구해 주시는 것은 감사하오나, 이 약을 먹고 나아서 일어나면, 그다음은 또 어찌합니까, 먹을 것이 없으니" 하며 그 약을 받지 못하더라

는 말이다. 그들의 정경(情景)은 대개 이와 같다. 그런데 이러한 사선(死線)에 박재(迫在)한 화전민은 거의 조선의 도처에 있다. 평안남북도, 함경남북도는 물론이오. 강원, 황해, 경상북도에도 있는바, 그 호수는 적어도 10만을 밑돌지 않을 것이다.

총독부 당국은 일면으로 그들을 자꾸 축출(逐出)하며 또 일면으로 그들의 구제를 운운하되 평지 이식, 부업 장려로써 임시의 조치를 한다고 한다. 물론 평지로 이래(移來)할 토지가 있으면 가장 좋고, 부업 장려를 운운함은 아무 소용이 없는 말이다. 이를 철저히 구제하려면 사회문제의 근본을 해결하여 평지에서 무산자(無産者)를 제조하지 않는 신사회의 건설을 기다려야 가능할 일이오. 현 제도의 하에서 행할 최선의 방책은 그들에게 연고화전(緣故火田)을 그대로 대부(貸附)하여 새로운 화전을 금지하는 제한하에서 우선 전과 같이 방임할 수밖에 없는 일이다. 치산(治山)이니 치수(治水)이니 하는 장래 문제를 위하여 현재의 다수(多數)한 생명을 못살게 한다 함은 당국의 처사로 보아도 취할 바가 못 될 것인가 한다.

(…)

---

96 조(粟)를 당화(糖化)하여 만든 당(糖).

〈자료 87〉 화전민의 방축(放逐), 인도상 중대 문제(동아일보, 1929.07.10, 1면 1단)

(1) 갑산의 화전민 대 영림서 사건은 마침내 악화하였다. 영림서 관리는 화전민의 주택 83호를 충화(衝火) 소멸하여 그 주민을 방축(放逐)하는 수단을 취하였다. 상세한 보도가 없으므로 그 진상을 확인할 수 없다 하나 만일 이러한 사실로서 참이라고 할 것 같으면 영림서의 행동은 실로 상규(常規)를 벗어난 것으로 인도상 중대 문제라 아니할 수 없다. 그뿐만 아니라 현재 당국자가 연구 중인 화전민정리방침에 대하여서도 어그러지는 탈선적 행동으로 당국은 모름지기 책임상 또는 인도상 철저한 대책을 강구할 의무가 있을 것이다. 그런데 전하는 바로는 방축당한 주민 대표의 진정을 받은 함남도 당국자는 책임을 영림서로 전가하고 불수리하였다고 한다. 이것이 사실이라면 인민의 생명 · 재산의 보호를 직책으로 하는 당국자로서 무책임한 행동이 아니라 할 수 없다.

(2) 갑산 화전민의 문제는 이미 몇 월 전부터 표면화하여 주민대표는 총독부 당국에까지 진정한 일이 있었다. 당시에 당국자는 이것이 지방에 국한한 문제라 하여 함남도청으로 책임을 미루었으므로 주민들은 다시 함남 당국에 호소하였으나 여기서도 또한 그를 좌우에 탁(托)하여 책임을 회피하였으므로 1,000여의 주민은 혹독한 구축 앞에 진퇴유곡(進退維谷)의 난경(難境)에 빠졌던 것이다. 당국자는 이미 거액의 조사비를 들여서 화전민에 대한 조사를 누차 거행하고 다시 많은 예산으로 그 정리계획을 세우려 하는 중이다. 그 본의의 소재가 물론 임정의 정리가 제일 우선이 될지 모르나 동시에 화전민의 생활안정책을 안출(案出)함이 인도상 당연한 일이요. 또한 정리의 실을 거할 것이 아닌가? 그런데도 불구하고 영림서가 가혹한 수단으로 방축의 일도를 시사하는 것은 실로 화전민 정리의 근본의(根本義)를 망각한 폭거다. 그뿐만 아니라 아무리 화전민이 금접(禁接)의 지(地)를 범했다고 하더라도 법률이 있고 사직(司直)의 손이 있는 금일 주민의 철퇴를 법에 의하여 강요할 수도 있는 것이며, 이에 불응할 때는 법으로서 제재를 가할 수도 있는 것이다. 아무리 영림서라고 할지라도 사사로이 인민의 주거를 충화하여 그들로 하여금 산곡(山谷)에 방황하게 한다는 것은 인도는 둘째 문제로 하고 법으로 보아도 용서하지 못할 행동이다.

(3) 더욱이 괴이한 것은 함남도 당국자가 이와 같은 영림서의 행동을 보고도 못 본 척하며 또 방축받은 주민의 진정을 받고도 사실의 조사도 하지 아니하고 영림서의 책임을 미

는 것이다. 이러한 태도는 확실히 영림서의 폭거를 묵인하며 또는 조장하는 것이라고 볼 수밖에 없다. 이것이 과연 도민의 생명, 재산 보호의 임무를 받은 관헌의 정당한 태도라 할까? 화전민 정리의 소리가 나올 때부터 우리는 이런 일이 있을 것을 우려하여 당국자의 주의를 환기한 일이 있거니와 이러한 실례를 보고 한층 우려를 금하지 않는 바다. 우리는 영림서의 반성을 재촉하는 동시에 그 감독의 책임과 인민 보호의 책임을 가진 당국자의 맹성(猛省)을 촉구하는 바이다. 구축당하는 화전민의 생활 안정의 길을 급속히 강구함도 당국의 책임이오. 영림서의 폭거를 엄격히 조사하여 다시는 그런 일이 없도록 계칙(戒勅)함도 당국의 책임이다.

〈자료 88〉 다시 갑산 화전민 사건에 대하여(동아일보, 1929.07.31, 1면 1단)

(1) 80여 호의 인민가옥을 소실하였다는 사건으로 세간을 경악하게 한 소위 갑산 화전민 사건은 본사 특파원의 보고에 의하여 그 진상이 점차 판명되었다. 그 결과 최초 피해 주민 대표의 진정한 바를 확인하였고, 따라서 당국의 무사려(無思慮)하고 경솔한 처치를 폭로하였다. 당국자가 사태가 중대화한 금일에 유일의 도피로를 삼고자 하는 사실은 해당 화전촌을 방화한 것이 관헌의 손으로 직접 된 것이 아니오. 주민의 자수(自手)로 되었다는 일점에 있는 듯하다. 즉 표면상으로 보아 관헌의 요구에 응하여 주민들이 문제의 주택을 소각할 것을 응낙하고 자수로 방화하였는즉 형식상으로 보아 결코 관헌이 인민의 의사를 무시하고 무리하게 인민이 주거하는 주택을 방화한 것이 아니라는 논리이다. 우리의 조사한 바에 의하면 관헌이 직접 소위 "자의충화(自意衝火)"에 다소간 방조를 불사하였음이 역력한 사실이지만은 관헌 측에서 이를 부인하고자 한다면 이는 그리 추급(追及)할 필요가 없다.

(2) 왜 그러냐면 주민이 자수로 충화하였다는 것으로 결코 금번 사건의 중대성과 책임을 전가할 수 없기 때문이다. 만일 관헌의 주장하는 바와 같이 해당 지역주민들이 관헌의 지시한 이접지(移接地)로 갈 의사가 있고 갈 능력이 있어서 호의로 현 거주지를 떠날 의사로 자가에 방화한 것이 사실이라 할진대 어찌하여 주택이 소실된 금일까지 그들은

그냥 구 거주지의 회신(灰燼)[97]을 십으로 하여 노천 생활을 계속하며 대표를 뽑아 관헌에게 진정하러 다니랴 들으매 장마기(長霖期)의 비위생적 생활과 기아로 인하여 다수의 병자까지 속출한다고 한다. 그러면서도 관헌이 지정한 신 주소지로 갈 생각이 없다 하는 것은 무엇을 의미하는가? 순후하고도 무식한 농민에 대한 관헌의 위력이 어떠한가를 생각하면 이것저것으로 상식이 있는 자는 당시의 진경을 상상키에 어렵지 않을 것이다. 여전히 형식상의 수속을 가지고 책임을 회피하고자 하는 것은 민중을 기만하는 것이 아니고 무엇이냐?

(3) 더구나 기괴한 것은 당국이 갑산 화전민 사건에 대한 진상의 발포를 금압하라는 경향이 있다는 것이다. 신간회의 조사보고회를 위시하여 각 단체의 토의를 철두철미하게 금지로 일관하는 것은 최근의 극단으로 반동화한 언론 집회의 취체 방침의 일단이라 하면 그만이거니와 이와 같은 현실 문제, 인도상 중요 문제에 대해 공정한 비판과 여론 환기의 기회를 방지하는 것은 그들의 양심의 여하를 의심하지 못할 태도이다. 이러한 금압의 결과는 한층 민중의 정의감과 분노를 증강할 것뿐이니 실로 유해무익한 금압이려니와 단순한 금번의 사건뿐만 아니라 거듭하여 이러한 엄폐주의는 중대한 영향을 미치게 할 것은 명약관화하다. 그것은 어찌 되었든지 문제는 문제로서 남아 있다. 수해로서 밀려난 이동민이 다시 금년의 농작물을 잃고 주거까지 회신에 부치고 갈 곳이 없다는 것은 인도상 중차대한 문제이니만큼 그들의 유일한 주거를 소각하는 "명령"을 발한 관헌 측으로서는 책임상 그들의 구제 방침을 지급할 강한 의무가 있을 것이다. 따라서 이와 같이 경솔한 "명령"을 발한 해당 관서 당국자의 책임을 묻지 않으면 안 될 것이다.

〈자료 89〉 영서(嶺西) 일대에 산재한 화전민의 사활 문제(조선일보, 1930.12.08, 4면 3단)

총독부 당국에서 고심 중인 화전민 처치 문제는 이민안과 방축으로써 처리할 방침을 확립한 모양이다. 특히 강원도는 전 인구의 80%를 점령한 화전민이 겨우 생명을 부지하기 위하여 초근목피로 연명하여 오는 터인데, 영서 각 군에 산재한 화전민을 당국 방침대로 축출할

97 불타고 남은 재.

목적으로 경작하여 오던 화전에는 군면(郡面) 당국으로부터 식수(植樹)를 하게 됨으로 일반 화전민은 갈 바를 모르고 방황하게 되었다. 이제 강원도 양구군 내에도 7~8,000명의 화전민이 주거하여 오던 터인데, 지난 27일경부터 국유 삼림 보호원들이 각 리에 출장하여 화전민의 생활 상태를 일일이 조사하였으므로 불안에 휩싸인 화전민들은 만일 축출이나 구축하지 않을까 하여 극도로 불안증에 있다고 한다.

화전민 중 모씨(某氏) 담: 살길이 없어 겨우 국유림 가운데 들어와 초근목피나 뜯어 아사나 면할려고 하던 중 한재(旱災)와 수재(水災)로 말미암아 그것도 모두 공상에 지나지 못하게 되어 오늘날 돌연히 당국에서 나와 우리들의 살림살이를 조사해 간다니 무슨 일로 그렇게 조사를 합니까? 여기서 못살게 내쫓는 날이면 우리는 모두 굶어 죽을 수밖에 없습니다.

출장조사원 담: 제가 이번에 화전민 상황을 조사하러 나왔습니다. 그런데 일반 화전민은 모두 눈을 똥그랗게 하고 무슨 구축령이나 내린 듯이 놀랍디다. 저는 단지 상관의 명령으로 출장하여 조사해 오라니 그대로 할 뿐입니다.

〈자료 90〉 화전민 생활의 위기(동아일보, 1931.02.12, 1면 1단)

(1) 최근 검찰 당국에서는 고등법원 판사회를 개최하고 화전민의 방화는 어떠한 이유가 있음에도 불구하고 종래 국유림 불허가입화죄(不許可入火罪)로서 300원 이하의 벌금을 징수하는 것을 금후에는 3년 이하의 체형(體刑)을 부과하는 것으로 결정하고 이 뜻을 각지 검사국에 명령하였다고 한다. 고등법원 판사회의의 결의이며 판례와 동일한 효과를 가진 결정임은 물론 금후 이의 취소가 없는 이상 이것이 유효한 법령과 같이 화전민의 행동을 구속할 것은 명약관화이다.

(2) 조선에 화전민이란 특수 원시농업자가 있어 매년 미림을 소각하고 산야를 황무하게 하는 것은 사람들이 모두 아는 사실이다. 산림부 당국으로서도 이 고질적 난문제를 해결하기 위하여 수년을 두고 조사반을 보내며 막대한 조사비를 써서 이것을 정리하는 의사는 양해할 만하다. 그러나 경향의 연가월증(年加月增)하여 조선 내 화전민 수는 그 호수가 실로 12만 7,000에 달하여 전 농가 호수의 1%에 해당하고, 함남과 같은 곳은 전 농가 호수의 1/20을 점하는 참혹한 상태를 노정하였다. 그러하므로 만일 이것을 대

세에 방치한다면 그 장래는 실로 암담하니 조선의 산야는 화전민에게 황폐되리라 함도 허무한 말이 안 될 것이다.

당국의 조사에 의하여서 특별히 화전민 자체의 결점이란 것을 발견하지 못하겠다. 혹은 화전민이 나태하다 하며 혹은 유리(流離)하는 습성이 있다고 하였지만, 그 근본에 이르러 보면 한가한 사회치고 근로, 역작의 풍이 있는 곳은 없으니 하필 화전민이랴? 화전민들 그들에게 양전이 있고 경작권이 있다 하면 하필 유전(流轉) 생활을 감행하랴? 그들은 대부분 농토의 불소유자요. 경작할 권리조차 없는 빈민이다. 그들이 평지에 내려와 소작을 하래도 이미 평지에는 소작인이 충만했고 게다가 해마다 증가하는 토지겸병의 대세에 15만의 인구가 해외로 유리하는 형편이다. 원시 농작을 하든 그들이 어찌 평지에서 소작할 땅을 얻을 수 있으랴.

(3) 당국으로 보더라도 화전민을 정리할 하등의 구체적 방책이 없었다. 백두산록에 대목민(大牧民)을 한다 하는 것도 아직 조사에 있고 실행하지 못하였으며, 그밖에 화전민의 평지 이주 계획은 있었는지 알 수도 없는 형편이다. 이와 같이 당국이 70~80만의 화전민을 어떻게라도 정리할 힘이 없이 그저 산림을 소각했다는 이유로 이것을 벌만 준다면 그들 100만에 가까운 사람은 어디로 갈까? 이것은 생도(生途)를 열어 주지 않고 악을 말라 하라는 것에도 분수(分數)를 넘은 말이라고 하지 않을 수 없다.

(4) 우리는 평소 조선의 토지 문제를 논하여 자작농창정법(自作農創定法)을 속히 제정할 것을 주장하고, 일본으로부터의 이목민을 이 이상 증가시키지 말 것을 논하였었다. 그러나 당국이 이에 대한 고려는 조금도 없는 것 같아서 토지겸병, 이민 증가의 대세를 그대로 방치하니 당국의 그 진의가 나변(那邊)에 있는가? 일본의 인구 문제가 급하다 하면 조선은 더욱 절실하다. 조선은 산업이 유치하고 만주나 일본으로 간 이민은 구축 또는 빙지의 운명에 있다. 그것을 그대로 방관하고 화전민을 정리도 않고 오직 산림을 황폐하게 한다고 엄벌만 하는 것도 너무나 인도상으로 행하지 못할 일이 아닌가. 당국은 특히 화전민의 생활에 대하여 한층 고려하기를 요하는 바이다.

〈자료 91〉 화전민 생활의 위기, 생활의 고려가 선결점(동아일보, 1933.03.12, 1면 1단)

(1) 조선에는 화전민이라는 특수궁민이 있어서 해마다 미림(美林)을 소신(燒燼)하여서 산야

를 황무케 함은 불무(不無)의 사실이다. 그들은 연월 증가하여 경지면적에서 40만 정보를 넘으며 25만 호 130여만 명의 다수에 달하는 경홀(輕忽)히 못할 사회적 존재이며 또한 그들 중에는 생활 근거를 평지에 두고 재산 증식의 목적으로 경작 시기에만 입산모경(冒耕)하는 자도 없지 않다. 그러나 이와 같은 난농(亂農) 화전민은 극소수에 불과하고 그 대부분은 채무로 인하여 농토를 상실하고 생도가 없는 자, 수지가 맞지 않아 생계가 곤란한 자, 의외 재난으로 도산한 자 등 요컨대 소위 인위적 과잉인구로서 평지에서는 생활수단이 없음으로 할 수 없이 관금(官禁)을 범하면서까지도 산에서 산으로 유랑이동하며 화전을 하는 가여운 무리들이다. 그들은 일반 사회와 몰교섭 상태에서 초근목피를 상식하여 문자 그대로 인간 이하의 수준에서 비참한 생활을 영위하고 있음은 말할 필요도 없다. 이와 같은 존재가 어찌 조선 사회의 치욕이 아니며 암흑면이 아니리오? 우리는 누누이 본란에서 그 지도, 보호의 긴급함을 역설하였던 것이다.

(2) 그러나 이 화전민 문제의 일대 난관은 당연이 화전민 존재와는 병립할 수 없는 삼림의 존재이다. 산림은 수원을 함양하고 동력을 제공한다는 점으로 보거나 국민 생활상으로 보거나 그 보전이 절대로 필요하거늘 화전민의 생활양식은 그렇지 않아도 빈약한 조선의 임상을 근본적으로 파괴하기 때문이다. 그러므로 화전민 처리 문제에서 당국의 고충이 여기에 있음을 짐작치 못하는 바가 아니로되 우리로써 말하게 하면 이 두 가지 존재가 공립치 못할 경우에는 마땅이 화전민의 존재가 앞서야 할 것을 주장하지 않을 수 없다.

그들이 입산모경하는 경로와 산에서 구축을 당한 후의 정황을 생각할 때 이 점에 정상참작(情狀酌量)의 여유가 있어야 할 것이 아닌가? 산림을 보전하기 위해 그 철저한 취체도 필요하지만, 그전에 그들의 생존권을 확보해 줄 국가적 의무가 있다. 최근 들은 바에 의하면 총독부에서는 각 지방 행정기관에 이에 대하여 엄벌주의(嚴罰主義)로 임하라는 통첩(通牒)을 발하리라 하니 아직 화전민에게 그 생로(生路)를 열어 줄 근본적 방법을 확립하지 못한 이때 엄벌주의로써 정리함만을 능사로 한다는 것은 어찌 본말전도의 유감이 없지 않으리오.

(3) 물론 종전에도 1911년 6월 제령 제10호로 발포한 「조선삼림령」을 비롯하여 1926년의 조선임정계획이랄지 그 후의 판검사회의 결의 등에 의하여 화전민의 방화 경작을 방화

죄로 법률화한 바이다. 하지만 종래에는 그들 화전민의 방화를 방화로 묻지 않고 단순한 입화로 묵인하여 경찰취체위반(警察取締違反)으로 벌금형에 부친 것으로 이는 그들이 입화모경으로써 생활을 유지하던 실정을 감안한 것이었다. 그렇다고 하면 그들의 이와 같은 실정은 작일이나 금일이나 조금도 다를 것 없을지니 종래와 같은 관대한 처치를 금일에 와서 졸연(卒然) 버리고 엄중주의를 채택한다는 것은 오직 당국으로 하여금 민정(民政)보다 임정(林政)에 치중한다는 비난을 면하기 어렵게 한다. 들은 바에 의하면 당국의 태도가 이와 같이 엄형주의로 전환한 이면에는 최근 화전민 부락에는 사상적 침입이 있는 사태를 말할 수 있다 하나 이 역시 일부분의 기탄(忌憚)을 방지하기 위하여 그 여폐(餘弊)가 선량한 화전민에게까지 미칠진대 당국으로서는 가장 삼가야 할 점이 아닌가 한다. 그러므로 문제의 선행점은 그들의 입산 경로와 입산 후의 생활 상태를 당국이 고려해 주는 데 있을 것이오. 그다음에 산림보전의 입장에서 엄중한 취체가 있을 것임을 일언하는 바이다.

〈자료 92〉 화전민의 격증(동아일보, 1934.11.13, 1면 1단)

(1) 당국의 조사에 의하면 최근 조선의 화전민 11만 6,300호로서 그 총수는 실로 66만 4,300여 명에 달하였고, 그 화전 면적은 16만 5,800여 정보에 달하였다고 한다. 이것을 지금으로부터 18년 전에 비하면 호수로는 6만 7,390호가 증가되고 인원수로는 40만 8,687명이 증가하였으며 화전 면적으로는 8만 4,100여 정보가 늘게 되었으니 이는 실로 중대 문제가 아닐 수 없다.

일찍부터 화전민 취체에는 제령 제10호로 발포된 「삼림령」이란 것이 있어서 삼림에 방화하는 자에게는 10년 이하의 체형, 허가 없이 타인의 삼림을 개간하는 자에게는 200원 이하의 벌금을 규정하였다. 또 그 뒤 판검사회의에서 화입기경(火入起耕)하는 행위를 방화죄로 확인한다는 결의가 있었으며 삼림보호계획으로 19개의 영림서와 100여 삼림보호구(森林保護區)와 240여 명의 삼림주사(森林主事)를 설치하여 매년 법망에 걸린 자도 막대한 수효에 달하였던 것을 기억하는 바이지만, 그런데도 이만큼 화전민이 격증되었다는 것은 실로 놀랄 만한 일이다.

(2) 얼마 전 함남 갑산군 화전민 1,448호에 대해 그 입산 원인을 조사한 것에 의하면 토지

가 없어 생도(生途)를 잃고 입산한 자가 793호, 분가 후 생계가 없어 입산한 자가 160호, 재난 후 입산한 자가 386호, 상업 실패로 입산한 자가 39호, 기타 11호가 있었다. 즉 이것으로만 볼지라도 농민의 생활곤궁과 화전민이란 떠날 수 없는 인과관계가 있는 것을 충분히 알 수 있다. 다시 말하면 화전민 문제는 결코 취체 문제에만 있는 것이 아닌 것을 밝게 이해할 수 있다는 것이다.

(3) 화전민 정리에는 이미 화전조사위원회에서 도별로 그 정리에 착수하여 온 바이지만 화전민이 연일 격증되어 간다는 것은 또 무엇을 말하는 것이라고 할까?
만약 금후로도 과거 18년간 늘어 온 보조대로 화전민이 늘어 간다면 매년 3만 6,700여 명이 산을 찾아 들어가게 될 것이니 이 문제는 가장 긴급을 요하는 문제가 아닐 수 없다.

(4) 최근 도항 노동자의 취체와 그 도항 저지는 전년보다 한층 엄중한 바이며 만주 이민이란 것도 그 수가 극히 한정되어서 재후(災後)의 삼남 궁민은 거의 생도가 막힌 것이 사실이라 산으로 산으로 독기와 호미를 차고 들어갈 자는 전년보다 결코 적지 않을 것을 충분히 상상할 수 있는 바이다. 이때 안연(安然)히 그 미적지근한 정리책만을 가지고 나가겠다는 것은 결코 성의 있는 태도가 아니라 하겠다.
화전민 문제는 요컨대 화전민의 이동을 방지하여 임야의 피해를 덜기 위한 정주 방책이 있어야 하겠지만, 화전민 되려는 빈궁 생활군의 생활지도가 더 큰 문제가 아니면 안 될 것이니 이 점에 대해서 확실하고 효과적인 대책을 강구, 실행하는 것은 현재에 중대 과제인 것을 분명히 알아 두어야 될 것으로 믿는다.

〈자료 93〉 비참! 화전민 생활!! 의사, 의생도 못 보고(동아일보, 1936.08.15, 5면 1단)

함남도 당국에서는 고지대 개발안을 짜내어 가지고 장차 함남의 고지대 각 군의 산업개발, 교육의 보급, 의료기관의 충실 등 민도를 높이게 하고자 백방으로 고려 중이라 함은 누보한 바와 같거니와 요즘 위생과에서 조사한 산지대 장진, 풍산, 삼수, 갑산, 신흥 등 5개 군 38개 면 사망률, 기타에 대하여 실로 놀라운 숫자를 보여 주고 있다.

1년간 사망자는 약 8,000명에 달하는데 이 중에서 의사 또는 의생들의 치료를 못 받고 가엾게 황천의 나그네가 된 가난한 사람이 2,500여 명에 달하여 총 사망자의 3분의 1을 점령하고 있다. 치명적 병으로는 소화기 계통이 제일 많고 기타 영양 부족 등으로 인한 병도 적지 않았던 것이라고 한다. 지금 현재로 공의를 배치한 면이 겨우 15개 면, 아직도 30개 면에는 충실한 의료기관을 찾아볼 수 없다고 하니 눈물겨운 일이라 하지 않을 수 없다.

그러므로 함남도 당국에서는 장차 고지대개발안을 실행하게 된 때에는 나머지 30개 면에도 일제히 공의를 배치하여 의료기관의 정비를 단행하겠다고는 하나 아직도 예산이 없는 안(案) 그것뿐이니 언제나 실현될지 기약할 수 없는 것으로 오늘날 기사회생의 명약까지도 발명코자 하는 놀라운 의학의 발달도 그들은 모르는 양 아무런 혜택도 받지 못하고 원시적 살림에서 시들어 버리고 마는 터이니 어찌 그들의 운명을 가엾다 하지 않을 것이랴?

(3) 화전정리사업과 화전민 생활권 박탈

〈자료 94〉 산으로 가는 대중(이여성 · 김세용, 1931, 『數字朝鮮研究 1』, 50~56쪽)

농토를 잃고 심하면 가장(家莊)까지 잃은 뒤 살아도 살 수 없는 무리는 연일 늘어 가고 있는 바 그 일부는 이미 정든 고토를 떠나 남부여대로 정처 없는 이산의 실을 떠나게 되었으니 그들은 과연 얼마나 되며 그 정향(定向) 없는 발자취가 머무는 곳은 어딘가. 이에 대하여 나는 우선 산으로 산으로 살길을 찾아 들어간 화전민의 이야기로 비롯하겠다.

(a) 화전민 되는 이유

1928년(昭和 3) 현재 조선에 화전민은 121만 3,160명의 다수에 달한다. 그들은 어찌하여 화전민이 되었을까? 이에 대하여는 그 원인이 각각 다르므로 일률적으로 규정하기 곤란하나 함남 갑산군 화전민 1,448호에 대하여 그 입산 원인을 조사한 것에 의하면,

(1) 농촌에서 채무로 인하여 소유토지를 다 팔아 버리고 살길이 없어진 자: 189호
(2) 수확이 점감하여 생활이 곤란해진 자: 603호
(3) 상업에 실패한 자: 39호
(4) 전주지 중국(中國)에서 쫓겨 온 자: 61호
(5) 분가하였으나 분배받은 토지가 없는 자: 160호
(6) 의외의 재난으로 도산한 자: 386호

(7) 기타: 11호

합계 1,448호

등으로서 요컨대 생활 곤란이 그 주요 원인이었던 것을 볼 수 있다. 비록 한 지방 조사에 불과한 것이라 할지라도 일반(一斑)을 들어 전모를 가히 참작할 수 있을 것이 아닌가 한다. 무릇 이와 같은 원인만으로서 모든 단속과 이주의 곤란이 있음에도 불구하고 연일 그 숫자가 늘어 가고 있는바, 국유림 내의 증가 추세만 본다고 할지라도,

연별	1916	1924	1927
화전 면적(町)	81,702	140,551	249,293
화전민 호수(戶)	49,161	58,566	134,826
화전민 인원 수(人)	245,626	314,813	697,088

이와 같이 격증되어 가는 것을 보는 터이니 만일 민유림으로 찾아오는 화전민 수의 증가를 이에 더한다면 더욱 놀랄 만한 '템포'로 증가하는 것을 볼 수 있을 것이다. 현재 그들의 소재림별로 호구와 인구를 보면,

(1927년 현재)

연별	요존림	불요존림	민유림
화전 면적(町)	149,997	99,296	142,715
화전민 호수(戶)	77,872	56,956	105,563
화전민 인원 수(人)	410,316	286,772	516,072

다음으로 이것을 도별로 보면,

단위: 명

강원	평북	함남	평남	함북	황해
320,749	292,172	230,750	181,278	53,772	44,443

그 외 전북 2만 7,708명, 충북 1만 8,112명, 경북 1만 7,735명, 전남 1만 5,445명 경기 6,685

명, 경남 2,711명, 충남 1,560명 등으로 13도에 없는 곳이 없다.

(b) 화전민의 생활

화전민은 심산지대(深山地帶), 산복경사지(山腹傾斜地)에서 흔히 나무를 불태운 자리나 벌목한 자리에 밭을 떠서 마령서(馬鈴薯), 연맥(燕麥), 속(粟), 대두(大豆), 옥수수, 소두(小豆) 등을 심어 먹고사는 사람들인바 일반적으로 그 생활이 곤궁하다는 것은 다시 말할 필요가 없다. 그러나 일반적으로 납세공과금 같은 것이 전혀 없거나 소액이며 소작료도 전혀 없거나 평균 20~30%에 불과하다. 또 반당 평균 경작료도 1원 내외이므로 평야지대에 농지를 갖지 못하거나 생계가 없는 궁민들은 산으로 산으로 찾아오게 된다. 그러면 그들의 일반적 수지 관계는 어떠한가?

전국 화전민 가계 평균 숫자

수입: 96원 28전

지출: 85원 29전

차인: 10원 90전

이 계산으로 보면 화전민의 일반 생활은 비록 쌀밥 구경을 못하고 남루(襤褸)를 걸치고 심산유곡(深山幽谷)에서 살아가는 터이지만, 평야지대의 소작층 궁민보다는 도리어 얼마쯤 나은 것을 알 수 있다. 그러나 1930년 5월 17일 《조선일보》에 발표된 화전민 생활 통계에 의하면,

화전민 중상류층의 수지

◇ 수입

속 49원 50전　대두 5원 4전　소두 10원 80전　옥수수 10원

마령서 26원　교맥 6원　기타 12원　합계 119원 34전

◇ 지출

식량 86원 피복 13원 종자 5원 공과금 1원 80전

가구 · 기타 5원 20전 합계 111원

◇ 차인: 8원 70전

이것으로 보면 앞서 언급한 화전민 생계 차인 숫자 10원 90전과는 크게 차이가 나는 것을 발견한다. 또 뒤의 통계는 그것이 화전민 중 상류층의 통계라는 것만큼 일반 숫자가 아님을 말하는 것이니 화전민 전반의 진정한 생계 숫자는 물론 그보다 차인액이 저하될 것을 믿는다. 그런즉 요컨대 화전민은 그저 굶지 않고 살고 있다는 것만 참작하면 족할까 한다.

(C) 화전민의 위협

그러나 화전민에게 중대한 생활 위협이 닥쳐 왔으니 이는 1911년 6월 제령 제10호로서 발포된 「조선삼림령」과 1926년 6월 조선임정계획 등의 실현이다. 「삼림령」은 삼림에 방화하는 자에 10년 이하의 징역, 허가 없이 타인의 삼림을 개간한 자에게 200원 이하의 벌금을 규정하였고(종래 화전민의 화입기경은 방화죄에 부치지 않았으나 최근 판검사회의에서 이것도 단연 방화죄를 적용하기로 하였다), 삼림보호계획은 19개의 영림서와 100여의 삼림보호구와 240여 명의 삼림주사의 신설로서 화전민을 엄중히 단속하게 된 것인바 종래 자유롭게 전전하던 화전민은 오직 당국의 자애와 묵인을 기다릴 뿐이다. 이 화전민의 존재는 삼림의 존재와 공존할 수 없는 것이므로 이같이 준엄한 단속법령과 수단을 설정한 것이다. 들에서 쫓겨서 산으로 들어간 그들이 산에서 쫓겨난다면 다시 갈 곳이 어딜까? 문제는 결국 삼림보호를 화전민 보호의 하위에 두는 수밖에 없을 것이나 판검사회의에서 화입기경자에게 방화죄를 적용케 되었는바 즉 너무나 가혹한 일이다.

〈자료 95〉 화전정리요강(火田調査委員會, 1929, 『小委員會報告書』, 13~34쪽)

제1 화전의 정리 및 경작자에 대한 조치에 관한 사항

1. 화전 중에는 그대로 경작을 용인해도 지장이 없는 것과 그렇지 않은 것에 대해서 각기의 실정에 따라 정리하기로 하고, 다음에 근거하여 이를 구분할 것.

   ① 제1종: 영구 경작을 용인해도 지장이 없는 것.

   화전의 경사 15도 이하로서 숙전(熟田)이 된 것 또는 그 가능성이 있는 것은 영림상 특별한 지장이 없는 한 영구 경작을 용인할 것.

   ② 제2종: 기한을 한정하여 폐경(廢耕)시킬 것.

   제1종 및 제3종에 속하는 이외의 화전은 그 실정에 따라 기간을 한정하여 폐경시킬 것. 단 현재 토지가 안정되고 숙전이 된 것 또는 앞에 말한 기간 내에 숙전이 될 수 있는 것은 제1종에 준하여 취급할 것.

   ③ 제3종: 곧바로 폐경시킬 것.

   다음 각호 하나에 해당하는 화전은 바로 폐경시킬 것.

   가. 경사 30도 이상의 것.

   나. 현재 심히 토사가 붕괴 유실된 것.

   다. 공용 또는 공익을 위해서 필요가 있는 것.

   앞의 정리 구분에 관한 조사는 총독부가 이를 행할 것

2. 제1종 및 제2종 화전에 대해서는 경지 및 택지의 대부를 인허하고, 또한 토지를 안정시켜 숙전으로 만든다. 또한 경작자가 정착했을 때는 택지와 함께 무상으로 이를 경작자에게 양여할 것.

3. 제2종 및 제3종 화전의 경작자로서 폐경으로 인해 생계의 길이 막힌 자가 있을 경우에는 새롭게 체지(替地)[98]를 공여하거나 다른 농경 적지에 이전(移轉)·수용할 것.

   앞의 체지 또는 경작 이전지는 택지와 함께 대여의 허가를 하고 또 숙전으로 되어 경작자가 정착했을 때는 택지와 함께 이를 무상으로 양여할 것.

---

98 공공사업 등을 위해 수용된 토지에 대한 보상으로 제공되는 토지.

이전 수용이 필요하다고 인정될 때는 이전료를 지급하고 그 가옥 건축 재료에 대해서는 국유 임산물의 무상양여의 길을 열 것.

4. 제1종 화전 및 앞 항에 의한 대부지 경작자는 소요의 땔감에 대해 가능한 편의를 도모하도록 한다. 그 외 목초지, 기타 촌락 공동 사용지에 대해서는 필요에 따라 국유 임야 내에서 적당한 지구를 정하여 그 사용을 인정할 것.

5. 제3항에 따라 공여해야 할 체지 또는 경작 이전지가 없는 경우 등 어쩔 수 없는 사정이 있을 때는 이주 전업, 기타 알선을 할 것.
   또한 이주의 경우 필요하다고 인정될 때는 이전료를 지급할 것.

6. 대부지에 대해서는 다음에 근거하여 대부료를 징수할 것. 다만 흉작, 기타 어쩔 수 없는 사정이 있을 때는 상황에 따라 이를 감면할 것.
   ① 대부료는 매년 수확 후에 징수할 것.
   ② 대부료는 1단보(段步)에 대해 10전 이내로 토지의 상황에 응해 몇 등급으로 나누어 적당히 정할 것.
   ③ 대부료 징수는 영림서 소관의 임야에 관한 것은 영림서, 도 소관의 임야에 관한 것은 도로 하여금 각각 이것을 담당하도록 할 것.

7. 다음 각호의 하나에 해당하고 필요하다고 인정할 때에는 대부지의 반환을 명할 것.
   ① 차수인이 국유 임야에 관한 죄를 범하고 그 죄상이 특히 무거울 때.
   ② 차수인이 화전정리에 관한 법령 또는 대부 조건에 위반하고 그 죄상이 특히 무거울 때.
   ③ 공용 또는 공익을 할 때, 관의 형편에 따라 특히 필요가 있을 때.
   앞의 ③에 의하여 반환을 명령하였을 경우 이에 관련된 경작자는 제3항에 준하여 취급할 것.

8. 대부지를 전대(轉貸)하거나 차지권을 양도하거나 담보에 제공할 수 없는 것으로 한다. 상속으로 인한 승계는 이를 인정할 것.

9. 양여한 토지의 소유권은 상속 외 일정 기간 내는 관의 허가를 받지 않으면 이것의 이전을 인정하지 말 것.

10. 화전 경작자 이외의 자에 임야 대부 등의 처분을 할 경우는 가능한 한 미리 국가에서 화전을 정리하도록 한다. 만약 정리가 끝나지 않았을 때는 차수인 등으로서 본 요강의

정리 방침에 근거하여 실행하게 할 것.

11. 대부 임야 내의 화전으로서 아직 정리의 방법을 강구하지 않은 것에 대해서는 차수인으로 하여금 적절한 계획을 수립시킨 뒤에 실행할 것.

12. 제2항에 따라 화전의 정리를 하는 데 필요하다고 인정할 때는 경작 이전지 또는 체지의 공여 등에 관하여 되도록 편의의 방법을 강구할 것.

제2 경작자의 지도에 관한 사항

1. 대부를 인허한 제1종 화전 및 화전의 폐경에 따라 체지 또는 경작 이전지로서 대부한 농경지의 경작자에 대해서는 다음 방침에 따라 그 생활의 안정을 도모할 것.

   ① 농법의 개선 및 지력 유지 증진에 관한 지도 장려를 할 것.

   ② 생산물의 이용 · 판매, 기타 수입 · 증진에 관하여 지도 · 알선을 할 것.

   ③ 경작자의 생활을 개선하고 또 풍속을 교화하는 실적을 얻는 데 필요한 시설을 할 것.

2. 진항의 방침에 의한 지도 · 장려는 시험기관의 조사시험의 성적을 기다려 합리적 방도를 강구할 필요가 있으나 우선 다음에 따라 이것을 실행하고 장래에 점차 시설의 완전을 기할 것.

   ① 경작지의 붕괴 · 유실을 방지하기 위하여 적당한 공사를 권장하거나 비료의 시용을 장려한다. 작물에 대해서는 종래의 조방한 취급을 고치고 나아가서는 우량 품종의 작부를 장려하는 등 지력의 유지 · 증진 및 농경법의 개선에 관하여 적절한 지도 · 장려를 행한다. 또 그 효과를 거두기 위하여 다음의 방법을 강구할 것.

      가. 권농장려금(勸農奬勵金)의 제도를 열고 농경법의 개선에 관하여 특히 좋은 성적을 올린 자에게는 장려금을 급여할 것.

      나. 개량농법에 사용할 소요 농구, 기타 설비, 종묘, 비료 등의 구입 및 축우(재래종), 돼지, 닭(장려종)의 구입·증식에 대해서는 우선 농회, 축산조합, 금융조합, 공려소합 등에 저리자금을 융통하고 대출을 시키는 등의 방법에 따라 장려의 성과를 올리도록 할 것.

   ② 현행 화전 중 상당한 세월이 경과함에 따라 지력이 쇠퇴하여 궁핍한 생활을 하는 경작자가 많은 지방에 대해서는 앞의 ①의 방법에 의해 지도 · 장려를 한다. 그리고 또

퇴비, 녹비 등의 자급비료의 시용을 장려하고 경작에서는 축우의 사양, 양잠, 기타 부업의 장려, 자금의 유통에 대하여 특히 알선할 것.

3. 경작자에 대한 주업과 부업의 지도를 담당시키기 위하여 다음과 같이 모범농가 그리고 지도관리(官吏)를 배치할 것.

① 지방 또는 촌락민의 모범이 될 수 있는 농사경영자에 대하여 모범농가로서 그 이주를 장려할 것.

모범농가에 대해서는 이주상 필요한 가옥 건축재의 공급과 이전료의 공여 등에 대하여 특히 보조하는 방법을 강구한다. 그 경지와 택지는 대부하고 숙전이 되었을 때는 무상으로 양여할 것.

이와 같이 처분을 한 토지에 대해서는 제1의 6항 내지 제9항에 준하여 취급할 것.

② 경작자 500호 내외를 대체로 하나의 지도구로 하고 각 구에 지도원(기수 및 조수 각 1명씩)을 배치할 것.

새롭게 농경지로 이전되어야 할 경작자는 가능한 30호 이상을 집단 수용한다. 한 지도구의 완성은 3년 이내에 이를 완료하기로 한다. 그 이주의 알선은 지도관리로써 이를 담당하게 할 것.

4. 새롭게 수용 설정된 농경 적지의 이주 촌락 및 제1종 화전의 경작자로서 상당한 집단을 이룬 촌락에 대해서는 생업의 보도(輔導)[99], 애림사상의 함양, 생활의 개선 및 교풍 및 교화 등의 목적을 달성하기 위해 별지 요령에 의거하여 '공려조합(共勵組合)'을 설치하게 하여 이것의 지도를 할 것.

제3 신규 모경(冒耕)[100]의 금지에 관한 사항

1. 신규 모경의 금지를 기하는 데에는 현재와 같은 보호·단속기관으로서 그 목적을 달성하기가 어려우므로 다음에 따라 충실을 도모할 것.

① 장래 국유림으로서 존치를 요하는 임야

---

99 잘 도와서 좋은 데로 이끈다는 의미.

100 주인의 승낙 없이 남의 땅에 함부로 경작하는 행위.

가. 각 영림서에 보호구의 감독 및 삼림 경찰사무를 처리하기 위하여 전담자를 둘 필요가 있기 때문에 촉탁 1명씩을 배치할 것.

나. 보호구를 증설하여 1보호구의 담당 면적을 3만 5,000정보에서 1만 정보 정도로 할 것.

다. 각 보호구에 삼림주사(森林主事) 1명을 두고 종래의 평균 담당 면적 1만 8,000정보를 1만 정보 정도로 하고, 새로 삼림주사보(森林主事補) 5명씩을 배치할 것.

② ① 이외의 국유 임야 중 요존 해제 미제의 것에 대해서는 당분간 전항의 보호기관에 의하여 엄중하게 보호·단속을 할 것.

③ 불요존임야에서는 전항의 보호·단속 기관을 배치하지 않았기 때문에 거의 황폐한 상태로 돌아갔다. 따라서 관제를 개정하여 부군도 삼림주사로 하여금 보호·단속에 임하도록 할 것이며 더욱이 필요에 따라 부군도 삼림주사를 상당수 증원할 것.

2. 임야에 대한 보호·단속의 철저를 기하기 위해 다음과 같이 법령을 개정할 것.

① 「삼림령」 및 「삼림령 시행규칙」 중 필요한 규정이 없거나 벌칙의 경중이 알맞지 않은 것이 있으므로 적당히 이를 개정할 것.

② 벌금 또는 과료의 형에 처해야 할 「삼림령」 및 「삼림령 시행규칙」 위반의 죄 중 영림서 소관의 임야에 관한 것에 대해서는 영림서장에 통고(通告)·처분의 권한을 주도록 개정할 것.

③ 임야의 모경자에 대해서는 즉시 경작을 정지하게 한다. 그리고 가옥, 기타의 공작물 혹은 작물의 철거를 명하거나 관에서 이 물건의 철거할 수 있도록 직접 강제의 방도를 강구할 것.

제4 농경 적지의 조사 및 고지대의 이용·개발에 관한 사항

1. 국유 임야 중 농경 적지는 되도록 개방할 것. 그러나 농경 적지라고 할지라도 다음 각호의 하나에 해당하는 것은 이를 요존임야로서 국가가 경영할 것.

① 군사상 또는 학술상 존치할 필요가 있다고 인정되는 것.

② 보안림 또는 이에 준한 취급이 필요한 임야로서 국가에서 경영하지 않으면 충분히 그 목적 달성이 어렵다고 인정되는 것.

③ 영림 재산으로서 특히 존치할 필요가 있다고 인정되는 것.

2. 농림 적지는 표고, 기상, 경사도 및 방향, 토질, 수리 등의 관계에 따라 이것을 선정하도록 하고 이에 대한 조사는 총독부에서 행할 것.

3. 농경 적지는 화전 경작자의 생활 안정을 첫째로 고려하고 다음에 따라 개방할 것.

① 화전 경작자 및 모범농가의 수용은 정리구분조사의 진행에 따라 토지의 할당 구획 조사를 행하고 이를 실시할 것.

② 농경 적지로서 화전정리상 필요가 없는 것은 이것을 일반에게 개방할 것. 단 일반의 수용자는 인격, 자산 등에 대하여 일정의 제한을 두어 영농의 모범이 될 우수한 자를 선정할 것.

4. 농경 적지로서 개방할 임야로서 현재 이용 가치가 있는 입목이 있는 곳에 대해서는 되도록 속히 처분 방법을 강구하고 개방할 것.

5. 고지대에서는 농림업의 경영 방식 등은 저지대의 그것과 전혀 다른 것이 있기 때문에 경작자에 대해 지도의 철저와 고지대 개발에 도움이 될 합리적 조사시험의 결과를 기다릴 필요가 있다. 따라서 별지 요령에 의하여 이에 대한 시험기관을 설치할 것.

6. 교통 · 운수의 기관을 정비하고 일반 산업의 진흥을 계획한다는 것은 세농(細農)의 경제를 향상하고 생활의 안정을 도모하는 바로서 화전정리사업의 실효를 거두는 데 필요한 사항이므로 다음에 의하여 고지대의 개발에 노력할 것.

① 시험기관의 조사시험 결과 목축업 또는 가공업 등의 사업으로서 상당히 큰 규모로 경영할 가능성이 있을 때는 그 기업을 조장하는 데 노력할 것.

② 도로, 철도 등의 교통 · 운수기관을 정비하여 임리(林利)와 기타 자원의 개발을 기할 것.

제5 사업 실시에 관한 사항

1. 본 사업의 실시에 대해서는 토지의 처분, 경작자의 수용 등에 관하여 필요한 법령을 제정하여 공포할 것.

2. 산림부에 임시화전정리과를 신설하고 전적으로 화전정리의 실시에 필요한 사무를 담당시킬 것.

그리고 교통 · 운수기관의 정비, 기타 화전정리의 실행상 관계있는 시설에 관해서는 각기

유관 기관 등에서 본 요강에 따라 실현을 계획할 것.

3. 화전정리를 위하여 처분한 토지의 감사, 경작자의 지도 · 감독은 영림서 소관지에 관계되는 것은 영림서장이, 기타 토지에 관계되는 것은 도지사가 이를 관장할 것.
4. 본 사업은 대체로 15개년간에 종료하도록 하고 각종의 조사 및 실행기관의 충실 등은 당초 5개년 이내에 완성할 것.
5. 현재 경작하고 있는 화전에 대해서는 이에 대한 정리, 구분의 조사를 끝낼 때까지 경작을 허가하고 요금을 징수할 것.
6. 민유 임야의 화전정리에 대해서는 되도록 본 요강의 취지에 준하여 이를 실행시킬 것.

〈자료 96〉 화전정리 · 화전민 지도(朝鮮總督府, 1936, 『朝鮮の林業』, 73~81쪽)

화전의 경작은 인습이 대개 오래되고, 마구 삼림을 태워 버려 그 흔적이 자못 난잡하다. 여기에 속, 서(黍), 패(稗), 연맥, 마령서 등을 재배하는 약탈 농업으로 인해 통례 수년이 지나면 지력이 감퇴한다. 따라서 이를 폐경하고 다시 다른 구역에서 화경(火耕)을 감행하여 그 재난(禍害)이 매우 크다. 원래 이것의 금제는 고래 명문(明文)이 존재하지만, 실적으로 볼만한 것이 없다. 총독부 시정 후에도 「삼림령」 중에 이것의 단속 규정을 마련했지만, 수백 년 적폐가 갑자기 금지되기 어려운 사정에 비춰, 점차 제한 · 정리함을 득책으로 한다. 1916년(大正 5) 일정의 방침을 수립해서 지방 장관 및 영림창장으로서 이것의 실행에 담당하게 했다. 즉 국유 임야 중 국토 보안 및 국유 재산 관리상 정리가 가장 급무라고 인정되는 임야에 대해서만 고도의 제한을 가하고, 다른 임야에 대해서는 급경사지 또는 국토 보안, 기타 특별한 사유가 있는 개소를 제외하고는 당분간 종래의 관습에 의해 경작을 용인할 방침을 정했다. 하지만 1924(大正 13)년 9월까지 겨우 화전 면적 1만 정보, 경작자 6,000여 호를 정리하는 데 그쳐 예기의 실적을 거두지 못했다. 특히 정리에 따라 폐경을 명한 화전민 중 필요하다고 인정되는 자에 대해서는 새롭게 국유 임야 내에서 농경 적지를 선정하여 공여하여, 이들의 정착을 도모했지만, 그들의 성향이 나태해서 시비 등의 수수(手數)가 필요하지 않은 화전 경작을 선호하여 다시 산야로 복귀하는 자가 속출하기에 이르렀다.

다음으로 1926년(大正 15) 조선임정계획(朝鮮林政計劃) 수립에 즈음해서, 요존예정임야 중 장래 국가에서 존치 경영해야 할 임야 내에 존재하는 화전 및 화전민에 대해 이후 10개년간에 정리를 마치기로 했다. 이미 일부의 지방에 대해서 실시에 관한 조사를 행하는 바도 있었다. 하지만 정리의 실효를 기하는 것은 과거의 경험에 비추어서도 쉬운 일이 아니었다. 따라서 충분한 조사·공부를 수행하여 구체적 실시 방안을 수립함이 긴요하다고 인정되었다. 1928년(昭和 3) 3월 우선 이것의 조사 요강을 제정하여, 다음에 기초해서 총독부 관계 부서 및 도, 영림서 직원 등으로부터 가능한 조사반을 파견하여 주로 화전지대에 대해 실지조사를 행하게 했다. 다음으로 같은 해 12월 총독부에 관계 부서 직원 및 학식(學識)과 경험이 있는 사람들로 화전조사위원회를 설치하여 조사·심의에 담당하게 한 결과 1929년(昭和 4) 7월 이것의 성안(成案)을 이루었다.

생각건대 화전정리의 목적을 달성하는 데는, 삼림의 보호·단속기관을 확충·정비하고 신규의 모경을 절대 금지함과 함께 기왕의 화전민에 대해 현장에 지도기관을 배치하여 주·부업의 지도·장려 등에 관한 시책을 실행하고 이것의 정착을 도모하는 것이 긴요했다. 내개 납록·두만강 상류 지대의 요존예정임야 내 화전정리에 대해서는 북선개척사업(北鮮開拓事業)의 수립에 따라, 앞서 말한 화전조사위원회의 조사·심의를 기초로 한 대책의 실행을 보기에 이르렀다. 나머지 임야 내의 화전정리는 재정 관계상 아직 실현을 기하기 어려웠다. 그런데 화전의 폐해는 매년 증대하는 경향이 있음으로써 현재의 보호·단속기관을 독려하고 신규 모경의 방지에 노력함과 함께 이미 개간된 화전 및 화전민에 대해서는 그 현상에 비춰 대장 및 도면을 정비하고 가능한 이것의 선도에 유의하고 있다. 특히 정리가 시급한 화전에 대해서는 응급적 방법으로서 다음에 따라 도와 협력하여 실행안을 수립했다. 현재 평안남도 및 강원도에서 각 1개소를 선정하여 실행 중이다.

① 화전민의 수용에 대해서는 국유 임야 내 농경 적지를 도에 양여하고 도에서는 이를 각 화전민에게 할당해서 주·부업의 지도·장려 등의 시책을 실행한다. 장래 화전민이 정착할 때는 해당 경지를 양여할 것.

② 위 도의 시설과 관련하여 국가에서는 현장에 지도원 각 1명을 배치할 것.

이와 관련한 삼림보호구의 설치가 있는 국유 임야 내의 화전 및 화전민의 현상을 보면 다음과 같다. 이를 1927년 9월 말의 현재 수에 비교하면 화전 면적에서 2만 6,177정보, 화전민 호구 3만 6,398호, 합계 25만 5,378명의 증가를 초래했다.

〈자료 97〉 화전민의 생활(善生永助, 1926, 『火田の現狀』, 99~113쪽)

화전민의 생활 상태는 화전과 숙전을 병경(倂耕)하는 자와 순 화전민에 따라 다소의 차이가 있다. 또한 산지대의 교통 상태, 수확물, 부업 등의 관계에 따라서 차이가 있지만, 대개 원시적이고 불쌍한 빈곤 생활을 영위하고 있다. 그 실태를 알기 위하여 다음에 각 도 및 각 군의 조사에 의해 화전민 생활 상태의 일반을 보기로 한다.

제1절 화전민의 생활 일반

본 절은 1924년(大正 13) 9월 총독부 식산국 산림과에서 각 도 및 영림창(營林廠)에 조회하여 회답받은 문건 중에서 화전민의 생활 상태에 관한 항목을 발췌한 것이다.

① 경기도

화전민의 생활 상태는 매우 저급하다. 특히 화전만을 경작하는 자는, 화전의 수확만으로써 1개년의 식량을 충당할 수 없다. 따라서 나무 열매(樹實), 야초 등으로써 이를 보충한다. 그 생활비는 겨우 노동력의 보수로써 이에 충당하는 상태로서, 호별할(戶別割)[101]의 등급은 모두 최하 등급에 속하고, 간간이 면세인 사람조차 있다.

숙전과 병경하는 자도 생활상 하등의 여유가 없는 것은 화전만을 경작하는 자와 큰 차이가 없다. 다만 겨우 양계, 양돈, 양봉 등의 부업 수입이 있는 것에 불과하다.

② 충청북도

화전민은 토착인이 적고 다수는 타도(他道)에서 이주해 온 극빈자이다. 그 생활하는 가옥은 통나무로써 정자형(井字形)으로 쌓아 올리고, 1~2개소의 창을 마련하여 온돌로 하고, 갈대·지푸라기·풀로써 지붕을 덮는다. 식량은 화전 경작에 의해 얻은 속(조), 마령서(감자), 등 초목근피(草木根皮)를 섞어 입에 풀칠한다. 한편, 농작물 또는 연료를 시상에 팔아 근소한 수입을 얻어 빈약·간단한 생활을 한다. 필요에 따라 언제라도 쉽게 이사하기 때문에 항상 유랑성(流浪

101 일제강점기 지방세 중 하나로서 부세, 면세, 학교비 등에 부과되었던 특별세이다. 누진적 성격을 띠고 있었기 때문에 재산 등급에 따라서 세 부담의 격차가 있었다.

性)을 띠고 있어 토착의 의지가 결핍되어 있다.

③ 충청남도

본도에서 화전민은 다소의 숙전을 경작하고 있지만, 이에 의해서만 생계를 유지하는 것은 불가능한 정도로써 화전을 경작하는 자가 많다. 그리고 이들 화전민은 대개 가족이 많아서, 매우 협애 · 조잡한 가옥에 다수 거주한다. 단지 먹기 위해서만 노동하고, 수확으로 먹는 데 충분한 달은 노동하지 않는다. 또한 의주(衣住)를 고려하는 것이 없는 매우 나태한 빈곤자이다.

④ 전라북도

화전민의 생활은 극빈해서 다수는 자기의 소유 토지가 없고, 화전을 경작하여 연중 마령서, 속, 교맥(蕎麥), 콩류 등의 수확에 의해 연명하고 있는 상태로서 다른 생활의 길을 강구하지 않는다. 숙전을 병경하거나 드물게 부업으로서 부근 산에서 제탄(製炭)하는 것, 농작물을 가공해서 시장에 반출하는 것이 있지만, 양계, 양돈, 양봉 등을 따라올 수 없다.

⑤ 전라남도

유래 화전민은 생존 투쟁의 패자로, 산에 들어와서 화전을 경작하는 자가 되면 그 생활에 여유가 없는 것은 물론이지만, 연초의 경작이 자유로울 때는 상대적으로 고통을 줄어든다. 최근 화입(火入)의 단속이 점차 엄중히 되고 이어서 「연초전매령」의 시행에 따라 이것 때문에 경작을 엄금하게 된 이래, 생활의 길을 잃은 화전민은 대용작물로서 마령서, 대맥(大麥), 소두(小豆), 대두(大豆), 교맥, 속 등을 재배했다. 하지만 그 수익이 적어서 보통작물만으로는 도저히 생활을 충분히 유지할 수 없다. 한편에서는 지력이 점차 소모되어 수확량도 점차 감소하고 있어 그 생활 상태는 실로 참담한 것으로서 입에 풀칠하는 데 고통스러운 현상이다.

⑥ 경상북도

관내 화전민은 대부분 속, 마령서를 주식으로 하고, 밤 등의 수실 및 산채(山菜) 등을 부식으로 한다. 또한 봄에 이르면 새싹을 먹으면서 일가의 생계를 유지하고 있다. 의류는 면포(綿

布)·마포(麻布)를 사용하고 겨울일지라도 솜옷을 입는 사람 없이 오로지 온돌 내에서 방한한다. 부업으로서는 양봉, 양잠, 짚신 짜기, 약초 채취 등을 하는 자가 있지만, 조방하여 수익이 적어 매우 저급한 생계를 영위하고 있다. 그리고 일반적으로 나태해서 스스로 발분근로(發奮勤勞)한 후 다른 적당한 생계 방법을 강구하는 관념이 결핍되어 있다.

⑦ 경상남도

화전민은 인가를 떠나 1리 내지 3리의 오지 산림 안에 거주한다. 가옥은 잡목, 작은 통나무로써 조립하고, 주위는 토벽(土壁)을 두른다. 마령서를 주식으로 하고, 속 및 맥을 부식으로 한다. 쌀은 제사 및 정월 이외는 이를 먹지 않는다. 영양이 불량하기 때문에 일반적으로 안색이 푸른 갈색으로서 활기가 없이 조쇠(早衰)[102]한 상태다.

⑧ 황해도

화전민은 일반적으로 생계의 정도가 매우 낮고, 왕왕 입에 풀칠하기도 곤궁한 자도 있다. 그들은 주로 화전의 경작, 신탄의 채취 및 제조 등에 종사한다. 그중에는 가금, 가축, 양잠, 짚신 짜기 등을 부업으로 하는 자가 있다. 작물의 종류는 속, 교맥, 대두, 소두, 옥수수를 주로 하고, 기타 마령서, 무, 연초 등을 부로 한다. 화전 경작 면적은 1호당 약 1정보 내외로 하고, 그 수확은 1개년 식료를 충당하기에 충분하지 않은 경우가 많았기 때문에, 수실, 나무껍질, 나무뿌리, 산채, 풀뿌리 등을 채취해서 이를 보충했다. 또 신탄 및 수확물 중 비교적 고가인 교맥, 양봉, 속 같은 것은 시장에 반출해서 잡곡으로 교환하여 그 부족을 보충하지 않으면 안 되는 상태이다. 그들은 이런 식료품을 얻기 위해서 연중 노동에 종사하고 있다.

⑨ 평안남도

화전민의 생활 상태를 의, 식, 수로 구분하여 그 개략을 기술하면 다음과 같다.

가. 의: 사계절을 통틀어 목면의(木綿衣)를 착용하고 침구(寢具)를 가진 자는 적다.

102 나이보다 일찍 쇠약함.

나. 식: 아침과 점심에는 마령서 또는 풀뿌리에 약간의 옥수수 혹은 연맥(燕麥), 대두, 소두를 섞은 죽을 먹었다. 저녁에는 속, 옥수수를 섞은 죽과 연맥분, 교맥분을 탕에 끓여 먹었다. 겨울에는 점심을 거르고 빼먹는 걸 보통으로 한다. 부식물은 청물(淸物)을 사용하고, 육식을 하는 것이 거의 없다. 그리고 일반적으로 1개년 식량을 저장하는 자는 적어서, 농번기에 이르러서는 이미 식량이 결핍되어, 타인으로부터 현품의 융통을 받고 있지만, 충분하지 않았다. 이로 인해 노동 능률이 감퇴하고 건강하지 않은 상태인 사람이 많다.

다. 주: 일반적으로 강변, 산 같은 지대에 일시적 가옥을 건축하고 있어 산사태, 홍수 등으로 인해 생명을 위협받는 것이 많다.

⑩ 평안북도

화전민은 평지 및 경지가 적은 산간지에 거주하고, 화전만 경작하는 자와 숙전을 병행하는 자 2가지로 나뉜다. 경사가 급격한 임지(林地)를 경운하여, 여기에 속, 소두, 옥수수, 대두 등의 곡숙(穀菽)을 재배하지만, 매년 4~5월 이후에 이르면 식량이 결핍하여 새싹·야초로서 이를 보충하는 것을 보통으로 한다. 지금 화전민 중 중간층(中位) 사람의 1개월 생활비(가족 5명 중 노동할 수 있는 사람 2명, 아이 3명)를 조사하면 다음과 같다.

속: 3.75엔
소두: 3.4엔
옥수수: 3.6엔
대두: 1.25엔
식염: 0.2엔
의복: 2엔
잡비: 1.5엔
합계: 14.7엔

⑪ 강원도

순 화전민은 산간부에 산재하였고 가산으로서는 겨우 초가집(茅屋), 소, 닭 등의 가축 및 생활 기구를 가지고 있을 뿐이다. 그리고 자작의 수확물인 속, 대두, 교맥, 마령서 등을 주식으로 한다. 기후가 적절하여 상당한 수확이 있을지라도 자작 수확만으로써 1개년의 생계를 유지하는 자는 없다. 일반적으로 봄·여름에 이르면 식량이 결핍되어 초근·목피·수실 등을 채식(採食)한다. 한편 양잠, 짚신 짜기 등의 부업에 의한 수입, 또는 일용 노임을 얻어서, 겨우 생활을 이어 가는 상태로서 물을 마시고 속을 먹는 데 지나지 않는다. 그들 화전민의 생활 상태는 참으로 참담하다.

⑫ 함경남도

산지대 주민은 자급자족으로써 그 생활을 영위한다. 또한 조의(粗衣)[103], 조식(粗食), 가옥 등도 대개 협애하기 때문에 간단한 생활을 하며, 단지 경작하고 먹는 것 외에 감히 향상(向上)을 도모하는 것 같은 관념은 부족하다. 일반 사회와 몰교섭하는 자가 많기 때문에, 문화의 자극도 없고, 종교, 교육의 시설도 결여되어, 거의 원시생활에 흡사한 순박한 농민이라고 말할 수 있다. 지금 이를 숫자상으로 볼 때는 대략 다음과 같다.

본도 관내 화전민의 전 호수는 45,000여 호로서

A. 민유림의 화전민: 20,000여 호

B. 불요존림 내 화전민: 12,000여 호

C. 요존림 내 화전민: 13,000여 호

위 A, B에 속하는 자는 화전민이라 칭하지만, 이를 순연한 화전민이라고 말할 수 없는 것이 대부분이다. 또한 비교적 평지대 농민에 접근하고 있음으로써, 일반 농민과 구별해서 특기할만한 사항은 없다. 다만 그 의식주가 조금 불편한 산지대에 사는 관계상, 자연히 그 생계도 자급으로 만족하고, 문화의 정도도 저급할 뿐만 아니라, 그 반수 이상은 사세의 교육을

103 너절한 옷.

하는 것이 불가능해서, 막연도세(漫然渡世)[104]하는 데 지나지 않는다.

C에 속하는 화전민도 A, B의 그것들과 대략 같아 보이지만, 이 C에 속하는 화전민의 근거지가 A, B에 비해 가장 벽지로, 복잡한 사회와 완전 격리되었다. 그렇기 때문에 한층 토민의 누습(陋習)[105]이 농후해서 이들 C에 속하는 자를 순 화전민이라고 말할 수 있다. 그중 C에 속하는 자는 관헌의 단속 신고가 되지 않는 것이 많다. 농경에 적합한 산지를 근거로 하여 옛날에는 3~4대 전부터 적지(適地)로 유입되어 화전민을 전업으로 하기 때문에 이것의 수확도 그 일부를 제외하고는 자가 생계에 현저한 부족을 호소할 정도인 자가 없어 보인다. 이들은 도시 세민 또는 평지대 빈농처럼 하는 일이 없고 농사지을 땅이 없는 자들에 비해서는 훨씬 나아 보인다. C 화전민 중 약 10%는 전경화전(轉耕火田)[106]을 하는, 소위 삼림지대를 침입하는 화전민으로서 1년 내지 2년 그 가옥을 방치하거나 혹은 타인에게 팔고, 새로운 삼림지대를 구하여 임목(林木)을 태우고 화전을 만든다.

앞의 전경화전민은 일반 화전민 사이에서 난농자(亂農者)라고 불린다. 이들은 거의 가난한 자로서 생활 상태도 가장 저급하다. 화전민 중 가장 우려해야 할 것은 이 전경화전민에 속하는 자이다. 또 이외 삼림지대를 침입하는 화전민에게는, 다음과 같은 자도 계속 돈벌이를 위해 국유 삼림에 침입해서 화전을 하는 경향이 있다.

이상 화전민의 생활 상태는 대개 앞에 말한 것 같은 실황이다. 그 주식은 마령서, 속, 연맥 등으로서 속을 주식으로 하는 자 혹은 마령서를 주식으로 하는 자가 있다. 연맥, 마령서를 혼식하는 자도 있다. 부식물로서는 식염 및 된장 등을 주요 부식물로 한다. 1인 1일 생활비를 금전으로 견적 할 때는 7전 내지 12·13전 정도이나.

부인은 주로 가사에 종사하며 대마를 조마(粗麻)[107]로 만들어서 근접 시장에 지참하여 이를 팔고 자가용 의포, 기타 필요한 식량품을 구입한다. 또한 C 화전민의 과반수는 수제 마포를 입는다고 하는 관습이 있다. 일반 화전민의 부업은 주로 대마(大麻)를 재배하는 것이다.

---

104 막연히 되는대로 세상을 살아가는 자세.

105 더러운 버릇이나 풍습.

106 산야에 불을 놓아 나무나 풀을 태워 버리고 그 밭에 작물을 재배하다가 지력이 떨어지면 다시 다른 곳으로 옮겨 가며 같은 방법으로 새로운 밭을 일구는 이동농업을 말한다.

107 정제하지 않은 거친 삼베.

⑬ 함경북도

화전민은 그 경작에 의한 수확물만으로써 생계를 유지하기 충분하지 않아서 벌목, 운재(運材), 목기 제조, 제탄, 임야 부산물의 채취, 기타 부업에 의해 생활을 보완하고 있다. 고통스럽게 생계를 지키고 있는 상태이다.

3. 산림자원 수탈과 산림 황폐화

1) 산림개발정책과 벌채의 확대

(1) 개관 및 자료 해제

조선에서 목재는 건축용재, 갱목(坑木), 철도 침목(枕木), 토목용재, 종이 원료, 전봇대, 목공 원료 등 도시개발, 인프라 건설, 산업개발과 밀접한 사업에 사용되었다. 따라서 1920년대 식민지 개발의 본격화와 함께 조선 내 목재, 특히 산업용재 수요가 크게 증가하기 시작했다. 실제로 1910년대 79만m^3에 불과했던 조선 내 목재 소비량은 1926년에 이르면 214만m^3 증가하고 있었다.[108] 조선총독부는 조선 내 목재 수요를 충당하기 위해서는 조선의 목재 생산량을 증가시킬 필요가 있다고 판단했다. 이에 1926년 '조선임정계획(朝鮮林政計畫)'을 수립해 종합적인 산림개발계획을 전개하기 시작했다.

'조선임정계획'은 국유림의 벌채량을 증가시켜 목재 생산을 늘리고, 여기에서 발생한 수익금을 민유림 녹화사업의 재원으로 활용하겠다는 내용의 산림계획이었다. 조선총독부는 위 계획에 따라 국유림 벌채량을 1.56배 증벌(增伐)하기로 계획했으나 실제 벌채량은 2.38배로 목표 이상의 과벌(過伐)이 이뤄졌다. 이와 같은 과벌은 국유림의 임목축적을 감소시켜 산림자원의 지속성을 훼손시키는 결과를 낳았다.[109]

국유림 과벌로 인해 1925년 17%에 불과했던 국유림의 산림 수익률은 1926년 31%, 1936년 60%로 크게 증가했다.[110] 계획상 조선총독부는 산림 세입을 민유림 녹화사업에 사용해야 했지만, 실제로는 5.6~31.2%가 산림사업이 아닌 다른 재원으로 이전되었다.[111] 게다가 민유림 녹화사업 중 사방사업 비용은 원래 공채(公債)를 통해 조달하려고 했으나 공채 조달이 좌절

---

108 배재수·김태현, 2021, 「일제강점기 조선의 목재수급과 산림자원」, 『일제강점기 산림정책과 산림자원의 변화』, 2021, 16쪽.

109 배재수·김태현, 2021, 위의 글, 26쪽.

110 배재수·윤여창, 1996, 「1926년부터 1936년까지의 일제의 한국 국유임정책에 관한 연구」, 『한국임학회지』 85-3, 393쪽.

111 배재수·김태현, 2021, 위의 글, 33쪽.

되면서 산림 세입의 상당 부분을 사방사업에 사용했다. 그 결과 조선임정계획하 민유림 녹화 사업은 재원 부족에 시달릴 수밖에 없었다.

1930년대 조선총독부는 조선의 주요 목재 생산지인 북부지역의 산림개발을 위해 1934년 '북선개척사업(北鮮開拓事業)'을 실시했다. 이 사업은 울창한 북부 산림지대에 산림철도를 건설해 목재 반출을 원활하게 하는 데 그 목적이 있었다. 조선총독부는 무산-백암선(188km), 혜산선과 무산선 연결 철도 및 동부선 방면 6개 선(138km), 혜산선 부근 3개 선(95km)에 광대한 산림철도를 부설했다. 이처럼 북부지역 산림철도가 부설되자 이를 통한 목재 반출량이 크게 증가하기 시작했는데, 1937년 전체 목재 반출량의 31%가 산림철도를 통해 이뤄졌을 정도였다.

1937년 중일전쟁 발발과 함께 군수용 목재 수요가 급증하자 조선총독부는 목재 생산에 더욱 박차를 가하기 시작했다. 우선 국유림에서의 증벌을 통해 목재 생산량을 늘리고자 했다. 이에 따라 1931년 58만m^3 수준이었던 국유림 벌채량은 1939년에 이르러서 128만m^3으로 크게 증가했다.[112] 하지만 계속되는 증벌로 국유림의 생산력이 한계를 맞이하기 시작하자 조선총독부는 민유림의 목재 생산, 특히 용재 생산을 증가시키려고 했다. 원래 민유림은 70%는 연료재, 30%는 용재를 생산했는데, 전쟁 수행에 필요한 용재 수요가 증가하면서 민유림의 용재 생산력 증가가 필요한 상황이었다. 조선총독부는 1939년 100만 정보에 달하는 민유림에 용재를 조성하는 '민유 임야 용재 조성 20개년계획'을 수립했다. 이 계획은 묘목 대금의 80%를 대부해 소나무, 낙엽송, 잣나무, 참나무 등 용재로 사용되는 수종을 조선인들이 식림하도록 하는 사업이었다. 그러나 식림 비용을 조선인들에게 전가하는 위와 같은 사업에 대해 조선인들은 식림을 하지 않고 했다고 거짓 보고를 하거나 묘목을 버리거나 식림한 나무를 베어 버리는 등의 소극적 저항을 이어 나갔다.[113] 조선총독부는 여기에서 그치지 않고 1940년 민유림에서의 목재 공출을 강요하기 시작했다. 목재 공출은 각 군(郡)이 각 도에서 공출량을 할당받은 후 생산하는 체제로 운영되었다. 1943년부터는 목재 공출을 강화하기 위해 국민총력조선연맹을 통해 각 농촌마을에 벌채 할당량을 부과하는 형식으로 변화해 갔다.[114]

전쟁 수행에 필요한 목재를 충당하기 위해 조선 산림에 대한 과도한 벌채가 지속되면서

---

112 최병택, 2008, 「일제하 전시체제기(1937~1945) 임업동원책과 삼림자원 공출」, 『한국사학보』 32, 273쪽.

113 최병택, 2008, 위의 글, 284쪽.

114 최병택, 2008, 위의 글, 288쪽.

조선 산림은 급격히 황폐화되어 갔다. 1927년 2억 7,546만m^3에 달했던 조선 전체의 임목축적은 1943년 2억 1,695만m^3로 무려 5,850만m^3이나 감소했다. 1정보당 임목축적도 같은 기간 16.6m^3에서 13.2m^3로 감소했다. 그 결과 1945년 조선이 해방되었을 때 남한의 1정보당 입목축적은 10.9m^3에 불과했을 정도로 산림자원이 크게 감소했다.[115] 이는 한국의 치산녹화기(1973~1989) 동안 1정보당 임목축적이 11.3m^3에서 36.2m^3로 3.2배 증가했다는 사실과 매우 대조적이다.[116] 조선총독부가 식민지 통치 내내 보속성(保續性)과 산림녹화를 내세운 것과 달리 실제로는 과도한 벌채로 인해 산림의 지속성은 상당히 훼손되었다.

종합적인 산림계획인 조선임정계획의 배경, 목적, 내용, 전개 과정 등에 대해서는 『조선임정계획서(朝鮮林政計畫書)』를 수록했고, 조선임정계획하에서 이뤄진 민유림 조림 보조사업에 대해서는《동아일보》,《조선일보》기사를 수록했다. 민유림 조림 보조사업을 통한 민간의 조림 장려는 대표적인 녹화성책으로 조선총독부가 선전했으나 묘목 대금, 노동력 동원 등을 둘러싸고 많은 문제가 발생했다. 따라서 이와 같은 기사들을 통해 조선임정계획하 민유림녹화사업의 한계를 밝힐 수 있다. 북선개척사업에 대해서는 『조선임업사』의 북선개척사업 항목을 수록했다. 이 자료는 북선개척사업을 개괄적으로 보여 주기 때문에 이 사업의 개략적인 배경과 목적, 내용을 파악할 수 있다.

전시체제기 임업정책에 대해서는 우선 『조선산업경제조사회 자문답신서(朝鮮産業經濟調査會諮問答申書)』(1936)를 통해 전체적인 계획을 대략적으로 파악할 수 있도록 했다. 조선산업경제조사회에서 논의된 임업 관련 내용은 이후 대부분 정책에 반영되어 실제로 추진되었기 때문에 전시 임업정책의 진체상을 이해하는 데 도움을 준다. 그다음은 『조선의 임업』(1940)의 '민유 임야 용재림 조성계획' 항목을 수록해 전시체제기 조선총독부가 민유 임야에서 용재 생산을 늘리고자 했던 목적과 그 내용에 대해서 파악할 수 있도록 했다. 그 밖에 국·민유림에서 전개되었던 과벌과 그로 인한 산림 황폐화에 대해서는《동아일보》,《조선일보》,《매일신보》와 같은 신문 기사를 통해 알 수 있도록 했다.

마지막으로 35년간의 식민지 임업정책의 결과에 대해서는 1947년 미군정이 작성한 『주한

115 배재수, 2009, 「한국의 산림 변천: 추이 특징 및 함의」, 『한국임학회지』 98-6, 663쪽.
116 배재수·김태현, 2021, 앞의 글, 31~32쪽.

미군사(駐韓美軍史)』 '남한 임업' 항목을 수록해 평가하고자 했다. 『주한미군사』는 해방 이후 남한에 주둔한 미육군 제24군단 군사실이 편찬한 자료로서 해방 직후 남한의 실정을 자세히 알려 주는 자료이다. 특히 이 자료는 해방 직후 남한 산림의 상태와 조선총독부의 임정에 대해 평가하고 있기 때문에 식민지 임업정책이 어떻게 귀결되었는지 파악하기에 적합한 자료이다.

(2) 신문·잡지 기사를 통해 본 산림벌채와 산림 황폐화

〈자료 98〉 천연림을 보호?(동아일보, 1928.02.04, 5면 1단)

소노다(園田) 산림부장 귀경 담화

다음 연도 예산에 계상한 사방공사계획과 80만 원의 삼림철도계획은 산림부로서는 조선의 임정을 쇄신하기 위해 신중히 숙려한 결과 제출한 것이다. 그런데 정부의 형편은 전혀 판단하기 어렵고 목재 관세 문제에 대해서는 농림성, 관동청, 총독부의 의견은 대체로 일치하고 있으나 정부 내에서는 다른 관계도 있고 아직 구체화하기 전에 의회 해산으로 안건이 좌절되었다. 다른 날 한군데로 통일되게 되면 물론 일본의 관세율에 통일되게 되지 않을까 생각된다.

일본 농림성이 비교적 대규모인 조림계획을 수립한다고 하여 조선에서도 이를 모방하는 것은 아닌가 하는 사람이 있으나 조선의 조림사업은 금일까지 50만 원의 보조금을 지출하여 3억 본(本)의 묘목을 배부했다. 따라서 도리어 일본이 조선의 시설을 모방하고 있는 형편이다. 요컨대 조선으로서는 인공조림보다도 천연임야를 보호하는 편이 중대하고, 이 까닭에 연료 및 녹비의 개선이 필요하다. 연료는 온돌의 개선 등으로 다소 절약이 될 것이고, 녹비도 점차 재배 사비(絲肥)가 보급, 증가하리라고 생각하여, 자연히 삼림 보호의 목적을 달성할 것이다. 현재 조선 국유림의 1/3에는 삼림주사를 설치하고 있어 그 결과는 자못 양호하다. 더욱이 삼림조합의 발달 등으로 인해 삼림보호가 점차 적극적으로 되리라고 생각한다.

〈자료 99〉 당국의 조림장려가 민간의 남벌을 조장(동아일보, 1930.10.14, 3면 1단)

조림에 전력을 기울여 사방공사의 준공을 보고 작년에 벌채할(伐採割)까지 제정하여 적극적으로 남벌을 방지한다는 전남 영광(靈光) 지방의 금년 산림 정세를 보건대 오히려 화얼(禍孽)[117]을 만들어 내 예년에 없던 무참한 재앙을 입고 있다고 한다. 그 이유를 들어 보면 다음과 같다.

○ 당국의 위력으로 하는 사방공사 때문에 돈이 말라서 민간의 공사비를 얻어 낼 방법은 기성림(旣成林)을 벌채 판매를 하는 일밖에 없는 것.

○ 1정보를 벌채할 때에 조합비, 묘목 대금 등을 동시에 납부해야 벌채 허가를 얻게 되는 관계상 1정보 벌채 허가를 얻고자 하면 3원씩 소요되므로 한번 벌채 허가를 얻으면 4~5년 뒤에 할 것까지 동시에 해 버려서 과중한 부담금을 종종 내지 않으려고 하는 것.

위와 같은 현상은 당국의 계획과 민간 정세가 어그러지는 데 생기는 일로 지식인 사이에 이야기가 자자하다.

〈자료 100〉 조선과 산림, 침엽단순림의 약점(조선일보, 1930.11.27, 1면 1단)

1. 요즘에는 식림 문제가 주요한 경세적 관심사로 된다. 녹화운동이라고까지 유복스러운 시적 명명이 있으나 이러한 미화한 생각까지는 아닐지라도 식림 문제가 일반 인민 생활에 직접 관계가 깊은 바에 한마디 할 필요가 있다. 우리는 황폐해 버린 산야를 볼 때에 식림에서부터 출발하는 치산치수의 문제가 긴급한 산업정책적 근본 문제인 것을 지적한 때도 있었거니와 민간 측에 향하여 농한기인 이때 겨울을 지나서 다음 봄의 식림책을 음미하는 것은 자못 흥미와 가치가 있는 문제이다.
2. 조선은 산국이다. 전 면적의 80%가 산지로 그 만첩의 산악이 많으면서도 민둥산(禿山)이 많기로는 그 유례가 드물며, 온돌 사용국으로서 한층 연료난을 당하게 되는 것은 어지간한 모순이라고 할 수 있겠다. 그러나 대소의 도시를 중심으로 인구가 조밀한 지대일

117 화를 끼치는 재앙.

수록 민둥산이 피폐 그대로 앙상한 꼴을 나타내고 있다. 경성을 중심으로 각 철도연선에 소와 말로 운반하거나 교통권 내에는 능묘와 명문의 선산을 제외하고 예외 없이 벌목하여 경기, 충청, 경북, 함남의 함흥, 전북의 전주·남원, 경남의 진주, 평남의 평양과 같은 곳은 정도의 차이는 있을지언정 모두 이러한 민둥산 지대에 둘러싸여 있다. 식림의 필요를 말하는 것은 차라리 주린 자에게 밥을 권하는 따위의 평상(平常)한 말과 같다. 식림 그것의 방침에 관해서는 오히려 2~3가지 유의할 필요가 있다.

3. 조선은 솔의 나라다. 연해지에 해송(海松)이 있고, 북조선에는 낙엽송이 있다. 하지만 대체로는 적송(赤松)의 침엽수림을 형성하는 편이다. 적송이 퍼지는 곳에 수분을 빨고 지하의 양분을 끌어들여서 토피를 벗은 민둥산으로 되는 것이니 적송 본위의 침엽림은 조림가의 득책도 아니오 사회적 견지로도 반갑지 않다. 뿐만 아니라 이러한 송림(松林) 본위의 단순림은 충해를 입기 쉬워서 지난 4~5년간 송충으로 모처럼 성장하던 각지의 치수림(稚樹林)도 새로이 고목(枯木)으로 되었다. 조선은 자래(自來)로 동량(棟樑)의 자재라고 하여 솔나무, 잣나무, 전나무 등 침엽수가 아니면 나무가 아닌 줄로 알아 이런 관념은 상당히 굳어 있다. 그러나 소위 잡목이라고 하는 각종의 활엽수가 필요하고 그리하여 침엽·활엽의 혼합림으로 하는 것이 충해 방지와 또 임지 황폐의 조절을 위해서 자못 필요한 바이다.

4. 참나무, 각종 개암나무 등 활엽수는 야생수로서도 조선에서는 퍽 잘 자라지만 대체로 천시(賤視)·남벌의 경향이 많았다. 조선과 같이 토피가 벗겨지고 메마른 비탈의 산지에도 잘 살고 잘 되는 것은 경험자가 자세히 아는 바이오. 비탈이 낮고 토층이 두터운 데에는 밤나무를 심음으로 과실의 수확과 특수한 목재로 사용되는 것은 퍽 주목되는 점이다. 평양 밤과 같은 것은 멀리 북미에서 묘목과 종률(種栗)을 구하고 있지만 밤나무를 심는 것이 농촌 부업의 하나가 되는 것은 산업란에서도 기술한 바 있다. 독일인의 진취적인 자유의 기상은 그의 풍부한 삼림 속에서 함양되었다고 하지만은, 조선의 인사들이 그 구원(久遠)한 계획의 일단으로 이러한 방면에 유의하고 그 방법을 음미하는 것은 동한(冬寒) 그것처럼 한사(寒事)는 아닐 것이다. 농업이 원래 원시산업인데 임업은 더욱 그러한 산업이다. 그러나 여기에도 세심한 대응책이 있어야 할 것이다. 요즘 포플러 문명설과 아카시아 망국설이 있으니 이것도 임업상 하나의 삽화이거니와 거대한 산야를 가지

고 황폐화로 인해 그 소유와 이용의 권한을 자연의 방기에 맡기는 것은 우스운 일이다.

〈자료 101〉 천연생 묘목을 보식하라!(동아일보, 1933.03.18, 3면 1단)

머지않은 농번기를 앞두고 농촌에서는 과하용(過夏用)으로 100속(束) 내지 수백 속의 봄 나무를 준비해야 할 것이므로 앞다투어 벌채 허가서를 제출하게 되었다. 그런데 올해에는 벌채 본수에 따라 대금 선납으로 묘목을 신청하여야 벌채 허가서가 접수된다고 한다. 아직도 자발적 조림 열이 부족한 조선에서 이만한 규정을 반대할 수는 없을 터이다. 그러나 기필코 돈을 주어야 쓰는 묘목을 보식하지 말고 그 산야에 자연히 생장한 묘목을 천연적으로 보육하거나 혹은 천연 묘목이 희귀한 곳에는 그 가운데 조밀한 곳에서 간발(間拔)하여 충분히 식부하도록(예를 들면 같은 산 중에서 A 부분에 묘목이 조밀하고 B 부분에 묘목 식부를 필요로 하는 경우가 있으면 A 부분에서 묘목을 발취(拔取)하여 그것을 B 부분에 식부함) 하다가 오히려 부족을 느낄 때에 한해서 묘목을 구입해 심도록 할 필요가 있으면 한다.

고대의 천연조림지에는 해마다 천연 종묘가 무수히 생기는바 벌채 후 4~5년이면 입추의 여지 없이 입묘가 치밀하여 도리어 완전한 발육이 못 되는 일이 있기 때문에 간벌이 필요한 적도 흔히 있는 바이다. 확실하지는 않지만 당국을 거쳐 민간에 배부된 묘목이 아마도 연 몇만 본은 되리라고 추측하는 바 천연 묘목 이상의 우수한 성적을 얻은 곳이 과연 몇 군데나 되는가? 묘목 대금으로 인해 그 수납상 관민 간에 얼마나 많은 고통을 받았는가? 가뜩이나 피폐한 농촌이오 문맹의 인민으로 벌채 허가서 한 통 작성에도 20~30전의 금액을 쓰게 되어 기쁨은 없고 원망만 가득한 그들에게 돈이라면 동전 하나에 목을 매다시피 하는 현상을 짐작하여 불완전하나마 천연조림이 될 만한 곳에는 천연생 묘목을 이용하도록 장려한다. 적극적으로 묘목을 식부할 곳은 민둥산, 사막지 등의 불모 처소로 생각하는바 당국의 일고를 바란다.

〈자료 102〉 조림을 강제 장려하지 않고 지방에 따라 지도할 방침(동아일보, 1934.05.30, 3면 1단)

조선에서 조림 장려 방법은 종래 획일적 장려를 시행해 온 까닭에 천연의 힘을 이용하는데 큰 영향이 있는 산업, 즉 천연 요소를 주력 활용하지 아니하면 안 되는 임업에는 그 폐해가 적지 않았었다.

그 까닭에 28일부터 개회 중에 있는 각 도 임무관회의(林務官會議)에서 이것을 타파하기로 결정했다. 그 이유는 넓은 지역에 획일적 지도 · 장려를 하는 것은 위험하기 짝이 없는 것인데 종래에는 덮어 놓고 획일적 장려로 흘러서 지방의 형편을 돌아보지 않고 소나무만을 장려하거나 활엽수만을 조림하도록 장려해 실패한 예가 많다.

그뿐 아니라 지도 지식이 충분하지 못한 기술자에 의해 낙엽을 줍지 말라는 것도 획일적으로 강제하여 아무리 삼림이 총총한 곳이라도 낙엽을 줍지 말라, 어린 나무를 베지 말라, 아랫가지를 베지 말라, 활엽수를 베지 말라는 등의 금지 방법만으로 지도 방침을 강제하여 공공연히 지방 주민의 반감을 불러일으켜 장래의 성공을 오히려 저해하게 해서는 안 된다는 것이다.

그리고 종래에는 민유림 지도 방침에 대해서도 각 군과 면의 사정이 같지 아니함에도 불구하고 거의 같은 방침을 취해 온 것은 옳지 않을 것이다. 앞으로는 각 군면의 사정과 임황(林況)을 살펴서 경중 완급을 고려한 후 각각 그곳에 적합한 방침을 세워서 지방별 적합한 지도방침을 관청에서만 입안해야 한다. 또한 타율적으로 지도하는 수단을 취하지 말고 해당 지방민과 지도자를 망라한 기관을 만들어 이곳에 자문 심의를 신중히 한 뒤 주민이 자발적으로 세운 지도 방침이 결정안이 되도록 하는 방법을 선택하게 했다.

이것이 금년부터 실시하게 되면 작년에 문제가 되어 내려오던 각 지방 주민과 임무관 사이에 걸쳐 있는 불평이 해소되는 한편, 조림의 성적도 극히 좋아질 것이라 한다.

〈자료 103〉 경기의 삼림자원 개발(매일신보, 1937.11.20, 3면 3단)

최근 화학공업 및 토목사업의 이상(異常)한 발흥에 따라 용재의 수요량은 해마다 증가함에 반해서 현재의 생산은 이 정세에 수반하지 않고 있다. 뿐만 아니라 장래에는 현저한 부족을 초래할 것이 명확함으로 국책적으로도 이 대책에 부심 중이며 경기도로서는 추세에 순응하고자 용재의 조성을 촉성하고 국책 수행에 자원을 제공할 필요가 긴절하게 되었다. 본래 경기도는 경성 및 기타의 도시를 끼고 있는 관계상 도시 임업이라고 할 만한 신탄림의 정비 개선에 대하여 신속한 방책을 강구할 필요가 있다. 동시에 시국에 비춰 한층 농산촌의 경제력을 신장 · 강화하고 국력의 증진을 도모하고자 삼림자원의 개발, 산촌 부업의 장려, 임산물의 판매 알선 및 통제 등을 필요로 하므로 이러한 제반 사항에 대한 적절한 대책으로 다음과 같은 방법을 강구하게 되었다.

1. 용재의 조성을 도모함

1. 도유림, 기타 공유림의 확장을 도모하여 용재림을 조성할 것.
2. 용재림 조성 지구의 설정을 행함.
3. 기업적 임업 경영자에게 용재림의 조성을 권장하고 또한 조성의 방법을 강구함.
4. 조림보조사업의 확충과 보조 방법의 개선을 도모함.

2. 신탄림의 정비 개선을 도모함

1. 신탄림의 시업(施業) 및 수종의 개선을 도모함.
2. 농가 부대 임업 설영(設營)의 촉진을 도모함.
3. 속성림의 조성을 도모함.
4. 임야 보호단체의 설립을 도모하고 그 활동을 촉진함.

3. 삼림자원의 개발과 산촌 부업의 장려에 의한 산촌 경제의 진흥을 도모함

1. 미이용림의 개발을 도모함.
2. 임산물의 가공 및 이용 방법의 개선, 보급을 도모할 것.
3. 부업에 적당한 특수 수종의 증식을 도모함.
4. 진습기관(傳習機關) 및 시노원의 설지 및 시설에 대한 조성을 도모할 것.

4. 임산물의 판매 알선 및 이에 대한 통제를 도모할 것

1. 생산품의 검사를 행할 것
2. 보관시설의 확충을 도모함.
3. 자금 융통의 길을 강구할 것.
4. 판로의 개척을 도모함.
5. 판매 알선 및 보관 시설에 대하여 보조 조성을 도모할 것.

〈자료 104〉 산창령(山蒼嶺)의 도유림 2만 척체 벌채(매일신보, 1938.01.17, 4면 1단)

함경남도 산림과에서는 급박한 목재 기아를 얼마간 완화하기 위하여 함주군(咸州郡) 기천면(岐川面)에 있는 산창령 도유림을 벌채하려고 여러 가지로 안을 세워 왔던 중 이번 구체적으로 성안을 되게 되어 신춘 벽두 약 2만 척체의 벌채를 감행하기로 되었다.

〈자료 105〉 목재 수요 격증으로 목재정책 신전회(新轉回)(동아일보, 1938.02.17, 8면 1단)

산금 증산, 철도 신선의 부설, 수력전기의 개발 등 굉장한 약진은 이에 필요한 갱목, 침목(枕木)의 공급 부족을 초래하여 조선의 목재 정책은 신전회가 요망되고 있다. 농림국은 응급조치로 다소의 임정상 곤란은 있어도 중대시국인 만큼 예정량 이상의 적극적 공급을 계획하는 한편, 장기간 계획의 수립을 급하게 하고 최근 개최한 영림서장회의에서 협의할 터이다. 그 하나로 자가용 목재를 상당히 필요로 하는 사업가에 국유림을 대부하고 이에 식림을 행하도록 했다. 즉 유사시 국가에서 필요한 때 이를 해방, 공여를 조건으로 상당히 대면적의 국유림도 무상으로 대부하고 이에 식부하여 기업가의 자가용 목재의 공급을 확보시킴과 함께 국책상 목재자원을 풍부하게 하라는 일석이조의 명안이었다. 이미 노구치(野口) 조선질소비료(朝窒) 사장이 유무라(湯村) 농림국장을 방문, 함남 부전강(赴戰江) 수전(水電) 부근의 나지(裸地)에 대하여 교섭을 개시하였다. 다만 성질상 차수인은 상당한 재산적 확실성이 있음을 필요로 하므로 국유림 이용의 견지로부터는 새로운 기회를 여는 것으로 주목된다.

〈자료 106〉 삼림자원의 확보, 목재 자급책 필요(동아일보, 1938.02.22, 4면 3단)

(…) 조선의 목재 수요는 매년 증가를 보이고 왔는데, 특히 지나사변의 발발 이래 군수를 위시하여 시국에 관련한 제 시설 용재의 수요가 현저하게 증가하였다. 따라서 기존의 관행 작벌량으로서는 수요를 충족할 수 없는 사정에 직면하였기 때문에 1937년(昭和 12)도의 중반에 갑자기 다량의 증벌을 감행하였다. 이로 인해 각 영림서의 사무는 비상히 긴급하게 되었음에도 불구하고 다행히 각위의 열성 있는 노력에 의하여 사업의 원활한 진보를 보고 이는 것은 감사해 마지않는 바이다.

주지하는 바와 같이 시국의 전도는 요원하며 국제 정세는 더욱이 복잡해지고 있으므로 군수 및 국민의 필요 물자는 가급적 이것을 국내에서 자급할 필요가 있다. 그렇기 때문에 종래와 같이 필요에 따라서 물자를 해외에서 수입하는 것은 극력 피하지 않으면 안 된다. 따라서 목재와 같은 것은 장래 해외에서의 공급은 감소할 뿐만 아니라 한편에서는 제지 혹은 인견 등의 원료 펄프를 증산하여 국력의 충실을 기하지 않으면 안 되는 실정하에서 국내에서 목재 증산을 필요로 하는 경향은 더욱 심각화할 것으로 생각된다. 각위는 이에 기정 계획의 수행에 한층 노력하는 동시에 다시 나아가서는 종래 미이용에 속하는 소경목(小經木), 초두목(梢頭木)[118], 피해목(被害木)의 벌출 등 목재의 집약 이용을 적극적으로 행하여 임력(林力)의 보속(保續)을 해치지 않는 범위에서 공급력의 증대를 도모하길 바란다. 또 최근 기업의 발흥에 따라 임금, 물가는 앙등의 추세에 있고, 또 노동력의 부족을 초래하여 사업의 실행상 여러 가지 곤란한 점도 상상할 수 있다. 각위는 시국의 중대성을 인식하여 작업 방법의 개선 혹은 노동력의 사역, 물자의 사용에 대한 공부 등 당면 장해의 제거에 주의하며 실행상 유감 없기를 기하는 동시에 생산비의 앙등을 억압하기를 바란다. 관행작벌 목재 및 관행제재의 처분에 대하여는 대개 그때에 총독부에서 지시하나 전술과 같은 수급의 상태에서 배급의 적정을 기하는 것이 가장 긴요하므로 각위의 전행(專行)에 속하는 처분도 다른 산업과의 연락을 긴밀히 하여 수급의 추이 및 용도의 경중, 완급을 충분히 조사하여 적절한 처분을 행하고 수급의 조절을 도모하기를 바라는 바이다. 또 입목 처분도 이상의 정세에 대처하기 위하여 1938년도(昭和 13)에는 할 수 있는 한 불하 수량의 증가를 감행하기로 결정하였고, 이미 수확 예정안 편성에 관하여 통첩했다. 따라서 처분에 해당하는 출원인의 희망에만 의존하는 일 없이 수요의 완급 등에 대하여도 신중 조사를 행하고 불급의 것에 대해서는 될 수 있는 대로 처분을 앞두고 예정 수량의 범위 내에서 실행하길 바란다. (…)

〈자료 107〉 갱목(坑木) 수요 일부 국유림에서 공급(동아일보, 1938.03.01, 4면 3단)

영림서장회의는 국유림의 증벌, 임도개발안(林道開發案)을 결정하였는데, 10만 원의 예산으로 임도의 개발은 급속히는 기대할 수 없다. 갱목 수요에 대해서는 1937년(昭和 12) 80만 척체, 1938년도(昭和 13)에는 100만 척체, 1942년도(昭和 17)에는 200만 척체의 수요가 추산된다. 우선 1938년도 증가분 200만 척체에 대하여 종래 80만 척체를 공급하고 있던 민유림은 이미

118 베어 넘긴 나무에서 통나무를 가려내고 남은 끝부분의 가는 나무.

과벌 경향까지 있어 그 여력이 적다. 따라서 국유림에서 10만 척체를 벌채 공급함과 함께 민유림의 집약 이용, 즉 미목·지조(枝條)[119]의 벌채, 기타 신재(薪材)에 향하게 되었으되 이용 전화(轉化)로 10만 척체를 공급하기로 하였다. 그리고 1938년도 이후 국유림으로부터 총 수요량의 1/10을 공급할 방침인데 조선 내 수요 보호의 입장에서 대만주 수출은 종래대로 금지적 제한을 지속할 터이다.

〈자료 108〉 동척 삼림사업 채산 유리(동아일보, 1938.07.05, 1면 9단)

동척의 삼림 벌채 사업은 주을(朱乙), 마이산(馬耳山) 및 오대산(伍臺山)이 모두 본년 예의 벌목 중이다. 금년의 벌채 예정은 마이산 10만 석, 오대산 3만 5,000석이며 대체로 전년과 다르지 않다. 다만 목재 가격의 앙등은 경비의 팽창을 커버하고도 남음이 있음으로 위 사업은 자못 채산이 유리하다. 그리고 본년의 목재 판매는 전년과 같이 안택상회(安宅商會)와 계약하고 있다.

〈자료 109〉 압록강의 천고밀림(千古密林) 남벌 성행으로 황폐화(동아일보, 1938.11.02, 3면 7단)

압록강 유역에 울창한 삼림지대를 가진 산림당국 평안북도에서는 최근 남벌이 굉장하며 장래가 크게 우려되는 데 비춰 도 당국에서는 임력의 축적과 국토 보안의 견지에서 적극적으로 재목 이용의 개선에 힘쓰는 동시에 적절한 채벌을 지도하여 남벌 방지를 철저히 하기로 했다.

즉 현재 도내의 민유림 축적량은 4억 369만 척체로서 1년간의 생육량은 겨우 130만 척체임에 반하여 작년 1937년에는 채벌량이 180만 척체를 보이고 있어 매년 54만 척체, 면적으로 치면 1만 5,000정보라는 막대한 과벌 경향을 보이고 있다. 과벌의 주요 원인은 압록강 수력발전을 비롯하여 광산, 철도 선설 등의 용재와 신탄재의 수요 격증과 만포선(滿浦線) 철도의 연장, 산업도로의 개발 등에 의하여 종래의 사장(死藏) 임야들이 굉장히 반출 이용되기 때문이다.

---

119 곁가지를 포함한 가지의 총칭.

〈자료 110〉 도벌을 방지하고자 벌채 허가제를 계획(조선일보, 1938.11.02, 10단)

평안북도 산림과에서는 최근 도내 민유림의 도벌이 심하므로 크게 우려하여 국토 보안, 임력 축적의 견지에서 각 군 삼림 사무 담임자를 독려하여 적절한 벌채를 하도록 지도하고 있다. 그런데 현재 도내의 민유림 축척량은 4,369만 척체, 1정보에 35척체가량으로 1년의 생산량이 133만 척체 내외인데도 불구하고 1937년도(昭和 12)의 벌채량은 187만 척체를 헤아려 실로 54만 척체 면적으로서 1만 5,000정보라는 막대한 과벌이라고 한다. 이 과벌의 원인은 압록강수력전기(鴨綠江水力電氣)를 비롯하여 각 광산, 철도, 건설 재료와 신탄 재료의 수요 격증, 산업, 도로의 개발에 따른 것인데 산림과에서는 이 도벌 방지 대책으로서 벌채 희망자로부터 신청서를 제출하게 하여 용도, 수량 등을 조사한 뒤에 허가를 주기로 하는 제도를 고쳐서 현재 신탄재로서 벌채 중인 갱목, 기타 용재로서 가능성이 있는 것에 한하여 용재에 쓰도록 했다. 또 지역 광산 측과 약정을 체결하여 갱목에 적합한 것은 다소 떨어질지라도 가급적 갱목에 사용하기로 조치를 하고 있다.

〈자료 111〉 조선 내 민유림에 대한 증벌 여력은 상존(동아일보, 1938.12.27, 4면 5단)

조선의 임업정책은 치산제일주의에 연원하고 있는 만큼 내지는 물론 선진 지역에 비교해도 극히 진보적으로 조선임업개발주식회사의 창립도 그 구현의 하나였다. 하지만 내년도 이후에는 100만 정보 조림계획도 구체화하여 국유림의 조림도 호응해서 진전을 보게 될 결과로 20년 후의 조선을 생각하면 실로 일대 목재지대화(木材地帶化)가 고려되는 터이다.

그런데 현재 조선의 국유림 벌채, 민유림의 허가 방침은 이 임업정책 수립 전의 계획에 준거하여 국유림 자체의 천연갱신에 의한 유지력을 고려한 허가 수량으로 되어 있다. 당면의 사정으로 보면 펄프 용재의 수입은 상당량에 달하고 있으므로 이 목재증산계획과 합해 보아 어느 정도의 수량은 증벌(增伐)할 수 있는 여력이 있다고 보인다. 따라서 이상으로 보아 조선으로는 더욱 증벌의 가능성이 명백히 인정되고 이것은 펄프 용재, 기타 충당할 수 있는 여력이 생기고 있는 것으로 주목된다.

〈자료 112〉 경남도 민유 임야에 용재림 조성을 계획(동아일보, 1939.02.02, 7면 9단)

목재 수급의 현상으로 보아 민유 임야에서의 용재 조성이 긴급한 데 비춰 총독부에서는 이에 대한 100만정보조성20개년계획을 수립하고 대장성 당국과 절충을 거듭하고 있던바 요즘 겨우 이것이 결정되어 경남도의 할당이 배정되었다. 이에 의하면 1939년(昭和 14)에는 2,500~2,600정보의 조성으로서 조림자에 대하여는 종래의 보조 조림보다 한층 고율의 보조를 지급하고 조림지에 대해서는 일정의 시업 방법을 지정하는 외 보호 직원의 배치 등에 의하여 용재림 조성의 목적을 달성하고자 한다. 이것으로서 경남도의 조림사업도 일단 진전될 터라고 한다.

〈자료 113〉 석탄 목재의 공급, 만주 의존은 절망(동아일보, 1939.05.24, 4면 3단)

총독부에서는 조선 내 석탄, 목재의 수급 핍박 경향에 비춰 이것의 대책으로 만주국에서 공급을 바라고자 기회가 있을 때마다 관계자와 절충을 거듭했다. 특히 금회 일만실업협회총회(日滿實業協會總會)에는 이 문제로 조선 측의 제안으로서 협의했었는데, 최근의 만주국 사정으로부터 결국 위 조선의 희망을 수입하기에 이르렀고, 다른 방법에 따라 국년을 타개할 수밖에 없게 되었다. 즉 석탄은 증산을 강화하고 있으나 이에 대하여 최근 만주국의 공업이 급격히 발달하고 있으므로 국내의 수요가 증가해서 조선에 충당할 여유가 없다. 더욱이 목재에 이르러서는 만주국은 자급자족의 방책을 취하고 있으나 현재 조선, 기타로의 반출이 많아서 수급이 원활하지 않으므로 오히려 만주국으로부터 목재의 반출을 자중해 주기 바란다는 역 요망이 있는 상태로 조선에서 가장 긴급히 하는 석탄, 목재의 수입은 위 현상이 비춰 현재 이상으로 수량을 증가하는 것은 불가능한 것으로 보고 있다.

〈자료 114〉 공유림 "증산시설"(조선일보, 1939.05.26, 2면 4단)

시국산업의 발전으로 각종 목재의 수요가 격증하였으나 생산은 물건이 워낙 나무라 여전히 여의하지 못하여 심각한 용재 기근이 부르짖어지고 있다. 이때 사유림이라면 또 몰라도 부·읍·면림은 물론 학교림(學校林), 사찰림(寺刹林) 등 이른바 '공유림' 중에 이러한 임리 증산 시설도 안 하고 그대로 내버려 두고 있는 산림이 적지 않았다. 이래서는 일반 사유 임야에 대한 용재조성계획 실시에도 좋지 못한 영향을 줄 염려가 없지 않다. 그래서 이 점에 특히 유의해서 경기도 산림과에서는 금년부터 관내에 있는 3만 2,000정보의 공유림 전반에 걸쳐 재조사에 착수하였다. 조사의 결과 이러한 무계획·무시설의 공유림은 단호히 공유 해제 처분에 부쳐 존폐 구분을 확연히 하기로 결정하고 25일 군수회의에서 이 점에 대해서 특히 각 군 군수에게 엄중 훈시한 바 있었다.

〈자료 115〉 용재 부족 완화책(동아일보, 1940.07.26, 5면 1단)

용재로서의 국유림 벌채는 해마다 약 350만m³에 달하여 벌써 조선의 국유림도 과벌을 불허할 현상인데, 총독부 농림국에서는 용재의 부족이 절실한 금일, 될 수 있는 대로 용재를 제공하지 않으면 안 된다 하여, 내년도에는 침엽수는 벌채를 하지 않고 활엽수를 중심으로 상당한 증벌을 하여 용재 부족을 완화하려고 각 방면에 걸쳐 조사 연구 중이다.

〈자료 116〉 산림 축적량을 조사: 벌재증재계획(伐材增材計劃) 수행에 만전 기도(매일신보, 1942.09.04, 2면 1단)

시국의 요구에 응하여 「조선삼림령」을 개정하며 동시에 제반 임업 행정에 관하여 전면적으로 체제를 정비하고 전시하 중요 기초산업인 임업의 본령을 충분하게 발달시킬 목적으로 종래의 임정에 대하여 재검토, 재계획을 수행하고자 했다, 산림국에서는 현재 임산자원의 팽대한 공급량을 확보하고자 우선 벌채계획을 엄밀하게 수립하기로 되었다. 이 계획 수립에 선행하여 벌채계획, 기타 산림계획의 기초가 되는 축적량을 정확히 파악하고자 국유림과 민유림 전반에 걸쳐서 지적 중심주의로 세밀한 조사를 다음 해부터 실시하기로 되어, 현재 구체적으로 조사 방침을 연구 중이다. 임야축적에 관한 조사는 매년 실시하여 왔으나 금후의 조사 방침 결정에 의하여 상당한 변경도 예상되어 있는데, 이 조사의 결과에 의하여 벌채와 식림의 계획 생산 수행상 근본에 기초 숫자를 파악하게 될 것임으로 이 조사의 중요성이 명료한 것이다.

〈자료 117〉 목재 증산을 협의: 황해도에서 관계업자 모아(매일신보, 1943.04.24, 4면 6단)

최근 목재 수요의 격증에 대처하여 황해도에서는 총독부 방침에 순응하여 목재의 증산을 강화할 방침으로 현재 수송, 기타 사정을 감안하여 구체안 계획을 강구 중으로써 이에 먼저 도내 유력 생산자, 원목 생산자 등을 소집하여 목재 증산에 관한 간담회를 개최할 예정이라 한다. 그런데 모든 간담회에서 협의할 중심 사항은 아래와 같다.

□ 간담 사항

▲ 민유림 관계

1. 원목 생산의 증강 및 생산 합리화에 관한 사항
2. 생산물자에 관한 사항
3. 노동자의 확보에 관한 사항
4. 산지 운재의 촉진에 관한 사항
5. 공목(供木) 운동에 관한 사항

▲ 국유림 관계

1. 원목 생산의 증강 및 생산 합리화에 관한 사항
2. 생산용 물자 및 시설의 고도 활용에 관한 사항
3. 노동자의 확보에 관한 사항
4. 산지 잔지(殘枝)에 관한 사항
5. 유벌(流筏)[120] 촉진에 관한 사항
6. 입목불하(立木拂下)에 관한 사항

▲ 기타 사항

1. 철도 수송에 관한 사항
2. 목재 이용의 합리화에 관한 사항
3. 목재의 소비 절약에 관한 사항
4. 목재 생산 공로자 수상에 관한 사항
5. 목재증산운동의 실시 방법에 관한 사항

120 산에서 베어 낸 나무를 강물에 띄워 보내는 행위 또는 이에 사용하는 뗏목.

〈자료 118〉 벌채와 조림의 목표: 전년에 비해 각 20%를 인상(매일신보, 1943.05.05, 2면 1단)

생산 확충의 설비 자재로서 또는 최근 조선(造船) 자재로서 강력한 증산이 요청되어 있는 용재의 증산에 관하여서는 관유림과 민유림을 일체로 하여 이것을 대상으로 영림서(營林署)를 위시하여 목재 생산기관을 총동원하고, 벌채, 수송, 배급 등 각 부면에 적극적 활동을 개시하여 그 확보와 배급 원활을 도모하고 있다. 그런데 총독부에서는 각 도 산림과장 및 전국 각 영림서장을 초치(招致)하고 이에 관한 구체적 방침을 협의하였던바, 용재의 증산 확보의 근본 문제인 금년도의 벌채와 조림의 목표는 각각 전년도보다 20%씩 증가하기로 결정하였다.

즉 1942년도(昭和 17)에는 벌채가 200만 석이었는데, 이것을 금년에는 260만 석으로 하고, 조림은 150만 석으로 하였는데, 이것을 180만 석으로 목표를 증대시킨 것이다.

〈자료 119〉 공출 촉진과 수송력 강화, 목재 증산에 총력전(매일신보, 1943.07.31, 3면 1단)

대동아전쟁의 진전과 함께 목재는 얼마든지 필요하다. 군수용과 목조선은 물론이고 전주, 차량, 갱목, 침목, 펄프, 토목 건축과 또는 그 외의 각 방면에 필요한 목재는 날을 거듭할 것이나 1943년(昭和 18)도의 조선 안에서 생산되는 목재는 그 수요 분량보다 상당히 부족한 현상이다. 따라서 조선 내의 목재를 자급자족시킴은 절대로 긴급한 바 있음에 비추어 총독부에서는 각 도 영림서, 조선산림회, 각 도 산림회 및 국민총력조선연맹과 공동 주최로 각 목재 통제기관과 목재 관계업자와 또는 임야 소유자들의 총력을 집결시켜 군수와 생산 확충용 자재에 필요한 목재의 생산을 철저히 확보하고자 8월 1일부터 9월 말일까지 2개월간에 걸쳐 활발한 목재증산운동을 일으키기로 되었다.

이 운동은 국유림과 민유림은 모두 해마다 표준된 채벌량을 훨씬 증가시켜서 금년도 최초의 계획보다 30% 증산을 목표로 하고 8월 1일부터 동월 말일까지를 목재 공출 촉진 기간으로 또 9월 1일부터 동월 말일까지를 목재 수송 증강 기간을 결성하고 다음과 같은 방법으로 실시할 것이다.

▲ 국유림의 증벌

특수 군수용재와 조선차량 용재의 수요가 증가함에 비추어 관행작벌량(官行斫伐量)과 입목불하량을 증가시켜 기정 생산계획의 30%를 증산하도록 한다.

▲ 민유림의 벌출 촉진

기존 생산계획에 의한 벌채를 수행함은 물론이고 다시 그 계획의 30% 증산을 목표로 하여 적극적으로 기업림(企業林), 사찰림(寺刹林), 공유림, 보안림 등에 대해서도 벌채를 단행한다.

▲ 노동력과 필수물자의 확보

목재 생산에 필요한 노력을 철저히 확보하기 위하여서는 특히 본 운동 실시 중에는 그 지방 촌락민의 근로봉사에 의하여 필요한 노력을 확보하는 동시에 그들 노무자들에게는 쌀, 잡곡, 지까다비[121], 면포, 등유 등의 여러 필요 물자를 우선적으로 배급한다.

▲ 생산자재의 확보

벌목, 조재(造材), 집재(集材)와 반출, 제재에 필요한 여러 가지 자재를 확보하기 위하여 본 운동 실시 중에는 그것에 필요한 가솔린, 기계유와 또는 소의 사료 등 그 외 여러 가지 물자를 우선 배급한다.

▲ 목재 운송의 촉진

목재 운반을 촉진시키기 위하여 철도, 선박, 화물자동차와 우마차에 의한 목재의 수송을 한층 계획적으로 원활하게 한다.

▲ 공목의 권장

나무를 벌채한 후에 즉시 반출시켜서 이용할 수 있는 지역에 있는 입복 소유자에게는 특히 그 입목의 공출을 권장한다.

121 신발 겸용 버선.

▲ 목재 소비 규정의 철저

중요한 용도에 쓰일 목재를 확보하기 위하여 그다지 급하지 않는 방면의 목재 소비는 극력으로 억제한다.

▲ 목재 생산 공로자의 수상

목재의 공출, 벌채와 반출 작업을 촉진시키기 위하여 성적이 우량한 임야 소유자, 원목의 생산자와 또는 부락민에게는 감사장을 수여하거나 혹은 우량 노무자는 특별히 표창한다.

▲ 계발 선전

본 운동의 취지를 철저히 시키고자 강연회, 간담회를 개최하며 각 신문, 잡지, 라디오를 동원시켜서 목재 증산의 결의를 앙양시킨다.

〈자료 120〉 목재는 결전의 무기. 증산에 총력을 바치자(매일신보, 1943.08.20, 3면 3단)

군수품으로서 혹은 생산 확충으로 또는 금속 대용품으로서, 가장 중요한 자재로서 목재의 증산은 가장 긴요한 문제로 되어 있다. 이에 대하여 총독부 영림서, 조선산림회, 각 도 산림회, 국민총력조선연맹은 솔선 진두에 서서 '목재증산운동'을 목재 통제 각 기관, 목재 관계업자, 임야 소유자의 총력을 결집하여 지난 1일부터 전개하고 있는 중이다. 이에 관하여 농림국 요코야미(橫山) 임정과장(林政課長)은 19일 오후 7시 30분부터 경성중앙방송국의 '마이크'를 통하여 '전시하 목재 증산의 급무'라는 제목으로 약 20분 동안 전국 각 관계자와 애국반원에게 부르짖어 용재 벌출 촉진, 운반 촉진, 소비 규제의 철저를 요구하였다. 방송 요지는 다음과 같다.

지금 목재증산운동을 실시하고 있는 중인데, 전시하 목재 증산이 얼마나 중요한가를 말하여 여러분의 참고가 되어 가는 동시에 이에 협력을 바라고자 생각한다. 옛말에 "전쟁에는 나뭇가지가 많이 든다"는 말이 있는 바와 같이 목재의 용도는 지나사변[중일전쟁]이 일어난 후부터 대단히 많아졌고, 특히 대동아전쟁 이래로 목재의 수요는 급격하게 늘어 가서 전쟁을 해 나가는 데 참으로 중대한 역할을 맡아 보게 되었다.

지나사변 전에는 많은 목재를 외국으로부터 들여오는 관계로 별로 문제가 되지 않았으나 사변 이래 외국의 목재를 들여오는 길이 끊어진 한편, 사변이 일어난 이래 수요는 부쩍 늘어 첫째로 비행기 제조 등 직접 전투력을 증가하는 데 없어서는 안 될 곳에 쓰일 뿐만 아니라 군수공장은 물론 중요한 산업 시설을 세우는 데 대단히 많은 목재가 소비된다. 여기에 소요되는 목재를 많이 내놓는 것은 대동아전쟁을 싸워 이겨 나가기 위해 절대로 필요한 것인 까닭에 어떠한 어려운 일이 있더라도 이것을 공출하지 않으면 안 된다. 이 밖에 전신주, 침목, 차량에 쓸 목재로 또는 토목건축용, 금속 대용 목재의 수요는 더욱 늘어 가고 있다. 또 '스테플파이바'는 인조견사나 종이와 함께 목재 펄프를 원료로 쓰고 있는데 면화, 양모, 펄프가 들어오지 못하게 된 이래 국내에서 나오는 목재의 수요는 대단히 많은 수량에 오르고 있다. 그리고 또 철, 석탄, 그 외의 중요한 광물을 증산하는 것은 가장 긴급한 일이나 이것을 파내는 데에는 적지 않은 갱목(坑木)이 필요한 것은 여러분도 잘 아는 바로써 9월부터 중요광물증산운동이 벌어지게 될 터이며, 임업 부문도 이 운동에 힘을 합하여 항목을 공급할 수 있도록 준비를 하고 있다.

다음으로 가장 긴급한 것은 목선을 만드는 것이다. 대동아전쟁을 해 나가는 데는 바다 위의 수송력을 증가하는 강철로 만든 배와 함께 나무로 만든 배를 많이 또 급속히 만들어 내지 않으면 안 된다. (…)

조선에서도 전번에 총독 각하로부터 관저에 있는 큰 나무를 배 만드는 데 쓰는 나무로서 내놓았다. 조선으로서는 종래 배 만드는 데 쓰는 나무를 거의 전부 내지의 목재를 가져다 쓰고 있었으나 올해부터는 내지에서 가져올 수 없게 되었으므로 배로서 조선 안에서 나는 나무로 배를 만들게 된 관계상 이들 목재를 공출하는 데 특히 힘을 쓰기로 하고 지난 4월 「조선용재공출촉진요강(造船用材供出促進要綱)」이라는 것을 정하고 관재 방면과 한 덩어리가 되어 이 목재를 공출하기에 비상한 노력을 하고 있는 현상이다. 이상과 같이 수요가 부쩍 늘어 가고 있는 데 대하여 생산 방면은 어떠한가 하면 유감이나 생산이 늘지 않고 있나. 그 이유로서는 첫째로 목재를 산출하는 곳이 점차 산 깊이 들어가게 되어 이를 날러 내기가 대단히 어렵게 되었다. 다음으로는 목재를 베어 내는 데 필요한 사람의 힘과 물자를 얻기 힘든 것과 수송 관계가 큰 원인이 되어 있다. 이와 같은 원인에 대해서는 정신의 힘과 새로 생각해 내는 연구의 힘으로 극복하도록 노력은 하고 있으나 1943년도(昭和 18)에 생산될 목재의 수량은 소비되는 수요량의 반밖에 안 되는 상태로서 지금의 상태로 미루어 본다면 목재의 수급 관계는 더욱 어려워 가리라고 예상된다. 이 대책으로서 내지와 만주로부터 목재를 들여올 수도 있으나 오늘의 실정으로서는 "내지로부터는 삼나무, 떡갈나무와 같은 특수한 것 이외에는 일반 용재는 들여올 수 없는 형편이다".

〈자료 121〉 임야의 비상 벌채 소유자 협력 요청(매일신보, 1944.11.16, 2면 11단)

도에서는 해주부(海州府) 내의 급박한 연료 대책의 한 방법으로서 해주부를 중심으로 한 생산권 내에 있는 임야 또는 철도, 도로 등 연선에 있는 임야로서 저 반출에 편리한 곳에 있는 임야를 비상 벌채하여 해주 8만 부민의 동기 연료 수급을 완화할 방침이다. 그러나 이 계획이 뜻대로 안 되는 한 가지의 원인이 일부 임야 소유자의 완강한 반대에 있음으로 급속히 이 문제를 해결하지 않는 한 이 계획도 암초에 부딪치는 느낌이 있다. 문제가 되고 있는 점은 임야에 대한 당국의 호가(呼價)가 너무 싸다는 점과 일부 소유자는 묘지가 있는 임야라는 것을 이유로 하고 있는데, 이러한 것은 소유자의 시국 인식에 기대할 점이 많음으로 도 산림 당국에서는 특히 임야 소유자의 당국에 대한 협력을 창하고 있다.

(3) 산림개발정책과 임업 생산기반의 약화

〈자료 122〉 조선임정계획(朝鮮總督府, 1927, 『朝鮮林政計劃書』, 1~77쪽)

제1항 계획의 개요

조선의 임야 총면적은 약 1,6000만 정보를 헤아리고, 진 국토의 약 70%를 차시함에도 불구하고 옛날부터 임정(林政)이 불비한 결과 현저하게 황폐화되었기 때문에 산업의 발달을 방해하고 국토의 보안을 해치는 것이 적지 않다. 병합 이래 열심히 임정의 쇄신에 노력하여 임업 장려상 시설된 것이 적지 않음에도 불구하고 아직 충분한 성과를 거두는 데 이르지 못함은 유감으로 생각한다. 따라서 지금 적당한 계획하에 임업의 진전을 도모함은 실로 초미의 급무이다. 이에 국유요존임야의 관리 경영과 민유 임야의 개선에 대해 재정상에 관계를 고려하여 그 경영 시설에 필요한 경비는 산림에서 얻은 수입에 의해 지불하는 것으로 한다. 즉 국유요존임야의 경영에 의한 수익금으로서 민유 임야의 장려 시설에 드는 경비를 충당하는 것으로 다음 각 계획을 수립하였다. 더욱이 민유 임야 개선 시설 중 사방사업은 주로 치수의 근본책으로 삼아 수행하는 것으로 그 이익은 일반 민중이 얻는다. 따라서 다른 재원을 필요로 하는 것으로 공채(公債)로 지불한다.

종래의 임정기관은 총독부, 지방청 또는 영림창 등 각종의 관청에서 수행하여 그동안 사무 통일을 결여하고 지장이 적지 않았기 때문에 임정 전반에 관한 중앙기관으로서 일국(一局)을 설치하기로 한다. 그리고 국유 임야 관리 경영에 관한 사업 사무와 민유 임야 개선에 관한 시설은 항상 밀접한 관계를 맺고 있으므로 양자 연락이 원활하지 않는다면 임정의 완전한 발달을 기할 수 없다. 따라서 원활한 연락을 보유하기 위해 국유 임야 관리 경영에 관한 직원과 민유 임야 개선에 관한 총독부 직원을 위 중앙기관에 포함시키는 것으로 한다.

위 중앙기관에는 다음의 4과를 설치한다.

① 서무과: 서무, 회계, 국유 임야 처분 사무를 담당.

② 민림과(民林課): 민유 임야에 관한 지도 · 감독, 사방사업, 보안림, 개간 제한지, 화전조사 및 정리사업을 담당.

③ 이용과: 관행작벌, 제재사업, 입목 · 원목 · 제재, 기타 국유 임산물 처분 사업을 담당.

④ 조림과: 국유 임야에 관한 조림, 시업안 조사, 존폐 구분조사, 화전정리사업을 담당.

그리고 지방기관은 사업관청과 행정관청을 구별할 수 있게 한다. 국유 임야 관리 경영에 관한 사무 사업은 독립기관인 영림서에서 행하고, 민유 임야에 관한 사무 사업은 지방청에서 처리한다.

제2항 요존국유임야 관리 경영

1. 요존국유임야의 개황

1) 요존국유임야 면적: 531만 정보

- 경영 제외 면적: 12만 정보
- 경영 예정 면적: 519만 정보

2) 총축적: 54,920만 척체(침엽수: 33,437만 척체, 활엽수: 21,483만 척체)

- 현 영림창 관내: 42,897만 척체

- 현 총독부 관내: 12,023만 척체

3) 이용 가능 재적: 26,675만 척체(침엽수 20,286만 척체, 활엽수 1,600만 척체)

- 현 영림창 관내: 17,660만 척체
- 현 총독부 관내 9,016만 척체

※ 비고: 이용 가능 재적은 총축적에 대하여 영창 관내는 침엽수 59%, 활엽수 10%이고, 총독부 관내에는 침엽수 70%, 활엽수 80%로 예상한다. 기타는 위치 관계상 이후 10개년 내에는 이용 전망이 없는 것 또는 소림지(疏林地)[122]로서 수지(收支) 관계상 이용이 곤란한 것 혹은 국토 보안상 벌채가 불리한 것이다.

4) 임목의 상황: 전 산림은 일반적으로 노령 · 과숙(過熟)하고, 특히 침엽수에서 그러하다. 그중 압록강 유역의 전나무류(杉松類)는 충해(蟲害) 때문에 점차 계속 고사하고 있는 상으로서 위 이용 가능 재적은 되도록 유리하게 이용하는 방법을 강구해야만 한다.

2. 관리 경영 기관의 현황

1) 경영 상황

경영 예정 국유 임야 519만 정보 중

① 211만 정보: 영림창. 영림창 지소 5개소, 영림창 출장소 1개소에서 입목처분, 관행작벌, 관행제재, 소량의 조림사업을 시행하고 있다.

② 140만 정보: 식산국 산림과 출장소 29개소에서 입목 처분 및 소량의 조림사업을 시행하고 있다.

③ 168만 정보: 특별한 경영기관 없이 각 지방청에서 보관하고 소극적인 경영을 하고 있다.

위와 같이 경영기관이 여러 곳에 걸쳐 있고 또 그 정비를 결여한 결과 경영 방법이 통일되지 못해 시업상 불리함이 적지 않다. 이로 인해 재목의 이용 및 증식상 유감인 바가 심대하다.

122 나무의 밀도가 낮은 숲.

2) 보호 상황

경영 예정 국유 임야 519만 정보 중

① 211만 정보: 영림창 관내에 60개 보호구를 설치하고 영림창 삼림주사로 일본인 51명을 배치했다. 삼림주사 한 명의 담당 면적은 4만 정보를 초과한다.

② 175만 정보: 65개 보호구를 설치하여 도 삼림주사로 일본인 65명, 조선인 120명을 배치했다.

③ 14만 정보: 12개 삼림감시소를 설치하고 보통 경찰사무에 종사하는 순사를 겸무(兼務) 시키고 있다.

④ 119만 정보: 특별한 보호기관이 없다.

위와 같이 보호기관이 극히 불충분하기 때문에 도벌, 모경, 화재 등의 피해가 심각하다. 또 보호기관이 제각각인 결과 보호 단속의 완만함과 엄격함의 균형을 잃을 뿐만 아니라 산림과 출장소 관내에서는 가장 밀접한 관계를 갖는 경영 사무와 보호 사무의 연락을 결여하기 쉬워 국유 임야 관리 경영상 유감인 바가 적지 않다.

3) 이상과 같음으로 관리 경영 기관을 통일하고 또 재정이 허용하는 한 내용의 충실을 도모할 필요가 있다.

3. 국유 임야 존폐 구분조사 및 처분사업

현 요존국유임야 531만 정보 중 농경지로서 개방할 것 또는 비지경계(飛地境界), 복잡지 등은 관리 보호상 민간 경영으로 옮기는 것이 유리하다. 이들을 조사·처분하는 것은 국유림 경영상 보거나 또 민간 산업상에서 보거나 극히 긴요한 것으로서 대체 다음에 따라 조사 후 처분하는 것으로 한다.

① 농경지로서 민간에 개방하는 것이 유리한 산림을 약 31만 정보로 예상하고 금후 10개년간 이를 조사하여 주로 국유 미간지로서 처분을 수행하는 것으로 한다.

② 임업경영지로서 민간에 개방하는 것이 득책인 산림은 약 100만 정보로 예상하고 처분 방법은 다음을 따르도록 한다.

- 임상이 매우 황폐하고 다액의 조림비기 필요한 것은 조림 촉진을 위해 조림을 조건으

로 대부하고, 성공 시 대부자에게 이를 양여한다. 예상 면적 약 30만 정보에 대해 급속히 성림시키기 위해 금후 5개년간 조사 및 처분을 하도록 한다.

- 앞 항 이외의 임지는 매각 처분한다. 위 예상 면적 70만 정보에 대해서 금후 15개년간 조사 및 처분을 하도록 한다.

4. 산물(産物) 처분사업

1) 벌채 예정량

① 총독부 관내에서 이용 가능한 재적은 노령 · 과숙한 임분에 존재하는 것만으로, 조속히 벌채하는 것이 가능함에도 장래의 임산물 공급 및 삼림 수입의 보속 관계를 고려하여 금후 50년간 정리 · 벌채를 행하는 것으로 한다. 또 첫해부터 벌채량이 격증할 때는 처분이 곤란함으로써 점차 늘려 가는 것으로 하여 그 수량을 예정한다.

② 영림창 관내 두만강 유역에서도 위와 같이 50년간 벌채하기로 했음에도 금후 5년간은 현재 하천을 이용하여 반출하는 것으로 했다. 침엽수는 벌채 예정량을 증감하고 활엽수는 이용이 불가능할 전망이므로 게상(揭上)하지 않았다. 6년째는 삼림지대에 철도를 개설할 예정으로 10년째까지 격증하고 이후 대략 같은 수량을 벌채하는 것으로 한다. 활엽수는 제6년째부터 이용을 개시하여 점차 벌채량을 늘려 가는 것으로 한다.

③ 영림창 관내 압록강 유역에서는 침엽수는 노령 · 과숙할 뿐만 아니라 선나무류는 충해에 의해 점차 고사함으로써 수용의 관계와 반출 능력을 고려하여 금후 5년째까지 벌채량을 격증시키고, 그 후 29년째까지는 대략 같은 양을 벌채한다. 그 후 점차 감소시켜서 37년째까지 노령 · 과숙한 이용 가능 재적의 전부를 완전히 벌채한다. 이후 50년째까지 현 소림지대의 것을 소량씩 벌채하는 것으로 한다. 37년째까지 평균 1개년 벌채량은 10%를 전망했다.

2) 입목 매각

① 활엽수 중 일부는 침엽수와 함께 관행작벌을 하고 있음에도 그 수량이 근소할 전망으로, 전부 입목처분하는 것으로 예정한다.

② 총독부 관내에서는 6년째부터 소량의 관행작벌을 개시하고 매년 관행작벌의 수량을 증가시킬지라도 입목처분 수량은 50개년간 대략 동일한 수량을 예정한다.

③ 영림창 관내 압록강 유역에서는 최초의 10개년간은 입목처분 수량을 점차 더하고, 이후 대략 동일한 수량으로 31년째까지 위의 이용 가능 재적 중 입목처분을 종료하는 것으로 한다. 그 후 소림지대의 벌채는 전부 입목처분에 따르는 것으로 한다.

④ 영림창 관내 두만강 유역에서는 제5년째까지는 점차 입목처분을 추가하고, 그 후는 대략 동일 수량을 입목처분하는 것으로 한다.

3) 관행작벌

벌채적지(伐採跡地)[123]는 되도록 천연력에 의하는 것이 유리하므로 천연갱신의 안전을 기하기 위하여 침엽수는 되도록 관행작벌에 따른다. 다만 갱신상 커다란 장애가 없는 곳이나 목재 사업에 필요한 곳은 입목 처분으로 하고 기타는 관행작벌로 예정한다. 그리고 총독부 관내에서는 관행작벌의 경험이 없으므로 수년간 준비를 한 후 6년째부터 이를 예정한다.

(…)

5. 조림사업

조림비의 절약을 도모하는 것은 임업 경영상 가장 긴요한 것으로서 활엽수의 벌채적지는 물론 침엽수의 벌채적지에서도 되도록 천연갱신을 따르도록 한다. 인공조림은 천연력의 부족을 보충하는 것을 주안으로 한다. 특히 지위가 우량한 임지에 대해 인공조림으로서 일부 수종의 개량을 수행하는 것에 그치도록 한다. 벌채적지에 대한 갱신은 대체로 다음의 비율에 따라 조림사업을 수행하도록 한다.

123 임목을 벌채한 후에 벌채목을 반출한 임지로서 조림지 정리작업을 거쳐 조림을 실시할 예정인 임지.

종류	총독부 관내	영림창 관내
조림 불능지	5%	5%
무(無)경비 천연생육지	65%	30%
정지(整地)와 성림무육(成林撫育)	10%	25%
성림무육	10%	33%
점상(點狀) 또는 군상(群狀) 보식(또는 인공 파종)	10%	7%

① 신식(新植)

신식은 주로 무입목지에서 천연조림이 불가능한 곳에 수행하는 것으로 한다. 무입목지는 영림창 관내 약 10만 정보, 총독부 관내 약 45만 정보, 합계 55만 정보가 존재한다. 영림창 관내 무입목지는 농경지로서 개방하거나 천연생육에 의해 성림시킬 수 있다고 전망됨으로써 여기에 신식을 수행하는 것은 불필요하다. 총독부 관내 무입목지의 90%, 즉 40만 정보는 매각지 또는 조림대부지로 개방하고 나머지 5만 정보 내 2/3은 천연생육을 수행할 전망이고, 나머지 1만 7,000정보에 대해서 금후 10개년간 인공식재를 수행하는 것으로 한다.

② 보식(補植)

신식지에 대해서는 그다음 해 보식을 수행하고 벌채적지의 천연갱신지에 대해서는 2년 후 점상 또는 군상으로 보식을 수행한다.

그리고 신식지에 대해서는 모든 면적에 대해 보식을 수행하고 천연갱신지에 대해서는 영림창 관내는 벌채적지 면적 7%, 총독부 관내는 10%에 대해 이를 수행한다.

(…)

⑤ 성림무육

신 · 보식 또는 정지(整地)[124]를 수행하여 성림시켰던 곳 및 단순히 천연력만으로 성림시킨 곳에 대해 혼생잡목의 예불(刈拂)[125] 또는 밀생수(密生樹)의 소벌(疏伐)[126]을 수행한다. 신 · 보식지에 대해서는 보식 후 15년째, 정지 구역에서는 정지 후 10년째, 천연갱신지에

124 나무를 심기 위해 토양 조건을 개량 · 정비하는 작업.
125 조림지에서 어린 나무의 생육을 방해하는 잡초목을 제거하는 것.
126 묘의 밀생한 부분에서 발육 불량한 것을 뽑아내는 일. 솎구기라고도 함.

대해서는 벌채 2년 후에 이를 시행한다.

(…)

제3항 민유 임야의 개선

조선 임야의 총면적 약 1,600만 정보 중 민유 임야 및 장래 민유가 될 임야 총면적은 약 1,150만 정보로서, 그 상황을 나타내면 다음과 같다.

〈표〉 민유 임야의 개황

임상별	면적
입목지	544만 정보
산생지	321만 정보
무입목지	220만 정보
민둥산(禿裸地)	12만 정보
제지(除地)[127]	53만 정보
합계	1,150만 정보

위와 같이 입목지는 겨우 전 면적의 47%를 차지하는 데 그치고 대부분은 치수지로서 진정한 삼림을 형성한 것은 극히 희박하기 때문에 광대한 삼림을 갖고 있음에도 그 생산은 수요를 충당함에 충분하지 못하여 매년 수이입 초과에 빠졌다. 최근 1개년간 그 액수가 550만 엔에 달함에도 건축용재 · 연료 등이 심히 결핍하고 늘 생활상 다대한 고통을 느끼는 상태였다. 이에 더해 삼림 황폐의 결과 홍수 한발의 참해가 빈발하여 과거 5개년간의 홍수 직접 피해액이 1개년 평균 2,000만 엔에 미친다. 또 최근의 한발 피해액은 1919년 1억 3,000여만 엔, 1924년 8,800여만 엔의 다액에 달했다. 종래 임야의 개선에 대해서는 이런저런 계획을 수립하여 그 실현에 노력해 왔음에도 아직 충분치 않은 것이 있다. 그렇기 때문에 다음의 계획으로서 더욱 임상의 회복에 노력할 필요가 있다.

---

127 산림 경영상 수 복석에 따는 보시 종류의 하나로 임지 이외의 토지를 말한다. 부대지, 대지, 잡지 등이 이에 속한다.

1. 사방사업

황폐 임야 복구의 근본 계획 수립을 위해 1919년도 이후 3개년간 총독부에 임시 직원을 배치하고 전국에 걸쳐 실지조사를 수행한 결과 사방사업을 필요로 하는 임야는 총 11만 7,936 정보에 달했다. 이것의 복구에는 다액의 경비가 필요하여 재정의 관계상 당분간 그 약 반수인 5만 7,000정보에 대해 1922년도 이후 30개년 계획을 수립하여 사방사업을 시행하는 것으로 하고, 이것의 식재는 도 지방비에서 보조금을 교부하고 임야 소유자로 하여금 실행시키는 것으로 했다. 하지만 사방사업은 성질상 국비로서 시행함이 적당하다고 생각하여 30개년간 국비 약 5,100여만 엔을 지출할 계획을 세웠다. 그리고 당초 10개년간 1만 5,516정보를 시업할 것으로 정하고 여기에 필요한 경비 1,390만 엔을 계속 사업비로서 정했다.

(…)

2. 조림 보조

전국의 무입목지 및 산생지 면적은 540여만 정보로써 치수 및 임산물 증식상 급속하게 조림할 필요가 있다. 그리고 이 안에 요채지(要採地) 및 방목지 약 80만 정보를 공제하더라도 아직 식림이 필요한 곳이 460만 정보에 달한다. 그중 약 295만 정보는 천연조림 또는 조림 성공 양여를 조건으로 하는 국유 임야의 대부제도에 의해 점차 성림시킬 수 있을 것이다. 나머지 146만 정보(1925년 조림보조 실행 면적을 공제한 것) 중에는 조림비 조달상 비교적 고통의 정도가 작고 자력으로 조림을 수행할 수 있다고 인정하는 것이 약 30%가 있다. 기타 7할을 차지하는 11만 정부 및 전국 각지에 존재하는 황무지에서 급속히 조림이 필요하다고 생각되는 것이 약 16만 정보, 합계 131만 정보에 대해서는 상당한 보조금을 주지 않는다면 조림의 촉진을 기하는 것이 어렵다. 따라서 이러한 임야에 대해서는 1926년도 이후 30개년에 걸쳐 조림보조금을 교부하여 조림을 완성하고자 하는 조림보조계획을 수립하였다.

(…)

15. 민유 임야 개선 시설비 재원

삼림의 개선에 필요한 경비는 삼림으로부터 얻은 수입에 의해 자급자족의 방법을 강구함이 최선의 방책이다. 그렇기 때문에 국유 임야 관리 경영에 필요한 경비를 국유 임야의 수입으로부터 지출한 잔액으로서 민유 임야의 개선 자금에 충당할 수 있다. 그럼에도 민유 임야 개선 시설 중 사방사업은 한결같이 치수의 근본책으로 수행하는 것으로, 그 이익은 일반 민중에게 돌아간다. 따라서 만약 삼림 수입으로서 이를 지출할 수 없을 때는 다른 재원으로 본 사업비에 충당하여도 그다지 부당하지 않다. 그리고 별책 계획의 국유 임야의 수익금과 민유 임야 개선시설비를 대조하면 심각한 부족액이 발생한다. 그리하여 본 민유 임야 개선계획에서의 사방사업비를 다른 재원에서 지출하는 것으로 한다면, 기타 시설은 국유 임야 관리 경영 수익금으로 지출할 수 있다.

〈자료 123〉 북선개척사업(岡衛治, 1945, 『朝鮮林業史 上』, 1097~1105쪽)

북선(北鮮)의 오지 국경지대는 소위 산악지대로서 천고의 긴 세월을 통틀어 낫과 도끼가 닿지 않는 원시 우량림이 울창하게 자라고 있는 곳으로 일대의 보고(寶庫)로 불리고 있다. 자원이 매장된 곳이라고는 하지만, 교통이 불편하고 운반할 길이 없어 종래 압록강·누만강 연안 지구에서 간신히 하천을 이용하여 운반·이용하는 데 지나지 않았다. 그래서 그 오지의 이름다운 수풀은 이용되지 못한 채 고사(枯死)하고 썩어 가는 데 지나지 않았다. 그뿐만 아니라 정착성이 없는 화전민들이 지력이 좋은 우량한 임지를 따라 수풀을 태우는 약탈 농업을 경영하며 해마다 넓은 우량 임지를 황폐화시켜 불모의 땅으로 만들어 버렸다. 그 후 국가에 해를 끼침이 적지 않아서 옛날부터 위정자의 큰 관심사로 되어 왔다. 지금에 와서 이에 대한 근본 대책을 수립하고 적절한 조치를 강구하지 않는다면, 조선 유일의 보고도 마침내 멸진(滅盡)하는 데 이를 것이기 때문에 조선 통치상 무엇보다도 긴요한 사항이다.

그래서 시정 이래 당국은 실지를 조사하고, 화전조사위원회를 설치하여 연구해 왔다. 그 결과 함경남북도 및 평안북도에서 북선개척사업을 계획하고, 구체적으로 그 대책을 수립하여 1932년 이래 실행에 착수했다. 위 사업을 요약하면 우량 삼림의 이용 개발과 이동성이 있는 화전민의 정리·지도를 계획하여 국가 백년의 큰 계획으로 도모했던 것이다. 그 경과를 개설하면 다음과 같다.

제1장 계획

북선지방 중 압록강·두만강 상류 지대인 함경북도 무산군, 함경남도 갑산군·삼수군·

풍산군 · 장진군, 평안북도 자성군 · 후창군 · 강계군은 산악지대에 속한다. 위 지역 관내의 70%(216만 정보)는 요존예정국유림으로서 조선 내 유일의 밀림이고, 원생림인 우량 수종이 풍부하여 그 축적이 3억 7,700만 척체라는 높은 수치에 이르고 있다. 그러나 교통 운반이 매우 불편하므로 현재 벌채 이용되고 있는 것은 극히 일부분에 한정되고 있고, 대부분은 그대로 고사하고 있다. 이에 더해 이동성이 심한 화전민의 발호에 따라 곳곳에서 화전이 늘어나고 있어 해마다 아름다운 숲이 사라져 가고 있다. 따라서 이에 대한 이용 · 개발과 보호 정비의 실적을 빨리 올리고, 또 삼림의 갱신에 따라 영구히 임리의 보속을 기하지 않으면 안 된다. 생각건대 요존예정국유림의 경영이 본 지방에서 가장 주요한 산업에 속한다는 것은 무척 뚜렷한 사실이어서 금후 더욱 합리적 시업 경영의 발을 앞으로 내디뎌 갈 필요가 있다고 본다. 그리고 삼림철도 및 궤도의 부설 경영과 산지 제재공장의 건설조업 등은 삼림의 이용 · 개발을 하기 위해서는 절대적으로 필요한 요건으로 이에 대한 시설의 완성을 기하지 않으면 안 된다.

그런데 이러한 임야 내에는 화전의 모경이 왕성하게 이뤄지면서 그 참화를 막을 수가 없었다. 지금 현존하는 화전민은 3만 570호, 17만 7,184명이라는 큰 숫자에 이르고 있으나 그들은 달리 생활의 방도를 찾아가기 어려우므로 단순히 단속의 수단을 가지고서는 그것을 근절시키고 퇴거하도록 하는 것은 불가능하다. 그리고 그들은 성격이 나태하고 이동성이 있어서 삼림지대를 따라 아무 곳에나 화전을 마음대로 하는 습성이 있으므로 결국 이것을 선도하여 정착의 방책을 강구하지 않으면 안 된다. 무릇 화전민의 선도정책에 관한 시업의 수행은 산림 이용 · 개발의 목적을 달성하는 데 불가결한 관계가 있을 뿐만 아니라 이동성이 있는 화전민의 선도 정착을 도모하는 것은 조선 통치상 긴요한 사항이라고 할 수 있다. 그리고 임야 내에서는 상당한 대면적의 농경적지를 가지고 있으므로 화전민의 지도에 관한 시설의 수행에 따라 그들의 정착 용지로써 필요한 개소 이외에는 널리 이것을 개방 · 처분하고 식민의 흥업에 사용하도록 한다는 것은 가장 시의적절한 방법이라고 말할 수 있다.

이처럼 화전민의 지도에 관한 시설의 수행에서 목적을 달성하는 데 노력해야 하지만, 지금 갑자기 그들의 나태함과 이동성을 고친다는 것은 쉬운 일이 아니다. 따라서 관의 선도에 따르지 않고 다시 단속되지 않는 산림지대에 도망을 가서 화전을 도모하거나 현행 구역의 확장을 감행하고자 하는 자가 속출하고 있다. 현재의 보호 · 단속 기관으로서 이것을 막는 것은 불가능할 뿐만 아니라 최근 본 지방에서 새로운 입산자가 크게 늘어나는 추세이므로 북선개적사업 실시가 되는 날에는 다시 모여들 것은 불 보듯 뻔하다. 따라서 이후 방화, 실화, 기타 산림 피해는 한층 더 증대할 것으로 보인다. 1930년(昭和 5) 중 산림 화재 면적만 보더라도 3만 8,000정보의 크기에 이르는 상황이다. 만약 현재로서 그대로 일이 진행된다면 무궁무진한 보고라는 북선의 산림도 앞으로는 폐허가 될 것은 물론, 비옥한 농경지도 황폐화할 것이 분명하다. 특히 산림의 황폐는 곧 국토의 보안을 위태롭게 하고 다시 치수 및 기후상에 악영향을 미치는 등 한심한 사태를 초래할 것이다. 이렇게 되면 북선개척사업의 성과도 기대할 수 없을 것이며, 그래서 산림보호기관의 장비를 도모한다는 것은 초미의 급무에 속한다고 할 수 있다.

그래서 1932년(昭和 7) 이후 1946년(昭和 21)까지 15년간 다음과 같이 산림의 개발 · 이용과 보호 및 화전민 지도에 관한 시설의 실행을 기하고자 하는 것이다.

1. 산림 이용 · 개발에 관한 시설

위 건에 관해서는 앞으로 임목의 이용 가치가 크고, 또 농경적지로 개척상 급속히 벌채를 필요로 하는 지역부터 착수할 것이다. 그리고 백두산을 중심으로 하는 산림 약 80만 정보를 목표로 하여 산림철도 및 궤도의 부설, 그리고 간이 제재공장의 건설을 계획하고 있다. 또 기타 지역에서는 산림보호의 정비와 아울러 시설 경영에 의해 이용 · 개발의 목적을 달성하고자 한다. 백두산을 중심으로 하는 함경남도 갑산군 및 함경북도 무산군에 소재하는 요존국유림은 축척이 침엽수, 활엽수 합하여 1억 7,000만 척체의 높은 수치를 가지고 있으나 반출이 불편한 까닭에 현재 이용되고 있는 것은 일부분에 한정되어 거대한 우량 임분은 공공연히 고사하는 상황이므로 이들을 급속히 이용하고자 하는 것이다.

이를 실행하기 위해서 백두산을 중심으로 하는 산림 약 80만 정보를 목표로, 개척계획에 의한 척식철도(무산-백암 간) 및 혜산선(길주-혜산진 간)과 연락하는 삼림철도(233km)를 부설하는 것 외, 간이 제재공장(22개소)을 설립하기로 했다. 이로써 그동안 이용되지 못한 산림의 벌채 운반을 가능하도록 하여 임목의 이용률을 높이고 있다.

2. 화전민 지도시설

위 사업은 요존예정국유림 내의 모경과 화전민에 대해 그들의 이동성과 나태함을 고쳐서 자작농으로 만드는 정책을 도모하고 있다. 특히 지도원을 배치하고 주업과 부업에 관한 적절한 지도장려를 가하고자 했다. 그리고 위 사업의 실행에는 현지의 경작을 그냥 인용하는 것을 원칙으로 하고 국토보안 그리고 영림상 특히 폐경이 필요한 것이 있을 때, 경작자의 희망에 따라 체지(替地)[128]를 공여하기로 했다. 들의 화전 및 체지에 대해서는 실지조사를 해서 각각 해당 경작자에 대부하고, 이후 경작자가 정착했을 때는 그 땅을 무상으로 양여하고자 한다.

그리고 지도·장려는 종래의 화전농법을 고쳐 집약농법으로 나아가게 하도록 지력의 유지 증진과 농경법의 개선에 관한 지도·장려를 한다. 이와 관련해서 부업도 지도·장려하고, 겨울 동안 무위도식하는 나태한 성격도 고치고, 그 밖에 애림사상의 보급, 연료의 수급에 대해서도 지도를 한다.

따라서 현재 경작하고 있는 화전과 국토보안 및 영림상의 관계에 대해 속히 실지조사를 행한다. 또한 현지 경작을 인용할 화전에 대해서는 지역을 측정하고, 새로 공여할 체지를 선정하고, 신탄림(薪炭林) 조성 지구의 조사·측량을 한 후 정착시킨다는 방침하에 화전민에 대해서도 여러 가지 편의를 주는 것으로 했다. 그리고 요존예정임야 중에서는 농경적지를 조사하여 국토보존 영림상 존치의 필요가 없는 부분은 이를 해제하여 일반에게 개방하기로 했다.

사업 지역 내에 있는 화전은 약 7만 5,000정보, 화전민 호수 3만 5,000여 호, 18만 명의 높은 숫자에 이르는 이들을 지도하여 자작농으로 만들고 정착시키고자 한다. 이에 대한 실행 방법으로서는 적당히 지구를 구획하여 500호마다 한 사람의 지도수(指導手)를 두고 이를 산농지도수(山農指導手)로 칭하고 다시 10구(區)에 한 명의 감독 기수를 두고 이를 산농지도구 감독사무소로 칭하여 유감없는 지도·장려를 하고자 한다. 그 방침으로서는 현재 경작지는 이를 인용하는 것을 원칙으로 하고 폐경 또는 희망에 따라 국유 임야 농경적지를 체지로 공여하여 이전·수용하고, 이후 정착이 되었을 때 이를 무상양여한다. 이들에 대한 조성기관으로서 각 지도구에 산농공려조합(山農共勵組合)을 조직시키고 그들로 하여금 자각하고 자제하여 건전한 자작농으로 유도하고자 한다. 그리고 산농 정착지 이외의 농경적지는 일반에 개방하는 것으로 한다.

---

128 원래 토지에서 퇴거했을 때 대신 주는 토지.

3. 삼림 보호

현재 위 지방에서의 보호기관은 매우 빈약하고 단속이 잘 이루어지지 못해 피해가 증가한 결과 해마다 임야의 황폐가 초래되는 경우가 매우 많다. 따라서 점차 산림보호원을 조밀하게 배치하고 담당 구역을 축소하여 보호의 완비를 기하고자 한다. 전 임야 216만 정보 중 우선 가장 필요로 하는 100만 정보에 대해 위와 같이 보호원을 배치하고, 점차 그 수를 증가해 나가고자 한다. 동시에 특히 필요하다고 인정되는 영림서 및 총독부에 필요한 직원을 두고 보호에 만전을 기한다.

이상은 북선개척사업의 요점으로서 북선지방에 있는 노령(老齡)·과숙(過熟)한 우량 임목을 이용·개발한다는 점, 국토의 보안을 해치고 지력을 소모하는 화전민의 모경과 남작을 미연에 방지한다는 점 등에서 국가·사회의 이익에 막대한 효과가 있을 것으로 보이는 사업이다.

(…)

제2장 실시

이상의 계획에 따라 총독부 임정과 내에 북선개척계(北鮮開拓係)를 두고, 1932년(昭和 7) 9월부터 실행에 착수했다. 이후 오늘날까지의 경과와 성과를 보면 운반, 설비에서는 해마다 주변의 상황 변화와 재정 관계로 인해 계획 그대로의 실행은 곤란한 바가 있었다. 하지만 삼림철도 및 궤도, 제재소 등은 재정이 허하는 한 그 진행에 노력하여 1938년 8월까지는 삼림철도 55km, 궤도는 80km의 설비를 보기에 이르렀다.

화전민의 지도와 삼림보호는 서로 불가분의 관계를 맺고 있으며, 뿐만 아니라 그 실효를 거둔다는 것은 사업의 성질상 쉽지 않다. (…) 화전민과 화전은 1930년 9월 조사에 의하면 면적 7만 4,978정보, 호수 3만 570호, 인구 17만 7,184명이었다. 게다가 밀림 안에 잠계하여 조사에서 빠진 자도 있을 것이며, 또 조사한 뒤에도 산으로 들어간 자가 많았다. 그 결과 1932년 9월에는 호수 4만 1,941호, 인구 24만 2,989명으로 증가했다. 그리고 이들에 대한 지도기관으로는 당초 화전민 500호를 표준으로 하여 하나의 산농지도구를 설치하는 한편, 각 구에 지노수 한 사람을 배속하고, 10개의 지도구에 1개소의 감독사무소를 설치하고 기수 한 명을 배치할 예정이었다. 하지만 화전민의 증가로 인해 700호를 단위로 하여 설치하기에 이르렀다.

〈자료 124〉 산림의 이용 증진(朝鮮産業經濟調査會, 1936, 『朝鮮産業經濟調査會諮問答申書』, 11~13쪽)

3. 삼림의 이용 증진의 철저를 도모할 것

삼림의 현황과 각종 산업 발흥의 추세에 비춰 임업의 경영에 대해서는 국토 보안, 수원 함양 등 공익상의 사명 달성을 기해야 한다. 이와 함께 임야의 완전한 이용을 촉진하기 위해 종래의 여러 시설을 확충하는 것 외에, 특히 미이용림(未利用林)의 개발, 활엽수의 이용, 각종 용재림의 조성 등에 관한 적절한 대책을 수립함으로써 한층 임리(林利)의 개발 증진을 도모할 필요가 있다.

○ 시설계획

① 미이용림의 개발을 도모할 것: 조선의 삼림 중에는 반출 설비가 갖춰지지 않았기 때문에 아직 전혀 이용할 수 없는 임분이 많다. 따라서 각 소에 적당한 운재(運材) 시설을 세워서 미이용림의 개발을 도모할 필요가 있다.

② 활엽수의 이용 증진을 도모할 것: 활엽수는 아직 대부분 이용되지 않아서 산지에서 사장(死藏)되고 있다. 하지만 최근 제재사업의 발흥을 기회로 그 용도가 현저히 확대되고 있기 때문에 활엽수의 이용 증진을 도모할 필요가 있다.

③ 용재림을 조성할 것: 조선 내 용재의 수요량은 매년 증가하고 있는데, 기왕의 실적에 비추면 장래 현저히 결핍을 초래할 우려가 있다. 따라서 속히 용재림의 조성을 도모함으로써 각종 용재의 충족에 이바지할 필요가 있다.

④ 재해방제림(災害防除林)의 시설을 촉진할 것: 조선의 지질, 기상, 임상, 풍수해 등에 비춰 국토보안 및 풍·수·냉해 등을 방제하기 위해 수방림(水防林)[129], 유수림(遊水林)[130], 방풍림(防風林), 방조림(防潮林)[131], 해안사방림 등의 재해방제림을 시설할 필요가 있다.

---

129 홍수가 일어났을 때 급격한 수위의 상승을 막고 또는 제방의 결궤(決潰) 방지에 사용되도록 설정한 산림.

130 홍수 방지, 토지 이용 등의 목적으로 하천, 유수지 등에 심는 산림.

131 바닷바람이나 해일 따위의 피해를 막기 위해 가꾼 해안 지대의 숲.

〈자료 125〉 민유 임야 용재림 조성계획(朝鮮總督府, 1940, 『朝鮮の林業』, 88쪽)

최근 각종 산업의 진전, 특히 섬유공업의 발흥 및 금·석탄 등 지하자원의 개발에 따라 목재의 수요가 급격히 증가함에도 불구하고 생산이 이에 따르지 않아 공급 부족의 현상은 해마다 현저해지고 있는 상황이다. 뿐만 아니라 만주국, 북중국 등의 개발에 호응하는 조선 특수의 사정에 따라 상당한 다량의 목재 공출을 필요로 하는 정세를 생각할 때는 조선 목재의 근본적 생산 대책은 가장 급무에 속하는 바이다. 따라서 1937년 이래 실시 중인 민유 임야의 이용구분조사의 결과, 전국을 통틀어 필요한 인공조림지 200만 정보 중 100만 정보의 임지에 대해 국유 임야에서 증산시설과 서로 호응하여 새롭게 '민유 임야용 재조성 20개년계획'을 1939년도부터 수립했다. 그리고 이것의 실행에 대해서는 임야 소유자의 묘목 대금 80%를 보조하는 것 외, 도에서 보조금을 교부하여 실행 지도 및 관리 직원을 설치했다. 위 직원은 오로지 조림의 지도 및 시업의 적확을 기함으로써 장래의 목재 공급에 윤택을 도모하는 것으로 한다.

〈자료 126〉 해방 이후 남한의 임업과 임상(United States Armed Forces in Korea, 1948, 『駐韓美軍史』 4, 246~299쪽)

남한의 임업

38선 이남의 한국은 기본적인 필요를 충족시키기에 충분한 목재와 땔감을 생산하지 못하고 있다. 남과 북의 통합이나 대규모 수입이 이루어지지 않는다면, 남한의 목재자원은 재조림(再造林) 효과와 통제에도 불구하고 급격히 감소할 것이다.

삼림지는 남한 총면적의 73%를 차지하고 있다. 숲은 지난 3년간 이미 감소 추세인데 최소한 35%가 완전히 사라진 것으로 추정된다. 그리고 지난 수세기 동안 규제받지 않은 벌채와 전쟁 기간 일본의 과도한 벌목, 최근 한국인들의 마구잡이 벌목(hill stripping), 북한지역의 드넓은 삼림보호구역에 접근할 수 없게 되어 재목(shard of timber)이 크게 감소했다. 비록 미군정이 10개년 식목 프로그램 도입과 일본에서의 목재 수입, 산림주사 증가와 같은 실행 가능한 조치들을 취했지만, 너무나 빠르게 베어 내는 바람에 삼림지는 급격히 훼손되고 있다.

한국에서 산림의 중요성은 아무리 강조해도 지나치지 않다. 한국은 숲이 전체 면적의 74%

를 차지하는 산악지대이며, 숲은 목재, 땔감, 숯의 원천일 뿐 아니라 빗물 유출, 토양 침식 및 홍수에 대한 방지물로서 절대적 중요성을 가진다.

(…)

조선왕조 통치 후반기에 낡아빠진 명령과 법들은 무시되었고, 수십 년에 걸쳐 "난폭한 착취"가 계속되었다. 그 결과 몇몇 보호림과 외진 곳의 숲을 제외하고 모조리 훼손되었다. 1908년 소유하고 있는 산림을 정부에 신고하도록 한 법[132]은 새로운 세금에 대한 공포 때문에 완전히 무시되었다. 결과적으로 1910년 일본에 의해 합병된 후 민유림 대부분이 일본 정부로 넘어갔다. 소유주들이 등록을 하지 않았기 때문에 정부가 전체 산림지의 4/5 이상을 획득했다. 새 법[133]은 불요존국유림은 조림을 목적으로 개인에게 임대될 수 있으며, 궁극적으로 조림에 성공한 자들에게 영구히 이전될 수 있다고 규정했다. 일본인과 한국인들이 넓은 지역을 임대했다. 그러나 토지 등록에 실패한 산림 소유주들이 계속해서 불만을 제기했기 때문에 1917년 임야정리조사를 시작해 1924년에 완료했다. 앞서 그 땅을 소유했다는 물적 증거를 가진 옛 소유주들은 "연고자"가 될 수 있었다. 이 새로운 분배 계획 아래 843만 9,000에이커(ac)[134]의 땅에 대해 "청구"가 이루어졌으며, 1,267만 3,000에이커는 청구자가 없었다. 1,652만 6,000에이커는 개인 소유였다. 모든 소유권 관련 분쟁은 임야조사위원회(Committee on Forest Investigation)에 회부되었다.

1910년 한국을 점령했을 때 일본은 북부에서 접근이 불가능한 광대한 삼림지대를 발견했다. 그 삼림지대는 강원도(38선 이남)에까지 이르렀다. 반면 남한의 다른 7개 도에서 삼림지는 산과 경사면에 아무것도 남지 않을 정도로 황폐해졌다. 당장 일본은 헐벗은 땅을 재조림하고 향후 벌목을 통제하기 위해 과감한 계획에 착수했다.

1911년 이후 몇몇 산림 지역은 다음 분류에 따라 국가 또는 공용으로 지정되었다. 즉 군사 및 과학 목적에 필요한 지역, 공공복지에 필요한 지역, 대규모 사업에 적합한 4,900에이커 이상의 지역, 기타 수익 사업에 필요한 지역 등이었다.

전체 산림 지역 분류는 네 가지 일반적인 범주를 포함했다. 즉 국유림, 공유림, 사찰림, 민

---

132 「삼림법」을 의미.

133 「삼림령」을 의미.

134 1에이커(ac)는 대략 0.4정보에 해당한다. 제곱미터(m^2)로 환산하면 4,046제곱미터이다.

유림 등이다. 14개 국유림은 각각 영림서(headquarters station)에서 관리하는데, 업무는 재조림, 보호, 벌목, 제재(製材)로 나뉜다. 전쟁이 시작되어 군사적 필요 때문에 재조림 계획을 포기해야만 할 때까지, 해마다 점점 더 많은 나무를 심었다.

전국의 영림서(Forest protection sections)는 산림주사(forest police) 235명 및 주사보(assistant policemen) 304명 등이 각 도 산림과(Provincial Forest sections)의 산림보호 업무를 도왔다. 중앙 및 지방 산림과는 모두 화재나 해충 피해, 불법 벌목을 방지하고 관할 지역 정보를 제공하는 책임을 졌다. 벌목과(cutting sections)에는 많은 출장소가 있었는데, 대부분 만주 국경을 따라서, 그리고 강원도에 설치되었다. 출장소는 벌목과 트럭이 다닐 수 있는 도로 및 철도 건설, 수로로 목재를 운반하기 위한 뗏목 제작 등을 담당했다.

일본 정부는 묘목 비용의 절반까지 보조금을 지급하여 사유지에 나무를 심도록 장려했다. 보조금은 중앙정부에서 지방정부로 교부되었는데, 지방정부는 총 묘목 비용의 20~50%를 떠맡았다. 그 결과 지주들은 총생산비의 30%에서 0%의 비용으로 산출묘(山出苗)를 확보했다. 이 계획은 1910년 3,482헥타르(ha)[135]의 그다지 크지 않은 면적에 1,064만 7,000그루의 나무로 시작되었다. 그리고 매년 급속히 확대되어 1939년에는 12개월 동안 8만 8,400헥타르의 사유지에 1억 7,037만 5,000그루를 심어 절정에 달했다. 국유림에 입식한 면적도 1939년이 최고치로, 4만 8,846헥타르에 2,608만 3,000그루의 나무를 심었다.

사유지에서도 벌목 전에 허가를 받아야 했다. 또한 하천 유역과 공공보건, 경관이 좋은 곳, 토양 침식, 항행(航行), 어부림(漁附林, fishing forest) 같은 특정 유형의 토지는 예외적인 경우를 제외하고 벌목을 완전 금지했다. 다만 숲을 솎아내는 일은 허용되었다. 산림주사 367명과 주사보 1,248명이 이 특별지역을 보호했다. 민유림에 대한 사방사업은 1920년에 시작되었다. 1930년까지 민간자금 외에도 중앙정부 및 지방정부 자금을 지원받아 13만 4,727헥타르에 계단식 소림을 했다.

전문적 관점에서 보면 일제 지배하의 재조림은 매우 훌륭했다. 그들의 방법은 현대적이었고 높은 생존율을 보였다. 민간 토지 소유주들조차 벌목 후에는 그들의 토지에 다시 나무를 심어야 했고, 지방 또는 중앙정부 소유 산림에 대해 벌목 허가를 할 때는 사업자에게 벌목 후

135 1헥타르(ha)는 대략 1정보에 해당한다. 제곱미터(m^2)로 환산하면 1만 제곱미터이다.

즉각 재조림을 요구했다.

그러나 1937년 7월 이후 일본은 군사용으로 엄청난 양의 목재와 다른 임산품을 필요로 했다. 이러한 수요는 평화 시에 비해 크게 증가했다. 예를 들어 10톤 트럭은 숯을 연료로 사용했고 수차례에 걸쳐 숯 수요가 증가했다. 마찬가지로 타닌과 코르크 수요도 더 늘어나 참나무 벌목이 가속화되었다. 송유(pine-wood oil)를 가솔린으로 바꾸는 공장이 발달했고 숲에는 더 많은 배수로가 생겨났다. 산림과에 할당된 자금과 고용인들 전부 오로지 전쟁 사업에 충당되었다. 반면 재조림과 침식 방지 사업은 전면 중단되었으며, 숲에서 이루어지는 유일한 활동은 벌목이었다. 이와 같은 착취로 산림지는 급속히 감소했고 매년 다 자란 수목의 150%를 베어 냈다. 이는 누군가의 저축에 대한 이자를 다 써 버린 다음 합산된 이자만큼 다시 원금의 절반까지 손을 대어 향후 몇 년간 자본과 그에 따른 이자를 줄게 만드는 것과 마찬가지였다.

남한의 일반 산림 상황

한국의 총면적 가운데 73%(3,989만 7,005ac)가 삼림지대로, 1,584만 1,106에이커는 미국 점령 지역 내에 있다. 하지만 더 가치 있는 종과 질 좋은 목재는 대부분 한국 북부에 있다. 1942년의 한 조사에 따르면 남한의 소위 삼림지 1,584만 1,106에이커 가운데 1,166만 2,155에이커만 실제 입목지로 볼 수 있고, 나머지는 경작 가치가 없는 땅으로 나무가 불규칙하거나 부실하게 심어진 산생지(散生地) 또는 황폐지였다. 1942년 이후 입목지의 최소 25%가 산생지로 분류되었고, 이 중 나무가 부실하게 심어진 곳의 15%는 미입목지 또는 황폐지로 퇴보했나. 게다가 1942년 이래 인구 팽창과 식량 수요 압박으로 남한의 11만 7,113에이커가 '화전(fire-fields)'을 위해 불태워졌다. 화전은 입목지에서 풀과 덤불을 태워 얻은 땅으로, 몇 계절 동안 곡물이나 감자를 심은 뒤 지력이 소진되면 다른 곳으로 이동한다. 이 원시적인 시스템은 많은 점에서 피해를 준다. 즉 농민들이 숲에 불을 질러 종종 큰 손실을 끼친다. 그들은 미개간지를 망치고 그대로 방치해 토양 침식을 야기시킨다.

남한의 주요 경목(硬木) 종은 참나무, 호두나무, 느릅나무, 밤나무, 옻나무, 단풍나무, 자작나무, 물푸레나무 등이 포함되고, 흔히 볼 수 있는 연목(軟木)에는 적송(赤松)과 잣나무, 잎갈나무, 가문비나무, 해송(海松), 전나무 등이 있다. 연목은 일반적으로 장작, 숯, 송근유(松根油),

송진, 갱목, 철도 침목, 건축 목재, 도어 트림(door trim), 건물의 골조(framework), 실내 장식, 가구, 말뚝, 전주(電柱), 종이, 배의 돛대 등에 사용된다. 경목은 가구, 철도 침목, 건축 목재, 코르크, 타닌, 숯, 총 개머리판, 프로펠러, 철도 이음목(railroad ties), 베니어(veneer), 수레바퀴 테와 살, 농기구 손잡이, 라커(lacquer) 등에 쓰인다.

대부분의 삼림지(44%)는 땔감 생산에 충당된다. 한국의 겨울은 길고 춥기 때문에 땔감은 필수적인 주요 연료이다. 현재 땔감 생산이 부족한 이유는 부분적으로 수송 수단의 미비함 때문이기도 하다. 하지만 주요인은 남한의 삼림이 전쟁 기간에는 일본, 종전 이후에는 한국인들의 과도한 벌목으로 인해 심하게 고갈되어, 나무를 키우는 것과 수요를 충족시키기 위해 땔감이나 상업용 목재를 충분히 베어 내는 것 사이의 균형을 맞출 수 없다는 엄연한 사실에 있다.

한국에는 열두 개의 국유림이 있는데 두 곳을 제외하고 모두 38선 이북에 있다. 미국 점령 지역 내의 국유림은 중앙에서 직접 통제하였고, 미국과 같은 방식으로 중앙에서 관리했다. 현재 강릉과 춘천 인근에 위치한 두 곳의 국유림에는 인력이 충분하고, 국가 차원의 감독을 거의 받지 않은 채 자체적으로 관리와 재정 업무를 처리한다. 일상적인 보고서를 제출하고, 책임자들은 문제 해결 및 정책 논의를 위해 자주 서울을 방문한다.

한국 산림은 여러 범주로 분류될 수 있지만, 국유림을 제외한 모든 토지는 각 도지사 또는 도 산림과(provincial forestry sections) 관할이다. 미군정하에서 산림은 다음과 같이 분류된다. 즉 요존국유림, 불요존국유림, 왕실림, 사찰림, 신사림(神祠林), 도유림(道有林), 민유림(구 일본인 소유), 한국인 소유 민유림 등이다.

요존국유림은 정부 소유로 법으로 개인 매각을 금하고 있다. 이 산림은 공인된 국유림의 일부이거나 도 산림과 보호와 관리 아래 격리시킬 수 있다. 요존국유림은 개인에게 임대될 수는 있으나 매각은 불가능하다. 불요존국유림은 해당 도 산림과의 권고를 받아 산림국장 재량으로 개인에게 매각될 수 있다는 점을 제외하고 요존국유림과 유사하다.

왕실림은 한국 왕실의 마지막 후손인 이왕직(李王職)에 속한다. 일본인들은 그들을 폐위시켰지만, 왕으로서의 특권과 상당한 크기의 삼림지에 대한 소유권을 존중했다. 이 숲들은 구(舊) 일본인 소유 산림과 함께 새로운 국유림 프로그램에 포함될 것으로 예상된다.

사찰림은 한국 전역에 있는 불교 절의 재산이다. 소규모의 목재용 삼림지로 대부분 신성시되는 묘 근처에 있다. 수목은 수 세기 동안 완전하게 보호받아서 매우 크다. 하지만 일본은 전시에 사찰림도 일부 베어 냈다. 나머지 수목은 사용할 수 없어 국가의 목재 재고량에 포함시킬 수 없다. 신사림은 한국 전역에 널려 있는 일본인들이 세운 신사를 에워싸고 있다. 이 산림은 국유림으로 통합하기 위해 이미 산림국에 할당되었다. 한국인들이 신도 신앙에 호의적이지 않아서 많은 신사가 파괴되고 있다.

도유림은 도 소유로 되어 있고, 도 산림과에서 관리한다. 이 산림은 미국의 주 소유림(State Forests)과 같으며, 국유림과 비교해서 질이 균일하게 좋지는 않다. 과거 일본인 소유의 민유림은 현재 군정명령 제33호 규정에 의해 군정 귀속재산이 되었고, 국유림이나 임업시험장(Experiment Stations)에 편입되고 있다. 이 분류에는 이전에 일본 대학이 소유했던 상당히 넓은 지역의 몇몇 시험림(試驗林)이 있다. 또한 동양척식주식회사(Oriental Development Company), 미쓰이물산(三井物産, Mitsui Company), 스미토모임업회사(住友合名會社, Sumitomo Forestry Company), 현재 미군정 관리 아래 있는 대규모 일본 기업 소유 산림이 있는데, 이들 소유의 산림은 산림국에 인계되지 않았다. 한국인들이 소유한 민유림은 벌목을 제외하고 감독 · 통제를 받지 않는다. 벌목은 반드시 도지사를 통해 중앙정부의 허가를 받아야 한다.

도지사 아래 설치된 도 산림과는 중앙정부 인력(federal personnel)이 관리하는 것이 당연할 정도의 규모가 큰 국유림을 제외하고 산림 관련 모든 문제를 처리한다. 보통 산림과는 도마다 평균 약 200명의 산림주사 외에도 약 40명의 기술자와 사무원을 고용하고 있다. 산림과는 도유림과 그들이 관할하고 있는 불요존국유림 관리를 책임지고, 전반적인 국가 정책 지시를 수행한다. 또한 도유림을 관리하고(국유림은 자체 관리인이 있음) 묘목장을 감독하며 수많은 기록물을 보관한다. 홍수 조절과 재조림, 산림 직원 절반 이상의 급여를 처리하기 위해 중앙정부에서 거액의 보조금을 받는다. 반면 산림주사 프로그램은 전액 중앙정부가 보조한다. 일제 통치하에서 도 산림과와 산림국의 관계는 중앙 집중에서 분산까지 다양했다. 현재 군정하에서는 상당 부분 지방 분산이 이루어졌으며, 도지사들이 각각 도내 산림 문제를 책임진다. 이 방식은 최선의 산림 업무 집행을 어렵게 하는데, 대부분의 도에는 충분히 훈련받은 산림 인력이 없고 도지사 마음대로 산림정책을 바꿔 프로그램에 손해를 끼치기 때문이다.

대부분의 도 산림과는 산림조합이나 협회를 활용한다. 말하자면 지방 산림협회는 산림과의 왼팔이다. 하지만 도 산림과장이 보통 협회의 장을 맡아도 사실상 단지 준정부기구일 뿐이다. 협회는 산림 업무에서 도지사의 운영 대리인이고, 적은 수익을 남기면서 재조림과 홍수 통제, 종자 수집, 땔감 수확, 숯 제조, 소나무 기름 제조 등에 모두 관여한다. 회계장부는 별도로 작성하지만, 때로 정부 자금이 사용된다. 전시에 이들 협회 모두 신용으로 일본 육해군에 물자를 제공했다. 결국 일본이 항복하자 산림협회들은 결코 받을 수 없을 것이 확실한 미수금 때문에 엄청난 부채를 떠안게 되었음을 알았다. 그 결과 일부 협회는 다시 살아나고, 그 외에는 청산되어야 했다.

재조림과 밀접히 관련된 묘목장은 국가 소유에서 민간 소유까지 다양한데, 대부분 민간이 소유하고 있다. 전쟁 마지막 몇 해 동안 묘목업자들은 일이 바쁜 일본 정부로부터 냉대를 당했고, 많은 업자들이 묘판(seedling bed) 돌보는 일을 그만두거나 완전히 갈아엎고 보리나 다른 식량 작물을 심었다. 그러나 정부 묘목장은 대부분 여전히 남아 있었고, 1946년도에 필요한 묘목의 약 30%를 심을 수 있었다. 재조림 프로그램 관련 더 큰 장애물은 노동력이었다. 더 이상 값싼 노동력을 이용할 수 없었으며, 고립된 식수반(植樹班)을 위한 식량 재고는 사실상 거의 확보될 수 없었다. 묘목장에서 사용할 비료도 없었다. 민간 공급이 불안정했기 때문에 가능한 한 많은 묘목장이 정부 관리 아래 들어갔다. 이러한 시설에 할애되는 지역이 1946년 이후 상당히 늘어났다. 그러나 이 용도로 할당된 약 3만 3,325에이커로는 균형 잡힌 재조림 프로그램에 필요한 종자 생산에 적당하지 않다는 것이 명백했다. 예산과 원료를 이용할 수 있게 되자 1948년도와 그 이후를 위한 추가 증산계획이 수립되었다. 엄청난 식량 부족에도 불구하고 연간 총 5억 5,000만 주의 묘목을 생산할 수 있을 때까지 묘목장 토지를 나무 생산에 재투입하고 추가로 토지를 확보해야 했다.

앞서 몇 해 동안 발생한 산불로 연평균 3,000만 원의 삼림지가 파괴되었다. 그리고 아직까지 남아 있는 삼림지가 훨씬 줄어든 이유가 아니라면, 올해도 산불 피해는 줄어들 것 같지 않았다. 한국 산불 통제 방식은 가장 원시적이었다. 감시소도 거의 없었고, 인력이 배치된 감시소는 통신 수단이 없었다. 마을 주민들을 소방단(fire fighting groups)으로 편성했지만, 탐지 방법이 한심할 정도로 비효율적이었기 때문에 소방관이 현장에 도착했을 때는 대부분 화재가 통제 불능 상태였다. 한국의 화재 예방과 탐지, 통제에서 개선되어야 할 분야는 무한했다.

흔한 나무 병이 모두 한국에서 발견되지만, 주요 해충 가운데 하나는 일부 지역에서 연간 30%의 피해를 주는 소나무 나방이다. 시험장은 방제 조치 관련 수많은 자료를 가지고 있는

데, 비행기에서 분사하는 시도도 들어 있었다. 그러나 여전히 실행 가능한 방제책을 내놓지 못했다.

한국 제재소는 한편으로는 원시적이고 다른 한편으로는 현대적이다. 전력과 띠톱을 보유한 제재소에 평삭기(平削機) 설비가 없을 수 있고, 그 일은 수작업으로 이루어진다. 1만 5,000보드피트 생산은 대형 공장의 하루 작업량으로 많다고 여겨진다. 한국인들은 창의력이 풍부하고 목재 역량을 최대한 성공적으로 발휘하고 있다. 일정치 않은 조각을 처리하기에는 늘 연료가 부족해서 활용률은 100%이다. 남한에는 작은 톱(handsaw) 규모(25마력 또는 그 이상)의 제재소가 약 500곳이 있고, 제재소는 생산량보다는 마력에 따라 분류된다. 벌목 방식은 미국 기준으로 판단할 때 원시적이다. 나무를 베어 내는 것부터 제재소까지 벌목의 어느 단계에서도 기계류는 거의 알려지지 않았다. 도끼와 톱으로 나무들을 베어 다발로 묶는다. 그리고 소를 이용해 끌어 내린다. 이 작업은 대부분 겨울에 눈을 이용해 이루어지는데, 일반적으로 썰매와 '버머(bummer)', 바퀴나 다른 보조장치를 사용하지 않기 때문이다. 트럭과 철도 차량에 적재하는 일은 보통 2~4명이나 그보다 많은 인력이 통나무를 트럭이나 차량 바닥에 들어 올리거나 굴리는 식의 수작업으로 이루어진다.

산림국이 감독하는 침식 관리 업무는 자연스럽게 두 가지 범주로 나뉘는데, 가파른 경사면에서 지나치게 빠른 물의 흐름을 막는 것과 작은 하천의 흐름을 통제하는 것이다. 1947년 2월까지 27만 7,000헥타르에 대한 사방사업이 필요했다. 이 땅은 전쟁 중 일본의 대규모 벌목으로, 해방 후에는 한국인들의 남벌로 인해 완전히 벗겨진 지역이었다. 헐벗은 경사면에서 물이 빠르게 흘러 건기에는 주요 하천이 사라졌다. 장마철에는 이 하천이 불어나면서 급류가 되어 피해를 입혔다.

1942년 2월에 만난 산림국 관리는 그러한 하천에 의한 토지 및 자원 손실을 막기 위해 급히 사방사업을 확대해야 한다고 밝혔다. 만일 이러한 목적으로 자금이 지급된다면 피난민 노동자를 고용할 수 있을 것이고, 이렇게 하여 그들에게 일자리를 제공하는 동시에 중요한 임무를 완수할 수 있을 것이다. 1946년 6월 폭우로 인해 홍수 통제 작업은 대중들의 지지를 얻었는데, 위험이 사람들의 관심을 강력하게 이끌어 냈기 때문이다. 1947년 홍수 통제 작업을 요청하는 수많은 청원서가 접수되었다. 산림국은 이에 부응해 1947년도 프로그램에 1만 8,000헥타르를 포함시켜 이를 확대할 계획을 세웠다. 이 프로그램은 경상북도에 집중되었는데, 이곳에 당장 관심이 필요한 5,000헥타르가 있었다.

홍수 통제 구역의 하천은 보통 간헐천이며, 장마철에는 깊고 빠르게 흐르다가 나머지 기간에는 완전히 말라 버린다. 통제 작업이 필요한 하천의 총길이는 8,000킬로미터로 추정된다. 이 하천들은 몇몇 산악 지역의 유일한 수자원이다. 토양은 해마다 경사면에서 하천으로 씻겨 내려갔고, 그 결과 일부 지역은 산 아래 하천 바닥이 원래 수준보다 10미터 더 높아지고 너비는 100미터까지 넓어졌다. 폭우가 내리면 그러한 하천들은 종종 진로를 바꿔서 논이나 심지어 마을을 지나 못자리(rice beds)를 뒤덮고 주택과 철도, 교량, 다른 귀중한 재산을 파괴한다. 홍수 통제 관할권의 경계는 매우 합리적이다. 그리고 지금까지 산림국의 홍수 통제 프로그램은 주로 보다 높은 하천 유역의 산허리에 계단식으로 경지를 조성하고 나무를 심는 것으로 구성되었다. 1946년 산림국은 가파른 경사면 5,808헥타르에 그와 같은 계단식 경지를 조성하고 나무를 심는 데 4,357만 6,200원을 지출했다. 장마철은 7월 말에서 8월 초에 시작되는데, 만일 1947년에 다시 집중호우가 내린다면 수천 에이커의 농지가 홍수와 침식으로 황폐해질 것이다. 식량 부족에 직면한 상황에서 이 문제는 굉장히 큰 비중을 차지한다. 아무리 나무를 많이 심어도 이번 여름에는 도움이 되지 않을 것이고, 향후 몇 년 동안 한국인들이 할 수 있는 일이라고는 오로지 비가 덜 내리기를 바라는 것뿐이기 때문이다.

연구 및 교육 부문에서는 서울 동대문 근처에 중앙임업시험장(Central Forestry Experiment Station)이 있고 10개 도에 각각 지장(branch station)이 있다. 이들은 느슨한 협력 체계로 일한다. 중앙시험장은 중앙정부의 지원을 받는 반면 다른 곳은 각 도 지원으로 유지된다. 중앙시험장은 산림국 산하에 있지만, 지방 시험장은 지방의 산림부서와 행정적으로 동급이다. 이들 임업시험장은 현재 35개의 장기 실험을 수행 중인데, 이 실험은 특정 질문에 대해 답하거나 나무 재배(조림), 목재 사용, 성장 및 산출량 측정 또는 평가, 병충해 방지법 등에 대한 개선 가능성 조사를 위해 계획된 것들이다. 임학은 축산 및 농업 과목과 함께 수원과 대구의 농업전문학교(Colleges of Agriculture)에서 가르치고 있다. 두 기관 모두 3년 과정의 커리큘럼을 제공하고 있으며, 비록 독립적인 임업학교는 없지만, 이 학교 졸업생들은 최소한 임학 지식을 습득했을 것으로 믿어진다. 완벽하게 훈련받은 이들이 효율적으로 한국 임업 조직을 개발하고 유지하는 데는 수년이 걸릴 것이다. 그리고 이는 분명히 미국 점령 계획의 중요한 부분이다.

한국인들에게 산림 보존 의식을 고취시키기 위해 산불 예방을 호소하는 1만 장의 포스터와 완장 1만 개, 깃발 2,500개를 배포했다. 동시에 산림주사의 보호 활동 지원을 위해 1946년에 3,000장의 경고문을 게시했다. 이 포스터에는 삼림지 관련 규정 및 법령을 인쇄했는데, 전반적으로 그것들에 익숙해지도록 하여 무지로 인한 위반을 줄이려는 의도였다.

(…)

1947년도 한국의 임업 전망은 어둡다. 1947년 남한에서 예상되는 철도 침목 수요는 약 160만 개에 달하는 반면 최대 생산할 수 있는 양은 70만 개이다. 북한과 일본에서 목재를 수입하려 시도하고 있지만, 의존하기 어려운 처지이다. 물론 송전탑과 전주는 통신과 산업 관점에서 볼 때 매우 중요하다. 1947년 남한에서 그 수요는 10만 개로 추정되는 데 반해 예상 생산량은 5만 개에 불과하다. 1946년에 일본에 5만 개를 요청했지만 3,000개만 받았다. 1946년 목재 생산은 약 1,835만 1,480입방피트로 추산되었다. 그러나 12월 말까지 그 전체 양의 50%만 생산되었다.

대다수 한국인들은 임업 상황 개선을 위해 거의 아무 일도 하지 않았다. 수백 년 동안 한국인들은 규정을 무시한 채 앞날을 내다보지 않고 무분별하게 나무를 베어 냈다. 그들이 새로 '해방'을 맞이하여 갑자기 그러한 관행을 뒤집고 이러한 규정을 성실히 지킬 것을 기대하기는 어렵다. 그들 역시 기대하지 않았다. 1945년 10월 5일 언론 발표를 시작으로 지금까지 계속해서 한국인들에게 사실상 그들을 지탱하고 있는 수족을 잘라 내고 있다고 경고하면서 벌목을 중단하라고 반복해서 호소했다. 홍수, 토양 침식, 목재 부족의 위험이 반복되었지만, 불법적인 삼림 쳐내기(deforestation)는 속도가 줄지 않은 채 계속되었다. 군정은 해방 기념 식목 주간(Emancipation Planting Week), 산림주사 인원 증가, 유연탄(oiled coal) 및 목재 재고 배급으로 산림 황폐화의 흐름을 막기 위한 시도를 계속했다. 하지만 효과는 거의 없었다.

1947년 현재 연료, 주거, 침목, 전주 등 가장 필수적인 수요에 대한 공급을 제외하고 누군가를 호화롭고 풍요롭게 만들기 위해 행해지는 벌목은 공식적으로 전혀 없다. 매년 한 차례씩 이루어지는 키운 나무 양보다 절반 이상이나 더 많은 베어 내기는 고통 없이는 줄일 수 없다. 더욱이 벌목을 지나치게 엄격하게 규제하면 교묘한 법규 회피와 절도를 초래할 것이다. 이 부득이한 남벌의 결과 이미 엄청난 크기의 황무지에 매년 2만 5,000헥타르의 황폐화된 삼림지가 추가되고 있는 것으로 추정된다. 그리고 현재 이렇게 황폐화된 삼림지는 어림잡아 250만 헥타르로 평가된다. 미군정은 매년 2만 5,000헥타르의 황무지를 복구하고 그해에 벌목된 것을 복원하기 위해 2만 5,000헥타르에 식목하도록 계획된 10개년 프로그램을 시작했다. 그러나 이 프로그램은 충분한 자금을 받지 못했다. 또한 이 계획이 완수되었을 때 남한의 황폐한 삼림지는 잘해야 연간 약 5억 5,000만 그루의 나무로 복구되겠지만, 연간 성장률은 여전히 베어 내는 양을 감당하지 못할 것이다.

2) 조선임업개발주식회사와 산림자원 수탈

(1) 개관 및 자료 해제

조선총독부는 조림대부제도를 통해 일본 임업 자본을 조선으로 유치한 후 그들의 기술과 자본을 통해 조선의 산림녹화를 추진하고자 했다. 그러나 일본 임업 자본은 많은 조림 비용을 필요로 하는 인공조림보다 적은 비용으로 가능한 천연조림을 중심으로 조림사업을 전개했다. 또한 장기간 자본이 고정되는 용재림 생산보다 단기간에 회수 가능한 신탄림(薪炭林)을 중심으로 사영림을 경영했다. 이처럼 일본 임업 자본은 조선의 산림녹화에 적극적으로 투자하기보다 조림대부제도를 이용하여 산림을 집적하고 자산을 늘려 가는 등 산림 대지주로서 성장해 나갔다.[136]

일본 임업 자본은 임업 기술과 자본을 보유하고 있었음에도 불구하고 조림 비용을 지출하는 데 매우 소극적이었으며, 장기적 관점에서 조선 산림에 투자하기보다 단기적 관점에서 투자금의 빠른 회수에 더욱 초점을 두고 임업을 경영했다. 이처럼 일본 임업 자본이 산림녹화에 소극적인 자세로 일관하자 조선총독부는 민간에게 맡기기보다 조림사업과 용재 생산을 전문적으로 담당하는 국책 회사인 조선임업개발주식회사(朝鮮林業開發株式會社)를 1937년 설립해 이를 대신하도록 했다. 조선총독부가 국책 회사를 세워 민간 영역에서 대규모 조림을 담당하게 한 것은 임업의 특성상 영리성을 중심으로 경영할 경우 비용을 많이 필요로 하는 조림 투자보다 조림대부제도를 이용한 산림 집적에 집중했기 때문이다.

조선임업개발주식회사는 1937년 9월 1일 창립총회를 거쳐 자본금 2,000만 원의 국책 회사

136 노성룡, 2021, 앞의 글, 100쪽.

로서 설립되었다. 주요 사업은 조림사업 경영, 제재사업, 임산물의 매매 알선 및 이출, 민유림 위탁 경영 및 임업개발 사업 등을 담당했다. 최고 주주는 동척으로 전체 지분의 21.6%, 그다음은 왕자제지(王子製紙)로 20%, 미쓰비시(三菱) 10%, 미쓰이(三井) 10%, 쓰미토모 5%, 일본질소비료 5% 순이었다. 이들 대부분은 조선에서 지속적으로 산림사업에 참여했던 대자본으로 조림대부지에서 벌채와 제재사업을 진행해 수익을 창출하고 있었다.[137] 따라서 이들은 국책에 순응하여 조선임업개발주식회사 설립에 적극적으로 참여했다.

조선임업개발주식회사는 50만 정보의 국유림을 대부받아 1937년부터 대규모 조림사업을 실행해 나갔다. 당초 계획은 매년 식재 면적 8,100정보(신식 5,400정보, 보식 2,700정보)와 치수지 무육 면적 5,400정보, 합계 1만 3,500정보씩 조림을 할 예정이었다. 그러나 회사 설립 초기 묘목 부족으로 당초 계획과 달리 실제 성적은 식재 및 보식 면적 3,776정보, 치수지 무육 4,500정보, 합계 8,276정보에 불과했다. 당초 계획량인 1만 3,500정보는 1939년도에 이르러서야 달성할 수 있었다.[138]

1939년에 이르러서 조림계획을 달성했던 조선임업개발주식회사는 1942년부터 경영정책을 조림사업에서 벌채사업 중심으로 전환하기 시작했다. 당초 계획에 따르면 사업 개시 후 15개년까지는 벌채를 억제한다는 방침이었다. 하지만 태평양전쟁(1941)이 발발하고 전황이 악화되면서 전시용 목재 공출, 특히 목선 건조를 위한 조선 용재의 공출이 강화되었다. 조선총독부의 공출 명령에 따라 조선임업주식회사도 군수용 목재 생산을 위해 벌채 억제 방침을 어기고 사영림 내의 벌채량을 증가시키기 시작했다.[139] 이에 따라 1938년 6만 7,376원이었던 영업 수입은 1942년 24만 2,628원으로 무려 4배가 증가했으며, 수입의 67%는 벌채와 제탄사업에 발생하고 있었다. 즉 설립 초기 조림에 집중했던 조선임업개발주식회사는 침략전쟁 수행에 필요한 전시 목재 수요에 부응하기 위해 벌채 중심으로 사업을 전환하고 경영 규모를 확대해 나갔다. 이처럼 벌채사업 중심으로의 전환과 경영 규모의 확대로 인해 조선임업개발주식회사의 자산 역시 1938년 370만 원에서 1942년 718만 원으로 크게 증가하기 시작했

137 강정원, 2018, 「일제 전시체제기 朝鮮林業開發株式會社의 설립과 운영」, 『역사문화연구』 66, 135쪽.

138 정안기, 2014, 「1930년대 조선형특수회사(朝鮮型特殊會社) '조선임업개발(朝鮮林業開發)(주)'의 연구」, 『경제사학』 57, 65-66쪽.

139 정안기, 위의 글, 66-67쪽.

으며, 매년 5% 배당도 문제없이 이뤄졌다.[140]

조선임업주식회사를 국책 회사로서 설립한 이유는 장기간 수익성이 거의 없는 대규모 조림사업을 추진하기 위해서였다. 위 사업의 특성상 민간 회사에게 맡길 경우 영리성을 배제하기가 어렵고, 그 결과 조선의 산림녹화라는 국책을 온전히 수행할 수 없기 때문에 국책 회사라는 형태로 조림사업 기관을 설립한 것이다. 하지만 전쟁 확대로 인해 국책의 방향성은 산림녹화에서 목재 공출로 변했고, 그로 인해 조선임업주식회사의 경영 방침도 변화했다. 결국 이 회사는 대규모 조림사업 경영을 통한 조선의 산림녹화보다 침략전쟁 수행을 위한 목재 생산 및 공출을 수행하는 기관으로서 기능했다.

조선임업개발주식회사의 설립 배경과 목적에 대해서는 《동아일보》, 《조선일보》에 게재된 조선총독부 농림국장 담화문과 취재 기사를 수록했다. 위 담화문과 기사에는 조선총독부 당국자들이 나서서 조선임업개발주식회사의 설립 배경과 목적을 자세히 밝히고 있기 때문에 무슨 이유로 위 회사가 설립되었는지 파악할 수 있다.

조선임업개발주식회사의 주요 사업 내용을 파악하기 위해서 『조선임업개발주식회사 설립요강(朝鮮林業開發株式會社設立要綱)』(1937)을 수록했다. 이 자료는 조선임업개발주식회사의 설립 취지서, 사업계획서, 경영 요강 등 회사 경영에 대한 정보를 담고 있기 때문에 그 전모를 파악하는 데 중요한 자료이다. 조선임업개발주식회사의 실적에 대해서는 『영업보고서(營業報告書)』를 수록했다. 이 자료는 조선임업개발주식회사가 매년 발행하는 영업보고서로 주요 사업 소개 및 실적, 자산·부채의 변동 내역, 재무 상태를 나타내는 대차대조표 등 회사 경영에 관련한 다양한 내용을 담고 있다. 따라서 조선임업개발주식회사의 경영적 특징을 파악할 수 있다.

마지막으로 해방 이후 조선임업개발주식회사에 대한 평가는 미군정이 편찬한 『주한미군사』 중 조선임업개발주식회사 부분을 발췌해서 수록했다. 이 자료는 조선임업개발주식회사의 배당과 임식원 임금 등에 대해 평가하면서 이 회사가 일본인들을 중심으로 경영되었다는 점을 강조한다. 그런 의미에서 회사의 성격을 파악하는 데 중요한 자료이다.

---

140 강정원, 앞의 글, 2018, 157쪽.

(2) 신문·잡지 기사를 통해 본 조선임업개발주식회사

〈자료 127〉 임업개발회사 설립 교섭 순조(조선일보, 1937.04.13, 1면 6단)

야지마(矢島) 농림국장은 10일 오후 귀임하여 신설되는 임업개발회사 문제에 대하여 다음과 같이 말했다.

조선임업개발회사의 설립을 자못 호성적으로 교섭을 종료하였는데, 6월경 관제를 기다려 설립위원을 선임하기로 되었다. 개업은 8월 하순 혹은 9월 상순경이 될 듯하고 자금 문제도 순조롭게 진행되어서 조선은 별문제로 하고 일본 내지는 대개 내정되었다. 즉 동척을 위시하여 미쓰이(三井), 미쓰비시(三菱), 쓰미토모(住友), 오쿠라(大倉), 코가(古河) 및 생명보험회사(生命保險會社), 오지제지(王子製紙) 등이 출자하는 것이다. 자본금은 2,000만 원으로 23개년간에 지불하기로 되었는데 제1회는 200만 원이며 식수(植樹)는 주로 경북도의 북부로부터 함북도에 이르는 일대에 14개년간 50만 정보에 다 조선송(朝鮮松), 적송(赤松), 낙엽송(落葉松)을 주로 식재할 터이다.

〈자료 128〉 50만 정보의 국유림 개발(동아일보, 1937.06.24, 3면 3단)

현재 조선의 국유 임야는 110만 정보에 달하는데 그중에 50만 정보는 지난 22일 각의의 결정을 보아 금후 9월에 창립될 임업개발회사에 무상불하를 하고 그 나머지 60만 정보는 임업개발회사의 조림사업과 병행하여 총독부에서 국고로서 적극적 조림을 하기로 되었다.

이 국유 임야 60만 정보의 조림사업은 국고의 직접 지출로 국영을 하되 총경비 3,000만 원으로 15개년 계속사업으로 할 터이라 한다.

〈자료 129〉 「임업개발회사령」(동아일보, 1937.06.26, 1면 9단)

필요와 개요 - 야지마(矢島) 농림국장 담

조선의 치수사업 완성은 조선 통치상 가장 중요한 국책의 하나로써 이와 불가분의 관계에 있어 더욱이 그 근원이 되는 치산사업의 전면적 촉진을 필요로 함은 재언을 필요하지 않는 바이다. 한편 내선 목재의 수급 관계를 보면 최근 현저히 목재 결핍 정세를 노정하고 있고, 더욱이 최근 각종 공업의 비상한 약진에 따라 이런 종류의 자재의 수요는 더욱 왕성해지고 있을 뿐만 아니라 우방인 만주국의 진전은 다시 일단의 수요 격증을 초래할 현황에 있다. 지금 조림사업에 대하여 적당한 근본적 대책을 수립함은 치수상 또 산업개발상 소홀히 할 수 없는 긴급한 요무(要務)이다.

조선총독부에서는 일찍이 국유림 경영의 정비 개선을 도모하는 동시에 민유림 조성 장려에 노력하고 다시 치수상 가장 중요한 관계를 가진 지방의 사방사업 15개년 완성계획을 수립하고 착착 실행 중인데, 재정의 관계상 부득이한 사정이 있어 아직 조선 내 국·민유(國民有) 임야에 대해서 전면적인 조림계획의 실현을 보지 못하는 것은 심히 유감으로 하는 바이다.

생각건대 농촌 임업은 주로 농촌의 수요에 응할 임산물의 조성을 목적으로 하고 자연히 자금의 회수, 성림의 기간, 조림 방법 등, 그 경영이 비교적 간이하여 당국의 지도·장려에 의해 점차 그 목적을 달할 수 있다고 생각한다. 하지만 용재림에 대하여는 이미 주지하는 바와 같이 자금 장기(資金長期)에 걸친 고정, 산림금융의 불비 또는 외재(外材)의 수입 등에 의한 경영의 불안, 기타 모든 조건이 중소 규모의 조림 경영에 자못 불리하게 되어 있다. 더욱 최근 경제계의 영향을 받아 일반 민림(民林)의 식재도 점감(漸減)의 경향을 나타내어 심히 우려할 상태이다. 만약 이 현상으로 추이하면 치산사업의 속진(速進)을 바랄 수 없음은 물론 목재의 결핍은 더욱 더 심각하여 촉진산업의 융흥(隆興)을 저해함이 극히 명백하므로 이제 대규모 조림기관의 출현을 바라는 것이 극히 절실한 것이다.

또 일반 민유림의 식림을 진흥함에는 대규모 조림기관에 이를 겸하게 하는 것이 시의에 적절하다고 보인다. 뿐만 아니라 이 국책적 대사업은 사업의 성질상 개개인의 영림회사의 경영에 맡기는 것보다 공공성을 가진 일대 특수회사를 설립하여 정부의 보호 감독하에 경영시키는 것이 타당하며 이에 의하여 치수사업의 완성, 용재의 충족에 이바지하고 민유림의 개발을 도모할 수 있다고 믿는다. 이것이 금회 제령 13호 「조선임업개발주식회사령」을 공포를 보게 된 바이다. 이에 신회사의 개요를 서술하면 다음과 같다

신회사의 개요

(1) 회사의 명칭 및 소재지

조선임업개발주식회사라 칭하고 본사를 경성에 두고 조림사업의 실행을 담당하기 위하여 필요에 따라 출장소를 둘 예정이다.

(2) 자본금 불입(拂入)

자본금은 2,000만 원으로 하고 이를 40만 주로 나눠 1주의 액면 금액을 50원으로 한다. 또 제1회의 불입은 액면의 1/10, 즉 1주 5원의 불입을 행할 예정이다.

(3) 회사의 존립 기간

일반의 영리사업과는 그 성질을 달리하는 관계상 존립 기간은 설립 등기일부터 100년의 장기가 되어 있는데 다시 조선총독의 인가를 받아 이를 연장할 수가 있다.

(4) 회사의 목적

조선총독부에서 국유림 약 50만 정보의 대부를 받고 총독부의 방침에 순응하여 조림사업을 경영하는 동시에 사업의 진보에 따라 점차 민유림의 위탁경영, 기타 대부사업을 겸영할 방침이다.

(5) 역원

사장 1인, 이사 3인 이상, 감사 2인 이상으로 하고 사장은 조선총독이 이를 임명하고 이사는 주주 중에서 주주회(株主會)에서 선거한 2배의 후보자 중 조선총독이 이를 임명하고 감사는 주주 중에서 주주총회에서 이를 선임하기로 되어 있다.

(6) 회사의 감독

대면적의 국유림을 대여하고 다음에 말하는 바와 같이 국고에서 거액의 보조금을 지출하고 특수사명을 수행케 하는 회사이므로 시업안의 편성 변경, 이익금의 처분 등 중요

사항은 조선총독의 인가를 받게 하는 것 외에 조선총독은 감리관(監理官)을 두고 회사의 업무를 감시하게 하고 회사의 건전한 발달을 조장 · 기도하는 바이다.

(7) 조선총독부의 원조

전술한 바와 같이 조림사업은 일반 영리사업과 그 성질을 달리하고 장기에 걸쳐 거액의 자금을 고정하게 하고 단기에 수익을 얻기는 도저히 불가능하다. 따라서 21영업년도까지 매 영업연도에 배당할 수 있는 이익 금액이 불입주금액(拂入株金額)에 대하여 연 5%의 비례에 달하지 못할 때는 이에 달하게 할 금액을 조선총독부에서 보조하여 투자자의 이익을 보증하고 사업의 수행을 원조한다. 그리고 위 보조금은 배당할 수 있는 이익 금액이 불입주금액에 대하여 연 7%의 비례를 초과함에 이를 때는 그 초과액으로써 순차 이를 상환하기로 한다.

대요는 이상과 같은데 본 계획이 한번 전해지자 각 방면으로부터 다대한 찬동을 받고 출자의 신청까지도 있어 준비 사무도 순조롭게 진보되어 이미 만주의 성황을 노정하고, 본 회사를 위하여 동경(同慶)에 불감(不堪)하는 바이다. 현재 설립준비 사무가 진행 중인데 본 회사령에 의한 설립위원의 임명이 있는 대로 동 위원회에 사무가 인계되어 정관 작성, 주금 불입, 창립총회 등 설립 사무를 완료한 후 회사가 설립되고 사장에게 사무가 인계되어 회사의 사업이 개시된다. 하여튼 국책적 특수의 사명을 부담하는 회사이오. 창업시대에는 상당히 고심할 것이므로 신회사의 사업에 대하여 협력 원조를 희망해 마지않는 바이다.

〈자료 130〉 목재자원 확보 근본 방침 결정(동아일보, 1938.03.01, 8면 3단)

전 조선 영림서장회의는 21일부터 5일간 시국에 대응하는 목재의 공급 확보 및 목재자원의 함양에 관하여 신중 협의를 하였는데, 그 결과는 대체 아래와 같은 근본 방침을 결정하였다.

(1) 장기계획으로 삼림자원을 확충하기 위하여 86만 원의 예산으로 1938년도(昭和 13)부터 15년계획으로 국유림의 미입목지 · 산생지 60만 정보에 조림할 터로 식부는 1939년도(昭和 14)부터 개시하기로 했다. 한편 이에 대응하는 조선임업개발회사의 1937년도(昭和 12)

부터 15년계획에 의한 민유림 50만 정보 조림계획은 드디어 오는 3월부터 식림을 행한 것 또는 민간 목재 수요가(需要家)에 국유림을 대부하여 적극적으로 식림을 장려할 것.

(2) 각하의 응급 대책으로는 국유림의 공급량의 증가, 임도의 개발, 활엽수 이용, 기타 목재의 집약 이용을 적극화하고 산금산탄5년계획, 기타의 대량 수요에 지장이 없게 함과 함께 소손목(小損木)의 이용을 행할 것.

〈자료 131〉 산림과장회 개최, 사변하 임정 토의(조선일보, 1938.06.01, 7면 2단)

유무라(湯村) 농림국장 훈시

(…)

생각건대 조선의 73%를 점하는 임야를 정비하지 아니함은 치수상, 산업상 중대 관계를 가질 뿐만 아니라 교통, 위생, 풍치(風致), 민심(民心)의 순화 등 각 방면에 미치는 영향이 심대한 것은 지금 새로 다언(多言)을 요하지 않는 바로 시정 이래 삼림 조성과 경영의 합리화에 노력한 결과 점차 산야의 경관이 개량되고 있는 것은 진실로 동경(同慶)해 마지않는다.

그러나 치산사업의 전도는 아직 요원할 뿐만 아니라 종래의 시설은 주로 국토 보안상 견지로부터 황폐임야 복구에 중점을 둔 것이나 최근 각종 산업의 진전, 특히 섬유공업의 발흥 및 금, 석탄, 지하자원의 개발에 따라 목재 수요가 갑자기 증가하였기 때문에 한층 삼림자원의 함양을 도모하여 각종 용재를 공급함이 한층 긴요하게 되었다. 그 위에는 시국이 종식하고 아니하고 간에 국운 발전상 더욱더 중요성을 가하는 것으로 위 사업의 발달에 노력하여 장래 목재 수급상 유감이 없기를 기하지 않으면 안 된다.

총독부에서는 이와 같은 추세에 비춰서 우선 작년 9월 조선임업개발주식회사를 설립하여 용재림의 조성을 행하기로 했다. 또 금년도 이후 20개년계획을 세워 요존국유임야의 미입목지·산생지의 조림을 완성하기로 하였는데, 다시 민유림에서도 적극적으로 임력의 함양을 도모하고자 민유림 지도 방침의 개정 또는 용재림의 조성 등에 대하여 준비를 진행하고 있는 바이다.

그런데 이에 경계해야 할 것은 민유 임야의 현상은 축적이 극히 박약함에도 불구하고 최근 목재 수요의 증가에 따라 목전의 이익에 현혹되어 과벌을 감행하고 임리(林利)의 보속을 등한히 하는 경향이 있으며 혹은 화전의 남경(濫耕), 낙엽 · 하초의 남채(濫採) 등에 기초한 임야의 황폐 또는 지력의 감퇴를 유치(誘致)한 지방도 적지 않은 사실이 있어서 치산치수상 심히 한심에 불감하는 바이다. 즉 이들에 대하여는 채벌 지도의 적정을 기하는 동시에 삼림 취급의 각종 폐해 방지에 노력할 필요가 있는 것은 물론이다. 금후에도 특히 다음 사항에 유의하여 임업시설의 수행에 한층 노력하여 적극적으로 임력 함양을 도모하여 삼림 수확 보속상 유감 없기를 기하기 바란다.

〈자료 132〉 민유림 증벌 가망(可望)(조선일보, 1938.12.27, 8면 5단)

조선의 임업정책은 치산제일주의에 연원되고 있는 만큼 내지는 물론 선진지역에 비교하여 극히 진보적으로 임업개발회사의 창립과 같은 것은 그것을 입증하는 것이었는데, 더욱이 다음 연도 이후에는 100만 정보 조림계획도 구체화되어 국유림의 조림과 호응하여 진전을 보는 결과 20년 후의 조선을 생각하면 실로 일대 목재지대화가 예견되는 상태이다. 그런데 현재 조선의 국유림 벌채, 민유림 허가 방침은 위의 임업정책 수립 전의 계획에 준거하여 국유림 자체의 천연갱신에 의한 유지력을 고려한 허가 수량으로 되어 있다. 당면의 사정으로 보아 펄프 용재의 수입은 상당량에 달하고 있으므로 이 목재증산계획과 조합하여 어느 정도의 수량은 증벌할 여력이 있다고 한다. 따라서 조선으로서는 다시 증벌할 가능성이 명백하므로 이것은 펄프 용재, 기타에 충당할 수 있는 여력이 생긴 것으로서 주목되고 있다고 한다.

〈자료 133〉 2만여 화전민 정리(조선일보, 1939.05.24, 7면 1단)

임업개발회사에서 국유림을 대부받은 뒤 그 가운데 있는 화전민들과의 말썽이 주목된다. 함남도에는 이 대임야가 얼마나 되는가?

도 산림과의 조사를 보면 대부한 임야는 북청(北靑) 등 7개 군에 1만 5,479정보나 되며 그 가운데 있는 화전민들은 약 2만 호나 된다고 한다. 이것을 대부받고서 조림하기로 된 그 회사에서는 첫 사업으로 그 가운데 있는 화전민들의 정리에 착수하기로 되었다고 하는데, 그 회사의 계획을 들으면 신간금지(新墾禁止)를 하는 동시에 지력이 소모된 곳은 폐경(廢耕)을 시킬 터라고 하며 섬섬 농업을 개량하여서 소위 북조선개척사업과 마찬가지 지도 방침으로 나갈 터라고 한다. 그러나 한편 전임보호원(傳任保護員)을 대량으로 늘려서 화전민들의 연료 채취를 엄중히 취체할 것이라고 하는데 화전민과의 관계가 금후 자못 주목된다.

〈자료 134〉 임업보국에 매진 산림과장회의 석상 농림국장 훈시(조선일보, 1939.07.14, 8면 5단)

(…)

그러나 일지사변[중일전쟁]을 중심으로 관계 열국의 동향은 세계 정세의 변화와 함께 복잡다기한 것이 있어서 성업을 성취하고 사업의 목적을 달성하려면 상당히 장기간에 국민의 총력을 발휘하여 어떠한 곤란과 장해라도 이를 극복할 각오로써 매진하지 않으면 안 될 것이다. 우리 농림 행정에 관계하는 자로서 우선 생산력을 확충시켜 국제 수지의 조정과 총후(銃後) 국민경제의 안족(安足)을 도모하여서 국방 경제의 기초를 공고케 하고 나아가서 농산촌의 진흥을 기하는 것이 현재 가장 긴요한 사항이다. 그런 의미에서 임업은 산림시업의 합리화를 도모하고 삼림자원의 확보·배양에 노력하여 목재, 기타 각종 임산물의 증산과 수급의 원활을 기하는 동시에 치산치수의 기초를 견고하게 함이 제일 우선이다.

그런데 최근 각종 용재의 수요가 격증하기 때문에 과벌을 하여 식벌의 균형을 잃고 삼림의 황폐를 초치하여 목재 공급의 원천을 고갈시키고 생산의 보속(保續)을 해할 뿐만 아니라 국토의 보안을 저해하고, 따라서 산업의 발달을 위협할 염려가 적지 않다. 총독부로서는 재작년 이래 조선임업개발주식회사를 설립할 국유림 조림사업의 확충계획을 수립하며 또 금년도 이래 20개년계획으로써 민유 임야 용재림조성계획을 확립하는 등 적극적 식림 대책의 구현에 노력하는 동시에 일반 민유림에 대해서는 지도 방침을 개정하고 각 도의 협력하에 시업의 합리화를 도모하여 임력(林力)의 보속 증진과 치수 효과의 확보를 기하고 있는 바인데 그 철저를 기하기 위해 「삼림령」의 개정과 임업종묘령(林業種苗令)의 제정 등에 대해서도 현재 고려 중이다.

(3) 조선임업개발주식회사의 산림 경영과 산림자원 수탈

〈자료 135〉 「조선임업개발주식회사 설립 요강」(朝鮮總督府, 1937, 『朝鮮林業開發株式會社設立要綱』, 1~14쪽)

1. 설립 취지

치수사업의 완성은 조선 통치상 가장 중요한 시설임으로써 이를 위해 치산사업의 전면적 촉진이 필요하다. 또한 용재림의 조성은 조선 및 일본의 목재 결핍 실상에 비춰 급속히 그 대책이 필요한 것이 이전에 총독부에서 개최된 치수조사위원회 및 산업경제조사위원회의 답신에 비춰도 명백하다. 따라서 조림의 속행은 치수상 그리고 산업개발상 현재 가장 중요한 사항이다.

조선총독부에서는 일찍이 국유림의 경영에 유의하고, 또 민유림의 조성을 장려해 왔다. 최근에는 치수상 가장 중요한 관계를 가지는 사방사업 15개년 완성계획과 화전정리에 관한 일부의 계획을 세웠지만, 재원의 관계상 국유 · 민유림의 전면적 조림계획을 아직 수립하기에 이르지 못했다. 또 민유림의 조림은 매년 8~9만 정보이지만, 최근 경제계의 영향으로 인해 보조를 받지 못한 민유림의 식재가 점차 감소하고 있다. 그중 생산에 오랜 시간이 필요한 용재림의 경영이 매우 부진한 현상으로 속히 이것의 대책이 필요하다.

생각건대 농촌 임업은 농촌에서 사용하거나 가까운 시장에 공급하는 임산물의 생산을 주로 함으로써 경영의 예상이 쉬울 뿐만 아니라 조성의 방법이 간이하고 또 다수는 단기간에 실적을 거둘 수 있어서 그 실행이 비교적 쉽다. 하지만 용재림은 전혀 이들과 사정이 다르다. 그 이유는 첫째 자금의 고정 기간이 긴 것, 둘째 이윤 회수가 비교적 적은 것, 셋째 가격의 변동과 목재 수입에 의해 경영이 불안정한 것, 넷째 화재 보험, 입목 등기 등 재산 보호의 시설이 불충분한 것, 다섯째 삼림의 경영에 알맞은 금융기관이 없는 것 등의 특수사정에 의해 중 · 소규모의 용재림 경영은 그 실시가 곤란한 상태에 있다.

하지만 만약 내자본에 의해 대면적의 경영을 하면 위의 사정을 현저히 해소할 수 있다. 다만 조선 현재의 대규모 조림 실적에 비춰 보면 용재림의 경영에는 한층 저율의 풍부한 자금과 적어도 수십만 정보의 경영에 따른 사업 및 관리에 필요한 경비를 체감(遞減)할 필요가 있다. 그래서 이러한 대규모의 경영을 보통의 영리회사에 독점시키는 것은 지역주민과의 관계상, 또 용재 수급 조절상 가능한 이를 피하고, 공공성을 가진 특수회사로서 이에 충당하는 것을 적당하다고 인정한다.

다음으로 민간 임업을 개발하는 데는 임산물의 가공 및 수이출, 중소 임업 경영의 수탁 등은 가장 필요한 사항이다. 하지만 현재 이들의 업무를 수행하는 데 충분한 실력이 있는 기관이 없어 매우 유감인 상황이다. 앞서 말했듯이 대규모의 조림 경영 특수회사로서 이를 겸영(兼營)시키는 것은 민간 임업개발상 가장 효과가 많은 시책이다.

이상의 이유로 조선에서 대규모의 조림 경영 및 민간 임업을 담당할 특수회사의 결성이 필요하다. 다행히 조선에는 금후 처분이 필요한 광대한 국유 임야가 있기에 이를 대부해서 조림 경영에 충당하고, 보조금도 교부해서 그 회사의 사업을 조성할 수 있다. 더욱이 회사의 경영상, 그리고 용재 수급에 관한 정책 수행에 필요한 업무상의 감독을 수행하여 이 회사의 목적을 달성하게 한다. 이를 통해 조선의 치산사업을 촉진하고, 민유 임야 경영에 활기를 부여하는 등의 효과가 매우 클 것이라고 믿는다.

2. 사업계획서

1) 회사의 명칭 및 소재지: 조선임업개발주식회사라고 칭한다. 본점은 경성에 출장소는 필요로 하는 지역에 설치한다.
2) 목적: 조선총독부의 방침에 순응해서 조림사업을 경영하고 아울러서 임업개발에 관한 사항을 행한다.
3) 사업
   ① 조림사업의 경영: 국유 임야 약 50만 정보의 대부를 받고, 그중 방화선 및 임도 용지 등을 제외하고 약 42만 정보에 대해 주로 용재림을 경영한다.
   ② 임업개발에 관한 사항: 수지 균형을 맞출 수 있는 범위에서 점차 다음의 사업을 경영한다.
   - 재제사업

- 임산물 및 임업 관계 물자의 매매 알선 및 수이출 사업
- 삼림 경영의 수탁 사업

③ 부대사업: 방화선의 유지 및 임지 이용상의 필요에 따른 임내(林內) 식민(植民) 등의 부대사업을 행한다.

4) 회사 조직의 대요

① 제령에 의해 설립하는 특수회사로서 조선총독이 이를 감독함.

② 자본을 2,000만 엔으로 하고, 이를 40만 주로 나눠 1주에 액면가는 50원으로 한다.

(…)

⑦ 임원은 사장 1명, 이사 3명 이상, 감사 2명 이상으로 한다. 사장은 조선총독이 이를 임명하고, 이사는 주주총회에서 선택하거나 2배수의 후보자 중에서 조선총독이 이를 임명한다. 감사는 주주총회에서 이를 선임한다.

5) 조선총독부의 감독

① 회사는 삼림 또는 삼림으로서 관리해야 할 토지에 대해 시업안을 정하고, 조선총독의 인가를 받아야 한다. 조선총독은 필요할 경우 삼림 또는 삼림으로서 관리해야 할 토지에 대해 시업 방법을 지정할 수 있다.

② 조선총독은 전항 외에 영업상 감독을 한다.

③ 조선총독의 인가를 받지 않으면 이익금의 처분을 할 수 없다.

6) 조선총독부의 보조

① 조선총독부는 21영업년도까지 매 영업년도에 배당할 수 있는 이익 금액이 불입 주금액에 대해 연 5%의 비율에 달하지 않을 때는 이에 달하는 금액을 보조한다.

② 앞항의 보조금은 배당해야 할 이익금액이 불입주금액에 대해 연 7%의 비율을 초과하는 데 이를 때는 그 초과 금액으로서 상환한다.

3. 사업 경영 요강

1) 조선총독부로부터 차수받은 임지 50만 정보 중 방화선 및 임도 용지, 당분간 가치가 없는 임지 및 제지를 제외하고 나머지 42만 정보를 조림용으로 제공하는 것으로 한다. 그

임지 구분은 다음과 같이 한다.

구분	갑종림(甲種林)	제1을종림(乙種林)	제2을종림	합계
전체 면적(정보)	175,000	108,000	217,000	500,000
조림 용지(정보)	150,000	90,000	180,000	420,000
조림지 비율	86%	83%	83%	84%

비고: 갑종림_현재 입목이 있는 임지, 제1을종림_현재 입목이 거의 없는 임지로서 지미(地味)가 양호한 곳, 제2을종림_현재 입목이 거의 없는 임지로서 지미가 보통인 곳.

2) 조림은 가능한 천연력을 이용해서 성림의 안전과 경비의 절약을 도모한다. 대체로 다음과 같이 실시하는 것으로 한다.

① 갑종림은 15개년간 이를 무육하고 16년차부터 벌채해서 천연갱신(경비 1정보당 6엔)을 행하고, 51년차부터 30년 벌기의 용재를 주로 하는 삼림으로 만드는 것으로 한다.

② 제1을종림은 2년차부터 20개년간 침엽수를 식재하고(경비 1정보당 42엔 67전) 26년차부터 평균 1/25씩 벌채하여 51년차부터 30년 벌기의 용재림으로 만드는 것으로 한다.

③ 제2을종림은 2년차부터 20개년간 침엽수를 신식 또는 보식하고, 또 치수림을 무육해서(경비 1정보당 6엔 63전) 41년차부터 1/50씩 벌채하여 50년 벌기의 침엽수 용재를 주목적으로 하는 삼림으로 만든다.

3) 수종은 화재, 병충해 등을 예상해서 소극적으로 계산하여 다음대로 예정한다.

① 매수할 입목 약 390만m^3 중 시업 지역 내에 있는 이용 가능 입목 약 300만m^3를 15개년간 무육해서 677만m^3로 만들고, 이를 16년차부터 매각(1m_3당 17엔 70전의 비율) 한다.

② 조림한 삼림의 수확은 다음대로 한다. 다만 조림 기간은 10년 또는 20년이지만 벌기를 30년 또는 50년부터 하기 때문에 정리 기간의 수확 재적은 다소 증감하는 것으로 한다. (…)

③ 본사에 사장 1명, 이사 2명, 감사 2명을 둔다. 창업 당시 서무, 관리, 조림의 3과를 설치한다. 그 후 9년차까지 민림개발과(民林開發課) 및 임산과(林產課)를 설치한다. 각 과에 평균 과장 1명, 사원 3명, 고원 2명을 둔다. 또 임야 시업계획을 정하기 위해 본사 내에 임시기관으로서 제1차년도부터 만 10개년간 계획과를 두고 과장 1명, 사원 4명, 고원 8명을 배치한다.

④ 출장소는 1개소 평균 10만 정보를 관리하는 것으로 한다. 경상북도 영주, 강원도 춘천, 평안남도 평양, 함경남도 함흥, 함경북도 청진에 각각 설치한다. 각 소를 통틀어서 소장 5명, 서기 5명, 기수 15명, 고원 25명, 그 외 조림비 지변의 임시직원 약간 명을 배치한다.

⑤ 삼림보호구는 2만 정보에 대해 1개소의 비율로서 설치하고, 여기에 산림감수(山林監守) 1명, 산림감수보(山林監守補) 5명, 합계 6명을 둔다. 그리고 이를 다시 다시 5개소의 감시소에 나눠서 주재시키는 것으로 한다. 즉 50만 정보 전체의 감시소는 총 125개소로 하고, 1감시소의 담당 면적은 평균 4,000정보로 한다.

5) 민유림 개발에 관한 사업

① 민유림 경영 수탁 관리는 가능한 본사 경영 임야의 근접한 지방에서 개시하는 것으로 한다.

② 제재 및 임산물의 수이출 등의 사업은 창업 후 충분한 조사를 서둡하고, 각 사업의 수지가 맞춰진 후 조선총독의 인가를 받아서 순차 개시하는 것으로 한다. 따라서 창업 당시의 계획에 게재하지 않는다.

〈자료 136〉 조선임업개발주식회사(朝鮮總督府, 1940,『朝鮮の林業』, 133~134쪽)

최근 문화의 진전과 각종 산업의 개발에 따라 각종 용재의 수요가 증가하고 있다. 게다가 장래 더욱더 증가할 추세에 있음으로써 국책상 속히 용재림의 조성을 도모하여 장래에 용재 공급의 원활을 기할 필요가 있다. 그러나 민간 조림업은 자금, 이윤, 가격의 변동 또는 입목 등기법이 시행되지 않는 등의 관계에 따라 현저히 부진인 상태에 있다.

이러한 상태에서 여러 가지 고민을 한 결과 강력한 기능을 가진 특수회사를 설립해서 조림의 촉신을 도모하고 아울러서 임업개발에 관한 각종의 사업을 행함으로써 용재 수급의 조절을 도모함과 함께 치산사업의 진척을 기하고자 1937년(昭和 12) 9월 1일 자본금 2,000만 엔, 전액 민간출자에 의해 조선임업개발주식회를 창립하기에 이르렀다. 그리고 위 회사는 1937년 제령 제13호 「조선임업개발주식회사령」에 의한 공공성을 가신 특수회사로서 국유 임야 50만 정보의 대부를 받아서 용재림의 경영을 함과 함께 장래 제재사업, 민림의 수탁 경영, 기타 임업개발상 필요한 사업을 행할 계획이다. 1938년(昭和 13)도에 이미 대부 면적 16만 3,000

여 정보에 달하며, 신식, 보식, 성림무육을 합쳐 1만 2,611정보의 조림을 실시했다.

앞에서 말한 것처럼 위 회사는 국책적 사명을 가진 특수회사로서 특히 조선총독과는 밀접한 관계에 있다. 영업상에 관한 감독을 받음과 함께 제21영업년도까지 국고로부터 총액 740만 엔을 보조금으로써 교부받기로 했다. 따라서 회사의 기초가 매우 견고하고 사업 경영 또한 용이하여 조선 임정상 공헌하는 바가 심대할 것이다.

〈자료 137〉 조선임업개발주식회사 영업보고서(朝鮮林業開發株式會社, 1942, 『第六期營業報告書』, 60~70쪽)

1942년(昭和 17) 3월 1일부터 12월 말일까지 제6영업년도의 업무 성적을 수집하여 업무보고서, 재산목록, 대차대조표, 손익계산서, 이익금 및 보조금 처분안을 작성하여 감사의 조사를 거쳐서 이에 보고함.

1. 업무보고서

중일전쟁에서 전개가 확대된 대동아전쟁의 결전 이래 황군의 선전(善戰)에 의해 미증유의 혁혁한 대전과를 거두어 온 것은 참으로 감사 감격해 마지않을 일이다. 이후 전선은 더욱 확대되었고 전국은 장기화됨에 따라 경제 전력의 강화는 필수의 요청에 속하여 당사의 사명 또한 한층 그 중요성을 더하기에 이르렀다.

이번 영업년도는 빛나는 결전 태세하에 몰두하여 그사이 인적 물적 자원은 통제 강화에 의해 사업 경영상 적지 않은 영향을 초래했지만, 비상시국에 대처하고 전원 총력전의 결의를 새롭게 하여 예정 사업의 수행에 매진했다. 그 결과 대개 예상의 성적을 거둘 수 있었던 것은 참 다행이다. 그 업무의 개황은 다음과 같다.

(…)

2) 관리

① 사영(社營) 임야의 차수: 당기에는 신규 차수의 임야가 없다. 따라서 당기말 차수 임야의 면적은 전기(前期) 말 반환한 차수 면적을 공제한 29만 5,607정보이다.

② 임산물의 매수: 본년도 총독부로부터 매수한 임산물은 이미 토지의 차수를 완료한

충청북도 단양군 소재 임야의 입목 3,564m³이다.

③ 보호 관리: 전기 차수 임야에 대해 본년도 말 현재 삼림보호구 18개소, 보호분구 50개소, 청원경찰관 출장소 1개소를 설치하여 오로지 사영림의 보호 관리를 담당하게 하였다. 그 외 지역 촌락에 애림계(愛林契)를 조직시킴으로써 보호진(保護陳)의 강화에 완벽을 기하고 있다.

3) 조림

① 당기에는 신식 및 치수지 보식 1만 8,060정보의 조림을 실시했다. 그 외 치수지 1,845정보에 대해 무육 작업을 실행했다. 그리고 당기는 북선지방에서 미증유의 대한발의 영향을 받아서 성적이 불량했기 때문에 사영림 전체의 활착률이 저하했는데, 가을 조사의 결과 71%를 나타냈다.

② 조림지 정리작업(地拵)

제7영업년도의 조림계획에 의해 조림 예정 면적 1만 3,500정보 중 신식 및 치수지 보식 예정지 약 1만 정보를 선정하여 다음 연도 조림의 준비작업으로서 조림지 정리작업을 실시했다.

4) 묘포의 경영

회사의 기정 계획에 의해 조림사업의 안전 확실과 묘목 수급의 조절을 도모하기 위해 영주(榮州), 춘천, 덕원(德原), 북청(北靑), 단천(端川)에 묘포를 경영했는데, 당기에는 봄가을 시업 이래 장기에 걸친 대한발 때문에 상당한 악영향을 초래하여 예정 생산량의 감소를 보았다. 하지만 다행히 제7영업년도 조림용 묘목은 전부 사영묘포 생산품으로써 공급할 수 있다. 또 일부 잉여묘는 매각할 예정이다.

5) 임산물의 이용

영주출장소 관내 사영림에서 벌채 작업은 시국의 장기화에 따라 작업상 필요한 물자의 배급 통제를 한층 강화하여 작업의 운행상 상당 타격을 초래했다. 그런데 다행히 대개 소기의 성적을 거둘 수 있었다. 또 최근 연료 부족에 따른 목탄 수요의 증대에 대하여 당국의 방침에 순응해서 이것의 증산계획을 수립하고 각 출장소 관내에 목탄 증산에 힘쓴 결과 당기에는 예정 이상의 산출을 보기에 이르렀다. 또 충청북도 관내에 장작의 생산에 착수하는 등 연료 국책에 기여하는 바가 크다.

6) 시업안

당기의 시업안 조사 면적은 1만 3,362정보로서 본 영업년도까지의 편성이 끝난 면적은 25만 8,600정보에 달한다.

7) 손익계산서

단위: 원

이익금		손실금	
예금 이자	58,896	퇴직급여	15,862
채권 수입	362	세금	54,722
산림 수입	8,616	어음 이자	6,314
묘포사업 수입	5,794	임야 대차료	2,806
작벌사업 수입	112,750	잡비	12,549
제탄사업 수입	50,949	건물 상각비	8,790
예탁우사업 수입	4,156	기계 상각비	10,133
수입 수수료	116	기타 상각비	2,474
잡수입	948	집기 손실금	2,595
총수익(A)	242,628	복지시설비	250
		기타	128
		총손실(B)	126,001
순수익(A-B)			116,627

〈자료 138〉 남한의 임업과 조선임업주식회사(United States Armed Forces in Korea, 1948, 『駐韓美軍史』 4, 271~292쪽)

미국 점령 당시 몇몇 산림협회와 공장이 있었고, 군정은 이들에 대해 조사했다. 이 중 가장 규모가 큰 것은 조선임업주식회사(Korean Forest Development Company)로, 1937년 한국의 재조림을 공식 목표로 창립되었다. 이 회사는 40만 주의 주식을 판매했는데 그중 98%를 일본 기업이 매입했다. 출자금은 2,000만 원이었고 주주들은 투자금에 대해 5%의 이자를 보장받았다. 조선임업주식회사는 계약을 맺고 50만 헥타르가 조금 넘는 삼림지를 보유했는데, 그중 17만 헥타르가 38선 이남에 있다. 회사는 산림과의 정부 전문가들이 입안한 계획에 따라 계약 지역에서 나무를 심고 관리해야 했다. 수확도 그들의 지시 아래 이루어졌다. 계약 기간이 종료되면(1958년) 계약 지역의 임산품은 회사가 소유하게 되고, 산림과의 지시를 받아 수확할 수 있었다. 하지만 재조림을 한 토지는 여전히 정부에 귀속되어 있었다. 임원들은 총독이 임명했고 상당한 금액의 상여금을 받았다. 일본군이 철수할 때 많은 주가 상여금을 받은 것이 분명하다. 연평균 운영비는 주주들에게 지급하는 5%의 이자를 포함해 약 200만 원이었고 연평균 수입은 약 30만 원이었다. 적자는 정부 예산과 지출로 메웠다.

3) 산림자원 통제와 소비 억제

(1) 개관 및 자료 해제

1937년 중일전쟁에서 시작된 일제의 침략전쟁은 1941년 아시아태평양전쟁의 발발로 인해 더욱 확대되었다. 미국은 대일자산동결, 대일석유금수조치 등 경제제재를 실시했고, 이에 따라 일제의 대외무역은 봉쇄당하고 말았다. 상당수 목재를 수입해서 소비했던 조선총독부는 미국의 무역봉쇄와 경제제재로 인해 목재 부족 현상이 점차 심화되기 시작했고, 수요를 충당하기 위한 과벌이 광범위하게 행해졌다. 하지만 목재 생산량 증가만으로 폭증하는 전시 목재 수요를 감당할 수 없었던 일제는 군수중점주의하에서 군수와 생산력 확충에 목재를 우선 공급하고 민간의 목재 수요는 되도록 억제하는 민간 수요 통제와 군수용 목재 공출을 실시했다.

이에 따라 조선총독부는 조선 내 민간 수요 통제를 위해 1942년 「조선목재통제령(朝鮮木材統制令)」을 발포했다. 이 법령은 군수 및 중요산업에 필요한 목재를 공출하고, 효과적으로 배급하기 위해 제정되었다. 주요 내용은 목재의 생산, 집하, 배급에 관한 계획을 조선총독부가 직접 계획하고, 그 실행은 「통제령」에서 지정한 조선목재주식회사(朝鮮木材株式會社)[141]가 담당하도록 규정하고 있었다.[142] 이 법령에 따라 국·민유림에서 생산된 목재와 수이입(輸移入) 목재는 모두 조선목재주식회사에서 집하된 이후 각 수요자에 따라 필요한 목재를 배급하는 일

---

141 조선목재주식회사는 목재의 배급 통제를 목적으로 자본금 1,000만 원으로 설립된 국책회사로서 조선임업개발주식회사와 마찬가지로 동척을 최대 주주로 했다(강영심, 1998, 「日帝시기 戰時(1937년~1945년) 林政하에서의 삼림수탈」, 『한국사연구』 102, 277쪽).

142 강영심, 1998, 위의 글, 276-277쪽.

원적 통제가 시작되었다. 조선목재주식회사는 군수 시설에 목재를 우선 배급하는 대신 민수용 배급은 철저히 억제했다. 실제로 1944년 조선의 목재 생산 계획에 따르면 민수용 목재는 전체 생산량의 11.5%에 불과했다.

목재 통제와 함께 연료재에 대한 통제도 실시되었다. 당시 조선총독부는 미국의 석유금수 조치에 대응하기 위해 목탄을 적극적으로 활용하고자 했다. 하지만 당시 조선인들은 연료재로서 주로 장작을 사용하기 때문에 목탄의 생산량을 증가시키기 위해서는 장작의 생산과 소비를 억제해야만 했다. 이에 조선총독부는 1940년 「신탄수급조정규칙」[143], 「조선목탄배급통제규칙」[144], 「임목벌채취체방침」[145]을 발포하여 장작의 생산과 소비를 제한했다. 또한 1942년 「조선신탄배급통제규칙」을 제정하여 장작 · 목탄의 수급 조절과 유통 통제를 일원적으로 실시하기 시작했다.[146] 이처럼 장작과 목탄에 대한 배급 통제가 시작되면서 목탄의 생산량은 1936~1942년간 2배 이상 증가한 반면, 장작 생산량은 같은 기간 31%가 하락했다.[147]

조선총독부가 군수용 목탄 생산을 증가시키기 위해 민간의 장작 생산을 제한하는 신탄 배급 통제를 실시한 탓에 전시체제기 조선인들의 연료난은 더욱 심화되어 갔다. 하지만 연료 부족 문제를 근본적으로 해결할 방법이 없었던 조선총독부는 조선인들에게 연료 절약의 중요성을 강조하며 저온 생활을 강요했다. 그 실천 방법으로서 연료를 대량으로 소비하는 온돌을 개량 혹은 폐지하고, 그 대신 일본식 가옥구조의 도입을 적극 추진했다.[148] 하지만 모든 물자가 부족한 전시 상황에서 궁핍한 생활을 이어 가던 조선인들에게 온돌의 개량이나 가옥구조의 변화는 불가능에 가까운 일이었다. 따라서 조선인들은 연료난 속에서 생활에 필요한 연료를 구하기 위해 산림을 도벌하기 시작했다. 이에 따라 1937년 1만 4,546건이던 「삼림령」

143 「신탄수급조정규칙」은 장작의 원료 취득 시 해당 소유자에 대해 조선총독 및 지방장관이 수량, 가격, 기타 사항을 지정할 수 있는 권한을 주는 조치로 이를 통해 장작 원료 채취 자체를 통제할 수 있는 법적 근거를 마련할 수 있었다(최병택, 2004, 「전시체제 하 일제의 물자수급 및 통제정책: 경성의 신탄(薪炭)수급 통제를 중심으로」, 『역사와 현실』 53, 267-268쪽).

144 「조선목탄배급통제규칙」은 조선총독 및 지방장관이 목탄의 구매, 판매, 반출 등 유통에 대한 모든 사항을 통제할 수 있는 권한을 주는 조치로 이를 통해 목탄에 대한 배급 통제를 실시할 수 있게 되었다(朝鮮總督府, 『朝鮮總督府官報』, 1940.08.10.).

145 「임목벌채취체방침」은 장작 원료 채취에 대한 허가제를 강화한 조치이다(최병택, 2004, 앞의 글, 268쪽).

146 강영심, 1998, 앞의 글, 283쪽.

147 강영심, 1998, 앞의 글, 284쪽.

148 최병택, 앞의 글, 2004, 276-277쪽.

위반자 검거 수는 1940년 2만 6,125건으로 2배가량 격증했다. 아무런 대안 없이 침략전쟁을 위해 내핍만을 강요하던 통제정책은 결국 조선인들의 광범위한 저항에 직면할 수밖에 없었다.

조선총독부의 목재 통제의 배경과 목적에 대해서는 에가시라 토라오(江頭虎雄)가 관변 잡지 『조선(朝鮮)』에 기고한 「조선의 최근 목재 사정과 목재 통제의 필요」(1943)라는 기사를 수록하여 설명한다. 에가시라는 산림기술자로 원래 일본에서 산림기수로 근무하다가 1919년 조선으로 건너왔다. 조선에 온 이후에는 도 산림기수(1932년 이후 기사로 승진)로 근무하면서 지방의 산림 현장에서 다양한 경험을 쌓았고 당시 조선의 목재 사정에 능통한 인물이었다. 따라서 그가 기고한 기사는 당시 조선의 목재 통제정책을 이해하는 데 중요한 자료이다.

목재 통제정책의 주요 내용에 대해서는 「조선목재통제요강」을 수록하여 파악할 수 있도록 했다. 이 자료는 목재 통제의 취지, 목재의 생산 및 수급 현황, 통제 담당 기구, 목재 통제의 범위 등 목재 통제의 주요 내용을 담고 있다. 따라서 목재 통제의 전체상을 파악하는 데 가장 중요한 자료이다. 목재 통제의 중추기관인 조선목재주식회사에 대해서는 「조선목재주식회사 설립 설명서」를 수록하여 설명한다. 이 자료는 조선목재주식회사의 설립 사정, 개요, 사업계획, 자금 등의 내용을 담고 있어 이 회사의 전모를 파악하는 데 중요한 자료이다.

연료재 통제에 대해서는 조선임학회(朝鮮林學會)에서 작성한 『조선의 임산연료대책』을 수록하여 파악할 수 있도록 했다. 조선임학회는 1941년 산하에 조선임산연료대책위원회를 결성하여 전시 연료재 통제에 관한 대책을 연구했다. 그 결과 「연료재 통제 규칙」의 발포, 강력한 연료재 통제 기구의 설립, 민간의 연료재 소비 절약 운동 장려 등과 같은 사항을 결정하고 조선총독부에 이를 제안했다. 따라서 이 자료는 연료재 통제의 배경과 목적을 파악하는 데 큰 도움을 준다.

조선총독부의 연료재 통제정책의 실태 및 조선인들의 저항에 대해서는 《동아일보》, 《조선일보》, 《매일신보》 등의 기사를 수록하여 파악할 수 있도록 했다. 연료재가 취사·난방 등과 같은 일상생활과 밀접한 관련을 맺고 있다는 점을 고려할 때, 연료재 통제는 조선인들의 생활에 많은 영향을 미칠 수밖에 없었다. 따라서 연료재 통제의 실태를 나타내는 기사를 통해 전시하 내핍 강요가 조선인들에게 초래한 고통을 설명할 수 있을 것이다. 또한 조선인들에게 내핍만을 강요하는 조선총독부의 연료재 통제정책에 대해 「삼림령」 위반 등으로 대응하는 기사를 수록하여 강압적인 통제정책의 한계에 대해서 파악할 수 있도록 했다.

(2) 신문·잡지 기사를 통해 본 산림자원 통제와 소비 억제

〈자료 139〉 도벌군(盜伐群) 1소대(小隊)(조선일보, 1938.01.11, 4면 7단)

강원도 통천군(通川郡) 순령면(順嶺面) 소재의 쌍학산(雙鶴山) 국유림을 둘러싸고 온유비(鰮油肥)[149] 제조업자와 도벌자, 운반부 등 관계 피의자 100여 명에 달하는 대규모의 「삼림령」 위반, 장물 수수, 장물 운반, 장물 구매 사건은 얼마 전 원산검사국(元山檢事局)을 거쳐 해당 지청 예심에 회부되었다. 사건의 내용은 동해안에서 어항으로 유명한 고저의 온유비 제조업자 김창성(金昌成) 등 11명은 연료용 나무가 부족한 것을 매입하고자 무지한 농민들이 도벌한 비송(肥松) 수만 관(貫)을 1관에 2전 5리 내지 3전씩 사서 온유비 제조공장에 연료로 사용하였다. 도벌 피의자 김백길(金白吉) 등 50여 명은 밤중을 타서 동년 4월 하순부터 직경 1척 내지 1척 5촌 길이 5자 내지 10척 되는 것을 쌍학산 국유림에서 도벌하여 이계구(李桂求) 외 15명의 우차부와 맥을 통하여 운반하였다고 한다.

〈자료 140〉 군용림 도벌 혐의, 도민 총검거 중(조선일보, 1938.01.16, 4면 10단)

마산부 대안에 있는 저도(猪島)에 사는 도민 10여 호 전부가 금년 가을부터 배를 타고 건너와서 마산중포연대(馬山重砲聯隊) 병영에 들어가 길이 수십 척이나 되는 노송(老松) 50여 주를 여러 차례에 나누어 베어 간 것을 발견하고 마산 헌병분대에서 지난 12일부터 활동을 개시하여 범인을 수색 중이었다. 이후 저도에 사는 도민들이 도벌한 것을 발견하고 즉시 도민 중에서 주모자 7~8명을 검거하여 취조한 결과 도민 전부의 소행으로 판명된 동시에 20여 호나 되는 도민 전부를 총검거하기에 착수하여 맹활동을 계속하고 있다고 한다.

---

149 정어리 기름으로 만든 경화유(硬化油). 화약과 비누의 원료로 사용되었다.

〈자료 141〉 연료 기근의 괴변, 군용림 도벌단(동아일보, 1938.01.19, 7면 6단)

연료 기근에 몰린 주민들이 계획적으로 집단하여 군용지와 국유 임야에 숨어들어 가서 생나무를 도벌하려다가 들켜서 헌병대와 군 임업계(林業係)에 잡혀 있다고 함은 이미 보도한 바이다. 마산헌병분견대에서는 도벌한 그들의 궁박한 실정은 동정할 만하나 군용지는 육군성(陸軍省) 축성본부(築城本部)의 직할지대(直轄地帶)이기 때문에 시국 관계상 금후의 그러한 범행을 미리 방지하기 위하여 엄벌할 수밖에 없다고 한다. 지금 유치 중인 저도 주민 8명에 대하여 취조가 끝나는 대로 검사국으로 송치하게 되리라 한다. 한편 마산중포연대는 요새지대에 인접한 마산만안(馬山灣岸) 국유 임야에서 도벌하던 11명은 창원군 임업계에서 잡아와서 그동안 취조를 마치고 아이들 6명과 성년 1명은 시말서만 받고 방면시키고 나머지는 불구속으로 1건 서류만 송국하게 되리라 한다.

〈자료 142〉 전시체제하의 연료를 국책상 적극적으로 통제(동아일보, 1938.01.22, 3면 1단)

작금 전시체제하에서 연료 국책 수행은 자못 중대한 문제로 되었는데 총독부에서는 휘발유의 소비 절약을 도모하기로 하고 이에 관한 협의회를 20일 총독부에서 니시모토(西本) 상공과장, 호시코(星子) 기사, 니시자키(西崎) 철도국 감독과장, 이바라(井原) 군참모, 키리노(桐野) 해군중좌, 기타 자원과와 경무과 등의 관계관 출석하에 개최했다.

신탄자동차의 장려, 관청용 및 자가용 승용차의 사용 제한, 영업자동차의 휴차제(休車制)의 채용, 가솔린의 제한, 동일 노선 혹은 병행 노선 운행 버스 등의 통일 제한, 휘발유 구입에 대한 표제(標制)의 채용 등에 대해 협의를 한 결과 영업자동차의 휴차제와 휘발유 구입에 대한 표의 채용 사항에 대해서는 아직 연구의 여지가 있다 하여 보류했다. 기타 사항에 대해서는 대체로 다음과 같은 의견이 종합되어 구체적 요항에 관하여는 다시 협의회를 개최하여서 신중히 결정하기로 되었다.

신탄자동차의 장려

자동차의 연료인 휘발유의 대용으로서 신탄가스(薪炭瓦斯)를 이용하는 것은 현재의 내외 정세에 비추어 극히 시기에 적절한 것이다. 따라서 상공성에서는 자동차에 신탄가스 발생기를 붙이는 사람에 대해서는 경비의 약 반액 정도 금액을 교부하여 그 장려에 노력하고 있음으로 조선에서도 금년부터는 트럭과 버스에 대해서 상공성과 같이 장려금을 주요 그 사용을 촉진할 것.

관청용 및 자가용 승용차의 사용 제한

우선 각 관청에서 솔선하여 그 모범을 보이고 자가용 승용차를 가진 사람에 대해서도 동일한 보조로 나아가게 할 것.

가솔린의 제한

조선의 철도 사정에 비춰 돌연히 현재 운전하고 있는 가솔린차를 제한하는 것은 그 영향이 자못 클 뿐만 아니라 실행이 곤란하다. 따라서 앞으로는 절대로 차량과 그 운행 증가를 정지하고 다시 필요에 응해서는 다소의 운행 제한을 강요하더라도 될 수 있는 대로 다른 곳에 지장이 미치지 않도록 속히 준비해 갈 것.

〈자료 143〉 세궁민을 울리는 개성의 신탄 기근(조선일보, 1938.02.11, 7면 3단)

개성 신탄 시장의 나무 값은 작년 이때의 갑절이나 올라서 전년 같으면 한 달구지에 5~6원이면 족히 살 수 있던 것을 지금 시세로는 12~13원을 주고는 말도 붙일 수 없는 형편이다. 부민 중에는 두 방에 불을 때던 집이 한 방 불, 그도 못하는 세궁민은 겨를 사서 때거나 남의 산에 가서 나무를 하다가 들켜 벌금을 물게 됐다는 등 그야말로 신탄 기근이 빚어낸 가지가지의 눈물겨운 참상을 듣게 된다. 오늘날 이와 같이 천정부지로 나무 값이 오르게 된 것은 요즘 산골길이 몹시 빙판이 져서 우차의 통행이 두절된 것도 한 원인이라 하거니와 그보다도 근본 원인은 원체 개성부 외 개풍군(開豊郡) 일대의 산간은 산림이 울창한 곳이 별로 없고 벌거숭이 산이 많기 때문이다. 금년 개풍군 당국에서는 특히 이 점에 유의하여 조림사업으로 50만 주의 묘목을 식수하도록 장려할 계획이라 한다.

〈자료 144〉 신탄 가격 폭등으로 산림 도벌이 격증(동아일보, 1938.12.04, 7면 8단)

개성의 신탄 가격은 일찍이 그 유래를 찾아보지 못할 만큼 폭등되어 7만 부민의 생계에 위험을 주고 있다 함은 누보(屢報)한 바이거니와 이 신탄 가격의 폭등은 또 부대 현상으로 본의 아니게도 도벌의 폐습을 격증시키고 있다. 이로 인해 개풍군에서는 도벌 방지에 주력 중이라고 한다.

〈자료 145〉 신탄 값은 오르고 "왕겨"도 구할 수 없다(조선일보, 1938.12.24, 3면 1단)

강화에 신탄 값은 1934년 한 구루마에 3원 50전 하던 것이 최근에는 8원 50전으로 비등되었으며 솔잎 한 단에도 15~16전 하던 것이 30전 내외라는 고가에 달하였다. 이 가격은 절대 타 지방에 비해 비싼 것은 아니지만 부족한 곳에서 수출해 가는 관계가 크다고 한다. 당국으로도 그 방지 운동에 노력하고 있으나 통제가 되지 않는다고 하며 그 반면 겨울이면 세궁민 등은 "겨"로 살아가는 형편인데 금년 들어서는 정미업자가 일체 작업을 않고 굳게 문을 닫고 있음으로 설상가상으로 앞으로의 세궁민의 겨울살이는 큰 문제라고 한다. 더욱 종래에는 가랑잎 등 속을 많이 긁어다가 사용했지만 이도 당국에서 절대로 금지로 인하여 세궁민의 연료는 걱정거리라고 한다.

〈자료 146〉 1년에 50% 폭등, 경찰 관내마다 조합을 결성(동아일보, 1939.01.20, 3면 1단)

조선에 1개년간 소비되는 장작의 수량은 1937년도의 통계로 13억 6,350만 관(貫)으로 그 가액은 3,650만 원에 달할 것으로 보는데 조선은행의 조사로도 조선 물가 중 이 장작 시세가 상당한 등귀를 보여 1개년간의 33.3% 등귀라는 것은 기보와 같다. 경기도 경제경찰 당국에서는 관내 각 경찰당국의 수집된 정보로 "장작 가격을 인하하라", "장작 가격을 통제하라", "신탄 물가고를 취체하라"는 등 정보가 수집되었다. 당국의 방침으로 작년 12월 20일 현재로 관하 경찰관을 총동원하여 조사한 결과에 의하면 1937년 12월 20일과 현재를 비교하면 동대문(東大門), 용산(龍山), 본정(本町) 경찰서 관내(管內) 20%, 종로(鐘路), 서대문(西大門) 경찰서 관내 40~50%의 등귀라는 것을 알게 되었다. 몬성서 관내 20%는 사실상 20% 이상의 등귀로 보는 것이 당연하다고 한다.

이로 인하여 우선 도매상인을 처음 통제시키고 다음에는 큰 소매상에까지 손을 뻗쳐서 가격의 통제를 실시하는데 대개는 경찰서 관내를 단위로 조직할 모양이라고 한다.

〈자료 147〉 장작 값도 통제 억압!(동아일보, 1939.01.20, 3면 1단)

보온상 소비계급에 중요한 영향을 주는 장작에 대해서는 제반 물가의 등귀를 억제하는 물가위원회에서도, 또 연료 전문위원회에서도 문제되었지만 경제경찰 당국에서 선처하기로 한 이래 여러 가지로 연구를 거듭하던 중 드디어 그 방침을 결정하였다. 다른 상품과 달라서 그 규격을 결정할 수 없으므로 그 무게로 보나 또는 길이나 종류, 여러 가지 점에서 가격 공정이 곤란하다. 설사 여러 갈래로 분류하여 결정된다고 하더라도 결국은 그 취체 문제가 또한 본래의 성과를 낼 수 없으므로 경제경찰 당국에서는 농림국(農林局), 특히 임정과(林政課) 당국과 상공과(商工課)와 협력하여 드디어 방침을 결정하게 되었다.

그 주요점은 장작업자를 중심으로 한 신탄조합(薪炭組合)을 결성시켜 가격의 자치 통제를 시키기로 되었다. 이 조합 결성은 이미 착수하여 평남, 경북 등을 필두로 경제경찰과에서 알선하여서 유력한 도매상인을 망라하여 조합을 결성시키는 동시에 업자 간에 가격을 협정시켜 이것을 당국에서 인정하는 제도로 만일에 그 가격이 부당하다고 하면 인하를 강제하려고 한다.

이 조합조직으로 자치 통제를 실시하기 앞서 각 경제경찰대를 동원시켜서 그 신탄의 원산지에서부터 운임, 기타 비용을 세밀히 조사시켰는데, 그 결과는 실로 막대한 등귀를 보였다. 그리하여 일반 소비계급이 받는 영향이 어떠했을 것을 상상할 수 있다고 하며 가장 까다로우나 철저히 가격 단속을 하기로 되었고 「폭리취체령」까지 발동시키기로 되었다.

〈자료 148〉 신탄 최고 가격 결정, 연료난 완화책으로(동아일보, 1939.01.31, 7면 3단)

최근 연료난이 점차 심각하여 감에 따라 일반 시민들은 생활에 위협을 받던 중 순안(順安) 주재소에서는 벌써부터 신탄 가격을 통제하여 일반의 편리를 얻고자 하였다. 그러나 순안에서 멀지 않은 평양지방이 아직 통제되지 않았으므로 순안이 먼저 통제를 하면 신탄이 평양지방으로 출하되어 오히려 그 난을 초래하는 것이라 생각되어 그 기회를 보고 있었는데 이번 평양에서 그 가격 통제를 한 것을 기회로 곧 착수하여 다음과 같이 결정하였다고 한다. 송엽(松葉)은 최고 가격 1속(束)에 25전, 장작은 1타(駄) 상등품 10원이고 하등품은 8원으로 결정하였다고 한다.

〈자료 149〉 공정가격 무시자에 엄벌주의로 억압(조선일보, 1939.02.02, 3면 1단)

경향은 물론하고 물가가 오르는 한편 석탄, 신탄 등이 일상 생활에 필수품이므로 이를 기회로 소비자를 농락하는 간상(奸商)의 암약도 그칠 새가 없이 각지에 일어나므로 경제경찰관은 이에 시선을 쏘고 있다. 이때 인천부 내의 신탄 가격도 경성부 내의 도매 가격에 준하여 실시하게 되어 현재 인천에서 인천부 내에 신탄의 판매가격 사정도 인천서에서 각 관할 파출소에 통고하였는데 신탄의 판매 사정 가격을 통일하게 되지 않을 때에는 용서 없이 엄벌에 처하리라고 한다.

〈자료 150〉 신탄 가격 폭등으로 격증하는 도벌자(盜伐者)(조선일보, 1939.02.17, 3면 7단)

김포 지방에는 연료 기근으로 일반 시민에 큰 고통을 주고 있다는데, 세민 측에서는 비싼 나무를 살 수도 없고, 생활도 곤란하여 누구의 산이던 함부로 다니면서 나무를 도벌하는 자가 상당히 있는 모양이다. 군청 산림계에서는 지난 9일부터 5일간 연합 취체를 하였던바 「삼림령」 위반자 87명이나 검거하였다고 한다. 그들의 소행은 생활 곤란에 쪼들려 어쩔 수 없이 법령을 위반한 것도 있다. 그러나 법령은 그 사람의 사정 여하를 불구하고 법령에 의하여 처벌하게 되는 것이다. 이와 같은 엄중한 취체와 혹독한 처벌에 걸려들지 않도록 주의할 것이라고 한다.

〈자료 151〉 장작 배급망 정비하고자 신탄시장을 계획(조선일보, 1939.10.04, 3면 4단)

"추운 서울" 부민(府民)의 중요 연료로서 1년 소비고가 100만 원 이상의 거액에 달하는 장작의 합리적인 배급망을 확립하고자 경성부(京城府)에서는 중앙신탄시장(中央薪炭市場)을 계획 중이다. 현재 신탄시장으로는 서대문, 창신정, 서린정 3곳에 부영시장(府營市場)이 있으나 사용면적 합계 1,000평 내외의 좁은 곳으로 1년 매상고 14~15만 원에 지나지 못하는 빈약한 것이다. 뿐만 아니라 「시장령(市場令)」에 의한 것이 아니어서 아무런 통제적 기능을 발휘하지 못하고 있으므로 실제 시세는 수백 명에 달하는 장작 장사의 투기에 좌우되고 있다. 또한 배급이 대단히 원활하지 못한 현상이므로 부 당국에서는 「시장령」에 의한 중앙시장을 만들어 서울에 들어오는 장작은 일단 전부 이곳에 집하되어 중매인의 손을 거쳐 소매상을 통하여 일반 가정에 배급되도록 하는 것이 가장 원활하고 합리적이라는 연구의 결론이 귀착되었다.

중앙시장의 위치는 기차편 관계로 경성역 근처 용두정에 약 1만 평을 물색 중으로 소요 경비 50만 원은 내년도 예산에 계상할 터이다. 신탄 통제기관 설치는 다년간 부민의 요망이 높던 것으로 지금 석탄이 날로 귀해져 감을 따라 장작 쓰는 품이 늘어 갈 형세에 있는 때인 만큼 부 당국의 통제기관을 통하여 값싼 장작이 풍부하게 부민에게 제공될 날이 하루바삐 올 것을 대망하고 있다.

〈자료 152〉 신탄 가격 앙등 일로, 수원 세민 대곤경(동아일보, 1939.10.20, 7면 4단)

요즘 수원지방에는 산탄이 폭등하여 엄동(嚴冬)을 앞둔 일반 세민들을 괴롭게 하고 있다. 대체로 요즘의 신탄 시세는 약 15일 전에 비하여 약 50%나 폭등하였다는데 돈을 주고도 신탄을 마음대로 사기가 곤란하다. 한 달 전에만 하더라도 솔가지 한 바리에 1원 20전에 불과하던 것인데, 가격이 폭등한 후에 엄동이 닥쳐서 세궁민의 생활은 매우 위험을 받고 있다 한다.

〈자료 153〉 개성 연료 가격 폭등(조선일보, 1939.12.05, 3면 1단)

겨울이 깊어 가자 쌀 걱정에 지지 않는 것이 땔나무 걱정인데, 요즘 개성 땔나무 시세는 하등 억제 가격이 없기 때문에 제멋대로 올라만 가고 있다. 즉 일주일 전만 해도 장작 1달구지에 14원 하던 것이 17~18원으로 폭등되었다. 그 중요한 원인은 석탄 기근 때문에 일반 상점 회사에서도 장작을 때는 관계로 소비량이 훨씬 강해지기 때문이라고 한다. 그런데 요즘 장단군에서는 자기 군내의 신탄 기근을 확보하기 위함인지 각 면 요소마다 파수를 세워서 개성부 내로 팔러 들어오는 나무장수는 중도에 돌려보내고 있다. 그런데 과거 개성 7만 부민의 연료 공급은 그중 50%가 장단에서 반입되었던 것인데 하루아침에 이같이 판로를 두절시켜 남부 신탄시장은 빈터를 만들어 놓아 점점 높아지는 신탄 가격의 광등과 함께 세민 생활의 과동책(過冬策)이 실로 한심한 바가 있다.

〈자료 154〉 신탄 가격 통제 단행(동아일보, 1939.12.21, 3면 3단)

동한기로 접어들자 장작 값은 천정부지의 폭등을 보여 일반 수요가 큰 타격을 받을 뿐만 아니라 부산 상인들의 발호로 지방 수요는 돈을 가지고도 살 수 없는 이때 양산군(梁山郡) 산림계(山林係)에서는 생산 수요의 합리책과 나무 값이 비싼 관계로 도벌이 심하여 그 도벌의 방치책으로 지난 15일 관계 당국과 기밀 타협한 후 신탄 가격 통제를 단행하였다. 그 방법은 군내 각 요소에 지정판매인을 선정하여 그 지정판매인 손을 거쳐 판매하리라 하며 지방 수요의 원활을 기하고 그 규격과 통제 가격은 다음과 같다. (…)

〈자료 155〉 신탄 지정상인들의 수수료가 문제(동아일보, 1940.01.09, 4면 5단)

근일 전북 오수지방에 소위 연료 배급을 목표로 하여 신탄배급조합이 생겨나고 거기에 군경 지정판매인제도가 있은 후 그 제도 운영에 있어 일반 생산자나 소비자들의 비난이 높아가고 있다. 아울러서 소위 지정판매인들이 부당 이득을 취하는 일이 있어 오히려 폐단이 많아지고 있다. 그 예를 들면은 낙엽 한 짐에 25관이 장정의 한 짐인데, 매 관당 1전씩 수수료를 취득하게 되니 한 짐에 25전 평균으로 소위 수수료를 받고 있는바 군경 협정가 발표 당시는 매 관당 4리씩 수수료를 제하라는 것을 그같이 무리하게 착취하고 있다. 면사무소 소재지가 매 관당 4전인 것을 4전 5리씩 받고 있으며 거기에도 수수료 4리를 5리씩 받고 있어 도리어 신탄배급제도 운용에 있어 가난한 "나무장사"에게서 80~90전, 나무 한 짐에 25~26전씩 제감되어 가고 있다. 군내 임실, 관촌 등지에 실시 상황을 살피건대 이와 같지 않고 협정가 짐작하여 시장에 나오는 나무를 일반 소비자가 직접 사고 있다 한다.

〈자료 156〉 연료 부족은 부득이(조선일보, 1940.02.04, 3면 5단)

겨울 추위에 나무 걱정은 전국적이겠지만은 함경남도의 신탄 수급이 잘되지 못할 연유는 도 산림과에서 조사한 숫자를 보아서 넉넉히 수급할 수 있다. 도 산림과에서는 그 수급의 만전책을 세우기 위하여서 1년 동안의 수급 조사를 하였는데 그 수급 상태는 다음과 같다.

송신(松薪)으로 보면 소비량이 1억 5,430만 2,017관으로 그 생산은 1억 2,256만 4,600관으로 부족이 3,173만 7,410관이나 된다. 그리고 기타 연료도 수요가 4,417만 700관인데 생산이 4,303만 9,190관으로 결국 부족이 66만 7,530관으로 전후를 합하면 1년 동안의 부족 연료는 3,240만 4,940관으로 연료난을 원칙적으로 구제할 수 없는 것이 수긍된다. 또 목탄도 364만 1,145관이나 된다. 이렇게 수급 관계상 원래 부족되는 현상으로서 함경남도 임무과(林務課)에서는 그 수급 소질에 민책을 디 쓰고 있는데 이 연료난을 해결하는 여부는 도민 생활에 지대한 영향을 주는 것으로서 도 임무 당국의 노력에 신뢰를 하고 있을 뿐이다.

〈자료 157〉 통제조합을 오해하고 생산지에서 출하 중지(동아일보, 1940.07.12, 6면 4단)

대구부 내에서는 신탄 판매업들을 총망라한 대구연료통제배급조합(大邱燃料統制配給組合)을 조직하고 얼마 전부터 실제적 통제에 착수하였다. 원래 대구부민에게 공급되는 장작과 솔개비는 달성(達城)과 경산(慶山), 칠곡(漆谷) 등 인접군에서 대부분이 생산되어 그 부근 촌락 농민의 손으로 대구부 내에 반입되고 있다. 따라서 통제조합의 규격과 협정가격을 계약하는 데는 이를 자유반입 판매자에게 단속을 가할 필요가 있다 하여 위 조합에서는 반입지의 요소마다 검사원을 파견해서 규격과 가격을 지정해 주어 부당한 농간이 없도록 하려고 해 왔다는 것이다.

그러나 실제로는 그들 자유반입 판매자들은 이것을 회피하려고 종종 소충돌이 생기고 검사니 지정가격이니 하는 것은 결국 부내의 신탄 상인이 종전보다 헐하게 사서 이익을 더 보겠다는 혼담(魂膽)이라 해석하고 생산지에서는 출하를 중지하는 등 대립적 태도로 나와 요즘은 농촌이 바쁘기도 하지마는 장작도 그러거니와 솔개비는 더욱 품귀해졌다. 따라서 협정가격이란 것도 잘 시행되지 않는 상태에 있었는데, 이와 같은 생산자 대 통제조합의 관계를 오래 계속해 간다고 하면 일반 부민의 받은바 영향이 매우 크다. 그렇기 때문에 정총대(町總代) 중 오윤정(吳允鋌) 외 8명이 발기인이 되어 7일 오후 1시부터 남산정(南山町) 부영(府營) 버스 사무소에서 부회의원(府會議員), 정조합장(町組合長) 연합으로 대책강구협의회를 개최하려 하였다.

그러나 통제조합은 당국에서도 원만한 기능 발휘를 바라서 지도와 감시를 해 온 터이고 개선할 점이 있으면 강력하게 단행시킬 수 있는 지금 처치에 별로 그와 같은 협의회를 열지 않더라도 될 일이라 하여 대구서(大邱署)에서는 이상 회합은 사전에 중지시키는 동시에 솔개비에 한하여는 어느 기간까지는 검사를 면제하고 자유반입 판매를 인정하기로 하였다고 한다.

그러나 통제조합만은 생산지 방면에서 억측한 것과 같은 동기에서 출발하는 것은 아니고 어디까지든지 부민의 연료 공급과 적정가격 유지에 있는 것이니만치 충분한 기능 발휘를 위하여 앞으로 더욱 조장 협력하리라고 한다.

〈자료 158〉 장작 배급에 수송난, 시세(市勢)의 낙관을 불허-통제가격 여행(勵行)이 급무(매일신보, 1940.11.03, 3면 1단)

점차 싸늘해지는 계절을 좇아 경성부민들은 벌써 김장과 신탄의 파동 준비에 급급하다. 올

겨울 장작 시세는 아무래도 좋지 못할 것이라 예상되고 있다.

요즘 장작이 들어오는 동경성역[청량리역] 신탄 시장의 형편을 보면 하루 평균 20차로서 작년에 비해 절반 수량에도 이르지 못하고 있다. 작년 이맘때 재고량 300차였던 것이 지금은 50차에 불과하여, 그날그날 경성부민들이 때는 나무를 빠득빠득 대는 상태이다. 또한 동대문 신탄시장도 하루 우마차로 10마차가 들어올 뿐인데, 이게 모두 '트럭' 운전이 잘 되지 않는 것과 기차편으로는 화차의 운전 부족과 도외 반출의 제한 때문이다.

작년 눈이 올 때의 하루 장작 소비량은 20차에 이르러 이대로 있으면 장차 닥쳐 올 엄동기엔 도저히 원활한 배급을 할 수 없다. 따라서 목탄과 석탄 소매업은 어느 정도까지 통제가 되어 가고 있으나 장작만은 아직 되는대로 팔아 가격에도 아무런 통일을 보지 못하고 있다. 경성부 당국에서는 장작의 반입 원활과 소매업자의 통제에 손을 대어서 장작 없이는 월동할 수 없는 경성부민에게 안심을 주게 하도록 준비에 착수하였다.

〈자료 159〉 저온생활운동(매일신보, 1941.11.14, 6면 4단)

본격적으로 겨울 추위가 습래할지 몰래 각 가정과 거리에는 모두 시탄 걱정이 상당히 심각해졌다. 장작은 차츰 들어오리라 하거니와 온돌용 석탄과 연탄도 더 추워지기 전에 필사적으로 사야 되겠다는 생각을 하는 것이 경성부민들의 다 같은 심정일 것이다. 하지만 연탄은 긴박하여 가는 이 시국에 단연 생산 방면 산업용으로 가고, 석탄을 가정에서 사용한다 하더라도 최대한 절약하여 임전체제 생활을 확립하지 않으면 안 될 것이다. 경성부민 총력과에서는 겨울철의 저온생활에 대한 운동을 전개시키기로 되었다. 이 취지는 근일 중으로 각 정회(町會)와 애국반장을 동원시켜 각 애국반에 대해 "석탄과 연탄은 생산 공장으로…총후 경성부민은 저온생활으로"라는 표어를 내걸고 한 실천 사항으로 실행하기로 되었다. 학교, 병원, 기타 중요 업무상 다량의 석탄을 사용해야 할 경우가 있다고 하더라도 이 정신을 체득하여 금년 겨울은 백만 부민이 다함께 일선의 장병을 생각하며 저온생활을 감행하도록 일대 운동을 일으킬 생각이라고 한다.

〈자료 160〉 목재는 전력(戰力) 강화에, 개인 배급은 불허, 단체에는 중점 배급(매일신보, 1943.07.27, 6면 7단)

성전을 완수하기 위해서는 모든 것을 전력 증강에 쓰도록 아낌없이 바쳐야 한다. 전국의 진전을 따라 목재의 수요는 날로 방대한 수량을 필요로 하는데 이것을 군용시설, 산업 방면 등 전력 증강에 소용되는 곳에 우선 중점 배급을 하고 나머지로 총후의 주택 건축 혹은 수선용 소구재(小口材) 등 용도에 응하게 하고자 경기도에서는 얼마전 산림과장 회의에서 협의 결정한 목재 배급의 간소화를 꾀하는 목재배급소 규정을 개정했다. 이에 종래의 배급소를 폐지하여 조선목재주식회로써 지점을 두게 하고 개인 단위로 배급하던 기구를 금후는 주택영단, 토목건축협회 등 단체에 중점적으로 배급을 하고 개인에게는 특별한 이유가 없는 한 배급을 허락하지 않기로 했다. 경기도 내의 공판 목재량은 약 50만 석, 그중 도내의 생산량은 25만 석인데, 이것이 모두 이번 새로 설치한 부내 8개처와 수원, 인천, 소사의 11개처의 배급소(공동판매소)에서 종래의 배급기구의 복잡하던 것을 간소화하여 갑, 을, 병으로 분류하여 배급하게 되었다. 이것으로 군수산업 방면에의 수요 목재는 한층 원활하게 될 터이나 일반 개인은 새로운 건축 등은 어려워질 것이다. 하지만 때가 때이니만큼 전력 증강에 모두를 바치는 마음으로 사소한 불편은 참고 오로지 귀축미영(鬼畜米英)을 타도할 각오로 힘차게 부족한 생활을 이겨 나가야 할 것이다.

(3) 산림자원 통제기구의 설립과 유통 통제

〈자료 161〉 조선의 임산연료대책(朝鮮林學會, 1941, 『朝鮮ニ於ケル林産燃料對策』, 1~26쪽)

○ 서론

조선에서 땔감 및 목탄은 가정용, 광업용, 어업용, 가솔린 대용 등으로서 연료의 중요 부문을 점하지만, 그 수요량은 각 지방의 기후, 관습에 의해 소비량에 현저한 차이가 있다. 뿐만 아니라 각종 연료의 공급 관계에 의해 그 사용의 비율을 달리하는 관계상 생산, 소비의 어느 방면에서 봐도 이것의 산정이 매우 곤란한 상태이다. 지금 본회에서 그 수요량을 추산하는데 땔감은 연 10억 관, 목탄은 연 5,000만 관에 달하고 이것의 입목 재적과 현재의 민유 임야 축적을 비교하면 다음과 같다.

산림 총축적: 334,826,000척(尺) 100%

벌채량

-땔감: 20,877,000척 6.2%

-목탄: 4,822,000척 1.4%

-합계: 25,699,000척 7.6%

즉 연료로서 1개년에 총축척 7.6%에 상당하는 수량을 벌채하고 있는데, 이들 임산 연료 소비의 상황은 금후 각종의 자원 관계, 기타 인구 증가, 새로운 용도의 개척 등에 의해 더욱 증가하는 경향을 가지고 있다.

그러나 신탄의 주된 공급지인 민유 임야는 유장령(幼壯齡) 적송림 및 활엽치수림이 많고, 그 축적은 약 3억 3,000만 척으로서 입목지 1정보당 평균 축적은 40여 척에 지나지 않는다. 1정보당 평균 생장량 같은 것도 겨우 4.07척으로 추정되며, 그 총생장량은 3,200만 척을 넘지 않는다. 그리고 임상의 현상이 매우 부법정(不法正)함으로써 연벌량의 산정이 곤란하다. 그렇지만 지금 임산물의 수급, 임야 황폐의 정도, 임산물의 보속 등을 감안한 후 신탄림 표준연벌량을 추정하여 이를 현재에서 벌채량과 비교하면 다음과 같다.

표준연벌량: 17,467,000척 100%

벌채량: 25,699,000척 147%

즉 현재 벌채량은 표준연벌량에 대해 47%의 초과를 나타냈는데, 본 표준연벌량은 전체 입목지를 기초로 해서 산출한 것이다. 현재 경제 사정에서는 현저한 과벌이다. 또한 공출이 매우 곤란해서 연료의 수급 및 자원의 보속상 참으로 우려해야 할 만하다. 이에 속히 일반의 소비량 절약, 대용 연료의 사용 보급을 도모하고 신식의 균형을 지킴과 함께 임야 이용의 합리화, 규격, 가격의 조정, 기타 배급기구의 정비 등에 의해 이것의 공출 및 배급의 원활을 기해야 한다. 한편 근본적으로 임야의 생산력을 증강하고 표준연벌량을 증대시키는 것이 매우 긴요하다.

(…)

○ 통제기구에 관한 사항

1) 속력에 통제규칙을 발포할 것

목탄에 대해서는 통제규칙을 정했지만, 땔감, 기타 임산 연료의 수급 통제에 대해서는 법적 근거가 없어 강제력이 없음으로써 운영상 지장이 적지 않다. (…) 속히 통제규칙을 발포하여 법의 근거가 있는 통제단체를 세울 필요가 있다.

2) 통제기구는 노력해서 강력한 것으로 할 것

① 도 또는 전국을 한 지역으로 하는 집하 배급단체를 결성하기로 할 것.

② 현재 땔감 및 목탄을 각 개별의 기구에서 취급하고 있지만, 이를 일원적으로 통합할 것.

③ 생산 부문은 종래대로 관청의 지도 장려에 의하기로 한다. 본 통제단체는 생산품의 집하에서부터 배급에 이르는 일체의 업무를 행하는 것으로 한다.

3) 소비 절약 및 규정에 관한 사항

다른 연료의 시장 출회 부진 때문에 이에 따른 부족량은 모두 임산 연료에서 구하는 실정이다. 따라서 근래 임산 연료의 수급량은 해마다 현저히 점증하여 임정 부문에서는 이것의 생산을 위해 대량의 과벌을 감행하고 있다. 그리고 이 정세는 금후 상당 연간 계속될 것으로 생각한다. 반면 소비 상황을 보면 상당한 소비 절약 및 규정을 행할 여지가 있다고 생각된다. 따라서 라디오, 신문, 영화, 삐라, 애국일상회 등 모든 기회를 이용하여 민중 운동으로서 소비의 절약 및 규정을 도모할 필요가 있다.

그리고 소비 절약 및 규정의 가장 효과적인 방법은 최소한도의 배급으로써 이에 대해 적극적 방도(통장제, 通帳制)를 강구함과 함께 소극적이지만 다음 방법의 주지와 철저를 도모하여 소비 절약 및 규정의 실제화를 도모해야 한다.

① 저온생활의 장려

② 상용 온돌의 감소

③ 사용인(使用人)에 대한 온돌 아궁이(焚口)의 개선

④ 가연성 폐물의 이용

⑤ 입욕의 자제 감소

⑥ 점심 식사 때 냉반(冷飯)의 장려

⑦ 불량 온돌의 개조, 아궁이 및 연도(煙道)의 밀폐 장려

⑧ 목탄 사용 후의 뜬숯(消炭)의 장려

⑨ 침구의 설비 장려

⑩ 축우의 생사(生飼) 장려

⑪ 대용 연료의 사용 장려

⑫ 개량 연소기(燃燒器)의 사용 장려

〈자료 162〉 「조선목재통제요강」(朝鮮總督府, 1942, 『朝鮮木材株式会社株式引受ノ件』, 157~174쪽)

취지

사업의 진전과 내외 정세의 격변에 따라 목재의 수급은 갑자기 중요성과 긴박성을 초래하고 있다. 하지만 현재 조선에서 목재 산업 기구를 보면 생산, 집하, 수급 모두 자유경제를 탈피하지 못하여 무통제한 업태를 지속하고 있다. 따라서 각 부문 상호 간에 연락이 되지 않고, 시국의 요구에 입각한 기능을 충분히 발휘할 수 없는 상황에 있다. 이를 국가 의지에 기반한 계획경제에 합치되도록 개선·쇄신함으로써 군용재(軍用材), 생산확충재(生産擴充材) 등의 생산을 확보함과 동시에 목재의 수급 조정, 배급의 원활, 가격의 공정을 기한다. 아울러서 삼림자원의 지속·증식에 이바지할 목적으로 목재 통제기구의 확립 및 운용의 완전을 도모하여 성전홍업(聖戰鴻業)의 완수에 기여하고자 한다.

1. 목재 사업의 현상

1) 원목의 생산

① 국유림

국유 임야의 원목 생산 부문인 벌채사업은 반은 관 직영으로 실행하고 나머지 반은 여러 가지 사정에 따라 민간사업에 위임하여 실행하였다. 그런데 민간업자의 벌채사업은 영리를 주로 하고 작업 기술도 유치하기 때문에 임목의 집약적 이용 및 적지 갱신의 완벽을 기하기 어려웠다. 또한 운재 시설과 같은 자본력의 관계상 항구적 시설이 부족하고 사업 실행에 대해서도 업자 간의 연락·통제가 결여되어 인부 및 역우(役牛) 등의 쟁탈을 발생시켜 자재 및 노동력을 낭비했다. 따라서 목재의 생산 원가를 앙등시키는 등 불합리·비경제적인 것이 많아 시국상 서둘러 개선·쇄신할 필요가 있다.

② 민유림

민유 임야의 생산 목재의 대부분은 종래 소경(小徑)의 갱목(坑木)에 맞춰져서 목재 생산은 거의 기대하기 어려운 실정이었다. 하지만 중일전쟁 이후 목재 가격의 등귀에 따라 곳곳에 악질적인 산림 매매 알선업자가 발호하여 임력이 빈약한 임야에서 심한 과벌 내지 조기 벌채의 폐해를 빚어 시정 이래 점차 임상 개선의 실마리를 잡아 나간 민유 임야를 위태롭게 하는 상황에 이르렀다. 이에 따라 목재의 계획적인 생산을 도저히 기할 수 없는 상황이다.

2) 제재의 생산

조선 내의 제재공장은 일부 관영, 나머지 대부분은 민영으로 하였고, 중일전쟁 이래 목재계의 호황에 따라 전국 각지에 마구잡이식 설치가 계속되었다. 또한 그 대부분은 설비의 조잡, 불정비(不整備)로 인해 동력·기재·노동력을 낭비하는 것이 많고, 원료가 부족하여 늘 사업 경영상 안정을 결여했다. 덧붙여 가장 긴밀한 연락을 필요로 하는 원목 생산업지 간에도 거래상 자칫 상극을 야기하는 등 괜히 생산 원가를 앙등시켜 시국하 계획경제 수행상 지장이 적지 않았다.

3) 배급

조선에서의 목재 수요는 매해 증가의 일로를 걸어왔음에도 생산이 이를 따르지 못하여 수급의 불균형이 심화하였다. 그리고 중일전쟁의 발발과 함께 한층 그 질서를 잃어버리기에 이르러 군사 및 생산 확충상 지장이 적지 않았다. 더욱 조선 내 목재 배급기구의 내용을 검토하면 현재의 목재상(木材商)에는 도매 또는 소매상이 있고, 양자를 겸업하는 자도 있으며, 기타 제재업자가 도매상을 겸하고 다시 소매도 겸하는 것도 있어 극히 무통제인 상태로 전국 각지에 정립하였다. 그리고 이들 업자 간에는 각각 사익을 옹호하기 위하여 업종별 또는 업태별 임의조합이 결성되었지만, 그 형태 등이 난잡할 뿐만 아니라 조합 상호 간 연락이 거의 결여되고, 나아가서는 목재 취급이 쓸데없이 복잡하게 되었다. 게다가 취급 수수료 역시 제각각이어서 헛되이 가격 등귀 및 자재의 편재를 초래하여 배급이 원활하지 않은 상태에 있다. 이때 시국의 요구에 대응하기 위해서는 배급기구의 정비 · 확립이 필요하게 되었다.

4) 무역

조선에서의 목재 수요는 최근 갑자기 격증하여 조선 목재만으로는 상당한 공급 부족이 발생하여 중일전쟁 이래 수이입재에 의존하는 방법을 통해 간신히 수급의 조정을 도모했다. 수이출입에 대해서는 「수출입품 등에 대한 임시 조치에 관한 법률」 및 「국가총동원법」에 근거한 명령에 따라 조정기관을 설치하고, 이입에 대해서는 임시적으로 이입 관계 업자와 이입 목재의 최종 판매업자로 하여금 각각 이입목재통제조합 또는 이입목재배급조합을 조직시켜 수입 또는 이입재의 배급 조정을 도모하여 왔다. 그러나 이러한 조정기관은 모두 상호 간 연락을 결여하였기 때문에 통제의 실적을 높이는 데 충분하지 않았다. 특히 이출에 대해서는 하등의 통제가 없는 상태여서 통제기구를 근본적으로 개조하여 일원적 통제하에 철저히 할 필요를 통감하고 있다.

2. 목재계의 현상에 비춰 조치해야 할 사항

목재계의 현상은 전술한 대로 생산을 확보하고 동시에 수급을 조정하여 배급의 원활을 도모할 필요가 있다. 이에 아래와 같이 필요한 각종 조치를 강구하고 시국하 목재계에 요망되고 있는 체세를 마련하고자 한다.

1) 수요량 및 공급량의 조사

목재 수급 조정의 실시 자료로서 조선 내에서의 용도별 · 재종별 수요량 및 생산 가능량을 정확히 조사하고 그 부족량에 대해서는 적절한 수이입 대책을 강구할 것.

2) 수급조정계획의 확립

목재의 생산 및 출하를 계획화하여 예정량의 공출을 확보함과 동시에 집하배급을 규정하기 위해 총독부 또는 도에서 매년 아래의 계획을 수립하고 그 실행을 기할 것.

① 전국적 목재수급계획(총독부)

② 각 도내 목재수급계획(각 도)

③ 목재수이출입계획(총독부)

④ 각 도 간 목재입출하계획(총독부)

⑤ 국유림 목재생산계획(총독부)

⑥ 각 도 민유림 목재생산계획(각 도)

3) 위에 의거하여 확립된 목재수급조정계획의 실행에 해당하는 기관으로 하여금 다음의 도 목재 통제 단체를 조성시켜 관계 관청의 지휘·감독하에 서로 연락, 협조하여 수급의 조정을 할 것.

① 국유림 원목생산조합: 국유림 입목불하 목재의 생산 및 출하를 통제

② 민유림 원목생산조합: 민유림에서의 목재 생산 및 출하를 통제

③ 제재품 생산조합: 제재품의 생산 및 처분 방법을 통제

④ 조선목재주식회사: 조선 목재 및 수이입 목재의 취급 및 배급을 통제

⑤ 목재배급조합: 일반 소비자에 대한 목재 배급을 통제

4) 「목재통제령」의 발포

목재의 수급 조절상 필요한 각종 조치를 실시하고 또 그 철저를 기할 수 있는 강력한 통제 내용을 구비한 「목제통제령」을 발포할 것.

5) 기타의 대책

「목제통제령」의 실시와 관련하여 목재 규격의 제정 및 검사제도의 확립, 공정가격의 개정을 수행한다. 이외에 통제 사무의 지휘·감독을 강화하기 위해 관계 관청의 기구를 정비할 것.

3. 통제 실시 요령

1) 통제의 범위

통제할 목재를 원목 및 제재로 구분하고 생산, 제재, 배급 및 무역의 각 부분에 대해 통제한다. 그리고 동일한 부읍면 내에서 생산·소비되고 있는 1호당 연 40석 이내의 원목은 자가용으로 공급시킨다. 자기의 생산 또는 소유와 관계되는 목재로서 1호당 평균 연간 원목 60석, 제재품 30석 이내를 자가용으로 공급하거나 혹은 생산설비용으로 공급하는 것, 그리고 신탄재 등은 위 통제에 해당하지 않는 것으로 한다. 관영사업에 의한 생산품은 통제기구 내에서 처분하고 협력하는 것으로 한다.

2) 원목 생산업자의 통제

원목의 생산은 국유림 입목불수업자(立木拂受業者)와 민유림 관계 목재업자에 의해 경영지만, 양자는 각각 계통을 달리하기 때문에 다음의 구분에 의해 통제한다.

① 국유림 원목 생산업자의 통제

국유림 입목불수업자로 하여금 그 생산 원목의 생산지구, 운수계통, 지방 사정 등을 고려하여 서선지구, 북선지구, 중선지구 등의 3지구로 구분하고 국유림 생산원목조합을 결성시켜 조합원의 원목 생산 및 배급을 통제한다.

조합의 조직, 업무, 기타 개요는 다음과 같다.

㉮ 조합은 조선총독이 감독하는 특수법인으로 하고 이 설립에 대해서는 조선총독이 지구, 기한을 정하여 조합원 자격을 갖는 자에게 설립을 명하고 동시에 설립위원을 임명하여 설립에 관한 일체 사무를 처리시킬 것.

㉯ 조합은 「목재통제령」에 근거하여 조합원의 원목 생산 또는 배급, 기타의 사업 실행에 관해 관의 지휘 명령을 받아 필요한 통제 업무를 집행함.

㉯ 조합원의 생산 원목은 모두 조합을 경유하여 판매시킬 것.

㉱ 조합의 생산 원목은 조합이 매수하거나 알선에 의해 다음과 같이 매도시킬 것.

제재 자재, 제재품은 생산조합, 기타는 조선목재주식회사

㉤ 조합 역원으로서 이사장 1명, 이사 및 감사 약간 명을 배치할 것.

㉥ 이사장은 조선총독이 임명하고, 이사 및 감사는 조합원 또는 조합원인 법인의 사무를 집행하는 역원 중에서 선임한다. 이사에 대해서는 조선총독의 인가를 받는 자로 한다.

㉦ 조합의 경비는 조합원에게 나눠 부과하고 조합원은 출자 1구좌 이상 갖는 자로 한다.

② 민유림 원목 생산업자의 통제

민유림 관계 목재 생산업자로 하여금 각 도별로 민유림 원목생산조합을 결성시키고 조합원의 원목 생산 및 집하 배급을 통제한다.

조합의 조직, 업무, 기타 개요는 다음과 같다.

㉮ 조합은 도지사가 감독하는 특수법인으로 하고 설립은 국유림 원목생산조합과 같다.

㉯ 조합은 「목재통제령」에 근거하여 조합원의 원목 생산 또는 집하 배급, 기타 사업 실행에 관하여 관의 지휘명령을 받아 필요한 통제 업무를 집행한다.

㉰ 조합원의 생산 원목은 모두 조합을 경유하여 판매한다.

㉱ 조합원의 생산 원목은 조합의 알선에 의해 다음과 같이 매도할 것.

- 관(官)·공(公) 수요의 목재(대량 수요에 한함): 조선목재주식회사를 경유하여 직접 수요자에게
- 생산 확충 용재(대량수요에 한함): 조선목재주식회사를 경유하여 직접 수요자에게(도외 출하 목재는 제외)
- 제재 자재: 제재품 생산조합(도외 출하 목재는 제외)
- 도외 출하 목재: 조선목재주식회사
- 기타 도내 소비자재: 목재배급조합

㉤ 조합의 역원, 경비의 분담 및 출자 관계에 대해서는 국유림 원목생산조합에 준한다.

3) 제재 생산업자의 통제

제재업자로 하여금 조선총독이 지정하는 지구마다 제재품 생산조합을 결성시키고 조합원에 대한 원목의 배급, 제재 및 제품의 배급을 통제한다.

조합의 조직, 업무, 기타 개요는 다음과 같다.

① 조합은 도지사가 감독하는 특수법인으로 하고 설립은 국유림 원목생산조합에 준한다.

② 조합은 「목재통제령」에 근거하여 조합원에 대한 원목의 배급, 제재 및 제품의 배급, 기타 사업 실행에 관해 관의 지휘 명령을 받아 필요한 통제 사무를 집행한다.

③ 조합은 제재 자재를 다음에 근거하여 배급받고 다시 이를 조합원에게 배급한다.

- 관의 생산과 관련된 목재: 조선목재주식회사로부터 배급받는다.
- 국유림 원목생산조합 목재: 관의 지시에 따라 원목생산조합으로부터 배급받는다.
- 민유림 원목생산조합 목재: 도내 목재는 원목생산조합으로부터, 도외 목재는 조선목재주식회사로부터 배급받는다.
- 수이입 목재: 조선목재주식회사로부터 배급받는다.

④ 조합원의 생산과 관련된 제재품은 모두 조합을 경유하여 조선목재주식회사에게 매도하거나 그 알선에 의하여 매도한다.

⑤ 조합의 임원 · 경비의 분담 및 출자 관계에 대해서는 국유림 원목생산조합에 준한다.

4) 배급의 통제

① 중추기관

「목재통제령」에 근거하여 조선목재주식회사를 설립하고 조선 목재의 대부분 및 이출입 목재는 모두 이 회사가 취급하게 한다. 수출입 목재는 수출입 조정기관을 통하여 수출입하게 하고, 조선 내에서의 목재 배급은 일원적으로 통제한다.

회사의 조직 사무 및 기타 개요는 다음과 같다.

㉮ 회사는 조선총독이 감독하고 「목재통제령」에 의거한 주식회사로 한다. 설립에 대해서는 조선총독이 설립위원을 명하여 설립에 관한 일체의 사무를 처리시키거나 기설(旣設) 회사를 지정하여 개조한다.

회사는 목재 관계업자인 다음의 구성으로서 조직한다.

- 원목생산업자

- 제재업자
- 목재 판매업자
- 목재의 대량 수요자
- 대면적 임야 소유자
- 기타 조선총독이 적당하다고 인정하는 자

㉯ 회사는 관의 지휘 명령을 받아 「목재통제령」에 의해 이입재 및 매입 또는 알선에 관련한 목재의 배급을 통제하고 수급을 조정한다.

㉰ 회사가 취급해야 할 목재는 다음과 같다.

- 조선산 원목
- 조선산 제재품
- 수이출입에 관련한 원목 및 제재품

㉱ 회사가 취급하는 목재는 다음과 같이 매도하거나 알선한다.

- 군수 목재: 직접 군으로
- 관공서용 목재(대량 수요에 한함): 직접 수요자에게
- 생산확충용 목재(대량 수요에 한함): 직접 수요자에게
- 제재 자재, 국유림 원목생산조합, 민유림 원목생산조합 중 생산 도내에서 제재된 것은 제외: 제재 생산조합을 통해 제재업자에게
- 기타 목재: 목재배급조합을 통하여 목재 판매업자에게

㉲ 임원으로서 사장, 전무이사 각 1명, 이사 및 감사 각 2명을 둔다.

㉳ 사장 및 전무이사는 조선총독이 이를 임명하고, 이사 및 감사는 주주총회에서 선임하여 조선총독의 허가를 받는다.

② 지방기관

일반 목재의 지방 배급기관으로서 목재 판매업자로 하여금 각 도마다 목재배급조합을 결성시켜 일반 소비자에 대한 배급을 통제한다.

㉮ 조합은 도지사가 감독하는 특수법인으로 하고 설립은 국유림 원목생산조합과 같다.

㉯ 조합은 「목재통제령」 및 관의 계획 지시에 의거하여 조합원에 대한 목재의 배급 및 조합원

의 일반 수요자에 대한 목재의 배급을 통제한다.

㉰ 목재배급조합은 다음의 구분에 근거하여 목재 배급을 받는다.

- 관의 생산과 관련된 목재: 조선목재주식회사
- 국유림 원목생산조합 목재: 조선목재주식회사
- 민유림 원목생산조합 목재: 도내 소비재는 해당 도조합, 도외 생산재는 조선목재주식회사
- 제재품생산조합 생산제재품: 조선목재주식회사
- 수이입 목재: 조선목재주식회사

㉱ 조합의 역원 · 경비는 분담 및 출자 관계에 대해서는 국유림 원목생산조합과 같다.

5) 무역의 통제

배급 통제의 철저를 기하기 위해 목재의 수이출입은 모두 수출입 조정기관을 통하도록 한다.

〈자료 163〉 「조선목재주식회사 설립 설명서」(朝鮮總督府, 1942, 『朝鮮木材株式会社株式引受ノ件』, 108~112쪽)

1. 명칭: 조선목재주식회사(朝鮮木材株式会社)

2. 사업 목적

조선목재주식회사는 조선에서 목재 수급의 조정 및 배급의 원활과 가격의 공정을 도모함을 목적으로 하며, 조선총독의 지시에 기초하여 군수, 관공서, 생산확충 용재, 일반 민수요 등의 판매 또는 판매 알선, 수이출입 목재의 매매, 기타 이에 부대하는 사업을 행하는 것으로 한다.

3. 자본금: 1,000만 엔, 다만 1주에 50엔, 20만 주.

4. 회사의 사업 설비 계획 및 예산의 대요, 자본 조달 방법

1) 사업계획

조선목재주식회사는 다음과 같은 목재의 매매 또는 매매 알선을 한다.

① 원목: 1,442,000m^3

- 관행재(官行材): 485,000m^3

- 국유림 원목생산조합 목재: 209,000m^3
- 민유림 원목생산조합 목재: 678,000m^3
- 이입재: 40,000m^3
- 수입재: 30,000m^3

② 제재: 1,163,000m^3

- 관행재: 106,000m^3
- 제재생산조합재: 860,000m^3
- 이입재: 183,000m^3
- 수입재: 15,000m^3

③ 합계: 3,605,000m^3

2) 설비 계획: 배급 통제의 업무 집행에 필요한 건물을 차용 또는 건축하고 기기를 구입하는 등 기타 필요한 시설을 행함.

3) 예산의 대요, 자금 조달 방법

① 예산의 대요

- 불입사업자금: 5,000,000원
- 차입금: 3,600,000원
- 합계: 8,600,000원

② 내역

- 사입운진자금: 8,262,455원
- 등록세: 15,000원
- 창립비: 50,000원
- 기기 및 기타: 152,545원
- 본점 건물 건축비: 100,000원
- 예비비: 20,000원

4) 수입 예상액

① 수입: 63,835,271원

- 원목 매각대금: 17,984,331원

- 제재 매각대금: 44,906,685원
- 원목 매각알선료: 115,762원
- 제재 매각알선료: 733,341원
- 수입 이자: 94,852원

② 지출: 62,633,406원

- 원목 매수비: 17,286,190원
- 제재 매수비: 42,768,400원
- 창업비 및 감가상각비: 66,700원
- 영업비: 2,511,116원

③ 순수익금: 1,202,865원

5) 이익금 처분 내역

- 세금 충당금: 450,000원
- 법정 적립금: 100,000원
- 별도 적립금: 50,000원
- 직원 퇴직기금 적립금: 50,000원
- 목재 가격 평형자금 적립금: 100,000원
- 주주 배당금(연 6%): 300,000원
- 상여금: 36,000원
- 후기 조월금: 116,865원

〈자료 164〉 조선의 최근 목재 사정과 목재 통제의 필요(江頭虎雄, 1943, 『朝鮮』 336, 33~40쪽)

1. 목재 수급 압박의 현상

최근 목재의 수요는 매년 증가의 길을 걷고 있다. 반면 조선 내의 생산 및 내외지로부터의 수이입 등은 그다지 증가하지 않았기 때문에 수급의 균형을 잃어버렸다. 따라서 목재난의 소리가 상당히 높아지고 동시에 일반 수요자가 갑자기 목재 사정에 관심을 가지게 되었다. 실제 지금까지 일반 민중은 그다지 목재 사정에 무관심이어서 목재의 생산에 어떠한 고심을 기울이거나 멀리 해양을 건너서 북미 및 남양 방면으로부터 수입하는 것 등에는 전혀 무관심으로 이를 낭비해 왔다.

그러나 평시가 아닌 결전 체제하에서는 위와 같이 윤택한 것은 허락될 수 없다. 모름지기 수급 압박의 현상을 충분히 인식하고 그 사용·소비를 철저히 절감하거나 합리화하여 한 조각의 목재라도 낭비하는 일이 없도록 주의해야 한다. 만약 불급(不急)한 건축, 개조, 수리, 기타 목재의 사용은 단연코 이를 중지·시정(是正)해서 전력(戰力) 증강에 가장 필요한 방면의 용도에 조금이라도 많이 유용하도록 협력을 받았다. 또 생산·공출·관계자도 이와 같은 인식을 새롭게 해서 그 증산·공출에 모든 곤란을 배제하고 최선의 노력을 경주해서 수급의 압박을 극복하지 않으면 안 된다.

지금 조선 내에서 목재 수급 압박의 상황을 숫자적으로 나타내면, 먼저 수요 쪽으로는 다음과 같다.

1932년도(昭和 7): 약 550만 석
1940년도(昭和 15): 약 1,500만 석
1943년도(昭和 18): 약 2,000만 석

이처럼 약진적인 격증을 떨치고 있다. 게다가 최근의 수요량은 막연한 희망 수량이 아니라 각각의 계획에 기초한 것만을 집직했기 때문에 일반의 희망하는 수요량에 이르러서는 더욱이 큰 숫자의 것으로 보지 않으면 안 된다.

이에 대해 본년도의 공출 예상량은 매우 세심한 것으로 조선 내 생산량은 국·민유림 목재를 합쳐서 1,000만 석을 겨우 초과할 정도에 지나지 않는다. 조선 산림의 임력으로부터 보면 상당한 과벌이고, 또 수년 전과 비교하면 상당한 증산으로 되고 있다. 다음으로 수이입 목재 쪽은 최근 점차 감소하고 있어서 금년도에서는 수송난 등의 관계에서 많은 수량을 기대하기 어려워서 100만 석만 달성해도 대성공이라고 해야 한다. 작년의 최초 예상은 일본 목재 90만 석, 만주 목재 15만 석 정도였는데, 실제 입하량은 그 50%에도 달하지 않았다. 게다가 수년 전에는 일본 목재만으로 300만 석이나 달하고 있었던 해도 있었기 때문에 최근은 1/3 이하로 감소로 되었다. 게다가 만주 목재는 격감을 나타냈고, 남양목재 등은 그림자도 형태도 보이지 않게 되었다.

이처럼 수급만 심하게 급증하고 생산 · 공출의 방면은 오히려 감소의 경향조차 띠고 있다. 그렇기 때문에 본년도는 전년도 이상으로 수급의 압박이 격화하여 수요 예상량의 50% 정도만 채우면 상승(上乘)의 성적이라고 생각하지 않으면 안 된다.

2. 수급 압박의 원인과 대책

수급의 압박이 이렇게 격화한 이유는 앞에서 서술한 대로 수요량의 급격한 증가와 지금까지 싸게 들여왔던 북미 목재 및 만주 목재가 해당 지역에서 수요 증가와 수송 관계에서 현저히 감소했던 것 등이 주된 원인으로 조선산 목재는 누년 상당히 증산되고 있다. 예를 들면 1938년(昭和 13)의 265만m^3(약 800만 석)에 비하여 30% 및 40%는 확실한 증산이 가능하다.

다음으로 이에 대한 대책은 현재의 시국 내지 국제정세하에서는 수이입 목재의 증가는 도저히 기대하기 어렵기 때문에 이것의 부족분과 금후의 수요 증가량은 조선 내 증산에 기대하는 것 외에는 방법이 없다. 그러나 조선 내의 증산도 여러 가지의 장애가 씨실과 날씨처럼 얽혀 있어서 이를 풀어내는 것은 좀처럼 어려운 일이다. 현재는 증산은커녕 도리어 감산의 경향조차 있다.(…)

3. 목재 증산 대책

(…)현재 목재 관계업자는 수요의 증가에 자극받아서 증산에 초조해하고 있지, 결코 생산에 열이 없는 것은 아니다. 그러나 증산한다고 한다면 곧바로 수많은 장애에 직면해서 머리를 맞고 어깨를 부딪치고 발을 밟는다고 하는 방식으로 마찰면이 매우 많고 크기 때문에 어쩔 수 없이 주저하고 있는 현상이다. 이를 하나하나 예시를 들면 끝이 없지만, 우리들이 모아온 정보의 주된 것을 들어 보면,

① 식량 및 우마의 사료, 각종 생산에 필요한 자재, 의료 배급의 부족 때문에 작업 능률이 매우 저하하고 또 인부의 출역(出役)이 감소하는 것이 심하다.

② 수송 문제로 이는 철도 화차의 불원할, 적재 · 적환(積換) 능률의 저하, 설비의 불충분, 지

방 우마차조합 등의 횡포에 의한 운송 능률의 저하, 임금의 폭등을 들고 있다. 또 운송업 관계자, 특히 운송업자의 독선적 태도의 시정 등도 요구받고 있다.

③ 첫째와의 관계도 있는데, 노동자의 임금 상승 기대와 생활에 어느 정도 여유가 생겼기 때문에 출역을 꺼리는 자가 증가하거나 혹은 변화한 산업에 인부를 흡수당해서 노동력이 부족하다.

④ 목재 가격의 관계, 즉 민유림 목재의 대부분을 점한 소나무처럼 증산 가능성이 가장 큰 수종의 가격이 다른 목재의 가격이나 물가의 상승에도 불구하고 수년간 방치되어서 개정을 보지 않았기 때문에 채산성을 잃는 경우가 많다. 지금 속히 개정해서 크게 증산하여 전나무, 낙엽송 등을 벌채해서 사용하도록 하는 것이 긴요하다.

⑤ 최근 수년에 걸쳐 증벌에 증벌을 거듭해 왔던 결과 벌채 임지가 점차 오지까지 이행되어 작업용 물자의 반입비와 목재의 반출비가 함께 앙등하여 종래의 목재 가격으로는 채산이 맞지 않는 임지가 증가하고 있다. 이에 대해서는 임도의 개설, 최저 가격 보상제도의 마련 등도 좋지만, 미개정의 가격을 속히 개정하는 것이 가장 적당할 것이다.

⑥ 목재 이용 방법의 유치와 불합리, 즉 목재의 형질, 경급(經級)에 의해서 혹은 땔나무(薪材), 갱목, 조선용재, 건축용재라고 하는 형태의 기준이 있음에도 불구하고 이에 신경 쓰지 않고 엉터리로 조재(造材)하거나 사용·소비를 감행하고 있다. 예를 들면 훌륭한 건축용재로 되어야 할 소나무의 대경목을 땔감 혹은 갱목으로 조재하고 있다. 또 산지에서의 조재 및 공장에서 조재 기술이 유치하기 때문에 출재량을 감소하고, 재질(材質)·재가(材價)가 손상되는 것도 결코 적지 않다.

⑦ 일반인, 특히 지방 관헌의 목재 생산에 대한 인식, 동정의 결여이다. 목재업은 매우 이윤이 크다는 옛날 의식에 기초해서 업자의 호소에 대해서도 그다지 귀를 기울이지 않고 목재업자는 높은 인건비 및 운임비, 기타 경비, 기부 등을 당연히 지출해야 한다는 사람이 많다. 따라서 증산운동 등에 의해 이런 인식을 크게 고칠 필요가 있다. 또 최근 신탄의 증산에 힘쓰고 있기 때문에 제일선의 산림관계 직원 등으로서 신탄의 증산만이 그 직책이고, 목재의 생산은 목재업자의 일이라며 수수방관하고 용재를 땔감으로 변경하는 일조차 있다. 이런 관념도 지금 속히 시정할 필요가 있다.

⑧ 기타 불하 또는 벌채 허가 지령의 지체, 산림 소유자의 망설임(思惑), 입목의 불매(不賣),

입목 매매 중개업자의 도량(跳梁)[150], 땔감 공출량의 격증 등 여러 가지의 장애가 일일이 셀 수 없을 정도로 많다.

이들의 장애 사항을 갑자기 전면적으로 제거, 시정하는 것은 도저히 곤란할 것이다. 하지만 목재가 각종 생산 확충 자재로서 장차 전력 증강상 반드시 필요한 중요물자인 것과 그 수급이 심히 압박받는 사정에 비춰 목재 생산업을 중요산업의 하나로 더하든지 이에 준하는 것으로 하면 일반의 인식도 크게 변화해서 증산 저해 사항도 자연히 어느 정도 완화되고 시정될 것으로 생각한다. 또한 그 다수는 관의 힘에 의해서 시작하고 시정해야 할 것이 있기 때문에 관청 측의 선처를 요망하고 싶다.

이렇게 해서 사정이 허락하는 범위 내에서 증산 저해 사항을 제거·시정함과 동시에 증산 단행의 깃발을 높이 들고, 일정의 증산 목표를 정해서 일반에 주지시키고, 시기를 정해서 일제히 대증산운동을 일으켜서 그 실현에 매진한다면 상당량의 증산은 반드시 기대할 수 있을 것으로 생각한다.

4. 사용 소비의 절약과 배급 통제의 필요

목재의 수급 조정 대책으로서 적극적 증산이 필요한 것은 물론이다. 하지만 소극적으로 사용 소비량의 절약, 생산·공출이 곤란하고 수요가 많은 낙엽송, 전나무, 홍송(紅松)[151] 등 우량재의 대용으로서 가까이에 증산할 수 있고 축적이 많은 송재(松材) 및 활엽수를 사용하는 것을 장려해야 한다. 또 고재목(古材木)의 회수, 재생 이용 등도 꼭 실시가 필요한 사항이다.

그러나 이들 소비 절약 대책의 실천은 오랜 기간에 걸쳐 목재의 가치를 자못 낮게 생각하고 남용해 왔던 관습도 있어서 단순한 선전, 장려 정도로는 도저히 기대할 수 없다. 따라서 증산운동과 같은 일대 국민운동에 의해서 일반 민중의 목재에 대한 인식을 시정할 필요도 있다. 하지만 그 대책으로서 가장 효과적이라고 생각되는 것은 배급 통제의 강화에 의한 배급량의 제한, 중점적 배급, 대용재(代用材) 배급 등의 방법에 따라 소비를 억제하고 절약을 강요

150 거리낌 없이 함부로 날뛰어 다님.

151 소나무의 한 가지. 몸이 무르고 결이 매우 고우며, 재목(材木)으로 쓰임.

하는 것이 아닐까 생각한다.

즉 필수 불가결한 최소한도의 수량을 중점적으로 배급하기 위해 대량 수요에 대해서는 배급 알선에 즈음해서 그 용도, 설계, 소요량 등을 충분히 검토하여 불요불급한 설계는 이를 정정해야 한다. 또한 배급량을 감소하거나 혹은 시공을 중지 · 연기하거나 귀중한 자재를 대신하여 보통 자재를 배급하는 것 같은 방식으로 조선목재주식회사 또는 배급조합에서 엄중히 이를 단속하고 시정할 뿐만 아니라 일반 자재의 배급에 대해서는 배급업자를 장려해서 이 방침에 충실히 협력하게 하는 것이 긴요하다.

5. 조선에서 목재 통제의 개요

목재의 생산 · 공출 및 배급의 통제에는 여러 가지 이상적이고 철저한 방법도 있지만, 조선에서 현행의 통제 실시 방법은 이상만 좇을 수 없다. 업계의 현상을 존중하고 또 일시적이라도 생산을 저해하거나 업계를 필요 이상으로 혼란시키는 것이 없도록 각반의 사정을 참작해서 계획하여 결정해야 할 뿐만 아니라 원래 현재 결전 체제하의 실행안으로서가 아니라 영구적 · 상시적 실행안으로서 계획하여 성안되어야 한다. 때마침 그것이 법령으로서 발포되었는데, 직전에 대동아전쟁으로 인해 사회 사정이 크게 변화해 왔기 때문에 그 실행 방법은 법령이 허하는 범위 내에서 상당히 개선이 가해질 것으로 생각된다. 결전 체제하의 여러 물자의 공출 · 배급의 통제가 날마다 강화되어 가고 있는 오늘날에는 다소 불철저하다고 생각되는 점과 통제기구가 지나치게 복잡하다는 점, 그리고 각 기관 상호 간 목재의 흐름에 대해서도 개선 · 고려가 필요한 점이 있다. 이들은 속히 결전 체제에 적합하도록 개선하고, 필요에 따라서는 법령 등의 근본적 개정까지 이르지 않으면 안 될지도 모른다. 그 구체적인 대책은 지금 진행되는 경과를 보고 결정할 필요도 있다. 여기에 이를 발표하는 것은 삼가고 싶은데, 실시요령 결정 당시와 현재의 사회 정세와 다른 사정으로부터 상당한 개선을 요하는 점이 적지 않은 것은 수긍할 수 있다.

다음으로 일반 목재 수요자를 위해서 현행 통제 실시 방법에 입각하여 목재의 흐름, 즉 생산자로부터 수요자의 손에 들어오기까지의 계통에 대해서 이해하기 쉽게 설명하기로 했다.

현재의 통제기관으로서는 생산 부문에는 원목생산조합과 제재생산조합이 있고, 배급 부문에는 조선목재회사와 배급조합이 있다. 각 조합은 대체로 각 도의 구역을 단위로 하고, 각

각 생산 · 공출 또는 배급의 통제를 담당하고 있으며 법령에 의해 인정된 법인 조직이다. 조선목재주식회사는 생산조합과 배급조합의 중간에 개재해서 집하 배급에 관한 중추기관의 역할을 수행하기로 되었다.

그리고 산에서 생산된 목재는 일단 원목조합이 담당하지 않으면 다른 사람에게 양도하는 것이 불가능하다. 생산 원목 중 제재 자재로 되는 것은 제재조합으로, 원목 그대로 사용되는 것은 배급조합으로 각각 총독부의 계획에 따라서 이동한다. 다만 다른 도의 배급조합으로 이동할 경우는 조선목재주식회사의 담당으로 되지 않으면 안 된다.

다음으로 제재품은 제재조합의 알선 또는 매수에 의해서 조선목재주식회사의 손에 모이고, 조선목재주식회사는 총독부의 계획에 따라서 이를 각 도의 배급조합에 분할 배급한다. 다만 특수의 재목, 예를 들면 군수 자재, 관공서 및 생산 확충용 자재 중 전주(電柱), 침목, 광산의 갱목, 갱목 펄프 자재, 조선용 원목 같은 것은 직접 회사로부터 수요자에게 판매되는 것도 있다.

다음으로 각 도 배급조합은 조선목재주식회사 또는 자기 도의 원목조합으로부터 받아 온 목재의 대부분을 조합원인 재목업자에게 건네고, 업자로부터 일반 수요자에게 판매된다. 다만 이윤이 적어서 중간에 일부 업자를 끼지 않으면 구하기 어려운 목재는 이에 한하여 배급조합이 매수해서 수요자에게 직접 판매하거나 구입 알선을 하는 것도 있다.

그리고 각 통제기관 상호 간에 교류해야 할 목재의 종류, 수량은 물론 중점 배급 목재에 대해서는 수요자의 이름, 용도, 종류, 수량까지 조선총독부에서 결정하고, 무분별한 변경은 허락하지 않고 있다. 이렇게 해서 일단 생산자로부터 수요자의 손에 건네지기까지 완전한 통제가 이뤄지는 구조로 되고 있다. 만약 이를 위반하고 통제를 받지 않고 판매한 자에 대해서는 상당히 무거운 벌칙이 적용되었다.

또 수이입 목재도 조선목재주식회사로부터 배급조합을 거쳐서 목재업자의 손에 의해서 판매되고 있는데, 그 수이입은 조선목재주식회사가 독점적으로 인수해서 통제하기로 되었다. 이외에 「통제령」 중에서는 수종, 규격을 정해서 생산을 명령하는 것, 사용 소비를 제한 · 금지하는 것, 입목 및 목재의 가격을 정해서 매도를 명령하는 권한을 조선총독부에서 보류하고 또 제재업 및 목재 판매업을 영업하기 위해서는 허가를 받지 않으면 안 되는 것, 이 영업의 허가를 취소하는 권한 및 영업 상태의 보고를 요구하거나 혹은 현장에 임해 이를 검사하여 단속할 수 있는 권한을 조선총독부가 가지고 있는 것 등이 있다.

6. 결론

이상 요컨대 조선에서 현재의 목재 수급 상황은 매우 핍박받고 있으며, 공출량은 수요량의 절반에도 미치지 못하는 것이 실상이다. 게다가 그 타개책에 대해서는 큰 묘안도 찾아볼 수 없다. 유일의 대책은 조선 내에서의 증산과 사용 소비의 절약이며, 이를 강화 · 철저하게 하기 위해 생산, 공출, 배급의 통제를 실행하는 것이다. 그러나 증산에는 수많은 장해가 얽혀 있어서 좀처럼 쉽지 않다. 또 소비 절약도 단순히 장려만으로는 자못 미온적이고 그다지 실효를 기대하기 어렵다. 결국 배급 통제에 의해서 배급량을 적당히 가감하거나 혹은 중점적인 배급을 확보해서 적극적으로 사용 소비를 억제하거나 그 절약을 강요하는 것밖에 방법이 없다.

목재 통제는 이와 같은 의미에서 시국하 더욱 중요성을 더해 왔다. 따라서 이 중책에 비춰서 그 실시 방법 같은 것도 매우 신중함을 필요로 하고, 끝까지 시국의 요청과 목재계의 실상에 즉응해야 한다. (…) 통제를 위한 통제, 통제기관의 임원 · 직원의 감정 및 개인적 사정에 지배되는 통제, 수수료를 벌기 위한 통제가 있어서는 안 된다. 또 수요자, 생산자, 배급업자에 기울어진 통제도 있어서는 안 된다.

특히 이 결전 체제하에서는 관계 관청도 통제기관도 관계업자도 전부 통제 목적의 달성만을 염두에 두고 자신을 없애고 대국적으로 봐야 하며, 자유경제 시대의 이윤 추구적 구사상을 일소해야 한다. 오로지 전력의 증강, 결전 체제의 완성을 향해서 멸사봉공의 마음이 필요하다. 이는 충실 용맹한 우리의 제일선 장병의 노고에 응하는 총후국민으로서 당연한 의무이다.

4. 산림 관련 법령 및 실행 결과

1) 산림 관련 법령

(1) 법령 목록 및 해제

〈산림 관련 법령 목록〉

연번	법령(명칭/호수/제정 연월일)			출처
1	삼림법(森林法)	법률 제1호	1908년(隆熙 2) 1월 24일	大韓帝國官報
2	삼림령(森林令)	제령 제10호	1911년(明治 44) 6월 20일	朝鮮總督府官報
3	삼림령 시행규칙 (森林令施行規則)	부령 제74호	1911년(明治 44) 6월 20일	朝鮮總督府官報
4	조선임야조사령 (朝鮮林野調査令)	제령 제5호	1918년(大正 7) 5월 1일	朝鮮總督府官報
5	조선특별연고림양여령 (朝鮮特別緣故林讓與令)	제령 제7호	1926년(昭和 1) 4월 5일	朝鮮總督府官報
6	조선임업개발주식회사령 (朝鮮林業開發株式會社令)	제령 제13호	1937년(昭和 12) 6월 26일	朝鮮總督府官報
7	조선목탄배급통제규칙 (朝鮮木炭配給統制規則)	부령 제182호	1940년(昭和 15) 7월 26일	朝鮮總督府官報
8	조선목재통제령 (朝鮮木材統制令)	제령 제27호	1942년(昭和 17) 6월 18일	朝鮮總督府官報
9	조선신탄배급통제규칙 (朝鮮薪炭配給統制規則)	부령 제191호	1942년(昭和 17) 8월 1일	朝鮮總督府官報

조선 산림 관련 법령은 1908년 「삼림법」을 시작으로 많은 법령이 제정되었다. 1908년 1월 24일 대한제국 법률 제1호로 제정된 「삼림법」은 산림의 국유, 민유의 구분을 확정하고 법제화하기 위한 조치였다. 하지만 제대로 된 산림소유권 조사가 되지 않은 상태에서 산림소유자 개인의 소유권 신고(신고주의)에 의존했기 때문에 실적이 매우 부진했다. 또한 대량의 미신고 민유림이 국유림으로 편입되어 추후 산림소유권을 둘러싼 분쟁을 발생시키는 단초를 마련했다. 게다가 조선 산림녹화를 위해 도입한 부분림제도 역시 제도 설계의 문제로 인해 저조

한 성적을 거두는 데 그치고 말았다.

이후 조선총독부는 「삼림법」의 문제점을 보완하기 위해 1911년 6월 20일 「삼림령」을 제정했다. 우선 미신고 산림에 대한 구제책으로서 영년금양한 실적이 있을 경우 조림대부를 받은 산림으로 간주하는 조항을 마련했다. 다음으로 성적이 저조했던 부분림제도를 폐지하는 대신 조림대부를 신설하여 일본 임업 자본의 조선 침투와 산림 집적의 통로를 마련했다. 마지막으로 「삼림법」에서 제한했던 조선인의 산림이용을 부분적으로 인정하여 조선인들의 불만을 완화하고자 했다. 하지만 실제로는 조선인들의 산림이용 관행, 즉 입회관행을 인정하는 경우가 많지 않았기 때문에 조선인들의 산림이용은 여전히 많은 제한을 받았다.

「삼림법」과 「삼림령」의 제정은 임야의 소유권 및 경계 등에 관한 조사가 없이 전개된 탓에 이후 임야 소유를 둘러싼 분쟁이 격증하기 시작했다. 임야소유권 문제를 해결하기 위해 조선총독부는 토지조사사업이 종료될 무렵부터 임야조사사업을 계획하고, 그 근거 법령으로서 「조선임야조사령」을 1918년 5월 1일 제정한다. 이와 같은 법령 제정을 통해 일제는 임야에 대한 신고 · 통지제의 확립, 임야소유권 판정 기구 및 인정 절차의 체계화, 등기제도의 도입 등을 실시할 수 있었다. 그러나 임야조사사업은 소유 · 이용 · 연고 등 권리관계가 복잡한 산림을 일물일권(一物一權)의 배타적 소유권으로 정리고자 했기 때문에 이를 둘러싼 다양한 분쟁이 발생할 수밖에 없었다.

임야조사사업 결과 사정이 완료된 임야 중 국유림은 전체 면적의 58.6%에 달했다. 그중 연고자가 없는 국유 임야는 64.7%, 연고자가 있는 국유 임야는 35.3%를 차지했다. 후자는 임야조사사업 당시 금양 실적이 낮아 소유권을 인정받지 못했던 임야로 산림소유권 및 이용을 둘러싸고 연고를 가진 조선인들과 분쟁이 지속되었다. 따라서 일제는 1926년 4월 5일 「조선특별연고삼림양여령(朝鮮特別緣故森林讓與令)」을 제정해 연고림을 연고자에게 처분하고자 했다. 이를 통해 일제는 해당 임야를 둘러싼 분쟁을 해소하고 나아가 조선인들에게 식림 비용을 전가할 수 있었다.

임야조사사업 이후 임야소유권이 확정되면서 일제는 조림대부제도와 연고림 양여를 통해 불요존국유림을 계속해서 민간에 처분해 갔다. 불요존국유림은 임상이 불량하여 조림사업에 많은 비용을 필요로 하는 임야였기 때문에 민간, 특히 일본 임업 자본에 처분하여 해당 임야의 녹화를 담당시키고자 했다. 하지만 일제의 의도와 달리 일본 임업 자본은 대부받은 임야에 대한 투자를 기피하는 대신 단기적 경영과 소유권 집적에만 관심을 기울였기 때문에 일제가 의도한 산림녹화가 지체되는 현상이 발생했다. 일제는 민간 임업 자본 중심의 녹화사업이 가진 한계를 극복하기 위해 1937년 「조선임업개발주식회사령」을 제정해 국책회사인 조선임업개발주식회사를 설립했다. 이 회사는 조림사업과 용재 생산을 담당하는 국책회사로 회사의 사익보다 조선 산림의 녹화라는 국익을 내세웠다. 하지만 실제로는 조림 중심이 아닌 벌채 중심으로 회사가 경영되었고, 그 결과 일제의 침략전쟁에 필요한 용재를 생산·조달하는 역할을 수행하는 기관으로 변질되었다.

이후 일제의 침략전쟁이 장기화됨에 따라 전쟁에 필요한 목재 수요는 기하급수적으로 증가하기 시작했다. 일제는 침략전쟁에 필요한 목재를 수급하기 위해 조선 산림의 생장량을 초과하는 과벌을 실시했고, 그 결과 조선의 산림은 급격히 황폐화되었다. 조선의 목재 생산력이 한계에 달하자 일제는 목재 수요 및 유통을 통제하기 시작했다. 통제의 방향성은 민간 목재 소비의 억제와 침략전쟁에 필요한 목재의 우선 배급을 향해 있었다. 이를 위해 「조선목탄배급통제규칙」(1940), 「조선신탄배급통제규칙」(1942)을 제정해 민간의 연료재 사용, 특히 조선인이 사용하는 장작에 대한 통제를 실시했다. 이 법령은 조선인들의 일상생활에 필요한 장작 생산을 억제하고, 이를 통해 절감된 나무로 전쟁 수행에 필요한 목탄(가솔린 대용)을 생산하도록 하는 법령이었다. 다음으로 「조선목재통제령」(1942)을 제정해 조선목재주식회사를 중심으로 한 목재의 배급·통제를 실시했다. 이 법령은 국·민유림에서 생산된 모든 목재를 중앙통제기구(조선목재주식회사)에 집하시킨 후 전쟁 수행에 필요한 군사시설과 생산력확충계획에 필요한 각종 시설에 우선 배급함으로써 일제의 침략전쟁을 보좌하는 역할을 수행했다. 이처럼 목재가 군수를 중심으로 배급되자 민간의 목재 공급은 급격히 축소될 수밖에 없었다. 그 결과 조선인들은 일제의 침략전쟁으로 인해 철저히 목재 내핍을 강요받게 되었다.

(2) 산림 관련 법령

〈자료 165〉

① 「삼림법(森林法)」(법률 제1호, 1908.01.24, 大韓帝國官報)

제1조 삼림은 그 소유에 따라 이를 제실림, 국유림, 공유림, 사유림으로 구분한다. 산야는 삼림에 준하여 본법을 적용한다.

제2조 국유 삼림 · 산야의 매각, 양여, 교화 또는 대부 및 국유 임산물의 매각에 관한 규정은 칙령으로 정함. 국토 보안 또는 국유 임야의 경영상 국유 보존이 필요한 삼림 · 산야는 이를 매각, 양여, 교환 또는 대부할 수 없다.

제3조 농상공부 대신은 조림자와 그 수익을 분수하는 조건으로써 국유 삼림 · 산야에 부분림(部分林)을 설정할 수 있다.

제4조 부분림의 수목은 국가와 조림자의 공유로 하고 그 지분은 수익 분수 부분에 균등하게 한다. 부분림 설정 전에 있던 수목은 국가의 소유로 한다.

제5조 농상공부 대신은 다음에 기재한 개소(箇所)를 보안림에 편입할 수 있다.

1. 토지의 붕괴, 유출 방비에 필요한 개소
2. 비사(飛砂) 방비에 필요한 개소
3. 수해, 풍해 방비에 필요한 개소
4. 퇴설추석(頹雪墜石)의 위험을 방비함에 필요한 개소
5. 수원 함양에 필요한 개소
6. 어부(魚附)에 필요한 개소
7. 항행 목표에 필요한 개소
8. 공중 위생에 필요한 개소

제6조 보안은 벌채하거나 개간할 수 없다.

제7조 농상공부 대신은 보안림의 벌목을 금지하거나 또는 제한할 수 있다.

제8조 보안림에 편입함으로써 손해를 입은 삼림 소유자는 그 벌목이 금지된 경우가 발생

하면 직접 손해에 한하여 보상을 청구할 수 있다.

다만 국유 또는 제실림에 대해서는 이 제한을 받지 않는다.

전항의 보상은 보안림 편입에 의해 직접의 이익을 입은 자가 그 책임을 진다.

제9조 농상공부 대신은 보안림 편입의 원인이 소멸하거나 공익상 특별의 사유가 있을 때는 이를 해제할 수 있다.

제10조 농상공부 대신은 보안의 필요가 있는 삼림 · 산야 소유자에게 그 조림 및 보호를 명할 수 있으며 소유자가 전항에 따라 명령 사항을 따르지 않을 때는 농상공부 대신은 이를 행하고 그 비용을 징수하거나 혹은 부분림에 편입할 수 있다.

제11조 삼림에 해충이 발생하거나 또는 발생할 우려가 있을 때는 그 삼림소유자는 즉시 이를 구제 · 예방해야 한다.

전항 경우에 농상공부 대신은 해충의 구제 또는 예방의 필요가 있으면 처치를 해당 삼림소유자에게 명령할 수 있다.

소유자가 전항의 명령을 따르지 않을 때는 농상공부 대신은 이를 행하고 그 비용을 징수할 수 있다.

제12조 농상공부 대신의 허가가 없으면 삼림 · 산야의 개간할 수 없다.

제13조 소유자의 허락을 받지 아니하면 삼림 · 산야에 분묘, 입장할 수 없다.

제14조 지방관 또는 관찰 관리의 허가를 받지 아니하면 삼림 · 산야에 입화(入火)할 수 없다.

제15조 삼림에 그 주부산물을 절취(竊取)한 자는 「형법」 제602조 및 제603조에 준하여 처벌한다.

제16조 타인의 삼림 · 산야를 개간하거나 또는 이에 방화한 자는 「형법」 제669조 단서에 준하여 처벌한다.

제17조 타인 소유에 속한 삼림 · 수목을 상해한 자와 삼림을 위하여 설치한 표식을 이전하거나 또는 훼괴(毁壞)한 자 및 제6조 제12조 내지 제14조의 규정 또는 제7조 명령을 위배(違背)한 자는 금옥(禁獄) 또는 1환(圜) 이상 200환(圜) 이하 벌금에 처함.

제18조 본법을 시행함에 필요한 명령은 농상공부 대신이 이를 정한다.

② 「삼림령(森林令)」(제령 제10호 1911.06.20, 大韓帝國官報)

제1조 조선총독은 국토의 보안, 위해의 방지, 수원의 함양, 항행의 목표, 공중의 위생, 어부(魚附) 또는 풍치를 위하여 필요하다고 인정하는 때에는 삼림을 보안림으로 편입할 수 있다.

제2조 보안림에서는 지방장관의 허가를 받지 아니하면 삼림의 손질이 아닌 목죽의 벌채 또는 개간을 하거나 낙엽·절지(切芝)·토석·수근·초근의 채취·채굴 또는 방목을 할 수 없다.

제3조 조선총독은 공익상 필요하다고 인정하는 때 또는 보안림으로서 존치할 필요가 없다고 인정하는 때에는 보안림을 해제할 수 있다.

제4조 조선총독은 임업 행정상 필요하다고 인정하는 때에는 삼림의 소유자·점유자에게 영림 방법을 지정하거나 조림을 명할 수 있다.

제5조 조선총독은 제1조의 목적을 위하여 필요하다고 인정하는 때에는 보안림 이외의 삼림에 대하여 개간 금지 또는 제한을 할 수 있다.

제6조 국유 삼림으로서 국토 보안 또는 삼림 경영을 위하여 국유로서 보존할 필요가 있는 것은 공용·공익사업을 위한 경우를 제외하고 매각·교환·양여할 수 없다.

제7조 조선총독은 조림을 위하여 국유 삼림을 대부받은 자에게 사업이 성공한 경우에 특별히 그 삼림을 양여할 수 있다.

제8조 ① 국유 삼림에 입회의 관행이 있는 현지 주민은 관행에 따라 그 삼림의 부산물을 채취하거나 방목할 수 있다.

② 조선총독은 전항에 규정한 입회 구역을 지정하거나 변경할 수 있다.

제9조 ① 조선총독은 전조의 현지 주민에게 입회 구역의 조림을 명할 수 있다.

② 전항의 명령을 받은 자가 사업에 성공한 때에는 그 토지를 양여할 수 있다.

제10조 ① 조선총독은 현지 주민에게 국유 삼림의 보호를 하게 하고, 보수로 산물의 일부를 양여할 수 있다.

② 전항의 삼림 보호에 대하여는 현지 주민이 연대하여 책임을 진다.

③ 현지 주민의 고의 또는 중대한 과실로 인하여 삼림에 손해가 발생한 때에는 배

상하게 할 수 있다.

제11조 조선총독은 공용 또는 공익사업을 위하거나 이민단체용으로 필요한 때에는 국유 삼림을 양여할 수 있다.

제12조 ① 국유 삼림의 양여를 받은 자가 양여 조건에 위반한 때에는 이를 반환하게 할 수 있다.

② 전항의 규정에 의하여 반환하게 한 경우에는 그 삼림상에 설정한 제3자의 권리는 소멸한다.

제13조 ① 조선총독은 다음 각호에 해당하는 경우에는 국유 삼림의 산물을 양여할 수 있다.

1. 공용 또는 공익사업을 위하여 필요한 때
2. 비상재해가 있는 경우에 이재자에게 건축 수선의 재료 · 연료를 공급하기 위하여 필요한 때

② 전항에 규정하는 것을 제외하고 삼림 손질을 위하여 고용한 현지 주민에게 보수로 채취한 산물을 양여할 수 있다.

제14조 국유 삼림의 매각 · 교환 · 대부 또는 산물의 매각에 관한 방법은 조선총독이 정한다.

제15조 지방장관은 삼림의 사용 수익에 관한 폐해를 교정하거나 해충의 구제 또는 예방을 위하여 공익상 필요한 명령을 할 수 있다.

제16조 조선총독은 삼림의 소유자 또는 점유자, 제9조 또는 제10조의 현지 주민에게 공동으로 삼림의 보호 또는 조림사업에 종사하게 하기 위하여 필요한 명령을 할 수 있다.

제17조 조선총독은 이 법령에 규정한 직권의 일부를 지방장관에게 위임할 수 있다.

제18조 경찰 관리의 허가를 받지 아니하면 삼림 또는 이에 근접한 토지에 불을 놓을 수 없다.

제19조 ① 타인의 삼림에 방화한 자는 10년 이하의 징역에 처한다.

② 자기의 삼림에 방화한 자는 3년 이하의 징역 또는 300원 이하의 벌금에 처하고 타인의 삼림을 소훼한 자는 5년 이하의 징역에 처한다.

제20조 삼림에서 산물을 절취한 자는 3년 이하의 징역 또는 300원 이하의 벌금에 처한다.

제21조 앞 2조의 미수죄는 벌한다.

제22조 다음 각호에 해당하는 자는 200원 이하의 벌금에 처한다.

1. 조림 명령 또는 영림 방법의 지정에 위반하거나 제2조의 규정에 위반한 자

2. 제5조의 금지 또는 제한에 위반한 자

3. 제18조의 규정에 위반한 자

4. 삼림에서 실화를 하거나 고의로 불을 피운 자

5. 고의로 타인의 산림을 개간한 자

제23조 타인의 삼림에 설치한 표지를 이전 · 오손 · 훼괴한 자는 50원 이하의 벌금 또는 과료에 처한다.

제24조 조선총독은 필요하다고 인정하는 때에는 명령으로 원야 · 산악, 기타 토지에 이 법령의 전부 또는 일부를 준용할 수 있다.

③ 「삼림령 시행규칙(森林令施行規則)」(부령 제74호 1911.06.20, 大韓帝國官報)

제1장 총칙

제1조 ① 다음 각호에 관한 사항은 지방장관이 처리하여야 한다. 다만, 별도로 지정하는 국유 삼림에 대하여는 그러하지 아니하다.

1. 면적 30정보를 초과하지 아니하는 일시한(一時限) 대부 또는 면적 5정보를 초과하지 않는 계년기(繼年期) 대부
2. 보안림 이외의 삼림 산물로서 재적 500척체, 가액 50원을 초과하지 않는 것의 처분
3. 도벌, 소손(燒損), 고손(枯損), 풍손(風損), 기타 피해에 관계한 산물의 처분

② 지방장관은 전항의 처분을 한 때에는 보고하여야 한다.

제2조 ① 국유 삼림의 매각 · 교환 · 양여 · 대부 또는 그 산물의 연기매각을 받고자 하는 자는 도면을 첨부하여 조선총독 또는 지방장관에게 신청하여야 한다. 그 대부 또는 연기매각의 경우는 사업계획서도 첨부하여야 한다.

② 전항의 출원인 또는 출원에 근거한 계약 당사자가 2인 이상인 때에는 1인의 대표자를 정하여 신고하여야 한다.

제3조 ① 전조의 출원인 또는 계약 당사자가 조선에 주소를 가지지 아니하는 때에는 가주소를 정하 여 조선총독 또는 지방장관에게 신고하여야 한다.

② 출원인 또는 계약 당사자가 2인 이상인 때에는 전항의 규정은 그 대표자에 한하

여 적용한다.

제4조 「삼림령」 또는 이 법령에 규정하는 삼림 · 토지 또는 입목의 소유자나 점유자의 권리 · 의무는 그 소유권 또는 점유권과 함께 승계인에게 이전한다.

제5조 「삼림령」 또는 이 법령의 규정에 의하여 행한 수속, 기타 행위는 삼림 · 토지 · 입목의 소유자 또는 점유자의 승계인에 대하여 그 효력을 가진다.

제6조 「삼림령」 또는 이 법령의 규정에 의한 서류의 송달을 할 수 없는 때에는 『조선총독부관보』 또는 지방관청의 공포식에 의하여 공시한다. 그 공시한 날부터 30일을 경과한 때에는 그 말일에 도달한 것으로 본다.

제7조 ① 「삼림령」 및 이 법령은 산야에 준용한다.

② 「삼림령」 및 이 법령 중 보안림에 관한 규정은 삼림 · 산야 이외의 토지에 준용한다.

③ 전항의 규정에 의하여 보안림에 편입된 토지에 대하여는 「삼림령」 제4조 · 제18조 내지 제23조, 이 법령 제9조 · 제10조 및 제39조 내지 제43조의 규정을 준용한다.

제8조 영림창 소관 삼림의 산물의 매각에 관하여는 별도로 정하는 바에 의한다.

제2장 보안림

제9조 보안림의 편입 또는 해제는 지역을 지정하여 『조선총독부관보』에 고시한다.

제10조 보안림의 소유자 · 점유자에 변경이 생긴 때 또는 그 지형이나 임상에 현저한 이상이 생긴 때에는 소유자 또는 점유자는 지체 없이 지방장관에게 신고하여야 한다. 다만, 소유자 또는 점유자가 변경된 경우에는 상속에 의한 경우를 제외하고 신 · 구 권리자의 연서를 요한다.

제11조 「삼림령」 제5조의 금지 또는 제한에 대하여는 제9조의 규정을 준용한다.

제3장 국유 삼림의 대부

제12조 국유 삼림의 대부를 받은 자는 즉시 경계표를 건설하여야 한다.

제13조 국유 삼림의 차수인은 조선총독의 허가를 받지 아니하면 계약에 명시한 것을 제외하고 그 산물의 수득을 할 수 없다.

제14조 조림의 목적으로 국유 삼림의 대부를 한 경우에 그 삼림의 천연치수는 성림한 때에

차수인의 소유로 한다.

제15조 국유 삼림의 차수인은 대부지에 이상이 생긴 때나 관리인을 둔 때 또는 이를 변경한 때에는 그 취지를 조선총독 또는 지방장관에게 신고하여야 한다.

제16조 국유 삼림의 차수인은 허가를 받지 아니하면 그 삼림을 전대하거나 그 권리를 양도 또는 담보로 제공할 수 없다.

제17조 ① 다음 각호의 1에 해당하는 경우에는 대부지의 전부 또는 일부를 반환하게 하여야 한다.

1. 지정의 기간 내에 대부료를 납부하지 아니한 때
2. 조림 또는 목축을 위하여 대부한 경우에 사업이 진보되지 아니하거나 성공의 전망이 없는 것으로 인정된 때
3. 법령 또는 계약에 정한 사항에 위반한 때
4. 착오에 의하여 대부를 한 때
5. 공용 또는 공익사업용으로 제공할 필요가 생긴 때

② 전조 제1호 내지 제3호의 경우에 대부지의 반환을 명받은 때에는 차수인에 대하여 그 대부지에서 얻은 부당이익의 반환 · 입목의 기권 또는 공작물의 철거, 기타 원상회복을 위하여 필요한 조치를 명할 수 있다.

③ 제1항 제4호 또는 제5호에 의하여 대부지를 반환하게 한 때에는 대부료의 일부 또는 전부를 환부하여야 한다.

제4장 국유 삼림 및 그 산물의 매각

제18조 다음 각호의 1에 해당하는 경우에는 일정 구역에서의 국유 삼림의 주산물을 그 종류 및 수량을 지시하여 10년을 초과하지 아니하는 기간에 매년 분할 인도하는 방법에 의하여 연기매각에 부칠 수 있다.

1. 특별한 설비를 하지 아니하면 산물의 이용이 곤란한 때
2. 특별한 설비를 하는 때에는 산물 이용의 정도를 현저하게 증진하여야 하는 때

제19조 연기매각을 받은 자가 사업계획을 변경한 때에는 조선총독에게 신고하여야 한다. 다만, 설비의 변경에 대하여는 조선총독의 허가를 받아야 한다.

제20조 ① 국유 삼림 또는 그 산물에 대하여 매각의 허가를 받은 자는 조선총독 또는 지방장관이 지정한 기간 내에 그 지정의 계약보증금을 납부하여야 한다. 다만, 공용 또는 공익사업을 위하여 하는 매각 또는 대금이 100원 미만인 경우에는 계약보증금을 징수하지 아니하여야 한다.

② 전항의 계약보증금은 산물 매각의 경우에는 그 산물의 반출이 끝날 때까지 환부하지 아니하여야 한다.

제21조 주산물의 근주(根株)는 특별히 계약한 경우를 제외하고 매각 물건에 중에 포함하지 아니한다.

제22조 ① 연기매각의 경우에는 조선총독은 매년 인도하여야 하는 주산물의 종류 · 수량 · 대금 · 작벌 개소, 기타 계약 이행에 필요한 사항을 정하여 매수인에게 통지한다.

② 당해 관리가 측정한 전항 주산물의 수량에 대하여는 매수인은 이의를 제기할 수 없다.

③ 매수인은 전항의 측정에 입회할 수 있다.

제23조 매수인은 매각 물건의 인도 또는 채취 허가를 받지 아니하면 그 물건에 대하여 일체의 처분을 할 수 없다.

제24조 매각 물건의 수량 · 품질 또는 면적에 착오가 있거나 그 물건에 숨겨진 하자가 있어도 매수인은 이의를 진술할 수 없다. 연기매각의 경우에 영림계획의 변경으로 인하여 매각 물건의 수량 또는 작벌 면적에 변경이 생긴 때에도 같다.

제25조 조선총독 또는 지방장관은 영림상 필요하다고 인정되는 때에는 산물의 매수인에 대하여 벌채 · 채취 또는 반출의 방법을 지정하거나 제한할 수 있다.

제26조 조선총독 또는 지방장관은 산물 매수인이 포기한 물건이 조림상 현저하게 장애가 있다고 인정되는 때에는 매수인에게 그 장애물을 제거하게 할 수 있다.

제27조 조선총독 또는 지방장관은 산물의 매수인에게 그 벌채 · 채취 · 반출 시에 부정행위가 있다고 인정되는 때에는 그 물건을 차압하거나 벌채 · 채취 또는 반출의 정지를 명할 수 있다.

제28조 ① 매각한 산물의 반출 또는 채취 기간은 주산물은 인도 후 3년 내, 부산물은 채취 허가일부터 1년 내로 지정한다.

② 매수인은 부득이한 사유로 인하여 지정기간 내에 반출 또는 채취를 종료하지 아니하는 때에는 그 출원에 의하여 특별히 연기를 허가할 수 있다.

제29조 산물의 매수인은 그 반출·채취 또는 제26조에 규정한 조림 장애물의 제거를 종료한 때에는 조선총독 또는 지방장관에게 신고하여야 한다.

제30조 산물의 매수인이 지정기간 내에 반출 또는 채취를 종료하지 아니하는 때에는 그 권리를 포기한 것으로 본다.

제31조 수의계약에 의한 산물의 매수인은 조선총독 또는 지방장관의 허가를 받지 아니하면 반출·채취 미필의 산물 또는 연기매각 계약에 의하여 발생한 권리를 양도하거나 담보로 제공할 수 없다.

제32조 ① 다음 각호의 1에 해당하는 경우에는 조선총독 또는 지방장관은 삼림 또는 그 산물의 매각 계약을 해제할 수 있다.

1. 지정 기간 내에 매각대금을 납부하지 아니한 때
2. 제23조의 규정에 위반한 때
3. 매수인이 법령 또는 계약상의 의무를 위반한 때

② 전항의 규정에 의하여 계약을 해제한 때에는 계약보증금은 국가의 소유로 귀속하게 하고 계약보증금이 없는 때에는 위약금으로 매각대금의 12/100에 상당하는 금액을 징수한다.

제33조 ① 특별히 용도를 정하여 국유 삼림 또는 그 산물의 매각이나 양여를 받은 자는 조선총독 또는 지방장관의 허가를 받지 아니하면 그 용도 외로 사용하거나 양도할 수 없다.

② 전항의 규정을 위반한 경우에는 위약금으로 매각대금의 반액 또는 물건의 상당가격을 징수할 수 있다.

제34조 ① 연기매각을 한 후 법령의 결과 또는 공용이나 공익상의 필요에 의하여 조선총독이 작벌의 제한·정지 또는 금지를 하여도 매수인은 이의를 제기할 수 없다.

② 대금 납부 완료에 관계된 물건으로 전항의 제한·정지 또는 금지에 의하여 작벌을 할 수 없는 것이 있는 때에는 상당 대금을 환부하거나 그 물건은 국가의 소유로 한다.

제5장 국유 삼림의 입회 및 보호

제35조 「삼림령」 제8조의 입회관행이라 함은 주거지 주민의 전부 또는 대부분이 국유 삼림의 일정 구역에 한하여 영년 부락용 또는 자가용으로 제공하는 산물의 채취 또는 방목용으로 제공하는 관행을 말한다.

제36조 ① 「삼림령」 제10조에 의하여 국유 삼림의 보호를 명받은 자는 다음 각호의 의무를 부담한다.

1. 화재의 예방 및 소방
2. 도벌 · 침간, 기타 가해 행위의 예방 및 방지
3. 유해동물의 가해 예방 및 구제
4. 경계표, 기타 표시의 보존
5. 치수의 보육
6. 전 각호 외에 삼림의 보호에 관하여 지방장관이 명령하는 사항

② 전항의 의무자는 지방장관의 허가를 받지 아니하면 삼림의 손질을 위하여 벌목하거나 생가지를 채취할 수 없다.

제37조 다음 각호의 1에 해당하는 경우에는 전조의 의무자는 즉시 지방장관에게 신고하여야 한다.

1. 보호하여야 하는 삼림 또는 그 입목에 이상이 생긴 때
2. 삼림 손질, 기타 명령을 받은 행위를 종료한 때

제38조 ① 다음 각호의 산물은 제36조의 의무자의 소득으로 한다.

1. 고목 · 쓰러진 나무 및 마른 나뭇가지
2. 삼림 손질을 위하여 벌채한 수목 및 지조
3. 토지의 형질을 변경하지 아니하고 채취할 수 있는 부산물

② 전항 외에 지방장관은 특별히 자가용 또는 부락용으로 제공하여야 하는 산물을 양여할 수 있다.

제6장 삼림경찰

제39조 ① 경찰관리는 「삼림령」 제18조에 의하여 화입(火入)을 허가한 때에는 화입허가증

을 교부하여야 한다.

② 전항의 허가증은 화입자가 화입 시에 휴대하여야 한다.

제40조 화입의 허가를 받은 자는 근접하는 삼림의 소유자 또는 관리자에 대하여 미리 그 기일을 통지하여야 한다.

제41조 이 외에 연소의 우려가 있다고 인정되는 때에는 경찰관리는 화입자에 대하여 화입의 방법 또는 기일의 변경을 명하거나 상당한 설비를 하게 할 수 있다.

제7장 벌칙

제42조 다음 각호의 1에 해당하는 자는 100원 이하의 벌금 또는 과료에 처한다.

1. 제13조 · 제19조 · 제23조 또는 제36조 제2항의 규정을 위반한 자
2. 제17조 제2항 · 제26조 · 제27조 또는 제41조의 명령을 위반한 자
3. 제25조 또는 제34조 제1항의 지정 · 제한 · 정지 또는 금지를 위반한 자

제43조 제10조 · 제12조 · 제15조 · 제29조 · 제37조 · 제39조 제2항 또는 제40조의 규정을 위반한 자는 과료에 처한다.

④ **「조선임야조사령(朝鮮林野調査令)」**(제령 제5호, 1918.05.01, 大韓帝國官報)

제1조 임야의 조사 및 측량은 「토지조사령」에 의하여 행하는 것을 제외하고 이 법령에 의한다.

제2조 임야는 지반을 측정하고 그 지목을 정하여 1구역마다 지번을 부여한다.

제3조 ① 임야의 소유자는 도장관이 정하는 기간 내에 성명 또는 명칭, 주소와 임야의 소재 및 지적을 부윤 또는 면장에게 신고하여야 한다.

② 국유 임야에 대하여 조선총독이 정하는 연고를 가진 자는 전항의 규정에 준하여 신고하여야 하며, 이 경우에는 그 연고도 신고하여야 한다.

③ 전항의 규정에 의한 연고자가 없는 국유 임야에 대하여는 보관 관청이 조선총독이 정하는 바에 의하여 제1항에 규정하는 사항을 부윤 또는 면장에게 통지하여야 한다.

제4조 ① 부윤 또는 면장은 조선총독이 정하는 바에 의하여 임야의 조사 및 측량을 행하여

임야 조사서 및 도면을 작성하고 전조의 규정에 의한 신고서 및 통지서를 첨부하여 도장관에게 제출하여야 한다.

② 부 · 면은 전항의 조사 및 측량을 위하여 필요한 비용을 부담하여야 하며 이 경우에는 조선총독이 정하는 바에 의하여 임야의 소유자 또는 국유 임야의 연고자에게 그 비용을 부과할 수 있다.

제5조 임야의 조사 및 측량을 위하여 필요한 때에는 부윤 또는 면장은 임야의 소유자 또는 국유 임야의 연고자에게 2인 이상의 대표를 선정하게 하여 조사 및 측량 사무에 종사하게 할 수 있다.

제6조 임야의 조사 및 측량을 위하여 필요한 때에는 부윤 또는 면장은 임야의 소유자, 국유 임야의 연고자, 이해관계인 또는 그 대리인에게 실지에 입회하게 하거나 조사상 필요한 서류를 소지한 자에 대하여 그 서류의 제출을 명할 수 있다.

제7조 ① 임야의 조사 및 측량을 위하여 필요한 때에는 당해 관리 또는 이원은 토지에 출입하여 측량표를 설치하거나 장애물을 제거할 수 있다.

② 전항의 경우에 당해 관리 또는 이원은 미리 토지 또는 장애물의 소유자 또는 점유자에게 통지하여야 한다.

③ 제1항의 경우에 발생하는 손해는 보상하여야 한다.

④ 전항의 규정에 의한 보상 금액에 대하여 불복하는 자는 보상 금액 통지를 받은 날부터 30일 내에 도장관의 재정을 청구할 수 있다.

제8조 ① 도장관은 임야의 소유자 및 그 경계를 사정한다.

② 도장관은 사정상 필요하다고 인정되는 때에는 재차 임야의 조사 및 측량을 행할 수 있다.

③ 제6조 및 제7조 제1항 내지 제3항의 규정은 전항의 조사 및 측량에 준용한다.

④ 도장관은 제1항의 규정에 의한 사정을 할 때에는 30일간 이를 공시한다.

제9조 전조 제1항의 규정에 의한 사정은 제3조의 규정에 의한 신고 또는 통지 당일에 이를 하여야 한다. 다만, 신고 또는 통지를 하지 아니한 임야에 대하여는 사정 당일 현재에 의한다

제10조 1908년 법률 제1호 「삼림법」 제19조의 규정에 의한 지적 신고를 하지 아니하여 국

유로 귀속된 임야는 구 소유자 또는 그 상속인의 소유로 하여 사정하여야 한다.

제11조 제8조 제1항의 규정에 의한 사정에 대하여 불복하는 자는 동조 제4항에 정하는 공시 기간 만료 후 60일 내에 임야조사위원회에 신고하여 재결을 청구할 수 있다. 다만, 정당한 사유 없이 제6조의 규정에 의한 입회를 하지 아니한 자는 그러하지 아니하다.

제12조 임야조사위원회는 당사자, 이해관계인, 증인 또는 감정인을 소환하거나 재결하는 데 필요한 서류를 소지한 자에 대하여 그 서류의 제출을 명할 수 있다.

제13조 ① 임야조사위원회의 재결은 이유를 첨부하여 문서로써 이를 행하며 그 동본을 불복 신고인에게 교부하여야 한다.

② 전항의 재결은 공시한다.

제14조 임야조사위원회에서 재결을 한 때에는 재결서의 등본을 첨부하여 도장관에게 통지하여야 한다.

제15조 임야 소유자의 권리는 사정의 확정 또는 재결에 의하여 확정된다.

제16조 사정에 의하여 확정된 사항 또는 재결을 거친 사항에 대하여는 다음 각호의 경우에 사정이 확정되거나 재결이 있은 날부터 3년 내에 임야조사위원회에 재심 신청을 할 수 있다. 다만, 벌을 받을 만한 행위에 대한 판결의 확정 또는 증거 부족 외의 이유로 형사소송 수속의 개시 또는 실행할 수 없는 경우에 한한다.

1. 벌을 받을 만한 행위에 근거하여 사정 또는 재결이 있은 때
2. 사정 또는 재결의 빙거가 되는 문서가 위조 또는 변조된 때

제17조 도장관은 임야대장 및 임야도를 작성하여 제8조 제1항의 규정에 의한 사정에 의하여 확정된 사항 또는 제11조의 규정에 의한 재결을 거친 사항을 등록하여야 한다.

제18조 제3조 제1항 또는 제2항의 규정에 의한 신고 사항에 대하여 허위신고를 한 자는 100원 이하의 벌금에 처한다.

제19조 정당한 사유 없이 제3조 제1항 또는 제2항의 규정에 의한 신고를 하지 아니하거나 제6조, 제6조 및 제8조 제3항 또는 제12조의 규정에 의한 명령을 위반한 자는 30원 이하의 벌금 또는 과료에 처한다.

제20조 ① 조선총독은 임야 안에 개재하는 임야 이외의 토지로서 「토지조사령」에 의한 조

사 및 측량을 하지 아니한 것에 대하여 이 법령의 전부 또는 일부를 준용할 수 있다.

② 「토지조사령」 제2조 제1항의 규정은 전항의 토지의 지목을 정하는 경우에 준용한다.

⑤ 「조선특별연고림양여령(朝鮮特別緣故林讓與令)」(제령 제7호, 1926.04.05, 大韓帝國官報)

제1조 조선총독은 이 법령이 정하는 바에 의하여 특별한 연고가 있는 국유 삼림을 당해 특별연고자에게 특별히 양여할 수 있다.

제2조 ① 전조의 특별연고자라 함은 다음 각호의 1에 해당하는 자를 말한다.

1. 옛날 기록 또는 역사가 증명하는 바에 의하여 사찰에 연고가 있는 삼림
2. 1908년 법률 제1호 「삼림법」 제19조의 규정에 의하여 지적의 신청을 하지 아니하여 국유로 귀속된 삼림에서는 종전의 소유자 또는 그 상속인
3. 1908년 법률 제1호 「삼림법」 시행 전에 적법하게 점유한 삼림에서는 종전의 점유자 또는 그 상속인

② 전항 제2호 또는 제3호에 해당하는 자가 부·면 안의 부락인 경우에는 그 부·면을 특별연고자로 본다.

제3조 ① 「삼림령」 제6조에 해당하는 국유 삼림은 이 법령에 의하여 양여할 수 없다.

② 다음 각호의 1에 해당하는 국유 삼림에 대하여 또한 전항과 같다. 다만, 당해 처분을 받은 자가 전조 제1항 각호의 1에 해당하는 자인 때 또는 당해 처분을 받은 자의 동의가 있는 때에는 그러하지 아니하다.

1. 대부를 한 것
2. 토석 채취의 허가를 한 것
3. 부분림 설정의 허가를 한 것

제4조 ① 이 법령에 의하여 국유 삼림의 양여를 받고자 하는 자는 이 법령 시행일부터 1년 내에 조선총독이 정하는 바에 의하여 양여의 출원을 하여야 한다.

② 전항에 규정하는 기간 내에 양여의 출원을 한 자가 아니면 이 법령에 의하여 국유 삼림의 양여를 받을 수 없다.

⑥ 「조선임업개발주식회사령(朝鮮林業開發株式會社令)」(제령 제13호, 1937.06.26, 大韓帝國官報)

제1장 총칙

제1조 조선임업개발주식회사는 조선에서 임업개발을 목적으로 하는 주식회사로서 본사를 경성에 둔다.

제2조 조선임업개발주식회사의 자본은 2,000만 원으로 한다. 다만, 조선총독의 인가를 받아 이를 증가할 수 있다.

제3조 조선임업개발주식회사의 주식은 기명식으로 하고 공공단체, 제국신민 또는 제국법인으로서 사원, 주주, 또는 업무를 집행하는 임원의 반수 이상 또는 자본의 반액 이상 또는 의결권의 과반수가 외국인이나 외국법인에게 속하지 아니한 자에 한하여 소유할 수 있다.

제4조 조선임업개발주식회사의 주금의 제1회, 불입금은 주금의 1/10까지 내려갈 수 있다.

제2장 임원

제5조 조선임업개발주식회사의 존립 기간은 설립 등기일로부터 100년으로 한다. 다만, 조선총독의 인가를 받아 연장할 수 있다.

제6조 조선임업개발주식회사에 사장 1인, 이사 3인 이상, 감사 2인 이상을 둔다.

제7조 ① 사장은 조선임업개발주식회사를 대표하며 그 업무를 총괄한다.

② 사장이 사고가 있을 때에는 정관이 정하는 바에 따라 이사 중 1인이 그 직무를 대리하며 사장이 결원인 때에는 그 직무를 행한다.

③ 이사는 사장을 보조하고 조선임업개발주식회사의 업무를 분담한다.

④ 감사는 조선임업개발주식회사의 업무를 감사한다.

제8조 ① 사장은 조선총독이 임명하며 임기는 5년으로 한다.

② 이사는 50주 이상을 가진 주주 중, 주주총회에서 2배수의 후보자를 선거하여 조선총독이 그중에서 임명하며 임기는 4년으로 한다.

③ 감사는 30주 이상을 가진 주주 중, 주주총회에서 선임하며 임기는 2년으로 한다.

제9조 사장 및 이사는 다른 직무 또는 상업에 종사할 수 없다. 다만, 조선총독의 인가를 받

은 때에는 그러하지 아니하다.

제3장 영업

제10조 ① 조선임업개발주식회사는 다음 업무를 경영한다.

1. 조림사업
2. 제재사업
3. 임산물의 판매
4. 위탁에 의한 임야의 경영
5. 기타 임업개발에 필요한 사업

② 전항 제5호의 사업을 경영하고자 하는 때에는 사전에 조선총독의 인가를 받아야 한다.

제11조 영업상의 여유금은 국채증권, 지방채증권 또는 조선총독의 인가를 받은 유가증권의 응모, 인수 또는 매입을 하거나 조선총독이 지정한 은행에 예입하는 이외에 사용할 수 없다.

제4장 감독

제12조 조선총독은 조선임업개발주식회사의 업무를 감독한다.

제13조 조선임업개발주식회사는 사채를 모집하거나 기타 차입금을 마련하고자 하는 때에는 조선총독의 인가를 받아야 한다.

제14조 정관의 변경 · 합병 및 해산의 결의는 조선총독의 인가를 받지 아니하면 그 효력을 발생시킬 수 없다.

제15조 조선임업개발주식회사는 조선총독의 인가를 받지 아니하면 이익금의 처분을 할 수 없다.

제16조 ① 조선임업개발주식회사는 그 경영하는 임야에 대하여 시업안을 정하여 조선총독의 인가를 받아야 하며 이를 변경하는 때에도 같다.

② 조선총독은 필요하다고 인정하는 때에는 전항의 시업안의 변경을 명할 수 있다.

제17조 조선총독은 조선임업개발주식회사의 업무에 관하여 감독상 필요한 명령을 할 수

있다.

제18조 조선총독은 조선임업개발주식회사에 감리관을 두어 조선임업개발주식회사의 업무를 감시하게 한다.

제19조 ① 조선임업개발주식회사의 감리관은 조선임업개발주식회사의 금고·장부 및 제반 문서 물건을 검사할 수 있다.

② 조선임업개발주식회사의 감리관은 필요하다고 인정하는 때에는 조선임업개발주식회사에 명하여 업무에 관한 제반 설계 및 상황을 보고하게 할 수 있다.

③ 조선임업개발주식회사의 감리관은 주주총회, 기타 제반회의에 출석하여 의견을 진술할 수 있다.

제20조 조선총독은 조선임업개발주식회사의 결의 또는 임원의 행위가 법령, 법령에 의하여 행하는 처분 또는 정관에 위반하거나 공익을 해한다고 인정하는 때에는 그 결의를 취소하거나 임원을 해임할 수 있다.

제5장 벌칙

제21조 조선임업개발주식회사가 다음 각호의 1에 해당하는 때에는 사장 또는 사장의 직무를 대리하는 이사를 100원 이상 2,000원 이하의 과료에 처한다. 이사의 분담 업무에 관계된 때에는 이사를 과료에 처하는 것도 같다.

1. 이 법령에 의하여 인가를 받아야 하는 경우에 그 인가를 받지 아니한 때
2. 제10조 제1항의 규정에 의하지 아니하고 업무를 경영한 때
3. 제11조의 규정에 위반하여 영업상의 여유금을 사용한 때
4. 제16조 제2항 또는 제17조의 규정에 의한 명령을 위반한 때

제22조 조선임업개발주식회사의 사장 또는 이사가 제9조의 규정을 위반한 때에는 20원 이상 200원 이하의 과료에 처한다.

제23조 「조선민사령」에 의할 것을 정한 「비송사건수속법」 제206조 내지 208조의 규정은 전2조의 과료에 준용한다.

⑦ **「조선목탄배급통제규칙(朝鮮木炭配給統制規則)」**(부령 제182호, 1940.07.26, 大韓帝國官報)

제1조 목탄은 다음 각호의 경우가 아니면 도외로 반출할 수 없다.

1. 도지사가 지정한 자에게 반출하는 때

2. 전호에 규정한 자의 알선에 의하여 반출하는 때

3. 특별한 사유에 의하여 도지사의 허가를 받아 반출하는 때

제2조 조선총독이 목탄의 배급 통제상의 필요로 인하여 목탄의 도외 반출에 대하여 반출지 및 수량을 정한 때에는 도지사는 전조 제1호의 규정에 의하여 지정한 자에 대하여 반출을 명할 수 있다.

제3조 조선총독 또는 도지사는 목탄의 생산자 또는 업무상 목탄의 사용, 매매, 기타 취급을 하는 자에 대하여 목탄의 판매처, 매입처, 매매 방법, 기타에 관하여 목탄의 배급 통제상 필요한 명령을 할 수 있다.

제4조 조선총독 또는 도지사는 필요한 때에는 전조에 규정한 자에게 목탄의 배급 통제상 필요한 보고를 하게 하거나 당해 관리로 하여금 목탄, 장부, 기타 물건의 검사를 하게 할 수 있다.

제5조 본 규칙 또는 본 규칙에 의한 명령에 위반한 것으로 인정되는 때에는 당해 관리는 목탄의 소유자 또는 점유자에 대하여 운반 정지 또는 적려(積戾)를 명하고 기타 필요한 처분을 할 수 있다.

⑧ 「조선목재통제령(朝鮮木材統制令)」(제령 제27호, 1942.06.18, 大韓帝國官報)

제1장 총칙

제1조 이 법령은 목재의 생산을 확보하여 수급의 원활 및 가격의 공정을 기함을 목적으로 한다.

제2조 이 법령에서 목재 또는 원목이라 함은 땔감용으로 제공되는 것은 포함하지 아니한다.

제2장 목재 통제

제3조 원목생산자 및 제재업자는 다음 각호의 경우를 제외하고 생산에 관한 원목 또는 제재를 양도할 수 없다. 다만, 조선총독이 정한 경우에는 그러하지 아니하다.

1. 원목생산조합 또는 제재생산조합의 알선에 의하여 매도하는 경우
2. 제35조 제2항 제1호의 사업을 하는 원목생산조합 또는 제재생산조합에 매도하는 경우
3. 제7조의 규정에 의하여 목재 매도 명령을 받은 경우

제4조 목재의 이출 및 이입은 조선목재주식회사가 아니면 할 수 없다. 다만, 조선총독이 정한 경우에는 그러하지 아니하다.

제5조 조선총독이 목재의 수급 조달상 필요하다고 인정한 때에는 그 정한 바에 의하여 목재를 사용하거나 소비하는 자에 대하여 목재의 수종 또는 재종을 지정하여 사용하거나 소비하는 목재의 수량, 용도 기타 사항에 대한 제한 또는 금지할 수 있나.

제6조 조선총독은 목재의 수급 조정상 필요하다고 인정하는 때에는 그 정한 바에 의하여 목재 생산업자에 대하여 그 목재 생산에 관한 수종, 재종, 기타 사항을 지시할 수 있다.

제7조 조선총독이 목재의 수급 조정상 필요하다고 인정하는 때에는 그 정한 바에 의하여 입목 또는 목재의 소유자에 대하여 소유하고 있는 목재를 매도하도록 명할 수 있다.

제8조 조선총독이 필요하다고 인정하는 때에는 그 정한 바에 의하여 목재의 매입, 매도, 그 대리 또는 매개의 업무, 제재업 또는 목재를 원료 또는 재료로 사용하는 업을 하고자 하는 자에 대하여 조선총독의 허가를 받도록 명할 수 있다.

제9조 조선총독은 전조의 허가를 받은 자의 행위가 이 법령에 의한 명령 또는 처분에 위반하거나 공익을 해하거나 해할 우려가 있다고 인정되는 때에는 허가를 취소할 수 있다.

제10조 행정관청이 필요하다고 인정하는 때에는 목재 생산업자, 목재 판매업자, 기타 조선총독이 정하는 자에 대하여 그 업무 및 재산의 상황에 관하여 보고를 하게 하거나 또는 장부 서류, 기타 물건의 조사를 할 수 있다.

제3장 조선목재주식회사

제11조 조선목재주식회사는 조선에서 목재 수급의 원활 및 가격의 공정을 도모하기 위하

여 필요한 사업을 경영하는 것을 목적으로 하는 주식회사로서 본점을 경성부에 둔다.

제12조 조선목재주식회사의 자본은 1,000만 원으로 한다. 다만, 조선총독의 인가를 받아 증가할 수 있다.

제13조 조선목재주식회사의 주식은 기명식으로 하고 공공단체, 제국신민 또는 제국법인으로 하며 사원, 주주 또는 업무를 집행하는 임원의 반수 이상, 자본의 반액 이상, 혹은 결의권의 과반수가 외국인 또는 외국법인에 속하지 아니하는 것에 한하여 소유할 수 있다.

제14조 조선목재주식회사가 아닌 자는 조선목재주식회사 또는 이와 유사한 명칭을 상호로 할 수 없다.

제15조 조선목재주식회사에 임원으로 사장, 전무이사 각 1인, 이사 3인 이상 및 감사 2인 이상을 둔다.

제16조 ① 사장은 조선목재주식회사를 대표하며 그 업무를 총리한다.

② 전무이사는 사장이 사고가 있는 때에는 그 직무를 대리하며, 사장이 결원인 때에는 그 직무를 행한다.

③ 전무이사 및 이사는 사장을 보좌하며 정관이 정하는 바에 의하여 조선목재주식회사의 업무를 분장하거나 이에 참여한다.

④ 감사는 조선목재주식회사의 업무를 감사한다.

제17조 ① 사장 및 전무이사는 조선총독이 임명하며 임기를 5년으로 한다.

② 이사는 주주총회에서 선임하여 조선총독의 인가를 받는 것으로 하며, 임기를 4년으로 한다.

③ 감사는 주주총회에서 선임하며, 임기를 2년으로 한다.

제18조 사장, 전무이사 및 업무를 분장하는 이사는 다른 직업에 종사할 수 없다. 다만, 조선총독의 인가를 받은 때에는 그러하지 아니하다

제19조 ① 조선목재주식회사는 다음 각호의 업무를 경영한다.

1. 목재의 매입 및 매도

2. 목재의 이출 및 이입

3. 전2호의 사업에 부대되는 사업

4. 전3호에서 규정한 것 외에 본 회사의 목적을 달성하는 데에 필요한 사업

② 조선목재주식회사는 전항 제3호 또는 제4호에 규정한 사업을 경영하고자 하는 때에는 조선총독의 인가를 받아야 한다.

제20조 조선총독은 조선목재주식회사의 업무를 감독한다.

제21조 조선목재주식회사는 사채를 모집하거나 차입금을 행하고자 하는 때에는 조선총독의 인가를 받아야 한다.

제22조 조선목재주식회사의 정관의 변경, 이익금의 처분, 합병 및 해산의 결의는 조선총독의 인가를 받지 아니하면 그 효력이 없다.

제23조 조선목재주식회사는 매 영업연도의 사업계획을 정하여 조선총독의 인가를 받아야 하며 이를 변경하고자 하는 경우에도 같다.

제24조 조선총독은 조선목재주식회사에 대하여 목재의 수급 조정상 필요한 사업을 행하여야 할 것을 명하며 기타 업무에 관하여 공익상 필요한 명령을 할 수 있다.

제25조 조선총독은 조선목재주식회사의 업무에 관하여 감독상 필요한 명령 또는 처분을 할 수 있다.

제26조 조선총독은 조선목재주식회사에 감리관을 두어 조선목재주식회사의 업무를 감시하게 한다.

제27조 ① 조선목재주식회사의 감리관은 조선목재주식회사의 금고, 장부 및 제반 문서 물건을 검사할 수 있다.

② 조선목재주식회사의 감리관이 필요하다고 인정하는 때에는 언제라도 조선목재주식회사에 명하여 업무에 관한 제반 계산 및 상황을 보고하게 할 수 있다.

③ 조선목재주식회사의 감리관은 주주총회, 기타 제반 회의에 출석하여 의견을 진술할 수 있다.

제28조 조선총독은 조선목재주식회사의 결의 또는 임원의 행위가 법령, 법령에 의한 처분 또는 정관에 위반하거나 공익을 해하거나 해할 우려가 있다고 인정하는 때에는 그 결의를 취소하거나 임원을 해임할 수 있다.

제4장 원목생산조합, 제재생산조합 및 목재배급조합

제29조 원목생산조합은 원목 생산을 확보하여 그 수급 조정을 도모함을 목적으로 하는 법인이다.

제30조 ① 원목생산조합은 다음 각호의 사업을 행한다.

1. 조합원이 행하는 입목의 매입 및 원목의 매도 알선
2. 조합원이 행하는 원목의 생산 및 매도의 통제
3. 전2호에 규정한 것 외에 조합의 목적을 달성하는 데에 필요한 사업

② 원목생산조합은 전항 제3호에 규정한 사업을 하고자 하는 때에는 행정관청의 인가를 받아야 한다.

제31조 제재생산조합은 제재의 생산을 확보하여 그 수급 조정을 도모함을 목적으로 하는 법인이다.

제32조 ① 제재생산조합은 다음 각호의 사업을 행한다.

1. 조합원이 행하는 원목의 매입 및 제재의 매도 알선
2. 조합원이 행하는 제재의 생산 및 매도의 통제
3. 전2호에 규정한 것 외에 조합의 목적을 달성하는 데에 필요한 사업

② 제재생산조합은 전항 제3호에 게재한 사업을 행하고자 하는 경우에는 행정관청의 인가를 받아야 한다.

제33조 목재배급조합은 목재 배급의 원활을 도모하는 것을 목적으로 하는 법인이다.

제34조 ① 목재배급조합은 다음 각호의 사업을 행한다.

1. 조합원이 행하는 목재의 매입 및 매도의 알선
2. 조합원이 행하는 목재의 매도 통제
3. 전2호에 규정한 것 외에 조합의 목적을 달성하는 데에 필요한 사업

② 목재배급조합은 전항 제3호에 규정한 사업을 하고자 하는 때에는 행정관청의 인가를 받아야 한다.

제35조 ① 원목생산조합, 제재생산조합 또는 목재배급조합(이하 조합이라 한다)은 정관이 정하는 바에 의하여 조합원이 출자하도록 할 수 있다.

② 전항의 규정에 의하여 조합원이 출자한 조합(이하 출자조합 이라함)은 제30조, 제32조

또는 제34조에 규정한 사업 외에 정관이 정하는 바에 의하여 다음 각호의 사업을 할 수 있다.

1. 조합원이 생산하거나 취급하는 목재의 매입 및 매도
2. 조합원이 생산하거나 취급하는 목재의 운반 및 보관, 기타 조합원의 영업에 관한 공동시설

③ 출자조합은 행정관청의 인가를 받아 정관이 정하는 바에 의하여 전항에 규정한 사업 외에 조합원의 영업에 필요한 자금의 융통을 할 수 있다.

제36조 ① 조합의 명칭 중에는 그 종류에 따라서 원목생산조합, 제재생산조합 또는 목재배급조합의 문자를 사용하여야 한다.

② 출자조합의 명칭 중에는 출자의 문자를 사용하여야 한다.

③ 조합이 아닌 자는 그 명칭 중에 원목생산조합, 제재생산조합 또는 목재배급조합의 문자를 사용할 수 없다.

제37조 조합의 설립은 조선총독이 정하는 바에 의하여 지구 및 조합원의 자격을 정하여 그 지구 안에 조합원의 자격을 가진 자에 대하여 설립을 명하여 행한다.

제38조 ① 전조의 규정에 의하여 조합의 설립을 명령받은 자는 창립총회를 열어 정관, 기타 필요한 사항을 정하고 이사 및 감사를 선임하여 조선총독이 지정하는 기한까지 설립인가를 신청하여야 한다.

② 전항의 창립총회에서의 결의 및 임원의 선임은 조합원인 자의 1/2 이상(출자조합의 설립에 관한 경우에는 2/3 이상)이 출석하여 출석자의 2/3 이상의 동의를 얻어야 한다.

제39조 ① 제37조의 규정에 의하여 조합의 설립을 명령받은 자가 전조 제1항의 기한까지 설립인가를 신청하지 아니한 경우에 조선총독이 특별히 필요하다고 인정하는 때에는 정관의 작성, 기타 설립에 관하여 필요한 처분을 행할 수 있다.

② 전항의 규정에 의하여 설립할 수 있는 조합은 출자조합이 아닌 조합에 한한다.

제40조 ① 조합의 정관에는 다음 각호의 사항을 기재하여야 한다.

1. 목적
2. 명칭
3. 지구

4. 사무소의 소재지

5. 조합원의 자격에 관한 규정

6. 조합원의 가입 및 탈퇴에 관한 규정

7. 조합원의 권리 의무에 관한 규정

8. 사업 및 그 집행에 관한 규정

9. 임원에 관한 규정

10. 회의에 관한 규정

11. 회계에 관한 규정

12. 공고 방법

② 출자조합의 정관에는 전항에 규정한 사항 외에 다음 각호의 사항을 기재하여야 한다.

1. 출자 1구좌의 금액 및 그 불입 방법

2. 잉여금의 처분 및 손실 분담에 관한 규정

3. 준비금의 금액 및 적립 방법

제41조 조합은 정관이 정하는 바에 의하여 조합원에 대하여 경비의 분부 및 과태금을 부과할 수 있다.

제42조 ① 조합에는 임원으로 이사장, 이사 및 감사를 둔다.

② 이사장은 조합을 대표하며 그 업무를 집행한다.

③ 이사는 정관이 정하는 바에 의하여 이사장이 사고가 있는 때에는 그 직무를 대리하며, 이사장이 결원인 때에는 그 직무를 행한다.

④ 이사는 이사장을 보좌하며 정관이 정하는 바에 의하여 조합의 업무를 분장하거나 이에 참여한다.

⑤ 감사는 조합의 업무를 감사한다.

⑥ 이사장은 조선총독이 임명한다.

⑦ 이사 및 감사는 총회에서 조합원 또는 조합원인 법인의 업무를 집행하는 임원 중에서 선임하며, 이사의 선임에 대하여는 행정관청의 인가를 받아야 한다.

⑧ 이사장 및 이사의 임기는 3년, 감사의 임기는 2년으로 한다.

⑨ 제18조의 규정은 이사장에게 준용한다.

제43조 ① 조선총독은 제39조 제1항의 규정에 의하여 정관을 작성한 때에는 이사장, 이사 및 감사를 명한다.

② 전항의 이사장은 지체 없이 총회를 소집하여야 한다.

③ 전항의 총회에서는 조합 설립 당시의 경비의 수지 예산 및 분부 수입 방법을 의결하여야 한다.

제44조 조합은 설립의 인가가 있는 때 또는 제39조 제1항의 규정에 의하여 정관을 작성한 때에 성립한다.

제45조 조합이 성립한 때에는 그 조합의 지구 안에서 조합원의 자격을 가진 자는 모두 그 조합의 조합원으로 한다.

제46조 ① 출자조합이 성립한 때에는 각 조합원은 지체 없이 제1회분의 출자금 불입을 하여야 한다.

② 전항의 규정은 출자조합이 아닌 조합이 출자조합이 된 경우에 준용한다.

제47조 ① 출자조합의 조합원은 출자 1구좌 이상을 가져야 한다.

② 출자 1구좌의 금액의 최고한도는 조선총독이 정한다.

제48조 출자조합의 조합원 책임은 제41조의 규정에 의한 비용 부담 외에 그 출자액을 한도로 한다.

제49조 ① 정관의 변경은 총 조합원의 1/2 이상 출석한 총회의 결의로써 이를 행한다.

② 출자조합이 아닌 조합이 출자조합이 되거나 또는 출자조합이 출자조합이 아닌 조합이 된 경우의 정관 변경의 결의는 전항의 규정에 불구하고 총 조합원의 2/3 이상 출석한 총회에서 출석자의 2/3 이상의 동의를 얻어야 한다.

제50조 조합원은 총회에서 각 1개의 의결권을 가진다. 다만, 출자조합에서는 정관이 정하는 바에 의하여 1인에 대하여 의결권 총수의 3/10을 초과하지 아니하는 범위 안에서 출자 구좌수에 응하여 2개 이상의 의결권을 가질 수 있다.

제51조 ① 조합원은 조선총독이 정하는 바에 의하여 대리인으로써 의결권을 행사할 수 있다. 이 경우에는 출석한 것으로 본다.

② 전항의 규정은 제38조 제2항의 경우에 준용한다.

제52조 ① 조합은 정관 및 기타 조선총독이 정하는 서류를 사무소에 비치하여야 한다.

② 조합원 및 조합의 채권자는 전항의 서류의 열람을 요청할 수 있다.

제53조 조합원은 다음 각호의 사유로 인하여 탈퇴한다.

1. 조합원의 자격 상실

2. 사망

제54조 조합원의 사망으로 인하여 가독상속 또는 호주상속을 개시한 때에는 가독상속인 또는 호주상속인은 상속일부터 피상속인을 대신하여 조합원이 된다.

제55조 조합은 행정관청이 감독한다.

제56조 ① 조합은 다음 각호의 사유로 인하여 해산한다.

1. 총회의 결의

2. 파산

② 조합의 해산 결의는 총 조합원의 2/3 이상 출석한 총회에서 의결권의 2/3 이상의 찬성이 있어야 한다.

제57조 ① 조합은 조선총독이 정하는 바에 의하여 등기를 하여야 한다.

② 전항의 규정에 의하여 등기하여야 할 사항은 등기 후가 아니면 제3자에게 대항할 수 없다.

제5장 벌칙

제60조 제3조 또는 제4조의 규정에 위반한 자는 1년 이하의 징역 또는 5,000원 이하의 벌금에 처한다.

제61조 제6조의 규정에 의한 처분, 제7조 또는 제24조(제58조에서 준용하는 경우를 포함한다)의 규정에 의한 명령에 위반한 자는 3,000원 이하의 벌금에 처한다.

제62조 제5조의 규정에 의한 처분 또는 제8조의 규정에 의한 명령에 위반한 자는 1,000원 이하의 벌금에 처한다.

제63조 다음 각호의 1에 해당하는 자는 500원 이하의 벌금에 처한다.

1. 제10조의 규정에 의한 보고를 하지 아니하거나 허위 보고를 한 자

2. 제10조의 규정에 의한 검사를 거부, 방해 또는 기피한 자

제64조 법인 또는 대리인 · 호주 · 가족 · 동거자, 고용인, 기타 종업자가 그 법인 또는 대리인의 업무에 관하여 제60조 내지 제62조 또는 전조 제1호의 위반행위를 한 때에는 그 법인 또는 대리인은 자기의 지휘로 인한 사유가 아니라는 이유로 그 처벌을 변할 수 없다.

제65조 제60조 내지 제62조 및 제63조 제1호의 벌칙은 그자가 법인인 때에는 이사, 취체역, 기타 법인의 업무를 집행하는 임원에게 적용하며, 미성년자 또는 금치산자인 때에는 그 법정대리인에게 적용한다. 다만, 영업에 관하여 성년자와 동일한 능력을 가진 미성년자에 대하여는 그러하지 아니하다.

제66조 앞 2조의 경우에는 징역형에 처할 수 없다.

제67조 조선목재주식회사가 다음 각호의 1에 해당하는 때에는 사장 또는 사장의 직무를 행하거나 대리하는 전무이사를 5,000원 이하의 과료에 처한다. 전무이사 또는 이사의 분장 업무에 관계된 때에 해당 업무를 분장하는 전무이사 또는 이사를 과료에 처하는 것도 같다.

1. 이 법령 또는 이 법령에 의한 명령에 의하여 행정관청의 인가를 받아야 하는 경우에 그 인가를 받지 아니한 때
2. 제19조 제1항의 규정에 의하지 아니하고 사업을 경영한 때
3. 제25조의 규정에 의한 명령 또는 처분에 위반한 때

제68조 제14조 또는 제36조 제3항의 규정에 위반한 자는 1,000원 이하의 과료에 처한다.

제69조 조합 다음 각호의 1에 해당하는 때에는 해당 조합의 이사장, 이사장의 직무를 행하거나 대리하는 이사, 감사 또는 청산인을 500원 이하의 과료에 처한다.

1. 이 법령 또는 이 법령에 의한 명령에 의하여 행정관청의 인가를 받아야 하는 경우에 그 인가를 받지 아니한 때
2. 이 법령에 의한 등기를 태만히 하거나 부정하게 한 때
3. 행정관청 또는 총회에 대하여 부실한 신청을 하거나 또는 사실을 은폐한 때
4. 제58조에서 준용하는 제25조의 규정에 의한 명령 또는 처분에 위반한 때
5. 이 법령에 의한 총회의 소집을 태만히 한 때
6. 이 법령에 의하여 사무소에 비치하여야 하는 서류를 비치하지 아니한 때, 그 서

류에 기재하여야 할 사항을 기재하지 아니하거나 부정으로 기재한 때 또는 정당한 이유 없이 열람을 거부한 때

7. 이 법령에 위반하여 조합원의 지분을 반환한 때
8. 이 법령에 위반하여 조합원의 지분을 취득하거나 질권의 목적으로 이를 받은 때
9. 이 법령에 위반하여 파산 선고를 청구하지 아니한 때
10. 이 법령에 위반하여 출자 1구좌의 금액을 감소한 때
11. 이 법령에 의한 공고를 태만히 하거나 부정으로 한 때
12. 청산의 경우에 이 법령에 위반하여 변제를 하거나 조합 재산을 분배한 때
13. 법령 또는 정관에 위반하여 잉여금을 처분한 때
14. 제30조 제1항, 제32조 제1항, 제34조 제1항 또는 제35조 제2항 · 제3항의 규정에 의하지 아니하고 사업을 한 때

제70조 조선목재주식회사의 사장, 전무이사 또는 업무를 분장하는 이사가 제18조의 규정에 위반한 때에는 1,000원 이하, 조합의 이사장이 제42조 제9항에서 준용한 제18조의 규정에 위반한 때에는 500원 이하의 과료에 처한다.

⑨ 「조선신탄배급통제규칙(朝鮮薪炭配給統制規則)」(부령 제191호, 1942.08.01, 大韓帝國官報)

제1조 이 법령에서 신탄이라 함은 목탄 및 연료용으로 쓰이는 목재를 말한다.

제2조 ① 조선총독은 매년 신탄의 수요 계획을 정하여 도지사에게 통지한다.

② 도지사는 전항 계획의 실시상 필요하다고 인정하는 때에는 신탄의 도외 반출에 대하여 지정하는 자(이하 출하기관이라 한다)에 대하여 신탄의 출하 수량, 시기, 상대방, 기타 필요한 명령을 할 수 있다.

제3조 신탄은 출하기관 또는 그 알선에 의하지 아니하면 도외로 반출할 수 없다. 다만, 특별한 사정에 의하여 도지사의 허가를 받은 경우에는 그러하지 아니하다.

제4조 ① 도지사가 신탄의 배급 통제상 필요하다고 인정하여 지역을 지정한 때에는 당해 지역(이하 지정지역이라 한다)에 반입한 신탄은 도지사가 지정하는 자(이하 배급기관이라 한다)에게 매도하거나 판매 위탁을 하여야 한다. 다만, 도지사의 허가 또는 배급기관의

승인을 얻은 경우에는 그러하지 아니하다.

② 도지사는 전항의 규정에 의하여 지역을 지정한 때에는 고시하여야 한다.

제5조 도지사는 필요하다고 인정하는 때에는 배급기관에 대하여 지정 지역에서의 신탄의 양도에 관하여 수량, 시기, 방법, 상대방, 기타에 대하여 필요한 명령을 할 수 있다.

제6조 ① 도지사는 특히 필요하다고 인정하는 때에는 출하기관 또는 배급기관에 대하여 신탄의 매입에 관하여 수량, 시기, 방법, 상대방, 기타에 대하여 필요한 명령을 할 수 있다.

② 신탄의 생산을 업으로 하는 자, 판매 기타 매도를 업으로 하는 자 또는 이들의 단체는 전항의 규정에 의한 명령을 받은 자로부터 「가격등통제령」 제7조의 규정에 의하여 정하는 최고판매가격에 의한 매입의 신청이 있는 때에는 그 신청에 부응하여 신탄을 매도하여야 한다.

제7조 조선총독 또는 도지사는 특히 필요하다고 인정하는 때에는 신탄의 생산을 업으로 하는 자 또는 이들의 단체에 대하여 신탄의 생산에 관하여 필요한 사항을 명하거나 제한 또는 금지를 할 수 있다.

제8조 조선총독 또는 도지사는 특히 필요하다고 인정하는 때에는 신탄의 판매, 기타 매도를 업으로 하는 자나 이들의 단체 또는 업무에 관하여 또는 전매의 목적으로 신탄을 소유하는 자에 대하여 신탄의 양도 · 양수 · 기탁 · 보관 · 보유 또는 이동에 관하여 필요한 사항을 명하거나 제한 또는 금지를 할 수 있다.

제9조 조선총독 또는 도지사는 특히 필요하다고 인정하는 때에는 업무상 신탄의 사용 또는 소비를 하는 자에 대하여 신탄의 사용 또는 소비에 관하여 필요한 사항을 명하거나 제한 또는 금지를 할 수 있다

제10조 「물자통제령」 제18조 제1항의 규정에 의한 손실보상의 청구를 하고자 하는 자는 처분 사항의 실시 종료 후 이를 청구하여야 한다. 다만, 조선총독의 승인을 얻은 때에는 별도의 시기에 청구할 수 있다.

제11조 ① 조선총독 또는 도지사는 필요하다고 인정하는 때에는 제7조 내지 제9조에 게기한 자에 대하여 신탄의 통제에 관하여 필요한 보고를 하게 하거나 당해 관리에게 공장 · 사업장 · 점포 · 창고, 기타의 장소에 임검하여 업무의 상황 또는 신탄, 서류 ·

장부 등을 검사하게 할 수 있다.

② 「물자통제령」 제20조 제2항의 규정에 의한 증표는 별기 양식에 의한다.

2) 임업정책의 실행 결과

(1) 자료 해제

본 자료집에서는 조선의 산림자원 변화를 보여 주기 위해 『임야통계(林野統計)』의 통계 자료를 수록했다. 이 통계는 산림면적, 임목축적, 벌채량 등 산림자원을 둘러싼 다양한 통계 데이터가 수록된 산림 기본 통계로서 산림통계 한정해서는 『조선총독부통계연보(朝鮮總督府統計年報)』에 비해 훨씬 자세한 항목들과 통계 데이터를 다루고 있다. 다만 정교한 산림통계가 갖춰지기 시작한 것이 1927년 이후이기 때문에 시계열적으로 부족한 부분이 있다. 하지만 이와 같은 시계열적 단점에도 불구하고 『임야통계』에서 다루는 통계 데이터가 가지는 사료적 가치가 높기 때문에 본 자료집에서는 이 통계 자료를 주로 수록했다. 『임야통계』에서 다루지 않는 통계에 대해서는 『조선총독부통계연보』와 『조선의 임업』에 수록된 통계 데이터를 활용했다.

이하에서는 산림 통계 자료를 통해 일제의 임업정책 결과에 대해서 평가한다. 〈표 1-1〉은 국유·민유별 임야면적 및 임목축적에 대한 통계이다. 조선의 총 산림면적은 1927년 1,647만 정보에서 1943년 1,627만 정보로 거의 변화가 없었다. 그러나 이를 소유별로 보면 1927년 국유림대 민유림 비율은 56대 44에서 1943년 33대 67로 산림의 소유 구조가 국유림 중심에서 민유림 중심으로 크게 변화했음을 알 수 있다. 이와 같은 산림 소유 구조의 변화에는 일제의 국유림 처분 정책이 크게 영향을 미쳤다. 일제는 임상이 불량해 조림과 관리에 많은 비용을 필요로 하는 불요존국유림을 민간에 지속적으로 처분함으로써 민간, 특히 일본 임업 자본을 중심으로 하는 산림녹화를 추진하고자 했다.

그러나 〈표 1-1〉의 임목축적 및 1정보당 임목축적의 통계는 조선총독부의 산림녹화정책이 결국 성공하지 못했음을 보여 준다. 1927년 2억 5,000만m³에 달했던 조선의 임목축적은 1943년 2억 1,000만m³으로 도리어 감소했다. 1정보당 임목축적 역시 같은 기간 15.7m³에서

13m³로 17%가 감소했다. 일제는 녹화주의를 강조하며 조선 산림의 녹화를 식민통치의 대표적 선정(善政)으로 선전했으나 실제로는 일제의 식민통치 기간 동안 조선의 산림자원은 감소해 갔다.

산림자원의 변화에 대해 주목해야 할 점은 국유림과 민유림의 산림자원 변화 추이이다. 최초의 근대적 산림 기본계획인 조선임정계획(1926)을 통해 일제는 국유림의 벌채량을 늘리고 거기서 발생한 수입을 민유림의 녹화사업에 투자함으로써 조선 산림의 균형 잡힌 발전을 도모하는 것을 식민지 산림정책의 기조로서 확립했다. 하지만 실제 산림자원의 변화 추이를 살펴보면 국유림의 임목축적은 1927년 1억 7,000만m³에서 1943년 1억만m³로 41.5%가 감소했다. 반면 민유림의 임목축적은 같은 기간 7,000만m³에서 1억만m³로 증가했다. 그러나 국유림에서의 임목축적 감소분(7,000만m³)이 민유림에서의 증가분(3,000만m³)을 2배 이상 상회함으로써 전체적으로 조선의 산림자원은 감소하는 결과를 초래했다.

이와 관련해서는 조선 전국의 임상(林相)별 면적을 나타내는 〈표 1-2〉를 주목할 필요가 있다. 이 표에 의하면 임목지는 1927년 972만 정보에서 1943년 1,127만 정보로 16% 증가한 반면 미입목지는 같은 기간 213만 정보에서 119만 정보로 44% 감소했다. 이에 따라 산림률은 같은 기간 56%에서 69%로 증가했다. 즉 임목축적의 감소와 입목지의 증가라는 상반된 현상이 조선에서 동시에 나타난 것이다. 이는 조선임정계획에 따라 임목축적이 높은 우량한 국유산림(압록강-두만강 지역의 자연림)이 벌채되고 그 대신 임목축적이 낮은 산림이 민유림의 입목지로 새롭게 편입되었음을 의미했다. 다만 민유림의 1정보당 임목축적이 1927년 10.84m³에서 1943년 9.76m³로 감소했다는 점을 고려했을 때, 민유림에서의 녹화사업 역시 성공을 거두지 못했음을 알 수 있다. 그런 의미에서 벌채 수입을 민유림의 녹화사업의 비용으로 투자한다는 조선임정계획은 실패로 돌아갔다고 평가할 수 있다.

그렇다면 왜 조선임정계획은 실패할 수밖에 없었을까? 이에 대해서는 용재 생산량, 즉 벌채량 통계를 나타내는 〈표 1-3〉을 참고할 필요가 있다. 1931년 212만m³였던 용재 생산량은 1942년 417만m³로 2배 가까이 증가하고 있었다. 이를 소유별로 구분해 보면 국유림에서는 같은 기간 126만m³에서 220만m³로 75% 증가했는데, 이는 조선임정계획에 따라 국유림의 벌채를 증가시킨 결과였다. 민유림 역시 같은 기간 85만m³에서 197만m³로 2배 이상 증가하고 있다. 이와 같은 통계 자료를 볼 때 조선임정계획에 따라 민유림의 조림을 진행했지만, 그

것보다 더 많은 양의 민유림을 벌채한 까닭에 민유림에서의 입목지가 증가했음에도 불구하고 임목축적이 줄어들고 임상이 악화되었다. 이러한 추세는 일제의 침략전쟁이 장기화되는 국면에서 더욱 뚜렷해진다. 실제로 일제는 침략전쟁에 필요한 군사상 목재 수요를 충당하기 위해 국유림은 물론 민유림에서도 과벌을 자행함에 따라 조선의 산림자원은 급격히 파괴되어 갔다.

(2) 관련 통계 및 그림

〈표 1-1〉 소유별 임야면적 및 임목축적

연도	면적(정보)			임목축적(천m^3)			1정보당 임목축적(m^3)		
	국유림	민유림	소계	국유림	민유림	소계	국유림	민유림	소계
1927	9,173	7,299	16,472	179,481	79,113	258,594	19.57	10.84	15.70
1928	8,071	7,727	15,799	193,524	77,599	271,122	23.98	10.04	17.16
1929	8,316	8,132	16,448	178,713	77,857	256,570	21.49	9.57	15.60
1930	7,840	8,761	16,601	170,393	79,702	250,095	21.73	9.10	15.07
1931	7,014	9,474	16,488	160,100	86,250	246,350	22.82	9.10	14.94
1932	6,630	9,828	16,458	149,310	90,298	239,607	22.52	9.19	14.56
1933	6,210	10,226	16,436	148,469	91,961	240,430	23.91	8.99	14.63
1934	5,865	10,481	16,346	126,521	98,004	224,525	21.57	9.35	13.74
1935	5,741	10,592	16,334	114,566	101,258	215,823	19.96	9.56	13.21
1936	5,658	10,683	16,340	115,261	104,910	220,171	20.37	9.82	13.47
1937	5,529	10,783	16,312	112,758	111,309	224,066	20.39	10.32	13.74
1938	5,497	10,820	16,318	112,077	112,777	224,854	20.39	10.42	13.78
1939	5,457	10,857	16,313	111,476	115,558	227,034	20.43	10.64	13.92
1940	5,398	10,875	16,273	111,395	114,998	226,394	20.64	10.57	13.91
1941	5,359	10,919	16,278	110,390	115,073	225,463	20.60	10.54	13.85
1942	5,328	10,947	16,274	110,371	113,754	224,125	20.72	10.39	13.77
1943	5,297	10,977	16,274	105,081	107,158	212,238	19.84	9.76	13.04

출전: 朝鮮總督府, 『林野統計』, 朝鮮總督府, 각년도판.

비고: 임목축적은 『林野統計』에서 척체(尺締)를 단위로 표시. 〈표 1-1〉에서는 1척체=0.334m^3로 환산하여 표기.

단위: 정보

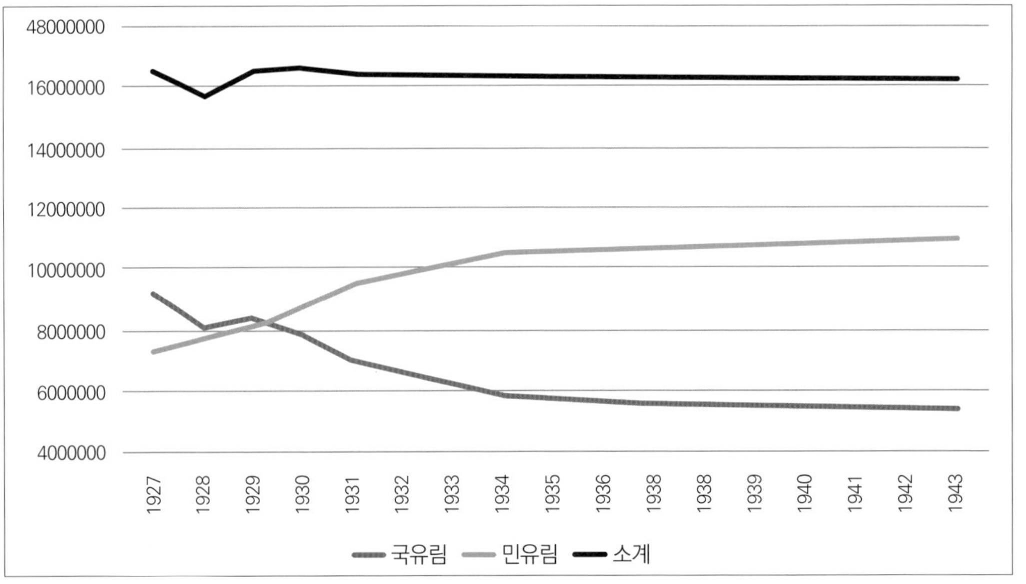

〈그림 1-1〉 소유별 임야 면적

출전: 〈표 1-1〉과 같음.

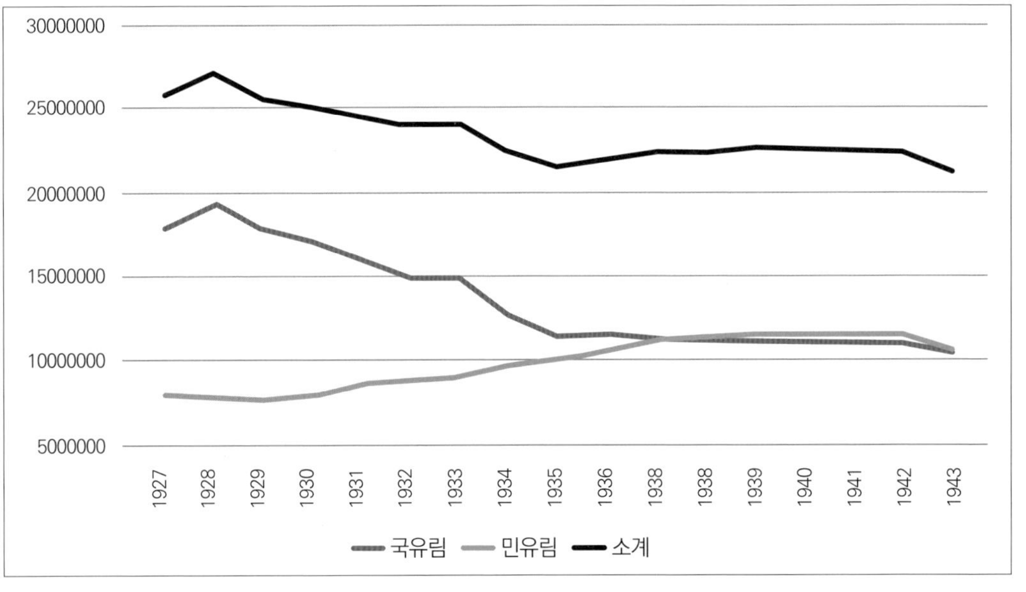

〈그림 1-2〉 소유별 임목축적

출전: 〈표 1-1〉과 같음.

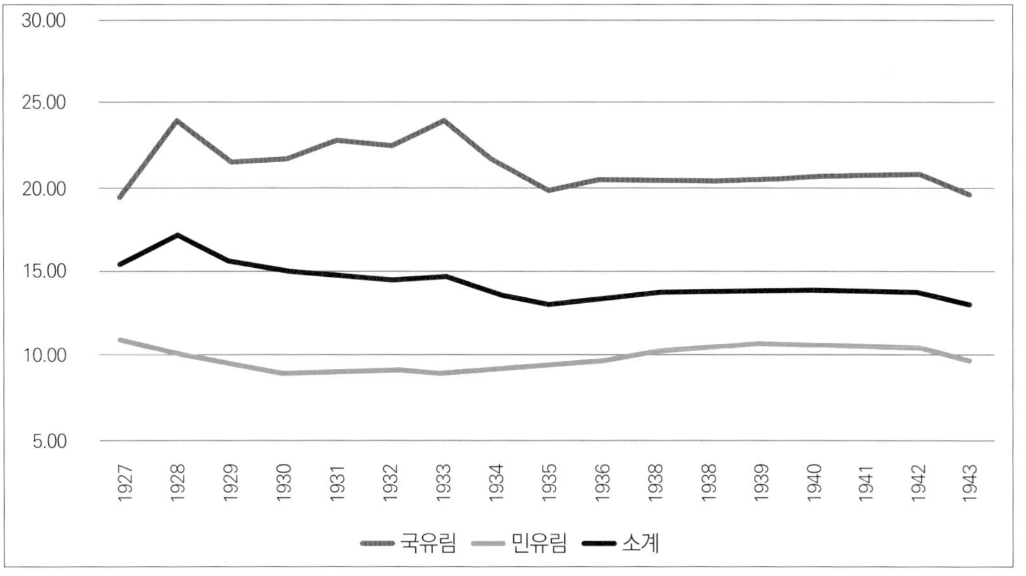

〈그림 1-3〉 소유별 1정보당 임목축적

출전: 〈표 1 1〉과 같음.

〈표 1-2〉 임상별 면적

단위: 천 정보

연도	임상(林相)					면적(B)	산림률 (A/B)
	입목지(A)	산생지	미입목지	기타	소계		
1927	9,275	3,685	2,213	1,397	16,570	16,472	56%
1933	10,918	2,654	1,458	1,405	16,436	16,436	66%
1934	11,321	2,310	1,222	1,492	16,346	16,346	69%
1935	11,582	2,103	1,178	1,471	16,334	16,334	71%
1936	11,542	2,113	1,190	1,496	16,340	16,340	71%
1937	11,507	2,130	1,156	1,519	16,312	16,312	71%
1938	11,512	2,103	1,168	1,535	16,318	16,318	71%
1939	11,516	2,111	1,164	1,522	16,313	16,313	71%
1940	11,488	2,165	1,130	1,490	16,273	16,273	71%
1941	11,496	2,177	1,145	1,460	16,278	16,278	71%
1942	11,430	2,254	1,164	1,426	16,274	16,274	70%
1943	11,277	2,317	1,198	1,483	16,274	16,274	69%

출전: ① 1927–朝鮮總督府 殖産局, 『朝鮮の林業』, 朝鮮總督府, 1929; ② 1933~43–朝鮮總督府, 『林野統計』, 朝鮮總督府, 각년도판.

비고: ① 입목지는 임목도 3/10 이상, 산생지는 임목도 1/10 이상, 3/10 미만, 미입목지는 임목도 1/10 미만; ② 산림률은 임야 전체에서 입목지가 차지하는 비율.

〈표 1-3〉 소유별 용재(用材) 생산량

단위: m^3

연도	국유림	민유림	합계
1931	1,269,242	857,537	2,126,780
1932	1,197,876	1,029,010	2,226,887
1933	1,846,177	1,076,128	2,922,305
1934	1,857,191	1,192,849	3,050,039
1935	2,113,459	1,744,435	3,857,894
1936	1,994,396	1,424,123	3,418,519
1937	2,179,551	1,759,349	3,938,900
1938	2,189,115	1,728,337	3,917,453
1939	2,599,810	1,680,381	4,280,192
1940	2,353,867	2,037,923	4,391,790
1941	2,246,353	1,931,555	4,177,908
1942	2,203,957	1,970,293	4,174,251

출전: 朝鮮總督府,『林野統計』, 朝鮮總督府, 각년도판.

비고: 임목축적은『林野統計』에서 척체(尺締)를 단위로 표시. 〈표 1-3〉에서는 1척체=0.334m^3로 환산하여 표기.

II

일제의 면화·양잠정책

1. 면화 생산정책

1) 1910년대 육지면재배장려계획

(1) 개관 및 해제

한국 전통 직물로는 면직물(綿布), 견직물(絹布), 삼베(麻布), 모시(苧布) 등이 있었다. 면직물의 경우에는 면화를 재배하고 면화에서 면사(綿絲)를 분리한 후 면사를 직조해 면포(綿布)를 제조한다. 면화를 재배하는 과정을 면작(棉作)이라 부른다. 면화에서 면사를 분리하는 작업은 방적(紡績)·방사(紡絲), 면사를 직조해 면포를 제조하는 작업은 방직(紡織)·직포(織布)라고 한다. 견직물의 경우에는 뽕나무를 재배해 누에를 키우고 고치를 만들며, 고치에서 생사(生絲)를 분리하고, 생사를 직조해 견포(絹布)를 제조한다. 면직물은 일반 서민들이 주로 입는 의류, 견직물은 부호나 양반 계층이 주로 입는 의류였다. 삼베나 모시는 여름용 의류, 상복으로 사용되었다.

19세기 후반부터 면포와 면사는 수공업 생산에 의한 수직(手織) 면포, 수직 면사에서 기계제 대공업 생산에 의한 기계제 면포, 기계제 면사로 변화되었다. 먼저 면포의 경우 1894년 청일전쟁 이전에는 일본의 중개로 영국의 기계제 면포가, 청일전쟁 이후에는 일본의 방직업이 급격히 발전해 일본의 기계제 면포가 유입되었다. 이에 따라 한국의 재래적 토포(土布) 시장이 잠식되었다. 또한 면사의 경우 기계제 방적사 수입이 확대되면서, 농촌에서의 면작-방적-방직의 분업이 도시에서의 기계제 방적사 수입-방직으로 전환되어 갔다. 이에 따라 면화를 대신해 콩을 재배하는 농가들이 늘어 갔다.[1]

하지만 일제는 1904년 러일전쟁 이후 한국 면작에 대한 장려에 착수했다. 1904년 일본 목포영사 와카마쓰 우사부로(若松兎三郎)가 일본 농상무성 기사 가토 스에로(加藤末郎)에 의뢰해 면화 종자 수십 종을 시험 재배했다. 한편 1905년 일본면화재배협회가 창립되어 일본 농상무성 기사 안도 히로타로(安藤廣太郎)가 육지면(陸地棉)을 시험 재배했다. 또한 한국 정부에게

---

1 권태억, 1989, 『한국근대면업사연구』, 일조각, 40-44쪽.

육지면 채종포(採種圃) 사업을 위탁받아 채종포를 설치하고, 육지면과 재래면의 우열 비교를 위해 모범작포를 설치했다. 강점 이후 총독부는 1912년 일본면화재배협회를 해산하고 육지면 장려 관계 사업을 각 도 소관으로 이관했다. 나아가 조선총독부 권업모범장 목포지장이 육지면 채종포 사업을 담당케 했다.[2]

1912년 데라우치 마사타케(寺內正毅) 조선총독은 제8호 훈령으로 육지면 재배의 장려, 육지면 종자의 보존, 육지면 재배자 지도, 조선 재래면 재배 개량을 명한 뒤, 육지면재배6개년계획(1912~1917)을 추진했다. 목표는 재배 면적 12만 정보(육지면 10만 정보, 재래면 2만 정보), 실면 생산 1억 1,500만 근(육지면 1억 근, 재래면 1,500만 근)으로 확대하는 것이었다. 구체적인 사업에는 육지면 종자 갱신, 육지면 종자 배부, 자가 채종 장려, 면작조합 설치, 모범작포 설치 등이 포함되었다. 전라남북도, 경상남북도, 충청남북도, 그중에서도 전라남도, 전라북도, 경상남도에 중점을 두었다.[3]

1910년대 전후 면화 증산 기반 구축과 육지면재배6개년계획에 대해 《황성신문》, 《매일신보》 등에 보도되었는데, 일본면화재배협회, 육지면 시험 재배, 데라우치 조선총독 훈령, 면작조합 등에 대한 내용이었다. 한편 『조선 소요사건 관계서류(朝鮮騷擾事件關係書類)』와 『1919년 소요사건에 관한 도장관 보고철(大正八年騷擾事件ニ關スル道長官報告綴)』은 하세가와 요시미치(長谷川好道) 조선총독, 야마가타 이사부로(山県伊三郎) 정무총감, 우사미 가쓰오(宇佐美勝夫) 내무부 장관 등에게 지방의 정보를 보고했던 것으로, 1919년 3·1운동 당시 고령, 공주, 청도 등의 농민들이 육지면재배6개년계획에 반대했던 내용이 담겨 있다.

일만면화협회는 1931년 만주사변 발발과 만주국 수립 이후 1934년 재단법인 조직으로 설립되었다. 본부는 도쿄(東京)에, 지부는 조선과 신경(新京)에 두었다. 일본과 만주의 면화 재배 지도·장려, 면화 수급 원활 등을 목적으로, 면화 재배 장려, 면화 매매 알선, 품평회·강습회 개최, 조사·연구 등을 실시했다.[4] 『조선의 면화 사정』(日滿棉花協會朝鮮支部, 1937, 『朝鮮の棉花事情』)은 일만면화협회 조선지부가 1937년에 출간한 것으로, 면화 종류, 면화의 재배 방법, 면

2 日滿棉花協會朝鮮支部, 1937, 「陸地棉の試作」, 『朝鮮の棉花事情』, 161-186쪽.

3 日滿棉花協會朝鮮支部, 1937, 「第一期棉作奬勵計畫」, 『朝鮮の棉花事情』, 187-205쪽.

4 〈棉花栽培協會設立認可さる, 鮮滿に支部を設置〉, 《朝鮮新聞》, 1934년 4월 15일; 〈일만 합작의 면화, 면양협회〉, 《동아일보》, 1934년 4월 20일.

화의 경제 가치, 생산 상황, 거래 상황, 조면 검사, 가공, 수급, 면화 재배의 기원, 면작 장려의 연혁, 각종 통계 등의 내용을 담고 있다.

(2) 신문 기사·지방 정보 보고를 통해 본 육지면재배6개년계획

① 신문 기사를 통해 본 육지면재배6개년계획

〈자료 166〉 한(韓), 면 시험 재배(황성신문, 1905.05.04, 2면 5단)

일본면화재배협회에서 본년에 한국에 면화를 시험으로 재식(栽植)하기 위하여 목포, 광주, 군산, 부산, 마산, 대구 각 처 땅을 살펴보고 길흉을 판단해 보기로 대략 내정하였으나 본년은 파종기가 임박할 뿐 아니라 적당한 감독자가 없으므로 본년은 경상도에는 정지하고 전라도에만 재식하기로 결정하였다더라.

〈자료 167〉 면화지 선정(황성신문, 1905.06.12, 3면 1단)

일본 농상무성 기사 안도 히로타로(安藤廣太郎) 씨가 면화재배협회의 촉탁을 받아서 시찰차 한국에 건너온 후에 목포, 군산 등지로 먼저 왔다가 본월 6일에 상경하였는데 동씨의 담화를 의거한즉 목포, 군산 등지에 면화를 재배함이 확실히 유망하나 또한 상세히 조사 후에 그 결과를 발표할 터라 하고 또한 금번에 전라도 지방에는 목포, 자방포, 영산포, 나주, 광주와 기타 군산 지방에 대지를 선정하여 시험 삼아 재배하고 오는 9월경에 재차 한국에 건너와 그 성적을 조사할 터라더라.

〈자료 168〉 면화 재배 조직 변경(매일신보, 1910.11.03, 2면 7단)

구 한국 정부로부터 매년 400원의 보조비를 얻어서 면화 재배에 종사하던 면화재배협회는 이번 병합의 결과로 종래의 사업을 전과 같이 계속할는지 혹은 사업을 들어서 총독부에 제공할는지 총독의 의견을 따라서 결정할 터인데 해당 협회 회원 중에는 그 조직을 변경하여 주식회사로 조직하기로 계획하는 자도 있으나 위 사업을 총독부에서 경영한다는 설이 있다더라.

〈자료 169〉 면화재배협회 해산식(매일신보, 1912.03.02, 2면 7단)

본일 도쿄(東京) 쓰키지(築地) 세이요켄(精養軒)에서 귀족원, 중의원 양 의원으로 이루어진 면화재배협회의 해산식을 거행하였는데 총독부에서는 동 협회가 다년 조선의 면화 사업에 대하여 진력한 공로를 표창하고 아울러 동 협회의 해산을 축하하는 뜻으로 전보가 왔었다더라.

〈자료 170〉 면작 장려 방침(매일신보, 1912.03.10, 2면 2단)

면작 개량 보급 및 장려의 방침은 금회에 훈령으로 경상남북, 충청남북, 전라남북 및 권업모범장을 향하여 발하였거니와 총독이 발한 요시(要示)를 들건대 조선의 풍토는 거의 전반에 걸쳐서 면화의 재배에 적합하되 그 재래의 품종이 양호치 못한 고로 이전 당국자는 그 개량을 꾀할 목적으로 면화재배협회와 상응하여 방적 원료로 우량한 육지면을 남부 지방에 시험 재배하여 예의주시하여 그 실적을 거두기에 진력한 결과 육지면의 품질, 수량, 조면[5] 비율이 모두 재래면에 우량함을 인정한 고로 이래 여러 가지 시험을 중복하는 동시에 장려 방법을 강구하여 몇 년 되지 않아 양호한 성적을 봄에 이르렀으니, 즉 1906년(明治 39)의 육지면 작부면적 45정보에 그 재배자는 300여 인이더니 1911년(明治 44)에 이르러 약 270정보에 재배자가 400여 인의 다수에 이르렀으니 만약 양호한 종자를 공급하고 또 그 지도가 적절할 때는 육지면의 확장을 기대할지라. 대저 일본의 면사 방적 등의 상황을 보면 즉 근년에 현저한 발달로 공업 중 제1위를 점함에도 불구하고 그 원면은 거의 외국의 공급을 기다리는 상태에 있어서 그 수입액은 근년에 실로 1억 5,000만 원의 다수에 달한다. 고로 조선에서 육지면을 다수 산출함에 이르면 내지[일본]의 수요를 보충하는 동시에 조선 농민의 이익을 증진하여 국가 경제의 신장에 기여할 바가 다대할 것은 의심할 여지가 없는 고로 내년도에는 종래 권업모범장 목포지장에 속한 면화 채종포(採種圃)의 수를 증가하는 동시에 장려의 주도(周到)와 편의를 꾀하기 위하여 이를 그 관할 도청의 소관에 옮기고 권업모범장 목포지장은 전적으로 면화 재배에 관한 시험 소사 및 신규 수입의 육지면 종자의 순화에 진력케 하며 또한 면작자의 이익을 보호케 하기 위하여 면화의 수이출세를 전폐코자 한다. 이를 위하여 육지면의 보급을 장려코

5 면화 씨를 빼서 솜을 만듦.

자 하는 취지와 다르지 않은지라.[6] 고로 다음 요항을 실행하여 관민이 보조를 일치하여 면작의 장려 특히 육지면의 보급에 노력할지어다.

또한 그 장려 방법은 다음의 각종이라.

1. 육지면 재배의 장려 2. 동 종자의 보존 3. 동 재배의 지도 4. 동 재배지의 확장
5. 조선 재래의 재배 개량

〈자료 171〉 전남면작조합(매일신보, 1912.07.14, 2면 2단)

전남도청에서는 육지면의 보급 장려를 기도할 목적으로 관내의 면작지 광주군 외 19군에 걸쳐서 주요한 장소에 면 채종포(採種圃)의 설치를 봄에 이르고 나아가 면업자의 편리를 주기 위하여 앞에서 기술한 각 군에 면작조합을 설치하고 이 조합에 향하여 각지 금융조합으로부터 저리의 자본을 융통케도 하며 또 수확물에 대하여는 창고 보관, 위탁 판매, 농구, 비료의 구입 대여 등 각종의 편의를 주고 우량한 육지면의 경작자를 보호상에 유감이 없게 함을 기하여 1금융조합의 자금으로 면작자의 희망에 수응(酬應)할 수 없는 때는 시의에 따라서 농공은행으로부터 금융조합의 저리와 같이 대부케 할 방침이라더라.

〈자료 172〉 면작조합의 창립(매일신보, 1913.02.11, 1면 5단)

면화의 매수, 조면, 수출 등의 사업은 대개 재력 풍부한 내지[일본] 상인이 이를 맡는 고로 따라서 금융기관의 이용도 또한 저절로 성행하여 전라남도에 은행의 현재 수는 본점 은행 1, 지점 은행 7이 있는데 이들의 각 본점은 모두 산업의 개발, 수이출의 장려 등의 취지에 의하여 특히 면화에 관계가 있는 상공업에 대하여 편의를 주므로 동 지방 상공업자는 금융상 불편을 느끼는 듯하여 현재 저들 은행 본·지점이 면화 매입, 조면, 수출 등의 자금으로 융통하는 자금이 50만 원보다 적지 않을지오. 또한 면화의 재배에 당한 재력이 부족한 지방은 소농으로 경작 비료 등에 재배상 개선을 촉진하고자 하면 이에 대하여 상당한 자금 융통의 필요가 있음은 말할 것도 없음이라. 이 금융기관으로는 지방금융조합 또는 농공은행으로써 이

6 원문: 불다(不多)한지라.

를 맡게 할 터인데 지방금융조합은 원래 지방 농민 구제, 농업의 발달을 기도할 목적으로 조직되며 현재에 있어서는 각 조합원에게 50전 이하의 융통을 하여 동시에 의탁 판매의 방법에 의하여 생산물의 낭비를 방지하는 등 농민을 이익케 함은 다툴 바가 없을 사실이다. 그러나 해당 조합의 조직은 지방에 대하여 비교적 재산이 있는 자작농자인 고로 따라서 이익을 받는 자도 또한 소수의 중농자에 한정된다는 혐의가 없지 않은지라. 이 은혜에 누락된 일반 농민의 이익을 꾀하기 위하여 전라남도청에서는 본년부터 관내 각지에 면작조합을 조직하기로 정하였으며, 면작조합의 목적은 면작의 개량 발달을 꾀하여 지방 농민의 이익을 증진하며 저들에게 자급의 관념을 양성케 하려는 목적인데 각 부·군의 직접 감독하에 지방의 상황을 고려하여 면 또는 동에 설치하려는 것이다. 해당 조합은 다만 면작의 개량뿐 아니라 일반의 농작물에 대하여는 상호 협동하여 종자, 경작 등의 개량을 촉진하며 그 생산물은 공동판매의 방법으로 난매(亂賣), 투매(投賣)의 폐해를 막고자 함에 있으며 이와 동시에 모(某) 정도까지 자금 융통 필요가 있는 고로 원진히 각지의 지방금융조합과 연락을 취하고자 현재 광주농공은행은 해당 조합에 대리 대부를 위하여 조합원의 요구에 응하여 자금의 융통을 하고 또 조합원은 지방금융조합에 대하여 연대 책임을 지는 고로 1조합원의 채무 불이행 또는 미처리 등은 바로 전원의 머리 위에 있으므로 서로 구제, 교정하여 자치적 정신을 기르는 이익이 있는 동시에 중매 또는 지방 간상(奸商) 등의 간책(奸策)을 면할 수 있으리라더라.

〈자료 173〉 육지면의 장려(매일신보, 1913.02.28, 2면 3단)

농상공부에서는 전년 이래 전라남도를 중심으로 하여 육지면의 장려에 노력하였는데 이미 지난 1912년(明治 45) 말까지 약 6,500정보요, 그 수면고(收棉高)는 700만 근에 달하였으나 본년 중에는 다시 6,500만 정보의 증식(增植)을 장려하여 동년 중에 대한 1만 3,000여 정보, 1,300만 근을 거두는 예정인바 현재 각각 계획 중인데 금후 5년간에는 적어도 10만 정보의 증가를 볼 예정이라더라.

〈자료 174〉 충남 육면[육지면] 재배 장려(매일신보, 1913.03.15, 2면 2단)

종래 남선[소선 남부] 지방은 육지면의 재배지로 지실, 풍토 등이 적합하므로 총독부에서는 이를 장려하여 수년 전부터 재배하였는데 그 결과가 심히 양호한바 충청남도에서는 그 보급을 꾀하기 위하여 청양군에 면 채종포(採種圃)를 설치하고 조수 1명을 두어 면작의 지도, 감독을 담당하게 하였는데 금회 총독부의 취지에 의하여 면 채종포를 폐지하고 전라남도와 협의하여 기수 1명을 주재케 하고 그 아래에 조수 1명, 용부(傭夫) ■명을 두어 면작 장려의 사업에 종사케 하기로 하였다. 재배지의 선정은 가급적 집중주의를 취하여 종래의 재배지 부근에 확장을 꾀하여 점차 타 지방에 미치게 하며 면화는 혼면을 방지하고 면작조합을 설립케 하여 면화의 매집 및 그 공동판매를 하게 하며 동 조합에는 상당한 보조금을 내려줌에 있으니 현재 청양에서는 청양 지방 금융조합으로써 이를 담당하게 하였다. 동 조합에 매집하여 위탁판매를 행하고 목포의 조선면업주식회사 지점과 거래를 행하며 교통 불편한 곳도 다액의 운임을 요하는 것은 일정한 연한 상당의 보조를 행하고 면작자 중에 자금의 필요상 면화로 변제할 약속하에 면 상인으로 전차금(前借金)[7]을 행하고자 하는 자 있으면 이를 금융조합을 통하여 농공은행으로부터 저리자금의 융통을 받게 하였다. 또 농민으로 하여금 자가 재배의 육지면으로 다음 해 파종할 종자를 보존케 하기 위하여 실면[8]의 조면을 장려케 하여 면작조합의 직원으로 하여금 주밀한 감독, 지도를 행하게 하여 조합의 성적을 거두기로 장려한다더라.

〈자료 175〉 경북 육면[육지면] 보급 장려(매일신보, 1913.04.08, 1면 2단)

경상북도청에서는 육지면 재배 장려의 목적으로 종래에 겨우 50정보의 작부 면적을 약 5배로 확장하여 1913년도(大正 2)에는 작부 면적이 255정보에 달하게 할 방침이라 함은 이미 보도한 바와 같다. 본 도청에서는 본월 4일로써 그 소요 육지면 종자 3만 8,245근여를 관내 1부, 10군에 대하여 각각 발송하였는데 본도 내에서 생산한 육지면 종자량은 인동군 1,166근, 경산군 1,766근, 자인군 1,621근, 청도군 121근여, 합계 4,675근여이오, 또한 이에 목포권업모범지장으로부터 구입한 종자량이 3만 2,940근 및 동 지장으로부터 교부를 받은 종자량이 630근인데 총계 3만 8,245근여라 한다. 또 그 씨를 뿌릴 때에 대하여는 본 도청에서 기술원을 파견하여 실지 지도의 임무를 담당하게 하여 이의 보급 · 장려에 노력할 방침이라더라.

---

7 훗날 갚기로 하고 앞당겨 돈을 빌림.
8 면화 씨를 빼지 않은 면화.

〈자료 176〉 본년도 면작 장려(매일신보, 1913.04.11, 1면 2단)

총독부는 전년도 성적에 비추어 본년도에 대한 전라남북도, 충청남북도, 경상남북도를 중심으로 하여 육지면의 재배 장려를 행하기로 이미 각 도청에서 면종의 배포를 행하는 중인데 4월 말부터 착수하여 5월 초순에 마칠 예정이다. 그 면적은 6도를 통하여 약 1만 3,000~4,000여 정보이니 거의 전년도의 배수를 넘음에 이르리라더라.

〈자료 177〉 데라우치(寺內) 총독의 지시(1), 농업기술관회의에서(매일신보, 1914.12.05, 2면 5단)

데라우치 총독은 현재 개회 중인 기술관회의에서 3일 오후에 다음과 같이 지시하였더라.

(…)

▲ 육지면의 재배

본년의 육지면가(陸地棉價)의 폭락으로 인하여 시방 일부의 농민 중에 이 재배의 앞길을 크게 비관하는 자가 있는 모양이나 이는 시국의 관계로부터 오는 일시적 변조에 불과한즉, 세계가 평화 되는 일시에는 다시 구태(舊態)로 돌아올 바는 추호도 의아할 여지가 없다. 이 사유를 일반 농민에게 기별하여 알게 하여 충분히 채식(採植)에 힘을 쓰게 하며 내년의 육지면 재배 준비를 게을리 하지 않게 하여 농작물의 보급에 좌절이 없도록 할지오.

(…)

〈자료 178〉 조선 면작 장려(매일신보, 1917.02.23, 2면 4단)

임시산업조사국에서는 당면의 문제로 면화 및 양모에 관한 근본 해결책을 강구할 터인데 이 문제는 이미 경제조사회에서 가장 적확한 결의를 하였다 한다. 동 국은 해당 결의를 어떠한 방법에 의거해 실행할는지 이를 연구 중이라는데 (…) (1) 현재 관개의 설비가 없는 논을 조사하여 밭으로 개작하여 육지면의 재배에 충당할 것, (2) 국유 미간지 중 면화 재배에 적합한 것을 조사하여 이의 개간을 장려할 방법을 강구할 것, (3) 대두[콩], 기타의 경작지를 육지면 재배지로 변경할 기정 계획을 촉진할 것, (4) 비료의 사용에 관하여 적절한 방법을 강구하여 육지면의 수확률을 높게 할 것 등 각종의 방법을 실시하여 조선의 면작지인 특장을 충분히 발휘케 함에 있다 하며, 단 내지[일본] 및 대만에 있는 면화 재배의 상황은 종래의 성적에 비추면 결코 큰 희망을 둘 수 없는 사정이 있으나 또한 상당한 시험 및 연구를 게을리 아니한다 한다. 또한 이에 관하여는 내무성과 중대한 관계가 있는 고로 동 성의 임시조사회와는 가장 밀접한 연쇄를 보리라더라.

〈자료 179〉 육지면작 방침(매일신보, 1918.03.09, 4면 3단)

1918년(大正 7) 경상북도 육지면작 장려 방침은 다음과 같이 결정하였다더라

작부에 관한 건

(1) 전년의 예에 의하면 그 재배지가 지나치게 산만하여 지도 · 판매에 불리가 적지 않으므로 1918년(大正 7)에는 육지면 재배지의 선정은 집주주의(集注主義)를 취하고 농업 조직을 위험케 하지 아니하는 한도를 즉 1농가가 경작하는 밭농사의 5할을 표준으로 윤작[돌려짓기]을 행하게 할 방침으로 반드시 종래의 재배지 부근에 장려 · 확장을 꾀하여 점차 타지방에 미칠 방침에 의하여 계획을 세운 그 예정지의 재배 면적을 반드시 행하겠고 잘못된 계산이 없기를 기함이 가함.

(2) 육지면 재배지는 윤재[돌려짓기] 조직으로 하고 농지를 개량하여 지미(地味)를 평균히 하고 이에 재배하도록 실지에는 조사 선정을 행하고 전년의 예에 의하여 면작조합으로 하여금 대장을 작제(作製), 보호케 하여 군 및 면에 각 1속씩 사본을 비치함이 가함. 육지면 재배의 선정 면적은 반드시 평수에 의하여 면적을 계상할지오, 전년 면작지 선정의 예에 비추면 그 선정 방법이 날림으로 그저 경작자가 경작 조인(調印)을 행할 뿐이오, 실지 상태에 부합치 아니한 결과 경작 면적의 확실과 면작 적응지를 거둬 얻지 못한 감이 있으며 본년은 심히 생각을 이에 미쳐서 선정의 확실을 기함이 가함.

(3) 육지면 재배지 이외의 재래면은 면 파종의 당시 육지면의 작부 면적과 더불어 이 면적을 조사하여 각 그 면적으로 명백히 함이 가함.

(4) 선정을 마친 재배지에는 길이 4척 말뚝으로 해당 토지의 지적, 지번, 평수 및 경작자의 주소, 씨명을 기재한 것을 각 구장으로 하여금 각 경작자와 동행하여 해당 밭에 수립할 것. 만약 분실한 때는 면 및 구장 등으로 하여금 보충케 할 것. 이에 요하는 경비의 부담은 전부 당사자로 하여금 행하게 함.

종자 준비에 관한 건

(1) 1917년도(大正 6) 면화로 채수(採收)한 자가용 종자량은 조사 시 왕왕 경작자가 허위의 신청을 행하므로 잘못된 조사가 많아서 각 부락마다 경작자로 하여금 채수 종자를 가지고 오게 하여 조사하고 해당 종자는 일시 이동(里洞)의 면작장려위원회에게 보관케 하는 등 이 조사는 최선의 방법을 취하여 잘못된 계산이 없기를 기할 것.

(2) 1917년(大正 6) 경작자 중 예정의 종자 채수량(採收量)이 부족한 자는 면작조합 알선하에 공동구입으로 배포할 것.

(3) 확장용에 제공할 본도 배부 종자는 내년 해당 배부량의 종자를 도에 반환케 하는 조건을 붙임으로써 종자 배부 시 조합의 배부 또는 경작자의 구입 종자와 구별하여 그 의무를 철저케 할 것.

경작법에 관한 건

(1) 맥[보리]의 간작[사이짓기]으로 작부하도록 장려함이 가함.

(2) 경작법은 어떠한 방법에 의하든지 평당은 30본 이상의 주(株) 수를 보존케 할 방법을 지킴이 가함.

비료 준비에 관한 건

(1) 비료는 면작자로 하여금 단보당 부숙 퇴비 200관 혹은 토비(土肥) 300관 이상의 준비를 행하게 하여 시용을 시행케 할 것.

지도 감독에 관한 건

(1) 면작 경작자에 아직 육지면의 이익을 알지 못하는 자가 있음을 [고려하여] 면 재배의 지식을 보급하려면 실지 이 기술의 지도를 행함이 가장 긴요한 것으로 면작 기술원 및 면작조합 임원이 상시 이를 담당함은 물론이나 종자 채수량 조사 및 작부 선정 면적의 파종을 확실케 할 2건은 사업 수행의 기초로 특히 엄중한 지도 감독을 요한다. 따라서 군수 이하 각 기술원은 물론 군청 및 면직원으로 하여금 가능한 한 사무의 변통을 행하여 감독에 종사케 하며 면작자의 작부 실행을 감독하여 육지면 장려의 실적을 거둠

에 유감이 없기를 기할 것.

(2) 군의 면작 장려에 관한 상설 지도 기관은 군으로 상급 감독 기관을 삼고 면작조합을 중추 기관으로, 면을 하급 기관으로 하여 이 사이에서 상호 각 정보를 연락하여 이 기관의 시설 방침은 다음과 같음.

(…)

② 지방 정보 보고를 통해 본 육지면재배6개년계획

〈자료 180〉 소요 사건에 관한 민정휘보(兒島惣次郎→長谷川好道, 1919.05.06, 「騷擾事件ニ關スル民情彙報(第十六報)」, 『朝鮮騷擾事件關係書類(共7册其7)』)

(…)

3. 경상북도

(1) 관의 시설과 영향

고령군 다산면 지방은 소요 발발 이래 불온 벽보 또는 여러 가지 유언비어가 왕성하게 행하여져서 점차 민심 악화 경향이 있으며, 일부 불령배(不逞輩)는 이러한 사이에 처하여 부민들을 선동하여 관의 시설에 반대하도록 하는 듯하다. 현재 경일면 내의 면화 경작인 일동이 연서한 다음 육지면의 경작에 반대하여 그와 같은 뜻을 총독에게 올리려고 하였던 사실이 있었다. 따라서 군수는 타이른 후 이를 중지하게 했다. 하지만 오히려 반대를 왕성히 하고 있어 고령경찰서장은 동 지(地)에 출장해 일반 민을 타이르는 한편, 이의 선동자인 서당 교사 1명을 검거하여 구류 15일을 처분했다. (…)

〈자료 181〉 지방 소요에 관한 건(桑原八司→宇佐美勝夫, 1919.04.19, 「地方騷擾ニ關スル件」, 『大正八年騷擾事件ニ關スル道長官報告綴(七册ノ內六)』)

(…)

공주 읍내 거주하는 유력한 양반 씨명의 의견 등을 들을 수가 있었기 때문에 참고로 다음의 가항을 통보드립니다.

1. 금회의 독립[만세 운동]은 효과가 있을 것이라 믿지 않지만, 이와 같은 소요가 갑자기 확대된 이유는 독립의 미명에 몰려서 평소의 울적한 불평이 발발한 것임에 틀림없다. 그것의 주된 점을 들자면,

(…)

(5) 육지면도 또한 그러하다. 조선인은 절대 찬성하지 않고 있다. 인민은 아직 재배법 및 이익을 자각하지 못하고 있음에도, 갑자기 본부[조선총독부]가 도·군에 명령해 면에 경작 면적을 할당하고 재배를 강제한다. 세민(細民)은 그러한 고통에 울고 있는 듯하다.

(…)

〈자료 182〉 소요 사건이 지방 사무에 미친 영향의 건(鈴木隆→山県伊三郎, 1919.05.08, 「騷擾事件ノ地方事務ニ及ホシタル影響ノ件」, 『大正八年騷擾事件ニ關スル道長官報告綴(七册ノ内六)』)

(…)

청도 군수의 보고에 의하면 동 군은 금회의 사건이 지방 사무 중 면작 장려상에 미친 영향으로 인정할 바가 다음과 같고, 기타의 사무에 대해서는 현재 별다른 영향이 없는 듯하기 때문에 이 점 보고드립니다.

-기(記)-

일반 경작자 중에는 육지면 재배가 유리함을 자각하고 이러한 작부를 하려 하는 자가 많아지고 있다. 그럼에도 불구하고 매년 적지 않은 면적을 확장하는 것이 매우 고통이라 생각하는 자도 더해졌다. 1918년도(大正 7)에는 작황이 불량하였으며, 면사(綿絲) 및 곡가의 폭등과 비교해 면화의 가격이 저렴해지면서, 이것의 재배를 싫어하는 경향을 띠기에 이르렀다. 그런데 1919년도(大正 8)에는 1,000정보(1918년도 작부 면적 600정보)의 작부를 독려했지

만, 저들이 용이하게 수긍하는 데에 이르지 못했다. 특히 이번 봄 3월 이래 각지의 소요 영향을 받아, 파종 감독을 위해 출장한 자에 대하여 동민(洞民) 모두 파종을 거부하고 멋대로 불온한 언사를 하거나, 면사무소에 대표자로서 사정을 고하는 서류를 내거나, 군청에 진정서를 제출하는 등의 사실이 적지 않았다. 이에 대해서는 면작 기술원 및 군청원이 극력 간절한 설명과 지도에 힘쓰고 있기는 하지만, 1만 필 이상에 걸친 면포(棉圃)를 일일이 실지답사함이 곤란함은 물론이고, 출장원을 기만하는 자도 또한 적지 않다. 이로 인해 미리 면적에 달하게 할 수 있을지 없을지 의문이 있기는 하지만, 현재 군청원 및 면작 기술원은 극력 파종 독려에 종사하는 중이다. (…)

(3) 육지면재배6개년계획의 내용

① 면화 증산 기반 구축

〈자료 183〉 육지면의 시험 재배(日滿棉花協會朝鮮支部, 1937, 「陸地棉の試作」, 『朝鮮の棉花事情』, 161~167쪽)

조선 면화 재배의 역사는 앞 절에서처럼 멀리 600년 전으로 거슬러 올라 간다. 하지만 이것의 재배를 적극적으로 장려하게 되었던 사적(事跡)에 대해서는 문헌이 비춰 볼 만한 바가 없고, 대부분 자연의 추이에 맡겨져 왔던 듯하다. 따라서 조선 면화 장려의 역사는 지극히 새로워, 겨우 30년 전에 시작되었다고 봐도 지장이 없다. 즉, 미국종 육지면이 이식된 이후의 일이다. 조선에 최초로 육지면 종자를 들여와 이것의 재배의 단서를 열었던 사람은 1904년(明治 37) 당시 목포의 제국 영사로 재임했던 와카마쓰 우사부로(若松兎三郎) 씨다. [와카마쓰] 씨는 오랫동안 청국 사시(沙市)에 있었다. 동 지방은 이제까지 면화의 산지로 저명한 땅이다. [와카마쓰 씨는] 1902년(明治 35) 7월 한국 목포 근무를 명받고 부임 길에, 마침 농사 조사를 위해 청국을 순회 중이던 농무국장 사코 쓰네아키라(酒匂常明) 씨가 와서 한국에서 배를 바꿔 타려 하는 김에, 배를 함께 타서 사시를 출발해, 배의 안에서 한국 면화의 장래에 관하여 숙의(熟議)했다.

이와 같이 착임하자마자 목포 지방 면화 재배의 상황을 조사해, 형상이 마치 사시 지방과 유사함을 확인할 수 있었다. 이에 따라 사코 국장의 도착을 기다려서 제휴하고 목포의 대안(對岸) 고하도(高下島) 면작 상황을 시찰하여 크게 얻은 바가 있었다. 즉, 한국의 풍토는 어쩌면 미국종 육지면 재배에 적당한 것이 아닐까. 과연 그렇다고 하면, 한편으로는 한국의 면작을 개량하여 산업의 발달에 기여하고, 한편으로는 아방(我邦)[일본] 방적 원면의 일부를 보충할 수가 있어, 실로 일거양득 책으로 되었다. 이에 따라 이래 여러 차례 그러한 경위를 외무성에 갖추어 보고하는 동시에, 민간 유지에 대하여서도 또한 타일러서 권했지만, 세상이 아직 그러한 설을 경청하는 자가 있는 데에 이르지 못했다.

하지만 동 영사[와카마쓰]는 자신의 이야기가 실현될 시기가 있기를 은밀히 기하고 있었다. 1904년 농상무성 기사 가토 스에로(加藤末郎) 씨가 한국 시찰을 위해 목포로 순회해 왔던 김에, 여기서 동 영사는 스스로 개인으로서 육지면 시험 재배에 뜻을 두고, 이를 동 기사[가토]와 의논했다. 이러한 결과로 그[가토]의 알선에 의해 농상무성 농사시험장 기내지장(畿內支場)으로부터 미국종, 기타의 면 종자 십수 종을 교부받고, 이것을 고하도 야마자키(山崎) 모(某)에게 위탁하여 시험 재배를 하도록 했다.

시험 재배지는 오랫동안 황무지로 버려져 있었던 토지를 시험 재배를 위해 특별히 다시 개간한 것으로, 시험 재배지로 적합하다 하기는 어렵고, 시험 재배자 야마자키 도이치(山崎藤一) 씨는 면작에 경험이 있는 자가 아니었다. 그러므로 시험 재배상 여러 유감이 있어 전문가가 보면 극히 날림이라 하는 비난을 면하지 못하고, 파종은 종자 도착과 개간 상황에 따라 매우 늦어 적기를 놓치는 등의 관계상, 그것의 성적은 반드시 양호하다고 할 수 없었다. 하지만 대체로 한국의 풍토는 육지면의 재배에 적합함이 확인될 수 있었다. 와카마쓰 영사가 외무대신 앞으로 제출한 보고서를 초록(抄錄)하자면 다음과 같다.

(…)

또한 영사는 시험 재배 면 사진, 면의 줄기 및 실면의 표본을 농사시험장 기내지장 및 내외면주식회사(內外棉株式會社)에 보내서 그것의 감정을 요구했다. 기내지장은 줄기 및 솜에 대해 정밀한 조사를 수행한 후, 표본 면의 줄기 각종 모두 겨우 한 그루, 실면 또한 간신히 10g 내외에 불과하기 때문에 정확하게 품위를 감정하고 그것이 장래를 점치기에는 곤란하지만, 이것의 판단을 내리면 다음과 같으니, 목포의 육지면 재배는 재배법이 적당하면 장래 전망이 없지 않다고 단정했다. (…)

요약컨대 와카마쓰 영사의 육지면 시험 재배는 결과가 헛되지 않아서, 이를 동기로 하여 아국(我國)에 면화재배협회가 설립되는 데에 이르렀고, 여기서 육지면 장려의 단서를 여는 데에 이르렀다.

〈자료 184〉 시정[병합] 이전 면작 장려(日滿棉花協會朝鮮支部, 1937, 「施政以前に於ける棉作奬勵」, 『朝鮮の棉花事情』, 168~186쪽)

1. 면화재배협회 창립

한국산 면화가 처음 우리 내지[일본]에 수입된 시기는 1901년(明治 34)이지만, 이후에 해가 지남에 따라 수량이 증가하고, 또한 품질이 방적 원면으로서 적당하고 훌륭함에 의해 점차 진가를 인정받아 당업자의 주의를 야기했다. 더구나 한국의 풍토는, 한국 재래종 이외 우수한 외국 품종을 이식하고 재배를 대규모로 개량해, 그것의 면적을 확장할 수는 없는가, 하는 관측을 품는 자들도 생기기에 이르렀다. 다만 아직 한 개의 막연한 공상에 지나지 않았다. 그런데 와카마쓰(若松) 영사에 의하여 이루어진 육지면 시험 재배의 결과 결국 유망한 바가 있다고 인정받기에 이르렀고, 방적 원면 공급원을 구하기에 부심하고 있던 우리 조야(朝野)의 유지(有志)는 한국 면작을 결코 등한시해선 안 된다고 인식하기에 이르렀다. 하라 다카시(原敬)·오이시 마사미(大石正巳)·노다 우타로(野田卯太郎)·하기노 요시조(萩野芳藏) 씨 등은 협의한 끝에 다시 전문가가 완전하게 시험 재배시킬 필요가 있다고 보아서, 이를 대일본방적연합회와 의논했다. 이때 농상무성 상공국장 모리다 모키치(森田茂吉) 씨도 또한 본 문제에 관하여 동 회에 희망을 통하여 왔기에, 관민 합동으로 일을 담당함이 편하다 보았다. 1905년(明治 38) 4월 12일 하라 다카시·오이시 마사미·오오카 이쿠조(大岡幾造)·하토야마 가즈오(鳩山和夫)·노다 우타로·쓰노다 신페이(角田眞平)·스기타 데이이치(杉田定一)·구리하라 료이치(粟原亮一)·사카노 고조(阪野耕三)·가토 마사노스케(加藤政之助)·모리야 고노스케(守屋此助)·세키 나오히코(關直彦)·하타노 덴자부로(波多野傳三郎)·모리모토 슌(森元駿)·오카자키 구니스케(岡崎邦輔)·아키오카 기이치(秋岡義一)·에토 신사쿠(江藤新作)·구리즈카 세이고(栗塚省吳)·아오치 유타로(青地雄太郎)·하기노 요시조·쇼지 아토키치(庄司乙吉)의 제씨 및 당시 농상무성 농무국장 사코 쓰네아키라(酒匂常明)·상공국장 모리타 모키치·농상무성 기사 쓰키타 도우자부로(月田藤三郎)가 제국호텔에서 회합, 유럽 제국(諸國)의 예에 비추어 면화재배협회를 설립키 위하여 창립 취지, 방법, 순서 등에 대해 협의했다. 동시에 조선의 전라도에서 바로 완전한 시험 재배를 행하기로 결의하고 농상무성과 교섭하여 기사 파견을 구한 결과, 농사시험장 기사 안도 히로타로(安藤廣太郎) 씨가 선택되어 동년 5월 조선으로 건너와 시험 재배에 관한 만반의 준비를 하게 되었다.

동년 7월 2일 면화재배협회 창립총회를 제국호텔에서 개최하고, 귀족원·중의원 양원의 주축 의원, 농상무성·외무성 양성의 관계자, 기타 방적연합회 위원 및 실업가 등 수십 명이 출석하여 성립을 이루고 다음 같은 취의서 및 규약을 발표했다.

면화재배협회 취의서

우리가 가만히 생각하기에는, 한국과 아국[일본]은 인접한 경계에 있어서 운수 교통의 편리가 [외국 간의 관계가 아니라] 내지와 다르지 않다. 동 국(國)은 면화의 재배에 적합하고, 산면(産棉) 같은 경우에는 품질이 지극히 양호해, 미국 종과 우열의 차이가 거의 없다. 만약 그것의 재배를 장려하고 그것의 품질을 개량하여 산액의 증가를 꾀하면 우리 면업 수요의 일부에 충당할 만하고, 이를 현재에 비추어 보면 매년의 산액도 또한 점차 많은 증가를 보인다. 이것이 어찌 하늘이 아국 면업에 주신 선물이 아니겠는가. 이후로 한국의 이익의 원천을 개발함은 아국이 담당하여 진력할 임무이다. 동 국의 면화 산출이 점차 많아진다면, 아국은 그것의 공급을 멀리 해외 제 국에 의존할 필요 없이 가격 및 운임이 저렴한 원료를 사용할 수 있을 것이고, 한국 또한 저렴한 면포를 수요할 수 있을 것이다. 이로 인해 향유하는 피아(彼我)[조선·일본]의 이익은 결코 적지 않다. 단지 한국의 이익의 원천을 개발하고 아국 면업 진보에 편리할 뿐만이 아니다. 면가(棉價) 같은 경우에는 해외 시가 변동이 심하기 때문에, 만약 한국의 산면을 아국 면업 원료의 일부에 충당할 수 있는 수준으로까지 발달시킨다면, 도모하여 해외 시가 변동에서 올 만한 영향을 견제하고 아국 면업 독립의 기초가 비로소 안전하고 확고해질 수 있을 것이다. 실로 일거양득의 책이다. 더구나 한국 면화 발달은 조금도 아국 농산을 저해할 우려가 없다. 운운.

면화재배협회규약

제1조 본회는 면화재배협회라 칭한다.

제2조 본회는 한국 면화의 개량, 번식을 도모함을 목적으로 한다.

제3조 회원이 되고자 하는 자는 회원 2명 이상의 소개로 신청하여 평의원회 승인을 받아야 한다.

제4조 본회는 매년 1회 총회를 개최한다.

제5조 회장, 평의원, 이사 약간 명을 두고 회무를 처리한다.

제6조 회장은 평의원이 추천하고, 평의원 이사는 총회에서 선거한다.

제7조 회비는 징수하지 않으며 독지가의 의연금으로 충당한다.

이렇게 평의원 수십 명을 선거하고, 이사로 노다 우타로, 쓰노다 신페이, 아오치 유타로, 쇼지 아토키치의 제씨가 당선되었다. 그들 후임은 경성 공사관 알선에 의하여 한국 요로 대관 및 한국의 우리 관민의 주요 제씨를 평의원 또는 이사로 추천하고, 그 후 평의원을 여러 방면에서 망라해 회(會)의 행동을 민첩하고 활발하게 했다.

그리고 동 협회는 창립 이래 1912년(明治 45) 3월까지 약 7개월에 걸쳐 한국 육지면 재배 장려 사업에 노력하여 커다란 효과와 업적을 거두고, 조선총독부에 사업을 인계하는 동시에 해산했다. 해산 이후 1913년(大正 2) 1월 이사 노다 우타로, 쓰노다 신페이, 아오치 유타로, 쇼지 아토키치 네 명에 대해서는 재직 중의 공로에 따라서 상훈국(賞勳局)에서 은잔을 하사하셨다.

2. 육지면 재(再)시험 재배

와카마쓰 영사의 육지면 시험 재배 결과는 그것의 장래가 유망함을 헤아림에 물론 충분한 바가 있지만, 면화재배협회 발기인은 또한 1회 전문가에 촉탁하여 적확한 시험 재배를 수행할 필요를 인정했다. 파종, 절기 관계상 협회 설립 이후를 기다리기에는 경황이 없기에 발기인회 협의에 따라서 1905년도(明治 38) 시험 재배를 바로 하기로 했다. 농상무성과의 교섭을 거쳐서 농사시험장 기사 안도 히로타로 씨가 그것의 임무를 담당하게 되었음은 전술한 대로다.

동 협회는 당초 시험 재배지를 목포 및 광주의 2개소로 선정할 예정이었지만, 와카마쓰 영사의 희망에 따라서 영산강 유역의 자방포(自防浦), 영산포, 나주, 남평(南平) 각 주요지들에도 시험 재배지를 두기로 하였고, 따로 전라북도 군산에도 1개소, 합계 6개소를 두기로 했다. 안도 농사시험장 기사는 협회가 동 기사에게 수반시킨 농부 1명을 인솔해 각 시험 재배지에 도달하여 토지의 선정을 행하고, 미국 면 각종, 한국 재래면 등 십수 종을 각종 시험 재배법에 따라 각각 파종을 마쳤다. 그것의 감독은 전 농상무성 기사로서 당시 한국흥업주식회사 기사장(技師長)으로 전임하여 목포 방면으로 출장 중이었던 가토 스에부로 씨에게 맡기고 일단은 도쿄로 귀환했다.

안도 기사가 귀조(歸朝)한 후에 가토 기사 감독하에 담당 농부가 온전히 면포의 작업을 담당했다. 가을 10월 수확 계절에 이르러 면화재배협회에서 하기노 이사와 안도 기사, 우라카미(浦上) 주임이 제휴하고 한국에 건너와서 시험 재배 상황을 자세히 시찰했다. 그것의 결과는 대단히 양호했다. 이에 안도 기사가 보고한 성적의 대요를 초록(抄錄)하자면 다음과 같다.

(…)

변화재배협회의 육지면 시험 재배 성적이 이상처럼 양호하여, 이미 그것의 장래가 유망한지 의심할 여지가 없는 데에 이르렀다. 따라서 동 협회는 나아가 이를 널리 한국민 일반에 재배케 하려는 계획으로 옮겨 갔다.

3. 면화재배협회의 면작 장려

(1) 면 채종포(採種圃) 설치 및 위탁 재배

다시금 시험 재배한 결과 그것의 장래가 대단히 유망함을 확인했다. 면화재배협회는 한 걸음 더 나아가 이후의 계획을 세우려 했다. 이를 위해 당시 시험 재배 조사를 위하여 한국에 건너와 있었던 하기노 이사·안도 기사 일행 및 우연히 한국 시찰을 위해 목포에 있던 농상무성 농사시험장장 고자이 요시나오(古在由直) 씨, 와카마쓰 영사 등과 제휴하여, 경성에 부임한 한국 정부 재정부 고문 메가타 슈타로(目賀田種太郎) 씨, 제국 대리 공사 하기하라 모리이치(萩原守一) 씨 및 한국 정부 세 내신과 회견하게 했다. 이에 따라 육지면 시험 재배의 성적을 보여서 그것이 유망한 이유를 설명하고, 금후 취할 방법에 대하여 의논하게 했다. 메가타 고문은 이들 사이에서 가장 진력했다. 동 고문은 즉석에서 상당한 경비를 지출하겠다고 쾌락하고,

육지면의 종자를 보급하여 면작 개량을 위한 단서를 열기 위해서는 먼저 채종포를 설치하고 원산지의 종자를 이식하여 순화케 함으로써 그것의 번식을 꾀하는 동시에 종자를 농민에게 널리 배부해 경작 개량을 지도해야 함을 협정했다. 즉, 그것의 골자는 다음과 같다.

1. 한국 정부는 전라남도, 기타 면작 적지(敵地)에서 면 채종포를 설치하고 일본인이 이를 관리하게 할 것.
2. 한국 정부는 해당 사업 경영 비용으로 1906년(光武 10, 明治 39)부터 오는 3개년간 10만 원을 지출할 것.
3. 면화재배협회는 본 사업에 대하여 책임 지고 만반의 주의, 원조를 할 것.
4. 채종포는 수확 면의 종자를 대체로 전국으로 널리 퍼트릴 것.

이렇게 면 채종포 신설이 의결되자 협회는 파종용 종자를 뉴욕 헨더슨 회사에 주문했다. 그것의 도착에 맞추어 농상무성에 청하여 동 기사 미우라 지로(三浦次郎) 씨의 한국 파견을 받았다. 면작의 주요지 전라남도에서 10개소의 토지를 선정하고, 재배 일을 담당할 기술원을 각지에 배치하고, 1906년 5월 2일 면 채종포 사업을 창시했다. 즉, 조선의 육지면 재배의 기운이 완전히 차올라 그러한 사업의 단서를 여기에 열었던 것이다. 동년 3월 면화재배협회는 한국 정부로부터 다음 명령을 접하는 동시에 우리 농상무성 농사시험장장은 동 협회의 청에 따라 다음의 조건을 붙이고, 한국의 육지면 각종의 재배를 동 협회에 위탁했다.

한국 정부의 명령

1. 본국 면화 재배 채종의 사업은
   대일본면화협회에 위탁한다.
   위 사업은 대한국에 있는 권업모범장의 감독을 받아야 한다.
   1906년(光武 10) 3월 17일
   대한국 농상공부대신 육군부장 훈1등
   권중현
   대일본면화재배협회

(비고) 위 명령서 중 한국에 있는 권업모범장은 우리의 통감부 권업모범장을 의미한다.

농사시험장장의 위탁 조건

1. 육지면은 재배하여 수확한 때에는 표본으로 면화 및 면의 줄기를 본 장으로 차출할 것.
2. 재배 및 수확의 상황을 보고할 것.
3. 재배해 수확한 종자는 이를 널리 한국 내에 배부하여 개량, 증식을 꾀할 것.
4. 위탁 조건을 무료로 한다.

면 채종포에는 주임 및 조수 각 1명을 배치하고 종래 시험 성적에 비추어 육지면 King's Improved 종자를 미국에서 구하여, 이를 작인에게 분배하여 재배 지도를 하고, 그것의 수확물은 상당한 가격으로 매수키로 했다. 그 후 1908(明治 41) 임시면화재배소의 설치와 더불어 주임은 동 재배소 기수로 채우고, 그들의 지위를 높여서 사업을 확장하는 동시에 채종포의 증설도 행해졌다. 또한 그 후 조선총독부 권업모범장 목포지장 소관 시대에 재래 채종포 중 위치가 적당치 않은 것을 폐지하는 동시에 적당한 땅에는 이를 더욱 증설했다. 창시 당초 10개소, 45여 정보에 불과하였지만 1911년(明治 44)에는 20개소로 증가하고, 면적 같은 경우에는 2,683정보로 확장되는 데에 이르렀다.

여기에 그간의 경과를 표시하자면 다음과 같다.

(…) 또한 당국자는 채종포를 경영하는 한편 채종포가 창업됐던 1906년(明治 39) 이래 1911년까지 위탁 재배를 별도로 속행했다. 이는 면 채종포 관외(管外) 또는 당국자가 직접 지도를 하지 못하는 지방의 육지면 재배가 적당한지 아닌지를 파악하고, 하루속히 이를 보급하게 하기 위해 다른 곳에 그것의 재배를 위탁하는 방법이다. 그런데 위탁 재배는 각 지방 군청·경찰서·학교·금융조합 등의 알선에 따라 독농가에게 의뢰했지만, 재배법이 적당하지 않았기 때문에 대개 성적이 양호할 수가 없었다.

(2) 모범작포 설치

일반 농가에 대한 육지면 재배 장려에 대해서는 여러 가지 방법이 행해졌다. 또한 한편 재배상 모범을 사실로 보이고, 이것이 농민들에게 주지시키는 효과가 크다고 인정해 1909년도(明治 42)부터 모범작포를 각 채종논(採種畓) 관내에 창설했다. 모범작포는 1개소의 최소한도를 3무보로 했다. 육지면과 재래면의 우열을 비교하기 위하여 그곳의 일부분에 재래면을 재배키로 했다. 이미 종래 육지면을 재배하여 성적이 우수한 농민을 선발해 이를 담당하게 하고, 일정 범위의 현물 비료를 지급했다. 재래면에 대해서는 해당 지방 재래의 재배법에 의하게 하였으며, 육지면 재배는 소관 면 채종포 직원의 지도 감독을 받도록 했다.

4. 육지면 재배 장려와 통감부 권업모범장

통감부 권업모범장은 1906년(明治 39) 4월로 경기도 수원에 개청(開廳)되었지만, 이에 앞서 동년 3월 한국 정부가 육지면 채종포 사업을 면화재배협회에 위탁하였을 때, 명령서 중 '위 사업은 [대]한국에 있는 권업모범장의 감독을 받아야 한다'라는 항에 의해, 통감부 권업모범장은 면화재배협회 위탁사업을 감독하기로 되었다. 여기에서 동 모범장은 농상무성 농사시험장 기사 안도 히로타로 씨를 면화 재배 사무 촉탁으로 하였으며, 동시에 동년 3월 이래 면화재배협회를 위하여 농상무성에서 한국으로 출장 중이었던 농상무성 기사 미우라 나오지로(三浦直次郎) 씨를 동 모범장 교사로 임명했다. 다음으로 6월 목포출장소를 개설하고 미우라 기사를 주임으로 하여 재배협회의 수탁사업을 감독시켰다. 그러한 동시에 시험지를 목포시외 용당리에 설치하고 면화에 관한 시험 사업을 담당시켰다.

그런데 면화재배협회는 모임의 성질상 채종포 사업의 실지지도를 혼자 힘으로 경영하기에는 특별한 지출을 요하는 곤란이 있으며, 사업의 진척상 도리어 편의를 결여하였다는 사정이 있다고 인정해, 동 협회는 사업의 전부를 모두 동년 7월 통감부 권업모범장에 재위탁한다고 신청했다. 이에 따라 동 모범장은 이를 받아들여 이후 단지 동 협회 사업을 감독할 뿐만이 아니라, 스스로 동 협회를 위하여 면 채종포 사업 경영의 중요 임무를 맡게 되었고, 면화 재배에 관한 대개의 사업은 전적으로 동 모범장 목포출장소의 노력에 의하여 진척되었다.

그런데 통감부 권업모범장은 1907년(明治 40) 한국 정부가 이를 양수해 농상공부대신 직할로서 동년 4월 1일 이후 경영하게 되었다. 그러한 결과로 목포출장소도 그대로 한국 정부에 인계되었다. 미우라(三浦) 주임 기사는 다른 곳으로 전임했으며, 사토 세이지로(佐藤政次郎) 기사가 주임으로 임무를 담당하여 1908년(明治 41) 3월까지 재임했다.

5. 임시면화재배소 특설

육지면 채종포 사업은 이미 만 2개년을 경과하여 그것의 성적이 해에 따라 우량해지고, 당초 지방 관민이 품었던 의혹과 오해는 사업 실적 및 의지의 소통에 따라서 점차 해빙되는 데에 이르렀다. 이뿐만 아니라 지금은 스스로 나아가 육지면 재배를 희망하는 자가 속출하는 기운을 보이기에 이르렀다. 이에 따라 당국자는 특히 독립적인 면화 재배 기관의 필요를 인정하여 1908년(隆熙 2, 明治 41) 3월 9일 한국 정부는 「임시면화재배소관제」를 공포하고 당일 이를 설치했다. 이와 함께 동 재배소를 목포에 설치하고 종래의 권업모범장 목포출장소를 대신하게 했다.

임시면화재배소 조직 개요는 다음과 같다.

(1) 임시면화재배소는 농상공부대신의 관리에 속하고 면화 재배 개량 지도 및 종자 배부에 관한 사무를 담당한다.

(2) 소장 기사 1인(주임), 기사 전임 28인(판임), 서기 1인을 둔다.

(3) 소장은 기사가 맡으며 농상공부대신의 지휘와 감독을 받아서 재배소에서의 제반의 사무를 담당한다.

(4) 기사는 상관의 지도를 받아서 맡은 바에 종사한다.

(5) 서기는 상관의 지휘를 받아서 서무 및 회계에 종사한다.

동 재배소의 소관 사무는 면화 재배에 관한 시험 사업, 면화재배협회 감독, 각 도 관내에 설치된 면 채종포를 통솔·경영하는 등 권업모범장 시대와 다른 바 없었다. 하지만 면 채종포의 위치는 종래에는 전라남도에 그쳤지만, 이를 다시 확장하여 경상·충청 각 남북도 및 경기도 등에 신설하기로 했다. 이리하여 동 재배소는 1910년(隆熙 4, 明治 43)까지 존속하였지만, 동년 한국 병합과 더불어 폐지되었다.

6. 육지면 재배 장려와 조선총독부 권업모범장

한국 병합에 의해 조선총독부 개청과 동시에 조선총독부 「권업모범장관제」가 공포되었다. 동 모범장 목포지장은 전적으로 면화에 관한 시험 연구를 분장하고, 면화재배협회를 감독해 육지면 채종포 사업을 경영하게 되었으며, 임시면화재배소의 사업의 전부를 계승했다. 이것과 동시에 사토(佐藤) 재배소장이 다른 곳에 전임되고, 모범장 기사 야마모토 고겐타(山本小源太) 씨가 지장장으로 그 뒤를 이었다. 그리고 동 지장 개청 이래 면작 사업은 다시 진전을 보이게 됐지만, 1912년(明治 45) 3월 면화재배협회를 해산하고 다음 4월 1일 이후 육지면 재배 장려에 관한 사업은 관계 각 도청의 소관으로 옮긴 이후, 목포지장은 면화에 관한 시험 연구, 신 수입 종자의 순화 및 면작 기술원 양성에 전력을 경주케 되었다. 이것과 동시에 야마모토 지장장이 다른 곳에 전임되고, 권업모범장 기사 미하라 신죠(三原新三) 씨가 그 뒤를 이어서 1930년(昭和 5)에 이르는 18년의 오랜 기간에 걸쳐 재임하면서 수많은 공적을 남겼다. 일신상 상황으로 인하여 퇴관함과 동시에, 권업모범장 기사 마스부치 지스케(增淵次助) 씨를 후임으로 하여 현재에 이르고 있다. 권업모범장은 1929년(昭和 4) 관제의 개정에 의하여 조선총독부 농사시험장으로 개칭되었고, 권업모범장 목포지장도 동시에 조선총독부 농사시험장 목포면작지장으로 개칭되는 데에 이르렀다. (…)

② 육지면재배6개년계획

〈자료 185〉 제1기 면작장려계획(日滿棉花協會朝鮮支部, 1937, 「第一期棉作獎勵計畫」, 『朝鮮の棉花事情』, 187~205쪽)

데라우치(寺內) 조선총독은 조선의 통치상 산업개발에 가장 중점을 두고, 그중 면화 재배 장려에 관해서는 특히 심심한 주의를 했다. 앞 절에서 기술했듯 1912년(明治 45) 3월 면화재배협회가 해산하고 다음 4월 1일 이후 육지면 재배 장려에 관한 사업을 관계 각 도 소관으로 이관함을 맞이하여, 동 총독은 관계 각 도청 및 권업모범장에 특히 3월 11일 제8호로 훈령을 발했다. 이를 통해 면작 장려 방침을 보이고 더욱 그것의 확장 개발을 기했다. 동 훈령은 조선에서 면작 장려 시설의 기초가 되었기 때문에, 그것의 전문을 여기에 기재하자면 다음과 같다.

면작 장려에 관한 데라우치 총독 훈령

조선의 풍토는 거의 전반에 걸쳐 면화의 재배에 적합하다 하더라도 재래의 품종이 양호하시 못했다. 이에 따라 먼저 당국자는 이것의 개량을 도모할 목적으로 면화재배협회와 상응하여, 방적 원료로서 우량 육지면을 남부지방에서 시험 재배했다. 그것의 실적을 거두기 위하여 예의 주시하여 노력했던 결과, 육지면이 재래종에 비해 품질, 수량, 조면 비율 모두 훨씬 우수하다고 인정받았다. 이에 따라 이후 여러 실험을 거듭하는 동시에 장려 방법을 강구하였고, 몇 년 되지 않아 양호한 성적을 보는 데에 이르렀다. 따라서 1906년(明治 39)의 육지면 작부 면적은 45정보, 재배자는 겨우 300여 인에 불과했지만, 1911년(明治 44)에 이르러서 약 2,700정보, 재배자는 실로 4만여 인의 다수에 달했다. 만약 양호한 종자를 풍부하게 공급받고 그것의 재배 지도가 적절하게 됨에 있어서는 육지면의 확장을 기하기를 기다릴 만할 것이다. 돌이켜 본다면 일본 내지 면사 방적업 상황을 본다면, 근년 현저한 발달을 하고 공업 중 제1위를 점하기에 이르렀음에도 불구하고 이것의 원료는 거의 모두 외국의 공급에 의존하는 상태이다. 그와 같은 수입액은 근년 실로 1억 5,000만 원의 다액에 이른다. 그러므로 조선에서 육지면을 많이 생산하는 데에 이른다면 내지 수요를 보충하는 동시에, 조선 농민의 이익을 증진시키고, 나아가서 국가 경제 신장에 기여할 부분이 크리라 의심치 않는다. 내년도[1913년도]에는 종래 권업모범장 목포지장에 속한 면 채종포(採種圃) 수를 증가시키는 동시에 주도면밀한 장려와 편의를 도모하기 위하여 이를 소재 도청 소관으로 이동하고, 권업모범장 목포지장은 오로지 면화에 관한 시험 조사 및 신규 수입 육지면 종자의 순화에 노력하게 하려 한다. 또한 면작자의 이익을 보호하기 위하여, 면화 수이출세를 전부 폐지하고자 한다. 이는 모두 육지면 보급을 장려하려는 취지에 다름 아니다. 이에 따라 다음 요항을 실행하여 관민 보조(步調)를 하나로 하여 면작 장려, 특히 육지면 보급에 노력할 것이다.

1. 육지면 재배의 장려: 면작에 관한 강화(講話)·강습을 촉구하거나 품평회를 개최하여 육지면 재배를 권상함은 물론이고, 솔선하여 육지면을 재배하려 하는 자에 대해서는 종자를 급여할 것. 혹은 육지면 재배에 열심히 종사하는 독농자를 표창하고, 판매가 불편한 지방의 육지면에 대해서는 조건이 편하고 적합한 시장까지 운임을 보조할 것. 혹은 비료를 급여해 시비의 효과를 깨닫게 하는 등 지방에 적절한 장려의 방법을 강구할 것.
1. 육지면 종자의 보존: 조선의 풍토에 순화된 육지면 종자는 작부 면적 확장에 따라서 쉽게 얻을 수가 있으므로, 재배자가 스스로 나아가서 자가 파종용 종자 보존에 노력하게

할 것.

1. 육지면 재배자 지도: 육지면 재배를 직접 지도할 의무를 맡은 자는 물론이고, 도청 · 부 · 군청 및 면사무소 직원들이 간절하고 성실하게 재배 방법 및 이익을 설명해 보이고, 이로써 농민이 의혹을 품지 않게 하도록 주의할 것.
1. 육지면 재배지 확장: 종래 육지면 재배의 중심을 이뤘던 전라남도에서 극력 이것의 장려를 도모함은 물론이고, 전라북도 · 경상남북도 · 충청남북도 같은 육지면 재배에 적합한 지역이 많은 지방에는 속히 해당 면의 보급을 꾀하지 않으면 안 된다. 하지만 육지면 종자의 공급이 충분하게 되는 데에 이르기까지는, 재래면의 작부를 장려하고 면작 면적을 확장시켜서 훗날 육지면 재배의 바탕을 만들게 할 것.
1. 조선 재래면의 재배 개량: 조선 재래면은 수량 및 조면 비율에 있어서 육지면보다 열등함에도 타면(打綿)[9]으로 수요가 적지 않기 때문에, 육지면 재배에 적당하지 않은 지방에는 그것의 재배법 개량을 장려할 것.

나아가 동 총독은 동년 12월 각 도 농업기술관회의에 임하여 면화에 관하여 특히 다음 사항을 지시했다. 앞에서 기술한 훈령과 아울러 이러한 정책이 있음을 안다면 충분할 것이다.

면작에 관한 데라우치 총독 지시 사항

1. 육지면 재배 지도상 주의

육지면 재배를 지도할 의무를 맡은 자는 지방 농민의 경제와 습관을 조사하고, 육지면 재배의 이익을 간절하고 성실하게 설명해 보이며, 편안하게 지도를 받기 하기 위하여 유의하여, 점차 보급 길을 강구해야 한다. 만약 육지면 재배 지도를 함에 있어서 의문 있는 사항 및 필요한 시험 조사 등은 각 도 권업모범장, 목포지장이 상호 간에 연락을 취하여 보급 장려상 유감이 없길 기해야 한다.

전라남도 농민들은 육지면 재배가 유리함을 이미 알고, 그것의 재배지 선정 및 재배 방

9 목화를 씨아로 틀어서 씨를 빼고 활줄로 튀기어 퍼지게 하는 것.

법 등에 대해서는 상당한 지식을 가지기에 이르렀다. 따라서 이것의 확장을 더욱 꾀해야 한다. 이에 반해 전라북도·경상남북도·충청남북도에서는 면작자 다수가 아직 육지면이 유리함을 모두 알고 있지 못하기 때문에, 이것의 실지 지도를 하는 자는 우선 종래 재래면 재배지에 대하여 육지면의 적지(適地)를 골라 작부하게 하고, 점차 그 외에 미쳐야 한다. 재배법에 대해서는 극히 용의 주도하게 주의하여 작부 면적 증가를 꾀하도록 노력케 해야 한다.

2. 육지면 종자의 보존

육지면 재배 확장상 가장 긴요한 바는 풍토에 순화된 해당 면 종자를 보존하는 데에 있다. 해당 종자는 단지 풍토에 순화된 바가 괜찮을 뿐만 아니라, 확장함에 따라서는 용이하게 필요한 양을 얻을 수가 있다. 그러므로 해당 면의 재배자에 대해서는 지난번 각 관계 도청에 통첩한 것처럼 각자가 작자(作者)의 양호한 실면을 조면하게 하여 다음 해의 파종용 종자에 대비하게 노력해야 한다.

3. 육지면 조면의 판매 방법 주의

앞에서 서술한 것처럼 재배자가 자가 파종용 종자 채수(採收)를 위하여 조면한 경우에, 이러한 조면은 자가용 중입면(中入綿)에 사용하려 하는 자가 왕왕 생겨날 것임은 종래의 예에 비추어 의문을 품지 않는다. 하지만 육지면은 중입면으로서는 오히려 재래면에 비하여 한 수 뒤지기 때문에, 가령 적은 양의 조면이라 하더라도 힘써 판매하게 하여 농가 경제를 이롭게 하도록 노력해야 한다.

4. 육지면 실면과 재래면 실면의 혼교(混交) 및 육지면 종자의 산일(散逸) 방지

최근 육지면 생산 수량이 점차 다수에 이르러 시장의 거래가 왕성하게 됨에 따라, 면화의 매매상 육지면 실면에 재래면 실면을 섞어서 전자의 가격으로 거래하는 자, 혹은 재래면 실면에 육지면 실면을 섞어서 전자의 품질을 상승시켜 부당한 이익을 탐하는 자, 혹은 면화에 수분을 머금게 하여 근량의 증가를 꾀하는 자가 있는 데에 이르렀다. 이러한 부정한 행위는 주로 면화 중매업자 및 그들의 앞잡이에게서 행해진다 하더라도, 그

러한 악풍은 간간히 면작자 중에도 보인다. 이러한 부정행위는 단지 면화 거래를 어지럽혀 조선 면화의 명성을 실추시킬 뿐만이 아니다. 그것의 결과는 종자 혼교, 발아력 저해를 초래하여 육지면 보급 장려상 장해가 적지 않다. 그러므로 면 상인은 물론이고 면작자에 대해서도 이러한 부정 수단을 하지 않도록 충분하게 타일러서 속히 그러한 화근을 끊지 않으면 안 된다. 또한 순화된 육지면 종자는 조선에서 해당 면 보급상 가장 귀중함에 따라, 당분간 재래면 종자에 비하여 이것을 고가로 매수하게 되고 있다. 따라서 그러한 취지를 당업자에게 적절히 보여서 이것의 실행을 꾀하고, 해당 면은 실면 그대로 이출을 하게 하지 않도록 주의해, 이러한 취지의 철저를 기해야 한다.

5. 면 상인의 면 매수상에 대한 주의

종래 면 상인 중 봄 면 파종 전후 즉 농민의 식량이 점차 없어져 가는 즈음에, 이에 대해 면대(綿代)로 약간의 금액을 전대(前貸)하고 원금과 이자를 면화로 수취하는 방법을 행하고, 이와 같은 전대금에 대하여 부당한 이자(월 3푼 내지 5푼)를 탐하는 자가 있다. 이러한 행위는 농민의 수익에 손상을 입히는 바가 심할 뿐만이 아니라, 나아가 면작의 발달을 저해한다. 따라서 그것의 이해를 설명해 보이고, 가능한 한 확실한 금융 기관으로 하여 융통을 하도록 알선함으로써, 면 거래상 폐해를 제거하는 데에 노력해야 한다.

6. 조선 재래면의 재배 개량

조선 재래면은 수량, 조면 비율에서 육지면보다 열등함에도 중입면으로서 수요가 적지 않으니, 육지면 재배에 적절하지 않은 곳에서는 재배 개량, 즉 선종(選種)[10], 시비, 제초 등에 주의하여 집약적으로 재배하도록 장려할 것이다.

위 방침에 기초하여 당국은 제1기 계획으로 1912년(大正 1) 면작장려6년계획을 수립하고, 동년 이후 1917년(大正 6)을 기하여 육지면 작부 면적 10만 정보, 재래면 작부 면적 2만 정보, 계 12만 정보, 이것의 생산고 육지면 실면 1억여 근, 재래면 실면 1,500만여 근, 합계 1억

10 발아와 생육을 위하여 알차고 우량한 종자를 고르는 작업.

1,500만여 근에 달하게 하길 목표로 하고 이것의 달성에 필요한 제반의 시설을 실시했다.

지금 계획의 연차별 · 도별 목표를 표기하자면 다음과 같다.

제1기 면작장려계획 목표

(1) 작부 면적(아래쪽은 위쪽 중에 포함된 육지면을 나타낸다.)

단위: 정보

연차 \ 도명	전라남도	전라북도	경상남도	경상북도	충청남도	충청북도	경기도
1912	16,861.3	2,539.2	2,861.7	7,666.5	1,520.7	1,925.0	1,113.7
	6,234.4	75.8	63.8	50.0	5.0	80.0	-
1913	18,631.2	2,539.2	2,891.2	7,816.7	1,536.0	2,080.0	1,113.7
	12,642.0	200.0	560.0	255.0	20.0	182.0	-
1914	23,103.0	2,539.2	3,097.7	8,359.9	1,576.0	2,310.0	1,113.7
	19,499.9	900.0	1,670.0	915.0	100.0	378.0	-
1915	30,261.0	2,539.2	4,831.1	9,252.4	1,668.0	2,570.0	1,113.7
	29,250.3	2,000.0	4,199.2	2,316.0	600.0	702.0	-
1916	44,053.3	4,500.0	9,115.3	10,469.0	3,644.7	2,840.0	1,113.7
	43,880.0	4,500.0	9,009.2	5,075.0	3,100.0	1,117.0	-
1917	60,832.0	9,030.0	15,596.6	14,099.8	5,092.4	3,215.0	1,113.7
	60,832.0	9,030.0	15,596.6	9,980.0	4,724.8	1,608.0	-

연차 \ 도명	황해도	강원도	평안남도	평안북도	함경남도	합계
1912	3,474.6	1,988.2	4,375.3	5,259.6	15.4	49,601.2
	-	-	-	-	-	6,509.0
1913	3,474.6	1,988.2	4,375.3	5,259.6	15.4	51,721.1
	-	-	-	-	-	13,859.0
1914	3,474.6	1,988.2	4,375.3	5,259.6	15.4	57,212.6
	-	-	-	-	-	23,462.9
1915	3,474.6	1,988.2	4,375.3	5,259.6	15.4	67,348.5
	-	-	-	-	-	39,067.5

1916	3,474.6	1,988.2	4,375.3	5,259.6	15.4	90,849.1
	-	-	-	-	-	66,681.2
1917	3,474.6	1,988.2	4,375.3	5,259.6	15.4	124,092.6
	-	-	-	-	-	101,771.4

(2) 1917년(大正 6)의 생산 전망고

단위: 근/원

종별	실면		조면				
	수량	가액	수량	가액	종자 수량	종자 가액	계
육지면	101,771,400	10,177,140.00	34,602,276	12,456,819.36	63,098,268	1,261,965.36	13,718,784.72
재래면	15,624,840	1,249,987.20	3,749,962	1,349,986.32	11,349,885	224,997.70	1,574,984.02
계	117,396,240	11,427,127.20	38,352,238	13,806,805.68	74,448,153 (원문: 74,348,153)	1,486,963.06	15,293,768.74

비고

1. 육지면은 1단보 100근, 재래면은 1단보 70근의 수량이 있는 것으로 한다.
2. 육지면은 1근 10전, 재래면은 1근 8전으로 한다.
3. 조면 비율은 육지면 34%, 재래면 24%로 하고, 조면 100근 36원으로 한다. 다만 100근 36원은 육지면의 가격으로, 재래면은 육지면보다 염가이지만, 임시로 같다고 보고 계산한 것으로 한다.
4. 종자 비율은 육지면 62%, 재래면 72%로, 100근 2원으로 한다.

위의 계획에서 확장 총면적 예정은 원래 총독부가 이를 결정하여 각 도에 배당한 것으로, 도(道)는 다시 관내 각 군·도(島)에 할당했다. 이에 따라 6개년을 1기로 하는 육지면작확장예정계획을 결정한 것이다. 총독부는 또한 매년 장려의 결과에 기초해 전년에 실제로 확장된 면적과 위의 예정 계획을 대조해 그해에 확장할 면적을 매년 각 도에 지정함을 예로 했다.

위의 계획 달성을 기할 장려 시설에 있어서는, 초기에는 구관(舊慣) 묵수(墨守) 관념 강한 농민에게 육지면 재배를 강요하기 곤란했다. 그러한 관계상 재배자에 대해서는 종자의 무상 급여를 했다. 직접 지도 임무를 맡은 자는 각 농가에 대하여 간절하고 성실하게 재배 방법 및 이익을 설명해 보였다. 그와 같은 지도하에 좋은 성적을 거둔 자에게는 금액 또는 농구를 지급하고, 판매에 불편한 지방의 재배자에 대해서는 편하고 적합한 시장까지 운임을 보조하며, 비료도 보조해 시비의 효과를 깨닫게 하는 등 보급 장려상 효과 있다고 인정하는 바에 진력하지 않은 바가 없는 상태였다. 장려 결과 농민이 재배의 이익을 깨닫고 스스로 나아가 이것의 재배를 희망하는 자가 나타났다. 이에 따라 금액, 농구, 비료 보조 등은 지방 상황에 따라서 점차 이를 취사(取捨)했다. 종자 같은 경우에도 단지 육지면을 처음으로 재배하는 자에 한해 무상 급여를 하기로 했다. 또한 한편 육지면 재배지에는 군 또는 면을 단위로 하여 토지의 상황에 따라서 면작조합을 조직시키고, 필요한 보조금을 주어서 해당 조합으로 하여 자동적으로 면작의 보급 장려를 꾀하게 하기로 했다. 또한 육지면 종자는 수입 이후에 오랜 시간이 걸릴 때에는 그것의 특성을 잃는 데에 이르므로, 종자의 갱신을 도모할 필요가 있어서 이런 점에 대해서도 항상 주의를 게을리 하지 않고 그것의 지도에 힘썼다.

지금 주된 시설의 개요를 기술하자면 다음과 같다.

(A) 육지면 종자의 갱신

원산지에서 신규 수입된 육지면 종자를 곧바로 농민에게 재배하게 하는 때는 그러한 종자가 조선의 풍토에 순화되지 않았기에 면목(棉木)의 발육이 지나치게 왕성하고 삭(蒴)이 개서(開絮)[11]되지 않는 것이 많다. 따라서 수확을 감소시켜 재배의 이익이 적으므로, 종래에는 권업모범장 목포 면작지장이 면화에 관한 시험 조사를 하는 한편, 동 장이 매년 신규 수입 종자를 1년 동안 재배하고 그렇게 순화된 종자를 농민에게 급여하게 하여 왔다. 하지만 재배 장려 당초에 수입했던 종자 같은 경우에는 이미 상당한 연월을 경과했으므로, 적당한 관리하에서 재배해 채종(採種)됐던 경우는 풍토에 적절히 순화해 훌륭한 종자가 되지만, 재배법 유치한 농가의 재배와 관계되는 경우에는 현저하게 퇴화해 육지면의 특성을 발휘하지 못하기에 이르렀다. 따라서 종자 갱신을 꾀할 목적으로 각 도에 군 채종포(採種圃) 및 면 채종포를 설치시켰다. 권업모범장 목포지장이 원산지에서 수입한 신종자를 1년간 재배하여 여기서 획득한 종자를 군 채종포에 분배하였고, 군 채종포에서 채수한 종자를 다시 면 채종포로 분배, 재배시켰다. 면 채종포의 생산 종자를 일반 농가의 퇴화된 자가(自家) 채수 종사와 교환하게 하여서, 그다음 해부터 7개년간 종자를 계속하여 재배케 하기로 했다. 즉 8년째마다 위의 순화 종자로 갱신할 조직으로서 전라남도는 1915년(大正 4)부터, 기타 도는 1916년(大正 5)부터 각각 위에 기술한 조직에 의하여 종자갱신계획을 수립, 실시했다.

11 목화 등의 다래가 열리는 것.

(B) 육지면 종자의 배부 및 자가 채종 장려

면 채종포 시대에는 농민 소요 육지면 종자를 전부 무상으로 배부했다. 하지만 재배 면적 확장에 따라서, 이와 같은 경우에는 경비가 필요해 도저히 실행이 가능하지 않을 뿐만 아니라 여러 폐해를 만들 우려가 있다. 따라서 1912년(大正 1) 면작 장려 기관의 설비가 갖추어짐을 기회로 하여 육지면 종자의 채종을 엄중하게 감독했다. 그러한 동시에 일찍이 무상으로 배부받은 작인들이 또다시 종자를 요구하는 경우에는 이러한 배부를 모두 유상으로 함을 원칙으로 했다. 그런데 당초에는 빈약한 농민들이 의복과 음식에 급한 결과 생산 면화를 모두 방매해 채종할 여유가 없는 자가 적지 않았지만, 그것의 이익을 간절히 설명해 보이고 극력 자가(自家) 채종의 보급에 힘쓴 결과 점차 양호한 성적을 거두기에 이르렀다.

그러나 육지면 재배 면적은 매년 현저히 확장되었다. 따라서 구 재배자에 대하여 부족한 종자를 보급하는 한편 신규 재배자에 대하여 무상으로 배부할 종자량이 또한 적지 않아 당국은 매년 종자를 매상했다. 그러한 매상 비용은 국비로 지변(支辨)되었다. 현품은 군이나 면작조합을 거쳐서 각각의 작인들에게 배부되었다. 그런데 해당 종자 배부 사업의 계획을 정하기 위해서는 각 작인의 부족 종자량을 미리 조사해 둘 필요가 있었다. 따라서 조합 직원은 매년 3월 초부터 4월 초까지 사이에 각 조합원을 호별 방문하여, 일일이 실지와 대조해 파종 예정 면적, 그곳의 소요 종자량, 자가 채종량(採種量) 등을 조사하고 장부에 기명(記名)으로 날인을 하게 했다. 이를 기본으로 하여 부족 종자량 총액을 결정하여 도에 보고했다. 도는 이를 정리하여 관내 자가 채종량과 부족 종자량을 총독부에 보고했다. 총독부는 이에 기초하여 종자 구입이 필요한 도에 대한 보조액을 결정키로 했다. 자가 채종와 관련해서는 군이나 조합 직원이 예의주시하여 독려하게 하는 한편, 조합에 보조금을 교부해 족답(足踏) 조면기를 구입하게 하고, 작업원을 양성하여 조합원의 채종용 실면을 잣게 하는 제도도 보급케 했다.

(C) 면작조합 설치 및 지도, 감독

육지면 재배자 공동의 이익을 증진하는 한편 육지면 재배 장려의 보조 기관이 되게 하고자 1913년(大正 2) 각 도로 하여금 면작조합을 조직하도록 했다. 면작조합은 육지면의 재배지인 각 도에 걸쳐 토지의 정황에 따라서 면 또는 군을 단위로 하여 설립하게 하였지만, 육지면 재배가 왕성한 지방은 대체로 면을 단위로 했다. 조합원 수는 500명 내외를 표준으로 하였으며, 전 조선의 조합 수는 300에 미쳤다. 조합의 지도 감독에 대해서는 부·군·도(島)가 제1차 감독을 맡았고, 도(道)에서 제2차 감독을 했다. 그것의 경비는 국비로 어느 정도 보조를 하는 외에, 조합원 면화 공동판매에 대하여 수수료로 가격의 15/1,000 내지 30/1,000을 징수하여 이에 충당하게 하고 그것의 잉여는 적립케 하기로 했다.

조합의 사업은 조합의 임원인 면작 주사로 하여 담당케 하는 이외에 생산 면화의 공동판매, 비료·농구 등의 구입 알선, 모범작포 설치 경영 등 육지면 재배 장려상 필요한 각반의 사항에 걸쳤다. 그렇지만 설립 당초에는 아직 유치한 조합에 대하여 많은 기대를 할 수 없다는 사실에 비추어 오로지 다음의 폐해를 교정하게 하는 것을 주로 했다.

1) 육지면 생산 수량이 점차 다수에 이르러 시장의 거래가 왕성하게 됨에 따라, 면화 중매상이 간사한 계책을 짜내어 육지면 실면에 재래면 실면을 섞어서 부당한 이익을 탐하는 자, 혹은 면화에 수분을 머금게 하여 근량 증가를 꾀하는 등 부정한 행위를 하는 자가 속출할 뿐만이 아니라, 면작자에 있어서도 판매 면에 대하여 동일한 행위를 하는 자 등이 있어, 점차 명성을 높이려 하는 조선 육지면의 장래를 위태롭게 만들 우려가 있다. 이와 같은 행위는 면화의 거래를 문란케 할 뿐 아니라, 종자의 혼효는 물론이고 수분을 머금게 하는 것과 같은 경우에는 종자를 발효시켜 발아력의 저해를 초래할 우려가 있기에 이러한 악폐를 교정할 것.
2) 종래 면 상인 간에는 봄에 농민의 식량이 점차 부족해져 가는 즈음, 이에 대해 면대(棉代)로 약간의 금액을 전대(前貸)하고, 원금과 이자를 면화로 수취하는 방법이 행해졌다. 이자 같은 경우에는 월 3푼 내지 5푼의 고리(高利)를 헤아렸다. 이에 더해 인도 시에 근량을 속여 계산하는 등의 행위를 구태여 하는 자가 많으므로, 이러한 부정행위를 교정할 것.

그리고 그러한 방법으로 전자의 폐해에 대해서는 하나의 방도로 「면화취체[단속]규칙」을 반포하여 이것을 단속하는 동시에, 면작조합이 조합원 생산 면화를 모집하게 함으로써 부정 중매인 손을 거치지 않고 조면공장을 소유한 회사 또는 상점에 직접 공동판매를 하게 했다. 이렇게 확실한 거래를 하게 하는 동시에 종자 혼효를 막게 했다. 후자의 폐해에 대해서는 면작조합원의 연대에 의하여 지방금융조합을 거쳐서 농공은행에게 저리자금 융통을 받게 하여 면화 거래상 폐해를 제거하게 하기로 하였고, 조합 설립 이래 예의주시하여 이에 노력한 결과 이러한 악폐는 교정되어 결국 이를 일소하는 데에 이르렀다.

면작조합 설립에 당하여 전라남도에서는 특히 「면작조합모범규약」을 제작하여 각 조합이 이에 따라 규약을 제정케 했다. 그것의 강요는 다음과 같다.

(1) 면작조합은 육지면 경작자로 조직하고, 1면에 대하여 1조합을 표준으로 하여 그 면 내에 거주하는 2두락 이상의 경작자로 조직한다. 다만 조합원이 되는 자가 다수여서 어쩔 수 없을 때에는 수 조합을 세울 수 있다.

(2) 면작조합은 면작의 개량, 발달을 꾀해 조합원 이익을 증진함을 목적으로 한다.

(3) 조합의 목적을 달성하는 방법으로 (A) 생산물을 공동판매할 것, (B) 종묘 · 비료 · 농구류를 공동구입할 것, (C) 저축을 할 것, (D) 폭음 · 도박 · 유타(遊惰)의 악폐를 금지할 것.

(4) 조합장 · 부조합장 각 1명을 두고 모두 명예직으로서 조합원 중 그 지방의 자산 및 신용이 있는 자를 선임한다.

(5) 평의원, 주사 등의 임원을 두고 조합 사무를 처리한다.

그리고 그 후에 혼면 문제가 일어나기에 미쳐서 일부를 다음처럼 개정했다.

(1) 조합의 업무는 (A) 육지면 종자를 채수할 것, (B) 조합원이 생산한 육지면을 공동판매할 것, (C) 비료와 농구를 공동판매할 것, (D) 조합원을 위해 자금 융통의 편의를 꾀할 것, (E) 기타 조합의 목적을 달성하기에 필요하다고 인정하는 사항.

(2) 조합원은 육지면 이외의 면화를 경작할 수 없다.

(3) 조합원이 생산한 면화는 자가용으로 이용하거나 소작료로 지불하는 이외에는 조합의 공동판매에 부치는 것을 요한다.

(D) 모범작포 설치

육지면 장려의 초기에는 주로 재래면에 비해 육지면이 유리한 까닭을 깨우치려는 목적으로 모범작포를 설치하고, 면작에 경험 많은 농민을 선발하여 이것의 경영을 맡게 하며, 일정한 현물, 비료를 지급하여 면 채종포 직원의 지도 감독을 받게 하기로 했다. 이러한 제도의 창설은 1909년(明治 42)이었는데, 좋은 결과를 얻었기에 점차 사업을 확장했다. 면작 장려 사업이 도(道)의 소관으로 옮겨진 이후에도 육지면 재배의 모범을 보이고 합리적 재배법 보급을 꾀하기 위하여 동일한 제도를 계승해 각 군·도(島)가 공중(公衆)이 매일 접하기 쉬운 위치를 선정하여 이를 설치했다.

위에서 서술한 각 반에 걸친 장려 시설에 의하여 극력 예정계획의 수행에 노력한 결과, 대체로 해마다 순로조운 진보를 보였지만, 또한 계획 최종년인 1917년(大正 6)에는 육지면 작부면적 확장을 전부 달성하는 데에 이르지 못했다. 즉 1917년 작부 면적은 육지면 7만 2,000여 정보, 재래면 3만 6,000여 정보로, 육지면 작부 면적은 계획에 비하여 도리어 3만 정보의 부족을 초래했다. 이로 인해 어쩔 수 없이 계획 연도를 1개년간 연장하여 1918년(大正 7)에 이것의 완성을 기하기로 하였으며, 장려 지도에 일단의 박차를 더했던 결과, 동년에는 육지면 작부 면적 9만 4,000여 정보, 그것의 생산고 6,100만 근에 달하여서, 대략 제1기 계획을 완료할 수 있었다.

지금 누년의 진척 상황을 보이면 다음과 같다.

제1기 면작장려계획 실적 상황(1. 재배 면적)

단위: 정보

	1912년			1913년			1914년			1915년		
	육지면	재래면	합계	육지면	재래면	합계	육지면	재래면	합계	육지면	재래면	합계
경기도	-	1,470.4	1,470.4	-	1,522.3	1,522.3	-	1,532.6	1,532.6	-	1,564.2	1,564.2
충청북도	76.1	2,665.3	2,741.4	191.1	2,823.8	3,014.9	353.6	2,650.4	3,004.0	554.9	2,554.7	3,109.6
충청남도	5.0	1,528.9	1,533.9	26.9	1,499.9	1,526.8	71.9	1,556.9	1,628.8	227.5	1,476.7	1,704.2
전라북도	72.7	2,560.8	2,633.5	196.0	2,152.0	2,348.0	973.3	1,967.0	2,940.3	2,012.3	1,284.9	3,297.2

전라남도	7,008.4	14,635.1	21,643.5	14,958.0	11,147.5	26,105.5	20,635.3	6,401.6	27,036.9	27,149.2	2,502.9	29,652.1
경상북도	55.5	10,385.2 (원문: 10,835.2)	10,440.7	120.8	10,707.7	10,828.5	389.6	9,230.1	9,619.7	908.9	7,835.6	8,744.5
경상남도	95.7	3,877.3	3,973.0	329.6	4,573.3	4,902.9	1,540.8	4,858.2	6,399.0	3,863.1	3,180.4	7,043.5
황해도	-	5,058.4	5,058.4	-	6,143.2	6,143.2	-	6,140.8	6,140.8	-	6,226.8	6,226.8
평안남도	-	6,315.8	6,315.8	-	6,734.3	6,734.3	-	6,965.5	6,965.5	-	6,991.6	6,991.6
평안북도	-	5,833.4	5,833.4	-	6,537.4	6,537.4	-	6,850.3	6,850.3	-	7,042.2	7,042.2
강원도	-	2,846.3	2,846.3	-	2,289.2	2,289.2	-	2,849.9	2,849.9	-	3,019.3	3,019.3
함경남도	-	76.0	76.0	-	57.2	57.2	-	44.2	44.2	-	25.8	25.8
함경북도	-	-	-	-	-	-	-	-	-	-	-	-
계	7,313.4	57,252.9	64,566.3	15,822.4	56,187.8	72,010.2	23,964.5	51,047.5	75,012.0	34,715.9	43,705.1 (원문: 43,702.1)	78,421.0

	1916년			1917년			1917년		
	육지면	재래면	합계	육지면	재래면	합계	육지면	재래면	합계
경기도	-	1,701.8	1,701.8	-	1,776.7	1,776.7	8.8	2,139.0	2,147.8
충청북도	1,102.9	2,778.1	3,881.0	2,594.7	2,664.2	5,258.9	4,805.4	2,719.1	7,524.5
충청남도	481.6	1,311.5	1,793.1	937.8	1,034.4	1,972.2	2,024.1	537.2	2,561.3
전라북도	4,354.9	700.5	5,055.4	4,650.9	476.0	5,126.9	6,946.9	236.0	7,182.9
전라남도	37,173.5	826.0	37,999.5	44,608.9	514.1	45,123.0	48,636.3	484.6	49,120.9
경상북도	3,429.0	4,401.5	7,830.5	6,772.6	2,959.2	9,731.8	12,698.2	2,264.7	14,962.9
경상남도	7,637.2	1,770.4	9,407.6	12,629.6	863.7	13,493.3	19,201.1	340.7	19,541.8
황해도	-	6,691.9	6,691.9	-	7,150.7	7,150.7	0.2	7,603.2	7,603.4
평안남도	-	7,309.3	7,309.3	-	9,300.1	9,300.1	-	10,088.9	10,088.9
평안북도	-	6,468.9	6,468.9	-	6,488.3	6,488.3	-	6,546.0	6,546.0

강원도	-	2,949.7	2,949.7	-	3,018.5	3,018.5	-	3,065.7	3,065.7
함경남도	-	31.0	31.0	-	55.4	55.4	0.2	72.5	72.7
함경북도	-	-	-	-	-	-	-	-	-
계	54,179.1	36,940.6	91,119.7	72,194.5	36,301.3	108,495.8	94,321.2	36,097.6	130,418.8

제1기 면작장려계획 실시 성적(2. 수확고)

단위: 근

	1912년			1913년			1914년			1915년		
	육지면	재래면	합계	육지면	재래면	합계	육지면	재래면	합계	육지면	재래면	합계
경기도	-	651,272	651,272	-	714,820	714,820	-	772,037	772,037	-	765,688	765,688
충청북도	33,833	1,237,779	1,271,612	70,806	1,366,125	1,436,931	263,494	1,329,234	1,592,728	402,513	1,391,859	1,794,372
충청남도	2,864	649,145	652,009	14,981	446,581	461,562	44,313	575,213	619,526	133,994	640,800	774,794
전라북도	59,777	1,476,004	1,535,781	81,081	991,575	1,072,656	617,213	873,238	1,490,451	1,262,663	481,788	1,744,451
전라남도	7,002,275	7,804,669	14,806,944	12,995,410	5,613,804	18,609,214	15,303,438	1,972,717	17,276,155	23,742,157	1,140,433	24,882,590
경상북도	40,800	4,591,152	4,631,952	59,306	4,785,885	4,845,191	219,669	4,681,765	4,901,434	605,431	3,929,190	4,534,621
경상남도	76,584	2,673,760	2,750,344	223,694	2,612,500	2,836,194	1,022,325	2,005,569	3,027,894	2,521,613	1,386,300	3,907,913
황해도	-	2,761,141	2,761,141	-	2,999,424	2,999,424	-	2,902,637	2,902,637	-	2,694,500	2,694,500
평안남도	-	2,732,977	2,732,977	-	3,229,452	3,229,452	-	3,214,756	3,214,756	-	2,968,793	2,968,793
평안북도	-	2,030,324	2,030,324	-	2,398,785	2,398,785	-	2,328,241	2,328,241	-	2,198,854	2,198,854
강원도	-	713,298	713,298	-	865,351	865,351	-	1,334,218	1,334,218	-	1,512,969	1,512,969
함경남도	-	24,282	24,282		9,461	9,461	-	11,354	11,354	-	7,054	7,054
계	7,216,133	27,345,803	34,561,936	13,445,278	26,033,763	39,479,041	17,470,452	22,000,979	39,471,431	28,668,371	19,118,228	47,786,599

	1916년			1917년			1917년		
	육지면	재래면	합계	육지면	재래면	합계	육지면	재래면	합계
경기도	-	796,606	796,606	-	876,463	876,463	4,503	1,011,528	1,016,031
충청북도	719,798	965,275	1,685,073	1,868,497	940,478	2,808,975	3,998,273	1,037,938	5,036,211
충청남도	285,703	498,218	783,921	539,845	421,865	961,710	1,261,486	270,221	1,531,707
전라북도	2,217,328	247,514	2,464,842	3,214,345	183,409	3,397,754	3,884,994	73,530	3,958,524
전라남도	21,915,230	371,023	22,286,253	38,556,705	218,744	38,775,449	34,257,811	197,962	34,455,773
경상북도	1,794,617	1,299,954	3,094,571	3,354,668	983,382	4,338,050	7,418,038	877,917	8,295,955
경상남도	4,398,738	587,616	4,986,354	7,019,605	324,146	7,343,751	9,855,717	119,022	9,974,739
황해도	-	3,894,059	3,894,059	-	3,915,901	3,915,901	80	4,112,285	4,112,365
평안남도	-	3,915,790	3,915,790	-	5,997,410	5,997,410	-	5,775,446	5,775,446
평안북도	-	2,285,560	2,285,560	-	2,293,075	2,293,075	-	2,185,141	2,185,141
강원도	-	1,366,582	1,366,582	-	1,524,699	1,524,699	-	1,540,100	1,540,100
함경남도	-	11,267	11,267	-	21,904	21,904	-	22,450	22,468
계	31,331,414	16,239,464	47,570,878	54,553,665	17,701,476	72,255,141	60,680,920	17,223,540	77,904,460

면작 장려비는 총독부로부터 각 도에 배부된 국비, 도가 지출한 지방비, 면작조합비 등으로 충당되었다. 제1기 계획의 국고 부담의 면작 장려비는 다음과 같다.

면작 장려비 누년 예산표(조선총독부)

단위: 원

연차	봉급	청비(廳費)	여비	잡금 및 잡비	사업비			면작 보조비	합계
					원료비	기타	계		
1912	15,060	4,950	16,978	6,217	34,346	30,478	64,824	11,460	119,489
1913	11,580	3,056	13,219	3,430	57,000	17,358	74,358	36,793	142,436
1914	10,620	2,672	12,340	3,403	54,230	17,337	71,567	41,836	142,438

1915	12,240	2,429	10,079	3,262	54,230	16,266	70,496	42,770	141,276
1916	11,520	1,920	9,674	3,134	56,100	15,276	71,376	43,652	141,276
1917	9,360	1,560	8,487	2,758	62,299	13,190	75,489	43,652	141,306
1918	10,400	1,560	5,265	2,570	61,010	16,819	77,829	43,652	141,276

2) 1920~1930년대 면화증산정책

(1) 개관 및 해제

조선총독부는 1912~1918년 토지조사사업을 완료하며 식민통치 기반을 확립한 뒤 1920년대부터 본격적인 농산물 증산에 나섰다. 1919년 「조선잠업령」이 발포되고, 1920년 산미증식계획이 실시되었다. 1918년 육지면재배6개년계획이 완료되자 1919년 면작장려계획도 추진했다. 기한은 1919~1928년(10개년)이었다. 목표는 재배 면적 25만 정보(육지면 10만 정보 확대, 재래면 3만 5,000정보 확대), 총생산량 2억 5,000만 근이었다. 구체적인 사업에는 1) 면작 면적 확장 즉 숙전(熟田) 확장 9만 7,000정보, 임야 미간지 개간 2만 7,000정보, 지목 전환 1만 1,000정보, 2) 면작 장려 시설 즉 재배법 개량, 종자의 갱신, 도 기술원 배치, 군 기술원 급여·여비 보조, 면작조합 설치, 조합비의 보조, 면화 종자 배부, 개간·지목 전환 보조 등이 포함되었다.[12]

그런데 1920년대 후반~1930년대 초반 농업공황이 발생하면서 면화 가격이 지속적으로 하락했다. 일제가 1931년 만주사변을 도발하고 1932년 만주국이 수립되자 1933년 인도가 일인통상조약(日印通商條約)을 일방적으로 폐기하면서, 대일본방적연합회(大日本紡績聯合會)는 인도 면 불매 운동을 전개했다.[13] 이와 같은 상황에서 조선총독부는 1933년 조선면화증산계획을 실시하고, 1934년 조선면화증산계획을 개정했다. 기한은 1933~1942년(10개년)이었다. 목표는 개정 이전은 재배 면적 25만 정보, 단보당 수량 실면 120근, 총생산량 3억 근, 개정 이후는 재배 면적 35만 정보, 단보당 수량 실면 120근, 총생산량 실면 4억 2,000만 근이었다. 구

12 日滿棉花協會朝鮮支部, 1937, 「第二期棉作奬勵計劃」, 『朝鮮の棉花事情』, 205-221쪽.
13 정안기, 2007, 「1930년대 日印통상마찰과 조선면화증산정책의 연구」, 『경제사학』 42, 38-61쪽.

체적인 사업에는 면작 장려군의 설치, 농사시험장의 확충, 조선총독부의 면작 장려 직원 설치, 면작 장려 도의 면작 장려 직원 증치 등이 포함되었다.[14]

이에 대해 조선인 농민들은 면화 가격이 폭락하고 있음에도 면화 재배를 강제하고 있다며 거세게 반발했다. 이러한 내용은 《동아일보》, 《조선일보》 등에 보도되고 있다. 예를 들어, 1926년 11월 《동아일보》에는 〈면가 저락, 구제는 절망〉(1926.11.19)이라는 기사가, 《조선일보》에는 〈면가 폭락으로 당국 비난, 경작은 강제, 금회는 냉담〉(1926.11.13)이라는 기사가 실렸다. 또한 《동아일보》, 《조선일보》에는 면 · 리, 농회 등이 면화 재배 강제를 위해 농민을 구타하고 참외를 발취했던 사례나, 농민들이 항의하는 사례를 다루는 기사가 실렸다. 한편 백남운[15]은 「조선 경제의 현 단계론」(『개조』 16권 5호, 1934)에서 일제의 면화 증산 장려를 "획일적 재배 계획의 확대", "조선 농민의 일본 방적 자본으로의 예속화"라고 비판했다.

이청원[16]은 1930년대 박문규, 인정식, 박문병 등과 농업문제 논쟁을 전개한 인물로, 식민지 조선의 농업을 반(半)봉건제로 파악했다. 이청원은 『조선사회사독본』(1936.4), 『조선역사독본』(1937.7)에서 조선의 역사를 정리했고, 『조선독본』(1936.10)에서는 일제 식민지배에 놓여 있는 조선의 당면 현실을 논의했다. 그는 『조선독본』에서 1930년대 '화폐경제'가 농촌으로 침투되었지만 오히려 '봉건적인 관계'가 강화되고 있다는 전제하에 '우가키(宇垣) 총독의 남면북양 정책'하에 이루어지고 있는 조선의 면작 산업 변화를 지적했다. 남면북양정책에 의해 조선의 재래 면화가 "정체적 축소"를 하면서 "자본주의적 추진과 전환이 불가능"하게 되었다고 비판했다.

---

14 日滿棉花協會朝鮮支部, 1937, 「現行棉花增産計畫」, 『朝鮮の棉花事情』, 221-238쪽.

15 백남운은 1915년 수원농림학교를, 1925년 도쿄상과대학을 졸업했다. 1925년 연희전문학교 교수가 되었다. 1922년부터 민립대학설립운동을 전개하였고, 1929년 조선사정연구회를 조직했다. 1933년 『조선사회경제사』, 1937년 『조선봉건사회경제사(상)』를 출간했다. 1938년 '조선사정연구회사건'으로 검거되어 옥고를 치렀다. 1945년 9월 조선학술원장, 1945년 12월 경성대학 법문학부 재정학 교수, 1946년 조선신민당 경성특별위 위원장을 역임했다. 1947년 월북하여 최고인민회의 대의원, 교육상, 과학원 원장, 최고인민회의 의장 등을 지냈다.

16 이청원은 1930년 일본으로 건너가서 사회주의 활동가로 성장하며 일본노동조합전국협의회, 일본공산청년동맹 등에서 간부로 활동했다. 1934년 일본 경찰에 의해 검거됐지만 기소유예 처분을 받았다. 1936년 『조선사회사독본』, 『조선독본』, 1937년 『조선역사독본』을 출간했다. 1940년 일본 경찰에 의해 검거되어 옥고를 치렀다. 1944년 출옥 이후 귀국했다. 1945년 8월 장안파 공산당에 참여했고, 1945년 12월 조선공산당에 입당했다. 1946년 월북하여 북조선인민위원회 선전부장, 조소문화협회 중앙위원, 조선력사편찬위원회 위원장, 과학원 사회과학부문 위원장 등을 지냈다.

(2) 신문·잡지 기사를 통해 본 면화증산정책과 조선인의 반발

① 신문 기사를 통해 본 면화증산정책과 조선인의 반발

㉠ 1920년대 면작장려계획

〈자료 186〉 면작 2기 계획(1), 25만 정보를 확장, 2억 5,000만 근의 생산을 얻고자

(매일신보, 1918.12.23, 2면 4단)

총독부에서는 면화 장려 제1기 계획 8만 9,000정보가 금회 예정의 성적으로 종료를 고하였으므로 다시 내년도부터 전회에 비하여 한층 대규모의 장려 계획을 세우고 확장을 꾀하기로 되었는데 그 실행 계획의 내용이 다음과 같더라.

▼ 서언

조선은 기후, 풍토가 면화의 생산에 알맞고 적당하므로 이전에 육지면장려계획을 세워서 육지면 작부 면적을 10만 정보에 달하게 할 것을 기하고 1912년(大正 1) 이래 이 재배 보급의 장려에 노력한 결과 그 작부가 점차 보급되고 특히 최근 세계 대전란[제1차 대전]의 영향을 입어서 면화가 해가 지남에 따라 앙등하였으므로 그 장려가 현저하게 효과를 나타내서 1918년(大正 7)에는 육지면 작부 면적이 8만 9,000정보에 달하고 그 실면 수확고는 7,565만 근(예상고)을 헤아려 대략 제1기 계획을 완료하기에 이르렀더라(제1기 확장 면적이 10만 정보에 달할 수 없었음은 당초 장려 계획 내의 전라남도, 제주도는 그 풍토가 면작에 적당치 못함을 발견하고 그 장려를 중지하였으므로 1만 5,000정보의 부족을 보았음이라).

▼ 그 생산액을 내지 수용액에 비할 때는 겨우 그 일 소부분을 점함에 불과하나 지금 조선의 제반 사정을 고려하고 조사하여 그 장래를 생각컨대 면작의 여지 또한 심히 많으므로 본방[일본] 방직공의 앞길을 위하여 우리 영역 내의 유일한 면화 생산지로 한층 재배의 확장과 생산의 증가를 꾀하여 면화 자급의 일단에 기여할 필요가 더욱 간절함을 깨닫고, 장래 면작의 발달은 과연 어떠한 정도에 달할는지 아직

▼ 기본적 조사를 행한 것이 없고 근거할 기초 자료가 부족하므로 정확한 추정을 내리기

어려우나 그러나 식료의 자급에 지장을 초래치 아니하는 한도에서 면작에 적합한 숙전(熟田)에 그 재배를 장려하여 적당한 산록의 완경사지 또는 초생지(草生地)를 개간 이용하여 또한 매년 한해를 입는 용수 부족의 논의 지목 전환을 행하고 전라남북, 경상남북, 충청남북의

▼ 6도에는 주로 육지면을, 경기도, 황해, 평안남북의 4도에는 완전히 재래면을 경작케 할 것으로 하고, 장려상에 일단의 노력을 더할 때는 금후 10년을 기하여 작부 면적에 육지면 10만 정보, 재래면 3만 5,000정보, 계 13만 5,000정보를 확장하고 그 총면적을 25만 정보에 달하게 할 수 있겠고 또한 나아가 재배법의 개량을 꾀할 때는 그 생산 면화를 대략 2억 5,000만 근에 달하게 하기 어렵지 아니할지라. 고로 위 추정에 기하여 다음 방법에 의하여 면작 장려 제2기 계획을 정하고 1919년(大正 8)부터 이를 실행코자 함이라.

〈자료 187〉 총독 지시 사항(6), 산업에 관한 건(동아일보, 1921.05.01, 2면 5단)

21. 면작의 장려

면작의 장려에 대하여는 이전에 제2기 확장 계획을 세워서 매년 거액의 국비를 지출하여 그 실행을 기하는 중이나 근시 경제계의 변동에 의한 면가(棉價)의 하락 등이 그 원인을 이루어 농민이 무엇을 하고자 하면 즉 면화의 재배를 회피하는 고로 경작 면적을 감소케 할 우려가 있으니 이는 필경 면작 장려의 취지가 농민에게 철저치 아니함에 기인한 것이므로 이때 적지(適地)의 선정, 재배 관리의 개량, 비료의 증시 등의 실지 지도를 주도케 하여 만약 재배 면적의 확장 계획이 예상에 달하기 곤란한 경우에는 단보당 수확고의 증가에 의하여 이를 보충하여 면화 생산고를 예정계획에 어긋나지 않게 할 것을 노력하여 면작의 이익을 점차 농민에게 깨닫게 함과 함께 재배 면적 확장의 길을 강구할 것을 바라노라.

(…)

〈자료 188〉 식산국장 훈시(조선일보, 1923.07.20, 2면 6단)

각 도 면작주임협의회는 지난 19일 오전 8시부터 총독부 제2회의실에 개최하고 그 벽두에 니시무라(西村) 식산국장의 일장 훈시가 있었는데 그 요령이 다음과 같더라.

1919년(大正 8) 면작 장려 제2기 계획을 세워서 이 실행에 착수한 후 이미 4개년의 세월을 경과한바 저간에 작부 면적은 약 2만 정보, 수확고는 약 4,000만 근의 증가를 보였으나 이를 기정 계획으로부터 보면 실행의 성적이 지지부진하여 앞길이 요원한 감이 없지 아니하니 대개 그 연유하는 바가 면업계의 불황에 의하여 면화 시세가 폭락하고 면작의 이익이 일시 격감하였으므로 농업자의 면화 재배를 주저하고 멈칫함에 있는 듯하도다. 그러나 최근 세계의 면화 수급의 대세를 통찰하건대 수요 증가의 추세가 현저함에도 불구하고 생산은 이에 따르지 못함이 있는지라. 만약 이의 추세로 추이하면 조만간 수급 관계가 부조화에 이를 것이 명료하여 이미 지난가을 이래 면화 가격이 회복의 징후를 보임에 이르렀음은 혹은 저반의 실상을 엿봄에 족한 것이 아닌가. 이와 같이 하여 일시 왕왕 부진의 상태에 빠졌던 면작 사업도 또한 다시 유망 다사(多事)한 형세에 향한 것은 실로 경하를 하지 않을 수 없는 바이라. 각자는 이 기운에 따라서 이미 한층 노력할 각오가 없지 않을 것이다.

면작 장려의 방침에 관하여는 종래 누차 지시한 바이므로 이에 중언할 필요를 인정치 아니하나 지식 정도가 낮고 이 경험이 적은 다수의 농업자에 대하여 지도의 투철을 기함은 실로 어려운 일 중의 어려운 일이라. 적절히 민정의 실제를 고려하고 조사하며 민심의 동향에 순응하고 임기응변 일절의 기회와 수단을 이용하여 지도 계발함에 유감이 없기를 기할지어라. 특히 농민으로 하여금 면작 개량의 실익을 체험케 하고 이들로 하여금 자각하여 면작에 종사할 지경에 달하게 함을 요하니 작년에 비로소 시설한 면작 지도리동(指導里洞)의 설치의 취지가 또한 완전히 이에 있음이로다. (…)

〈자료 189〉 면작 장려에 의한 지도리동(指導里洞) 정황, 150개소(동아일보, 1924.07.15, 1면 8단)

총독부에서 면작증수계획은 장려한 방법으로 종래 경작 면적 확장을 비교하면서 장려하여 온 것인데 최근 면적의 확장이 상당한 성적을 얻었으나 이로 인하여 즉시 증수를 꾀함은 매우 곤란함을 발견하고 확장을 꾀하는 것보다도 오히려 담당 수확 증가를 꾀하는 것이 경작자에 대하여 면화 수익 감(感)이 더욱 큼을 자각하게 되는 고로 농후 경작법을 채용하고 이에 의하여 자연히 확장하도록 한다는데 그 방법으로 1922년도(大正 11)부터 면화 장려로 도(道)를 향하여 지도리동에는 10정보가량 집단한 곳을 선정케 하면 그에 지도하는 기술원을 두고 면화를 집중적으로 지도하여 모범을 주위에 보이고 사실상으로 지도 장려하게 되었다는데 매년 50개소씩 증가하여 온다는바 1개년 1개소에 대한 국비 보조는 지도원 수당으로 65원, 비료, 종자대 보조로 200원, 합 265원을 지출하고 지방청은 이에 적당한 경비를 지출하여 지도리동의 증가를 꾀한다는데 1924년도(大正 13)에는 예산 추가 후 150개소에 달할 터라는바 1923년(大正 12) 중 지도리동 평균 일반 담당 수확은 129근이오, 가장 다액인 곳에 비하면 4할 8푼, 평균 증수까지 있었다. 면작의 대표적 지방인 전남 정황은 지도리동이 1922년(大正 11)에 59개소, 1923년도에 44개소를 신설하고 나아가 1924년도(大正 13)에는 29개소를 신설하여 계 132개소에 달한다더라.

〈자료 190〉 면가 폭락으로 당국 비난, 경작은 강제, 금회는 냉담(조선일보, 1926.11.13, 4면 1단)

면가 폭락으로 인한 남선[조선 남부] 방면의 면작자에 대한 구제에 관하여는 총독부가 종래 면작 장려 경작 면적 증가를 강제하였었음에도 불구하고 금회는 지극히 냉담하므로 주무국의 태도에 대하여 비난이 앙등되더라.

〈자료 191〉 면가 저락, 구제는 절망(동아일보, 1926.11.19, 6면 3단)

면가 폭락에 대한 조선 면작업자 구제에 관하여 당국은 이 구제금 지출 방법이 없으므로 곤란한 처지인바 이와 같아서는 후년도 면작이 부진하여 경작 면적이 감소하게 되고 종래의 장려에 하나의 좌절을 가져올 우려가 있어서 추가 예산에도 소액 구제를 요구코자 하였으나 재무국에서 승인치 아니할 모양이므로 현재는 그 형세에 일임할 외 다른 방법이 없으리라더라.

〈자료 192〉 면작증식5년계획(조선일보, 1927.08.15, 4면 4단)

이번에 개최된 각 도 면작 주임관 회의의 결의 사항은 현재 농무과에서 정리 중인데 이 결의사항 중 중요시되어 있는 것은 내년도로 일단락을 고하기로 된 제2기 육지면작 면적의 확장은 다시 내년도부터 5개년간 제3기 장려계획을 수립하려는 것이다. 그로 인하여 총독부에서는 현재 각 도 주임관으로 하여 금후 5개년간 확장의 가능성이 있는 면적은 조사 중인바

이 조사가 종합된 후에는 대체로 30만 정보까지 면적을 확장함과 동시에 시비의 증산을 하여 3억 근의 원면을 지으려는 것으로 종래와 같이 단지 산간의 경사만을 고르지 않고 상당히 비옥한 땅을 골라서 정하고 이와 동시에 원면의 폭락으로 인하여 전작(轉作) 혹은 폐작(廢作)을 미연에 막고자 은행 방면에도 건너가서 면화 금융을 원활히 하여 재배자의 채산을 유리하게 함에 노력 중이라더라.

〈자료 193〉 면작 장려의 제3기 계획 착수, 10년 후 2억 5,000만 근 예상(조선일보, 1929.01.18, 4면 2단)

조선의 면작 장려 제2기 계획은 1928년도(昭和 3)로 종료되었으나 그 실적은 예정한 계획에 대하여 작부 면적의 8할, 수확고 6할에 달함에 지나지 못하므로 다시 내년도부터 10개년계획으로 제3기 증수계획을 수립하여 계획 완성한 후에는 예상과 같이 수확고를 2억 5,000만 근에 달하게 하고 적어도 1개년 10만 섬(300근 입)의 이출을 실현키로 하였다는데 내년도 예상에 계상된 예산은 17만 6,500원으로 시설의 주요한 것은,

1. 군 기술원의 설치 보조
2. 지도리동(指導里洞)의 설치 보조
3. 종자의 갱신비 보조

등으로 금후의 장려 방침으로는 종래의 실적에 비추어 작부 면적의 확장에만 치중하지 않고 완전히 집약 재배의 장려에 힘을 들여 농가로서 참으로 면작이 유리한 것을 자각케 할 방침이라더라.

〈자료 194〉 100여 농민이 군 기수를 구타(조선일보, 1928.04.08, 5면 3단)

전북 김제농회에서는 군내 17면을 통하여 약 900정보의 밭에 면작을 장려할 계획을 세우고 실시에 매우 노력 중 농민들은 면화를 경작치 않고 대개가 보리(맥)를 심었으므로 농회의 계획과 같이 면작 장려가 되기 어려우므로 요사이는 농회에서 인부를 데리고 각 면에 출장하여 농민들의 땀과 피로써 된 보리를 한 줄 띄워서 괭이로 파 뒤지고 또한 줄 띄워서 괭이로

파 없애 버리고 그곳에 면화를 파종토록 한다는데 지난 5일에는 동 군 쌍감면 진흥리에 동농회 기수 최시환, 송태봉, 안 모 등 세 명이 여섯 명의 인부를 데리고 가서 한쪽에서부터 보리밭을 파기 시작하므로 그 동리 농부들은 너나 할 것 없이 전 촌민이 대분개하여 그같이 다 된 보리를 파서 없애면 우리는 무엇을 먹고살 것이냐 하며 우는 광경은 실로 처참하여 온 동리는 울음 속에 쌓여 있는 것은 참아볼 수 없었다 하며, 그때 마침 일터에서 돌아오던 동리 최치명(43)은 자기 밭의 보리를 파고 있는 것을 보고 너희들은 옷만 입고 밥은 먹지 않고 살 수가 있느냐 하며 한사코 보리를 파지 못하게 억제하므로 앞에서 기술한 송 기수[송태봉]가 최치명을 때리며 반항을 하지 못하게 하므로 그 광경을 보고 있던 동리 100여 농민들은 일시에 격분하여 앞에서 기술한 송 기수 외 격투가 일어나자 서로 함부로 치고받고 하는 틈에 앞에서 기술한 최 기수[최시환]를 송 기수로 잘못 보고 적지 않게 구타하였다는데 이 사실을 안 김제경찰서에서는 7~8인의 경관을 현장에 보내어 최치명 외 7명을 검거하였다는바 일반은 이 사실의 장래를 자못 중대시한다더라.

〈자료 195〉 면리원이 협력하여 무고 인민을 난타(동아일보, 1928.05.04, 5면 4단)

전북 익산군 북일면 금강리는 원래 익산군의 지정 면작 구역으로 되어 그간 매년 경작하여 왔으나 다른 곡물을 경작하는 것보다 손해가 될 뿐 아니라 더욱이 수년 이래로는 면화의 가격이 전에 비하여 폭락되었으므로 주민들은 피해에 따라 원성이 자자함에도 불구하고 금년도에도 그 지정 구역에 전부 육지면을 재배하라는 것인데 원체 모맥[밀·보리] 경작보다 손해가 되는 터이므로 군의 명령대로 전부 재배치 못하고 그중에 일부씩만 경작한 사람이 다수이던바 이것을 탐지한 북일면 서기 모모 두 사람은 군청에서 나온 이 모와 같이 금강리에 출장하여 각 인의 경작지를 조사하며 한편 지정 구역에 모맥을 경작한 곳은 경작자를 강제로 명령하여 한 자 이상 커진 보리를 되는대로 파 엎고 육지면을 재배케 하는데 지난 1일에도 오전에 그 동리에 와서 앞에서 기술한 바와 같이 4, 5인의 보리밭을 강제로 파 엎고서 육지면을 심은 후 익산청맹(益山青盟) 동북일지맹(東北一支盟) 서무부원 신한봉 군의 집 소유 밭 900여 평 중 650평이 면작 구역으로 지정되었던바 그는 이 중에서 250평가량만 면화를 경작하고 나머지는 모맥을 심었는데 이도 역시 부족지 400여 평 보리를 전부 파 버리고 면화를 경작하라고 강제적으로 힐난하므로 앞에서 기술한 신 씨는 그 손해됨을 말하고 그의 온당치 못한 태도를 말하였던바 앞에서 기술한 면서기 두 사람은 협력해서 가졌던 대지팡이로 신 씨를 난다 하여 유혈이 낭자하고 전신에 중상을 당하였으므로 이 소식을 들은 동 지맹 위원장 김영운 씨는 급히 쫓아가서 양편을 중재하려 한즉 두 폭행 서기들은 김 씨에게까지 덤벼들어 또한 경상을 가하였다는데 그때에 앞에서 기술한 군 직원 이 씨는 아무쪼록 원만히 조정시키려고 두 면서기를 말렸으나 그 두 면서기들은 가장 기세가 등등해 가지고 대나무 지팡이가 다 쪼개지도록 전신을 되는대로 난타하고도 가장 공무 집행 방해했다는 등 소리로 위협까지 하고 돌아갔다는데 소위 면리원으로서 그 면민에게 이렇게 폭행을 감행하고도 호언장담하는 등 그 방약무인한 태도는 실로 기괴망측한 일이라 하며 군에서나 면에서 그렇게 난폭한 면리원을 출장을 시켜 일반 농민에게 폐해를 끼침은 가장 옳지 못한 일이라고 면민의 비난이 높다 하며 중상당한 신 씨는 진단을 첨부하여 고소를 제기할 터이라더라.

〈자료 196〉 간작한 진과를 면 기수가 발취, 피해자는 고소를 준비 중, 면작 장려를 이유로(동아일보, 1928.07.10, 5면 1단)

당국에서 장려하는 면작 지도를 이행하지 아니하고 진과[참외]를 심었다고 면민의 농작물을 함부로 뽑아 버린 사실이 있어서 피해자는 방금 고소를 준비 중이라는데 그 내용을 듣건대 강동군 원탄면은 면작 모범면으로서 동 면 김인협이 면작에다가 참외를 간작[사이짓기]하였다 하여 주인에게는 하등의 통지도 없이 덮어 놓고 동 면 기수 모가 출장하여 열매까지 맺힌 참외 덩굴을 함부로 뽑아 버리던 중 이 소식을 들은 주인 김인협이가 달려가서 왜 남의 밭에 심은 농작물을 함부로 뽑아 버리느냐고 질책하는 동시에 제지하였으므로 전부 뽑지는 못하고 돌아갔다는데 참외나 심어서 궁핍한 여름에 다소간 생활비라도 얻어 보려던 김인협은 극도로 분개하여 방금 고소를 제기하는 동시에 손해 배상을 청구코자 준비 중이라더라.

〈자료 197〉 면가조차 폭락, 면화 재배 손해(동아일보, 1930.10.12, 6면 4단)

견가(繭價) 폭락으로 내년부터 재상(栽桑, 양잠)이 문제일 것 같은데 의성군에서 주요 생산이 면화인바 금년 군농회에서 거의 억지로 하다시피 한층 장려하여 1만 3,620호에 3,070정보나 작부시켜서 200여만 근이나 수확 성적을 보게 되어서 60만 근은 공동판매를 지난 2일부터 군내 각 장날(市日)에 개시하였는데 지난 8일 의성 장날의 면가가 아래와 같이 폭락되었으므로 당장에 농가 경제에 타격을 주는 것은 물론이오 이해타산으로 보면 전곡(田穀)을 2기작하면 1단보당에 곡가 환산으로 14~15원 수입되는 것을 면작은 연 1기작으로 1단보당 70근 수확이라도 2등 가격에 표준하여 5원 내외 수입밖에 안 되니 2배의 손실이 된다 하여 생산자의 원망 소리가 빗발치듯 한다. (…)

〈자료 198〉 면작 강제 지정(조선일보, 1930.10.28, 6면 6단)

충남 태안면 권업계에서는 태안면에 있는 면작 40여 정보를 재식(栽植)할 계획을 가지고 면민에게 장려를 시켜 오던바 제1착지 상옥, 인평 양 리에 식재키로 결정하여 가지고 장려시키려 하나 원래 양 리 주민들은 가난한 마을의 주민이니만큼 밭까지도 읍내 부호 이기승, 이시우 양 씨의 소유지를 소작하여 오는 중인바 때마침 보리를 갈 시기이므로 일반 궁민들은 내년 봄의 양식을 장만하려고 한두 되의 보리 종자나마 파종하려고 분주한바 면에서는 소위 지압 조사란 구실로 팻말을 꽂아 놓고 강제로 식부시키려 한다는데 양 리 주민들은 아무리 면작의 수입이 많다 하더라도 처음 실수하기가 쉬울 뿐 아니라 이익이 많다 하더라도 먹고 살 보리가 없으면 그것을 사 먹자면 고리[고리대]를 얻어야 할 것이니 변을 당하여 나갈 수 없으니 어찌 생활 문제가 아니냐 하여 애원도 몇 번 하여 보았다. 하지만 면에서는 시종일관 듣지 않고 강제라도 실시할 계획인 모양인데 이것도 태안면 13리 중에 유독 인평, 상옥 양 리를 지정함은 대부분 소작인이 원인으로 그것조차 압박적 행정을 함은 불가하다고 원망이 창천하다 한다. 대략 이런 것은 촌에게 먼저 실시시키지 말고 면리원 자신들이 먼저 실행하여 일반에게 보여서 자각이 난 뒤에 실시시키는 것이 권업상 본의인가 하는데 그런 것을 깨닫지 않고 강제로 시킨다 함은 마지못하여 하는 것이 되므로 개량이 아니라 도리어 손해밖에 나지 않는다고 일반은 면의 처사를 주시한다고 한다.

〈자료 199〉 면작 장려 반대로 농민들이 면에 쇄도, 손해 지는 면작 할 수 없다 (조선일보, 1931.03.17, 6면 1단)

지난 13일 오전 10시 반경 경북 달성군 달서면 평리동 소작농 82명이 지난 11일 동 면사무소에서 동민에게 아무 말도 없이 면작 예정지라는 표목을 꽂아 두었던 것을 뽑아 메고서 소리를 치며 면사무소 마당에 들어와 면장을 부르며 면기수를 불러 왜 당국은 우리를 괴롭게 하느냐고 큰 소리로 떠들어 공기가 험악해져 지금에 무슨 일이 있으려 할 즈음에 경관의 출장 제지로 오후 3시에 겨우 해산되고 말았다. 그 원인을 들으면 본도 하야시(林) 지사의 금년도 신규 사업으로 본도에다 면작을 장려하는데 그 방법이 각 면, 각 동에다 독려 구역을 만들어 농민들이 불응하면 강제로라도 장려하게 되어 달서면에는 평리동과 중리동, 이현동이 독려 구역에 들었다. 그런데 이 평리동은 원래 지질이 점토이고 지반이 암석이기 때문에 전 경험으로 보아 면작은 절대로 잘되지 않아 손해가 많고 또 대구부와 아주 가까운 곳으로 지주들이 직접 양식을 취하는 곳인 관계도 있고 또는 소작료에 정곡(正穀)이라는 것이 있어 잘되나 못되나 매년 정한 곡수를 바치게 되는 터이다. 그런데 만일 지주의 승낙 없이 면작을 하였다가는 소작권을 떼일 염려도 많으며 또 소작권을 떼이지 않는다고 하더라도 면작을 하여서는 도저히 소작료를 바칠 수 없으니 우리는 죽고 마느냐고 하며 또는 감저[고구마]를 지으면 1단보에 좋은 것만 골라서라도 적어도 20가마니, 현 시가로라도 35~36원 수입이었으며 대두[콩]를 갈더라도 1단보에 최소 수량으로 12두 5승, 현 시가 8원 75전의 수입이 되는데 면작을 할 것 같으면 잘되었을 때 1단보에 75근을 따게 되니 현 시가로 보면 불과 5원 25전에 지나지 못하니 수고는 다른 농사보다 더 많이 하게 되고 수입은 적으니 이것을 누가 하겠느냐고, 그리고 위정 당국에서는 무슨 까닭으로 이것을 강제로 하라고 하느냐 하며 만일 이것을 강제로 시키려거든 우리를 먹고살게 하여 달라는 등 이외에도 면작 공동판매에 대한 불평등을 말하여 문제는 중대화될 염려가 많은 모양으로 일반은 매우 긴장하여 사건의 결과를 주목하고 있다 한다.

〈자료 200〉 면작 장려 당국의 반성을 촉구함, 영천지국 김언교(조선일보, 1931.07.09, 6면 1단)

행정관청은 어디까지든지 인민의 복리를 위한 것이 아니면 안 될 것이다. 따라서 면작을 장려한다는 것도 완전히 농민의 복리를 위한 것이라고 할 것이다. 그러나 근래 당 도 면작 장려자들이 농민에 대한 태도와 수단, 방책을 본다면 그 장려한다는 진의가 과연 농민의 복리를 위한 것인가? 그렇지 않으면 장려자 자신의 성적만을 올려 보자는 심사인지 우리로서는 그 진의를 의심하지 않을 수 없다. 수일 전 본보에도 보도된 바거니와 화산면 유성동 사실과 청경면 단포동 사실 등등을 본다 할지라도 저들은 기탄없이 예정 평수(전 소유 논의 7할을 말함)에 부족하다는 이유로 수확기에 있는 보리를 갈아 버리고 쾌재를 부르는 행동을 취하였다.

실로 언어도단이라 안 할 수 없다.

면화 장려자의 구론(口論)과 같이 무지한 농민의 장래 이익을 위하여서도 금일에 있어서는 무리한 장려라고 안 할 수 없다 함에도 일리가 없지 않다 할지라. 이것을 실현시키기 위하여 감행하는 무리 또 가혹한 조치로서 농민에게 함부로 고통을 가할 뿐만 아니라 폭행까지 행한다 함은 불가하다 안 할 수는 없다. 면작 장려 당국자들의 소신이 과연 농촌민에게 복리를 줄 만한 것이거든 먼저 농민에게 이를 이해케 하여 자진하여 이를 실행하도록 권장함이 가하지 않을까? 생존 경쟁이 극도로 심한 현재에 있어 그 누가 자기에게 해로울 것을 할 자가 있을쏘냐? 당국자들의 가혹한 장려가 없다 할지라도 농민은 1전이라도 각자의 복리를 위하여서는 최선의 노력을 다하지 않을까? 그러나 우매한 농민 간에서는 타 농작물을 경작하기보다도 총경작의 이익을 알지 못하기 때문에 권업 관청의 존재가 있는 것이요 장려의 필요가 있는 것이 아니냐. 그러므로 당국자로서는 우매한 농민에게 폭행을 가하면서 장려하는 것보다도 그들의 유리점을 교시하여 농민 자신으로서 자진 이행케 하는 것이 현재로서의 정당한 장려일까 한다. 그렇지 않고 무리하게 보리를 갈아 버리는 것과 폭행을 감행한다 함은 오히려 당국자에게 반감을 사게 할뿐더러 영구히 장려의 효과가 표현되지 않을까 한다. 우리는 면작 장려 당국자의 뜨거운 반성이 있기를 바란다.

〈자료 201〉 면작 배수(倍收) 계획으로 몰락되는 경북 농촌(조선일보, 1931.10.25, 3면 3단)

경북도 농무과 면작 배수 계획은 입안 당시부터 도내 일반 농민에게 많은 불평이 있다는 것에도 불구하고 관력으로 강제로 실시하여 오며 3년 전과 같은 희유한 한발이 있은 것을 기회로 내한(耐旱) 농작물로 면화를 골라서 이것을 장려하여 온 것만은 고마운 일이라고 할는지 모르나 경상북도라고 어느 해든 한발이 계속될 리도 없고 춘기 경작할 때 보리를 갈아 길로 솟은 보리가 10여 일만 지나면 곧 농민의 입으로 들어갈 것을 강제로 갈아 제치고 면화를 경작하였던 것이 금년은 평년과 같이 우량이 많아서 본도 내의 면작은 완전히 실패에 돌아가고 말았는데 면화의 가격은 적어도 작년의 7전 4리나 되어야 농비를 감하고 겨우 수지가 맞을 것인데 금년은 매 근에 대하여 4전가량의 가격밖에 되지 않으므로 도내 면화 경작자 15만 4,620여 명은 그 생활이 파멸의 제1보를 디디고 있는바 면화 한 근에 6전씩 하여도 48만 원이란 돈이 농촌에 퍼질 것인데 금년은 그 반절밖에 되지 않는 24만 원밖에 되지 않으므로 나머지 24만 원은 나올 데도 없을 뿐 아니라 도 당국이 3~4개소의 방적회사를 위하여 수많은 농민을 무시하고 다 익은 보리를 갈아 제친 후에 면작을 장려한 결과 이와 같은 성적을 실증하게 될 것은 누구의 잘못이냐는 원성이 일반 농민에게 파급되어 당국을 비난하는 소리가 높아 간다고 한다.

〈자료 202〉 면작 장려에 대하여, 당국의 반성을 촉구함, 포항 일 기자(동아일보, 1932.1.16, 3면 1단)

영일군농회에서는 제면 회사의 원료를 공급하기 위하여 농민에게 육지면을 재배케 하는바 그 경작 면적은 각 면을 통하여 500여 정, 그 경작자는 무려 5,000여 호에 달한다 한다.

이제 그 두세 실례를 든다면 밭 1두락 경작에 전 수확이 단 50전에 불과한 참담한 숫자를 나타내었다. 수확된 면화는 각 면에서 공동판매제를 실시하여 1등 1근에 6전을 최고로, 4등에 1전 4리란 염가로 판매한다는데 밭 1두락에 속[조]을 경작한다면 아무리 질박한 토지라도 1석의 수확을 할 수 있으므로 현 시가 5원씩 환산한다 할지라도 면작하는 것보다 10배의 이익을 볼 수 있다 하니 누구나 경악치 않을 수 없다.

이상에 보인 바와 같이 숫자가 명료히 증명함에도 불구하고 하등의 대책이 없이 기정 방침이라 하여 그대로 장려만 하는 것은 산업 진흥을 꾀하는 도리가 아니다.

×

면작 재배에 대하여 군 당국은 농민에게 다대한 이익을 줄 것같이 선전하여 놓고 실제 수확기에 임하여는 이와 서로 부합되지 못하므로 농민의 비난이 더욱 높아 갈 것은 사실이다. 현재 송라, 청하, 기계, 신광에서 농민의 비난이 비상하였다 함도 알맞은 실례가 아닐까 한다.

자유 경쟁을 기초로 하는 현대에서는 원료 공급의 방식도 자유로 함이 가하고 관력으로 이를 강제함은 만만(萬萬) 불가할 뿐 아니라 그 손해에 대하여는 충분한 변상을 함이 가할 것이다. 그리고 만일 당국에서 면작을 꼭 장려할 필요가 있다면 그 재배도 각인 자유에 의하되 구매 가격과 같은 것은 수요, 공급의 원리에 의하여 상업 행위적으로 결정이 되어야 옳을 것이다. 이와 같이 할 수가 없다면 단연 장려를 철폐하는 것이 타당치 않을까?

면작을 강권하는 것은 무리다. 수천 경작자를 무시함은 행정의 선량을 결한 것이다. 이러한 손해되는 강제 산업 장려를 속히 포기하라.

ⓛ 1930년대 조선면화증산계획 실시(1933)와 개정(1934)

〈자료 203〉 국책적 견지로 면작 대장려, 내년도 착수, 2억 5,000만 근 목표로(동아일보, 1932.09.10, 8면 1단)

총독부에서는 조선의 기후, 풍토가 면작에 적당한 점과 국책적 견지상 면작을 장려키로 결정하고 이에 드는 경비를 내년도 요구하려고 조사 중이다. 즉 조선에서는 20만 원의 보조 예산을 계상하여 장려한 일이 있었으나 현재에는 1억 3,000만 근의 생산 능력이 있을 뿐이며 1단보 100근, 2억 5,000만 근을 목표로 내년도부터 철저한 장려에 착수할 터라고 한다.

〈자료 204〉 사설: 조선면증식계획(동아일보, 1932.09.23, 8면 1단)

(…) 그러나 우리가 우려하는 바는 덮어 놓고 국책적 견지라 하여 시가를 무시하는 정책 및 계획이다. 일본의 식량 문제를 해결하며 따라서 조선 부의 증진이라 하여 산미증식계획을 수립하고 수리조합을 설치한 관계로 미의 증산에 의하여서는 조선미 통제라는 제도가 설치되는 동시에 일본 및 조선 농민이 불안한 상태에 있게 되었을 뿐 아니라 생산비가 다액에 달하게 되어 농가 채산이 여의치 않으므로 조선 전래의 양전(良田), 옥토(沃土)까지 방매한 자가 많다.

이에 면 생산으로 말하면 특히 생산비를 기준으로 손실 국가 보상의 조건하에 장려하리라 하니 산미증식계획의 유(類)가 아니라 하여 금후 이 구체안의 작성 발표를 주시하려 하노라.

〈자료 205〉 면작 장려의 근본안 결정(동아일보, 1932.10.21, 8면 1단)

면작 장려 계획안은 제1, 제2, 제3안에 의하여 심의하는 터인데 결국 제3안을 채용하여 충남, 충북, 전남, 전북, 경남, 경북, 황해, 평남의 8도를 장려 구역으로 하고 1933년도(昭和 8)로부터 1947년(昭和 22)까지 15개년간에 걸쳐서 작부 면적 25만 정보, 단보당 수량 120근(조면 40근), 총생산액 약 3억 근에 달하게 할 계획으로 구체안 작성에 착수할 모양이다.

〈자료 206〉 면작 장려, 실적은 의문, 국가 보상이 없는 한 위험하다고, 면가 폭락의 이때에(동아일보, 1932.10.30, 6면 2단)

(…) 이때 제3기 계획의 내용에 대하여 얼핏 들은 바에 의하면 1933년(昭和 8)부터 10개년간에 50만 정보, 5억 근으로 확장할 계획이라 한다. 안(案), 그것은 좋으나 실적에 있어서 의문이다. 또한 외면[외국 면]과의 대항적 생산 증가를 목적으로 하여 재배를 장려함은 면가 폭락한 이때 국가 보상이 없는 한 위험시된다.

〈자료 207〉 집약농법으로 면작 대장려, 20개년 계속사업, 6억 근 수확 목표(조선일보, 1933.02.18, 8면 5단)

20개년 계속으로 6억 근 수확을 목표로 한 총독부의 면작 장려 계획은 그 제1기로 1933년도(昭和 8)부터 10개년간 총경비 340만 원을 투자하여 함남북, 강원, 평북 4도를 제하고 전 조선 9도에 일제히 착수하고자 1933년도 할(割) 예산 30만 원을 계상하였는데 이 때문에 총독부에서는 오는 27, 28 양일 관계 각 도 면작 주임을 초집(招集)하여 제2회의실에서 협의회를 개최하기로 되었다. 그러고 면작 장려 근본 방침으로서는 종래의 고식적 수단을 일소하여 적극적 장려의 방도로 나가기로 결정하였는데 그 구체안의 대요는 다음과 같은 것이다.

1. 종래의 면 단위를 군 단위로 바꾸고 우수한 지도 기술원 120명을 각 군에 배치함.
1. 비료에 관하여 특히 주의하여, 품평회 등를 열어서 퇴비를 장려하고 금비[판매 비료]의 합리적 사용을 장려함.

〈자료 208〉 사설: 면작증식계획에 대하여, 손실 보상법이 필요(동아일보, 1933.03.31, 1번 1난)

(…)

2. 당국의 의견에 의하면 일본은 산업상, 기타 관계로 막대한 면화를 수요하는바 그 거의 전부는 미국, 인도, 중국 및 이집트의 제 외국으로부터 수입된다. 그러므로 갑자기 일이 생기는 때엔 일본의 방적업과 그 부수 사업이 일시에 휴시(休止)되지 아니하지 못할지니 외국에서의 수입만을 기대함은 천만 위험하다. 그러므로 자작, 자급의 견지에서 조선 내

에 면화를 재배하면 만일에 대비할 안정성도 많은 동시에 농가의 경제상으로 보아도 이익된다 하는 것이다.

그러나 일본의 1년간 면화 수입량은 76만 6,000톤이다. 그러므로 설사 조선에 20년 후 9억 근의 면화가 생산되고 대만, 기타에 약간의 면화가 재배된다 할지라도 그 수입을 방지하기에는 아직도 앞길이 요원하다.

그러나 이것은 수입을 제한할 수 있다는 점에서 찬성한다 하자. 그러나 농업 채산상으로 이것을 보면 반드시 유리하리라고만 보장할 수는 없다.

즉 조선 면화가 외국 면화에 대항하려면 1단보에 200근 이상은 나야 하는데 과거 20년간의 경험을 보면 남조선[조선 남부]이라야 130근으로부터 135근, 서조선[조선 서부]이면 120근 내지 125근이다. 그뿐 아니라 면화는 기후, 풍토에 몹시 영향을 받으므로 흉작이 많아 8년간 경작이 완전히 무효로 돌아가기 쉽다. 그러므로 조선 면화로 외국면을 대항함은 무리가 있다. 실제로 조선 농가가 당국의 면화 장려책이 있음에도 불구하고 일부러 발아력을 말살한 종자를 심어 발아치 않음을 이유로 다른 작물을 대작(代作)하는 예가 많음은 저간의 소식을 엿보아 알 수 있지 않은가.

3. 물론 작금과 같이 위체(爲替)의 저락으로 면화가 외면[외국 면]에 대항할 수 있는 것은 사실이다. 그러나 이것은 일시적 특수 현상이오 장차는 역시 구(舊) 상태에 복귀될지니 어찌 이것으로 채산이 된다 하리오.

   또 국책을 따라 가려면 약간의 희생이 따를 경우도 있다. 그러나 한두 농가가 아니라 조선의 거의 전 농가에 손실을 끼치면서 국책을 논할지라도 이것은 선량한 국책이라 할 수 없다. 그러므로 국책상 면화 증식을 계획하려는 면화 경작에 대해서 「생사손실보상법」과 마찬가지로 그에 상당한 손실 보상이 있지 않으면 안 될 것이다. 당국의 고려를 촉구한다.

〈자료 209〉 보복관세 실시와 조선에의 영향, 영국, 조선의 통상 관계(조선일보, 1933.06.10, 1면 6단)

인도의 배일적 관세 인상에 대하여 일본 정부로서는 이에 대한 보복관세를 7월부터 실시키로 결정한 것은 일, 영 간의 일종의 경제 전쟁이 개시될 것과 같은 감을 주는 동시에 이로 인하여 일, 영 무역상의 영향은 물론 중대하려니와 또는 이것이 주로 조선인의 일용품인 면포에 관계된 것인 만큼 조선인의 소비 경제상으로도 미치는 영향이 있을 것으로 이것이 조선에 미치는 영향을 조사해 보면 다음과 같다.

(…) 조선서는 어쨌건 영향이 적은 일본이 영국 및 영령(英領)으로부터 돌아오는 물건에 대하여 일반으로 수입세를 인상하거나 혹은 수입을 금지하는 날이면 총독부에서 계획하는 면양증식, 면화증수 계획을 더 확장하게 되리라고 한다. 우가키(宇垣) 총독은 방금 중앙 정부와 이 문제에 대하여 협의를 하리라고 관측하며 형편에 따라서는 와타나베(渡邊) 농림국장이나 유무라(湯村) 농무과장이 도쿄로 건너와 면양, 면화의 증식확장계획에 대하여 협의하리라고 한다. 이 계획의 수립은 일본에서 영국에 대한 관세 인상률과 수입량이 얼마나 되는지 그것을 조사한 후에라야 구체적으로 되리라 한다. (…)

〈자료 210〉 인도 면 불매 결의로 면작 계획을 촉진, 계속 연도는 단축하고 작부 면적은 확장(조선일보, 1933.06.11, 4면 2단)

척무성에서는 면화의 자급자족을 기하여 국가 백년의 계획을 수립한다는 견지로부터 관민 합동위원회를 열고 수회에 걸친 토의의 결과 다음의 결론을 얻었다.

1. 조선총독부에서는 20개년 계속, 50만 정보의 면화 재배 계획을 실행 중인데 조선에는 아직도 30만 정보의 면작 적지(適地)를 가지고 있으므로 현재의 계획을 다시 확장하고 또 그 계속 연도를 단축해야 한다.

(…)

〈자료 211〉 면 대작(代作)의 산미제한책(조선일보, 1933.09.05, 1면 1단)

(…) 지난 8월 5일 가나자와시(金澤市)에서 개최된 일본현농회대회에서도 조선미에 대한 문제가 논의되어 그 대책의 급속 강구를 척상[척무대신]에게 요망키로 결정되었었다. 그래서 5~6일 선 10명의 농회장이 그 대회를 대표하여 척상을 방문했던바 척상은 조선에 있어 면화 대작으로 산미제한을 행할 방침이라고 답변하였다. 척상의 말을 들어 면화 대작의 산미제한

책은 이미 정부의 기정 방침으로 보이나 조선 농촌에 대하여는 그보다 더 무리한 요구가 없다. 첫째 논을 밭으로 고치는 데 손해가 막대할 것이며, 둘째 일반적으로 보편화되어 있는 미작을 폐하고 서투른 면작을 행하는 데 손해가 적지 않을 뿐이 아니라, 셋째 면화가(棉花價)는 국제 시장에 지배되는 것으로 어느 정도까지의 보상안이 있다고 한대도 절대로 일정한 가격 유지를 바라기는 불가능할 것이다. 요컨대 조선미의 일본 이출 저지는 그것이 생산 제한이든지 또 그것이 이출 제한이든지 모두 다 일본 농촌의 구제로 조선 농촌의 손해를 강제하는 데 지나지 않는다. 일본 농촌보다도 더한층 피폐하고 쇠잔한 조선 농촌을 향하여 그와 같은 손해를 강제한다는 것은 너무나 심하다. (…)

〈자료 212〉 면작 증산 대확장, 4억 2,000만 근을 목표, 1934년도(昭和 9)부터 착수

(조선일보, 1934.01.13, 4면 1단)

비상시 일본에 중요한 역할을 하리라고 기대되는 우가키(宇垣) 정책의 제2 과제인 남면북양 계획은 드디어 1934년도(昭和 9)부터 본격적 실행 시대에 들어가는바 그 면작증산계획은 1933년도(昭和 8)부터 착수하였다. 25만 정보, 3억 근 증산을 목표로 하는 10개년계획을 다시 10만 정보 확장하여 35만 정보, 4억 1,000만 근 증산으로 변경하고 예산도 금액이 승인되었으므로 총독부에서는 제1차 계획 개정에 따른 확장 실행안의 철저를 기하기 위하여 가까운 장래에 관계 각 도의 면작 주임관을 소집하여 개정안의 심의를 행하기로 되었다. 예산 총액은 500만 원으로 1개년의 확장비 50만 원을 계상, 지도관의 증원, 지도포, 기타 보호 장려를 주로 하는바 1934년도만은 10만 원으로 차년도에 이월하여 40만 원으로서 증산계획 제2년도 확장비에 충당하고 있다.

〈자료 213〉 10개년계획으로 조선 면화 대증산, 11도 165군 부락에 제1기 장려 실시

(동아일보, 1934.02.03, 4면 1단)

작년 중 조선총독부에서 수립한 면화증산계획의 제1기는 1933년도(昭和 8) 이후 10개년으로 하여 남조선[조선 남부] 6도에 경기, 황해, 평남을 더한 9도를 장려 구역으로 하되 작부 면적 25만 정보에 실면 생산을 3억 근에 도달시켜 놓고 그 후 더욱 계속하여 제2기 계획으로 10개년간 함북을 제한 12도에 장려 구역을 확장하고 작부 면적 50만 정보, 실면 생산고 6억 근을 증가시키기로 기도하였으나 최근의 국제 정세가 변화하였음에 비추어 국내 면화의 증산 계획은 더욱 급하게 되어 총독부에서는 앞에서 기술한 안의 개정에 대하여 고려하고 그 예산을 요구 중이던바 1934년도(昭和 9)에 있어 국비 약 40만이 용인되고 그 개정 요점은 제1기 계획의 목표인 작부 면적 25만 정보를 35만 정보로, 실면 생산고 3억 근을 4억 2,000만 근으로 증가하고 이를 위하여 다음과 같은 시설의 확장을 보게 되었다.

1. 장려 구역의 확장과 장려부(奬勵部)의 증가, 즉 장려 구역 중에 평북, 강원 2도를 더하고 함북, 함남을 제한 11도에 대하여 면작의 적극적 장려를 행한다.
   그러고 현재의 면작 장려군의 112군을 165군으로 증가함.
2. 지도군 증설 장려 지역을 확장하여 37군을 55군으로 하고 도 주재의 산업기수 5인을 증치함.
3. 우량종의 보급 갱신, 품종 개선을 위하여 목포 공장에 육지면의 원종포(原種圃)를 증설하고 나아가 용강에 면작 공장을 신설하여 재래면의 원종포를 설치한 터인데 그 개시는 본년 8월경으로부터 할 예정.

〈자료 214〉 면작 재배의 강제를 반대, 강제 장려가 도리어 폐해, "자급자족 후에 판매"(동아일보, 1934.03.13, 3면 6단)

면작 장려 운동이 급격히 진행되어 장려하는 당국자가 다만 연 몇천만 건 생산한다는 형식적 통계표를 찬란하게 하고자 강제적 장려를 하는 경향이 각 지방에 유행함에 대하여 그러한 형식적 장려 방법을 없애라고 하여 지난 10일 경남도회에서 남해 윤병호 씨가 세밀히 추궁하였다.

강제 장려의 경향은 각 군·면·리에 면작 분량을 얼마씩 지정하여 금년도에는 얼마를 꼭 생산시키라고 하여 생산자는 자기가 생산한 면화가 지정한 양에 부족하면 그 부족량을 고가인 타 도의 것을 사서 제공하는 폐단과 자기가 생산한 면화를 자기가 사용하지 못하고 강제적으로 공동판매를 하게 되어 정신, 물질 양 방면에 큰 손실을 받는 잘못된 방법으로 지도하지 말고 자발적으로 장려하여 자기가 사용하고 남는 것을 자발적으로 판매케 하고 행정 기관을 통한 강제 장려 방법을 철폐하라는 것이다.

당국에서는 절대 강제 장려 판매를 하는 것이 아니라고 하여 작년도에 경남도 내에서 생산된 면화 5,900만 근 중 공동판매한 것은 다만 800만 근이니 숫자적으로 명백하다는 답변을 하고 강제 장려 방법은 금후 주의하겠다고 하였다.

〈자료 215〉 "무조건 면작 재배는 당업자의 생활 위험, 손실은 당국이 책임지는가", 면작의 손실 보상 여하?(동아일보, 1934.03.15, 3면 1단)

10년 전부터 조선 전체를 통하여 산미증식책을 적극 장려하여 그 사업이 아직 완성도 되기 전에 조선미 이입 제한을 하여 조선미의 차별 대우를 하게 되어 조선 농민은 큰 위기에 절박하여 어떻게 할 줄 모르고 헤매는 판에 또 당국에서는 면화의 적극 장려를 시작하여 방직 사업에 원료를 조선서 구하게 되었다. 이 면화장려책도 역시 외국 면화의 가격이 헐해지면 조선 면화는 지금의 미곡 문제와 같은 지경에 달할 것이니 그때에 면화 재배로 손실을 보는 농민에게 국가에서 보장을 해 주지 않고는 무단으로 면작 장려를 하면 농민의 생활은 극도로 위험을 받을 것이니 지금 당국에서는 종래에 산미증식정책을 포기하고 면작 중심 정책으로 전환하였는가, 면화 재배 장려로서 장래에 손실을 당할 농민에게 국가가 보장해 줄 것인가 하여 지난 12일 경남도회에서 김병규 씨가 일대 연설을 하여 당국의 방침을 추궁하였는데 당국에서는 산미증식책은 절대로 포기하지 않는다, 또 면화 재배로 인한 국가 보상은 지금 상태로서는 무어라고 말할 수 없다고 답변하였다.

〈자료 216〉 면작 강제 재배에 대하여, 포항 일 기자(동아일보, 1934.05.03, 5면 1단)

종래에는 면화를 재배하여 자유로 방적도 하고 판매하여 왔으나 소위 산업 장려라는 미명하에 면화를 강제 재배케 해 놓고는 그것을 일본 방적회사의 원료로 만들기 위하여 면화 공동판매란 이름으로 등급, 가격의 공평을 결한 채로 판매하지 않고는 견딜 수 없게 된다. 즉 재배한 면화를 생산자가 자유로 처분하지 못할 뿐 아니라 이익이 없이 방매하게 된다. 영일군 당국에서는 군내 기계면, 신광면, 청하면이 면작지로 적당하다 하여 계 438정보에 경작인 수 3,692명으로서 1,000여 평 재배에 수입이 단 500원에 불과한 사실이 있다 하니 이 어찌 당국의 고려를 요할 바 아니랴.

경험을 쌓은 농민들이 실제 재배하여 보고 경제적으로 불리하여 빈농들의 생활을 보장할 수 없어 반대함에도 불구하고 당국은 자기네 치적만 나타내기 위하여 강제 경작케 함은 비합법적이다. 원래 권업이라는 것은 어느 정도까지 그 시행을 권유할 수 있을지언정 강제 시행하는 것은 불가하다.

이제 그 실례를 든다면 종래에는 소작밭 10여 두락이면 속[조]을 경작하여 다섯, 여섯 가구의 생계를 하여 오던 것이 면화를 재배한다면 속작(粟作) 시의 소작료도 되지 않아 빈농 생활에 큰 위협을 주어 가뜩이나 피폐하여 가는 농촌에 가속도적 몰락을 시키는 것이다. 당국으로 불가피의 정책이라면 손해보상을 하여 주든지 하여 농민 생활의 안도를 꾀함으로써 당국자의 정책 수행에 다할 것이다.

〈자료 217〉 면작이 불량한데 대파(代播), 간작도 불허, 시례, 청천 등지는 전멸 상태로서 일대의 인심은 불안 중(동아일보, 1934.06.23, 5면 2단)

경남 김해군 진영면 지방은 130여 정보에 대한 면화 재배의 성적이 극히 불량하여 그 토지의 소작료도 부족할 형편이므로 일부에서는 갈아엎고 대파 혹은 간작[사이짓기]을 하다가 장려 당국의 고발에 의하여 번농기인 요새에 속속 처분을 당하여 인심은 일대 불안 중에 있다는데 그중에 시례, 청천 방면은 면작이 전멸 상태에 있으나 대작이나 간작도 못하고 빈궁한 농가에 큰 문제라 한다.

〈자료 218〉 면작 증식 난관 봉착, 미국 면 시세의 불안 관계와 1단보 실수 100근 미만으로 당국 장려 방침 변경?(조선일보, 1934.08.24, 6면 1단)

조선총독부의 면화증식계획이 현재 진행 중에 있는 터인데 오늘까지 실적으로 보면 그 계획은 예상한 바와 같이 진전되지 못하고 있다 한다. 그 이유로 들 것은,

(1) 면화 시가가 미국 면화의 시세에 좌우되어 오는데 그 미국 면의 시세가 항상 불안의 염려를 갖도록 동요가 심하다.

(2) 조선 내 면작 실수(實收)가 1단보 120근에 달하면 농가의 수입으로 상당한 이익이 되지만 실제를 보면 단보에 100근 미만의 실수로 채산이 안 된다.

(3) 총독부에서 면작을 거의 강행하는 형편이다. 그러나 반대로 농가는 자발적이 아니라

피동적인 만큼 면작열이 적다.

등의 이유로 총독부의 면작 장려에 비하여 그 실적이 부진케 되는 것이다. 그런데 1단보의 면 실수가 100근 미만에 달하게 되는 이유는 일반 농가가 양토(良土)를 빼어 놓고 좋지 못한 농토에 면작을 하는 것과 품질이 불량한 면을 종자로 삼는 데 있다고 한다. 그러나 오늘에 있어 면작 부진의 근본적 이유로 들 것은 농민을 속박하는 정도의 장려를 할 시대가 이미 지나갔음에도 불구하고 여전히 강행하는 장려를 하는 때문이다. 그러므로 당국에서도 이 점에 비춘 바가 있어 농가의 자발적 면작 증식을 하도록 하고 다만 당국은 지도적 입장에서 장려를 하려는 방침으로 변하게 될 기운 아래 있다고 한다.

〈자료 219〉 수확 일무지(一無地)에 면작을 강제 장려, 실정 모르는 당국 방침(조선일보, 1934.10.31, 5면 3단)

작년부터 남원군 농회 면작계에서는 전 운봉군(운봉) 일대에 면작을 장려하기 시작하였으나 그곳은 유명한 분지로 기후가 면작에 적당치 못하여 작년, 금년 양년 간에는 도무지 설정이 불량하여 수확이 없는 현상임에도 불구하고 내년에도 다시 면작을 하라고 경작지를 선정하고 지주의 승낙서를 받으므로 일반 농민은 불평이 많다고 한다.

〈자료 220〉 다수 농가가 반대하는 면작 강제 장려 통격(痛擊), 경북도회에서 상당히 논란, "면화는 타작물보다 손해"(동아일보, 1935.03.01, 5면 1단)

조선총독부의 남면북양정책의 남면이 현재 개회 중의 경북도회에서 문제가 되어 더한층의 주목을 끌게 한다.

25일과 26일의 회의 석상에서 안동의 김완성, 경주의 최육 양씨로부터 면작 장려가 지금 농촌에 있어 원성의 적이 되어 있다는 것을 일일이 사실을 지적하여 당국의 장려 방침을 고칠 필요가 있지 않느냐 하여 소리를 같이하여 통격하였다.

두 의원이 지적한 면작에 대한 농민의 비난하는 사실은 면작을 경작하게 하기 위하여 얼마 안 가서 결실할 정도의 보리밭을 갈아엎도록 하고야 마는 이 장려에 농민은 한 포기, 한 이랑의 보리가 넘어짐에 따라 가슴을 두드리며 당국을 원망하는 것이라 하였다.

그와 같은 정도에 넘치는 장려를 하는 면작은 이를 다른 농작물과 수익을 비교해 보는 때는 세밀한 계산은 생략하더라도 1단보에 보리, 기타 다른 작물은 16원 30전의 수익이 있고 면작은 이와 반대로 13원 90전의 손실이 있다는 수지 계산까지 열거하였다.

이에 김 산업부장과 다테야마(立山) 농무과장으로부터 면작은 국책이니 장려하여야 되고 수지 계산에 있어는 반드시 손실만이 있다 할 수 없으며 장래에는 유망하다 하고 강제 장려와 같음은 단연히 없으리라 믿는데 만일 있다면 단호한 처치를 하겠다 답변하였다.

〈자료 221〉 면작 지도 위반했다고 팔십 노인을 구타, 함안군 계원의 탈선된 폭행에 사회의 불평 비난 자자(조선일보, 1935.07.16, 2면 2단)

근년 농작 개량 장려 등에 군·면리원들이 일반 농민과 자주 접촉함을 따라 왕왕히 지도하는 사람들이 장려의 정신을 망각하고 폭언, 폭행으로 농민을 대하기 때문에 불상사를 연출함이 비일비재한데 근일 함안군 면작계에서는 금년 봄 면 파종 시에 면화를 심지 않고 콩을 심어 지도규칙에 위반한 사람 20여 명을 호출하여 엄중히 취조를 함에 있어 폭언, 폭행을 감행한 탈선 행동을 한 사실이 있어 일반의 비난이 높다. 그 진상을 조사한 바에 의하면 지난 2일 함안군 가야면 신음리 안온(79), 강상철(34), 안효준(36), 이수장(44), 장학구(32), 안재열(30), 안종해(33), 안남산(40, 여자) 등 칠서면에 거주하는 동지 합 20여 명은 함안군 면작계에 호출을 당하여 갔더니 동 계에서는 한 사람씩 군청 문서 창고 겸 청사진실로 데리고 들어가 계원 일곱이 의자에 둘러앉은 후 그 가운데다가 호출된 사람을 그냥 앉히고 엄중한 취조를 하고 설유하여 보내던 중 호출인 강상철, 안온, 장학구, 이수장 등 4인은 머리와 뺨, 허리를 때리고 차고 하며 이놈의 자식들, 너의 밭에 우리들이 면종(棉種)과 인부를 들여 파종을 하였으니 인부 임금과 종자 대금을 지불하겠다는 승낙서에 도장을 찍으라고 도장을 받은 후 돌려보낸 사실이 세상에 알려지자 일반은 그들 계원이 농작 지도원으로서 본 정신을 망각하고 민풍양속에 탈선된 행동을 하였음에 비난이 높다. 일반은 금후 산업 장려에 그러한 지장이 없도록 요망하고 있다. (…)

〈자료 222〉 면작 강권하는 지도원에 100여 동민이 폭행, 군기수 2명은 현장에서 중상, 주동자 5명은 피검(被檢)(동아일보, 1935.05.09, 5면 1단)

지난 3일 오후 6시 반경 안동군 풍산면 오미동 근처에서 면작 지도원의 강제 면작을 이유 삼아 동민 100여 명이 궐기하여 안동군과 풍산면에서 출장 나간 16명의 지도원에게 폭행을 일으켜 그중 안동군 기수 김호원 외 동 고용 1명은 현장에서 유혈의 상처를 받고 김호원만 즉시 안동도립의원에 입원 치료 중이며 가해자 김학이 외 4명은 동일 안동 경찰에 구금되어 방금 엄중한 취조를 받고 있다 한다.

〈자료 223〉 미작보다 나은 유리(有利) 대작(代作) 없다(동아일보, 1936.04.05, 4면 1단)

산미증식계획 중지에 따른 농업 국면 전환의 방법으로 총독부에서는 지난 1934년(昭和 9), 1935년(昭和 10)에 걸쳐서 수도 대작 조사를 시행하고 면작 외 15작에 대하여 적지(適地) 적산(適産)을 목표로 시험 재배를 행하고 현재 농림국에서 집계 중인데 개요는 단보당 생산고에서 미곡 농업에 비교하면 면작 외 15작물이 모두 실수(實收) 생산액이 낮고 각 도에서 일반적으로 행한 면작도 일반 예상과는 달라서 미작과 대조하는 때는 훨씬 불리한 것이 명백하다. 단 이것은 작년도에 미가가 기록적 등귀를 보인 데 하나의 원인이 있다. 이러한 결과는 머지않아 공표할 예정인데 미작보다 나은 유리한 작물은 전혀 없더라도 조사 결과는 주목시된다.

〈자료 224〉 무럭무럭 발육하는 보리밭을 면작하라고 강제 경작, 1,000여 두락이나 되는 보리밭을, 영일 신광면의 괴상한 처사(동아일보, 1936.04.26, 4면 4단)

경북 영일군 신광면에는 수년 전부터 면화를 강제로 재배시켜 그 면적이 200여 정보에 달한다는데 금년은 더욱 더하여 지도원들이 2~3인씩 작당하여 면 내 냉수, 홍곡, 우각, 죽성, 토성, 상읍, 토정, 안덕, 만석, 반곡의 10동으로 돌아다니며 1,000여 호의 1,000여 두락의 보리밭을 갈아엎고 강제로 면화를 재배시키므로 면 내의 물의가 분분하다는데 이제 그 사실을 조사한 바에 의하면 군농회에서는 총농작지의 3할을 면화를 재배하라 하나 토질이 적당치 않아 생산비도 되지 않으므로 빈농민들에게는 실로 사활 문제가 되어 오던바 금년에는 특히 지난겨울 혹한으로 보리가 많이 얼어 죽어 보리의 흉작을 면치 못하리라 하여 우려하는 중 오래지 않아 이삭이 나오게 될 보리밭을 함부로 갈아엎는 것은 너무나 가혹한 행동이라 하여 비난이 자자하다고 한다.

〈자료 225〉 면작 강제와 민원, 포항 일 기자(동아일보, 1936.05.16, 4면 1단)

영일군 신광면에는 면작 지도원이 수인씩 대오를 지어서 각 촌락으로 순회하며 봄비에 푸르러 무럭무럭 자라나는 보리밭을 사정없이 갈아엎고 심지어 농민을 구타하는 등 행패가 막심하다 민원이 창천하다.

무릇 권업이라 함은 항상 그 시대에 순응하고 그 민도에 적합하여야 할 것이고 그 행사는 오로지 민의에 기인하여 언제든지 다수 민중의 의사를 존중하고 민중에게 이익을 주도록 하여야 할 것이다. 그렇지 않으면 그 권업 자체에 이상에 있어서는 극치에 이르렀다 할지라도 그 실제에 있어서는 모순 당착의 과오를 면하지 못할 것이오, 실제와는 다소 부합되는 점이 있다 할지라도 그것이 민의에 벗어나서 민중이 반대한다면 역시 권업의 가치를 인정할 수 없다. 권업이라는 것은 산업의 개량 발달을 일반 농민에게 장려할 수 있을지언정 결코 강제로 시행시키지는 못할 것이나. 만일 강제 행동을 취한다면 그것은 탈선 행동이다. (…)

이와 같이 농민의 이해가 명약관화함에도 불구하고 강제로 경작 면적의 3할 이상은 강제 면작을 시키는데 현재와 같이 농촌 피폐가 극도에 달하여 매년 유이민이 격증하는데 더욱이 금년은 과동혹한(過冬酷寒)으로 많이 고사하여 보리의 흉년을 면하기 어려우리라 우려하는데 1,000여 호의 생명의 양식인 1,000여 두락의 보리밭을 갈아엎고 강제로 면작을 시키는 것은 아무리 백보 양보하여 선의로 해석한다 할지라도 악정이라 아니 할 수 없다.

민중의 이해 관계, 민의의 적합 여부는 우리 안중에 둘 바 아니다. 다만 상사의 명령이니까 시행할 것뿐이오, 그렇지 않으면 성적이 불량하여 상사에 대한 면목이 서지 않으니 강제로라도 하지 않을 수 없다. 이것은 조선이 아니고는 볼 수 없는 권업정책일 것이다.

위정자는 항상 민중이라는 것을 염두에 두지 않으면 안 될 것이다. 이번 신광면의 지시기 군농회 당국자들이 털끝만큼이라도 민의라는 것을 전제하였던들 어찌 금일과 같은 행동이 있었을 것인가? (…)

② 잡지 기사를 통해 본 면화증산정책과 조선인의 반발

〈자료 226〉 조선 경제의 현 단계론(白南雲, 개조 16권 5호, 1934.4)[17]

(…)

8. 일본의 국책에 의한 자급자족계획

조선 경제의 현 단계에 있어서 제3의 특징으로서 국책적 자급자족계획을 지적할 수 있다. 일본의 제국주의적 식량정책에 의한 산미증식계획의 자기 모순은 별도로 해도, 더욱이 일본의 섬유 공업에 대한 원료 자족책으로서 나타난 면화 및 아마의 증산계획은 그 현저한 예이다. 이는 반도에 있어서 일본 방적 자본의 약진이며, 극동 블록 경제의 새로운 비중이지 않으면 안 된다. 즉 면방적 공업은 일본 산업의 수위를 점하는데, 그 원료인 면화의 생산은 거의 없어 매년 수억 원의 원면을 미국, 인도, 중국으로부터 수입해 오는 현상이다. 일본에서 면화 소비고는 전 세계의 그것의 12%인 데 대하여 그 생산고는 세계 총생산액의 겨우 0.5%에 불과하다. 더구나 그것은 조선산 면화이다. 세계 공황의 발전 과정이 국제 정치의 정세를 더욱 급박하게 하는 현 단계에 있어서 일본의 면업 자본가가 미면[미국 면] 및 인면[인도 면]에만 의지하는 것은 죽음을 기다리는 것이다. 또 면포의 판매 시장으로부터 보아도 일·영 면업의 불균등 발전의 결과는 일·영의 경쟁을 더욱 격화시켜 정치적 항쟁의 가운데에 있다. 그리고 인도, 중국, 아프리카 시장은 영국 면업 자본의 세력 및 민족적 동향 때문에 결코 낙관할 수 없는 정세이다. 즉 원료 및 판매 시장의 독점이 없는 한 일본 면업 자본의 기초는 생각 외로 빈약한 것이다. 이에 원면의 자급자족으로서 조선 면화의 증산계획이 수립된 것이다.

면화증산계획이란 것은 육지면의 작부 면적을 1933년부터 제10개년간에 35만 정보로 확대시켜 그 생산고는 4억 2,000만 근으로 예상되고 있다. 그런데 그 산면(産綿)의 처분 계획에 의하면 자가소비량은 10개년간에 걸쳐 매년 1억 근으로 고정되어 있고 그 판매 예상고는 체증하여 제10년째에는 3억 2,000만 근에 달할 계획이다. 그 자가소비량을 고정시킨 것은 조선 인구의 증가 및 의복 원료의 필수 관계 등을 완전히 무시한 것으로 된다. 이에 판매 예상고가 체증되는 것은 단순한 예상이 아니라 공동판매의 방법에 의한 합리적 수탈을 전제로 하기 때문에 떼어 낼 수는 없다. 그리고 그 공동판매는 도지사가 지정하는 장소에서 그 지정 상인에게 판매하는 특수 조직으로서 자유판매를 단속하는 것이다. 이러한 지정판매 조직에 의해 조

17 백남운, 1991, 「조선 경제의 현 단계론」, 『백남운 전집 4: 휘편』, 이론과실천, 110-111쪽에서 재인용.

선산 면의 대부분은 좋든 싫든 공동판매로 출회하게 되는데, 그 지정판매 가격의 산정 방법에 의하면 이 공동판매의 마술성이 더욱 명백해진다. 즉 대만에서 미면 스트릭 미들링(strick middling)의 현물 100근 상당으로써 표준 가격으로 하고 여기에서 실면 100근의 조임(繰賃) 및 조면 100근의 이출 비용을 제한 잔액으로 소위 매수인 공장 가격이란 것을 산정하고 여기에서 다시 공동판매소로부터 그 공장까지의 화물 운반비 및 면작조합 내지는 군농회의 소위 판매 수수료 등을 공제한 잔액으로써 공동판매소에 있어서 실제의 거래 가격으로 되는 것이다.

다음에 아마재배10개년계획이란 것은 홋카이도에서 대신할 아마 재배지로서 북선[조선 북부] 개척 구역을 뽑아 1934년 이래 10개년간 작부 면적을 6,000정보로 확대하여 2,400만 근의 총수량을 예정한 것이며, 그 제조 공장 10개소도 설치하게 된다. 이는 야쓰다(安田)계 제국제마회사(帝國製麻會社)의 진출인데 48만 5,000여 원의 보조금까지 교부받아 원료의 재배와 함께 제사공업을 겸행하는 바의 중요 계획이다. 그리고 이 아마는 그 일반적 용도는 물론 군수품으로서 없으면 안 되는 것이며 특히 비행기의 낙하산, 그 봉사(縫絲), 소방용 호스 등 군용 특수품이다. 이같이 전시 경제와 인연이 깊은 아마 재배가 홋카이도로부터 북선 지방으로 이식된 이유는 그쪽의 미작 증가를 위해 아마 재배 면적이 감소하고 있는 정세에 있는 것 같지만 실은 일본의 국책에 의한 군수품의 자급자족 강화 때문일 것이다. 이와 같이 하여 소위 남면북마(南綿北麻)는 일본의 방적 원료의 자급자족 정책에 의한 획일적 계획으로 조선 밭농사의 생산 형태를 단순화시킬 것이다. 이러한 획일적 재배 계획의 확대와 함께 조선 농민의 일본 방적 자본으로의 예속화가 현 단계의 새로운 특징으로서 나타날 것이다. (…)

(2) 면화증산정책 내용

① 1920년대 면작장려계획

〈자료 227〉 제2기 면작장려계획(日滿棉花協會朝鮮支部, 1937, 「第二期棉作奬勵計劃」, 『朝鮮の棉花事情』, 205~221쪽)

앞 설저럼 면작장려 제1기 계획은 1918년(大正 7)에 대략 완료될 수 있었다. 하지만 그것의 생산액을 본방[일본] 수요액에 비교할 때에는, 아직 겨우 그것의 일부 부분을 충당하는 데에 불과하다. 또한 조선의 제반 사정을 고려하고 조사하면 오히려 면작 확장 여지가 심히 많다. 본방 방적 공업의 앞길을 위하여 영역 내의 유일한 면화 생산지로서 한층 이것의 재배의 확장과 생산의 증가를 도모하여 면화 자급의 일단에 기여할 필요가 더욱 간절한 바가 있다. 이것에 비추어 총독부는 다시 면작장려 제2기 계획을 수립하고 바로 이의 실행에 착수했다. 즉, 1919년(大正 8) 이후 10개년을 1기로 하였기 때문에, 장래의 면작 발달이 과연 어떠한 정도에 도달할 수 있을지 그것의 정확한 추정을 내리기는 곤란하다. 하지만 식량의 자급에 지장을 초래하지 않는 한도 내에서 면작에 적합한 숙전(熟田)에 재배를 장려했다. 나아가 적당한 산록의 완경사지 또는 초생지(草生地)를 개간 이용했다. 또한 매년 한해를 입는 등의 경우는 용수 부족 논의 지목 변환을 행했다. 이리하여 전라남북, 경상남북, 충청남북 6도에는 주로 육지면을, 경기, 황해, 평안남북 4도에는 전적으로 재래면을 경작하게 하는 것으로 했다. 장려상 일단의 노력을 더하는 때에는 금후 10년을 기해 작부 면적에서 육지면 10만 정보, 재래면 3만 5,000정보, 계 13만 5,000정보를 확장하여, 총면적을 25만 정보에 달하게 할 수 있을 것이다. 또한 한편 재배법의 개량을 도모하는 때에는, 그 생산 면화가 대략 2억 5,000만 근에 달하게 함도 그다지 곤란하지 않음을 인정하여, 위의 추정에 기해 다음의 방법에 따라서 이것의 달성을 기하는 것으로 했다.

즉, 시설 계획의 주된 바를 당시 계획서에서 초록(抄錄)하자면 다음과 같다.

(A) 계획 사항

1. 면작 면적 확장을 도모할 것

조선에서 면작 적지(適地)라고 인정할 만한 지방의 숙전 면적은 202만 4,658정보, 개간 이용 가능한 미간지 면적은 47만 160정보, 한발논은 25만 2,044정보를 헤아리므로, 면작 확장 여지는 심히 많은 듯하다. 그럼에도 불구하고 물론 모두 면화를 재배케 하여 식량 자급을 위태롭게 할 수는 없을 뿐만 아니라, 육지면은 농민에게 신규 작물이므로 이의 재배 장려가 용이한 일은 아니다. 이에 더해 개간지, 지목 변환 등처럼 특별한 비용을 요할 만한 방법에 대해서는 재력이 부족한 조선 농가에 대해 기대할 바가 많지 않기에, 위 면작 적지 중 금후 10개년에 확실히 확장이 가능하다고 인정된 면적을, 숙전에서 작부하는 것 9만 7,000정보, 미간지에 의하는 것 2만 7,000정보, 한발논의 지목 변환에 의하는 것 1만 1,000정보, 합계 13만 5,000정보로 계산했다. 그러한 계산의 기초는 다음과 같다.

(1) 숙전에서의 면작의 확장

숙전 [면작] 확장 가능 면적의 추정은, 육지면의 경우에는 제1기 계획을 통하여 이미 충분한 확장이 이루어졌다고 인정할 전라남도 몇 군의 숙전 총면적에 대한 면작 면적 비율을 표준으로 삼았다. 숙전 확장 가능 면적의 추정은, 육지면을 장려해야 하는 남선[조선 남부] 6도 중 각 군에 대하여 그 지세 및 기후, 풍토를 고려해 10년 후의 숙전 총면적에 대한 면작 면적 비율(군별로 많게는 6할에서, 적게는 5푼에 이르는 평균 2할 3푼)을 추정하고, 이에 따라 추정 계산해 정했다.

재래면의 확장 가능 면적의 추정은, 경북, 충북 2도의 경우에는 기후와 풍토가 육지면에 적합하지 않은 북방 몇 군에서, 경기, 황해, 평남북 4도의 경우에는 종래 재래면의 적합지로 인정되는 지방 또는 인정할 수 있는 지방을 중심으로, 생산 면화 반출의 편부(便否)도 고려하여 각 도에 대하여 적당한 몇 군을 선정하고, 그곳 지방의 각종 사정을 각각 참작하여 10년 후 숙전에 대한 면작 면적의 비율(많게는 3할에서 적게는 5할, 평균 1할 2푼 5리)을 추정해 정했다.

강원도, 함경남북도에 대해서는 풍토 및 운반의 관계상 당분간 면작의 장려를 하지 않고, 위에 의하여 계산한 숙전 면작 확장 가능 면적은 다음과 같다.

숙전 면적 2,024,658정보 중

육지면 확장 가능 면적 64,000정보

재래면 확장 가능 면적 33,000정보

(2) 임야 미간지 개간에 의한 면작 확장

임야 미간지를 개간하여 면작의 확장을 할 수 있는 면적에 관해서는 어떤 기댈 만한 기본적 소사도 없지만, 지금 조선에서 산록 완경사지 470만 정보 중 1할은 개간 이용할 수 있는 면적으로 추정했다. 위 개간 예상 면적 중 면화의 재배를 할 수 있는 비율에 대해서는 면작에 가장 알맞은 전라남도에서 1할로 추정했다. 이를 표준으로 하여 각 도 기후, 풍토, 농민의 재력 및 노력 등을 참작하여, 경상남도를 9푼, 경상북도를 8푼으로 했다. 기타 각 도 사정을 참작해 그것의 비율을 추정하고 개간 이용 면적을 정한 바는 다음과 같다.

개간 이용 가능 면적 470,160정보 중
면작에 이용할 수 있는 면적 27,000정보

(3) 한발논 지목 변환에 의한 면작 확장

조선의 현재의 논 중 약 7할은 관개수가 불충분한 소위 천수답(天水畓)이다. 이들 천수답 중에서 현미 수량 5두 내지 6두를 내지 못하는 경우, 가령 미가가 1석 15원이라 해도 1단보의 총수입이 8~9원에 불과한 것으로 계산된다. 이들 논에 대해서는 수리의 개선이 실행되지 않는다고 보면, 기후, 풍토 및 지세가 적합한 한에서 미작을 폐하고, 지목 변환을 통해 면작을 행하게 하는 편이 유리한 경우가 적지 않을 것이다. 그렇지만 각각의 천수답에 대하여 구체적인 조사 자료가 없다. 따라서 천수답의 면작 확장 면적을 추정하기 곤란하다. 하지만 임야 미간지 이용과 마찬가지로 그곳 지방의 각종 사정을 참작해, 전라남도 같은 경우에는 풍토가 면작에 가장 적합하고 논 면적도 많으므로, 가까운 장래에 수리 개선의 전망 없는 한발논의 1할에 대하여 지목 변환을 하여 면작을 행하게 하기가 그리 어려운 일은 아니라고 인정했다. 경상남북도는 그것의 비율을 반감하여 5푼으로 했다. 전라북도는 그것의 비율을 더욱 줄여 2푼 5리로 하였고, 충청남도는 1푼으로 했다. 충청북도 및 기타 도는 원래 논 면적이 적으므로, 천수답을 면작에 이용하는 것을 보류하기로 하여, 결국 한발논 이용 면적을 결정한 바는 다음과 같다.

가까운 장래에 개량의 전망이 없는 한발논 면적 252,044.1정보
지목 변환을 하여 면작에 이용할 수 있는 예정 면적 11,000.00정보
(…)

2. 재배법의 개량을 촉진하여 단보당 수량의 증가를 도모할 것

조선의 면화는 종래의 관습에 의한 조방적인 재배법을 하는 경우가 많다. 따라서 그것의 단보당 수량이 적으며, 1917년(大正 6) 현재 평균 단보당 수량은 육지면의 경우에는 85근, 재

래면의 경우에는 53근에 불과하다. 따라서 장래에 종자, 시비 및 재배법의 개선을 독려하여 단보당 수량의 증가를 꾀하고, 금후 10년을 기해 육지면의 경우에는 최적지에서는 120근, 기타 지방 같은 경우에는 90근, 평균 단보당 수량 95근에 달하게 하고자 한다.

3. 종자의 갱신을 행하여 면화의 퇴화를 방지할 것

육지면 종자를 조선에서 처음으로 수입한 이후로 14년의 세월이 지났다. 따라서 그러한 종자가 조선의 풍토에 적절하게 순화되어 채종(採種)과 보존이 적절한 경우는 더욱 적절하고 좋은 종자가 된다. 그럼에도 불구하고 재배법이 오히려 유치한 농가에서 재배되고 채종되면, 조면업자가 자신의 채산상 우량 면과 열등 면을 섞어 조면하는 등의 문제로 인하여 종자가 현저하게 퇴화한 바가 많다. 그런 결과 시장에 나오는 생산 면화는 섬유 불량이 되어, 조면 비율이 현저히 낮은 경우가 많다. 따라서 이들 퇴화한 불량 종자를 갱신하기 위한 목적으로 권업모범장 목포 면작지장과 그것의 최적지 전라남도, 경상남도에서 원종포(原種圃)를 설치하고, 수입한 순량(馴良) 종자를 재배케 했다. 각 도에는 군 채종포(採種圃) 및 면 채종포를 설치하여, 원종포 생산 종자는 먼저 군 채종포가 재배하게 하고, 다음 해 다시 면 채종포에 재배하게 하며, 면 채종포의 생산 종자를 일반 농가의 생산 종자와 교환하게 하려 한다. 종자 갱신은 7년에 1회 하는 계획으로 한다.

(B) 면작 장려 시설

조선의 면작 장려 제1기 확장은 지방 당국자의 노력, 최근 수년간의 면가 호황에 의하여 상당한 성적을 거둘 수 있었다. 하지만 원래 조선의 면작 확장은 전술한 것처럼 여러 가지 곤란한 사정이 있었기 때문에, 금후 제2기 계획이 확실한 성적을 거두기 위해서는 현재의 장려 시설 규모를 충실하게 하여 적어도 다음 방법에 따라 극력 장려할 필요가 있다. 특히 면화 가격이 하락하는 경우에는 더욱더 시설 확장을 요할 것이다.

1. 도 기술원 배치

새로 면작 장려를 할 수 있는 각 도에 면작 지도 장려에 종사하게 할 수 있는 도 기수 1명씩을 배치하려 한다. 또한 밭 면적에 대한 면작 면적 비율이 높으며 확장이 비교적 곤란할 뿐만 아니라 새로 개간지 및 한발논 이용을 장려할 수 있는 전라남도, 경상남도에는 현재 원외로 또한 1명의 도 기수를 증원하려 한다.

2. 군 기술원 급여 및 여비 보조

종래 각 도에는 경비가 허하는 한에서 지방비나 조합비로 군 면작기술원을 설치하고, 농민에 대하여 지도, 장려를 해 왔다. 하지만 1919년도(大正 8)부터는 면작 확장, 개간지 및 한발논 이용 장려에 일단의 노력이 필요할 뿐만 아니라, 재배법 개량을 촉진해 면화의 증수를 도모할 필요가 있기에, 각 군 면작기술원이 필요하다. 그런데 지방비 지출이 곤란함을 인정하여, 이들 소요 경비의 일부를 국고에서 지변(支辨)하여 이것의 충실을 기하려 한다.

3. 면작조합의 설치 및 조합비 보조

면작 장려에 관하여서는 면작조합의 활동이 필요한지는 말할 것도 없는 바로, 장래 면작 장려 지역에는 현재의 면작조합의 제도를 통일하고 개선하여, 군을 구역으로 하는 면작조합을 조직시키고, 관청의 장려와 상응해 다음의 사항을 실행하게 하려 한다. 하지만 그것의 경비가 상당히 다액에 이르고, 면작조합비로는 도저히 완전히 사업을 수행하기 곤란함을 인정하여, 이들 소요 경비의 일부를 보조하려 한다.

면작조합으로 하여 하게 해야 하는 주된 사항

(1) 면작에 필요한 종자의 공동 채종 및 종자 보존
(2) 면작 개량 지도
(3) 개간 및 지목 변환 토지 개량 지도, 장려
(4) 면화 공동판매
(5) 면작 모범작포 설치
(6) 종자갱신계획에 기초한 군·면 채종포 설치 및 채종 지도, 감독
(7) 비료, 농구, 기타 필요품의 공동구입 알선
(8) 전작(前作) 보리의 적종(適種) 종자 교환 배부 알선

(9) 품평회, 강화회 개최

4. 면 종자 배부

신규 재배자에 대해서는 소요 종자를 현품으로 급여하고, 다음 해 생산한 종자로 이를 반환하게 하며, 또한 신규 재배자에게 급여할 종자로 충당하려 한다.

5. 개간, 지목 변환에 대한 보조

개간에 의한 면작 확장 장려는 신규 사업에 속해 성적을 거두는 데에는 용이치 않으며, 특히 신간지(新墾地)에서는 상당히 다량의 시비를 요함에도 불구하고, 수년간은 상당한 수확을 얻게 하기 어렵다. 따라서 상당한 시비를 하게 해야 한다. 그런데 이것을 지주와 소작인에게 강요하기는 어렵기 때문에, 상당한 수확을 거두기까지는 해마다 비료를 보조함으로써 토지 개량을 하게 해야만 하고, 한발논의 지목을 전환하여 면작을 하는 경우는 이에 대해 토지 개량의 도목공사를 하게 해야만 한다. 이에 대해 보조금을 교부할 필요가 있다.

6. 권업모범장 면작지장의 확장 및 서선지장에서 면작 시험 기관 신설

(1) 면작 제2기 계획 실행에 따라 목포 면작지장 시설을 확장하고 다음의 사항을 하려 한다.

(a) 신개간지, 한발논 및 간석지의 이용 시험을 하기 위하여 시험 재배 밭을 확장할 것.

(b) 육지면 종자의 순계(純系) 선택을 하여 우량 품종을 선출(選出)하고자 시험 재배 밭을 확장할 것.

(c) 각 도에 배치할 적당한 면작기술원을 양성하기 위해 매년 10명씩의 선습생을 수용하고 1개년간 면작에 관한 학리 및 실지의 기술을 연습하게 할 것.

(d) 전 2항 특히 육종 사업에 대하여 기수 1명, 조수 1명을 증원할 것.

(e) 제2기 계획은 재래면도 장려함에 따라 재래면에 관한 재배 시험을 하기 위하여 평안남도 용강군 지방에 면작 시험 기관을 신설하려 한다.

위에서 서술한 계획에 기초해 제반 장려 시설에 경주하여 목적을 달성하기 위해서 노력하는 이외에, 1920년(大正 9)에는 평안남도 용강에서 권업모범장 목포지장의 출장소를 신설하고, 전적으로 재래면에 관한 시험 조사를 행하게 했다. 나아가 1923년도(大正 11)부터는 지도리동(指導里洞)을 신설해, 집약 재배의 보급 촉진에 기여하게 하는 등 주의하여 계획을 수행함에 힘썼다. 하지만 1920년 및 1921년(大正 10)은 세계적 재계 공황에 따른 면업계 부진에 의하여 면화의 가격이 저락하고 면화의 이익이 일시적으로 감퇴되었다. 따라서 농민 중 면작을 주저하는 자가 있어 작부 면적의 확장이 지지부진한 지방이 있기는 했지만, 1922년(大正 11) 이래 면화 가격이 점차 정상적인 상태로 회복했다. 특히 1924년(大正 13)에는 남선[조선 남부] 지방이 희유의 한발로 인하여 각종 농작물 모두 현저히 감수하였지만, 오로지 면화만은 농작이 이뤄지고 가격 또한 상당한 고가를 유지하게 됨에 따라 농가가 이것의 재배를 희망하는 자가 많았기에 1925년(大正 14)에는 작부 면적을 현저히 증가하는 것이 가능했다. 그런데 다음 해 1926년(大正 15)에는 면가가 폭락했으므로, 1927년(昭和 2)에는 예상한 확장을 할 수 없었지만, 다행히 동년 가격이 이전의 수준을 회복하였으며, 1928년(昭和 3) 다른 각종 작물이 한발로 인하여 감수를 봤음에도 불구하고 면화는 도리어 풍작을 보이는 등에 의해 이후 대체로 순조로운 발전을 나타냈다.

이리하여 계획 최종년인 1928년(昭和 3)의 작부 면적은 육지면 13만 7,600여 정보, 재래면 6만 6,700여 정보, 합계 20만 5,300정보에 달하였고, 이것의 생산고는 1억 7,000만 근을 초과함에 이르렀다. 이를 계획 당초와 비교하면 모두 현저하게 많은 증가를 보였다. 다만 기정 계획에 비하면 작부 면적에서 2할여, 생산고에서는 3할여의 부족을 보였기 때문에, 1929년(昭和 4) 이후에는 기왕의 실적에 비추어 보아 작부 면적의 적극적 확장을 중지하고 오로지 집약 재배 보급만 장려하여 단보당 수량의 증가를 꾀했다. 이로써 면화 재배의 건전한 발달을 기하게 되었다. 그런데 1931년(昭和 6) 미(米), 면(綿)의 이상한 풍작과 일반 재계 불황의 결과로 면가가 폭락해 과거 30년 이래 미증유의 저가를 나타내고, 미가와 견가(繭價)의 폭락에 맞추어 농가의 타격이 심히 심혹한 바가 있었다. 이로 인해 기왕에 순조로운 발전을 이루어 온 면작도 하나의 좌절을 초래할 우려가 있음에 이르러, 극력 면화 판매의 독려를 하는 한편 다음 연도 작부 면적 유지에 관하여 여러 가지 대책을 강구했다. 하지만 동년은 작황 또한 희유의 흉년이었기 때문에, 1932년(昭和 7)에는 작부 면적이 격감하는 데에 이르렀다. 하지만 동년은 기후 극히 적절하고 순조로워 드물게 보게 되는 풍작을 나타냈다. 가격도 또한 앙등해 농가 경제를 윤택하게 하는 바가 적지 않았기 때문에, 농가 면작열(棉作熱)이 크게 흥하였고, 마침 1933년(昭和 8) 당국의 적극적 면화증산계획 수립과 맞추어 이후 극히 순조로운 진전을 보이고 있다.

(…)

제2기 계획의 면작 장려비는 국고에서, 도 지방비에 대하여 군 기술원 설치비 보조, 면작 확장용 종자대 보조, 종자 갱신비 보조, 지도리동 설치비 보조를 합하여, 매년 26만 6,433원의 보조금을 교부하고 계획의 수행에 힘썼다. 하지만 1925년도(大正 14)부터는 재정 정리 결과 이들 보조금의 2할을 삭감키로 되었다. 그 후 1927년도(昭和 2) 단보당 수량 증가를 촉진하게 하기 위해, 지도리동 100개 분의 보조금 2만 6,500원을 증액 계상하고, 이후 매년 23만 9,647원의 보조금을 교부하여 왔다. 그런데 제2기 계획은 1928년(昭和 3)으로 일단 종료되었으며, 재정의 상황에 따라서 1929년(昭和 4) 이후는 확장용 종자대 보조를 전폐하는 이외에 기타의 비목에 대해서도 다수 삭감했다. 1929년도는 17만 6,500원, 1930년도(昭和 5)는 17만 6,000원, 1931년도(昭和 6)는 14만 6,994원을 보조했다. 그런데 다음 해 1932년도(昭和 7)에는 나아가 재정 정리의 결과 대절감이 더해져서 군 기술원 설치비 보조 5만 7,000원을 제외한 외에는 전부 삭감되어 조선 면화계에 일말의 암영(暗影)을 드리우는 데에 이르렀다. 하지만 다음 해 1933년도(昭和 8)에는 궁핍한 농가 경제 향상과 대외무역의 현상에 비추어 보아, 다시 신규 면화증산계획을 실시함에 이르렀고 보조금도 단번에 현저히 증가함에 이르렀다.

② 1930년대 조선면화증산계획 실시와 개정

〈자료 228〉 현행 면화증산계획(日滿棉花協會朝鮮支部, 1937, 「現行棉花增産計畫」, 『朝鮮の棉花事情』, 221~238쪽)

조선의 면작 장려는 1912년(大正 1) 이래 제1기 계획 및 제2기 계획을 거쳐서 1932년(昭和 7)에 이르렀다. 그러한 사이에 여러 가지 곡절을 거쳐서 때때로 일진일퇴를 보년하시 못하였지만, 대체로는 순조로운 발전을 이루어 상당한 고율로 진전해 왔다. 하지만 또한 조선의 제반 사정을 고찰한다면 재배 면적에 오히려 확장의 여지가 심히 많고 단위 면적 수량 또한 증가할 여지가 적지 않아, 당국은 최근의 농가의 궁상과 국내 면화 자급의 대국에 비추어 새로이 적극적 면화증산계획을 수립하여 1933년(昭和 8) 이후에 이것의 실행에 착수하게 되는 데에 이르렀다.

즉 근년 농촌의 피폐는 더욱 정도를 더하려 하는 추세에 있다. 그것의 원인은 여러 가지 사항을 헤아릴 테지만, 그중 농업 경영이 단순하고 탄력성이 결여된 것, 경제 작물이 부족해 현금 수입이 심히 과소한 것 등이 주된 원인을 이룸은 가릴 수가 없는 사실이다. 이를 개선, 광구(匡救)할 한 가지 수단으로서 면화의 재배는 극히 유효, 적절한 것이다. 한편 최근 본방[일본] 면사 방적 공업은 세계가 경이할 발달을 이루어, 원면 소비량이 실로 13억 근을 넘어섰다. 그럼에도 불구하고 그것의 거의 전부를 모두 해외의 공급에 의존하여, 매년 5.7억의 정화(正貨)[18]를 유실해 수입 초과의 원인이 되었다. 나아가 면화는 군수품으로 필요가 부족해서는 안 된다. 이러한 점 등에 비추어 제국[일본] 판도 내에서 유일한 면화 생산지인 조선에서 이것의 증산 장려를 하는 것은, 한편으로는 농가 경제 향상에 기여하고 한편으로는 수입 면화의 일부분이라도 자급할 수 있어 국제 대차 개선에 기여하는 바가 된다. 나아가서는 군수상 필수의 자원을 공급하는 등 그것이 초래할 이익은 진실로 막대한 바가 있다.

즉 위에서 서술한 바에 비추어 금후 20개년을 기하여 작부 면적 50만 정보, 생산고 실면 6억 근에 달하게 함을 목표로 하고, 이것의 실시를 2기로 나누어 우선 제2기 계획으로 1933년 이후 10개년간에 장려 구역 경기, 충남북, 전남북, 황해, 평남 9도에 대하여 작부 면적 25만 정보, 실면 생산고 3억 근을 목표로 하는 면화증산계획이 수립된 것이다.

지금 계획의 골자가 되는 바를 개략적으로 기술하자면 다음과 같다.

1. 목적: 농업 경영 합리화를 목적으로 다각형 농업 조직 중에 면화 재배를 더함으로써 농가 수익 증진을 기도하는 동시에 정화 유실 방지에 기여하려 한다.
2. 방침: 집약 재배의 지도 장려에 의한 단보당 수량 증가를 제1의로 하고 작부 면적에 대해서는 단보당 수량 증가에 따른 필연적 증가를 기하려 한다.
3. 목표: 단보당 수량 실면 120근(조면 40근)

18 원문: 正質.

작부 면적 25만 정보

총생산고 3억 근(조면 1억 근)

4. 기간: 1933년(昭和 8) 이후 10개년

5. 장려 구역: 경기, 충북, 충남, 전북, 전남, 경북, 경남, 황해, 평남 9개 도로 한다.

6. 시설 사항

(1) 산업기사 설치비 보조

면작 장려 9도에 대하여 산업기사 1명씩을 설치하게 하고 이에 대해 1인당 2,400원을 국고에서 보조한다.

(2) 군 주재 산업기수 설치비 보조

면작 장려군(1931년(昭和 6) 현재의 면작 면적 350정보 이상의 군) 112군에 대하여 산업기수 각 1명씩, 계 112명(현재 100명이 설치되어 있으므로 12명 증가)을 설치하게 하고, 이에 대해 1명당 1,000원을 국고에서 보조한다.

(3) 지도군에 대한 장려 시설비 보조

면작 장려군 123개 군 중 그 1/3을 지도군으로 하고 특히 농후한 지도 장려를 더하는 것으로 하고, 이것의 장려 시설비로서 1군당 4,300원을 3개년간 계속 보조한다.

또한 지도군은 4년째마다 이를 다른 군으로 이동해 9개년간 전 군을 한 바퀴 도는 것으로 한다.

(4) 지도군 이동 후 군에 대한 시설비 보조

지도군으로서의 특별 농후 지도를 마친 군에 대해 지도 기간에 지도 결과를 유지하게 하기 위해 이에 대해 매년 1,000원을 보조한다.

면작 단보당 도별 예정표

<table>
<tr><th rowspan="2">종별</th><th rowspan="2">도별</th><th>1931년 현재</th><th colspan="2">1931년 현재</th><th colspan="2">계획 완료 후</th><th rowspan="2">확장 예정 면적(정보)</th></tr>
<tr><th>밭 면적(정보)</th><th>면작 면적 (정보)</th><th>대(對)밭 면적 비율</th><th>면작 면적 (정보)</th><th>대(對)밭 면적 비율</th></tr>
<tr><td rowspan="7">육지면</td><td>충청북도</td><td>87,000</td><td>11,736</td><td>0.14</td><td>14,000</td><td>0.16</td><td>2,264</td></tr>
<tr><td>충청남도</td><td>83,000</td><td>10,254</td><td>0.12</td><td>12,000</td><td>0.14</td><td>1,746</td></tr>
<tr><td>전라북도</td><td>67,000</td><td>8,279</td><td>0.12</td><td>9,000</td><td>0.12</td><td>721</td></tr>
<tr><td>전라남도</td><td>200,000</td><td>53,327</td><td>0.27</td><td>55,000</td><td>0.28</td><td>1,673</td></tr>
<tr><td>경상북도</td><td>190,000</td><td>24,253</td><td>0.13</td><td>30,000</td><td>0.16</td><td>5,747</td></tr>
<tr><td>경상남도</td><td>103,000</td><td>22,905</td><td>0.22</td><td>25,000</td><td>0.25</td><td>2,095</td></tr>
<tr><td>계</td><td>730,000</td><td>130,754</td><td>0.18</td><td>145,000</td><td>0.20</td><td>14,246</td></tr>
<tr><td rowspan="4">재래면</td><td>경기도</td><td>183,000</td><td>3,433</td><td>0.02</td><td>18,000</td><td>0.10</td><td>14,567</td></tr>
<tr><td>황해도</td><td>410,000</td><td>13,827</td><td>0.03</td><td>49,000</td><td>0.12</td><td>35,173</td></tr>
<tr><td>평안남도</td><td>322,000</td><td>31,079</td><td>0.10</td><td>38,000</td><td>0.12</td><td>6,921</td></tr>
<tr><td>계</td><td>915,000</td><td>48,339</td><td>0.05</td><td>105,000</td><td>0.12</td><td>56,661</td></tr>
<tr><td colspan="2">합계</td><td>1,645,000</td><td>179,093</td><td>0.11</td><td>250,000</td><td>0.17</td><td>70,907</td></tr>
</table>

이에 의해 1933년(昭和 8) 계획의 제1년을 실시하였지만, 그런 후의 각종 상황과 형세의 변화는 국내 면화 증산의 필요가 또한 한층 간절한 정도를 더함에 비추어 다음 1934년(昭和 9) 계획을 확충해 1942년(昭和 17)에 이르는 제1기 장려 기간 목표를 재배 면적 35만 정보, 실면 생산고 4억 2,000만 근으로 증대하고, 이것의 달성을 기하기 위하여 다음처럼 시설의 확충을 하는 데에 이르렀다.

1. 장려 구역 확장 및 장려군의 추가

제1기 계획의 장려 구역 중에 평북, 강원 2도를 더하고, 함남북을 제외한 11개 도에 대하여 면작의 적극적 장려를 하는 것으로 하고, 또한 1933년(昭和 8) 면작 장려 군 112개 군을 1934년(昭和 9)부터 165군으로 증가시킨다.

2. 지도군의 증설

장려 구역 확장에 따라서 지도군을 증설한다.

3. 우량종의 보급

단보당 수량의 증가 및 품질의 향상을 기하기 위하여 우량 품종의 보급 갱신을 꾀하는 것으로 한다. 1934년도(昭和 9)에 총독부 농사시험장 목포 면작지장에 육지면의 원종포(原種圃)를 증설하고, 나아가 용강에 면작지장을 설치하여 재래면의 원종포를 증설한다.

4. 직원의 설치

본 계획 수행의 만전을 기하기 위하여 본부[조선총독부], 지방청에 전임 직원을 설치하는 동시에, 장려군 증가에 따라서 군 기술원을 증치하고, 또한 면작지장에 대해 품종 개량, 원종(原種) 육성, 기타 필요한 시험 조사 사업의 확충을 위하여 직원을 증치한다.

여기에 확충계획의 실시 요항을 초록하자면 다음과 같다.

「면작증산개정계획 실시 요강」(1934년 이후)

1. 장려 방침

집약 재배의 지도 장려에 의해 단보당 수량의 증가를 꾀하는 동시에 작부 면적 증가도 꾀하는 것으로 한다.

2. 목표

단보당 수량: 실면 120근

작부 면적: 35만 정보

총생산고: 실면 4억 2,000만 근

3. 기간

1933년(昭和 8) 이후 10개년

4. 장려 구역

새로 평북, 강원 2도를 장려 구역에 편입하고 함남북을 제외한 11개 도에서 면작의 장려를 하는 것으로 한다.

5. 면작 장려군

기정 제1기 계획(1933년)은 1931년도(昭和 6) 현재 면작 면적 350정보 이상 군을 장려군이라고 했다. 하지만 개정 계획은 1931년도 현재 100정보 이상의 면작부 면적을 가진 군을 장려군으로 하는 것으로 한다.

도명	총 군 · 도(島) 수	면작 장려군
경기도	20	12
충청북도	10	10
충청남도	14	14
전라북도	14	12
전라남도	22	22
경상북도	23	22
경상남도	19	19
황해도	17	15
평안남도	14	12
평안북도	19	17
강원도	21	10
계	193	165

이에 따라 기왕의 실적에 비추어 1937년도(昭和 12)부터 평북의 장려군 2군을 줄이고 강원도에서 2군이 증가되었다.

6. 시설 사항

(1) 본부[조선총독부]의 면작 장려에 관한 직원 설치

본 계획 수행의 만전을 기하기 위하여 본부에 면작계를 신설하고 다음과 같이 전임 직원을 설치하기로 한다.

연차	기사(인)	기수(인)	고원(인)	소요 경비(원)
제1년(1933년)	-	-	-	-
제2년	-	-	-	-
제3년	1	1	1	8,509
제4년부터 제10년까지 각년	1	1	1	7,536
계	-	-	-	61,261

비고: 기사, 기수의 초년도 경비는 9개월 분을 계상했다. 또한 초년도 경비는 설비비를 포함한다.

이에 따라 본항 전임 직원의 설치는 국고 예산 관계상 지체되고 있었지만 1937년도에 실현되도록 하기로 되었다.

그러한 초년도 소요 경비 7,036원, 차년도 이후 8,184원이다.

(2) 본부 농사시험장 확충

면화의 품종 개량, 원종포(原種圃) 경영, 시험 조사를 위하여 육지면을 주로 하는 목포 면작지장을 확충시키고 재래면을 주로 하는 용강 면작지장을 신설하기로 하여 이를 위해 다음과 같이 직원을 설치하기로 한다.

명칭	연차	기사(인)	기수(인)	고원(인)	소요 경비(원)
목포 면작지장	제1년(1933년)	-	-	-	-
	제2년	-	1	-	20,672
	제3년부터 제10년까지 각년	-	1	-	19,389
	계	-		-	175,784
용강 면작지장	제1년(1933년)	-	-	-	-
	제2년	1	1	2	47,247
	제3년부터 제10년까지 각년	1	1	2	39,879
	계	-	-	-	366,279

비고
1. 목포 면작지장은 증설, 용강 면작지장은 신설분 경비로 한다.
2. 기사 및 기수의 초년도 경비는 9개월 분으로 하고, 각년 소요 경비 중에는 사업비를 포함한다.

3. 설치 당년에는 본 소요 경비 이외에 신영비(新營費) 13,000원이 필요한 것으로 한다.

이로 인해 1937년도에 병균과 해충에 관한 조사 연구를 위하여 양 지장에 기수 각 1인을 증설하고 이에 따른 소요 경비를 증액하기로 되었다.

(3) 지방청에서 면작 장려에 관한 직원 증치

기설 도기수 6명 이외에 면작 장려 11개 도에 대해 기술 고원(雇員) 각 1명을 배치하기로 한다.

연차	도기수(인)	기술 고원(인)	소요 경비(원)
제1년(1933년)	6	-	-
제2년	6	-	-
제3년	6	11	14,410
제4년부터 제10년까지 각년	6	11	14,410
계	-	-	115,280

비고

1. 기설 도기수 6명은 본 계획 수립 이전 충남, 전남북, 경남북, 황해의 6도에 대하여 설치된 것으로 한다.
2. 기설 도기수 경비는 이것을 계상하지 않는다.

(4) 국고 보조에 의한 면작 장려 시설

(A) 산업기사 설치

면작 장려도 11도에 대하여 산업기사 1명씩을 설치하게 하고 국고에서 1명당 2,400원을 보조하기로 한다.

연차 계획은 다음과 같다.

연차	인원 수(인)	보조액(원)
제1년(1933년)	2	4,800
제2년	2	4,800
제3년	8	19,200
제4년	11	26,400
제5년부터 제10년까지 각년	11	26,400

계	-	213,600

비고: 1명당 보조액 산출 기초 – 봉급(본 가봉 포함) 2,300원, 여비 600원, 청비(廳費) 및 잡비 300원, 계 3,200원19

위의 약 3/4[3,200원×3/4 = 2,400원]으로 한다.

이에 따라 본항 산업기사의 설치는 예산의 관계에 의하여 1933년도 2인, 1935년 3인, 1936년도 3인을 각각 증설하게 되고, 또한 1937년도 3인을 증치해 예정의 설치를 종료할 것이다.

(B) 도 재근 산업기수의 설치

면작 장려도 11개 도 중 6도에 대해서는 기설 도기수 6명이 배치되어 있으므로 잔여 5개 도에 대해서는 산업기수 1명씩을 설치하게 하고 국고에서 1명당 1,500원을 보조하기로 한다.

연차	인원 수(인)	보조액(원)
제1년(1933년)	-	-
제2년	5	7,500
제3년부터 제10년까지 각년	5	7,500
계	-	67,500

비고

1. 산업기수 5명은 경기, 충북, 평남북, 강원도에 1명씩 설치키로 한다.
2. 1명당 보조액 산출 기초
   봉급(본 가봉 포함) 1,344원 / 여비: 600원 / 청비 및 잡비: 100원
   계: 2,044원

위의 약 3/4으로 한다.

이에 따라 위 외 1936년도에 동년 산업기사의 설치는 없으며, 전북, 평북 및 강원의 3도에 각 1명의 산업기수를 설치하게 되었지만, 다음 1937년도 산업기사 설치의 확성과 더불어 해당 3도 각 1명의 산업기수는 삭제하기로 되었다.

---

19 원문: 計 三二一○

(C) 군 주재 산업기수의 설치

면작 장려군 165군에 대하여 각 군에 산업 기수 1명씩을 설치하고 국고에서 1명당 960원을 보조하는 것으로 한다.

연차	인원 수(인)	보조액(원)
제1년(1933년)	112	112,000
제2년	165	158,400
제3년부터 제10년까지 각년	165	158,400
계	=	1,537,600

(D) 지도군의 설치

집약 재배 철저를 기하기 위하여 군을 단위로 하여 지도군을 설정하고 3개년간 여기에 특별, 농후한 지도, 독려를 더하는 것으로 하고, 이것의 설치비로 1군[20]당 4,300원을 3개년간 계속 보조하기로 한다.

또한 각년의 지도군 수는 면작 장려군 165군의 1/3의 1, 55군(다만 1933년도는 기정 계획에 기초해 37군으로 한다)으로 하고 4년째마다 이를 다른 군으로 이동해 10개년간(9개년일 것이지만, 1933년의 지도군이 37개 군이니 제10년에도 18군을 설치할 필요가 있음에 의한다) 전 군을 한 바퀴 돌기로 한다.

(a) 지도군 수 및 보조액 연차별 표

연차	신설한 것	설치 후 2개년째인 것	설치 후 3개년째인 것	계	보조액(원)
제1년(1933년)	37	-	-	37	159,100
제2년	18	37	-	55	236,500
제3년	-	18	37	55	236,500
제4년	37	-	18	55	236,500
제5년	18	37	-	55	236,500
제6년	-	18	37	55	236,500
제7년	37	-	18	55	236,500

20 원문: 一部

제8년	18	37	-	55	236,500
제9년	-	18	37	55	236,500
제10년	-	-	18	18	77,400
계	-	-	-	-	2,128,500

비고: 1군당 보조액은 4,300원으로 한다.

(b) 1군당 시설비 보조액 내역

면작용 퇴비 품평회비: 100원

면작포 품평회비: 200원

금비(金肥) 구입 알선 및 비료류(肥料溜)[21] 설치비: 200원

지도원 설치비: 3,000원

지도포 겸 우량 다수계 채종포(採種圃) 설치비: 800원

계: 4,300원

비고

(1) 지도원 설치비 산출 기초

1군당 평균 10개 면으로 하고, 2개 면에 1인, 1인당 연액 600원 비율로 5인분, 3,000원으로 한다.

(2) 지도포 겸 우량 다수계 채종포 설치비 산출의 기초

1군당 평균 10개 면으로 하고, 1개 면 10개소, 1개소 4단보, 단보당 2원의 비율로 40정보 분, 800원으로 한다.

(B) 지도군 이동 후의 군에 대한 시설

지도군으로서 특별, 농후한 지도를 마친 군에 대해 기간 중의 지도의 결과를 확보하게 하기 위해 대체로 종전의 계획을 계속 실시케 하기로 하고 이것의 시설비로 매년 1군당 1,000원을 보조하기로 한다.

21 비료로 사용하는 분뇨를 모아 두는 구덩이.

(a) 지도 이동군 수 및 보조액 연차별표

연차	군 수	보조액(원)
제1년(1933년)	-	-
제2년	-	-
제3년	-	-
제4년	37	37,000
제5년	55	55,000
제6년	55	55,000
제7년	92	92,000
제8년	110	110,000
제9년	110	110,000
제10년	147	147,000
제11년	165	-
제12년	165	-
계	-	606,000

(b) 1군당 시설비 보조액 내역

면작용 퇴비 품평회비: 100원

면작포 품평회비: 200원

금비 구입 알선비: 100원

지도원 설치비: 300원

지도포 겸 우량 다수계 채종포 설치비: 300원

계: 1,000원

비고

(1) 지도원 설치비 보조 산출 기초

지도원은 지방 독농가로 하여 충당키로 하고 1군 평균 10개 면, 1개 면 1인, 1인당 연수당 30원의 비율로 10인 분, 300원으로 한다.

(2) 지도포 겸 우량 다수계 채종포 설치비 보조 산출 기초

1군 평균 10개 면으로 하고, 1년 1개소 2정보씩 단보당 1원 50전의 비율로 20정보 분, 300원으로 한다.

위에서 서술한 바에 따라 1934년(昭和 9) 이래 각 도 예의주시하여 지도 장려에 힘쓰고 있다. 매년 극히 순조로운 진전을 보여서, 특히 1935년(昭和 10)과 같은 경우에는 남다른 약진을 이루어 재배 면적 21만 정보, 생산고 2억 1,300만 근에 달했다. 공동판매고와 같은 경우에는 일약 배로 증가하여 1억 근을 돌파하기에 이르렀으며, 재배 면적, 생산고, 공동판매고 모두 장려 이래 최고 기록을 보이는 상황을 보이기에 이르렀다.

다음으로 1933년(昭和 8) 현행 면화증산계획 실시 이래 국고 보조액을 보이면 다음과 같다.

연도	산업기사 설치비		도 재근 산업기수 설치비		군(도(島)) 주재 산업기수 설치비		지도군 시설비		지도 이동군 시설비		합계(원)
	인원	보조액(원)	인원	보조액(원)	인원	보조액(원)	군수	보조액(원)	군수	보조액(원)	
1933	2	4,800	-	-	112	112,000	37	159,100	-	-	275,900
1934	2	4,800	5	7,500	165	158,400	55	236,500	-	-	407,200
1935	5	12,000	5	7,500	165	158,400	55	236,500	-	-	414,400
1936	8	19,200	8	12,000	165	158,400	55	236,500	37	37,000	463,100

이에 따라 1937년도 이후에는 지도군 이동 후의 군에 대한 시설비 보조 1군당 1,000원으로 되어 있던 것이 2,500원으로 증액되었다. 나아가 우량 보급에 관한 구체 계획을 확립해, 각 도의 계통적 채종포에 대하여 단보당 1원 60전의 국고 보조금을 교부하여 이것을 조성하기로 되었다. 따라서 제1기 계획 목표 4억 2,000만 근이 약간 증가될 전망이다.

〈자료 229〉 농촌의 계급 분화와 토지 소유(李淸源, 1936, 「農村に於ける階級分化と土地所有」, 『朝鮮讀本: 朝鮮の社會とその政治·經濟生活』, 學藝社, 218~222쪽)

(…)

제4절 농작물의 편성

조선의 농작물 편성은 조선 농촌의 지배적 관계로서의, 반봉건적 제 관계와 관계 없이 행해질 수 없다. 아니, 오히려 조선의 농작물 편성은, 2종의 규정 즉 조선의 정치, 경제 생활의 의존성과 반봉건적 토지 소유＝반농노적 영세 경작[이라는 2종의 규정을 받는다]. 따라서 이 같은 조건하에서 단순 재생산조차 겨우 이루어지는 정도의 영세농 경제는 자가(自家) 상식(常食)용 농산물의 생리적인 최소한을 필수적으로 확보해야만 한다. 이에 따라 반봉건적 제 관계가 잔존하는 채로 세계 경제에 휩쓸린 농업은 시장적 생산을 하지 않을 수 없게 되었다.

지금 이에 대해 숫자적으로 보면 다음 표와 같다.

농산물 상품 생산화

단위: 천 원

		1919년 (A)	1924년	1929년 (B)	1933년	A에 대한 B의 증가	A에 대한 B의 증가율
주요 상품적 농산물	쌀	1,537	1,575	1,632	1,697	160	10.4%
	콩	759	799	793	803	44	5.8%
	특용 작물	191	218	234	223	32	16.8%
	과실 (1,000본)	2,778	2,372	3,510	3,060	282	10.2%
자가용적 농산물	뽕나무	28	34	74	79	51	182.1%
	맥류 합계	1,204	1,228	1,293	1,337	133	2.7%
	이중 밭작부	1,004	1,004	1,035	1,038	34	-
	잡곡	1,293	1,315	1,230	1,312	17	3.4%
경지 면적		4,325	4,322	4,392	4,412	87	2.0%

비고 總督府, 『農業統計表』에 의한다. 특용 작물은 면화, 대마, 저마, 왕골(莞草), 들깨 합계. 과실은 사과, 포도 합계. 맥류는 보리, 밀, 쌀보리 합계. 잡곡은 조, 피(稗), 기장, 옥수수, 귀리, 메밀 합계.

이상의 통계를 본다면 시장적 농산물이 압도적인 지위를 점하고 있다. 그리고 이러한 농산물의 상품화는 결코 농민들의 잉여 생산물이 아니다. 농촌에는 봉건적인 관계가 그대로 잔존하고 있으면서, 나아가 화폐 경제가 농촌으로 침입하여 농촌은 완전히 모두 이에 휩쓸린다. 이와 같이 농민들은 무정한 금전을 구하기 위하여 자신의 직접적 생활품까지 시장에 팔아 버린다.—게다가 가치 이하의 가격으로, 그리고 추궁기에는 터무니없이 비싼 가격으로 또한 다시 구입할 수밖에 없다—따라서 거기에서는 평균 이윤의 성립은 고사하고 때때로는 노임의 일부분까지 잠식당하는 것이다. 이에 따라 여기에는 자본주의적 제 관계가 성립하지 않는 것은 물론이고, 오히려 이러한 관계는 반봉건적 제 관계를 강화하는 모멘트(moment)가 된다. 이는 특히 주의하지 않으면 안 되는 문제다. 따라서 이러한 시장적 직물이라 하는 것은 현저하게 … 반봉건적 형질을 갖추고 있다. 그러므로 이러한 시장적 작물과 자가용적 작물의 혼성에 의하여 편성되는 농업 생산 전체는 이를 규제하는 조건＝조선 사회의 외래 의존성과 반봉건성을 문자 그대로 부조적으로 반영하고 있다.

이와 같은 조선 농업 생산 전체의 편성은 조선 사회가 … 반봉건적 사회로서 형성되는 과정을 거쳐서, 나아가 이에 기초지어져 창출됐던 것이다.

그리고 이러한 농작물의 편성에서 특히 분석을 요하는 것은 면화이다. 이것은 우가키(宇垣) 총독의 남면북양[22]정책을 통하여 급템포로 증가하고 있다. 따라서 이것은 내지 자본주의 최대의 약점인 방직업 원료를 밖에서 구하지 않으면 안 되는 제 관계의 반영이다. 따라서 면화의 생산은 직포업과 더불어서 예전부터 존재하여, 농촌 자급자족의 지점(支點)을 가지고 있었나. 이에 대해서는 '한인은 스스로 면포, 마포, 특히 면포를 직조해 이것으로 의복을 제작한다.'(64쪽)라 한다. 또한 '면은 제사(製絲) 식물 중 산액이 가장 크므로, … 부산 세관 감독관이 헤아린 바에 의하면 생면의 1개년 산액은 13억 만 푼트[23](일본의 약 1억 5,000만 관)로, 정제면의 수요액은 약 3억 3,000만 푼트(일본의 약 3,680만 관[24])가 된다고 한다.'(15쪽)라 말하고 있지만, 만약 이를 적게 잡는다고 하더라도 면화 생산 및 면직물이[25] 가장 광범하게 행해지고 있었음은 의심할 여지가 없다. 또한 이에 대해 '보통의 의복은 수입, 가네킨(金巾)[옥양목] 및 백목면[무명]을 수요한다. 이외에 한국산 면화를 길쌈하고, 본방[일본]에서 수입하는 방직사(紡織絲)를 갖고 수직(手織) 목면을 제조해 의복으로 사용하는 모양이다. 이것은 완전히 주부의 직업에 속한다.'(잡지 『한반도』 제2년 제3호, 40쪽 이하) 했다. 그러한 정도로 이는 자연적인, 자급 자족적인 것이었다. 그런데 개항 이후 방직물 내침의 집중 포화는 농촌의 자연 경제에 커다란 타격을 주었다. 이에 따라 '한국민의 생활은 자작 자급을 주로 하여서, 상시 사회 생활상의 필요품을

22 원문: 南羊北綿.

23 러시아의 중량 단위. 1푼트=409.6g

24 원문: 三千六百八十貫.

25 원문: この棉花の生産及その棉花の生産及その綿織物は.

자작하지 못하는 만큼만 어쩔 수 없이 타작 타급에 의존하였고 타작 타급품도 가능한 한 국내에서 하였지만, 그러한 제조도 대개 가내 공정으로, 공장도, 기계도, 분업도 없었다. 그리고 국내에서 제조하지 못하는 것(석유, 사탕 같은 경우), 국내에서 제조해도 불리한 것(방직물류 같은 경우)만을 수입하고 있었다. 그조차도 각지[26] 농민은 목면차(木棉車), 면조기기(棉繰器機), 기직도기(機織道器) 등의 조잡한 … 가내 공업을 하고 있었다. 거친 가마솥과 같은 일본품은 수입되고 있었지만, 금일처럼 일본품이 나루(津) · 포구(浦)까지 보급되어 있지는 않았다. 각지에 소규모이지만 여러 가지 물품 제조업이 존재하고, 금일처럼 머리 도구에서 신발까지 일본 대공업에 타격을 입어서 망해 있지는 않았다.'(『居留民の昔物語』, 196쪽)고 말하여서, 재래 농촌 수공업적 자족 자급 경제가 파괴돼 가고 있음을 적절하게 얘기하고 있다.

그런 이후 조선의 재래 면화는 어쩔 수 없이 정체적 축소를 했다. 이리하여, 이러한 과정은 의료(衣料) 생산의 양적, 질적 발전, 그에 따른 노동 수단 생산 부문 발전, 양자의 상호 작용에 의한 상업자본 확립, 자본주의적 추진과 전환이 불가능하게 되는 과정과 함께 진행되었다.

하지만 이러한 과정은 동시에 거대 자본에 의한 의료 생산 선회 편성 과정이었다. 바꾸어 말하면 이상에서 보았듯이 종래의 자족 자급적 의료 생산 중에 (1) 면작, 방직[방적], 면직의 3분화 공정과, 그리고 이와 더불어 (2) 양잠(養蠶), 제사(製絲)[27], 견포(絹布)의 3분화 공정 등에 의해, 재래의 자연 경제는 완전히 파괴된 것이다. 무엇보다도 이러한 의료 생산의 선회 편성체라 하는 것은, 일본 같은 산업자본의 확립 요건인 노동 생산 수단을 전망하는 전제가 아니다. 거대 자본이 중추산업의 구축을 강화해, 그러한 독점을 일부분은 보충하고 일부분은 대체하기 위한 공력적(公力的)인 3분화 공작이다. 이에 따라 거기에는 이상의 사정 자체가 이미 이야기하듯, 조선에서 공업 근대화는 바로 이런 정규적인 발전 궤도와는 대척적인, 외지[조선] 근대화[28]란 점이 극히 주요하다. 소위 우가키이즘이라는 이름으로 불리우는 만주국의 성립 이래 급격하게 남면북양[29]정책에 의하여 장려됐으므로 수확이 상당히 증대하고 있다. 예를 들면 1919년(大正 8)에는 육지면, 재래면 합쳐서 9,735만 8,977근이었지만, 1933년(昭和 8)에는 1

26 원문: 假地.

27 원문: 製造.

28 "외지[조선] 근대화"란 "내지[일본] 근대화"에 종속된 형태의 근대화를 의미한다.

29 원문: 南羊北綿.

억 5,941만 5,574근이 되고 있다. 물론 이상에서도 말하였듯이 면화 장려의 경제적 기초는 일본이 실면 조면에 있어 현저하게 해외, 그중에서도 아메리카에 의존하고 있는 데서 오는 대외적, 경제적, 국방적 위약성을 극복할 필요가, 최근 국제 정세에서 특히 요청되기 때문임에 틀림없다. (…)

3) 전시체제기 면화 생산 통제

(1) 개관 및 해제

조선총독부는 중일전쟁 이후 전시 군수물자에 대한 필요성이 증대했고, 군복 수요를 감당하기 위해 면화 및 면직물 증산대책으로 1938년 면화재배손실보상제를 실시했다. 면화재배손실보상제는 면화의 가격이 일정 가격 이상으로 상승하는 경우에는 도농회가 초과액을 적립하고, 면화의 가격이 일정 가격 이하로 하락하는 경우에는 도농회가 적립금으로 실면 1근당 1전씩을 보상하는 제도였다. 면화재배손실보상제는 일본, 조선의 면화 가격이 외국의 면화 가격에 좌우되는 상황에서 조선면화증산계획을 안정적으로 실시하려는 정책이었다.[30]

조선총독부는 1940년 조선면화증산계획을 확충했다. 이에 따라 조선면화증산계획의 10개년(1933~1942) 중 3개년간(1940~1942) 면화의 급속 증산이 추진되었다. 1942년 생산 목표는 실면 4억 2,000만 근(단보당 120근)에서 실면 4억 9,000만 근(단보당 140근)으로 증가되었다. 이를 위한 사업에는 품종의 개량과 보급, 비료의 합리적 시용, 비료의 시용량 증가, 병충해의 구제·예방 등이 포함되었다.[31] 요컨대, 확충 이후의 조선면화증산계획은 토지 개량을 통한 면적 확대가 아닌 농사 개량을 통한 단위 면적당 생산성 증대에 중점을 두었다.

면화재배손실보상제 실시와 조선면화증산계획 확충은 《매일신보》, 《동아일보》, 《조선일보》 등에 보도되고 있다. 다만 《동아일보》와 《조선일보》는 1940년 폐간되었다. 한편 『정보주간전망(情報週間展望)』은 조선총독부 경무국 경제경찰과에서 1941년부터 1942년까지 편찬했

30 1938.1, 「면화 재배 손실 보상, 농가 수익의 안정을 도모」, 『농업조선』 1권 1호, 57쪽.
31 千田貞雄, 1940, 「朝鮮の棉花增産擴充計畫」, 『朝鮮』 303호, 22-26쪽.

던 자료이다. 각 도에서 각 지역의 경제 상황을 경제경찰과로 보고했으며, 경제경찰과가 취합해 『정보주간전망』을 펴냈다. 국가기록원의 기록물철에는 제1집부터 제44집까지 편철되어 있다.[32] 면화 생산에 대한 통제와 이에 따른 불만, 불안 등이 담겨 있다.

《농업조선》은 대동출판사 기관지였다. 이종만은 1935년 장진에서 다량의 금광맥을 발견해 1936년부터 장진금광(長津金鑛)을 운영했다. 이종만은 장진금광을 기반으로 대동사업체를 구상, 실현했다. 첫째, 대동광산조합 설치를 통해 광산의 급속한 개발을 꾀했다. 둘째 대동농촌사를 설치해 집단 농촌을 건설하고 농촌 갱생을 도모했다. 셋째, 대동출판사를 설립하고 《광업조선》과 《농업조선》 등 기관지를 발행해 대동사업체의 활동과 이념을 선전했다. 대동출판사는 1937년 자본금 10만 원으로 설립되었지만, 1943년 대동공업전문학교 경비 마련을 위해 매각되었다. 《농업조선》은 1938년 창간되었다.[33] 《농업조선》 1권 1호에는 「면화 재배 손실 보상, 농가 수익의 안정을 도모」가 수록되어 있다.

《조선》은 조선총독부 기관지였다. 조선총독부는 1911년 6월 《조선총독부월보(朝鮮總督府月報)》를 창간하고 1915년 3월 《조선휘보(朝鮮彙報)》, 1920년 7월 《조선》으로 개편했다. 《조선》은 1920년 7월부터 1944년 11월까지 발행되었다. 발행 주체는 조선총독부 총독관방 문서과였고, 참여 필진은 조선총독, 정무총감, 각 국 국장, 각 국 기사 등이었다. 분량 또한 방대했다. 《조선》은 발행 시기, 발행 주체, 참여 필진, 분량 등의 측면에서 식민통치 시기를 통틀어 조선총독부가 가장 중시했던 선전 매체였다.[34] 따라서 주요한 정책을 추진할 때마다 상세한 해설을 담았다. 본 자료집에는 《조선》 305호 중 「조선면화증산확충계획(朝鮮の棉花增産擴充計畫)」을 수록했다.

히사마 겐이치(久間健一)는 1923년 수원고등농림학교 1회 졸업생으로 1923~1926년 종묘장 도기수, 1926~1930년 수원고등농림학교 조교수, 1930~1934년 소작관보, 1934~1944년 도소작관, 1944~1945년 조선농회 조사과장으로 근무했다. 그런데 히사마는 1928년 「소농 저항성에 관한 차야노프 이론(小農の抵抗性に關するチャヤノフの理論)」, 1935년 『조선 농업의 근대

32 국가기록원 조선총독부기록물 『정보주간전망』 해제.

33 방기중, 1996, 「일제 말기 대동사업체의 경제자립운동과 이념」, 『한국사연구』 95 한국사연구회, 141-174쪽.

34 조형근·박명규, 2011, 「식민권력의 식민지 재현전략 : 조선총독부 기관지 『朝鮮』의 사진이미지를 중심으로」, 『사회와 역사』 90, 한국사회사학회, 179쪽.

적 양상(朝鮮農業の近代的樣相)』, 1943년 『조선 농정의 과제(朝鮮農政の課題)』 등에서 요코이 도시요키(橫井時敬)와 알렉산드르 V. 차야노프(Alexander V. Chayanov)의 논의를 수용해, 지주의 역할을 중시하면서도 소농의 역할을 중시했다. 히사마는 1943년 『조선 농정의 과제』를 통해 전시체제기 식민농정에 대하여 비판의 강도를 높였다.[35] 본 자료집에는 『조선 농정의 과제』 중 「농업 기구의 기저에 흐르는 것(農業機構の基底を流れるもの)」을 수록했다.

(2) 신문 기사·경찰 정보 보고를 통해 본 면화 생산 통제

① 신문 기사를 통해 본 면화 생산 통제

〈자료 230〉 면화 증산이 공제제도를 실시, 농산과 신예산 계상?(동아일보, 1935.07.12, 6면 1단)

면작 보상은 국제 상품인 면화 시세의 예단할 수 없는 파급을 받는 면화증산계획 수행에 정치적 입장으로 하는 가장 중요한 문제로 총독부에서는 농업보험제, 비황(備荒)공제 등등 대안을 강구하고 작년 예산에 제출하여 삭감되었던바 근년 면화 시황 호조는 비황공제제를 실시할 절호의 기회이므로 농산과에서는 1936년도(昭和 11) 신예산에 면작 공제제 보조 약 110만 원을 계상하고 실현을 꾀하기로 되었다.

구체 실시안은 비황공제제에 의한 것으로 면화 공동판매 실시의 농회를 단위로 실행 예정이며 실면 시세는 100근 10원을 기준으로 7월까지 3할을 보급하고 한편 상치(上値)[36] 13원 이상에 대하여는 그 매상의 2할을 공판으로 보류, 비황에 충당하려는 것이다. 그리고 이 공제 보조는 면화 시세가 강한 경우는 필요치 않은 특수 예산이다.

최근 면화는 미국 정책 강행으로 호조의 추이에 있는바 1930년(昭和 5), 1931년(昭和 6)이 참혹한 시련도 있고 농산 당국에서는 순조로운 작금이 근본적 대책의 실행기라고 한다.

---

35 이상의 내용은 우대형, 2008, 「일제하 久間健一의 농업 인식과 식민지 농정의 모순」, 『일제하 경제정책과 일상생활』, 혜안 참조.

36 현재 시세보다 비쌈.

〈자료 231〉 면화 보상, 대장성 난색(동아일보, 1935.12.04, 4면 10단)

면작 보상의 농림국 예산 면화 공제제도는 총독부 사정을 마치고 현재 대장성과 절충이더니 농성[농림성] 측의 의향을 전하는 바는 농산물가의 가격 보상과 같은 것은 용이치 않고 지난할 것이어서 가령 참락(慘落)을 계속할 경우를 예상하면 큰 재정 부담을 예상하지 않을 수 없어 위험하므로 동 제도는 좋은 제도이나 다시 돌이켜 생각할 필요가 있다 하여 동 제도 실시는 자못 난색이었다. 이에 관련하여 야마사와(山澤) 농산과장은 생산비조사회 열석을 겸하여 위에 대한 재교섭을 할 예정이고 현재 동안(同案)의 앞길은 불안시된다 한다.

〈자료 232〉 조선 면화 증산, 작부 면적 증가이나 단보당 수량 부진, 여전히 100근의 미만이라고, 이유 재배 공부 부족, 농림국장 지적(조선일보, 1936.08.25, 4면 1단)

면화 증산 장려는 시조가 신 박차가 되어 갱신 계획 실시 이래 전 일본적 관심을 주입하고 있는데 그 증산 진전의 형적(形跡)을 보면 작부 면적의 확충에는 볼만한 약진이 있으나 단보당 수량은 여전히 100근 미만이 적지 않고 기정 계획의 4억 2,000만 근에 비하더라도 길이 먼 감이 있는 상황이다. 이에 대하여 야지마(矢島) 농림국장은 별항의 면작 주임관 회의에서 특히 그 점을 지적하고,

이미 장려 3개년을 경과하였음에도 불구하고 단보당 수량 100근 미만인 곳이 상당히 있어 경종, 비배(肥培) 관리의 지도상 공부, 연구가 부족한 점이 많으며 그중 금비 사용법도 완전치 못하여 유감이다라고 통렬히 언급하여 각 도 주임관의 각성을 재촉한 바 있었는데 면화 계획이 1937년도(昭和 12) 이후 갱신, 확충에 들어가는 만큼 주목된다 한다.

〈자료 233〉 면화 대증산 계획, 산조(産調)에서 대강 결정, 10억 5,000만 근 목표 (조선일보, 1936.10.27, 4면 1단)

국책적 견지에 기하여 총독부의 면화증산계획은 산업조사회[조선산업조사위원회]에서 긴요함을 인정하고 농림국에서는 현재 진행 중인 제1기 계획의 강화와 제2기 계획의 목표에 대하여 금후 면작 적지(適地)의 확장, 최저 가격의 보상, 지도 감독 직원의 증가 등에 의하여 순차 실행에 옮기고 10억 5,000만 근 생산 실현에 향하여 매진키로 되었는바 계획 대요는 다음과 같다.

1. 제1기 계획

1933년(昭和 8)으로부터 1942년(昭和 17)까지 10개년 41만 5,000정보(단보당 수량 125근), 5억 1,800만 근 생산

2. 제2기 계획

제1기 계획의 결과에 기하여 70만 정보(단보당 수량 150근), 10억 5,000만 근 생산

〈자료 234〉 산조(産調) 답신안 내용, 농림수산에 관한 건, 농림업(조선일보, 1936.10.27, 8면 1단)

(…)

4. 공업 원료 농림산물의 증산을 꾀할 것

각종 공업이 조선 내에 진출, 발흥하고 있는 현재의 상황과 최근의 국제 정세에 비추어 면화, 양모, 목재, 펄프 등 일본의 중요 공업 원료의 증산을 꾀함은 물론 조선에서 유망시되는 기타 각종 공업 원료 농림산물의 증산을 꾀할 필요가 있다.

▲ 시설 계획

가. 면화증산계획의 강화를 꾀할 것.

내외의 정세에 비추어 급속히 면화의 증산을 꾀할 필요가 긴절함이 있으므로 현행 면화증산계획을 확충하여 면작 적지(適地)의 확장, 최저 가격의 보상, 지도 감독 직원의 증원, 기타 필요한 시설을 할 필요가 있다.

(…)

〈자료 235〉 면화의 보상, 1937년도(昭和 12)부터 실시(조선일보, 1937.01.17, 4면 1단)

남면북양정책에 의한 면작 장려는 적극적으로 진행 중이나 그와 병행하여 면화 시세에 속박되지 않도록 생산자 측인 농민에게 안심하고 경작할 수 있는 보상제도도 설정키로 하여 예산도 13만 원을 계상하였다. 그리고 보상 방법, 최저, 최고 가격을 정하게 되는데 재무국에서는 매 근 최저 7전, 최고 13전을 주장하나 농림국에서는 최저 9전, 최고 15전을 주장하여

농림국 안이 성립을 볼 모양이다. 그리하여 시세가 최저리(最低利) 아래로 될 때에는 보상하고 최고에서 다시 2할 높게 될 때는 그 초과액을 적립하도록 하려는 것이고 그 운용 기관으로는 현재의 농회를 담당케 하느냐 또는 면작공제조합을 설립케 하느냐 하는 것은 아직 미정이나 면작조합을 두게 된다면 제령으로 의하여야 하므로 수속과 관제의 개정 등이 번잡하므로 현재의 농회에서 사무를 담당케 할 모양이다.

〈자료 236〉 면화 생산비 조사 실시, 금년 파종기부터(조선일보, 1937.05.11, 4면 4단)

조선의 면화 생산고는 증산계획의 확충에 의하여 현저히 증가를 보이고 수이출고도 2,300만 근에 달하였는데 생산비 조사는 종래 각 도의 청취 조사이었으나 총독부 농림국에서는 면화증산계획 확충 철저를 기할 견지로 조사를 개시키로 되었다. 위 조사는 전남, 충남, 경북, 황해, 평남의 5도를 조사 구역으로 하고 남조선[조선 남부]에서는 각 도의 중산(中産) 농가 4호에 대하여 육지면, 서조선[조선 서부]은 각 도의 중산 농가 3호에 대하여 재래면의 조사를 도농회, 면화협회가 주체가 되어 금년의 파종기부터 착수키로 되어 각 도 농회에 각 그 1명의 전임 기술원을 증원키로 되었다 한다.

〈자료 237〉 면화 공제제 재검토(조선일보, 1937.06.20, 4면 4단)

조선의 면화 공제제도에 대하여서는 농림국에서 1937년도(昭和 12)에 예산 16만 원을 계상하고 제령안에 대하여 법제국과 절충 중이던바 대장성에서는 보상비 방법에 대하여 의문을 가지고 다소의 우여곡절을 본 모양으로 농림국에서도 동안(同案)에 대하여 재검토를 더할 것 같다. 농림국 안에 의하면 최고 15전, 최저 9전으로 하고 면가가 최고액을 상회할 경우는 동가격의 2할을 적립하고 최저액을 하회할 경우는 동액에 대하여 보상금을 교부하자는 것인데 현재는 면가가 17전 창(唱)으로 최고액을 2전 상회하고 있다.

〈자료 238〉 면화보상제도 이번 가을경부터 실현, 현재 생산비를 조사 중(동아일보, 1937.07.09, 4면 1단)

총독부 농림국에서는 이번 가을부터 드디어 면화보상제도를 실시하기로 되어 이의 기준이 될 면화 생산비 조사를 실시 중인데 위 조사는 종래의 청취 조사 방법을 근본적으로 갱개(更改),

남조선[조선 남부]에 있어서는 육지면을 경북, 전남, 충남의 3도의 중산(中産) 농가 1도 4호를 지정, 재래면은 황해, 평남의 서조선[조선 서부] 2도의 농가 각 도 2호를 지정하여 각 조사 지구에 각 1명의 전속 조사원을 임명하고 조선 면화의 생산비를 엄밀히 조사시키는 것이라 한다.

〈자료 239〉 면화보상제 내용, 매 근 7전 이하는 차액 전액 보상, 13전 이상은 차액 2할을 적금, 내년도부터 실시 결정(조선일보, 1937.08.11, 7면 1단)

면화보상제도에 대하여는 일찍이 총독부 농림국에서 부령 및 그 업무 규정 준칙을 기초 중이던바 이즈음 탈고하여 재무국에 회부하여 예산 관계를 협의하는 한편 심의실에 회부하고 내년도부터 실시하기로 내정되었다. 그러고 부령은 전문 8조의 간단한 것으로 업무 규정 준칙은 전문 14조인데 함남북, 평북, 강원 4도를 제외한 9도에 있어서 도령으로 시행하고 있는 면화 공판, 기타의 규정을 골자로 하고 있으며 표준의 면화 가격은 육지면에 있어서는 오사카(大阪) 미면[미국 면] '스트릭 미들링(strick middling)'보다 43% 아래를 기준으로 하여 그 고하에 따라 적립 및 하락 보상을 행하기로 되었다. 즉,

1. 적립률 = 1근당 각 등 평균격 13전에 상당한 가격을 기준으로 하여 그 이상 각 등의 차액에 2할을 곱한 것을 적립한다.
1. 손실의 보전 = 실면 근당 각 등 평균 가격 7전에 상당한 가격을 기준으로 하여 그 이하로 하락하는 경우에는 그 차액을 보전한다.

〈자료 240〉 면화 재배 손실 보상, 본년도 이후 실시, 1일부로 각 도에 통첩을 발송, 농가 수익 안정 방책, 농림국장 담화(조선일보, 1937.12.02, 8면 1단)

면화의 증산 장려에 관하여서는 1933년(昭和 8) 적극적 계획을 수립하여 실시한 이래 5년간 제반의 시설 충실에 따라서 극히 순조의 성적을 거두고 특히 본년도는 관계 관민의 노력과 기후의 적순(適順)과 맞추어 실면 생산고 2억 4,000만 근이라는 최고 기록을 보였다.

그런데 면화의 가격은 완전히 해외 주산지의 풍흉 혹은 세계적 경제 사정의 변동 등에 의하여 좌우되므로 그 등락이 무상하고 나아가서는 농가의 수익을 불안정케 하므로 면작을 위험시하는 결과 예정 계획의 수행상 지장을 초래할 염려가 없지 않으므로 금후 증산계획의 달

성을 확보함에는 면가의 폭락에 대비하여 어떤 정도까지 농가의 수익을 안정케 하는 방책을 강구할 필요가 있다고 생각하고 그 구체적 방법에 대하여 연구한 결과 본년도 이후 도농회로 하여금 면화 재배 손실 보상에 관한 시설을 실시케 하기로 하고 농림국장이 12월 1일부(附) 각 도에 대하여 통첩하였다. (…)

〈자료 241〉 「면화재배 손실보상 업무규정 준칙」(조선일보, 1937.12.4, 8면 1단)

12월 1일부로 각 도에 통첩된 「면화재배 손실보상 업무규정 준칙」의 전문은 다음과 같다.

제1조 본회는 면화 재배 보급을 장려키 위하여 면화 가격이 현저히 하락한 경우에는 본 규정이 정하는 바에 의하여 면화 재배자 등이 입을 손실을 보상함.

제2조 본 규정에 의한 손실 보상은 도지사가 지정한 공동판매소에서 군·도(島)농회 알선에 의하여 면화를 판매하는 자가 입을 손실에 대하여 이것을 행함.

제3조 손실 보상은 오사카(大阪)의 '스트릭 미들링(strick middling)'의 가격이 기준. 판매소의 실면 1근당 각 등 평균 가격 7전에 상당한 가격 이하로 저락한 경우는 이것을 행함.

제4조 손실 보상률은 기준 판매소의 1근당 각 등 평균 가격 7전에 상당한 오사카의 '스트릭 미들링'의 가격에 의하여 산출한 각 공동판매소의 각 등 1근당 가격과 해당 공동판매소의 각 등 1근당 판매 가격과의 차액으로 함. 단 특별 적립금 및 국고 보조금의 정황에 의하여 이것을 감액하는 일이 있다.

제5조 손실 보상금은 공동판매소에서 판매자가 면화 대금을 수령하였을 때 본회로부터 이것을 교부함.

제6조 본 시설의 경비에 충당하기 위하여 제7조 내지 제9조의 규정에 의하여 특별 적립금을 적립함. 전항의 특별 적립금은 손실 보상에 관한 시설을 위하여 사용하는 외에 이것을 사용할 수 없음.

제7조 특별 적립금은 오사카의 '스트릭 미들링'의 가격이 기준 판매소의 실면 1근당 각 등 평균 가격 13전에 상당한 가격 이상으로 앙등한 경우에 이것을 적립함.

제8조 특별 적립금의 적립율은 기준 판매소의 실면 1근당 각 등 평균 가격 13전에 상당한 오사카의 '스트릭 미들링'의 가격에 의하여 산출한 각 공동판매소의 각 등 1근 가격

과 해당 공동판매소의 각 등 1근당 판매 가격과의 차액의 2할로 함.

제9조 본 회는 특별 적립금을 적립키 위하여 필요한 경비로서 제7조의 경우에 있어 회원에 대하여 그 공동판매소에서의 전조의 적립율에 면화 판매 수량을 곱한 액에 상당한 금액을 부과하고 공동판매 기간 경과 후 이것을 납부케 함.

제10조 기준 판매소는 경제적 중심으로서 출회 수량이 상당히 많고 또 판매와 조면공장 간 운임 및 제 괘비(掛費)가 각 판매소로부터 조면공장에 이르는 운임 및 제 괘비의 평균에 가까운 1개소를 선정하여 조선총독의 승인을 받고 매년 정함.

제11조 제3조 및 제7조의 규정에 의할 오사카의 '스트릭 미들링'의 가격은 각 등의 가격 비율 및 도 기왕 5개년간의 각 등 평균 출회 수량률을 기준으로 산출함.

제12조 본 시설에 관한 수입, 지출은 본회의 특별 회계로 경리함.

제13조 특별 적립금은 우편 관서, 금융조합 또는 조선총독이 지정한 은행에 예입함.

부칙

제14조 본 규정은 1937년(昭和 12) 12월 1일부터 시행함.

〈자료 242〉 면화 대증산, 2차 자급책 수행, 총독부 품종 개량 착수(동아일보, 1938.01.27, 8면 4단)

1933년(昭和 8)부터 1942년(昭和 17)에 이르는 제1차 면화증산계획은 35만 정보, 단보당 수확 125근, 총량 4억 3,570만 근을 목표로 순조로웠는데 우리 면화 자급정책으로 다시 방대한 면화를 필요로 하므로 이미 제2차 대증산 계획의 입안을 급히 하고 있다. 그리고 총독부 현재 증산계획의 기초 조건인 품종 개량에 주력을 쏟고 목포, 수원, 용강의 세 시험장에 신품종의 육성에 노력하고 있으며 우량 품종의 보급에 관하여는 종래의 무계획성을 벗어나 계통적 계획하에 1937년도(昭和 12)의 제1차 채종포(採種圃) 3,000정보에 있어, 1938년(昭和 13)은 각 도에 제2차 채종포 2,500정보를 설치하고 이의 보조로 4만 원을 계상하였다. 한편 농사시험장에서 신품종의 채종(採種), 기타로 약 5만 원을 계상하고 품종의 개량과 더불어 면화의 상품화도 한층 촉진될 것으로 조선산 면화의 장래는 북지[화북] 면화 더불어 면화 자급의 실현에 실현성을 주는 것으로 보인다.

〈자료 243〉 조선면화계획 방기론은 부당, 북지 면화가 개발된다 하더라도 기정 방침대로 매진(조선일보, 1938.3.3, 8면 1단)

북지[화북] 면화의 개발은 아직 구체화하지 않았으나 흥중공사(興中公司)에서는 현재 500만 피클의 생산을 3배인 1,500만 피클로 증산하고 이에 하남의 500만 피클을 더하여 2,000만 피클을 생산, 아국[일본] 총소비량의 대부분을 북지로부터 공급할 안을 수립하고 있는데 반드시 탁상공론이라고는 할 수 없으므로 조선의 면화 사업을 어떻게 하는가 하는 문제는 일단 재검토를 요하는 문제이나 위에 대하여 미네(美根) 농무과장은 아래와 같이 북지 면화의 상황 여하에도 불구하고 기정 방침을 따라 매진할 뜻을 말하였다. (…)

〈자료 244〉 면적 증대는 유예하고 단보당 다수확 노력, 면작 지도 방침 결정 (동아일보, 1938.03.24, 5면 1단)

총독부서는 현재의 시국에 비추어 북지[화북] 면화계획의 여하에도 불구하고 기정 면작장려계획을 더욱 강화하여 진행할 방침인데 1938년도(昭和 13)는 기정 계획 이외 적극적으로 면적의 증대를 꾀하지는 않고 완전히 재배 기술의 개선, 우량 품종의 보급에 노력할 방침이다. 즉 조선은 기후, 풍토가 모두 현저히 면작에 적합함에도 불구하고 그 단보당 수량은 겨우 115~116근 정도이며 작년의 실례도 가장 많이 수확을 얻은 것은 단보당 40근 이상에 미친 것도 있고 재배법의 개선과 우량 품종까지 보급시키면 단보당 200근 이상에 향상시킴은 용이하다 하여 금년은 각 도가 모두 면작 강습회 등을 열고 기술 향상, 시비 합리화에 노력하고 있는데 비료와 같은 [경우는] 면작지의 시비량은 겨우 단보당 50전 정도에 불과하므로 농림국은 이 방면에도 특히 전력하여 단보당 수량의 증대를 목표로 금후 지도를 행할 방침이다.

〈자료 245〉 면작 증산 대불안, 평입(坪入) 본수(本數) 증가와 수량 인상 등, 계획 달성에 적극 지도(조선일보, 1938.11.29, 8면 1단)

총독부 농림국에서는 1942년(昭和 17)에 실면 수량 4억 3,750만 근을 목표로 작부 면적 35만 정보로 확충시킬 계획인데 1938년도의 실적으로 미루어 보아 과연 계획과 같이 진행될는지 그 추이가 크게 주목된다. 즉 1938년도(昭和 13)의 면작 상황을 볼 것 같으면,

작부 면적은 23만 4,221정보로 수확 예상은 2억 1,080만 5,000근이며 단보당 수량은 겨우 93근이다. 1937년(昭和 12)의 실수(實數)에 비교하여 보면 작부 면적에 있어서는 1만 1,050정보의 증가이나 수확으로서는 2,148만 3,000근의 감소이며 단보당 수량도 15근이 감소하였다.

1942년의 제1차 계획까지는 금후 3개년밖에 안 남았는데 이 정도로 진행된다면 작부 면적이나 수확이 모두 현저하게 오류가 생길 것이므로 당국에서는 내년도부터 단보당 수량을 125근 목표로,

1. 재배의 지도 즉 평입 본수의 증가, 1. 추비(追肥)[덧거름]의 독려, 늦어도 6월 말까지는 이것을 완료시키는 한편 유안 외에 가리비료[칼륨비료]를 풍부하게 시비하도록 지도하고, 1. 병해충의 구제에 전력을 다한다 등의 한층 지도에 겸하여 단보당 수량을 인상시키기에 노력하여 가급적으로 기획 목표에 접근토록 기도하기로 되었다 한다.

〈자료 246〉 현행 계획 갱신코 면화를 대증산, 평시 국내 소비고 600만 담(擔)의 3분 1, 200만 담 생산 목표(조선일보, 1939.07.01, 7면 1단)

조선의 면화증산계획은 최종 목표는 작부 면적 35만 정보, 단보당 수량 120근, 평균으로서 실면의 생산고 4억 3,000만 근으로 되어 있는데 조선 내의 자가소비 약 1억 근을 제하면 공판에 출회되어 방적 원료로 공급되는 것은 겨우 3억 3,000만 근, 조면으로 환산하여 약 100만 담에 불과하다. 그러므로 평시의 전 수요고 600만 담의 겨우 1/6을 공급함에 불과하므로 총독부에서는 조선의 전국 유일의 면작지로 섬유 자원이 결핍한 이때에 이의 증산이 중대함에 비추어 종래의 증산계획을 확대 강화하여 외면[외국 면]의 수입을 완전히 구축하려고 구체안을 고구(考究) 중인데 사무 당국에서는 대체로 다음과 같은 계획으로 진행하기로 근본 방침을 결정하였다고 한다.

즉 현행 계획의 최종 목표 작부 면적 35만 정보는 내년도에 있어서 25만 정보에 달하고 있는데 갱신계획에 있어서는 이를 45만 정보로 확대하여 내년도 이후 5개년으로 이를 완성할 방침이다. 따라서 금후 매년 4만 정보의 확장이 필요하게 된다. 한편 단보당 수량에 있어서는 현행 계획으로는 평균 120근을 목표로 하고 있으나 갱신계획에 있어서는 평균 150근을 목표하고 있다. 따라서 최종 연도에 있어서는 6억 7,000만 근의 실면이 생산되게 될 터인데 조선 내의 자가소비를 현재 이상으로 증가시키지 않고 1억 근으로 억제한다고 하면 약 6억 근

의 실면이 공판에 출회될 것으로 이를 조면으로 환산하면 200만 담이 되어 평시 국내 소비고 600만 담의 약 1/3을 공급할 수 있는 계획이다. (…)

〈자료 247〉 면작 증산 적극화 목표코, 병해충을 철저 방제, 종자 소독 약제 살포 등 방법 결정, 각 도에서 실행 방침 지시(동아일보, 1940.02.08, 6면 1단)

조선의 면화 증산은 1940년도(昭和 15)부터 한층 박차를 가하여 전년의 약 28만이던 것이 1940년에는 약 90여만 원의 방대 예산을 계상하고 증산에 적극화를 도모하고 있는데 이에 대한 구체적 증산 방법은 무엇보다도 병충해 방제에 노력하지 않으면 아니 된다 하여 총독부에서는 이에 대한 구체적 지침을 작성하여 면작기를 앞에 두고 이의 철저한 실시를 각 도에 독려하게 되었다 한다. (…)

〈자료 248〉 농사개량 자금에 농업 약품도 추가, 8월 1일부터 실시(동아일보, 1940.08.03, 4면 4단)

총독부서는 증미계획의 수입 실시, 면화증산계획의 확충을 위시로 농업 생산력 확충에 따른 농약품의 수요 격증의 경향에 비추어 본년도부터 농사개량 자금 대출에 농약품을 추가할 방침을 결정하고 8월 1일부터 실시하기로 결정되었다. 그리고 융통 금액은 150원 전후로 보인다.

〈자료 249〉 면작 증산 조성금, 섬유협회에서 교부(매일신보, 1942.04.10, 4면 8단)

조선섬유협회에서는 1942년도(昭和 17) 사업 계획으로 함남북을 제한 11개 도에 대하여 면작 증산 장려에 요하는 경비의 일부를 조성하기로 되어 도·농시[농사시험장]·농회의 종래의 실적과 장래의 계획 등을 고려, 감안해서 대체로 1도당 3,000원을 한도로 하는 조성금을 교부하기로 되었다.

〈자료 250〉 10개년계획 목표로 제2기 면작 대증산 머지않아 소요 예산 재무국에 제출할 터(매일신보, 1942.07.15, 2면 1단)

피복 원료로서 또는 각종 공업 원료로서의 면화의 중요성은 점증되고 있는데 조선에 있어서는 국내 면화 생산의 소량과 외면[외국 면] 수입 사정에 비추어 함남북을 제한 조선 9도를 면작 적지(適地)로 하여 1933년(昭和 8) 이후 20년간에 작부 면적 50만 정보, 생산고 6억 근을 목표로 하여 일대 증산계획을 수립하고 이 계획 실시 기간을 2기로 나누어 계획 실시 초년도부터 10개년간을 제1기로 하여 1942년(昭和 17)까지 재배 면적 35만 정보, 단보당 수량 140근, 총생산고 4억 9,000만 근에 도달하기로 되어 수원 농사시험장을 위시하여 목포, 용강에 면작 시험장을 설치하여 품종 개량과 병충해 구제의 시험을 하는 동시에 일반 보급에 노력하여 오는 1942년으로써 계획 연차를 완료하기로 되었다.

이제 계획 실시의 실적을 보면(단위 100만 근),

▲ 1935년(昭和 10) 213 ▲ 1936년(昭和 11) 137 ▲ 1937년(昭和 12) 240 ▲ 1938년(昭和 13) 210 ▲ 1939년(昭和 14) 210 ▲ 1940년(昭和 15) 186

의 숫자를 보이어 목표 달성에 도달치 못하였는데 원인으로서는 식량 밭작물 작부 면적의 확대에 의한 면작 경지 확대의 불원활, 기후의 불순 등을 들게 되는바 제1기 계획의 완료에 따라서 농림국에서는 제1기의 실적을 검토하여 증산 필기(必期)의 제 조건을 참작하여 제2기 10개년계획을 헤아려 정하고 이에 따른 예산을 편성하여 재무국에 제출하기로 되었는데 신계획 수립에 있어서는 다음의 제 조건을 고려하기로 되었다.

1. 작부 면적 확대의 곤란에 비추어 경종법 개선에 주력을 경주하고 단보당 수량의 증가를 도모한다.
2. 적지 적작에 대한 신중한 검토를 한다.
3. 내동아공영권의 면화 사정을 참작하여 북방 자원권이 면화 산지로서의 본령을 발휘할 제 사정을 계획, 참작한다.

② 경찰 정보 보고를 통해 본 면화 생산 농제

〈자료 251〉 농민(朝鮮總督府警務局經濟警察課, 1941.4.19, 「農民」, 『情報週間展望』 6집, 740쪽)

덕천군에서는 면, 뽕나무, 양귀비, 조 등의 작부 면적의 확장 쪽으로 지도 중이다. 하지만 일반 농민은 현재 손 부족 시 이와 같이 장려될 때에는 야채류의 재배에도 곤란이 생김에 이르러 도저히 이를 경작할 수가 없다고 하여 불평을 흘리는 자가 있다. (경기도)

〈자료 252〉 농촌 청년의 혐농(嫌農) 경향(朝鮮總督府警務局經濟警察課, 1941.5.10, 「農村青年ノ嫌農傾向」, 『情報週間展望』 9집, 770쪽)

최근 농촌 청년 중에 경제 통제 강화를 싫어해 도회지 진출을 기도하는 경향이 간취되고 있지만, 이러한 종류의 이농 청년으로부터 농촌 청년에 대하여 다음 요지의 통신을 했던 것을 발견했다.

－기(記)－

1. 농작물을 자기 마음대로 경작하는 것도 가능하지 않고 모두 관의 작부 규정을 받는다.
2. 양곡배급소 설치의 결과 양곡조합에 일단 판매[한 다음] 구입해 먹는 상태다.
3. 어떤 물품이라 하더라도 공동판매를 하고, 배급품 이외에는 구매하지 않는다.
4. 평야는 양귀비, 대마, 면화 거리로 바뀌어 다른 농작물은 허락되지 않고 겨우 화전이 있을 뿐이다. (황해도)

〈자료 253〉 강우와 면작 상황(朝鮮總督府警務局經濟警察課, 1941.06.28, 「降雨ト棉作狀況」, 『情報週間展望』 17집, 876쪽)

본년도 육지면 파종은 예정 면적(파종 면적 2만 4,431정보)에 도달하여 증수를 기대하고 있던 바, 다우(多雨)의 영향과 종자가 양질이 아님에 의하여 발아 성적이 극히 불량했다. 특히 최근 장마는 도내 전반에 걸쳐 탄저황반병(炭疽黃斑病) 등의 발생을 야기해, 이것의 피해 면적이 이미 850여 정보의 광범위에 달했다. 조급하게 기후가 회복되지 않는 한 피해는 더욱더 확대될 경향이 있어서, 관계 당국은 약액(藥液) 살포, 추파(追播), 개파(改播) 등 대책에 부심 중이다. 하지만 상당한 감수는 면하기 어렵다. 이에 따라 공판 수량에도 악영향을 미칠 바가 있을 뿐만 이 아니라, 본 면작은 다른 농작물에 비해 이윤이 근소하기 때문에 농민들 중에는 이것의 경작을 기피하는 경향이 엿보이는 이때 마침 최근의 흉작은 금후 면작 장려상에서도 지대한 악영향이 있다. (충청북도)

(2) 면화 생산 통제 내용

① 면화재배손실보상제 실시

〈자료 254〉 면화 재배 손실 보상, 농가 수익의 안정을 도모(대동출판사, 농업조선 1권 1호, 1938.1, 57쪽)

조선 면화의 증산 장려에 관하여는 1933년(昭和 8)에 적극적 계획을 실시한 이래 각 방면의 시설 충실에 따라 극히 순조로운 성적을 보이고 금년도 실면 생산은 2억 4,000만 근의 최고 기록을 나타내었다.

그런데 종래 면화 가격은 완전히 해외 주산지의 풍흉 혹은 세계 경제 사정의 변동에 좌우되어 가격의 등락이 격심하여 농가의 수익이 불안정하고 항상 변식은 위험시되어 예정 계획상 지장이 적지 않으므로 총독부에서는 면가(綿價)의 폭락을 방지하며 어느 정도의 농가 수익을 안정시킬 필요를 느끼어 그 구체 방법에 대하여 여러 가지 연구를 거듭한 결과 1937년(昭和 12)도 이후 도농회로 하여금 면화 재배 손실 보상에 관한 시설을 시키기로 하여 1937년 12월 1일부로 각 도에 통첩하였다. 이 시설의 요점은 온전히 상호 공제의 정신에 기하여 면가가 일정 가격 이상으로 올라갈 때는 판매자로 하여금 그 초과액의 일부를 적립시키고 일정 가격 이하로 하락할 경우에는 이 적립금으로 그 가격에 달하도록 보상하며 또 이때 적립금이 부족한 경우에는 실면 1근당 1전씩을 한도로 국고 보조금을 교부하기로 한 점에 있다.

그리고 적립금 적립과 보상금 교부의 한도 가격은 각각 각 등 평균 가격 13전과 7전으로 결정되었는데 이는 일정, 부동의 것이 아니라 경제 사정 변화에 따라서 적절히 갱개(更改)할 것으로 생각된다. 지나사변[중일전쟁]을 계기로 하여 국제수지 적합을 위하여 혹은 군수의 원활을 기하기 위하여 각종 원료 자원 자금은 금방 필요한 일로써 그중에서도 면화에 대하여는 특히 국내 증산의 절실한 필요가 있는 것으로 면화 재배 손실 보상 시설이 적절한 운용에 의하여 금후 일반 농가에서 면화의 증산에 성신하기로 되었다.

② 조선면화증산계획 확충

〈자료 255〉 조선면화증산확충계획(千田貞雄, 1940, 「朝鮮の棉花增産擴充計畫」, 朝鮮 303호, 22~26쪽)

(…)

1933년(昭和 8)에 이르러서 남면북양정책의 하나로 조선 내 면화의 증산에 더욱더 박차를 가하게 되었다. 즉 일조유사(一朝有事) 시를 대비하고, 원면 수입 방지에 기여하며, 반도[조선] 농가의 경제 향상을 계획하는 것을 목적으로 하여, 1933년(昭和 8)부터 20개년간에 면적 50만 정보, 실면 생산고 6억 근에 달하게 하고자 하는 면화증산계획을 수립한 것이다. 본 계획은 이것을 2기로 나누고, 먼저 제1기 계획은 1942년(昭和 17)의 목표를 면적 25만 정보, 실면 생산고 2억 5,000만 근으로 하여 1933년부터 이것의 실시에 착수했다. 하지만 아국[일본]의 면화 자원 증산은 주위의 정세에 의하여 더욱더 그 긴요성이 증가하여 본부[조선총독부]에서도 이러한 급속 증산의 필요를 인정했기 때문에, 1934년(昭和 9)에 제1기 계획의 목표를 면적 35만 정보, 생산고 4억 2,000만 근으로 증대했다. 그러한 동시에 이에 따라 장려 구역을 확장하고 장려시설을 충실하게 하여 계획 관철을 기하기로 되었다. 그 후 1937년(昭和 12)에 이르러서 계획 진척의 실적과 면화 증산의 중요성 가중에 비추어 생산 목표를 다시 4억 3,700만 근으로 증가시켜 본년도에 이르렀다.

본 계획 실시 이래 본년까지 7개년을 경과하여 왔다. 그러한 사이에 1936년(昭和 11)의 대수해, 작년도의 한해 등 계획 실시상 반드시 은혜를 받은 해는 없었지만, 작년도에는 면적 25만 정보에 달하여 생산고가 희유의 한발을 입었다. 특히 주요 면산지인 남선[조선 남부] 지방에서 그것의 정도가 심하고, 이것이 전체의 생산고에 영향을 미쳐서 겨우 2억 1,000만 근에 불과하여 성적은 매우 나빴다. 그렇지만 판매고는 1억 4,700만 근 정도에 달하여, 조선의 레코드(record)을 세웠다. 이것을 1933년 계획 수립 당초와 비교해 본다면, 면적에서는 약 6할 증가, 생산고에서는 3할 6푼 증가하고, 판매고는 실로 3배여에 달했던 것이다. 작년에는 이로부터 조선 내 방적 미면[미국 면] 원료를 충족함은 물론이고 내지와 만주로 수이출해 면화 기근 완화와 외면[외국 면] 수입 방지에 기여할 수가 있었던 것은 실로 국가를 위해 기쁘지 않을 수가 없다.

애초에 조선면화증산계획의 목적은 조선 내의 면화 증산에 의하여 일조유사(一朝有事)에 대비하면서 아국 방적 공업의 원면 자급에 이바지하는 한편, 이를 통해 농가의 현금 수입을 증가시켜서 경제를 향상시킴에 있었다. 즉 조선의 면화는 농가의 현금 작물로, 이것을 자가소비로 낭비하는 일이 없이 되도록 판매케 하여서 앞에서 기술한 용도로 사용하게 함을 목적으로 하였던 것이다. 결국 면적 확장, 생산고 증가는 판매고 증가의 한 가지 수단이라고 생각할 수 있으며, 이와 같은 의미에서 말하자면 판매고가 보여 주는 숫자의 여하는 반도 면화 계획의 성부(成否)를 드러내 주는 바로미터가 된다. 원래 조선 농가 자가소비고는 인구의 증가에 따라서 다소간은 증가하는 경향이 있다고 말할 수도 있다. 하지만 그러한 수치는 면화 가격 등락, 일반 농작물의 풍흉 및 농작물 가격 정도에 따라 이것 이상으로 좌우되는 실상이다. 대체로 매년 1억 근 정도 되고 있던 판매고가 작년에는 1억 4,700만 근에 달하여 자가소비는 불과 6,300만 근 정도에 불과했다. 이는 물론 작년의 한발에 의해 일반 농작물이 흉작을 입었고 면화의 가격이 비교적 저렴하였다는 사실도 중요한 이유로 들 수 있다. 하지만 면화가 군수상 극히 필요하여 현재 성전[중일전쟁] 수행에 총후(銃後) 봉공(奉公)[37]으로서 이것을 군수로 공출한 것으로, 면화 생산자의 광영(光榮) 있는 책무라는 자각, 현재 경제계의 정세에서 보아 1근이라 하더라도 자기가 생산한 면화가 외면 수입 방지에 도움이 되기를 바라는 강하게 긴장된 기분에 의하여 이뤄진 바임도 결코 간과할 수 없는 사실이다. 이는 단지 면화 판매고 증가 이외에, 반도 농민의 정신적 방면의 현저하게 경사스런 현상으로, 실로 흔쾌하지 않을 수가 없다. 그러한 동시에 장래를 향하여 든든한 마음을 느끼게 하고 있다.

성전 3년을 맞아서 시국은 더욱더 중대화되었다. 현재 국제 정세가 더욱더 면화 자원 개발과 확보에 중요성과 긴요성을 더하고 있다는 실정에 비추어, 본부는 본년도부터 1942년(昭和 17)까지의 3개년간에 면화의 급속 증산을 꾀하는 것으로 했다. 이에 면화증산확충계획을 수립하여 1942년(昭和 17) 생산 목표를 실면 4억 9,000만 근(단보당 140근)으로 확대하고, 이를 통해 면화 판매고를 한층 더 기하는 것으로 되었다. 이에 따라 기술 지도망을 충실하게 하는 한편 각종 지도시설의 확충을 꾀하여 계획의 달성에 매진하는 것으로 되었다. 본 계획은 지도의 중요점은 품종 개량과 이것의 보급, 비료의 합리적 시용 및 시용량의 증가, 병충해의 구제, 예

37 원문: 御奉公公.

방에 두었다. 나아가 조선 면화 재배의 원동력인 부인의 기술 향상에 두었다.

원래 조선의 면화는 일반적으로 남선에 육지면, 서북선[조선 서북부]에 재래면이라는 관념이 있었다. 하지만 1933년(昭和 8) 계획의 수립과 동시에 농사 시험 기관의 신설, 확충을 하여 여러 가지 연구를 수행했다. 이러한 결과에 의하여 서북선 지방도 재배 방법을 개선하도록 됨에 따라서, 육지면 재배가 충분히 가능함에 판명되고 육지면 품종 개량에 의해 조숙하고 수량도 많을 수가 있어서 육지면 재배가 안전하게 가능해진 것이다. 현재에는 평안남북도에서도 육지면을 재배하고, 함경남도 북부, 북청군에서도 육지면이 보이게 되어서, 조선 면화의 품질 향상과 생산량 증가에 기여하는 바가 크다. 이것에 비추어 한층 더 개량종의 보급에 노력하고, 기술적으로 육지면 재배가 절대적으로 불가능한 지방을 제외하면 가급적 이것의 보급과 장려를 꾀하게 되었던 것이다. 더구나 이것을 보급함에 있어서는 맥[보리] 간작[사이짓기], 육지면 재배의 방법을 채용하는 것으로 되고 있어, 현재 식량 문제가 성가신 때 이것과 적절히 매치하여 갈 수 있다. 생산량 증가에 있어서 비료의 합리적 시용과 [비료의 시용]양 증가가 빠져서는 안 된다는 것은 여기 말할 것도 없다. 본부[조선총독부]는 수년 전부터 토성 조사를 전 조선에 걸쳐 실시하고 있다. 먼저 밭에서는 면화 지대에 대하여 이것을 행하고, 그곳의 토성을 상세하게 분석, 조사하여 이에 따른 비료를 농회로 하여금 배합, 배포하게 하고 있다. 장래는 이것을 한층 더 강화하고 시용 방법 지도에 전력을 다하려는 생각이다. 최근 농가 면화 기술의 진보는 당연히 비료의 시용량에 증가를 초래하여, 1933년도 단보당 금비량은 불과 800문 정도에 불과하였지만, 지난 1939년도(昭和 14)에는 단보당 약 4관여로 증가하고 있다. 이를 다시 4~5관 정도로 인상할 계획으로 나아가고 있다. 또한 병충해 구제에 대해서는 종래 시행해 온 「해충예방규칙」을 더욱 강화하여 방제해야 하는 해충의 종류를 늘리는 동시에 새롭게 병균도 더하고 필요한 경우는 강제적으로 척척 구제 예방을 하도록 하기로 했다. 그러한 동시에 약제 구입, 분무기 구입 등에 대하여 조성금을 교부하고, 혹은 이것의 구입 알선에 힘쓰는 것으로 되었다. 원래 조선의 면화 생산에 종사하는 자는 그들 대부분이 부녀자로, 남자는 경운 혹은 비료의 운반 등에 종사할 뿐이고, 파종으로부터 수확에 이르기까지의 거의 모든 작업이 부녀자 손에 의해 이뤄진다. 이것은 다른 작물과 뜻을 크게 달리한다. 그러한 동시에 또한 반도 농업의 노동력 분배 혹은 잉여 능력 경제화에 면작이 중대한 역할을 갖는 이유기도 하다. 각 도에 대하여 부락마다 부인 공동 경작지를 설치하게 하고, 이에 따라

지도 기술원은 실지에 대하여 계절, 계절의 기술을 습득케 하기로 하고 있다. 현재 많은 경우 1도 2,000곳, 적어도 수백 곳, 이러한 종류의 공동 경작포를 설치하고 있다. 장래에 이러한 시설에 대해서도 한층 더 강화, 철저를 꾀하는 것으로 했다.

계획 당초 본년도 성적은 현재 예상 가능한 정도로는 나아가고 있지 않다. 하지만 본년도 파종 시용 종자 수량으로 추정하면 면적은 약 30만 정보에 달하여 작년도에 비해 2할 정도의 증가를 보였다. 파종 당시 남선 지방에서 한발의 기미가 다소 있던 곳도 있었지만, 그 후의 강우에 의하여 완전히 해소되었다. 최근 강우 계속에 의하여 수해를 입어서 생육도 건전하지 않은 곳이 생겼지만, 조선 내의 전체로서 영향을 미치는 정도도 아니다. 남선 지방 주요 면작 지대에는 개화도 작년보다 1주간 정도 빠른 곳이 있어, 금후의 기후로 재해를 입는 곳이 없다면 본년도 면화는 다행히 앞길을 예상하게 하는 바가 있다.

본 계획의 각종 시설과 지도 요강을 실시함으로써 현재 생산고를 4억 9,000만 근, 즉 단보당 환산 140근에 달하게 하려 한다. 조선의 단보당 수량은 남선[조선 남부] 지방에는 중위 면밭 평년의 평균이 대개 120근보다 내려가는 바가 없고, 경남의 어떠한 군과 같은 경우 작년 한발에서조차 1군 평균 135근의 평균을 거둘 수가 있었으며, 1937년(昭和 12)에는 180근에 달하는 성적도 있었다. 따라서 단보당 수량을 전면적으로 140근으로 끌어 올리는 것은 기후로 심히 재해를 입지 않는 한 충분히 확신할 만하다.

이상은 대체로 조선면화증산확충계획의 내용이다. 우리는 국산[일본산] 면화의 유일한 생산지라고도 할 수 있는 반도의 중요한 사명에 비추어, 제1기 계획의 완성 후에 다시 이어 이것의 실적에 비추어, 장래를 향하여 증산에 매진할 생각을 갖고 있다. 지금 북지[화북]로, 중지[화중]로 면화 자원의 개발이 착착 진척되고 있고, 이웃 나라 만주국도 이러한 증산에 매진하고 있는 것은 면화 자급의 충족상 실로 기쁘지 않을 수 없다. 반도 면화 관계자로서는 이러한 각지와 충분히 연락을 긴밀히 하여서 그들의 장점을 취하고 우리의 단점을 메우고 싶다고 염원하는 바이지만, 금후 반도 면화의 증산에 대하여 일반 각 방면의 후원과 지원을 간절하게 바라 마지않는 바다.

〈**자료 256**〉 농업기구의 기저에 흐르는 것(久間健一, 1943, 「農業機構の基底を流れるもの」, 『朝鮮農政の課題』, 成美堂書店, 8~11쪽)

(…)

권력적 농업 개발은 미작 농업뿐만이 아니다. 다른 하나의 예를 면작에 대해서 살펴본다. 조선에서 면 장려를 시작한 시기는 1906년(明治 39)경이지만, 이렇게 새롭게 도래한 작물을 농민에게 재배토록 하는 것은 용이치 않았다. 이로 인해 당시에는 헌병이나 순사까지 동원하여 강제적으로 재배하도록 하였던 것이다. 이뿐만 아니라 면을 재배하지 않는 농가에서 보리나 콩을 짓고 있는 것은 강제적으로, 콩이나 보리를 발로 밟아 쓰러뜨린 일이 한두 번의 일은 아니었다. 최후에는 관헌의 생각을 체화하여 면을 짓는 것에 대해서는 장려금을 교부하는 정도였다.* 가장 극단적인 경우에는 태형으로 면화 재배를 강제한 다음의 일문(一文)에 의하여, 그러한 개발이 얼마나 강력하였는지를 알 수 있을 것이다.

> 전남 진도는 고래 통치하기가 어려운 지방이어서 도저히 육지면 재배 등에 대해 들어주지 않았기에, (중략) 군청에서 군수를 방문하여 부탁해 재배자를 물색하여 불러내고, 반드시 파종하게 엄중히 분부했다. 그러나 완고히 좀처럼 응하지 않았다. 거기서 군수는 여기에 태형을 명했다. 처음에는 가볍게 때리도록 했지만, 여전히 승낙을 하지 않아 점점 강하게 때리게 하여 볼기를 20회 때리도록 하였으며, 상당히 국부(局部)가 빨갛게 부어 오를 쯤이 되자 드디어 항복해 파종하길 승낙했다. (중략)
>
> -지바 기치야(千葉喜千彌) 씨 담화

금일에도 면작 장려에서 이러한 강제는 그것의 모습이 다름 없이[38] 여전히 존재한다. 소위 '면화증산계획'은 도, 군, 면으로 계통적으로 수립되어서, 부락[촌락]에는 적지(適地) 선정이란 이름 아래에서 개개 농가 경작지에 면의 재배 면적과 씨명을 기재한 말뚝이 반강제적으로 세워지게 되었으며, 일단 씨가 뿌려지자 적심(摘心)[39], 적아(摘芽)[40], 시비, 제초 등등 재배 기술 세부에 걸쳐서 농후한 강제적 지도가 더해졌다. 거기에는 농민의 자주적인 행동의 형상은 거의

---

* 『朝鮮農會報』(제9권 제11호), 施政二十五周年記念, 農事回顧座談會號, 9, 20, 36쪽.

38 원문: 異れ(문맥상 "달리"가 아니라 "다름 없이"로 해석)

39 성장이나 결실을 조절하기 위하여 순을 치는 작업.

40 작물의 성숙을 빠르게 하고자 필요 없는 순을 따는 작업.

보이지 않는 것이다. 그것은 마치 남부 아메리카 면 재배 지방의 크로퍼(cropper)의 그것과도 유사하다.

이렇게 생산된 면화는 판매 시장에 강세되었다. 관헌은 재배 면적과 장황에 따라서 수확량을 예정하고 판매할 수량을 정하여라고 하기보다는, 미리 정해진 연차 계획에 따라 예정 판매 수량 실현에 남다른 노력을 기울여 목적의 관철에 결사적 활동을 했다. 거기에는 때때로 관할을 달리하는 양 관헌 사이에 판매 면화 쟁탈에 있어서 싸움이 빚어지는 것도 있다. 그리고 추세상 예정 판매 수량 실현을 위하여 지도자는 재배 농가 가옥을 점검해 은닉한 면화의 수색을 강행하는 것도 있다.

나아가 면작의 권력적 강제와 관련하여 주의해야 하는 바는 조면기의 사용 금지, 수납이다. 이것은 자급을 억제해 면화를 판매 시장에 강제 동원하도록 하기 위해서는 필요 불가결한 것이었다. 당국은 여러 수단을 통해 농민의 조면기 사용을 금지했다. 여기에 농민의 자연 경제에 대한 강력한 파괴 작용의 하나의 단면이 보인다.

조선 면작, 그중 외래적인 육지면은 농민에 있어서는 미지의 작물이고, 이것의 재배는 경험하지 못하였던 것이었다. 더구나 자급 경제에 익숙하였던 농민 경제로서는 면화 같은 판매 작물의 경제상 지위를 이해하기 곤란했다. 이에 겨우겨우 자연 경제적인 고성(孤城)을 지키는 농민 경제에 대하여 외래적인 화폐 경제의 침입이 전개된다. 모든 것은 이해가 필요치 않았다. 아니, 그러한 답답한 일은 일본인적 성격이 허락하지 않았다. 거기 필요한 것은 단지 강제뿐이었다. 금일의 면화 증산 결과는 오로지 이러한 강제에 의한다고 말해도 과언이 아니다.

조선 면화증산계획은 1928년(昭和 3)으로 제2기 계획을 종료하였지만, 1933년(昭和 8)에 이르러 신규로 면화증산계획이 수립되어, 최근 국제 정세에 비추어 본방[일본] 면화 자급을 꾀하기 위하여 면화 증산은 더욱 박차를 가하는 중이다.* '남면북양'이라는 우가키(宇垣) 슬로건의 선전이 그것이다. 이와 같이 조선에서 면화 재배는 더욱 농민에 대한 강제를 강하게 하였을 뿐이다. 그런데 최근 국방 경제적 자급정책 강화는 면화의 강력한 증산에 가속도를 더욱 높이고 있다.

사람들은 조선총독부의 통계표에 나타난 면화의 작부 면적 및 수확고의 시정 이래 발전

---

* 朝鮮總督府, 1934, 『朝鮮の農業』, 71쪽.

정도를 주의 깊게 보지 않으면 안 된다. 그것은 농업 생산 체계에서 자본주의적 분화의 재편성이고, 자연 경제의 해체에 의한 상품 경제로의 전화이다. 조선의 농업 경제의 이러한 해체, 전화는 단지 면화뿐 아니라 쌀, 고치 등 판매 작물의 강제적 증산 정책의 결과에 의한 것이다. 하지만 이러한 권력적, 관청적 농산 개발의 충격이 농민 경제의 화폐 경제화 제일선과 병행하는 바로, 권력적 개발이 가지는 반면(半面)의 의의를 보일 수가 있다.

(…)

2. 면화 유통정책

1) 1910년대 면화 공동판매제도 정비

(1) 개관 및 해제

1912년 육지면재배6개년계획이 수립되어 육지면 종자의 갱신, 육지면 종자의 배부, 자가채종 장려, 면작조합 설치, 모범작포 설치 등이 추진되자, 1913년부터 면업회사가 창립되거나 조면공장이 건설되었다. 조선면화주식회사, 목포면업주식회사, 천평면업주식회사는 목포에서 조면공장을 신설했고, 스즈키상점(鈴木商店)도 대구에서 조면공장을 신설했다.[41] 이에 더해 조선면화주식회사, 목포면업주식회사, 천평면업주식회사는 1918년 합동하여 조선면화주식회사를,[42] 미쓰이물산(三井物産)과 조선방적은 1919년 합농으로 출자해 남북면입주식회사를 설립했다.[43] 이에 따라 1910년대 후반 면업회사로는 조선면화주식회사, 남북면업주식회사, 스즈키상점이 존재했다.

면업회사가 창립되거나 조면공장이 건설되면서 면화 공동판매제도가 정비되었다. 1912년에는 인위적 조악품의 근절을 목적으로, 목포상업회의소가 「면화검사규칙」을 제정했다. 이를 통해 재래면의 수분 유무, 토석 · 기타 혼합물 유무에 대하여 검사를 행하게 했다.[44] 1913년에는 인위적 조악품의 제거와 육지면과 재래면의 혼합 방지 목적으로, 전라남도가 「면화단속규칙」을 제정하고, 목포상업회의소가 「면화검사규칙」을 개정했다. 이를 통해 육지면 실면과 재래면 실면의 혼합을 막기 위한 설비를 하게 하고, 도 · 부 · 군 직원, 경찰서원이 단속을 실시했다. 다만 목포상업회의소의 「면화검사규칙」의 경우 1915년 매수인 지정 공동판매

---

41 〈목포 면화 회사 개업〉, 《매일신보》 1913년 5월 17일; 〈목포 신설 조면공장〉, 《매일신보》 1913년 9월 10일 ; 〈면작 공장 개시기〉, 《매일신보》 1913년 9월 20일; 〈경남면과 목포, 목포 3회사의 발전〉, 《매일신보》 1916년 4월 29일.

42 《매일신보》 1918년 6월 23일, 〈면업회사 합동〉.

43 《조선시보》 1918년 9월 16일, 〈전남과 면화업, 미쓰이(三井), 스즈키(鈴木)의 대방자(大放資)〉, 《매일신보》 1919년 1월 30일, 〈남북면업회사 출원〉.

44 小早川九郎, 1959, 『補訂 朝鮮農業發達史: 政策篇』, 友邦協會, 166-168쪽.

제의 채택으로 철폐되었다.[45] 전라북도, 충청북도는 1918년, 경상남도는 1922년, 경상북도, 충청남도, 황해도는 1924년 「면화단속규칙」을 제정했다.[46] 이외에도 면작조합, 면화판매소 등이 설치되었다.[47]

1910년대 면화 공동판매제도 정비 내용은 《매일신보》, 《경남일보》, 《부산일보》, 《조선시보》 등에 보도되고 있다. 《매일신보》는 조선총독부 기관지 성격의 언론이었다. 《경남일보》는 1909년 진주에서 한국인이 창간했던 신문이다. 1909년부터 1915년까지 간행되었다. 김기태, 김홍조, 황철, 김영진, 장지연 등이 참여했다.[48] 《부산일보》는 1907년 부산에서 일본인이 창간했던 신문이다. 《경성일보》, 《조선신문》과 더불어서 조선의 3대 일본어 신문으로 손꼽힌다. 《조선시보》는 1892년 부산에서 일본인이 창간했던 신문이다. 《부산상황(釜山商況)》으로 창간되고 《동아무역신문》으로 재편되어 휴간되었다가 1894년 《조선시보》로 재편되었다.[49]

고바야카와 규로(小早川九郎)는 1912년 도쿄제국대학 농과대학 농학실학과를 졸업하고 1914년 조선농회 이사, 1918년 조선총독부 권업모범장 기수, 1919년 조선총독부 식산국 기수, 1921년 규슈제국대학 농학부 조수, 1926년 미야자키고등농림학교 교수를 역임했다. 1929년 미국으로 유학하고, 1930년 영국과 루마니아에 체류했으며, 1936년 조선으로 돌아왔다. 1937년 조선농회 기념 사업 『조선농업발달사』 편찬 주임을 맡아 1944년 『조선농업발달사』를 편찬했다. 『조선농업발달사』는 1944년 정책편과 발달편의 2권으로 발간되고, 1959년 보정되어 정책편, 발달편, 자료편의 3권으로 재발간되었다. 시기는 1906년부터 1936년까지를 다뤘다.

---

45 小早川九郎, 1959, 『補訂 朝鮮農業發達史: 政策篇』, 友邦協會, 230-233쪽.

46 권태억, 1989, 『한국 근대 면업사연구』, 일조각, 139쪽.

47 〈전남면작조합〉, 《매일신보》 1912년 7월 14일; 〈면작조합의 창립〉, 《매일신보》 1913년 2월 11일; 〈전남 면화판매소〉, 《매일신보》 1913년 9월 6일.

48 이상의 내용은 최윤경, 2017, 「1910년 전후 『경남일보』의 사회개조론과 정치적 성격: 신문발행 참여자의 성향과 사설분석을 중심으로」, 『지역과 역사』 41, 부경역사연구소 참조.

49 국사편찬위원회, 식민지 시기 일본인 발행 신문 해제.

(2) 신문 기사를 통해 본 면화 공동판매제도 정비

〈자료 257〉 조선면화회(경남일보, 1911.04.29, 3면 2단)

도쿄(東京)에서 조선면화회사[조선면화주식회사] 창립위원회는 지난 21일 동 사무소에서 개회하고 주식 신청 및 할당, 판납기(辦納期)[50]와 기타 취급할 은행 지정 건 등을 부의하며 간부에게 일임하기로 결정한 후에 산회하였다더라.

〈자료 258〉 면화 회사의 근황(매일신보, 1911.05.26, 2면 4단)

조선면화재배회사[조선면화주식회사]는 이미 보도한 바와 같이 지난 1일부터 15일에 이르는 사이에 증거금 2원 50전의 납부를 결행하였는데 동 주의 시가는 판납 금액보다 20~30전이 저락한 고로 증거금의 납부가 정체하여 작금에도 3할여의 미납부자가 있으므로 법정의 기일되는 본월 말일에 독촉장을 발하여 1차 독촉하되 만약 불응하는 시는 발기위원이 이를 인수하기로 결정하고 지연하여도 다음 달 20일에는 창립 총회를 열고 회사를 성립할 터라더라.

〈자료 259〉 조선면화주 응모의 호황(매일신보, 1912.04.24, 2면 5단)

소노다 야스가타(園田安賢) 남작, 송병준 자작, 도모쓰네 고쿠사부로(友常穀三郎) 씨 등이 중심이 되어 창립한 자본금 200만 원의 조선면화주식회사는 총주 4만 주 중 3만 주를 발기인이 담당하고 다른 1만 주를 공모에 부친바 내지에서는 이미 1만 주의 성황을 띠고 조선에서도 비상히 환영하여 오는 25일을 한도로 함에도 불구하고 이미 그 공모 수 이상에 달하였으되 오히려 응모자가 날로 늘어난다더라.

〈자료 260〉 전남면작조합(매일신보, 1912.7.14, 2면 2단)

전남도청에서는 육지면의 보급 장려를 기도할 목적으로 관내의 면작지 광주군 외 19군에 걸쳐서 주요한 장소에 면 채종포(採種圃)의 설치를 봄에 이르고 나아가 면업자의 편리를 주기 위하여 앞에서 기술한 각 군에 면작조합을 설치하고 이 조합에 향하여 삭시 금융조합으로부

---

50 금전, 물품 등을 변통하여 납부하는 기간.

터 저리의 자본을 융통케도 하며 또 수확물에 대하여는 창고 보관, 위탁 판매, 농구, 비료의 구입 대여 등 각종의 편의를 주고 우량한 육지면의 경작자를 보호상에 유감이 없게 함을 기하여 1금융조합의 자금으로 면작자의 희망에 부응할 수 없는 시는 시의에 따라서 농공은행으로부터 금융조합의 저리와 같이 대부케 할 방침이라더라.

〈자료 261〉 목포의 면화 검사(매일신보, 1912.11.15, 2면 5단)

전남도청에서 「면화취체[단속]규칙」을 도령으로 발포함은 이미 보도한 바거니와 목포에는 현재 면화의 출회가 왕성한 계절인 고로 다수의 회착품(回着品)을 일일히 검사할 터인데 전문가가 아니면 곤란을 느끼므로 하시모토(橋本) 부윤은 도청에 향하여 면 채종포(採種圃) 기수 5명 이상을 현재 파견하기로 신청하였다더라.

〈자료 262〉 목포 면화회사 개업(매일신보, 1913.05.17, 2면 3단)

남작 소노다 야스가타(園田安賢), 자작 송병준, 우치다 료헤이(内田良平), 시노즈카 마코토(篠塚信) 씨의 주창에 관계된 조선면화주식회사는 내지에 대한 재계 핍박으로 인하여 일시 곤란한 상태에 있더니 제국의회에 대한 조선 면화 재배 장려의 결의 등에 의하여 다시 부활하여 자본금 150만 원을 100만 원으로 줄이고 전부의 납입을 종료하는 동시에 본사를 도쿄(東京)에서 오사카(大阪)에 옮겨 두고 이미 개업의 준비가 완전히 정돈하였다 하므로 근일 지점을 목포에 설치하고 면업회사에 대항하여 일대 면조(棉繰) 공장을 설치하며 또 특수한 금융 방법을 강구하여 별도로 부업을 겸영하여 전남을 중심으로 하고 조선에 대한 면업에 공헌할 바가 있으리라더라.

〈자료 263〉 전남 면화판매소(매일신보, 1913.09.06, 2면 6단)

전남 관내 면화판매소의 설치에 대하여는 현재 각 부 · 군에서 독려 선정하였는데 확실히 들은 바에 의하면 지도(智島)와 같이 다수 도서로 성립한 군은 1군에 십수 개, 해남과 같이 조성지(早盛地)요 또 면적이 넓은 땅에 7~8개소를 설치할지나 대체상 1부 · 군 3~4개소를 표준으로 70개소 내외의 설치를 보겠고 판매소는 집단적 재배지로 선정된 1부 18군에 한하고 기타지(其他地)에는 설치하지 아니한다더라.

〈자료 264〉 목포 신설 조면공장(매일신보, 1913.09.10, 2면 4단)

두세 차례 보도한 목포 신설 조면공장은 목포면업회사라 칭하기로 결정하고 창립위원장 기무라 다케오(木村健夫) 씨 외 6명의 인수 구수는 이미 확정하여 자본금 20만 원, 4,000구 중에서 발기인 및 찬성인 인수 구수를 제하고 기타 나머지 수를 일반에 공모할 예정인데 각 인구 구수에 대한 납입 방법은 본월 10일 신청과 더불어 증거금 2원 50전을, 9월 30일에 5원을, 10월 30일에 5원, 조합 3회에 구분하고 1구 12원 50전을 납입케 한다 하며 또한 동사 건축 부지는 목포상업회의소 소유에 관계된 남해안통의 토지로, 동력은 목포전등에서 공급하기로 내정하였는데 특히 전동력의 특장으로 한 바는 기관실, 기타 건축비를 제한 외 발동기의 거부(据付) 시 극히 협애한 장소로도 족하다더라.

〈자료 265〉 면작 공장 개시기(매일신보, 1913.09.20, 2면 5단)

목포면업사는 이미 보도한 바와 같이 지난 15일에 중역 제씨가 공회당에 참집하여 공업토록 개시에 관한 제반의 협의를 행하였는데 건물은 공장, 기타 부속사(付屬舍)를 합하여 260여 평으로 현재 견적서에 비춰 보고 조면 기계는 50대를 설치할 터인데 이미 오사카(大阪) 제작 공장과 교섭하였은즉 타전(打電)과 동시에 제작에 착수하겠고 일절의 준비를 종료할 시기는 10월 하순인즉 늦어도 11월 상순부터는 영업을 개시하여 공장을 운전할 터이오, 도 당국의 면화 지정 매각 및 구역의 분배는 9월 20일로 결정할 터이므로, 면업사에서는 2~3일 중 중역 1인을 광주로 향하게 하여 도 당국과 면회하여 조합 성립에 관한 보고를 하고 아울러 영업 개시에 따라서 제반의 협의를 행하리라더라.

〈자료 266〉 경남면과 목포, 목포 3회사의 발전(부산일보, 1916.04.29, 2면 8단)

전남 목포의 전병, 소신, 목포의 3면업회사는 단지 전남에 그치지 않고 전 조선에 세력을 늘리고자 하는 계획이 있어, 이미 본도에는 당장 부산의 다나카 젠(田中善) 공장과 특약하여 작년 이래 그것의 조면을 경영해 오고 있다. 나아가 지난번 동 공장 매수의 계약이 이뤄져 경남도청에 대하여 매수 방면에 대하여 여쭙는 중이다. 수일 전 그것의 지령을 얻은 것인지 결국 본년부터는 3회사 명의로 규모를 확장해 동도의 면작에 공헌하기 위해 현재 이에 따른 제반의 준비 중이라 한다.

〈자료 267〉 대구에서, 면화판매소 설치(매일신보, 1916.09.28, 2면 8단)

경북도청에서는 인민의 편리를 꾀하여 금년도부터 도내 각 군 시장 소재지에 35개의 면화 판매소를 설치하고 작년까지 각 군청으로 운반, 구입하던 육지면 면화를 금년에는 해당 시장 판매소로 가지고 오게 하여 해당 군청으로부터 청원(廳員)이 출장하여 해당 판매소에서 행하는 판매에 대하여 정상 여부를 일일히 감독하고 또 오사카(大阪) 면화 시세와 대조하여 그 시세에 적합케 매매를 행하게 할 방침이라더라.

〈자료 268〉 면 판매제 갱개(更改)(매일신보, 1917.08.22, 2면 6단)

목포 3면업회사 및 대구 스즈키(鈴木) 등의 각 조면업자 등은 종래의 지정 매수 계약이 수 년 전의 산출, 제작에 관계하여 작금의 실정에 적응치 못할 뿐 아니라 특히 운임률과 같은 경우에는 고등(高騰) 이전대로요, 그 면이 심한 차이가 있은즉 이들의 실상을 갖추어 지정 조건을 개정함을 도청에 출원하여 이래 도 당국 및 조면업자 간에 수차 협의, 절충을 거쳤으나 결국 양자의 일치를 봄에 이르지 못하고 결국 판매제도를 갱개할 것으로 되었는데 신제도의 내용은 아직 명확히 알 수 없으나 절대의 자유 개방이 아닌 것은 물론이오 공동판매제를 존치하여 임의의 희망자에게 방매함이 아니오 미리 유자격자를 한정하여 일정한 조건을 부친 후 공동판매소에서 행하는 경쟁입찰에 참가케 할 정도인 듯하고 현재 도청에서 내의(內議) 중의 모양인즉 수일 중에는 내용의 확정 발표를 보리라더라.

〈자료 269〉 면업회사 합동(매일신보, 1918.06.23, 2면 6단)

목포 소재 천평면업, 목포면업 및 일본면업의 세 주식회사 간에 비밀리에 합동 계획이 있어서 이미 2~3회 각 사 간부 간에 교섭한 바가 있는데 상의(商議)가 의외에 진행하여 본월 10일, 11일의 양일에 걸쳐서 목포공회당에서 3사의 중역이 회동하여 합동에 관한 일체의 연구를 이루고 각서를 상호 교환하여 합동한 후 새롭게 대규모의 면업회사를 창립하기로 결정하였는데 오는 24일 밤에 목포면업 주주총회를 개최한 후 3회사 합동을 공표한다더라.

〈자료 270〉 전남과 면화업, 미쓰이(三井), 스즈키(鈴木)의 대방자(大放資)(조선시보, 1918.09.16, 2면 1단)

미쓰미물산회사(三井物産會社)는 여수의 야마모토조면공장(山本繰綿工場)을 매수해 이를 근거로 다시 목포 및 송정리에 공장을 분설하고, 광주에도 임시 사무소를 설치하여 면화의 매입에 주의를 쏟고 있다. 스즈키상점(鈴木商店)은 여수 및 광주 두 곳에 각각 기관을 설치해 매입 중에 있다. 이들 양 세력을 비롯해 전남의 면화계는 매우 화려한 듯하다.

〈자료 271〉 남북면업회사 출원(매일신보, 1919.01.30, 2면 6단)

미쓰이물산(三井物産)과 조선방적 합동 출자로 면화 재배 및 매매, 조면업 및 제유업(製油業)의 목적으로 자본금 100만 원, 우마코시 교헤이(馬越恭平), 다카노 쇼조(高野省三) 외 6명 발기하에 남북면업회사 설립의 계획이 있는바, 현재 당국에 설립인가를 출원 중인바 인가의 지령을 얻는 대로 경성부에 본점을 두고 필요에 응하여 각지에 지점을 설치할 터이며 100만 원을 2만 주로 액면의 1/2 즉 50만 원을 납입하여 사업을 개시한다 하며.

〈자료 272〉 남북면업주식회사 허가(매일신보, 1919.02.08, 2면 7단)

이전에 총독부에 대하여 설립 허가 신청 중이던 미쓰이물산(三井物産) 및 조선방적 합동 출자 총자본액 100만 원의 남북면업주식회사는 2월 4일부로 허가 지령이 있었더라.

〈자료 273〉 면화 판매 개정, 등급의 정일(整一)(매일신보, 1919.09.21, 2면 6단)

조선의 면화 판매 방법에 대하여는 여러 가지 개정을 요할 점이 있어서 총독부에서는 매매 쌍방의 의향을 비추어 현재 연구 중인데 개정의 제1 착수로 먼저 매매의 근본인 등급의 정일을 꾀할 필요가 있어서 종래와 같이 각 도내에서 그 도 특수의 등급을 붙여서 갑과 을은 동등급의 품이라도 품질에 전혀 1등급의 차이가 있음과 같은 경우는 불가하니 이때 견본을 통일하여 매매상의 편의를 꾀하기로 하고 이를 위하여 권업모범장 목포지장에서 일정한 견본을 작제하여 이에 준거하여 각 도가 모두 등급을 정하기로 할 터요. 또한 입찰에 대한 각 도의 공정 가액은 오사카(大阪)의 면화 가격을 기초로 한 것인데 이것도 각 도가 통일되지 않으며 따라서 공정 시세에 다소의 예외가 있으며 나아가 밀매매를 유지하는 경향이 있는 고로 이 또한 총독부로부터 조선은행에 의촉하여 동일한 면화 가격을 각 도에 통보하여 공정 가액을 정하기로 한다더라.

(3) 면화 공동판매제도 정비 내용

①「면화검사규칙」

〈자료 274〉 육지면 자유판매 구속 시대, 「면화검사규칙」, 육지면 밀매매(小早川九郎, 1959, 『補訂 朝鮮農業發達史: 政策篇』, 友邦協會, 166~168쪽)

(…)

육지면의 거래에 대해서는 면화를 모두 한국 정부 당국의 지정에 의하여 조면공장에만 인도치 않으면 안 되게 했다. 즉 본 시기는 소위 육지면 자유판매 구속 시대라고 지칭할 만하다. 이는 육지면 재배 확장의 예정 계획을 수행하기 위하여 필요한 정책으로, 처음부터 농민에게 불편을 느끼게 하거나, 거래 상인에게 고통을 주려 했던 의도는 아니었다. 그렇긴 하지만 종래 재래면에 대해서는 상당한 거래 관습이 남아 있었다. 예를 들어 전라남도 실정에 대하여 본다면 보통 일반적으로 지방 시장에서 거래되는 외에 점차 일본인 상인이 들어온 동시에, 일선인[일본인과 조선인] 사이에 또한 (1) 객주 즉 문옥(問屋)[51] 또는 중매인을 통해, (2) 면 대금 전대(前貸) 방법에 의해, (3) 산지에 직접 또는 매수인을 파견하여 매수를 담당케 하는 방법에 의해, 거래가 이뤄지게 되었다.* 그것의 상품적 의의가 종래의 자급 경제 시대와는 달라져 감에 따라서, 면화에 관한 부정거래를 방지하기 위하여 목포일본인상업회의소는 일찍부터 「면화취급규칙」을 시행하길 장려하는 데에 이르렀을 정도였다.

그러므로 육지면에 대해서는 자유판매가 구속되었다 하여도 그것의 생산고가 많지 않던 사이에는 재래면 거래가 여전히 왕성해, 면화 거래 상인은 하등의 고통도 느끼지 않았다. 이뿐만 아니라 육지면 재배 장려의 보조 기관으로서 건설된 조면공장은 단지 육지면 외에 재래

---

51 일본의 객주로, 항구에서 화물 보관, 중개, 매매 등을 하던 업자.

* 陸地棉栽培十周年紀念會, 『陸地棉栽培沿革史』, 1917, 131-138쪽.

면도 처리하고, 이를 전부 조면으로 수출했다. 이에 따라 위의 「면화취급규칙」은 사실상 존속할 필요가 없다고 인정해, 동 상업회의소는 1906년(明治 39) 10월 이를 폐지했다. 이로 인해 조선인 하주(荷主)는 반대로 이를 기화로 하여 인위적인 조악품을 출하하고, 마침 원면 경쟁 구매 세가 왕성했던 시기로써 이러한 부정품의 횡행은 자연히 묵과되는 상황을 띠는 데에 이르렀다. 여기에서 동 회의소는 또 「면화검사규칙」*을 제정하여 1912년(明治 45, 隆熙 1) 10월 1일부터 재래면에 대해 이를 적용했다. 이를 통해 (1) 수분 유무, (2) 토석, 기타 혼합물 유무에 대하여 검사를 행하고(제3조), 검사 완료의 증표가 있는 면화가 아니면 이를 매매할 수가 없다(제7조)고 하여, 인위적인 조악품의 근절을 꾀하려 했다. 이와 같은 재래면의 출회도, 육지면 재배가 조금씩 확장되고 생산이 증가함에 따라 반대로 점차 감퇴되었다. 그런 결과 육지면의 자유판매 구속 방침은 영업 범위가 점차 축소되었다. 또한 한편 경작자 측에서도 육지면 매수가 독점되는 바를 불편하게 여겨, 다른 곳에 밀매하는 자가 점차 증가하는 경향이 생겼다. 그것은 해가 지남에 따라 더욱더 왕성하게 되어서, 1911년(明治 44), 1912년(明治 45)경에는 드디어 공연한 비밀로, 이상하게 생각할 바가 없는 상태가 되었다. 이는 소위 '육지면의 밀매매'라 칭해지는 현상으로, 육지면 거래에 전환을 일으키는 도화선이 되었던 것이다.

(…)

② 「면화단속규칙」

〈자료 275〉 면작 거래상 폐해, 육지 면화 자유판매 및 혼면 문제, 「면화취체[단속]규칙」, 「면화검사규칙」 개정 및 폐지(小早川九郎, 1959, 『補訂 朝鮮農業發達史: 政策篇』, 友邦協會, 230~233쪽)

(…)

그렇지만 개관하여 이들 조합[면작조합] 설치 당초에는 그중 다음 폐해**를 교정하는 것도 주요 업무였다.

* 『韓國中央農會報』(제3권 제12호).

** 日滿棉花協會朝鮮支部, 『朝鮮の棉花事情』, 1937, 198-199쪽.

1. 육지면 거래가 점차 왕성해짐에 따라, 중매상은 물론이고 면작자 중에도 육지면 실면에 재래면 실면을 혼합하여 부당한 이익을 탐하거나, 면화에 수분을 머금게 하여 근량 증가를 꾀하거나, 칭량(稱量)을 기만하는 등의 부정행위를 하는 자가 속출하는 상황이 있었다.
2. 종래 면 상인 간에는 봄에 농민의 식량이 점차 부족해져 가는 즈음, 면대(棉代)로 약간의 금액을 전대(前貸)하고, 그것의 원금과 이자를 면화로 수취하는 방법이 행해졌다. 그것의 이자 같은 경우는 월 3푼 내지 5푼의 고리(高利)일 뿐만 아니라, 면화 인도 시에 근량을 속여 넘기는 등의 행위를 하는 자가 다수 존재했다.

위의 제2항에 대해서는 면작조합원의 연대에 의하여 지방금융조합을 거쳐서 농공은행에서 저리 자금 융통을 받게 하여 이런 악폐를 점차 제거할 수가 있었다 해도, 제1항이 교정되는 데까지는 상당한 우여곡절이 있음을 모면치 못했다. 지금 이를 육지면의 재배 주산지인 전라남도 실정에 대해서 본다면, 육지면의 밀매매가 이미 기술한 것처럼 점점 왕성하게 되고, 또한 생산이 점차 증가하는 동시에 그것의 판매를 여전히 지정하여 구속함은 도저히 실행하기 어려운 상황으로 되었기 때문에, 1912년(大正 1) 가을 지정판매제도를 폐지하고 육지면화의 자유판매를 공인했다. 다만 종자의 산일(散逸)을 우려해 육지면 종자는 재래면의 종자보다 100근에 대하여 1원 이상 고가로 매상키로 했다. 그런데 그런 결과는 심히 불량해 그 후 1개월도 되지 않아 동년 11월에는 벌써 소위 혼면 문제*라는 것이 돌발했다. 당시 육지면과 재래면은 실면의 시가가 100근에 대하여 약 3원의 가격차가 있었다. 그러므로 육지면의 자유판매가 공인되면서 일부 소수 중매 상인은 원면 매매의 실정을 이용해, 육지면에 4분 내지 5분의 재래면을 섞어서 순 육지면으로 [취급]하거나 재래면에 약간의 육지면을 섞어서 재래면을 실질 이상 품질로 기만해 부당한 이득을 점하려 하는 자가 생겨났다. 이는 종래 농민들이 부주의한 파종을 하였던 결과였다. 즉 고의에 의하지 않고서 근소한 재래면화가 육지면화로 혼효되고 있는 경우 조면공장에서 심히 책망하지 않던 간극을 이용한 것이었다. 이런 악풍은 점점 만연해 [조면공장이 중매 상인에 대해] 시가 100근 8원 대의 재래면을 9원 이상으로 매수하면

---

* 陸地棉栽培十周年紀念會, 1917, 『陸地棉栽培沿革史』, 148-151쪽.

서도, 여기에 약간의 육지면을 혼효하면 또한 채산의 여지가 있다고 말하는 예까지 생겼다. 더구나 이러한 혼면에서 얻어지는 종자가 조면공장을 통하여 당국에서 매상하고, 다음 해 육지면 종자로 농민에게 배부되면, 그때야말로 육지면 재배 계획이 근본적으로 파괴됨은 명확하다. 여기서 도 당국은 목포상업회의소의 의견도 구한 후 동년 11월 4일 도령으로 「면화취체규칙」을 발포*하여, (1) 면화 매수자는 도장관에 신고하고, (2) 육지면 실면과 재래면 실면을 구별하여, 그것의 포장, 운반의 경우에도 이것의 혼합을 막기에 충분한 만큼 설비를 하고, (3) 조면업자도 조면기 종류 및 개수, 조면공장 및 원면 저장장의 위치를 기재하여 도장관에 신고하며, (4) 육지면과 재래면을 동일 건물 내에서 동시에 조면할 때에는 종자의 혼합을 막기에 충분한 만큼 설비를 하고, (5) 만약 전 2항의 설비가 불완전할 때는 이의 개조를 명하는 경우가 있으며, (6) 면화에 고의로 수분을 머금게 하거나 토사·기타 물질을 혼합함을 금하고, (7) 면화 매수자·조면업자 모두 도·부·군 직원 및 경찰서원이 하는 면화 화물 운반 및 조면공장 설비의 검사를 거부할 수 없다고 보아 당일 이를 시행하는 한편 관계 관리원을 면화 집산 시장으로 파견하여 엄중히 이것의 단속을 행하기를 장려했다. 이것에 호응해 목포상업회의소도 「면화검사규칙」을 개정**했다. (1) 그것의 목적을 종래 단지 인위적인 조악품의 근절에 뒀지만 새롭게 육지면 종자의 혼란을 예방하는 항을 더하여서, 재래면과 육지면의 혼합·수분 유무, 토석·기타 혼합물의 유무에 대하여 검사하고, (2) 종래 회착(廻着) 면화 하물(荷揚) 장소 및 검사장이 일정하지 않았지만 4개 구간으로 일정하게 하여 검사의 장려를 기하게 되었다. 이러한 「면화검사규칙」은 다음에 서술할 매수인 지정 공동판매제가 채용됨에 이르러서 존속의 필요가 없어졌으므로 1915년(大正 4) 10월 3일로 철폐되었다.

(…)

* 陸地棉栽培十周年紀念會, 1917, 『陸地棉栽培沿革史』, 150쪽.

** 陸地棉栽培十周年紀念會, 1917, 『陸地棉栽培沿革史』, 146쪽.

2) 1920~1930년대 면화 공동판매제

(1) 개관 및 해제

조선총독부의 면화유통정책은 시기별로 변화가 있었다. 생산된 면화를 저렴하고 안정적으로 일본 대방직기업에 공급하는 방안을 모색했다. 그 변화 과정을 다음의 표로 정리했다.

연도	육지면 재배 지역		
	전남	전북	경남북 · 충남북
1913	공동판매제(지정판매제)		
1917	공동판매제(경쟁입찰제)		
1919		공동판매제(경쟁입찰제)	
1920			공동판매제(경쟁입찰제)
1933	공동판매제(지정판매제)		
1941	공출제		

면화의 공동판매제는 1913년 전라남도에서 시작되었다. 전라남도는 1913년부터 공동판매제와 함께 지정판매제를 실시했다. 면작자는 면작조합에 가입하고 육지면만 재배하며, 육지면을 면작조합 부대(附帶) 공동판매소를 통해서만 판매했다. 도장관은 전권을 위임받아 관내의 조면공장을 소유한 면업자를 매수인으로 지정했다. 하지만 공동판매제, 지정판매제가 면화의 가격을 인위적으로 하락시키자 농민들과 상인들의 밀매매가 성행했다. 따라서 전라남도는 1917년 지정판매제에 의한 공동판매제를 폐기하고, 경쟁입찰제에 의한 공동판매제를 채용했다. 1919년 전라북도, 1920년 육지면을 재배하는 6개도가 지정판매제에 의한 공동판매제를 경쟁입찰제에 의한 공동판매제로 전환했다.[52]

조선면화주식회사, 남북면업주식회사, 스즈키상점(鈴木商店)은 1920~1921년 면화의 가격 폭락에 대응해 '트러스트(trsut)'를 형성하고 3사 간 경쟁을 피하려 했다. 조선면화주식회사, 남북면업주식회사, 스즈키상점은 남선면화구매조합(南鮮綿花購買組合)을 결성해 3사 공동구매

52 小早川九郎, 1959, 『補訂 朝鮮農業發達史: 政策篇』, 友邦協會, 233-236쪽.

율을 협정했다.[53] 이에 따라 지정판매제가 경쟁입찰제로 변화했음에도 이러한 변화의 효과는 미미할 수밖에 없었다. 이로 인해 목포, 영산포, 나주, 송정리, 광주 등에서 남선면화구매조합을 반대하는 운동이 이어졌다.[54] 이후에도 면화 칭량(稱量)의 등급 사정 농단, 면작조합·공동판매소의 폭력, 비료대 임의 징수와 같은 문제가 이어졌다.

1933년 조선면화증산계획이 실시되고 1934년에 또 개정되자, 경쟁입찰제에 의한 공동판매제는 지정판매제에 의한 공동판매제로 다시 바뀌었다. 공동판매의 알선 주체는 군·도(島) 농회였고, 각 도 지정매수인은 조선면화주식회사, 남북면업주식회사, 전남면화주식회사, 조선방직주식회사, 가토조면공장(加藤繰綿工場), 스에나가조면공장(末永繰綿工場), 미쓰모리조면공장(三盛繰綿工場) 등이었다. 면화의 가격은 오사카 현물 거래 시장의 미국 면 스트릭 미들링(strick middling) 가격에 4.3%를 공제한 가격을 표준 가격으로 했다.[55] 이에 대해 지정판매제는 농민의 이익을 무시하고 자본의 이익만 대변하는 제도라는 비판 등이 제기되었다.

1920년대 공동판매제·경쟁입찰제, 1930년대 공동판매제·지정판매제 등에 대한 구체적인 내용은 고바야카와 규로(小早川九郎)의 『조선농업발달사』와 일만면화협회 조선지부의 『조선의 면화 사정』에서, 조선인의 반발 등에 대한 구체적인 내용은 《동아일보》, 《조선일보》에서 확인할 수 있다. 한편 《호남평론》은 1935년 전라남도 목포의 유지들이 창간한 잡지이다. 창간 당시 발행인은 나만성, 사장은 김성호, 주간은 김철진, 이사는 정찬민, 천길호 등, 기자는 최양선, 장인순 등이었고, 1935년 4월부터 1937년 8월까지 발간되었다.[56] 또한 《호남평론》 1권 1호에는 유달산인(儒達山人)이라는 필명하에 경쟁입찰제를 지정판매제로 바꾼 조치를 비판하는 기사를 볼 수 있다.

53 〈면업조합과 당국〉, 《동아일보》 1921년 12월 13일.

54 〈전남 면화 문제, 최후 수단에 나서나〉, 《동아일보》 1921년 12월 20일; 〈면화구매조합 해산기성동맹〉, 《동아일보》 1922년 2월 8일.

55 日滿棉花協會朝鮮支部, 1937, 『朝鮮の棉花事情』, 68-74쪽.

56 국사편찬위원회 한국근현대잡지자료 해제.

(2) 신문·잡지 기사를 통해 본 면화 공동판매제와 조선인의 반발

① 신문 기사를 통해 본 면화 공동판매제와 조선인의 반발

㉠ 1920년대 면화 공동판매제 · 경쟁입찰제

〈자료 276〉 면업조합과 당국(동아일보, 1921.12.13, 2면 8단)

조선 면화계가 세계적 불황의 영향을 받아서 2~3년 이래로 공전의 비참한 지경에 들어가 생산자인 일반 농민은 물론이요 이의 판매 업무에 종사하는 자 내지 조면공장 등 경영자는 일반으로 지대한 타격을 입어서 총독부의 면작장려정책에도 적지 않은 영향을 미쳐서 면화계가 여전히 현상으로 추이하면 내년도에는 면화 경작자 수를 감퇴하고 나아가 생산 수량의 격감을 보지 아니할지 기우(杞憂)하는 자도 있어서 사업의 앞길은 매우 암담한 이때에 남선[조선 남부] 각지에 조면공장을 두어 면화공업에 종사하는 남북면화주식회사, 조선면업주식회사, 스즈키상점(鈴木商店) 면화부의 3사는 면화계 불황 시의 조업 축소와 인건비 절약 등으로 생긴 수년 이래의 결손을 보전하며 또 현재의 불황 시를 피할 수단으로 면화 구매상에 3사의 합동을 꾀하여 소위 남선면화구매조합이란 일종의 회사조합을 만들어 지난 10월 1일부터 업무를 개시하였는데 이 3사 합동조합은 원래 회사 측 자체로는 저반의 괴로운 지경에 대할 자위책에서 나옴과 같으나 이로 인하여 받는 생산자 즉 일반 농민이 입는바 영향 및 종래 생산자와 수요자의 중간에 있는 중매인의 실업 등 문제를 야기하여 돌연히 남선 방면의 일대 문제로 물론 자자하여 전남 목포 지방을 중심으로 하여 현재 점차 문제가 백열화(白熱化)하여 한 지방 문제라고 간과할 수 없는 추세에 있도다. 3사의 합동은 요컨대 이 불황 시에 있어서 구매상 무용의 경쟁을 시도함은 상호 손실을 초래하는 것으로 도저히 그 번잡을 견딜 수 없음을 이유로 하여 일종 구매상의 협정을 비교적 유리하게 원료 면화 구입의 목적을 달성하고 나아가 3사 경영상의 안전을 꾀하는 것으로서 회사 그것의 합동이 아니요, 단지 각 사 자본의 정도에 따라서 3사 공동구입률을 협정하여 천분율로 조선면화 515, 남북면업 300, 스즈키 면화부 185의 비례로 구입할 것을 약속함에 불과하나, 이 협정에 당하여 3사 측에서 종래 사업으로 의식(衣食)하던 중개업자를 배척하고 직접 생활자와 거래하게 되었으므로 중매업자는 완전히 실업의 비운에 빠져서 한편으로 생산자인 일반 농민도 구매조합이 성립된 고로 자유 판매상 이익을 잃어서 부득이 회사 측의 수단대로 방매치 아니하지 못하는 경우에 빠져서 종래에 비하여 염가대로 거래하게 되었으므로 결국 실업한 중개업자와 농민 측이 상호 호응하여 회사 측의 횡포를 성토하는 동시에 당국이 만연히 이를 불문에 부침은 심히 냉정하다 하여 당국을 저주하는 원성이 자자하기에 이르렀다. (미완).

〈자료 277〉 면화 트러스트 남선 지방의 일대 문제(조선일보, 1921.12.15, 1면 1단)

남선[조선 남부] 각지에 조면공장을 설치하고 면화 공업에 종사하는 남북면화주식회사, 조선면업주식회사, 스즈키상점(鈴木商店) 면화부의 3사가 면화 구매에 대하여 무용한 경쟁을 피하고 가격의 저렴을 기하기 위하여 하나의 협정을 행한바 (1) 각사의 자본금에 비례하여 면화의 구매 수량을 정하고 (2) 구매 가격을 협정하였으므로 사실상 이 3대 면업회사에게 독점이 되어 오던 조선의 면화계는 중매자나 생산자를 물론하고 전부 대타격을 받게 되어 물론이 비등한 것은 본보에 보도한 바와 같거니와 우리는 이로 인하여 트러스트의 세력이 어떠한가를 일반 조선인이 깨달을 줄을 알며 따라서 자본의 세력과 상권의 위력이 어떠한가를 절감할 줄을 아노라. (…)

그것은 물론 대체론이거니와 그런즉 이 트러스트에 대하여 어떠한 구제의 방책을 취함이 가한가. 첫째의 구제책은 공정가격을 결정함이니 한편으로 관찰하면 정부가 물가에 간섭하는 것은 불가하다 할 이유가 없는 것은 아니나 특별히 보호의 필요가 있는 물품에 대하여 그 공정한 가격을 보장함이 필히 불가한 것은 아니며, 둘째로 필요한 구제책은 면화 공업에 종사하는 자가 과거의 손실을 보충하기 위하여 이와 같은 트러스트를 조직함이 사실이라 하면 정부 당국이 상당한 고려를 더하여 보조를 줌이 필요하니 그 얼마나 공정한 가격을 결정한다 할지라도 그 가격에 의하여 구매하는 자가 없으면 결국 그 가격은 소용이 없는 까닭이며, 셋째로 정부가 만일 보조를 행하지 못할 경우이면 정부에서 특히 매수하는 방책을 상구함이 필요하고, 넷째 가장 필요한 구제책은 조선의 생산자가 직접 판매에 종사하는 기관을 소유하게 하는 것이니 요컨대 조선인이 상권을 회복하게 되는 것이며 특히 생산자가 직접 경영하는 기업 단체가 발생하는 것이로다.

〈자료 278〉 전남 면화 문제, 최후 수단에 나서나(동아일보, 1921.12.20, 2면 8단)

목포 면화 문제에 관하여 전남 각지 실업단 대표자는 지난 17일 목포공회당에서 연합회를 개최하였는데 앞서 목포상업회의소 부회장 나라 지로(奈良次郎) 씨로부터 면화 문제에 대하여 당국에 진정한 후 금일에 이른 경과 보고가 있은 후 우에무라(植村) 서기장이 수일 전 3사 대표자와 회견한 결과를 설명한 후 협의회에 옮김에 영산포상공회장 사카모토 기조(坂本義三) 씨가 일어나 조선면화, 남북면화, 스즈키(鈴木) 등 3회사의 합동 구입은 지방 경제계를 교란케 할 뿐 아니라 면작 농민을 위협하여 시시각각으로 일반 인심에 악영향을 파급하여 중대한 사회 문제가 되었은즉 금일 우리 각지 실업 단체는 가장 공평한 견지에 서서 이를 협의하지 않을 수 없을지로다. 그래서 금후 3회사의 태도 여하에도 불구하고 철저하게 지방 일반 인심의 위협을 막기 위하여 3회사 "트러스트"를 해산케 하게 아니하지 못할지라 하는 열렬한 연술(演述)이 있은 후 다음에 각지 위원으로부터 각기 의견을 개진한 후 각 출석지에 1명씩의 위원을 선정하여 구체안을 작성하게 되어 별실에서 협의한 결과,

1. 3회사의 일본에 있는 수뇌자에게 반성을 구하고 또 실정을 호소하는 결의문을 작제할 것.
1. 전문 발송 전에 앞서 목포 3회사 당무자와 회견하여 연합 파기를 교섭하여 반성케 할 것.
1. 전항 반성에 불응하는 시는 사회적 운동을 취할 것.
1. 3회사 연합을 요구하여 당국에 지방 경작 농민 및 일반 사상 악화의 실정은 위원을 파견하여 개진케 하여 목적의 관철을 기할 것.

결의

조선면화주식회사, 남북면업주식회사, 스즈키상점의 조선 면화 매수 "트러스트"는 농민을 위협하고 거래의 질서를 문란케 하는 고로 경제계를 교란하고 면화정책의 근저에 동요를 초래하며 나아가 지방 인심을 험악케 함으로 인정함. 이에 따라 해당 "트러스트"의 해산을 기함.

12월 17일 목포에서

목포상업회의소, 영산포상공회, 나주상공회, 남평번영회, 송정리실업회, 광주상공회

위 결의는 즉시 만장일치로 가결된 고로 각지 대표자는 결의문을 가지고 3사 구매조합에 가서 3사 당무자와 회견한 후 나라 위원장으로부터 본일 각지에서 실업연합회 개최한 취지 및 그 경과를 진술하여 회사의 의향을 물었으나 요령을 얻지 못하고 다시 사카모토 위원으로부터 구매조합의 폐해를 일일히 지적하여 이때 3사 "트러스트"를 1일이라도 속히 파기하여 지방 인심의 질서 안녕을 보존하기에 노력할지요, 또한 3사가 주장하는 면화의 출회 및 산업상에 대하여는 일반이 모두 동감인즉 다시 일치한 보조에 나설 터인즉 "트러스트"의 절대 해산을 권고하였으나 필경 해결치 못하여 위원은 다시 회장(會場)으로 반환하여 교섭의 경과를 보고한 후 금후 취할 수단, 방법에 대하여 협의한 후 오후 5시에 폐회하였다더라.

〈자료 279〉 전남 면화 문제, 진정위원 입경(入京)(동아일보, 1921.12.22, 2면 8단)

목포를 중심으로 광주, 영산포, 나주 등 각지에서 봉화를 들어서 면화 회사 3사 공동 반대의 기세는 점차 백열(白熱)하여 관계 지방은 각기 사활 문세라 하는 한편으로 생산자 측인 농민 측은 300만 원의 면화 회사를 조직하여 3사의 "트러스트"에 대항코자 기도 중인데 나라(奈良) 목포상업회의소 부회장, 동 서기장, 광주, 영산포, 나주의 대표자 일행 6명은 문제에 내하여 총독부에 진정코자 21일 오후 7시 50분 열차로 입성하여 야마모토여관(山本旅館)에 투숙한 후 수일 도쿄에서 체류하여 본 문제의 해결에 분투할 터라 하며 또한 목포부윤 소가 쇼시로(曾我章四郎) 씨는 3사 합동에 의하여 목포에서 받은 영향을 상사에 자세히 아뢰기 위하여 20일 밤 입성하였더라.

〈자료 280〉 면화구매조합 해산기성동맹(동아일보, 1922.02.08, 4면 6단)

전라남도 경제계의 사활 문제 되는 육지면 매매에 대한 조선면업, 남북면업, 스즈키상점(鈴木商店)의 3사 "트러스트" 해산 기성에 대하여 이번 대회를 열고 나라 지로(奈良次郎) 군의 개회사가 있은 후 다음 결의가 있었는데 10여 명의 유지 제씨가 기립하여 3사의 "트러스트"는 수천 상인은 고사하고 전남 300만의 농작자를 압박하여 비루한 이익을 취할 야심이며 면화정책에 반하여 그 수확을 감소케 함을 면할 수 없을시니 전남을 위하여, 농작자를 위하여, 동포를 위하여 죽기를 각오하고 굳세게 저항하여 해산케 할지로다. 현행 면화조합에 대하여 어떠한 이유로 우리 농민은 자기가 경작한 면화를 자기가 임의 매매할 수 없는가, 어떠한 이유로 우리 상인은 자기의 금전으로 면화를 임의 매매할 수 없는가, 면화 재배 이래 10여 년에 200만 원가량의 거액을 들여서 금일의 효과 수확이 어떠한가, 면화 판매상 제 문제는 근저로 제도 불충분에 의함이 아니냐, 당국은 지금까지도 양해함이 없는가, 전제를 철폐하고 자유판매케 하라고 절규하는 동시에 수백 청중은 박수 갈채로 환영 동의하고 폐회하였다더라. (…)

〈자료 281〉 전라남도 면화조합 문제, 아직 미해결이기로 재배에 영향 적지 않음
(동아일보, 1922.02.24, 2면 8단)

전남 목포에서는 이전에 조선면화주식회사, 남북면화주식회사 및 스즈키상점(鈴木商店) 면화부 등의 면화구매조합이 조직된 이래로 전남 면화계에 일대 파란을 일어나게 하여 동 지(地) 목포상업회의소 및 면화 중매인과 면화 작자(作者) 등은 목포, 영산포 및 광주 등지에서 면화구매조합 타파의 대연설회를 개최하여 열렬한 운동을 개시하였다 함은 이미 보도한 바와 같거니와 당국에서는 지금 하등의 구체적 단속을 행하지 아니하고 수수방관하는 상태로 이 문제의 해결은 언제 볼지 실로 묘연한 현상인바 이 구매조합 타파의 급선봉인 면업자 등은 분개가 현재 그 극에 달하여 동 지 조선인 면업자 중 유지자(有志者) 등은 현재 이의 대항책으로 조면공장을 신설코자 하는 등 기세는 더욱 맹렬한 상태에 있는바 지금 이를 회고컨대 10여 년간 총독부가 적지 않은 보조와 지방비를 투자하여 면작을 장려하여 금일에 이른 전남의 면화도 현재 동 지의 경작자인 농민 등은 불안의 염려를 안게 되어 쓰라린 농산품도 소위 구매조합의 연합의 매입으로 인하여 그 품위를 무시하고 여지 없이 염가로 매매케 되어 면작자는 도저히 경작할 의사가 없게 되어 점차 작부 면적이 감소될 뿐 아니라 해당 지방의 금융계는 점차 침체되어 파급되는바 영향은 실로 다대하다더라.

〈자료 282〉 면작 장려(동아일보, 1922.07.08, 2면 6단)

(…) 그러나 어떠한 시설이든지 득실이 서로 함께하여 아직 완전한 방법을 발견치 못하였음은 매우 유감이로다. 필경 면화는 세계적 수요품이 되어 그 시세도 또한 세계적 변동에 좌우됨을 면치 못할 뿐 아니라 이를 조선에 대해서만 보더라도 각 도의 생산 상황 및 거래의 연혁에 대하여 사정이 같지 않음에 인함이나, 그러나 판매 방법의 개선에 대하여는 또한 고구(考究)할 여지가 적지 않은 듯하도다. 종래 판매 시설에 대하여 피차 논란의 소리가 있었으나

대부분은 당업자의 이해 상반함에 기인한 바로써 이의 제거를 기할 것은 용이한 것이 아니로다. 그러나 공정한 가격을 유지하여 생산자의 당연한 이익을 보호하는 동시에 면업자의 이익과 편리를 꾀하여 시세에 순응한 판매 시설을 고려할 필요가 있음은 물론이라. 지금 면작 면적은 전 도를 통하여 15만 정보에 달하고 그 총생산 가액은 3,000만 원에 미쳐서 이의 재배는 장래 더욱 유망하나 제2기 계획의 목표에 도달함은 앞길이 또한 요원하도다. 본부[조선총독부]는 매년 다액의 국비를 지출하여 예의주시하여 면작의 장려에 노력하나 그러나 이 생산의 결과를 유리케 하지 아니하면 일진일퇴하여 종래 면작 장려의 목적을 달성할 수 없을지로다. 고로 면화 판매 시설의 개선을 꾀함은 금후의 면작 장려상 가장 긴요한 것이로다. 각위는 마땅히 기왕의 경험과 실적에 비추고 또한 장래를 고려해 신중 숙의하여 최선의 방법을 안출할 것을 바라노라.

〈자료 283〉 예천 면작 기수의 비행, 촌사람이 가져온 면화를 함부로 흙에다 넣고 밟아 버리다가 싸움(조선일보, 1923.12.19, 3면 3단)

경북 예천군 농회에 근무하는 면작 기수 '오덕수'란 자는 작년 봄에 영천군으로부터 전근되어 이후 2개년 동안 예천에 있는데 요사이 비행이 탄로 나서 한 문제가 되었다는데 이제 그 자세한 내용을 들은즉, 지난 14일 예천군 예천면 대심동에 있는 '김대암'이란 사람이 목화 130근을 가지고 와서 면작 공동판매소에 팔려고 값을 물은즉 자기가 바라던 것과는 대단히 달라 한 근에 4전씩이나 내렸으므로 1년 동안 '피'와 '땀'을 흘려 농작한 것이 이 같으니 차라리 집에 가지고 가서 무명을 짜든지 그렇지 않으면 값이 오르거든 팔겠다는 생각으로 김필우라는 사람에게 맡겨 두고 그 앞에서 장을 보았는데 이것을 본 오덕수는 사실도 물어보지 않고 밀매한 것이라 하여 목화를 개천에 집어던져서 20여 근이나 흙투성이가 되게 하였을 뿐 아니라 말할 사이도 없이 목화 임사를 함부로 구디히므로 아무리 어리석은 촌 백성이나 관리라고 너무나 무리한 행동을 함으로 이것에 분개하여 언쟁이 시작하여 잠시 동안은 형세가 험하더니 마침 순찰하던 경관이 말리어 진정이 되었으나 피해자 '김대암'은 이러해서야 가난한 백성들이 먹고살 수 없다고 군수에게 탄원까지 하여 결국 물어주기로 되었다더라. ( )

〈자료 284〉「면화취체규칙」, 경북도령으로 공포(동아일보, 1924.08.20, 3면 6단)

면화의 단속은 주요 산지인 삼남 각 도 중 경북을 제한 타도에서는 벌써부터 도령으로 실시한 터인데 1만 8,000정보의 면작지를 가진 경북에는 실시치 아니하였던바 금번 부정 중매인 때문에 부당 매수되는 폐를 제하며 선량한 중매인은 이를 보호하여 매매상 편리를 꾀하는 취지하에 오는 22일부 도령 제21호로 「면화취체[단속]규칙」을 발표하고 당일부터 시행한다는데 내용의 대요는 육지면 실면의 매수를 생업으로 삼으려는 자는 9월 말일까지 도지사의 인가를 얻어야 하며 재래면 및 조면에는 적용치 아니하고 판매의 목적으로 재래면을 혼합하거나 또는 고의로 수분을 뿌리거나 혹은 토사, 기타의 물질을 혼합함을 금하며 매수인은 장부를 비치하고 매수 월일, 공급처 및 대가 등을 기재하여 언제라도 검사를 하도록 하는데 이에 위반할 시는 100원 이하의 벌금 또는 구류 혹은 과료에 처한다고.

〈자료 285〉「면화취체규칙」, 9월 1일부터 시행(조선일보, 1924.09.05, 4면 8단)

평안남도에서는 종래 면화 중개인 간에 부정행위를 방지하고 한편으로 면작자 보호 및 면작 공장의 편의를 꾀하기 위하여 지난 1일부터 평안남도령으로 「취체[단속]규칙」을 발포하여 면작자로 하여금 준수케 하였다더라.

〈자료 286〉 면화 공동판매의 결함, 송정리 일 분개생(동아일보, 1924.10.26, 3면 4단)

◇ 지난 음력 13일 송정리 면화 공동판매소에서 칭량(秤量)과 등급 사정이 모호함을 보고 히구치(樋口) 군에게 일언을 충고하노라.
군은 면화 작계(作界)에 10여 년을 주사의 책임을 남 줄 새 없이 독점하고 조합원이 납부한 경비로 군의 생활을 유지하여 온 사람이라고 한다. 만일 그러면 일반 조합원은 군을 돕고 기른 은인이다. 대개 그러하다 하면 일언으로 군의 행동을 충고하는 동시에 일반에게 아혹(訝惑)[57]을 덜고자 한다.

◇ 일례를 들면 중상[중개 상인]하는 홍 모의 면화에 대하여 등급 감정이 과연 공정한 조정을 하였는가. 다른 농민들의 면화 등급 조정과 비교하여 어떠한 소감이 있는가. 양심이

---

57 괴이하고 의심스러움.

있는 군이면 다소의 자책이 있을 것이다. 그때에 인부들도 마음에서 진정으로 우러나는 마음이 있던지 주저함을 보고 군은 미소하며 현장에 달려가서 양 다리로 툭툭 차며 속히 1등에 혼잡케 한 일이 없는가.

◇ 그야말로 중상과 군의 사이에 무슨 관계가 있는지 거론할 필요는 없다. 곧 그 광경을 목도한 농민들은 "저것을 보충하려면 몇 사람의 피해가 될까" 한다.

◇ 과연 사실일 것이다. 군과 매수인 간도, 또한 매수 기간까지는 친밀한 관계가 있는 줄 일반이 아는 이상에 일개 중상을 위하여 100여 근의 하등 면으로, 몇천 원어치 되는 1등 면을 하급으로 취급하면 물론 매수인을 위하여 그 이상 몇백 배나 싸게 보충하여 주지 않을 수 없을 줄 안다.

◇ 그러면 몇천 농민의 면화 등급 및 칭량을 무리하게 희생시키지 않아서는 도저히 그것을 보충하기 어려울 것이다. 그러나 군은 면작 주사는 공정 무사하다는 미어(美語)로 순결무구한 농민을 몽혼(夢魂)시켜 부지(不知) 중 기만하여 왔다 하여도 과언이 아니다.

◇ 원래 면화 공동판매소를 보면 경작자는 하등의 권리가 없이 강제적 매도를 당하는 것은 어느 판매소를 물론하고 대부분이 이러하다니 우리는 이 소위 공동판매라는 미명하에 사기를 당하고 손해를 입는 농민의 원한은 실로 막대하다. 이것이 산업정책으로 당국자가 장려하는 제도라 하니 더욱이 우습지 아니한가.

〈자료 287〉 면화 판매제도를 개선하라, 담양 일 기자(동아일보, 1924.11.28, 3면 4단)

◇ 전라남도에 있는 육지면 산액은 농산물 중 미곡을 제하고는 가장 중요한 것이어서 이것의 판매 시기인 매년 10월부터 다음 해 1월까지는 그 생산지인 각 군은 실로 면화 시장화한 감이 있다.

◇ 그 이면에 있어서는 순박하고 무지한 일반 생산자들이 간상배의 수단에 농락되어 각기 혈한의 소득인 생산품의 이익을 착취당할 것은 논증할 여지도 없다.

◇ 이 폐단을 방어하고 생산자의 이익을 옹호한다는 목적으로 조직된 것이 소위 관제 면작조합이다. 면작자이면 본인의 승낙 유무를 불구하고 조합원 될 의무가 있다 하여 조합원인 이상에는 그 생산품의 판매 등도 절대로 자유를 허하지 아니하고 공동판매소에서 판매하되 그 등급의 사정과 근량의 칭형(秤衡)도 관선 면작조합 주사 등이 자행하여 생

산자에게는 판매 의사 유무를 관계하지 않으며 일언반구의 발언도 허하지 아니하고 명에 따르는 절대 복종을 요구하여 자칭 왈, 면작 주사는 조합원의 보호자이니 의심치 말고 나를 믿으라고 강변한다고 한다.

◇ 이리하여 실행되는 판매가 공평 무사하다 하면 조합원에게 무슨 불만이 있으랴마는 그 실지에 있어서는 조합원의 보호자라고 자칭하는 조합 주사 등의 행동이 심히 필자의 의혹을 끄는 점이 적지 아니하며 그도 또한 자연인인 이상 정에 끌리고 이(利)에 혹하는 일이 없을 것을 누가 보장할 수 있으랴. 판매 시기 동안 매수인과 조합 당국자 간에 가장 친선한 관계를 맺고 있는 것은 필자의 거론을 기다리지 아니하고도 일반이 공인하는 바이다.

◇ 담양 면화 공동판매소의 전회 낙찰인과 금회 낙찰인이 명의는 안 모라 하나 그 실지 매수인은 현 담양 면작 주사 임문종의 친형인 임기종이라 한다. 이 사실만 하여도 필자는 한층 더 의혹을 더하지 아니할 수 없던바, 최근에 이르러서는 판매자의 불평은 극도에 달하여 순박한 그들로도 조합에 대한 불평이 점점 노골화하여 조합과 접촉이 많은 필자는 일일이 들 수 없는 여러 가지 불평의 실례를 낭자히 들었다.

◇ 담양면작조합 당국자여. 군 등은 생산자의 이익을 농단하는 지위에 있는지라 크게 반성함이 있기를 일언하는 동시에 면화 판매제도의 근본적 개선을 절규하려 한다. 이것이 필자 일 개인의 사견이 아니라 진정한 의미에 있어서 일반 조합원의 대변인 것을 기억하여라.

◇ 그 구체적 개선안에 대하여는 지면의 관계로 후일을 기하고 각필한다.

〈자료 288〉 면작조합 밀정이 촌민을 난타, 고창면작조합 밀정이 장성판매소에서 행악(조선일보, 1924.12.12, 2면 3단)

전북 고창군 면작조합에서는 일반 조합원의 불평이 날로 높아 간다는데 이제 그 내용을 듣건대 고창은 본래 면화가 얼마 나지도 아니하며 겸하여 가격이 너무도 낮아서 생산자로는 면화에 대하여 열심히 경작할 생각이 적던 터에 전남 장성군 면화 판매가격이 매우 고등함을 알고 장성 방면으로 가서 팔려고 죽도록 진다 혹은 인다 하여 20리, 30리씩 걸어서 한 근에 10전의 차이가 있는 것을 더 얻어 먹으려고 불쌍하게도 다리를 절며 장성판매소로 와서 팔려 할 때에 이것을 단속한다는 고창면작조합의 밀정이라는(면작에 도 경찰 탐정) 신주동이라는 자는 장날마다 쫓아다니면서 고창 사는 사람으로 면화를 팔러 왔다 하면 뺨을 때리며 호령을 하는 통에 울며불며 살려 주세요 하면서 곤경을 겪는 광경은 눈으로 차마 볼 수가 없다 하며 고창판매소에 대한 비난이 자자하다더라.

〈자료 289〉 면작조합원의 불평, 공동판매를 철폐하라고(조선일보, 1924.12.21, 2면 5단)

전북 정읍군 면작조합원들의 면작조합에 대한 불평과 일반의 여론이 비등하다는데 그 내용을 들은즉 면작조합이란 것은 일반 조합원의 편리와 이익을 도모한다는 미명을 가지고 소위 조합비란 명의로 한 사람에게 1년에 40전을 징수하며 조합원은 그 돈을 해마다 내게 되었는데 그 목적과 본의는 하나도 실행하는 것이 없고 도리어 불편과 손해가 막대하여 소위 공동판매란 것이 일 개인이나 한 회사의 구복을 채우게 되어 타 지방에 비하면 가격도 극히 헐할 뿐만 아니라 동 지방에도 값이 균일하지 아니하여 정읍면에 20리 이상이나 되는 입임면 친원리에서는 1등 1근에 35전 하는 것을 정읍면에서는 25전 9리에 불과하며 요사이같이 눈도 쌓이고 날도 추워서 사람의 살도 에이고 뼈도 찌를 듯한 때임에도 불구하고 컴컴한 때에야 값을 내어줌으로 좁쌀 밥도 남과 같이 먹지 못하고 의복도 잘 입지 못한 조합원들은 종일토록 추운 바람 앞, 찬 눈 위에서 언 손을 비비며 하늘을 우러러 탄식만 하는 것은 차마 볼 수 없으며 이(利)는 없고 해만 있는 공동판매를 철폐하고 자유판매하는 것이 좋겠다고 이구동성으로 부르짖는다더라.

〈자료 290〉 면화 공동판매와 생산자의 불평, 중간 협잡이 많이 있어 생산자는 손해가 많다(조선일보, 1924.12.29, 2면 7단)

무안군 면작조합 에서는 목포에다 면화 현물 공동판매소를 설치하고 당업자 간의 편의를 위하여 많은 노력을 하여 오는 중 그의 취급 방법이 심히 완전하지 못하여 면화 생산자로 하여금 고통이 많게 되었다는데 그 방법은 한정된 분량이 없이 들어오는 면화를 일일히 위탁판매 신청을 접수하여 가지고 차례로 근수를 달아 보아 당일 오후 5시경에는 입찰하였다가 그 이튿날 오후 1시경에 대금을 찾게 되는바 목포는 원래부터 면화 중상인[중매 상인]이 많은 곳인데 그들이 교묘한 수단을 부려 각 촌락으로부터 면화를 팔러 오는 사람을 배 속에서나 또 길가에서 값을 싸게 하여 사 가지고 공동판매소에 팔아 이익을 취하므로 면작조합 당국자와도 밀접한 관계를 지어 놓고 중간 위탁을 받던 자기들의 물건은 실물의 유무를 상관하지 아니하고 신청서만 제출하였다가 그동안에 길가에서 매수한 면화가 있으면 다투어 근량을 달아 보기를 요구하여 대혼잡을 이루므로 먼 곳에서 온 생산자들은 적어도 2, 3일씩 지체되어 비난이 자자하다더라.

〈자료 291〉 몰염치, 무체면한 고창면작조합, 고창 일 농부(조선일보, 1925.03.10, 1면 7단)

◇ 근대 사회 제도에 모든 불합리와 모순이 많은 것은 이제 새삼스러이 말할 필요가 없다마는 고창면작조합 간부 제군아, 너무나 피가 마르고 뼈가 녹도록 이 제도 옹호하기에 진력하지 말지어다. 제군아, 면작조합을 설립한 본의로 말하면 지방 농민의 공동 편리를 기도한다는 미명하에서 조직된 것이 아닌가. 이에 반하여 근일 제군의 행위는 공동 편리를 기도하기는커녕 공동의 이익을 박탈하여 개인 상업자의 구복을 과하게 채우고 과하게 살찌게 한다.

◇ 제군아 면화 사매(私賣)를 엄금하려고 인군(隣郡)의 요로(要路)마다 밀정을 잠복시켜 주야로 압수하여 군청고에 적치할 때마다 사매의 원인이 무엇으로 일어난 것인지 고려가 있을진대 양심의 가책도 있을 것이다. 제군이 공정한 심리로 공정한 매매를 하려면 이러한 번폐(煩弊)가 없을 것이다. 지척 간인 남도 지방에 비하여 1등 면화 1근에 10전 이상의 저가임에도 불구하고 덮어 놓고 열닉 냥 금으로 공동판매만 하라고 열광증이 나게 사매를 단속하는 것이야말로 괴악, 맹랑스러워 정안(正眼)으로 차마 볼 수가 없다.

(…)

〈자료 292〉 조선농회… 조직 개요, 실시는 4월부터(조선일보, 1925.11.20, 1면 9단)

다년 현안 중이던 「조선농회령」의 제정은 작일 도쿄 전보와 같이 각의를 통과하였다 하는 바 이에 관하여 탐문한 바에 의하면 실시기를 도쿄 전보는 내년 1월부터라 하였으나 그 실은 내년 4월 1일부터 되겠고 각 부 · 군 · 도(島)를 단위로 한 220개와 각 도(道)의 13개와 중앙에 1개소를 합하여 즉 3분제(三分制)[각 부 · 군 · 도(島) - 각 도(道) - 중앙], 총계 234개소를 설치하리라는데, 요컨대 종래 지방에 산재하여 있는 농회, 양잠조합, 면작조합 등 임의적 산업 단체를 총괄하여 1개의 법인조직으로 한 후 종래 사업 진행상 고통이 심하던 회비 등을 금후로는 강제 징수의 길을 열게 하였고 농회에 대한 국고 보조는 내년도는 예산 계상이 없는 고로 물론 불가능하나 장래는 다소 보조가 있을지도 헤아리기 어려울뿐더러 종래 임의 단체에 대하여 지출하여 오던 지방비 보조는 변동이 없을 것은 물론이라 한다. 다음에 경성에 현존한 예의 조선농회의 조처에 대하여는 아직 확정치 않았으나 「농회령」에 의한 농회가 설치되는 동시에 이는 자연 소멸되리라더라.

〈**자료 293**〉 조선면화동업회 창설(동아일보, 1927.07.27, 6면 1단)

금회 목포 면업자가 서로 도모하여 면화 매매 거래에 관한 구폐(舊弊)를 교정하여 거래의 확실을 기하여 동업자 공통의 이익을 증진케 하려는 목적으로 조선면화동업회를 창설하고 회장으로 조선면화주식회사 시미즈 긴시로(清水金四郎) 씨를 추대하고 사무소는 목포상업회의소 내에 설치하기로 되었다더라.

〈**자료 294**〉 조선산 조면에 검사 규정 설치(조선일보, 1927.08.25, 4면 9단)

총독부 농무과에서는 조선산 조면의 품질 통일, 품질의 향상 및 평판 유지를 하기 위하여 「미곡검사규칙」 내지 「대두검사규칙」에 준하여 조면의 검사규칙 제정에 대하여 연구 중에 있었는바 결국 머지않아 이를 발포하기로 되어 방금 해당 계(係)에서 입안 중이나 별다른 지장만 없으면 오는 1월 1일부터 실시할 예정으로 준비를 진행 중인데 그 내용의 개략은,

1. 도지사가 지정한 땅으로부터 조선산의 조면을 수출 또는 타도에 반출하려는 것은 본 영에 의하여 검사를 받을 것.
2. 검사의 방법에 관한 규정.
3. 검사 합격품의 등급에 관한 규정.
4. 검사를 받을 조면의 포장 및 용량에 관한 규정.

〈자료 295〉 불경기로 인하여 면화 밀매자 속출, 관계 당국은 대책 강구 중(조선일보, 1929.09.17, 6면 1단)

(…) 이같이 일찍이 수면(收棉)된 것은 공동판매고 개시까지 기다리지 않으면 안 되겠으나 피폐, 고단한 현재 농민으로서는 그때까지 기다릴 수가 없고 따라서 1일이라도 속히 금전화 하려고 애태우는 터이오, 또 이에 대하여 밀매자가 각종 방법을 강구하여 매수코자 하므로 이미 수확된 신 면은 거의 전부를 이들 밀매자의 손에 들어가는 터이므로 목포부 내에도 이들 신면을 밀매하여 저장한 자들이 상당한 다수이다. 이를 방임하면 공동판매제도의 앞길에 악영향을 줄 것이므로 관계 당국에서는 그 선후책을 강구한다더라.

〈자료 296〉 면가조차 폭락, 면화 재배 손해(동아일보, 1930.10.12, 6면 4단)

견가(繭價) 폭락으로 내년부터 재상(栽桑, 양잠)이 문제일 것 같은데 의성군에서 주요 생산이 면화인바 금년 군농회에서 거의 억지로 하다시피 한층 장려하여 1만 3,620호에 3,070정보나 작부시켜서 200여만 근이나 수확 성적을 보게 되어서 60만 근은 공동판매(공판)를 지난 2일부터 군내 각 장날(市日)에 개시하였는데 지난 8일 의성 장날의 면가가 아래와 같이 폭락되었으므로 당장에 농가 경제에 타격을 주는 것은 물론이오 이해 타산으로 보면 전곡(田穀)을 2기 작하면 1단보당에 곡가 환산으로 14~15원 수입되는 것을 면작은 연 1기작으로 1단보당 70근 수확이라도 2등 가격에 표준하여 5원 내외 수입밖에 안 되니 2배의 손실이 된다 하여 생산자의 원망 소리가 빗발치듯 한다. (…)

〈자료 297〉 사천군 농회에서 면화 판매 강제, 만일 베를 짜면 벌금 증수, 면가 폭락과 생산자 비난(동아일보, 1930.10.28, 3면 7단)

경남 사천군 농회 면작계원이 지난 22일에 곤양면에 출장하여 동리 구장을 대동하고 집집마다 다니면서 면화를 팔지 않고 자기 집에서 베를 짜는 사람이 있으면 벌금을 물게 할 터이니 기어코 팔아야 된다고 강제를 한 일이 있다는데 일반은 면화 한 근(상등)에 7, 8전에 불과한데 파는 것보다 베 짜는 것이 이익인데 강제로 팔라 한다고 비난이 많다 한다.

〈자료 298〉 면화 강제 공매, 생산자 원고(怨高), 지정면 사람은 더욱 곤란, 사매(私賣), 가용(家用)은 절대 금지(동아일보, 1930.11.08, 3면 8단)

경북 김천군에서는 일반 농촌에 면화 재배를 장려하여 금년도 생산고는 종전보다 증가되어 총생산 30만 근을 예상하게 되어 작년의 15만 근보다 배 이상 증가하였으나 군에서는 생산자에게 한 근이라도 사사로히 매매하는 것은 절대로 금지할 뿐 아니라 자기 집에서 사용하는 것까지 금하고 다만 공동판매로 판매를 시키며 판매 장려 주간이라 하여 군 내 각 시장에 일정한 기일을 정하고 해당 기간 내에 판매하는 생산자에게는 30근 이상 판매자에게 추첨권 한 장씩을 주어서 당선자에게는 상품을 준다는데 면화의 가격이 여지없이 폭락되어 1등 8전 6리, 2등 8전 1리, 3등 7전 2리, 4등 5전 8리, 5등 3전 9리로 작년보다 반액이나 저락하였으므로 생산은 배나 되었으나 가격은 작년보다 오히려 감소되어 1년 동안 피땀과 비용을 허비하여 가며 생산한 것이 비용도 부족하므로 일반 생산자들은 하늘만 보고 탄식할 뿐이며 겸하여 일정한 기일에 다수의 생산자가 일시에 판매하게 되니 판매장은 극히 복잡하여 우매한 농촌민이 정신을 차리지 못할 뿐 아니라 면화의 건조가 조금만 잘못되어도 퇴각을 하므로 수십 리 먼 길에 면화 몇 근을 판매하려고 왔다가 판매도 못하고 헛걸음을 하는 일노 종종 있어 일반 생산자의 불평이 분분하다 하며 지난 6일까지 1, 2등 당선자는 아래와 같다.

(…)

〈자료 299〉 사설: 면화의 강제 판매(동아일보, 1930.11.09, 1면 1단)

1. 전남에 버금하여 조선의 주요한 면화 산지인 경상남북도에서는 면화의 판매를 생산자에게 강요하여 자가용 조면을 방지할 목적으로 수조기(手繰機)와 베틀 등을 공동보관의 명칭하에 사실상으로 일시적 몰수를 감행하여 인민의 생활상 중대한 위협을 가하고 있다. 도 당국자는 산업 행정이라는 미명을 걸고 공동판매의 예정 수량에 달하기까지 자조(自繰)를 방지하려 함인 듯하거니와 이 행정 방침으로 인하여 이익을 보는 자는 오직 면화를 매상하는 한두 직조업자가 있을 뿐이오, 생산자인 농민에게는 하등이 이익이 없을 뿐 아니라 도리어 그로 말미암아 일반 도민이 식섭, 간접으로 막대한 손실을 당하게 되며, 가정 산업에 중대한 파탄을 일으키게 되었으니 이것을 악성이라 아니하고 학정이라 아니하면 무엇이 그것인가.

2. 공동판매의 폐해에 대하여 우리는 이미 누차 이를 논한 바가 있었다. 누에고치 공동판매가 어떻게 생산자에게 도리어 불이익한 결과를 낳으며 어떻게 여러 폐단을 생산하며 불평과 불안을 원인하는가를 우리는 거듭 지적했나니 금일까지의 경험에 비추어 공동판매가 특매제도와 불가분의 관계를 가지고 있어 독점적 구매권을 가지는 한두 대회사는 도, 군 당국의 감독이란 이름뿐이오, 그들은 자유자재로 횡포한 전단(專斷)을 자행하여 소위 생산비를 고액으로 산정하여 매상 가격을 한외(限外)로 저렴케 하되 생산자인 농민은 하등 이를 호소 또는 대항할 도리가 없고 울며 겨자 먹기로 복종하여 온 것이다. 등급의 불공평, 근량의 부정확, 무식함에서 나오는 제반 착오, 공판 장소로 왕래하는 여정 등등은 그 폐해의 일단이다. 그러므로 우리는 공동판매제의 개폐, 특매제도의 폐지, 자유판매의 허용 등을 주장하는 것이다.

3. 면화의 공동판매에 있어서도 위와 같은 제 폐해가 꼭 같이 발로되는 것은 각지에서 보도됨에 의하여 명백하다. 그뿐 아니라 금년에 있어서는 미가, 잠가(蠶價)의 폭락과 마찬가지로 면가(棉價)도 미증유의 폭락을 연출하여 예년의 1/3밖에 아니되는 상품 7전 혹은 8전의 가격밖에 되지 아니하므로 이것으로서는 면작 생산의 비용을 제하면 도리어 결손이 날 정도이니 비록 지방에 따라서 생산 수량이 전년도에 비하여 배로 증가했다고 할지라도 이미 농가가 받는 타격은 심대한 것이다. 총독부의 4대 장려 정책이라 하는 쌀, 고치, 축우, 면화 등의 생산 장려가 생산에만 주로 치중하고 그 소비, 판매의 대책을 강구함이 없어 오늘 조선 농가에 일대 공황을 가져오게 한 것은 소위 산업정책이 오류가 많음을 여지 없이 폭로하고 만 것이거니와 이러한 중대한 실태를 연출하고도 인제라도 면가의 응급 대책을 세워 농가의 곤경을 구제할 방침은 연구치는 못할망정 농가가 판매를 기피하고 자가용으로 소모하여 손실을 덜게 하려는 자위책을 강구함에 대하여 이를 방해하고 실질적으로 공판을 강제하여 자조(自繰)까지 금하는 것은 그 진의가 산업행정의 구실하에서 소수의 상고(商賈)와 암리(暗里) 결탁을 함이라고 비난하여도 일언이 없을 것이다.

4. 수조기의 이름 좋은 공동보관, 사실상의 몰수에 의하여 경북의 농민은 닥쳐오는 이 겨울에 자가의 생산품을 헐가로 공동판매하고 생활의 필수품인 타면(打棉)과 직조품을 고가를 주고 매입하게 되었으니 이미 궁경에 빠진 농가 경제에 가일층의 타격이다. 더구나

수직(手織)은 조선 농가의 중요한 부업으로 부녀의 유일한 생산이었던 것인데 하루아침에 그 생산 도구를 빼앗긴 그들은 생활상 위협을 느끼고 있는 것이다. 의성, 진위의 군수가 수조기 보관을 반대했다고 전하거니와 이를 보아도 군민의 원성이 큰 것을 알 수가 있지 않은가. (…)

〈자료 300〉 면화 공판 문제로 경고문 발송 결의, 경상북도청과 각 군에, 물산장려의 이사회(조선일보, 1930.11.12, 2면 8단)

조선물산장려회에서는 8일 오후 5시에 동 회관에서 제62회 상무이사회를 개최하고 경북 각 군 당국에서 면화 공동판매를 편위(偏爲)하여 씨앗[수조기(手繰機)]과 베(직조기)를 몰수한 데 대하여 장시간 토의한 결과 아래와 같은 사항을 결정하고 동 오후 7시에 폐회하였다 한다.

결의사항

1. 사건 발생지인 도·군 당국에 장문의 설명서를 첨부하여 경고문을 발송할 일.
1. 총독부 당국에는 타 도·군 당국에서도 그런 착오가 발생치 않도록 타일러 경계해 달라는 요망서를 제출할 일.
1. 경고문과 요망서에 첨부할 설명서는 산업 장려와 농촌 경제에 모순되는 점을 충분히 열거하여 일견(一見)에 잘 이해하도록 협의, 작성할 일.

〈자료 301〉 면작 장려가 본의? 공동판매가 위주? 면작 기술원들의 활동 내용이 면작 공동판매 장려에만 주력, 문제의 수조기(手繰機) 보관(1)(동아일보, 1930.11.18, 6면 1단)

경북도 내 각지에서 면화 공동판매로 말미암아 농민의 씨애기(수조기) "보관" 문제가 일어났다. 곳에 따라서는 씨애기 외에 베 짜는 틀까지 "보관"하였다 한다. 당국자는 이를 가리켜 농민 자신들이 서로 그렇게 보관하자는 말들이 되어 구장 혹은 면직원과의 사이에 말하자면 합의의 공동보관을 하였다 하나, 그와 같이 합의가 되어 있어야 할 농민은 아무 말 없이 군청원과 면직원이 거두어 갔다 하니 대체 실제는 따로 떨어뜨리고 문제는 어물어물하려 하는 가운데 오직 곯기는 농민 그 사람이 있을 뿐이라 한다.

◇ 쌀, 누에, 축우 등과 한 가지로 당국자가 지금까지 장려, 증식을 하려 애쓰는 면작의 금년도 경북도의 장려 계획은 이렇게 하여 그대로 잘 되었다는 것이다. (…)

이것이 처음의 계획이자 나중의 결과로서 판매에 대한 「취체[단속]규칙」이 있으니 1924년(大正 13)부터 생기어 1929년(昭和 4) 7월 27일부(附) 경상북도령 제14호로 개정 발포된 7조에 걸친 규칙이 있는바 이것은 어디나 마찬가지로 10월 1일부터 다음 해 4월 말일까지 그동안 사든지 팔든지 임조(賃繰)를 하든지 모두 도지사의 허가를 맡아서 하라는 것이 이 규칙의 내용이다. 이밖에 면화를 심는 데 지방비로 보조를 하면 어떻게 된다는 등은 하등 발표된 것이 없고 오직 모두가 농민을 위하여 한다는 것뿐이라 한다.

◇ 그러면 문제 되는 공동판매는 앞에서 기술한 「면화판매취체규칙」에 의하여 사는 사람과 사고 파는 장소까지 제한한 것으로 이 공동판매에서 몰처사는 사람을 모 방직회사[방적회사]로 도지사가 지정하여 군청 면작 기술원들이 방직회사[방적회사]의 면화 사들이는 데 대한 일을 알뜰히 보아 주는 것은 위에서 기술한 「취체규칙」이 생기며부터 해 오는 터이다.

◇ 이와 같이 공동판매를 하는 데 있어 품(品)의 우열이 어떻다느니 시가가 어떻다느니 농민의 이해가 어떻다는 등은 이 자리에서 별 문제로 하거니와 대체 다수 농민이 경작한 산품을 어떤 특수한 방직회사[방적회사]에 독점적으로 사게 하는 데서 문제가 생기는 것이라 한다. 위에서 기술한 금년도 면작장려계획을 세우고 있는 가운데 그 계획부터가 판매고 500만 근이라는 것이 계획 중의 중요한 항목 중의 하나가 되어 있는 것이다. 1,700만 근의 생산에서 그의 약 1/3인 500만 근을 기어이 농민의 손에서 팔도록 하여 방직회사[방적회사]가 사 가게 하는 것이 면화 수확 후에 있어서의 각 군 기술원의 활동의 대부분이 되어 있는 것이다. 어떤 종자를 어떻게 얼마를 심어야 된다는 것이 기술원 그들의 수확 전까지 애써 활동하는 그것이나 수확 후 공동판매에 대한 활동이나 사실 활동하는 정도가 그 비율에 있어 같다 하다니 이건 무엇을 말함인가?

◇ 지난 10월 30일이다. 경북 달성군 면작 기수가 동 군 구지면에 출장하여 면화 공동판매를 시키고 있는 가운데 이웃 고을 경남 창녕군 면작 기수가 역시 구지면과 면계(面界)이자 군계(郡界)인 대합면에 출장하여 공동판매를 시키다가 판매의 성적이 잘 오르지 않는 데서 가만히 남의 고을 구지면에 월경을 하여 면화를 사간 일이 있어 이것을 발견한 달

성군 기수가 그의 보복으로 면직원과 농민 십수 명을 대리고 그날 밤중에 창녕군 기수가 자는 곳을 엄습하여 상처를 낸 일까지 있었다는 것은 당시 보도한 바도 있었지만은 이것은 무엇보다도 이들 기술원이 얼마나 공동판매 곧 방직회사 면화 매수에 열중한가를 잘 알 수 있는 것이다. (…)

〈자료 302〉 면작 장려가 본의? 공동판매가 위주? 면작 기술원들의 활동 내용이 면작 공동판매 장려에만 주력, 문제의 수조기(手繰機) 보관(2)(동아일보 1930.11.19, 6면 1단)

◇ 듣는바 면화 공동판매에 있어는 수확기를 앞두고 각 군수와 서무 주임은 도청에 향하여 할당한 예정 수량에 달하도록 하고야 말겠다는 서약서를 바쳤다 한다. 이것이 물론 군 당국자의 자유 의사에서가 아니고 도 당국의 엄명에 의한 것은 물론이라 한다.

조선 산업의 대종인 미작 장려에 있어 어느 고을은 얼마, 어느 고을은 얼마라는 서약서를 바치라는 것도, 바치는 것도 일찍이 들어 보지 못하였는데 오직 농가의 부업이라 할 면화와 누에고치에 한하여는 특매이니 공동판매니 하는 위에 더구나 면화와 같은 경우는 서약서까지 받는 것이라 한다.

◇ 그리고 곳에 따라서는 지방비 보조까지 하여 면작을 장려한다 한다. 이리하여 지방비를 보조해 준 경작자는 6할 곧 매 100근 생산에 60근은 공동판매에 팔아야 한다 하고 그 외에 보통으로는 의성과 같은 군에 1단보에 7근씩 공동판매에 팔아라 하는 것이라 한다. 지방비 보조거나 무슨 장려나 간에 대체 모두가 농민을 위하여 하는 것이요, 지방비 보조를 하였다고 반드시 원칙적으로 6할을 공동판매에 내다 팔아야 된다는 규정은 없다 하는데도 불구하고 "공동보관"이 야단인 데는 지방비 보조 그것도 농민을 위하는 권장에서보다 공동판매에 많이 내도록 하는 구실을 삼자는 데 불과하다고 하여서 그 결과론으로 보아 과언이 아닐 것이라 한다.

◇ 도청이나 군청이나 책임 당국자는 모두 농민 자신들이 합의하여 자신들끼리가 "공동보관"을 하였지 도에서 군에서 명령한 것은 물론 아니고 더욱 군청 기술원이 직접 보관도 하지 아니 하였다는 것이 그들의 일치된 변명이라 한다. 그리니 첫째 서약서와 지방비 보조 운운이 그들 변명을 아주 짓밟은 느낌을 여실히 줄 뿐 아니라 당국자의 변명 그대

로를 적확한 사실이라 하더라도 농민이 합의할 일이면 구태여 씨애기[수조기]에 가장 중요한 작용을 하는 씨애기 꼭지를 빼고 군농회의 봉인까지 붙여서 구장 집이나 면소 같은 데 가고 오고, 그 소위 보관까지 할 필요 없이 공동판매에 당국에서 애써 바라는바 수량에 달하도록 팔아 버리도록 합의할 것임은 삼척동자라도 알 수 있는 상식 중에도 가장 쉬운 상식의 판단이 있을 것이다. 이것은 그 소위 "보관"당한 농민이 한두 사람이 아닌 수천 호, 수만 인이니 당국은 이들의 소리를 어쩌랴?

〈자료 303〉 면작 장려가 본의? 공동판매가 위주? 면작 기술원들의 활동 내용이 면작 공동판매 장려에만 주력, 문제의 수조기(手繰機) 보관(3)(동아일보 1930.11.23, 6면 1단)

산업과에서는 작년, 재작년 한해 구제의 사업으로 베짜기(직조)를 장려하였다. 의성군 같은 데는 원래 의성목(義城木)이란 본목이 유명한 곳이라 하여 베틀과 원료실(원료사)을 구제비 중에서 사다 주고 될 수 있는 대로 많이 짜 내게 하여 그 짜 낸 베는 강원도 방면으로, 어디로 잘 팔리어 간다고 좋은 일이라고 자진하여 신문지에 선전을 크게 한 일이 있다. 이렇게 베 짜기에 한 묶음의 장려를 아끼지 않는 당국이 공동판매에 파는 것보다 자기들 손으로 실을 내서 베를 짜고 옷솜으로 쓰겠다는 농민들의 심산이 당국이 장려하는 취지에 추호도 어그러짐이 없을 것은 누구나 긍정할 바일 것이라 한다.

◇ 당국자는 또 말하기를 농민이 베로 짜서 파는 것이 유리하다고 하나 베 짜는 공임(工賃) 그것과 지금의 공동판매 시가로 면화 그대로 파는 것과 비교하면 면화 그대로 파는 것이 유리한즉 공동판매에 팔도록 하는 것이 농민을 위하여 이로운 일이라 한다. 그러나 농민은 그보다 얼마나 더 유리한 것이 있다고 한다. 베를 짜는 대로 짜서 시가가 상당한 때 팔고 그리고 자가용 외에 남는 면화는 이를 공동판매에 팔지 않고 「취체[단속]규칙」에 어김이 없는 직접 수요자에게 팔면 훨씬 유리하다고 농민은 믿는 것이다. 그러므로 관청이라면 무서운 곳으로 아는 농민이 지방비 보조까지 받은 면화조차 공동판매에 나가 팔기를 꺼리는 것은 꺼리는 만큼 자기 성산에 불리함을 간파한 까닭이라 한다. 아무리 "무지"하다는 농민이라 하여도 자기 손에 쥔 물건의 이해를 차리는 데 있어서까지

무지 그대로를 폭로할 것이 아님은 현명한 당국자가 너 잘 알 것이다. 더욱 베 짜는 데 있어서는 산업과 당국이 권장함이랴.

◇ 요컨대 이번 씨애기[수조기] 몰수 사건과 같은 경우는 듣는바 금년 수확기 전에 위에서 서술한 서약서 이외에 도청 면작계원으로부터 산업부장도, 도지사도 모르게 각 군 면작 계원에게 공동판매고를 올리고 못 올리는 데 따라 진퇴 문제까지 결하도록 다짐을 받았다 하니 사건의 대부분의 책임은 하급 계급에게 많이 있는 모양으로 공동판매에 대한 열이 이처럼 너무 지나친 만큼 그 진의가 어디에 있는지를 해석하기 어려울 일인 것이다. 하여간 산업 장려의 의의를 책임 당국자가 밝혀야 할 일이라 함은 전 농민이 부르짖는 소리이다.

〈자료 304〉 사설: 면화 강제 판매는 불가, 농민에 불리한 이 "산업 행정"(조선일보, 1930.12.01, 1면 1단)

1. 「누에고치 공동판매령」 위반과 「면화 공동판매령」 위반 등 행정 법규의 위반은 「보안법」 위반, 「출판법」 위반 등과 더불어 조선 범죄 통계에 제2위를 점하게 되었다. 이는 실로 타국에서 볼 수 없는 특수 사정이 잠재하다는 것을 말하는 것이 아니면 아닐 것이다. 우리는 일찍 누에고치 공동판매제에 대하여 그 잘못됨을 논한 바 있었으니 군말하지 않겠거니와 최근 각지에서 몰리는 면화 강제 징발로 농민의 원성이 자자한 것은 이 또한 당국의 면화 산업 행정상 실태를 말하는 것이므로 우리는 이에 대하여 즈윽히 관심을 가지고자 한다.
2. 무릇 일본 산업의 최대 기축은 방적업이다. 매년 미국, 인도 등지로부터 약 3억 엔의 면화를 매입하여 이것을 짜서 일본 영내는 물론이오 중국, 남양, 인도 방면으로 수출한다. 고로 미국이 비도[필리핀 제도]에 고무 재배를 장려하는 뜻과 같이 일본이 조선에 개량종 면화를 재배하는 것이라는 것은 명백히 이해되는 점이다. 이에 제1의적으로 중대한 고려를 요하는 것은 그와 같은 산업정책이 농민 생활에 어떠한 결과를 미칠까 하는 것이다. 꽃송이가 적은 재래종 대신에 우량한 대륙면 재배를 장려고사 하는 데 누가 이의가 있으랴마는 부채로서 생활을 미봉하여 나아가는 농민에게는 그 재배의 권유와 장려 방법도 충분히 정밀한 것이 따르지 [않으면] 불가할 것이다. 그러나 종래 각지 군농회 등의

그 장려 방법을 보면 너무나 결과에 치중하여 농민 생활을 돌아봄이 적었었다는 것은 각지 통신을 보아 명백한 바이다.

3. 만일 면화 산업 행정이 오로지 이 같은 점에 있어서만 폐단이 생긴다면 오히려 모르겠거니와 그것을 수확하여 처분코자 함에 있어서 두 번째 구속을 받지 않으면 안 되게 되는 것이다. 즉 소위 공판제로 지정매입자의 근수와 가격에 대한 독점 상인으로서의 폭위를 어디까지 감수치 않을 수 없는 것은 물론이오, 군리(郡吏)나 면리(面吏) 등이 해당 지역의 예정 근 수량을 채우기 위하여 면화를 강제로 징발하며 혹은 그 자가 사용을 금하기 위하여 조면기까지를 사실상 몰수당하는 것이다. 한편 면화 재배의 강제를 느끼는 것도 농민이 수긍할 수 없는 일이거든 생산물 처분까지 임의로 못하는 데에 이르러서야 누구를 위한 재배이며 누구를 위한 생산이라 할까.

4. 조선에 면산(棉産)은 수이입 1,100만 근, 수이출 1,100만 근으로써 자작, 자급하는 형세에 있으니 수이출을 목표로 하는 공판제란 조선 농민에게 필요가 없다. 더군다나 재배와 생산물 처분이 모두 강제적이오 농가의 주요 부업구(副業具)인 조면기, "베틀" 등을 모조리 빼앗기면서 그 산업 행정을 찬성할 까닭이 어디 있을까. 지방 관리는 완전히 이를 고려함이 없는 태도로 농민 가택을 침입하여 물화를 수색하며 또 강제로 몰수하고 징발하여 농민으로 하여금 공포를 가지게 하는 것은 물론이오 막대한 모욕감을 일으키게 한다. 산업 행정 법규에 공동판매를 규정한바 있으되 생산물 강제 징발이란 전시법을 적용코자 함에 있어서야 산업 행정의 남권 행위도 이에서 더 심한 것이 없을 것이다. 우리는 일찍부터 공판제를 비판적으로 논하여 왔거니와 이 기회에 다시 그 개폐를 주장한다.

〈자료 305〉 저락하는 면화, 판매기의 시세, 매 근 6전 내외를 예상(조선일보, 1931.08.29, 8면 1단)

면작 주임관 회의는 27일에 종료 예정인바 면화 시세 저락 대책에 대하여 전남도 제안에 의한 사항을 협의하고 그 이유를 1~2년 이래의 면화는 저락의 한 길을, 지난가을 판매 면화 평균 가격은 겨우 8전 2리라는 근년 희유의 염가이다. 경작자의 수입은 많이 감쇄되어 미견가(米繭價)의 폭락과 같이 농촌은 참상을 띠어 타 작물과의 수지 채산상 면작이 불리하다. 그 앞길을 비관하여 경작자 중 재배를 중지하는 자도 있으니 전년 정도의 가격을 보존하며 생산비를 유지하고 또 대항 작물인 대두[콩], 속[조], 육도[밭벼] 등의 가액도 많이 저락한 관계상 이의 장려상 지장이 있다. 최근 미, 면 수확 예상고의 발표 이래 면화는 다시 급격한 저락을 지속하여 이번 가을 판매기는 1근 6전 내외의 미증유의 염가가 나타나 과거 20년간 순조로운 발달을 이룬 면작도 하나의 좌절에 이를 염려가 있다 한다.

〈자료 306〉 면화판매소에서 비료대 임의 징수, 당국 무리를 비난(조선일보, 1932.01.07, 6면 1단)

전남 해남군 농회에서는 저리자금으로 일반 농민에게 비료를 대부하고 회수에 막대한 곤란을 받는다는바, 산이면(山二面) 금호도는 모범 농촌인 것만큼 여러 해 전부터 면화 재배에 전력을 다하여 오던 터로 작년 8월 대폭풍으로 전멸 상태에 이르러 수확기에 근근히 얼마씩을 주워 모아 팔러 나오면 농회 기수는 비료 대금으로 얼마씩을 징수해 가는바, 지난 12월 14일 판매일에 이르러는 기수 이노 갓페이(井野勝平) 씨가 판매소에 나오지 않고 임시 고원이 등급을 보고 박경연 씨가 매수하였던바 판매인은 전례에 의하여 그다음 날에 구장에게 대금을 청구한즉 구장은 지난 밤에 이노가 와서 60여 명의 면화 대금 200여 원 중 반을 갈라 100여 원을 비료 대금으로 징수해 갔다 함에 얼마 되지 않는 것이나마 이것으로라도 이 깊은 겨울을 어떻게 넘길까 하던 그들은 천만 낙심 끝에 그나마 각각 나누어 갔다는데 일반은 아무리 관청 비료 대금이라도 이렇게 승낙도 없이 징수해 가는 것은 강제적이라 하여 비난이 적지 않다 한다.

㉡ 1930년대 면화 공동판매제 · 지정판매제

〈자료 307〉 면화 지정판매제는 몇 개 자본 공상 옹호, 30여 개 공장은 하루아침에 파괴, 전남 면화 통제 반대 이유(동아일보, 1933.09.05, 3면 1단)

전남에서 면화 판매를 재래로 경쟁입찰로 대소 공장에서 공동판매를 하여 오던 면화 판매 제도를 폐지하고 금년부터 지정판매제도를 채용하여 면화 판매 통제를 실시하고자 지난 30일경 전남도 당국에서는 돌연 나가미(永見) 도기수를 목포에 파견하여 목포면화동업회의 관계 당업자에 대하여 목포 조선면화회사, 남북면화회사와 여수 혼다조면공장(本田繰綿工場) 등

3개 회사를 지정 조면공장으로 하고 그 외는 조면기 130대와 완전한 하조기를 설비한 공장 1개소에 한하여 인가하겠다는 것을 성명하였다 함은 이미 보도한 바거니와 그 후 앞에서 기술한 동업회에서는 그의 대책을 강구하기 위하여 협의한 결과 도 당국 방침대로 지정판매제도에는 부득이한 사정이라 다소 찬성한 점은 있으나 130대의 조면기를 모으기 위하여 24개소에 공장을 합동 설립한다는 것도 불가능한 일이고 합동한다 하더라도 금년 내에는 어찌할 수 없는 형편이므로 도의 처치만 기대할 뿐이라고 한다. 그러나 만일 도 방침 그대로 몇몇 자본가 공장의 이익을 위하여 통제를 실시하는 날이면 전남에 산재한 30여 개소의 공장이 하루아침에 파괴됨에 따라 30만의 생산자의 손해와 각 공장에 종속된 만여 명의 실업군을 내게 되는 만큼 사회적으로 보아 일대 문제라 하여 동업회에서는 우치다니 만페이(內谷萬平), 권영례 양 씨 외 수 씨를 도 당국에 파견하여 진정하는 한편 목적을 관철하기까지 적극적으로 통제 실시 반대 운동을 일으키리라 하며 머지않아 시민대회까지 개최하리라고 한다.

〈자료 308〉 경쟁입찰제 철폐하고 3공장에 지정판매, 금년은 15일부터 판매 개시, 경남 면화 판매 통제?(동아일보, 1933.09.14, 6면 1단)

경남도에서는 9월 10일부터 면화 공동판매를 시작한다고 한다.

면화장려10개년계획에 의하여 실행한 성적은 순조롭게 진행되어 금년은 작년에 비하여 3,600정보가 증가되어 배당 면적 2만 5,000정보를 돌파하였다.

면화가 증산되어 가므로 도 당국에서는 생산자와 조면공장이 서로 충돌 없이 매매를 하도록 하기 위하여 경쟁입찰제는 철폐하고 지정판매인 3인을 선출하여 도내 117개소에 도청원들이 출장하여 판매를 감독하라 하며 면화 지정판매 공장은 진주조면공장, 마산조면공장, 부산조선방식회사(조방) 등 3개소이다.

〈자료 309〉 면화 지정판매의 불가, 당국에 고려를 촉구함, 진지동 일 기자(동아일보, 1933.09.24, 3면 3단)

용강군의 유일한 산물이오 용강군민의 유일의 생명인 면화를 대재벌가에 한하여 매수권을 주어 지정판매의 시설론이 용강군 당국에 대두하여 있으므로 일반 생산자들은 공황에 싸여 있다 한다. 그것이 당국으로서는 일반 생산자를 보호하기 위하여 중간 간상배를 없이 하고 수용가와 생산자 간이 직접 매매를 취하게 함이라 전하지마는 용강은 면화의 특산지로 1932년도(昭和 7)의 생산량을 보면 730만 5,305근인데 1호당 566근으로 자가용 외 판매고가 600만의 가액 74만 원에 달하였다. 용강면의 품질 양호가 멀리 해외까지 미치었으므로 매수자가 다수에 달하여 시장은 극히 번창하여 생산자로서 가격을 좌우하게 되었다 한다. 그런데 이제 지정판매를 실시하여 대재벌가에 한하여 매수권을 준다 하면 파는 자는 많고 사는 자는 적으므로 시장은 번창을 기할 수 없고 매수권이 있는 자의 농락으로 가격이 저렴하여 일반 생산자에게 대타격을 줄 폐해가 생길 것은 명약관화일 것이니 당국으로서는 많이 고려하여 생산자의 근본적 보호자 되기를 바란다.

〈자료 310〉 황해도 면화 단속, 16일에 발령(조선일보, 1933.09.21, 4면 6단)

1933년(昭和 8) 9월 16일 도지사 발령에 의하여 면화 또는 면 종자에 대하여는 도지사가 지정하는 장소와 구역 내가 아니면 매매치 못하기로 명을 발하였는데 자가 사용으로 면화, 면실(棉實)[58] 등을 사는 것은 이에 한하지 않으며 면실의 매수 또는 면화 임조업(賃繰業)을 경영하는 자에 대하여는 매년 8월 말일까지 도지사의 허가를 맡아야 된다는바 대개는 다음과 같다.

주소, 씨명, 생년월일, 다만 법인에 대하여는 그 명칭과 목적, 주된 사무소와 소재지, 또 대표자의 주소, 씨명을 기록하여 매년 본 도지사의 허가를 맡아야 한다.

〈자료 311〉 면 지정판매에 쌍방이 불평, 생산자나 소비자나 다 불평, 사리원서 24일 개시(동아일보, 1933.09.28, 3면 6단)

황해도 사리원에 조선방직회사 공장을 설치한 금일 종래의 자유판매를 하여 오던 면화는 앞에서 기술한 회사를 지정판매소로 하고 지난 24일 장날부터는 절대로 자유판매를 엄금한 까닭에 생산자와 소비자가 모두 불평이 반반하여 돌아갔다는바 그들의 말을 들으면 생산자도 지정판매자에게만 팔게 되는 고로 싼값을 받을 수밖에 없다는 것이고 소비자(자가용)로서는 겨울철 준비인 이때에 면화를 구할 수가 없어서 큰 곤란이라는 것이다. 이 문제에 대하여

58 면의 씨앗.

군농회의 말을 들어 보면 10월 1일부터 12월 말까지 기간을 정하고 그와 같이 도령에 의하여 판매를 한다 하며 생산자는 손해가 없을 것이고 자가용으로 소비가 된 그것들은 다소 곤란할 것이나 앞으로 좋은 방침이 있을 것이라고 한다.

〈자료 312〉 평남 면화 공판 반대 소리 더욱 높아져, 당국은 단속 이원(吏員) 설치, 타지 판매 철저 방지(조선일보, 1933.10.3, 4면 7단)

평안남도에서는 재래면 증산계획에 의한 면화 처분을 목표로 하여 금년부터 면화 공동판매를 실시하기로 되어 강서군 용강군 대동군(일부뿐)에서 시행키로 되고 삼성제면소 외 3개 영업자에게 구입에 대한 권리를 주었다 함은 이미 보도한 바와 같거니와 공동판매 실시 초에 벌써부터 비난 공격의 소리가 높은 바 있다.

농업자들은 면화를 재배할 뿐이오 판매의 권리는 없다고 해도 과언이 아니며 따라서 시장도 극소 범위로 제한되어 있는 관계상 시장 번영책으로 보아서도 공판의 반대의 소리는 심히 높은 바 있다. 그러나 이와 반대로 도 농무과에서는 공판의 성적을 올리며 농민의 임의로 타 지방에 가지고 가서 판매하는 것을 철저히 방지하기 위하여서 1일부로 군·면 등의 직원과 농회의 직원 177명을 면화 단속 이원으로 임명 발령하는 동시에 사무의 취급을 개시했다.

앞으로 면화 단속 이원 대 농민 간에는 연초 전매국 이원 대 농민 간 시비에 불하하는 분규 내지 충돌이 일어날 형세라 한다.

〈자료 313〉 면화 공동판매, 조선방직회사를 지정매수자로 확정, 자가용이라도 개인 매매는 불허, 일반의 여론을 환기(조선일보, 1933.10.6, 3면 1단)

전 조선 각 도에서 방금 여론이 높은 면화 공동판매에 대한 문제는 황해도 은율군에서도 일대 문제가 되어 있다는데 그 자세한 내용은 자래로 시행하여 오던 경쟁입찰 공동판매에 대하여도 생산자의 불평이 자못 사라질 줄을 모르고 있던바 금년에는 특히 조선방직주식회사가 지정매수인이 되어 지난 1일부터 오는 12월 31일까지 매수한다는바 특히 본 군은 면작 지도리가 곳곳에 있어 해마다 그 산출량이 황해도에서 손가락에 꼽는 군일 뿐 아니라 그 품질이 매우 우량하여 공동판매 시행 전에는 출회 시기만 되면 평남북 양도에서 무역상이 출장하여 제각기 매수코자 경쟁 매수를 하는 관계상 생산자로서는 조금도 부족한 가격이라는 느낌이 없이 매매를 하여 왔는데 금년에는 특별히 앞에서 기술한 바와 같은 방법으로 매매를 하게 되는 도령이 발표되자 은율군농회에서는 위에서 기술한 바와 같은 주의사항을 인쇄하여 일반에게 배부하였는데 그 주의사항 중에는 지정매수인이 아닐진대 자가용일지라도 절대 개인 매매는 금한다 하여 자가용으로도 살 수가 없어 생산자에게는 면화를 얻어 살 수가 없다고 방금 문제가 되어 일반의 여론을 환기하고 있다고 한다.

(…)

〈자료 314〉 면화 지정판매제를 철폐하라, 사리원 일 기자(동아일보, 1933.10.17, 5면 1단)

시장에서 생산자 농민들이 자유판매를 하던 면화는 10월 1일부터 도령에 의하여 조선방적회사 사리원공장을 지정판매자로 정하고 전과 같은 자유매매를 일절 엄금한 까닭에 생산자나 수요자로서의 불평과 원성이 매우 높다. 그것은 일 회사의 원료품으로 제공을 시킨다 하더라도 그것들이 시장에서 자유매매를 할 그때의 시세를 놓아 준다면 별 문제는 없을 것이니 자유매매를 할 그때의 시세보다 현격한 차가 있음에야 누가 말하지 않으랴. 이제 그 일례를 거론컨대 시장에서 자유매매 시에는 1근에 상품은 14전 내지 15전씩에 매매되던 것이 지정판매 시에는 상품 1근에 12전 5리, 2등 1근 11전 8리로, 5등에는 1근에 6전 7리까지 되었으니 그 가격의 차는 얼마나 크며 생산자는 얼마나 억울할 것이냐. 농촌 경제가 거의 파멸을 당한 금일에 소위 농촌 구제, 자력 갱생 운운의 미명 간판하에 고열에 남달리 땀을 흘려 가며 손끝이 닳도록 노력을 들인 생산물의 매매에 구속을 할 뿐 아니라 저가에 많은 차를 보게 함은 이 무슨 이유이며 농촌을 구제한다는 의미는 어디에 있는가. 우리는 당국자들의 심리를 또한 의아하여 마지않는다. 아무리 외국 수입품을 방지하는 정책인들 면작을 반강제로 장려하는 한편에 가격을 자유매매할 그 때보다도 저가로 판매케 한다는 것은 농민의 생활 상태를 완전히 고려하지 않은 행정이 아닌가 보냐. 그런 고로 지금부터라도 지정판매 도령을 철폐하거나 그렇지 않으면 자유매매 당시와 같은 저락으로 구입을 하여 농민도 살게 하는 동시에 면작을 농민 그들이 자진하여 장려할 만한 인상을 주라는 것이다. 그런 까닭에 이상에 논한 바와 같이 절대 자유매매를 하여 민간 수요자로서도 불평, 불안이 없게 하며 그 회사로서도 일 수요자 격으로 자유매매 시장에 나가서 시가대로 구입함이 가당한 것이거늘 판매 장소를 원거리인 해당 회사 창고로 정하여 또한 한층 농민에게 다대한 불편을 주는 것은 모두가 무리한 행동이니 농촌을 구제 운운하는 행정 당국은 이에 반성함이 지당할 것이다.

〈자료 315〉 누에고치, 면화, 가마니 등 공판의 절대 불가를 절규(조선일보, 1934.03.02, 3면 2단)

평남도회 제2일인 28일에도 오전 10시부터 계속 개회하고 누에고치 공동판매, 면화 지정판매, 가마니 지정판매 등 문제로 도 의원과 도지사 사이에 맹렬한 질문과 답변이 계속되어 긴장한 장면을 보였다. (…) 강서의 정기수 의원, 용강의 김병완 의원 등 각 의원이 차례차례로 누에고치, 면화, 가마니 등 공동판매 내지 지정판매는 모순도 심한 악정책이라는 비난 공격을 하는 동시에 "효과도 없는 식상(植桑) 정책을 폐지할 것은 물론 팔고 싶은 때에 팔고 사고 싶은 때에 살 수 있는 자유를 줄 것이라" 하여 공동판매와 지정판매의 철폐를 부르짖었다. 그리고 정 의원은 계속하여 공동판매로 일어난 전북 의옥(疑獄) 사건의 예까지 들면서 당국에 육박하는 동시에 의옥 사건에 관계된 자들은 자기들의 죄로 징벌을 받는 것이 상당하지만 급기야 손해는 농민이 당한다고 야유를 하였다 한다.

〈자료 316〉 면화 공판제의 철폐를 주장, 적당한 시기에 하겠다고, 황해도회의 제3일(동아일보, 1934.03.18, 3면 3단)

(…)

다음 3일은 신계 송승엽, 황주 이태근 제씨는 면화 공동판매의 폐해성을 말하였다. 즉 공동판매 실시의 취지는 가격 조절과 생산자의 복리를 주안한 것인데 기실은 경쟁판매 시보다 가격이 훨씬 적고 개인 매매를 엄금하므로 면화 사용자에게 큰 불편을 줄 뿐 아니라 이로 인하여 밀매자가 자연 속출함을 면치 못할 것이니 이는 세민에게 범죄성을 양성시키는 것이다. 그러므로 공판제도는 단연 개량치 않으면 아니될 것이다 하였다.

이에 대하여 조 농무과장은 적당한 시기를 따라서 불평이 없도록 개량한다고 하였다.

〈자료 317〉 면화 공판 내용을 비난, 면작자 의견 무시의 상태로, 방적, 지정상(指定商) 본위?(조선일보, 1934.04.08, 6면 1단)

현재 총독부에서 금월 23일로부터 열려 오는 면작 주임관 회의는 오늘 25일로 끝이 났는

데 동 회의는 어제 보도함과 같은 면화 공판 가격, 기타에 관한 사항을 협정하는 것이다. 그런데 면화 공판도 흡사히 고치 공판과 같은 내용의 것으로 고치 공판이 제사가(製絲家)의 본위로 되는 경향이 있는 것과 같이 면화 공판도 면작자 본위라는 것보다 면화를 사 가는 상인 즉 방적회사, 면화상의 중심으로 되는 감이 현저하다. 그 이유는,

(1) 면화 공판의 가격을 협정함에 있어 각 도 기술관과 방적회사, 면화상의 회합으로만 되는 것, 다시 말하면 조선 면작자의 의견을 안중에 안 두는 점
(2) 작년 산면(産棉)을 보면 조면을 환산하여 약 4,800만 근 중 수이출 되는 것은 1,209만 근으로 즉 산액의 7할 5푼가량을 조선 내에서 소비하고 그 나머지 2할 5푼가량이 수이출되는 터이다. 이처럼 수이출이 적음에도 불구하고 조선 내 면화 공판가를 정함이 멀리 미면[미국 면] 시가를 표준으로 하고 또는 번잡한 산식의 필요를 그다지 안 느낀다는 점

등으로 조선 내 면작 공판은 실제에 적응한 내용을 구비할 것으로 보기 어렵다. 그래서 면화 공판도 견 공판과 같은 결과에 흐를 염려가 없지 않고 따라서 이미 보도한 바와 같이 면작의 열이 장려함에 비하여 현저한 진전이 없는 이때인 만큼 이에 대한 개선의 필요가 긴요하다는 말이 있다.

〈자료 318〉 면화 지정매수제 실시로 재벌만이 폭리를 독점, 농가와 소비 대중에 손해 막대, 남포 조면업자 등 궐기(동아일보, 1934.10.11, 3면 1단)

평안남도에서는 금년부터 동 도내에서 산출되는 면화의 매수는 동 도지사가 지정한 면화 매수업자만이 그것을 매수할 수 있다는 것으로 지난 7월 6일 평안남도령 제14호로 「면화취제[단속]규식」을 개정하고 대재벌인 조선방지주식회사를 필두로 진남포 가토 헤이타로(加藤平太郎), 스에나가 아쓰시(末永淳), 평양 이병균 등 4명에게만 면화 매수를 허가하였다.

그리하여 진남포에서 종전 면화 매매를 영업으로 하던 자 20여 명과 조면업자 20여 명, 합계 50여 명은 하루아침에 직업을 잃게 되어 금후의 생도가 실로 염려된다고 한다.

앞에서 기술한 바와 같은 면화의 지정매수허가제는 생산자인 농가에 이익을 주어 면화 증산을 장려한다는 데 그 본의가 있다 하나 그 실제는 재벌만이 가질 수 있는 독점적 이익 사업

이 되며 또한 심하게는 자가용 면화의 매수도 엄금하여 일반 소비 대중에 막대한 손해와 불평을 주는 때문에 동 지방 일반의 불평과 불만은 자못 물 끓듯 한다고 한다. (…)

〈자료 319〉 자가용 면화 매수, 금지 해제를 진정, 남포 부민대회 실행위원회에서, 22일 위원 5씨 출발(동아일보, 1934.10.21, 5면 1단)

평안남도에서 총독부 면화증식계획에 의하여 「면화취체[단속]규칙」을 개정하고 면화 지정 매수제를 실시하는 데 대하여 진남포 지방에서 반대 운동이 일어났다 함은 석간에 이미 보도하였거니와 진남포 부민대회에서 선출한 실행위원 10씨는 지난 19일 밤 8시 부내 용정면옥 누상에서 실행위원회를 열고 앞으로 운동 방법에 대하여 장시간 토의하였는데 제일 긴급한 문제로 자가용 면화 매수 금지에 대하여 이것을 해제하도록 평남도지사에게 진정하기로 하였다 한다.

진정위원으로 다음 5씨를 선정하여 오는 22일 평남도로 향하여 출발하기로 하였다 한다.

▲ 진정위원 조정호, 김병근, 이종섭, 오기일, 안상엽

〈자료 320〉 사설: 자가용 면화 금지의 반대 결의, 당국의 채용이 정당(조선일보, 1934.10.23, 1면 1단)

1. 지난 18일부터 개최된 진남포시민대회에서는 자가용 면화까지 공판에 부친다는 것은 재벌을 옹호하고 생산자 및 자가 소비자의 이익을 침해한다 하여 반대 결의를 한 후 평남도 당국에 그의 철폐를 요구하였다 한다. 면화의 공동판매제도에 대하여는 우리는 본란에서 이미 붓이 닳도록 논한 바이니 다시 구차하게 지껄이기를 될 수 있는 대로 피하고자 하나 당국은 여전히 제도를 철폐치 않고 도리어 종래에는 적용치 않던 자가용 면화에까지 이 제도를 적용하며, 민간에서 반대까지 함에 이르러서는 또다시 일언하지 않을 수 없다.
2. 누언한 바와 같이 면화, 기타 현재 조선의 공동판매제도는 하나둘 재벌이 편호(偏護)함이 될지언정 생산자 내지 자가소비자를 옹호치 않는다. 왜 그러냐 하면 무릇 물건의 매매에 있어서 파는 자와사는 자가 자유로운 입장에 서지 않으면 도저히 공평한 가격이 결

정되지 못한다. 만일 사는 자는 자유를 가졌으되 파는 자는 안 팔 자유를 못 가졌다면 사는 자 본위의 가격이 성립되어 파는 자는 불리한 입장에 서게 된다. 조선 면화 공판의 제도는 바로 이 좋은 예가 아니랴.

3. 물론 매매에 있어서 제3자가 공정한 가격을 결정하여 양자에게 모두 편중치 않게 할 수는 있다. 그러나 조선의 면화 공판제도는 그 가격 결정에 있어서 마치 누에고치 기준 가격 결정의 경우와 같이 제3자인 도 당국 및 면사 독점 매수인 한두 방적회사 당국만이 집합하여 결정하고, 생산자 대표는 이에 참가할 수가 없다. 그러므로 그 가격은 매양 독점 매수자의 이익에 가까워지고, 생산자의 이익에는 멀어지기 쉽다. 그뿐 아니라 공판 시의 품질 측정은 도 또는 군 기수가 담당하게 되므로 간혹 불공정하다는 평을 들을 수 있으며, 시일, 장소를 일정해 가지고 공판하므로 매수하는 자는 편리하나 파는 자는 불편하다. 이에 대한 비난을 들으려면 1차 면화 공판일 전후의 그 공판지 부근을 여행해 보라.

4. 이와 같이 공판제도는 한두 독점 매수업자에게 이롭고 생산자에게 해롭거니와 한층 불합리한 것은 자기가 재배한 면화를 자기가 사용할 수 없다는 것이다. 무릇 생산은 판매의 목적도 있지만, 자가소비가 큰 목적임은 현재 조선의 경제 상태로 불가피의 일이다. 그런데 자가용 면화까지 사용을 금지하니 이것은 차라리 무모라 할 만하다. 매각하고 싶지 않은 가격에 강제로 매각시키는 것도 불합리하거든 하물며 자가의 경작한 것을 자가에서 사용하기를 금지하고 기어히 독점 매수자에게 매각했다가 그 대신 비싼 가격으로 사서 사용해야 된다는 이유가 어디 있는가. 이것은 아무리 통제라는 미명을 내걸더라도 인민의 이익에 위반하는 이 같은 공판제도는 반대치 않을 수 없으니 진남포시민대회의 결의는 채택하여야 할 것이다. 평남 당국 및 총독부 당국에 일언하는 바이다.

〈자료 321〉 "자가용 면화 매수, 금지 사실 전무, 용강문 농회에 제지하겠소", 진정 위원에게 도지사 언명(동아일보, 1934.10.24, 5면 1단)

진남포 자가용 면화 매수 금지 문제로 일반 농업사들은 지난 22일 진정위원 5씨를 선정하여 가지고 평남도로 진정 출발하였다 함은 이미 보도한 바거니와 이번의 진정 효과가 어느 정도까지 있을는지 일반은 주목하고 있던바 평남도지사는 다음과 같이 언명하였다 한다.

면화 지정매수제를 실시한 것은 사실이나 자가용 면화 매수 금지에 대하여는 절대로 실시치 아니하였소. 그런데 이와 같이 진정까지 오게 된 이유는 나 역시 의외의 일이나 만일 이것이 사실이라면 이는 용강군 농회의 단독 처사이니만큼 즉시 제지할 방침을 취하겠소.

〈자료 322〉 진남포 면화 문제, "가용(家用) 매수는 무방, 금지는 농회의 독단, 평남도 지사의 언명(조선일보, 1934.10.25, 5면 1단)

평남도령으로 면화 매수인이 지정되면서 금년에는 자가용 면화를 가공 처리하지 못하여 도시 생활자에게 막대한 불편과 불리가 있다 하여 진남포에서 시민대회를 열고 위원을 선정하여 도지사에게 진정키로 되어 지난 22일 진정위원으로 조정호, 김병근, 오기일, 안상엽 4씨가 도지사와 농무과장을 방문하고 진정한 결과, 도로서는 자가용까지 금할 방침이 아니므로 다른 곳에서는 자가용 면화를 주고 있는데 오직 진남포에서만 금한다는 것은 용강군 농회의 독단 처사인 듯하니 종전과 같이 자가용은 매수하여도 무방하다는 도지사의 언명이 있었으나 군농회의 태도가 매우 주목된다는데 용강군 농회장인 김 군수는 와서 방문한 기자에게 다음과 같이 말하였다.

"도의 방침이면 군에서도 실행"

용강군수 김형수 씨 담화

금년 「면화취체[단속]규칙」에 대한 도령이 변경될 때에 도령 제14호 제4조에 면화 매수는 도지사가 지정한 매수업자만 매수할 수 있다는 조문에 대하여 자가용 문제로 많은 문제가 있었으나 결국 자가용도 허할 수 없다는 지시가 있으므로 군농회로서는 상급 관청인 도의 지시와 명령대로 실행하여 왔는데 지금 문제가 이렇게 됨에 군의 단독 처사 운운은 알 수 없는 일입니다. 하여튼 도에서 자가용을 허할 방침이라면 군으로서는 즉속 실행하려고 합니다 운운.

〈자료 323〉 경기도 관하에 면화 공판 강화, 판매 장소와 기간을 한정코, 위반자에 100원 벌금(동아일보, 1935.9.1, 6면 1단)

경기도에서는 면화 공판의 적극적 실시를 목표로 한 강제적인 「면화취체[단속]규칙」의 초안을 입안 중으로 머지않아 공포될 것으로 보이는바 그의 골자는 다음과 같고 이로 인한 면화 생산자 측의 영향은 자못 적지 않은 바 있으리라 한다.

「면화취체규칙」 초안 중요 골자

1. 면화는 도지사의 허가 없이는 지정한 공동판매소 이외와 소정 기간 외에는 매매할 수 없다(이 공동판매제는 작년부터 장려해 왔던바 이제부터는 강제적으로).
2. 도지사의 허가 없이 도외 반출할 수 없다.
3. 위반하는 [자는] 100원 이하 벌금, 구류, 과료에 처한다.

〈자료 324〉 자가용도 금지하는 가혹한 면화 통제, 황주 농민들의 불평성(不平聲) 일고(日高)(조선일보, 1935.09.21, 3면 1단)

1933년(昭和 8) 가을 도령으로 발표, 실시된 황해도 면화 통제에 의한 동 공동판매제도에 대하여 여러 가지 폐단이 많아 그중 특히 자가용 면화 매수까지도 절대 금지하던 문제의 면화 공동판매는 금년에도 역시 황주군 일역은 대재벌 조선방직주식회사가 지정매수인이 되어 지난 15일부터 각지 장날마다 개시되었는데 특히 자가용 매수에도 엄중 금지함은 그 진의가 어디에 있는지 알 수 없을 뿐만 아니라 시장에는 군농회원을 비롯하여 조방[조선방직] 직원들이 무슨 큰 범인이나 수사하듯 시장을 샅샅이 뒤지며 단 한 근이라도 매매함을 보면 구타하는 사실까지 있어서 도 당국의 통제 방침에 대하여 너무나 가혹한 제도라고 일반 도민 간에는 원성과 불평의 여론이 바야흐로 높아 가고 있다 한다

자가용 매매 금지는 재벌 편호(偏護) 결과, 생산, 수용자가 모두 불리

별항 면화 통제에 의한 자가용 면화까지 절대 금지함에 대하여 지난 1934년(昭和 9) 10월 평남 진남포에서는 부민대회까지 열고 도지사에게 신정하여 자가용 매매는 무방하다고 하여 동 부민 일반은 환희 작약하였음은 아직도 우리의 기억에 새로운 바거니와 황해도만은 아

직도 자가용 매매를 절대 금지함은 대재벌만을 옹호하는 것으로써 면화 통제 도령이 실시된 후 이래 계속하여 매년 매수지정인이 되는 조선방직은 동 회사가 사리원에 공장을 설치[할] 당시부터 벌써 이런 것을 암암리에 도 당국에서 원조하리라는 암계가 있어서 금일에 이르게 된 것이 아닌가 하는 의혹도 세인의 머리 속에 떠오르기 시작하였으니 생산자와 수용자의 막대한 불리를 돌보아 주지 않는 것은 동 통제의 근본적 정신이 어디에 있는지 알 수 없다고 하여 황주군하의 공동판매 장소는 다음과 같다고 한다.

(…)

〈자료 325〉 "면화 지정판매는 특수 권익의 옹호", 조방[조선방직] 매입가 비(比) 작년 1전 저(低)로, 봉산 면화 생산자 불평(조선일보, 1935.10.24, 3면 1단)

도령으로 실시되는 면화 지정판매는 해마다 면화 출회기에는 생산자와 일반 소비자의 불평의 적(的), 대상이 되어 있어 당국의 판매제도의 개선으로 요망하여 오던 것인바 금년에는 한층 지정판매인의 전매권을 강화하여 생산자가 자가용 면화에 대한 단속도 엄중할뿐더러 일반 소비자는 한 근도 시장이나 생산자에서는 살 수가 없고 가격이 훨씬 비싼 지정판매하는 조방에서 제면한 것을 사서 쓰게 되므로 도시나 면화를 생산 못하는 평야의 소비자에게는 생활에 막대한 영향을 주어 이것은 대자본가의 특수 권익을 옹호하고 소비 대중을 무시하는 것이라 하여 일반 여론이 매우 비등한데 더구나 금년에는 곡가와 기타의 농산물이 작년에 비하여 모두 3할 이상이 올랐는데 현재 조방에서 지정매입하는 시세를 본다면 1등에 15전 4리, 2등에 13전 3리라는 작년 가격보다도 오히려 약 1전가량 싸게 매입하므로 생산자도 군농회에서 권장하여 경작한 것이 실상의 이익이 다른 농작물보다 적으므로 군농회에 큰 불평을 가지고 있다고 한다.

② 잡지 기사를 통해 본 면화 공동판매제와 조선인의 반발

〈자료 326〉 면화 지정판매제도와 전남도 당국의 재고를 촉구함(儒達山人, 호남평론 1권 1호, 1935.4.20, 6~7쪽)

금융 통제의 밑에는 산업도 독점할 수 있는 바요 산업이 연맹함으로써 그 독점적 횡포성을 발휘할 수 있는 것은 현재 자본주의 경제 조직의 가장 현저한 특징으로 되어 있거니와 작금에 실시되는 면화 지정판매제도와 같은 것은 그 실례를 보기 어려운 기괴한 현상인 동시에 이를 실시하는 전라남도 당국의 진의를 의심하지 않을 수 없는 것이다.

× ×

우리 사회는 농업으로써 발달을 보았으며 또 농업 경제가 유일한 관건을 잡은 것은 현실이 웅변으로 증명해 보이는 바이니 더 말하지 않거니와 1933년(昭和 8), 1934년(昭和 9) 양 연도의 전라도 농산물은 한수해로 인하여 총수확의 3~4할을 감하였음은 물론이려니와 나주, 광주 등 몇 개 군에는 수십 년 이내의 처음되는 피해로 전례가 없는 북만[북만주] 이민군을 수송 혹은 모집 중에 있어서 농촌의 파멸이란 글자 그대로 궁핍의 함정에 빠져 있다는 것을 여실히 문장으로 증명시켜 주고 있는 것이다.

이렇게 전남의 농촌은 파멸의 위기에 직면하고 있음에도 불구하고 전남도 농산물 중에 가장 중요성을 가진 면화를 공동판매제도로부터 지정판매제도로 실시하여 생산자에게는 연 300~400만 원의 손해를 더하게 하고 면화업에 종사하는 수백 명에게는 실직을 시키게 함은 참으로 기괴 천만의 제도가 아니라고 할 수 없다.

× ×

1933년도(昭和 8)부터 면화 판매제도를 공동판매제도로부터 지정판매제도로 실시한다는 전남도 당국의 성명이 있자 이에 반대 운동은 각 지방으로부터 봉기하였으나 이들 운동을 당국은 일축시킨 후에 최초의 입안대로 지정판매제도는 실시되고 말았다. 그리하여 이에 특권을 가지게 된 3~4개 회사만이 엄청난 이익을 보았을 것은 물론이거니와 이 반면에 막대한 손해를 보고 있는 것은 지정판매제도 실시로 인하여 자연 폐업하게 된 공장주보다도 생산 역할을 맡은 농민 대중인 것이다. 그것은 재래 공동판매제도와 같이 경쟁입찰이 아니요 공장주의 이익을 절대 본위로 하는 모순이 지극한 기괴한 입찰제도인 까닭이다.

× ×

전남도 당국의 발표에 의하면 1934년도(昭和 9) 전남 면화 총생산고가 3,300만 근에 달하였다고 한다. 그러나 11월 판매 개시 이래 오사카(大阪) 시장에서 면화 시세가 전기(前寄) 낭한(當

限)[59] 68~69원에서 오르내리는 것을 보아 예전 공동판매제도하의 시세라면 무안군을 표준하여 실면 100근당 26~27원은 보아야 할 것임에도 불구하고 지정판매제도가 된 관계로 19원 80~90전에서 오르내리고 있음을 볼 때에 매 근당 7전이라는 적지 않은 손해를 생산자는 보게 되는 것이며 이와 반비례로 공장주는 이익을 보게 되는 것이다. 이를 전남도 총생산고의 비율로 따져 본다면 놀라지 마라. 작년 같은 재년(災年)에도 240만 원이라는 엄청난 금액을 제도의 모순으로 인하여 생산자가 당연히 받아야 할 대가임에도 불구하고 손해를 보아 가면서 있는 것이다.

이상과 같은 제도 아래서 연 200~300만 원이란 거액의 손실을 생산 대중이 보아 나간다면 이는 실로 농촌 파멸에 채찍을 더하는 것이며 세농층의 생사 기로는 이로써 결정을 지었다고 하여도 과언이 아닐 것이다. 그러나 당국에서는 이에 대한 선처할 방침을 고려도 하겠지마는 지금까지에는 면화 등급, 건조, 기타 근량에 있어서 공동판매제도와 하등의 차이를 발견할 수 없을 뿐 아니라 도리어 매수원과 농회 기수와의 친밀을 꾀하게 하는 기회를 주며 한편 공장주 등은 어둡고 간사한 책략으로 건조 불량, 등급 불량 등을 들어 당국에 진정 등으로 이익을 꾀하고 있는 것이다.

× ×

1931년도(昭和 6)에 〈가주(可誅)할 면 동업회〉라는 제목으로 모(某) 지 지면을 빌려 필자가 1문(文)을 적은 일이 있거니와 이러한 지정판매제도가 생겨나기 전 소위 공동판매제도하에 경쟁입찰을 하게 되던 때에도 어리석고 무능한 생산자를 기만, 위협하여 10여 년 전까지도 1개 점원이던 자가 100만의 거부가 되고 수십만 원의 공장주가 된 자가 수십 인에 달하며 심지어 공장주의 한 고용인으로 10일간 면화 매수원으로만 출장을 한다면 500~600원의 자기 수입을 획득하여 1년 생계를 여유 있게 하여 왔던 것이다. 어찌 이뿐이었으랴. 면화 판매 시기가 돌아오면 전남 각 대소 도시는 일대 활기를 띠고 예창기(藝娼妓) 등이 농회 사무원과 면화 매수원 등 출입에 다른 손님은 예약을 하기 전에는 얻어 보지 못하리만큼 그네들은 다대한 유흥비를 지출하고도 수십 원, 수만 원의 이익을 보아 왔다는 것을 누구나 부인하지 못할

59 당한월(當限月). 장기 청산 거래에서 가까운 달을 뜻한다. 예컨대, 현재가 1월이고 당한이면, 1월 중에 결제해야 한다.

것이다. 소위 이러한 경쟁입찰제도도 그 피해가 생산자에게 미치는 관계상 공동판매제도에 대한 생산자의 불평이 여간 아니었던 것이다. 이렇게 불리한 기관으로 되어 있던 공동판매제도를 다시 지정판매제도로 실시하여 공동판매제도 시세보다 매 근당 6~7원 씩의 저가로 판매시켜서 생산자에게는 여지없는 위험을 주고 수백의 실업군을 내이며 3~4개 회사만을 위함은 전남에 있어서 중차대한 문제인 만큼 당국의 재고가 있기를 바라는 바이다.

(3) 1920~1930년대 면화 공동판매제 내용

① 1920년대 면화 공동판매제 · 경쟁입찰제

〈자료 327〉 면화협의회 개최, 「면작조합규정」 개정, 지정 공동판매제도, 경쟁입찰 공동판매제도(小早川九郎, 1959, 『補訂 朝鮮農業發達史: 政策篇』, 友邦協會, 233~236쪽)

(…)

이러한 정세였으므로 총독부로서도 1912년(大正 1) 12월 개최된 도 농업 기술관 회동에 당하여 특히 육지면 실면과 재래면 실면의 혼효 및 육지면 종자 산일(散逸) 방지에 관해 지시를 했다. 나아가 육지면 관계의 각 도에 대하여 이의 선처에 대한 통첩을 발하기에 이르렀다. 따라서 문제의 중심지인 전라남도에서는 1913년(大正 2) 6월 면작 협의회를 개최했다. 그러한 결과 다음 사항을 실시하는 것으로 되었다.*

1. 작년에 창시한 「면작조합규약」을 개정하여 이를 부윤 또는 군수 감독하에 두고, 조합을 각지에 증설해 면작자를 모두 조합원이 되게 하며, 조합원은 육지면이 아닌 면화 즉 재래면을 경작할 수 없을 것.
2. 면작조합 부대 육지면 공동판매소 조직을 개정해 조합원이 생산한 육지면은 자가용 및 소작료로 충당하는 이외에는 대개 공동판매소를 경유하여 매각하게 하고, 위반자에 대해서는 상당한 세새를 부과할 것.

---

* 陸地棉栽培十周年紀念會, 1917, 『陸地棉栽培沿革史』, 154-155쪽.

3. 공동판매소 판매 방법은, 조합[면작조합]에게 전권을 위임받은 도장관이 관내에 조면공장을 소유한 면업자를 매수인으로 지정하고, 그러한 이외의 자에게는 매각하지 말 것.
4. 종래 상인과 농민 사이에서 행해지는, 봄 면포에 대하여 면 대금을 전대차(前貸借)하는 구관(舊慣)을 폐하고, 광주농공은행에서 지방금융조합을 통하여 농민에게 저리의 면작 자금을 공급할 것.

그런 결과 면작조합의 규약도 일부 개정해* 조합은 (1) 육지면 종자의 채수(採收), (2) 조합원이 생산한 육지면의 공동판매, (3) 비료·농구 공동구입, (4) 조합을 위한 자금의 융통, (5) 기타 조합의 목적을 달성하는 데에 있어 필요한 사업을 행하고, (6) 조합원은 A. 육지면 이외의 면화를 경작할 수 없으며, B. 생산한 면화는 자가용으로 이용하거나 소작료에 공용하는 이외에는 일절 조합의 공동판매에 부치지 않으면 안 되게 되었다. 이리하여 육지면의 자유판매제도는 1년 만에 모습을 감추고, 1913년(大正 2) 이후에는 매수인 지정 공동판매제도가 먼저 전라남도에서 채용**되었으며, 이를 따라 차례차례 다른 6도에서도 시행되었다. 이러한 지정 공동판매제도는 면작조합원이 일정한 장소에 생산 면화를 가지고 들르게 하고, 조합[면작조합] 기술원이 품질의 감정 및 수량의 조사를 행하며, 조면공장을 소유한 회사 또는 상점들 중에서 매수인을 지정하고, 지정가격으로 판매하는 것이었다. 이것에 의하여 면화 재배업자가 그러한 생산 면화를 정당한 가격 아래서 원활하고 용이하게 매각하니, 그들의 이익을 옹호하는 것인 한편, 조면업자에게 있어서도 용이하고 안전하게 면화를 매집할 수 있는 편익을 가졌던 것이다. 다만 그것이 오로지 육지면에 한해서만 행해진 이유는 육지면 종자의 산일 또는 혼효를 방지해, 육지면 재배 확장의 예정 계획을 수행하는 데에서 필요하고 적절한 수단이었기 때문이었다. 하지만 이러한 지정 공동판매제도가 조선의 면화에 일약 국제적 의의를 가지게 하기에 이르렀음을 간과해서는 안 된다. 종래 육지면에 있어서는 이른바 목포 시

---

* 日滿棉花協會朝鮮支部, 1937, 『朝鮮の棉花事情』, 200쪽.

** 육지면 지정 공동판매제도 실시는 상당히 난산(難産)이었다. 즉 면화 매수인 측은 신제도에서는 면화 구매를 하지 않겠다고 강경히 버텼고, 지방 출성기(出盛期) 때에 면화의 출하는 날마다 왕성해졌으며, 총독부 의견이 반드시 전라북도와 일치하지는 않았기 때문에, 당시 전라북도장관 구도 에이치치(工藤英一) 씨도 양쪽에 끼여서 어쩌지 못하는 상태에 있었다. 간신히 직을 걸고서 점차 이러한 난국을 타개했다(辻善一 담화).

세란 것이 있었다. 가격의 표준은 애초에 한신(阪神)[오사카(大阪)·고베(神戸)]에 있었다고 하더라도, 본래 목포 조면공장이 독자적인 입장에서 적당히 면화의 가격을 결정한 것이었다. 하지만 지정 공동판매제도가 채용되면서 가격의 기준을 미국의 미들링(middling)에 두기로 되었기 때문에, 조선의 육지면의 위치는 일약 국제선상까지 인상된 결과가 되었던 것이다. 즉 도장관은 조선은행에 의뢰하여 미국 면의 시세에 기초해 오사카의 유력 다섯 면화 상인에 대하여 현물 직적(直積) 평균 시세의 조사를 행하고, 이러한 시세에 기초해 목포 1등 면의 공장 기준 시세를 산출했다. 또한 이와 같은 시세에서 각 공동판매소 가격을 결정했던 것이었다. 이러한 의미에서 육지면 공동판매제도는 조선 농업 발달상 하나의 획기적 사실이라 해야 한다. 그야 어찌 됐든 이러한 가격의 최후의 결정은 도장관과 당업자의 협정에 의하여 이뤄졌으므로, 그러한 협정이 반드시 원활하게만 이뤄지지는 못했다. 더구나 육지면의 생산이 점차 증가함에 따라, 위와 같은 방법으로 원만한 거래를 할 수 없는 상태가 되었기 때문에, 1917년(大正 6) 전라남도는 지정판매제도를 폐하고, 새로이 경쟁입찰에 의한 공동판매제도를 채용했던바, 마침 시국의 영향도 있어 면업계는 극히 호황으로, 조면업이 발흥했던 때이기도 했다. 이에 따라 일반 매수인[60]의 구매열을 부추겨서 의외의 좋은 결과를 거둘 수가 있었다.* 그러므로 1919년(大正 8)에는 전라북도가 이를 추수하고 다음 1920년(大正 9)에는 육지면을 재배하는 각 도 모두 다같이 이러한 경쟁입찰 공동판매제도를 채용하기로 하였던 것이다. 이러한 방법은 일정한 기간에 출회할 면화를 견본에 의하여 낙찰 매수하게 하는 것이었다. 입찰의 방법은 입찰 보증금을 미리 납부하고 1등 실면 100근의 가격을 입찰하게 하였고, 조면 및 1등 면 이외의 등급 면은 1등 실면에 대한 각 등별 비율에 의하여 그것의 가격을 결정하는 것이었다.**

(…)

60 원문: 買受人.

* 1917년(大正 6) 전라남도에서 경쟁입찰 공동판매제도를 처음으로 실시하였을 때도 목포에서 조선면화·목포면업·천평면업 세 회사가 담합하여 입찰하는 등의 예상치 못하였던 사태가 벌어졌다. 이에 따라 당시 시행되고 있던 「기관기기취체규칙(汽罐氣機機取締規則)」을 발동해 조면업지 남립(濫立)을 방지했다. 그러한 동시에 다른 한편 스즈키상점(鈴木商店)을 유인하여 이들과 남북면업, 조선면업 3사에 목포·여주·송정리 등의 위치를 지정해 조면공장을 설치시키고, 이들 3사에 대해 공입찰 방법에 의하여 공동판매를 하는 등 내책을 강구해 점차 이 신제도를 궤도에 올리게 되었다(辻善一 담화).

** 朝鮮總督府殖産局, 『朝鮮の農業事情』, 76-77쪽.

〈**자료 328**〉 면화 판매 문제, 면화 검사 실시 경위, 「면화검사규칙」(小早川九郎, 1959, 『補訂 朝鮮農業發達史: 政策篇』, 友邦協會, 382~385쪽)

(…)

면화의 판매가 1920년(大正 9)에 각 도 모두 경쟁입찰 공동판매제도를 채용했음은 이미 서술한 대로다. 하지만 우연히 동년 및 1921년(大正 10) 면가의 폭락은 판매상 예상한 성적을 거두지 못하게 하였기 때문에, 지정 조면공장은 이의 대책으로서 기업 연합(pool)을 결성하는 데에 이르렀다. 이와 같은 경우에는 애초에 시세가 그렇게 만드는 것이다. 하지만 한편 생산 상태와 교통과 운송의 편부(便否) 등에 의해 판매 방법을 억지로 획일화하기 어려운 바도 있었기 때문에, 1922년(大正 11)부터는 도의 사정에 따라 각각 적당한 판매 방법을 채용케 하기로 했다. 지방의 사정과 주위의 정세에 따라서 혹은 지정판매, 혹은 선물 경쟁입찰 판매, 혹은 현물 입찰 판매, 또는 집단 판매 등 제종의 방법이 채용되었다. 이는 모두 공동판매의 알선 주체를 면작조합(「조선농회령」 발포 후는 군·도(島)농회)으로 하고, 그것의 판매는 「면화취체규칙」에 의하여 규제되는 것이다. 「면화취체규칙」은 전라남도에서는 1925년(大政 14)에 수정하였으며, 평안북도 및 강원도의 2도를 제외한 기타 면작 제도(諸道)에서는 모두 도령으로 제정, 발포했다. 그것의 내용은 도의 사정에 따라 다소 취지를 다르게 하고 있기는 하지만, 대체로는 (1) 면화에 수분을 머금게 하거나 토사·기타 불순물의 혼입 및 육지면과 재래면의 혼효를 금하는 등을 통해 품질의 저하를 방지하고, (2) 도지사가 지정한 판매소 이외에는 생산 면화 실면을 자유롭게 판매하길 금했으며, (3) 실면 매수 또는 임조업(賃繰業)을 경영하려 하는 경우, 혹은 종자를 도의 밖으로 반출하려 하는 경우에는 도지사의 인가 또는 허가를 요하는 등을 골자로 하는 것으로, 농가가 생산한 면화는 모두 공동판매에 부치길 강제하는 것이었다.*

한편 제1차 구주대전[제1차 세계대전]에 기초한 면업계의 호황에 편승하여 전라남도에서는 각지에 소(小) 조면공장이 설치되는 형세가 있었다. 더욱이 이것은 당시 시행 중인 「기관기기발동기취체규칙(汽罐氣機發動機取締規則)」에 근거하여 어느 정도 억제하는 것이 가능했다 해도, 전기 사업의 발달에 따라서 특히 목포에선 전력을 공급받는 조면이 앞에서 기술한 규칙에 구속되지 않는다는 점에서 전기에 의하는 소 조면공장이 족출(簇出)하였으며, 결국 조면검사를

---

* 朝鮮總督府殖産局, 『朝鮮の農業事情』, 67-70쪽.

실시하는 단서를 열었던 것이다.* 즉 1927년(昭和 2)경에는 전라남도를 통틀어서 대소 합쳐 40여 개소의 조면공장이 있었으므로, 그것의 제품은 대소 다수의 공장에 의해 각각 취지를 달리하고 그것들 사이에 어떠한 통일도 없었기 때문에, 매매 양자 간에 정한 견본에 의하여 선물 거래를 하는 관습이 있던 조선에서는 제품 수수 시에 자연히 분쟁이 빈번하게 나타났다. 특히 시세 변동에 따라서 그러한 정폐(情弊)는 한층 심한 바가 있고, 나아가서 품위의 불통일은 더욱더 심했다. 그로 인해 유력 방적공장에서 조선 면화 사용의 범위가 점차 감축되어 가는 경향이 생기고, 단지 겨우 가격이 저렴한 점을 일본 시장에서 이용할 뿐인 상태에 빠져, 우수한 자질을 갖고 있는 육지면도 그것의 진가가 완전히 가려져서 명성이 실추됨을 면하지 못했다. 그러므로 품위와 수분의 통제를 행하고, 나아가서 거래기구 개선을 꾀하기 위해서는 조면 검사의 필요가 절실하다고 보는 기운이 점차 무르익었다. 그러므로 1927년(昭和 2) 10월 도령으로 「조면검사규칙」을 발포하고 11월부터 이것을 시행하여, 목포에 검사소가 설치되었다. 이러한 검사의 내용은 조면의 감정과는 조금 달라, 주로 품등(clade)을 보는 것이다. 섬유 길이(staple) 혹은 성질(character) 등은 단지 참고로서 보는 데에 불과하고, 색(색 및 광택), 협잡물(엽편(葉片)·토사·진개(塵埃)·종자 쇄편(碎片)·미숙 종자 등 혼입 유무 및 다소), 조면 방식(넵(nep)[61]·조면 조각·꼬인 실 등의 유무 및 다소) 등의 제 점에서 등급을 사정하는 동시에 이종(異種) 면화 혼효의 유무를 명확히 한다. 또한 조면 함유 수분량을 검사하여 건조 정도를 보고, 포장의 적부(適否)를 조사해 검사의 결정을 내리는 것이다. 즉 품질의 양부(良否), 건조의 정도, 이종 면화 혼효 여부, 중량·용적 및 포장의 적부 등 4항째에 걸쳐서 도지사가 지정하는 장소에서 수출 또는 다른 도로 반출하려 하는 조선산 조면에 대하여 검사를 행하고, 품질의 우열에 의하여 특등·1등·2등·3등 및 4등의 등급을 붙이며, 이를 포장 위에 각각 증인(證印)한다. 함유 수분은 특등·1등·2등까지는 10/100 3등 및 4등은 11/100을 합격으로 하고, 이를 초과하는 경우 앞에서 서술한 등급 증인 외에 수분 과다, 즉 '격외수(格外水)' 증인을 행한다. 또한 이종 면화를 혼효한 것 및 중량·용적 및 포장 표준규격에 반하는 것에는 등급을 붙이지 않으며, 격외품으로 검사 증인을 압날하기로 했다.**

---

* 辻善一 답학

61 방적 중에 생기는 섬유의 작은 뭉치 또는 마디.

** 朝鮮總督府殖産局, 『朝鮮の農業事情』, 109-111쪽.

조면 검사가 시행된 결과, 전라남도에서 수출되는 조면은 하급의 소위 적면(赤面, 3, 4등 면)의 일부를 제외한 외에는 모두 검사 등급에 의하여 거래를 하게 되었다. 그로 인해 검사를 시행하지 않았던 각 도에서 수출되는 조면도 전라남도 검사 조면 품위에 지배되고, 그러한 등급에 준거해 조선 몇 등 면으로서 점차 거래되는 데에 이르렀다. 이에 비로소 조선 전체의 조면 품위의 통일과 거래의 원활을 초래케 되었다. (…)

② 1930년대 면화 공동판매제 · 지정판매제

〈자료 329〉 현행 면화 공동판매(日滿棉花協會朝鮮支部, 1937, 『朝鮮の棉花事情』, 68~74쪽)

현재 실시되고 있는 면화 판매 방법은 각 도 모두 지정판매로서, 1933년(昭和 8) 현행 면화 증산계획 실시와 더불어 전 조선적으로 통제되었다.

지금 이러한 제도 및 실시 방법을 항을 나누어 서술하자면 다음과 같다.

(…)

2) 면화 공동판매 알선 주체 및 매수인

면화 공동판매 알선 주체는 군 · 도(島)농회이다. 농회는 기타 역내의 시장 또는 면화의 집산에 편하고 적당한 장소를 선택해 이를 판매소로 지정하길 도지사에 신청하고, 그것의 지정을 기다려 이곳에 설비를 설치한다. 시장의 경우에는 장날을 판매일로 정하고, 기타의 장소는 적절히 대체로 5일마다 1회의 판매일을 정한다. [농회는] 면작자로 하여금 판매하려 하는 면화를 판매 당일에 지참시키고, 농회 직원들이 매수인의 입회하에 등급 사정 및 칭량(稱量)을 하도록 한다. 또한 판매 전표를 발행해 해당 전표에 의하여 바로 그날 매수인이 대금을 지불하게 하는 조직이다.

면화 매수인은 그 도내에 조면공장을 소유한 소면업자로, 도지사가 적당하다 인정한 자에 대해, 일정한 지역을 정하여 면화 매수를 지정(인가 또는 허가)한 자다.

1935년도(昭和 10) 각 도 면화 공동판매소 설치 개소 수 및 지정매수인은 다음과 같다.

각 도 면화 공동판매소 설치 개소 수 및 지정매수인 씨명(1935년)

도명	판매소 설치 개소 수	지정매수인 씨명
경기	40	남북면업주식회사
충북	70	남북면업주식회사
충남	73	남북면업주식회사, 조선방직주식회사
전북	45	조선면화주식회사, 조선방직주식회사
전남	160	조선면화주식회사, 남북면업주식회사, 전남면화주식회사
경북	116	조선방직주식회사
경남	150	조선방직주식회사, 주식회사마산조면공장, 청수조면공장
황해	63	조선방직주식회사
평남	24	조선방직주식회사, 가토조면공장(加藤繰綿工場), 스에나가조면공장(末永繰綿工場), 미쓰모리조면공장(三盛繰綿工場)
평북	10	조선방직주식회사
강원	31	조선방직주식회사

3) 면화 매수 지정 건수 및 계약 체결

판매 가격 및 수수 방법 기타에 관한 건수는 도지사가 결정하고, 이에 기초하여 군·도(島) 농회장의 위임 형식에 따라 도농회장에게 지정매수인과 각각 계약을 체결케 함을 보통으로 한다.

4) 판매 가격 결정

지정 건수 중에 포함되는 판매소의 거래 가격 결정 방법은 해에 따라서 다소의 차이가 있다. 하지만 현재는 오사카(大阪)로 이출되는 것을 표준으로 하여 대체로 다음 방법에 의해 [가격의 결정이] 이뤄지고 있다. 하지만 가격 결정의 기본으로 되어야 할 표준 면화, 기준 가격 조사 방법, 등급 비율, 조면 비율, 종자 비율 및 그 가격, 이출 비용, 기타 주된 사항에 대해서는 매년 총독부가 각 도 면작 주임관 회의를 개최하고, 동시에 지정매수인 의견도 청취해 결정하게 됨을 보통으로 한다.

(1) 표준 면화

조선산 육지면 표준 면화는 오사카 미면[미국 면] '스트릭 미들링(strick middling)'으로 하게 되어 있다. 즉 조선산 육지면 1등 실면을 그대로 조면한 것의 품위, 가격을 오사카 미면 '스트릭 미들링' 가치와 동일하게 본다는 의미이다. 재래면은 미면 '스트릭 미들링'보다 4.3% 낮춘다. 즉 오사카 미면 '스트릭 미들링' 가격보다 4.3%를 공제한 가격을 재래면 1등 실면 총조품(總繰品)의 표준 가격으로 하게 되어 있다.

이는 해에 따라 다소의 차이가 있으며 앞에서 기술한 것처럼 매년 각 도 면작 주임관 회의에서 협의하여 결정된다. 이하의 사항에 대해서도 동일하다.

(2) 기준 가격 조사 방법

전항 표준 면화의 오사카 현물 거래 가격을 기초로, 조선의 각 판매소 거래 가격을 산출, 결정하게 된다. 이 조사 및 통보는 다음의 방법에 의하여 행해진다.

조선총독부가 조선은행 오사카지점에 의뢰하여, 오사카 미면 '스트릭 미들링'의 매월 2, 7일 현물 매매 거래치를 다음의 유력한 방적회사 및 면화상 각 3사에 대하여 조사하고, 방적 3사의 평균 가격과 면화상 3사의 평균 가격을 다시 평균한 바를 매월 3, 8일 총독부 및 각 도지사에게 전보로써 통지하게 된다.

방적회사: 대일본방적주식회사, 가네가후치방적주식회사(鐘ヶ淵紡績株式會社), 도요방적주식회사(東洋紡績株式會社)

면화상: 닛스이무역주식회사(日瑞貿易株式會社), 주식회사하세가와상점(株式會社長谷川商店), 쇼와면화주식회사(昭和棉花株式會社)

가장 유력한 면화상 도요면화(東洋棉花) 및 일본면화주식회사를 제외한 이유는 이들의 방계 회사가 조선 내에서 조면공장을 경영하고 도의 면화 매수인으로 지정돼 있는 관계에 의한 것이다.

(3) 등비율(等比率) 및 등급 표준 면화

육지면, 재래면 모두 품위를 5계급으로 구분하고, 각 등의 가격 비율은 다음처럼 결정되고 있다.

종류	1등	2등	3등	4등	5등
육지면 (실면, 조면 모두)	100	95	85	70	50
재래면 (실면, 조면 모두)	100	95	85	70	50

다만 재래면은 기왕 3개년 평균의 총가격 지수를 넘지 않는 범위에서, 각 등의 비율은 도와 당업자가 직접 협의함에 따라 적당히 결정해 지장이 없게 되고 있다. 등급 표준 면화는 매년 목포 및 용강 면화지장이 중심이 되어서 본부[조선총독부] 및 각 도 면작 주임관이 입회한 뒤 제작된다. 표준 면화는 각 등 모두가 최하위를 보여 주는 것으로써, 4등 이하는 모두 5등으로 하고, 이것의 표준 면화는 별도로 제작하지 않는다. 또한 조면은 실면의 각 등 표준 면화를 그대로 조면한 것이기 때문에, 그 각 등의 표준 면화가 된다.

(…)

3) 전시체제기 면화 유통 통제

(1) 개관 및 해제

일제는 1939년 제2차 대전의 발발, 1940년 독일 · 이탈리아 · 일본 추축 동맹 결성, 1941년 아시아태평양전쟁을 도발하면서 외국 면화의 수입이 완전히 두절되었다. 일제는 면화에 대해 1941년 공정가격제를 실시하는 한편 공동판매제를 공출제(供出制)로 전환했다. 공출제는 사전에 농민에게 수량을 할당하고 의무적으로 판매하도록 강제하는 제도였다. 예를 들어, 1942년 경상남도는 면화 공출 독려를 위하여 1) 출하 장려금 교부, 2) 출하 장려회 개최, 3) 면화 반출 · 소삭 면화 방지, 4) 밀매매 단속, 5) 수조기(手繰器) 제한 등이 지시되었다. 다시 말해, 공출을 피하여 면화를 외부로 반출하거나 소작료로 지급하지 못하도록 방지하고, 밀거래와 수조기(자가소비)를 억제하는 것이었다. 이러한 공출 독려는 폭력적인 형태로 이뤄지는 경우가 많았다.[62]

전시체제기 면화 유통 통제는 《매일신보》, 《동아일보》, 《조선일보》 등에 보도되고 있다. 다만 《동아일보》와 《조선일보》는 1940년 폐간되었다. 한편 《경제치안일보(經濟治安日報)》는 조선총독부 경무국 경제경찰과에서 1942년부터 편찬했던 자료이다. 《정보주간전망》이 《경제치안일보》로 개편됐다가, 《경제치안일보》가 《경제치안주보》로 개편되었다. 각 도에서 각 지역의 경제 상황을 경제경찰과로 보고하였으며, 경제경찰과가 취합해 《경제치안일보》와 《경제치안주보》를 펴냈다. 국가기록원의 기록물철에는 《경제치안일보》가 제1집부터 제29집까지, 《경제치안주보》가 제45집부터 제85집까지 편철되어 있다.[63] 면화 유통에 대한 통제와 이에 따른 불만, 불안 등이 담겨 있다.

《조선농회보》는 조선농회의 기관지였다. 조선농회는 1906년 11월 한국중앙농회로 설립되어, 1910년 8월 조선농회로 개편되었다. 1926년 1월 일본의 '농회법'을 모법으로 「조선농회령」(1926.1.25)이 제정되어 기존의 농업 단체를 통폐합하고, 군 · 도(島)농회(1926.6) → 도(道)농회(1926.10) → 조선농회(1927.3)라는 계통 체계를 완성시켰다. 조선농회는 1906년 12월부터 《한국중앙농회보》를 부정기로 간행했고 1908년 1월 월간으로 정기 간행했다. 1910년 9월 《한국중앙농회보》를 《조선농회보》로 제를 변경했다. 《조선농회보》는 농업 학자 · 관료 등의 논설, 농업 관련 조사 · 통계, 농업 관련 법령, 지방 통신, 농계 잡보, 본회 기사 등으로 구성되었다.[64] 《조선농회보》의 지방 통신, 농계 잡보에서 관련 글을 뽑아 정리했다.

인정식은 1925년 호세이대학(法政大學) 예과에 입학했지만 졸업 직전 자퇴했다. 1928년 조선공산당 일본총국 위원, 고려공산청년회 일본부 책임비서를 맡았다. 1931년 체포되었고 1934년 가출옥했다. 1935년 《조선중앙일보》 논설위원으로 활동했다. 1938년 체포됐지만 사상전향을 선언하면서 석방되었다.[65] 『조선의 농업 기구 분석(朝鮮の農業機構分析)』(1937), 『조선

62 이송순, 2021, 『일제말 전시 총동원과 물자 통제』, 동북아역사재단.

63 국가기록원 조선총독부기록물 경제치안일보 해제.

64 김용달, 2003, 『일제의 농업정책과 조선농회』, 혜안, 124-125쪽.

65 강만길 · 성대경 편, 1996, 「인정식」, 『한국사회주의운동 인명사전』, 창작과비평사; 한국민족문화대백과사전.

의 농업 기구(朝鮮の農業機構, 증보판)』(1940), 『조선의 농업 지대(朝鮮の農業地帯)』(1940), 『조선 농촌 재편성의 연구(朝鮮農村再編成の研究)』(1943), 『조선 농업 잡기(朝鮮農村雜記)』(1943) 등 조선의 농업, 농촌에 대한 저서를 다수 출간했다. 『조선 농촌 재편성의 연구』에서 관련 글을 뽑아 정리했다.

(2) 신문 기사·경찰 정보 보고를 통해 본 면화 유통 통제

① 신문 기사를 통해 본 면화 유통 통제

〈자료 330〉 물자 조정과 총독부서 신설, 수급 조정에 매진(동아일보, 1938.03.19, 8면 4단)

생산력 확충 정책과 국제수지의 균형 정책의 상극은 물자 배급에 중대 영향을 미치고 중요 물자의 수급 조정의 강력한 진행을 필요로 하고 있는바 조선도 상공성에 신설되는 임시물자조정국에 따라서 식산국 상공과와 관방자원과에서 물자 조성에 관한 사무를 분리하여 새로 독립된 1과로 식산국에 임시물자조정과를 설치하여 중요물자의 배급 사무를 전관(專管)시키기로 되어 추가 예산을 계상, 17일 대장성의 사정을 거쳤다. 동 과는 시국하에 조선 경제 정책의 중추가 되는 것으로 생산, 배급의 기초적 조사, 종합적 수출입 계획의 수립에, 이에 따른 수출의 조장, 수입의 적정화, 철강, 면화, 펄프, 면사, 고무, 기타 중요자원의 배급 조정, 대용품 공업의 장려, 각종 관계 단체의 지도 감독 등 광범한 사무를 관할하는 것이며 이에 요하는 관계 인원은 사무관 4명, 기사 6명 외에 총독부, 지방청을 통하여 100명 이상에 달할 터이다.

〈자료 331〉 수입 원료 제한과 본격적 계획 통제, 원료의 배급은 각 공업별로 배정, 대용품의 사용도 지도(조선일보, 1938.03.20, 8면 1단)

전시체제하의 물자의 수급과 물가의 조정이란 것은 가장 중대한 문제로 총독부로서는 전부터 기획청 당국과 긴밀한 연락을 취하여 중앙 당국의 방침대로 특히 수입 원료의 제한에 따라 그 배급에 만전을 기하려고 하던 중 이번 봄, 신년도부터는 추가 예산으로 물자 수급 조정 28만 2,000원, 물가 조정 관계 11만 원을 계상하여 본격적으로 계획 통제를 강화케 될 터인데 물자 수급의 대상이 될 중요 품목으로는 우선 철강, 면화, 펄프, 면사, 생고무, 우피(牛皮),

유안, 석유(중유, 휘발유)이고 그 나머지도 사정에 따라서 품목을 증가케 될 터이다. 그리하여 수입 제한으로 금후 조업을 부득이 단축케 될 공장도 없지 않을 터로 금후 원료 배급에 대하여 공업별로 배당을 하고 일부는 대용품의 사용을 지도도 하게 될 것이고 또 조업 단축으로 부득이 일부 휴업이 될 것이 있다면 그 방향 전환책도 지시하여 손실점도 고려케 될 터인데 당장 원료난에 봉착하고 있는 양말공업, 고무공업 등에 대하여 그 원료 배당 수량의 지시가 있을 모양이다.

〈**자료 332**〉 사설: 면화 공판 가격 기준 변경 급무(조선일보, 1938.08.14, 1면 1단)

1. 면화 공판이 시작된 후 그 공판 기준 가격을 결정하기 위하여 매년 1회씩 각 도 면작 주임관 회의를 총독부 내에 개최함은 주지하는 바이거니와 금월 말경에 개최될 동 회의의 금년도 면화 공판 가격 기준 변경을 앞두고 일반 면작업자 간에는 적지 않은 기대를 갖고 있다. 조선에 있어서의 면화 재배는 구 한국 정부에서 1904년(明治 39)부터 1906년(明治 41)에 걸친 면화재배3개년계획에 시초하여 1912년(大正 1)의 6개년증산계획으로 재배 면적에 10만 정보의 확장을 보게 되고 1919년(大正 8)의 10개년증산계획으로 다시 재배 면적 13만 5,000정보의 확장을 보게 되었고 또다시 1933년(昭和 8) 이후 10개년을 기하여 재배 면적 35만 정보, 실면 생산고 4억 2,000만 근에 도달하도록 현재 그 계획을 진행 중인데 이상과 같이 조선에 있어서의 면화 재배는 매년 장족 진보를 보일 뿐 아니라 주위 정세에 의하여 그 중요성을 띠게 되었는데 면화 생산업이 이와 같이 발달함에 따라 항상 문제되는 것은 면화의 판매 문제이다.
2. 면화 판매 방법은 그 전에 있어서는 입찰제도를 시행하였다가 그 폐해가 많다 하여 공판제도를 실시하게 되고 공판에도 역시 비난이 많아 그 사이 수차 변경된 일도 있으나 현재에 있어서는 전 조선적으로 공판제도가 확립되었다. 그런데 이 공판제도에 있어서 결점으로 관취(觀取)되는 점은 농가에서 그 생산품(면화)을 공판 시장에 가져간 때에 그 품질 또는 등급을 결정하는 데 있어 현재 형편으로는 그 감별에 있어 육안으로 이를 결정하는 수밖에 다른 길이 없으므로 여기서 항상 문제가 생기게 되며 또 근량에 있어서도 역시 매매 쌍방에 문제되는 경우가 적지 않다. 그러나 대체에 있어서는 공판제도 자체에 무슨 결함이 있는 것이 아니고 결점이 있다면 이 제도 운용에 있는 것이므로 요는

공판제도의 운용 여하에 있나 할 것이다.

3. 그러나 가령 공판제도가 이상적으로 운용된다 하더라도 현재의 공판제도에는 이를 실행하는 공판 가격 기준 결정에 중대한 결점이 있으므로 문제는 이로써 만족스럽게 해결되는 것은 아니다. 공판 가격 기준 결정상의 결점은 공판제도 자체의 결점은 아니라 하더라도 현재에 있어서는 이 가격에 의하여 공판이 실행되므로 가격 기준의 결점은 현재 공판제도의 결점으로 볼 수 있는 것이다. 그리고 현재 가격 기준의 결점은 조선 내의 면화는 그 전부가 일본으로 이출되는 것으로 간주하고 그 운임, 기타의 이출비를 제한 기준 가격을 결정하여 농민(생산자)에게 "정당한 가격"으로 지불하는 점에 있다. 다시 말하면 현행 공판 가격의 기준 결정만은 오사카(大阪)의 조면 시세를 기초로 하고 일정한 계산 방법에 의하여 추출하게 된다. 그러나 최근의 조선 실정은 일변하여 방적공장이 다수 생겨 현재 22만 추의 설비가 있다. 사변[중일전쟁] 관계로 조업 단축, 혼방이 실시된다 하더라도 특용면 또는 특용면 직물 관계로 이출면이 격감될 것은 사실인데 이러한 정세하에 면화 공판 가격 기준 결정에 있어 이출비를 제한다는 것은 아무 근기 없는 불합리의 극이라 하지 않을 수 없다. 그러므로 이번 각 도 면작 주임관 회의에서는 이 불합리한 생산자(농민)의 부담을 없이 하고 공정한 가격 기준의 추출 방법을 강구, 실시하여야 할 것이다.

〈자료 333〉 조면은 협회서 통제, 면화 공판 비상 수단, 기준 가격을 변경, 미면 현물 시세에 10원을 가산, 재배자 자가소비 절감(조선일보, 1938.09.14, 4면 1단)

총독부에서는 각반에 걸쳐서 신중 조사, 연구한 결과 이에 본년도 면화 공동판매 실시에 관하여 다음과 같은 근본 방침을 확립하고 그 실시에 유감 없기를 기하기로 되었다.

1. 공동판매 기준 가격

오사카(大阪)의 미면[미국 면] "스트릭 미들링(strick middling)"의 현물 시세에 10원을 가산한 것을 기준 가격으로 한다. 다만 금후 면업계의 징세에 심한 변화가 있을 때는 적절히 변경하여 선처한다.

2. 공동판매 출회 수량의 증가를 꾀하기 위하여 재배자의 자가소비는 가급적 절멸시기는 동시에 수방(手紡) 면사포의 자가소비 이외의 제조를 억제한다.

3. 조면공장 생산 조면의 처리에 관한 통제

본년도 생산 조면은 총독부 감독하에 조선면화동업협회로 하여금 공급처, 수량 등을 통제시킨다.

요컨대 위에서 서술한 바와 같은 조치는 면화 공판 실시 이래 아직 경험치 않은 바로써 장래라도 예상할 수 없는 완전히 비상한 수단인데 현재 면업계의 난국 극복상 부득이한 것으로 각 방면의 이해와 협력을 얻어서 금년도 면화 공동판매의 원활한 수행을 희망하여 마지않는다. (…)

〈자료 334〉 면포가 고(高), 실면가 저(低)로 농가서 방매 주저, 전남 면화 공판 한산

(매일신보, 1938.10.30, 4면 1단)

요즈음 면포의 가격이 실면 시세보다 약 3~4배나 오르고 있어 도내 육지면 재배자가 자목면(自木綿)을 짠다 하고 그 제품을 시장에 내놓거나 혹은 밀매하는 등의 아름답지 못한 경향이 각 군을 통하여 날로 증가하고 있는 모양인데 국책 등으로 판매 목면에는 반드시 "인조섬유(staple fiber)"를 섞으라는 법규가 발포되었으므로 농가에서는 자가용 이외는 전부 "인조섬유"를 섞지 않으면 안 되나 현재의 농가가 소유한 기계는 "인조 섬유"를 섞어 짜기에 적당치 않은 관계로 순 목면만 짜게 되는 도리밖에 없으며 실면이 싸고 면포가 비싼 것은 얼른 보아 모순된 것이므로 이익에 따라가는 것은 사람의 상정인지라 당국에서도 통첩을 발하여 엄중 단속을 단행하고 있으나 매우 조정이 곤란한 입장에 있다. 그리하여 당국자 측에서는 이익보다도 장기 항전에 순응하는 정신으로 신면은 가급적 공동판매에 내어놓으라는 권유를 하고 있다 한다.

〈자료 335〉 강화되는 면화실(綿花實) 통제, 자가용 면화 매매는 엄금, 타면(打綿)도 도지사의 허가를 요, 평남도 도령으로 제정(조선일보, 1938.11.06, 3면 1단)

강화되고 있던 면화 통제는 마침내 법령으로 강력하게 통제되었다. 평안남도에서는 재래의 「면화취체규칙」을 개정하여 새로운 중대한 내용을 포함한 「면화급면실취체규칙」을 도령 제38호로 발령하고 11월 1일부터 실시하였는데 이것에 의하여 개정된 요점을 추려 보면,

이 「취체규칙」에 규정한 면화라는 것은 재래면과 아울러 육지면도 의미하는 것이고 종전에는 면실(면 종자)은 자의로 취급하는 것이었으나 이 개정 규칙에 의하여 도지사의 지정, 허가가 있는 자만이 매수, 사용을 할 수 있게 제한되었다. 이와 동시에 면화, 면실의 양수(讓受)도 허가가 있어야 되는 것은 물론이고 자유업으로 되어 있던 타면(打綿)도 이제는 도지사의 허가, 지정이 있어야 되게 되었으나 업자는 소정의 양식에 의하여 허가원을 제출하고 지령을 기다릴 필요가 있다고 한다. 그리고 가장 중요한 점은 금일까지는 면을 직접 재배하는 자(지주 및 소작인)가 아니라도 자가용으로 면을 매입할 수 있었는데 이제부터는 절대로 자가용 면화의 매매는 엄금되었다. 이 규칙의 가장 강력한 점은 면화 취급의 위반 행위(밀매 등)에 있어서 재래에는 매수인만이 처벌을 받던 것인데 이제부터는 그와 한가지로 매도인도 처벌을 받게 된 점이다.

이와 같은 규칙을 제정하지 않으면 안 된 것은 물론 비상시국하에 있어서 특수 원료인 면실과 면화의 중대성이 한층 커졌고 특수 방면으로부터 그 수요가 증대하여 그 사용 통제가 절대로 필요하게 된 까닭에 의하므로 당국의 필사적 노력에도 불구하고 면화의 공동판매고는 연 총액의 1할 8부에 불과하고 대부분이 자가용으로 또는 타면(打綿)용으로 소비되어 있어 금년에 있어서도 그같이 공동판매를 강화하여 자가용을 가급적 금하고 가진 수단을 다하여 공판 확충을 꾀하였으나 실적에 있어서는 소기의 만족을 얻지 못하였으므로 결국 이와 같이 "영(令)"으로써 면화 통제를 규정하게 된 것이라 한다.

〈자료 336〉 면포가는 앙등, 면화가는 저렴, 개풍군 농민에 타격(조선일보, 1938.11.10, 3면 6단)

개풍군농회에서는 군수품에 중요한 자원인 면화 증산을 위하여 그 생산 수량을 60만 근을 예상하고 지난봄부터 맥간면작(麥間棉作)[66]까지 적극적으로 지도, 장려해 왔으나 가을에 와서 그 실적을 보니 앞에서 기술한 생산 수량에 빈이니 도달할 형편으로 지난 10월 21일부터 오늘까지 공판에 회부한 것이 겨우 6근에 불과하다고 한다.

이같이 수량이 감수된 원인은 원체 면작 농형이 흉년인 데다가 농민의 재배 기술이 부족

66 보리와 면화의 사이짓기. 보리를 짓는 이랑 사이 또는 포기 사이에 면화를 짓는 농법.

한 데 있다고 당국은 말하는데 즉 금년 생산 수량은 1단보(300평)에 평균 100근가량이 생산된 형편으로 값으로 치면 18원에 불과한 생산액이라 한다. 이것을 농사라고 하면 심히[67] 되며 또는 다른 농작물과 비하면 어떤 편이 이로운가, 이 점을 당업자에게 물어 보니 다음과 같이 말한다.

청교면 모 농부 담화

"이만한 전장에 당초(唐草)를 심어도 50원 수입은 넉넉합니다. 그런데 농사 중 가장 비료와 인력이 많이 드는 면화를 심어 가지고 18원의 수입이란 억울하기 짝이 없소. 그런데 당목(唐木)이나 광목(廣木) 값이 작년에 비하면 2배나 올랐는데 지금 목화 시세는 공판에서 1등품이라야 18전 6리를 주어 작년 시세와 큰 차이가 없으니 웬일이오 적어도 1근에 25전씩은 주고 사야 우리들도 살 것 아니오." 운운. (…)

〈자료 337〉 "씨앗"·"물레" 수난, 면 공판 독려한다고 함부로 파괴, 강원도 모 군청원의 탈선(조선일보, 1938.12.20, 7면 5단)

근일 강원도 모 군청원들이 면화 공판을 독려한다고 각 부락에 출장하여 집집마다 수색을 감행하여 "씨앗"과 "물레" 등을 눈에 띄는 대로 함부로 파괴를 하여 농민의 크나큰 불평을 사며 공포를 느끼게 하고 있는데 이는 물론 국책상 면화 공판을 강화하고 있으나 근본 취지를 몰각한 지도원들의 탈선적 행동으로 보고 있는 터로 주의를 환기하고 있으며 농촌에서도 현재 비상시국을 자각하여 될 수 있는 대로 자가(自家) 소용(所用)을 억제하고 공판에 부치려고 노력하는 터로 자가면을 제조하는 기물까지 파괴하는 것은 실로 도를 넘은 행동이라고 한다. 여기에 대하여 강원도 구로이와(黒岩) 농무과장은 다음과 같이 말한다.

"그런 소리는 처음 듣습니다. "씨앗"이나 "물레" 같은 것을 당분간 맡아 두었다가 나중에 내어 준다는 사실은 들은 일이 있습니다. 본도 공판 출회 예상고에 너무나 부족이 생겨 지도원들이 근본 취지를 몰각하고 너무나 책임감을 느끼는 탓으로 그와 같이 된 것이겠지요. 사실은 이해를 시켜 협조를 구하는 것이 타당하다고 생각하며 앞으로 이 사실을 조사하는 동시에 주의를 시키겠습니다." 운운.

---

67 되다 : 빡빡하다, 벅차다, 모질자, 심하다.

〈자료 338〉 실리 감소에 비명, 안성군민 면작에 불평, 면회는 증산이나 가격 저렴으로 (조선일보, 1938.12.20, 3면 1단)

경기도 안성군에서는 연래로 당국에서 일반 농가에 면작을 장려하였었는데 금년에는 수확 성적이 극히 양호하여 12월 상순까지 공동판매된 수량이 전 군내 합계 110만 근에 달하였으므로 작년 통계 80만 근에 비하여 30만 근이 증가되었다. 그러나 농가에서는 면작이 다른 곡물을 재배하는 것보다는 실이익이 적다 하여 불평이 막심한데 이유는 면화 값이 매년 저렴하므로 당국의 장려에 마지못하여 경작하는 농민들은 수익 감소에 비명하는 현상이라 한다.

〈자료 339〉 면화 밀매자 20명, 강서군 적발 처분(조선일보, 1939.01.23, 3면 6단)

강서군농회 면작계에서는 현재 비상시국에 처하여 그야말로 면화가 절대 군수품에 불가피한 것을 일반 민중에게 인식을 주며 면화 한 송이라도 절대 허비하지 말고 되도록 공판에 부치게 하려 계원 일동은 물론 각 면 직원까지 총동원하여 극력 장려하였는데 그 반면에는 「면화취제규칙」의 위반자가 속출하고 있다. 그런데 지난 20일 강서군청에는 면화를 밀매한 자 또는 공판 시장에서 면화 단속원을 속여 비밀히 매매한 자, 그 외 요즈음 타면기(打綿機) 허가도 나오기 전에 타면(打綿)을 하다가 면화 단속원에 걸린 자 등 약 20명이나 있었다. 그래서 군 면작계에서는 될수록 헐하게 처분 방법을 강구하고 있는 모양이나 그중에는 번연히 밀매를 하면 규칙 위반이 되는 줄을 알고도 매매한 자는 엄벌할 작정이라 하며 더욱이 강서군 함종시장(咸縱市場) 김 모는 공판장으로 가지고 온 면화를 감언이설로 농민을 속여 가격은 물론 분량까지 속인 자이므로 당국에서는 그러한 자는 톡톡히 처벌할 작정이라 한다.

〈자료 340〉 면화 저(低)에 면포 고(高)의 모순을 지적, 논급(동아일보, 1939.02.11, 3면 4단)

지난 6일 경북도회의 석상에서 고령 선출의원 정운서 씨는 면화 공동판매제도에 대하여 다음과 같은 모순을 지적하고 당국에 질문하였는데, 그 요지는 면작 장려는 농가의 경제 갱생상 지극히 좋은 일이나 농민으로서 공동판매에 부치는 면화는 해마다 같은 가격인데 그 원료 된 농민의 옷감인 면포는 비교하지 못할 고가로 농민이 소비하지 않으면 안 되는 것은 크게 모순된 현상으로 이것은 면작 장려상 매우 우려할 문제의 하나이고, 근래 그 장려책이 심히 각색하여서 농민의 자가소비는 극도로 금압하는 까닭에 일반 농민은 당국의 신의를 이해하지 못하는 현상이나 농민으로 하여금 자가용 방직품을 사용하도록 함이 옳겠고 또한 면화 공판장은 너무도 분요(紛擾)해서 근수에 대하여 미면[미국 면]을 기준으로 하는 것이나 면사(綿絲)는 국내의 수요, 공급이 원활하지 못한 데서 기인된 가격에 따라가므로 그러한 것이다. 그래서 국제 정세에 따라 움직이는 면화와 국내 정세로서 등귀하는 면포 사이에 시세상 정반대의 현상이 있는 것은 부득이한 일이다. 국가 비상시에 면화야말로 지극히 귀족한 자원이므로 그 장려 방침에 대하여는 하등 불안이 없다는 뜻을 잘 농민에게 전해 주기를 바란다 운운의 요지였다고 한다.

〈자료 341〉 "자가면(自家棉) 제한 완화와 의생(醫生)의 질적 향상을 노력하라", 도비 직원에 조선인의 다수 채용도 절규, 경북도회에 논진(論陣) 백열(白熱)

(동아일보, 1939.02.15.: 3면 2단)

속개된 경북도회는 지난 13일 일단 휴회의 형식으로 희망 사항 진술에 들어갔는데 주목할 만한 희망 및 의견 진술의 몇 가지를 들면 영양(英陽) 선출 조근영 씨로부터 (…) 면화의 자가용 금지에 대하여 "면화를 자가에서 방적에 공용한다는 것은 현재의 전시체제하에서 일종 국책에 배치되는 것일지 모르나 옷 솜까지도 자가용을 금지한다는 것은 부당하다. 공판을 거쳐 조면공장을 다녀서 다시 시장에 나오는 것을 사서 소비하는 것은 무관하고 직접 사용은 불가하다는 것은 결과에 있어 순면 소비는 마찬가지인데 농가의 지출만을 더하게 함에 불과하지 않은가. 공판을 장려함에 있어 지방 이원(吏員)들이 자기들의 성적을 올리겠다는 공명심 하나만을 채우기 위하여 면화에 봉인을 하고 가택 수색을 하는 등 지나친 행동을 하는 것은 인심을 불안케 하는 것으로 매우 불가하다. 그러한 사상이 없도록 하라고 조리 있는 진술을 한 데 대하여 (…) 산업부장으로부터 전일 면화 공판 2,000만 근 돌파 축하회를 열었으나 자기로서[는] 일반의 적막을 느낀 것은 공판 까닭으로 여러 가지로 시달림을 받은 농민들과 같이 즐기지 못한 데 있었다, 비상시국하에 다소의 불편은 참아 주기를 원한다, 장려에 있어 그러한 탈선이 없도록 주의시키겠고 옷 솜 등의 자가용은 결코 제한하지 않는다. (…)" 운운의 답변이 있었다.

〈자료 342〉 면화 생산, 공판에 모순, 결함을 지적, 제5일(동아일보, 1939.02.24, 3면 5단)

전남도회 석상에서는 면화 경작과 그 공동판매에 이르기까지의 모든 결함과 모순을 지적하여 맹렬한 질문전이 전개되어 약 2시간에 걸쳐서 당국자는 그 답변이 곤란하도록 추궁하였으므로 회의장은 근래에 처음 보는 초긴장을 띠었는데 당국자는 재료를 수집하여 별석에서 대답하기로 하고 궁지를 돌파하였다는 사실=지난 21일 전남도회의 제5일이었는바 무안 선출의 천독근 씨는 면화는 전남 산업 중에서 가장 중요한 것일 뿐 아니라 국가 비상시인 이때에는 더욱더 존귀한 존재임을 설파한 후에 면화 시세를 언급하여 면화는 예년보다 약 1할이 고등하였는바 면화를 원료로 하여 생산되는 면포는 2배 내지 3배로 폭등하였음에도 불구하고 일반 생산자에게는 자가소비를 억제하는 동시에 공동판매에 내도록 권장하고 있으니 국가적 견지로서는 당연한 일이나 그러나 일반 생산자의 경제 생활은 파멸에 곧장 들어가게 되어 이 무슨 모순인가? 국책상으로 면화 경작을 권장할 터이면 면화 시세를 좀 더 인상하여 농민 생활을 안정시키든지, 그렇지 못하겠다면 면화 경작자에게 손실 보상을 하였으면 이떠하겠는가? 그리고 조선산 면화의 8할 3부는 조선 내지에서 소비되는 동시에 1할 7부가량이 한신(阪神)[오사카(大阪)·고베(神戸)] 시장에 이출되는 현상인데 그 운임 3원씩을 공제하고 있으니 결국 면화 생산자에게는 6원의 손해를 입히고 있으며 조면업자가 면화를 매수하여 방매할 때까지의 제 비용을 7.5%를 공인하고 있으나 그 비용은 과다하니 좀더 인하하여 생산자의 이익을 좀 더 돌보아 주는 것이 어떠하겠냐는 질문을 약 2시간 동안이나 추궁하였으나 사사키(佐佐木) 산업부장과 와타나베(渡邊) 농무과장 등은 번등하여 가며 답변하였으나 천독근 씨의 면밀한 조사와 연구에 대하여서는 확실한 대답을 하지 못하고 재료를 수집하여 별석에서 회답하기로 하고 넘어가 버렸다고 한다.

〈자료 343〉 논진(論陣) 백열(白熱)하는 각 도회 예산·교육 확충을 비롯(1)-소작, 보건 문제에 논급, 경남도회 제3, 4일 질문전(동아일보 1939.02.26, 3면 1단)

제12회 경남도회 제3일은 지난 23일 오후 1시 10분부터 도청 제1회의실에서 34의원 출석으로 개회된바 각 회 벽두부터 오는 1939년도(昭和 14) 세입 예산인에 대한 각 의원이 질문전이 본격적으로 전개되었다.

(…)

황순주 씨는 (…) 경남 농가의 생산력의 일부를 점령하여 앞으로 국책적 견지에서도 그 증산이 요구되고 있는 면화 경작 문제에 논급하여 현재의 면화 가격보다 면직물인 면포가의 20~30할의 고율인 것을 지적한 후 면화 가격을 통제해서 생산 농민의 수덕(修德) 고등(高等)을 꾀할 것을 역설하고 불과 55만 원 자본금의 조면회사가 연 17만 원의 소득세를 납부하고 있는 것을 보아 그 이득이 거대한 것을 알 수 있는바 현재 도내 3개소밖에 없는 면화 매입소(조면회사)를 각 군마다 설치함으로써 상호 경쟁적 매입에 의한 면화 가격의 자연 고등을 꾀해서 생산 농가로 하여금 소득이 있게 할 용의가 없느냐고 당국의 소신을 질문하였는데 때마침 정각 4시를 지나 연장한 시간 또한 1시간이 되었으므로 동씨의 질문에 대한 답변은 다음 4일로 하기로 하고 동 5시 일단 또 휴회하였다. (…)

〈자료 344〉 논진(論陣) 백열(白熱)하는 각 도회 예산 · 교육 확충을 비롯(2)–소작, 보건 문제에 논급, 경남도회 제3, 4일 질문전(동아일보 1939.2.28, 3면 1단)

경남도회 제4일은 전날에 계속에 계속하여 지난 24일 오후 1시 10분부터 속회되어 전날 제4일로 미루어 둔 사천 황순주 씨 질문의 답변으로부터 논진은 전개되었는데 아사노(淺野) 농무과장의, 면화 가격은 이미 공정되어 있어 오사카(大阪) 표준가의 '스트릭 미들링(strick middling)'보다 약 10원 비싸게 되어 있으므로 종전의 1근 14전 5리보다 약 3할 비싼 18전 7리로 되어 생산 농가로서는 다대한 수덕이 있다는 간단한 답변이 있자 황순주 의원은 다시 10년 전 불과 100만 근의 면화 생산 지대에 있던 면화 수입소(즉 조면공장) 3개소를 3,000만여 근의 생산을 보고 있는 현재까지 3개소 그대로 두는 것은 농촌 면민의 면작 장려상 불가할 뿐 아니라 면작 농가의 수익상 부당한 정책이란 것을 힐난한 뒤 면화 등급과 판매 가격이 공판서에서와 공장 매입소에서 현격한 차이가 있는 것을 지적하고 면화 판매란 생산 농민 때문인지 판매자 때문인지를 논박한 뒤를 (…)

〈자료 345〉 무명 직조 · 판매 금지, 면화 공판 출회량을 감소시킨다고, 평남도서 관하에 엄달(조선일보, 1939.06.01, 3면 1단)

전시체제하에 있어서 면은 무역상으로 보나 군수적 입장으로 보나 절대 중요성을 띠게 되어 당국에서는 일찍부터 그 무단 사용을 금지하여 왔으나 조선 농가에 있어서는 "무명" 즉 면포(수제 면포)는 생활 필수품으로 없지 못할 것이므로 특수 사정을 고려하여 그 직조를 묵인하여 왔는데 최근에 평안남도 각 지방에서는 주로 시장을 통하여 명료히 혹은 공공연하게 이 무명이 매매되고 있는 사실이 드러나서 이러한 현상은 결국 면화의 공판 출회를 적게 하는 결과에 이르게 하는 것이라 하여 이를 우려한 도 당국에서는 "금후 농가에서 최소한도의 자가용품 이외에는 절대로 면포를 직조하지 못하게 하고 아울러 그 매매를 엄금하라"는 엄중한 통첩을 관내 각 군수 · 서장에게 발하였다.

〈자료 346〉 면화증산 강화에 따라서 공판가 개정 필요, 오사카의 수출 시세 의거는 무의미, 농림 당국 연구를 진행(동아일보, 1939.07.07, 4면 1단)

농림국은 최근의 섬유 기근에 대응하여 면화의 증산계획을 앞당기고 강화하여 오는 1940년도(昭和 15)부터 실시될 터인데 위 증산계획은 5개년간에 45만 정보, 5억 7,100만 근에 달하는 방대한 것인바 위 계획을 수행함에는 도저히 개간과 농사개량만으로는 미치지 못하므로 다른 전작 경지에 상당한 정도로 침입케 될 것인바 이러한 작황 선환을 꾀하여 증산의 철저를 꾀함에는 현재의 면화 공판 기준가에도 변개(變改)를 가하고 상당한 대폭 인상이 선결 조건이라고 총독부 당국도 위에 대하여 연구를 진행하고 있다. 현재의 공판 기준가는 오사카(大阪)에 있어서의 면화 청산 시장의 시세로부터 오사카 공장까지의 수송비를 제한 역산인데 오사카 청산 시장은 수출 면포의 시가에 의거함에 대하여 조선 면화는 수출에는 기여치 않고 완전히 국내 수요에 기여케 되는 실정에 있으므로 수출에 의거하는 오사카 시세에 조선의 면화가를 링크함은 무의미하므로 적어도,

1. 국내의 수급 관계
2. 장려의 실효를 거두게 하기 위하여 내항 작물보다 충분히 유리케 할 것
3. 제품과의 차액을 축소할 것

의 세 점을 고려하고 조선 독자의 입장에서 공판가를 개성할 필요가 있다고 보고 있다. 그러고 금년 목포에서의 면화 공판가는 100근 17원인데 금년은 적어도 이보다 5할 내외의 인상은 필지로 보고 있다.

〈자료 347〉 면화증산책 대처, 공판가 기준 개정(동아일보, 1939.09.05, 4면 4단)

외면[외국 면] 수입 억제에 대응하여 총독부서는 조선 내 면화 증산의 강화에 대한 과거의 실적을 기초로 검토한 결과 각 도 증산계획의 목표에 일부 수정을 행하고 현행 계획의 잔존 기간 1940년(昭和 15)부터 3개년으로 재배 면적 35만 정보[68], 생산고 4억 9,000만 근(1937년(昭和 12) 작부 22만 정보, 수확 2억 4,000만 근)의 달성을 확보함과 동시에 이의 완수를 기다려 제3기 계획에 옮길 방침을 결정하고 1940년도 예산 소요 경비를 요구 중이며 이의 계획 달성으로 4일부터 6일까지 3일간 총독부 제2회의실에 각 도 면작 주임관 회의를 개최, 재배 면적의 적극적 확장, 집약 재배의 보급 촉진에 대하여 타협의(妥協議)를 개시하였다. 또 타합회 제2일은 조선 내 조면업자 및 방적업자도 참가하여 협의할 터로 미면[미국 면] 점락의 영향에 의한 공판 출하 격감 방지로 종전의 미면 수입 채산을 기준으로 한 공판 가격을 고쳐 면화 증산 장려 및 국내 면업계의 사정을 고려하여 독자의 기준 가격을 결정키로 되었다. 기타 면화 생산 농가의 자가 소비 억제 및 조면공장 생산 조면의 처리 통제 외에 금년도부터 생산 종자에 대하여도 통제를 실시하기 위하여 이의 방법도 협의할 터이다.

〈자료 348〉 순 면제품 판매허가제(조선일보, 1939.09.09, 4면 3단)

총독부에서는 순 면제품의 판매를 허가제로 하기로 방침을 결정하고 위에 관한 취체[단속] 법령을 제정 중인데 위는 최근 면화의 공판가가 면제품에 비하여 현저히 저위에 있어 생산자가 자가소비로 면화의 판매를 보류하고 이에 의하여 면제품을 제조하여 판매하는 자가 속출하고 있는 데 비추어 그 단속을 안목으로 하는 것인데 생산자에 대하여 단속함은 곤란하므로 이것을 매수하여 판매하는 중간 배급업자의 단속에 중점을 두고 위 탈법 행위를 철저하게 단속하기로 된바 신면의 출회를 앞두고 단속 법안의 실시를 급히 하기로 되었다 한다.

〈자료 349〉 면직물 암거래 성행, 화순군, 경(警) 당국 엄중 단속(동아일보, 1939.11.03, 3면 6단)

전남 화순군 면화 공동판매 가격도 통제적으로 협정된 가격이 1등 100근당 22원 50전인

68 원문: 里步.

데 작년에 비하여 어느 정도까지 고가를 보이고 있으나 출회는 아직은 성치 않고 면포가 귀하므로 자가용 정도도 넘게 직조하여 현재 면화로 판매하는 것보다 백목[무명]으로 파는 것이 3~4배가 더하므로 면직물을 암암리에 판매하는 것이 성행한다는데 군, 경 당국에서는 이를 중대시하고 법령에 의하여 금년은 철저히 단속하리라 하며 농회 기수, 경찰관은 각 면 시장 등에서 단속이 엄중하다 한다.

〈자료 350〉 면화 공동판매장에서 고인(雇人)이 농민에 폭행, 의령서(宜寧署)서도 엄중 감시(동아일보, 1939.12.01, 3면 2단)

비상시국에서 전시시국으로 전환하여 오는 그 과정에서 국가 특산 농업 중에도 육지면이란 더욱 중요한 산업적 가치를 가지고 있는 만큼 농작물 중에 다른 곡물을 재배하기보다도 이익이 많다는 것보다도 국가 정책선을 따라 육지면을 재배하게 되고 당국자들도 국가 정책 수행에 의하여 재배를 독려하고 또는 판매한 때에도 모는 조선을 물리치고 공동판매를 모조리 시키기 위하여 재래식으로 가정에 방직하는 기구 등속을 면작 기수들이 폭압적으로 파손, 압수를 하고 있을 뿐이라 까딱 잘못하면 폭행의 세례를 받을 수도 있다 하여 농민들의 불평이 적지 않다. 지난 27일 경남 의령군 정곡면 중교시장(中橋市場) 공동판매일에도 판매계 인부가 동면 죽전리 박 모란 판매하려 온 농민에게 폭행한 일이 있어서 동면 주재소 경찰관까지 현장에 조정 출동한 사실이 발생하였는데 조정에 갔던 경찰관 모 씨는 다음과 같이 말한다.

(…)

〈자료 351〉 면화 밀매매 발각, 목포서 경제계 엄조(嚴調) 중(동아일보, 1940.05.21, 3면 1단)

목포부 양동 이태옥(51)과 산정리 박서빈(63), 양동 이상섭(51) 등은 지난 4월 15일부터 27일에 거쳐 면화를 밀매하다 경찰에 발각되었다는데 이태옥은 실면 5,000여 근을 1근에 22전 내지 25전에 밀매하였다 하며 박서빈은 조면 500여 근을 1근에 98전 내지 1원 5전에 밀매하였다 한다. 이상섭은 1관에 대하여 7~8원가량에 매각함을 발각한 목포서 경제계에서는 밀매 9.18 가격[1939년 9.18 가격정지령] 위반으로 엄중 조사 중이라고 한다.

〈자료 352〉 면화 출회 적극 촉진, 농가의 매석과 상인의 매점도 배제, 농림국 독려반 파견(매일신보, 1941.11.23, 4면 4단)

본년도 면화는 상당한 풍작이 예상되어 농림국에서는 이 출회 촉진에 만전을 기하기 위하여 지부 직원 등을 독려하여 집하에 최선을 하고 있는데 이즈음 각지의 출회 상황 보고에 의하면 실적에 비하여 농가의 출회가 심히 부진을 보이고 있다. 즉 11월 15일 현재의 각 도의 출회고는 근근히 2,100만 근밖에 안 되어 이대로 나가면 1942년도(昭和 17)의 물동 계획에도 자못 우려할 현상을 보일 염려가 있으므로 당국에서는 이 추이를 중시하여 선후조(先後調)를 고구(考究) 중이던바 지난번 이래로 본부[조선총독부] 관계 관료를 각지에 파견하여 출하 촉진에 만전을 기하고 있는바 근간 다시 제2진의 독려반을 각각 각지에 파견, 기정 예정 수량 확보에 출동하기로 되었다. 그리고 위 출회 부진의 주 원인으로서는 근년 면제품 부족에 따라서 농가의 매석과 악덕 상인의 산지 매점 등이 열거되고 있다.

〈자료 353〉 면화 공출 잘하면 면포를 우선 배급, 강원에서 애국반을 독려(매일신보, 1941.12.10, 3면 2단)

면화는 시국하 중요자원으로서 수요되고 있음에도 불구하고 강원도의 공판 성적은 11월 말 현재 겨우 30만 근에 불과하여 예년에 보지 못하던 부진한 상태에 빠져 있는데 이래서는 물동계획의 수량을 확보할 수 없게 되어 국책 수행상 지장이 적지 않아 지난 4일부 산업, 내무, 경찰 세 부장 명의로 각 군수, 경찰서장에게 독려 통첩을 보내게 되었다. 즉 공출이 부진하는 원인을 살펴보면 공출 지체에 의한 가격 앙등을 기하는 눈치가 있고 또는 독선적 자가소비를 하는 모양이라 하여 각 애국반을 단위로 공출에 힘쓰도록 하라고 독려하게 된 것이다. 그래서 공출을 활발하게 하고자 공출 성적의 우열에 의하여 면포, 기타 섬유 제품의 배급 정지 또는 우선 배급 등 방도를 강구하기로 되었다 한다.

〈자료 354〉 「면화취체규칙」을 강원도서 개정, 실시(매일신보, 1942.10.10, 4면 5단)

강원도의 「면화취체[단속]규칙」은 1935년(昭和 10) 9월 14일부(附) 도령으로 발포, 시행해 왔는데 동 영에 의하여 자유판매의 범위를 널리 용인하였기 때문에 최근 일부의 생산자와 소비자 측에서는 자유판매의 거래가 성행하여 면화의 공출량을 감소시킬뿐더러 물동계획에 의한 면제품의 수급 조정을 문란케 하는 경향이 있으므로 이러한 폐해를 교정하여 면화의 생산, 판매, 소비 세 부문의 공정을 기하고자 9월 5일부 도령 제46호로 도 「면화취체규칙」을 개정, 실시하기로 되었다.

이번에 개정된 규칙을 보면 종래에는 공판 기간 중에만 적용해 오던 것을 연중을 통하여 적용하기로 되었으며 실면 외에 조면도 추가하여 단속하기로 되었다. 그리고 타면업자(打綿業者)도 금후는 도지사의 허가를 받게 되었으므로 해당 업자는 군수를 경유하여 허가원을 속히 제출해 주기를 바란다는데 이로써 생산자 이외에는 도지사의 허가가 없이 면화를 손에 넣을 수가 없게 되었다.

〈자료 355〉 면화 공출 완료반에 자가용 타면(打綿)을 허가(매일신보, 1943.03.06, 4면 3단)

평남 용강군 금곡면에서는 지난 2월 18일로 1942년도(昭和 17) 면화 공판을 마쳤다는데 그 성적은 목표량의 8할이 공출되었다고 하며 이것은 각 애국반원들이 공동 책임을 지고 각자 시달 수량을 공판상으로 공출키로 되었던 것으로 반 전원이 시달 수량을 공출한 반에는 면포를 특별 배급할 뿐 아니라 지난 2월 25일부터 1주간 자가용 타면 허가도 주어 우선적으로 대우한다고 한다.

〈자료 356〉 면화 공출에도 보상제 실시, 책임량 돌파자에 생필품 무상 배급 (매일신보, 1944.11.04, 2면 12단)

평북도에서는 금년도 "면화" 공출 완수에 일단의 박차를 가하기 위하여 금번 획기적 공출 보상제를 실시, 각 농가에 대하여 생활 필수품을 배급하는 동시에 공출 책임 수량 돌파자에 대해서는 그 가격 1근당 10전에 상당하는 물자를 무상 배급하기로 되었다. "무상 배급" 물자의 공출 책임량 초과 수량(100근)에 대한 비율은 다음과 같다.

(1) 면포는 2.2야드
(2) 마포는 8야드
(3) 인견은 7.6야드
(4) 세탁비누는 37개

(5) "작업화"는 5족

(6) 고무화는 5족

(7) 명태는 142마리

(8) 소주, 탁주는 1두 3승

(9) 배갈은 4승

(10) 식용유는 5.8승

② 경찰 정보 보고를 통해 본 면화 유통 통제

〈자료 357〉 볍씨(籾)·면화 공출에 대한 군·면 직원의 도를 넘어선 행동 및 부정 배급(朝鮮總督府警務局經濟警察課, 1942.5.30, 「籾棉花供出ニ對スル郡面職員ノ行過キ及不正配給」, 經濟治安日報 56집, 4~5쪽)

1. 순창군농회 기수(개명) 청원희정(青原喜正, 22년)은 지난 1월 23일 금이면에 출장하여 볍씨 및 면화 공출 독려를 함에 있어 '국가의 명령에 따르지 않는 자는 국민이 아니다', '면화 공출 독려를 위하여 이번에 도에서 군으로 소의 음경 11본이 도착했으므로, 근일 중 각 면에 1본씩 교부해, 면화를 공출하지 않는 자는 채찍으로 때리므로 상당히 엄중히 된다'는 등의 온당치 않은 언동을 늘어놓았다. 이에 따라 「조선임시보안령」 위반으로 기소 의견을 붙여 송치하였지만, 관할 검사가 물자 공출의 성적을 올리기 위하여 나왔던 언동이므로 관대하게 조치함이 타당하다 보아 기소 유예 처분에 부쳤다.

(…)

〈자료 358〉 농민의 보리·면작 등 기피(朝鮮總督府警務局經濟警察課, 1942.9.14, 「農民ノ麥棉作等忌避」, 經濟治安日報 71집, 10쪽)

■주군 각 리 구장 및 농민 유식자 간에 다음과 같이 언동을 하는 자가 있어 계몽 중

－기(記)－

보리, 면화는 흉작에도 불구하고 강제 공출되고 이에 반해 대마, 오이 등은 농작[이 풍작일]

뿐 아니라 가격도 비싸고 현금으로 거래되어 영농상 지극히 유리하므로 내년부터는 오이 류, 대마의 대량 재배를 계획하는 자가 많아 내년도 면작 예정지 확보에 대해서도 지장을 초래하는 데에 이를 것이다.

또한 농가의 개산(概算)에 의하면 각 주요작의 단보당 수익은 다음과 같다.

맥작 단보당 수익: 7원 내지 10원
면작 단보당 수익: 24원
도작 단보당 수익: 25원 내지 30원
수박 단보당 수익: 75원 내지 100원
대마 단보당 수익: 100원
연초 단보당 수익: 50원 내지 70원

(3) 면화 유통 통제 내용

〈자료 359〉 면작기술원협의회 개최(朝鮮農會, 1942.12, 「棉作技術員打合會開催」, 『朝鮮農會報』 16권 12호, 54쪽)

10월 31일 오전 9시부터 본도 제1회의실에서 다음에 따라서 각 부·군 면작기술원의 협의회를 개최했다.

1. 지시 사항
   (1) 각종 기관의 협의회 개최
   (2) 출하 장려금의 교부
      ① 읍·면 또는 부락[촌락]
      ② 성적이 우량한 단체 또는 개인 표창
      ③ 공출상 특히 공로가 있는 자의 표창
      ④ 독려원의 채용
      ⑤ 기타 부·군 실정에 따라서 가장 유효하다 인정하는 사항

(3) 출하 경려회(競勵會)의 개최

본 경려회는 전년부터 실시해 왔던바 효과가 현저하기 때문에 본년은 전적으로 계획에 대한 공출 비율에 의하여 심사를 하기로 했다. 다음의 준칙에 따라 개최하려 한다.

– 기(記) –

제1조 본회는 경남 면화 공출 경려회라 한다.

제2조 본회는 농가의 면화 자가소비를 절감케 하기 위하여 공출 경려를 도모함을 목적으로 한다.

제3조 본회의 출품 구역은 도내 각 부 · 군 농회로 한다.

제4조 본년도 면화 공출 할당 수량에 대한 공출 비율을 심사해, 그것의 비율 정도에 따라 매년 등급을 정하고 다음처럼 상금을 수여한다.

다만 비율이 같은 경우가 생긴 때에는 공출 수량이 많은 경우를 상위로 한다.

1등: 1점, 500원, 우승기 1폭

2등: 3점, 300원

3등: 8점, 100원

제5조 본회의 회기는 1942년도(昭和 17) 면화 공동판매 기간으로 한다.

제6조 본회의 경비는 경상남도농회에서 부담한다.

(비고) 성적이 우량한 부 · 군농회에 대하여서는 경남면화장려협회의 부상이 있을 예정.

(4) 면화 및 고무화 등의 특배(特配)

(5) 공동 채종장(採種場)의 관리, 지도

(6) 타면업자(打綿業者) 지도, 감독

(7) 면화의 반출 및 소작 면화의 방지

(8) 밀매매의 단속

(9) 수조기(手繰機)의 사용 제한

2. 주의 사항

(1) 면의 미숙 삭(蒴) 수확 지도에 관한 건

(2) 면화 검사의 엄정 통일에 관한 건

(3) 전작(前作) 보리의 휴폭(畦幅)[69] 개선 지도에 관한 건

(4) 잡종금(雜種金) 정리 완납에 관한 건

(5) 수입증지(收入證紙) 취급에 관한 건

〈자료 360〉 면 출하에 장려금을 교부(朝鮮農會, 1942.12, 「棉の出荷に奬勵金を交付」, 朝鮮農會報 16권 12호, 63~64쪽)

아국[일본]의 면화 재배는 거의 조선에만 의존하여 내지의 면작은 전부 자가소비의 영역을 넘지 않는 실정이다. 이에 따라 총독부는 대동아전쟁[태평양전쟁] 수행 중인 현재 군수, 민수 및 생산 확충 자재로서 면화 증산에 일단의 박차를 가하고 있다. 하지만 본년의 면 생육 상황은 파종기에 면작 중심 지대로서 남선[조선 남부] 일대의 한해, 서선[조선 서부] 지방의 생육 기간의 수해 등을 입었기 때문에 당초에 예상한 수확량을 얻는 것이 불가능해졌다.

하지만 파종 후의 일반 면작 농가의 자각과 지도원의 노력에 의하여 비배(肥培) 관리 철저를 기한바, 9월 이후 성숙기 기후가 면에는 완전히 이상적이었으므로 작황이 회복해 현재로는 평년작에 가까운 수확이 예상됨에 이르렀다. 그리고 공출기에 앞서서 당국은 극력 자가소비를 억제하고 면화의 확보를 기하기 위하여 매상 가격 대폭 인상, 면포 특배(特配), 출하 장려금의 교부 등의 시책을 행하고 있기에, 10월 상순부터 전 조선 1,500개소에서 개시된 공동판매소 공출 상황은 비상한 호조를 보였다. 최근의 출회 상황은 작년 같은 기간에 비하면 약 5배라는 성적을 보이고 있다. (…)

69 두렁의 폭을 뜻한다.

〈자료 361〉 사변과 조선 농촌의 제 동향(印貞植, 1940, 「事變と朝鮮農村の諸動向」, 『朝鮮の農業地帶』, 生活史, 22~28쪽)

(…)

4. 공판제 강화와 가내 수직업(手織業)의 일소

"공판제가 양잠업을 쇠퇴로 이끈다"라고 이야기된다. 하지만 이것도 오랜 얘기가 되고 말았다. 조선의 여러 도 중에서 양잠업의 제1위를 점하는 지방은 경상북도이다. 이러한 경북의 통계를 보아도 뽕밭의 총면적은 1933년(昭和 8)의 1만 2,591.3맥(陌)에서 1939년(昭和 14) 현재의 1만 975.4맥으로 감소하고 있다. 누에씨의 소립[70] 매수도 동 기간 중에 20만 9,023매에서 20만 4,200매로 점감했다. 농촌 과잉노동력이 가장 충만한 남선[조선 남부] 지방도 양잠업은 이미 이와 같은 상태이다. 서선[조선 서부]이나 북선[조선 북부]은 일찍이 7~8년보다도 전부터 다수의 농가가 부업으로서의 양잠업을 방기해 버리고 있다. 산견(産繭)의 가내 수직(手織)이 불가능하게 되었을 뿐만 아니라, 저렴한 공정가격과 엄격한 공판제가 이러한 전래적인 양잠업의 이상을 초래한 것이다.

이는 그렇다 쳐도 사변[중일전쟁]하의 조선 농촌에서 현재 공동판매제는 양잠업 산견에 대해서보다도 면화에 대하여 한층 더 심각한 영향을 미치고 있다. 물론 면화 공판제가 모두 사변과 더불어 처음 시작된 것은 아니다. 전시체제는 다만 전부터 이미 실시돼 왔던 이러한 공동판매제를 한층 철저하게 하고, 또한 보편화한 데에 획기적인 의의가 있는 것이다.

즉 보다 품질이 우수한 육지면은 주로 남선 여러 도가 산출하고 있다. 이는 방직공업의 원료로 10여 년도 전부터 유망시되었고, 마침내 엄격한 공판제와 공정가격이 실시돼 왔다. 농가는 스스로 생산한 면화로 자유롭게 수직할 수 없다. 가내 면화 소비량은 극도로 제한돼 있다. 이러한 제한 이상의 분은 반드시 공판에 부치지 않으면 안 된다. 그런데 각 농가의 경우에는 전래적 부업인 가내 수직업을 하지 못하게 되었다. 남선의 어떠한 지방을 가서 봐도 농가에서 수직한 재래의 수직물은 이미 보이지 않게 되었다. 일반적 부업으로서의 지위는, 가마니짜기(叺織) 등이 면포 수직업을 대신하여 장려되고 있다.

그런데 서선이나 북선의 재래면 산지엔 사변 전까지는 면화 공판제가 실시되고 있지 않았

70 알에서 깨어난 누에를 누에판에 옮겨 붙임.

었다. 농가는 자유롭게 면화를 매각할 수 있었다. 혹은 가내에서 이를 소비하는 것도 가능했다. 이와 같이 공판제의 실시가 늦어진 이유는 서북선[조선 서북부] 산면(産棉)인 재래면이 육지면에 비하여 품질이 상당히 열등하였기 때문이었다. 그런데 최근엔 외면[외국 면]의 수입이 한층 곤란하고 불리하게 되었기 때문에, 재래면도 방직 공업 원료로 편입할 필요가 생겨서, 공동판매제의 전 조선적 실시를 보는 데에 이르렀다.

이와 같이 면화 공판제는 전 조선적으로 실시되기에 이르렀으며, 따라서 몇천 년 전래의 가내 수직업의 쇠운(衰運)으로 최후의 일격을 가하기에 이르렀다. 여기에 이번의 공판제 강화의 역사적인 의의가 인정된다.

그러면 면화 공정가격은 얼마인가 말하면, 육지면의 주산지인 남선 여러 도에서는 1939년도(昭和 14) 공정가격이 1근에 대하여 23전이었다. 또한 서선이나 북선 재래면은 1근 19전 2리에 못 박혀 1936년도(昭和 11)의 그것에 비하면 1근에 대하여 겨우 2전 4리 5모만이 등귀하고 있다.

한편 면화의 사적인 사용은 극도로 제한되어 농가 가족 1인당 10근 이내가 되고 있기에, 면화를 매우 많이 재배했던 농가도 구래의 가내 수직업을 자연스레 방기할 수밖에 없다. 그러한 대신에 저들은 의료(衣料)나 피복료(被服料)로 광목(廣木)[71]이나 양목(洋木)[72], 지나[중국] 마포 등 공예품을 구입하지 않으면 안 된다. 거기에 4할, 5할의 인조 섬유(staple fiber)가 혼방되어 있으므로 가격도 2배, 3배로 등귀하고 있다.

농민의 의료로서는 견고함에서 구래의 수직 면포에 필적하는 것은 아마도 없을 것이다. 대개의 농가는 수천 년 전래의 원시적 도구와 기술로, 거의 유일한 농한기 부업으로서 이와 같은 가정 수공업에 종사해 왔던 것이다. 주로 부인이 하는 작업으로서, 도구 등도 극히 간단하게 제조되어, 어떤 농가라고 하더라도 갖춰야 하는 전부를 갖추어 왔던 것이다. 그런데 이러한 수직업의 실적에 의하면 면화 6근으로 면포 1필(30척)을 짜기는 문제도 아니다. 1척의 가격은 대개 20전의 시세로 판매되고 있으므로 1필의 가격은 6원 정도였다. 그런데 면화 6근 가격은 공정가격으로 1원 14전 1리에 상당하는 것이므로, 수직업 노동은 5배 넘는 가격의 면

71 기계로 직조한 넓은 폭의 조포(粗布). 농가에서 수직기로 직조한 좁은 폭의 무명과 대비된다.
72 서양에서 수입한 면직물로, 광목보다 바닥이 곱고 희다. 당목(唐木), 왜목(倭木)이라고도 한다.

포를 직조하고 있었던 것이다. 그러하다면 어떠한 농가에서도 농한기를 이용하여 부인들이 종사하여 왔던 것은 무리도 아닌 얘기다. 직조한 면포는 많은 경우 가내에서 의료로 소비하지만 시장에 가지고 나가 상인에게 매각하는 때도 많다. 도회에서는 노동자의 의료로서도 폭넓게 사용되는 것이다. 어떠한 쪽이든 종래의 농가 경제의 일반적인 부업으로 경시할 수는 없었다. 하지만 공판제 강화와 더불어 이러한 도구 전부가 전 조선적으로 일소되기에 이르게 되었던 것이다. 농가는 그러한 이유로 재래의 면포를 자급하는 대신 인조 섬유가 혼방된 면직물을 구입하지 않으면 안 된다.

또한 중요한 바는 이렇게 가내 수직이 가능하지 않게 되어 면화의 사적인 사용이 제한되었으므로 수직의 방직 도구가 점차 농가에서 일소되는 중이라는 사실이다. 7~8년 전의 남선 지방에서는 먼저 방직 용구를 몰수하는 데서부터 착수했다. 그런데 이번에는 방직 용구 등에는 전혀 손을 대지 않고 우선 면화의 사적인 사용을 금한다는 방법을 취하고 있다.

수직업에는 첫 번째로 면화에서 면화의 씨앗을 떼어 놓는 작용을 하는 씨아라 하는 간단한 도구부터 시작하여, 실을 잣는 도구인 물레나 수직기의 베틀 등 5단계의 공정에 상응하는 5종의 도구가 종래 일반적으로 사용돼 왔다. 그런데 일단 면화 자체가 사용이 금지된 이상은 이러한 여러 도구도 자연 일소될 수밖에 없게 되었던 것이다.

나아가 이상과 같은 여러 가지 원시적인 수직업 도구가 일소되고 있을 뿐만 아니라, 대개 각 부락마다 1대씩은 발견되는 근대적인 조면기도 최근에는 운전을 금지당하고 있다. 이와 같은 조면기는 많은 경우 손과 발로 운전한다. 하지만 그것 중에는 석유 발동기를 설치하고 있는 것도 있다. 면화에서 종자를 제거하고 나아가 그것을 정리하는 기계로서, 구래의 씨아 등을 대신했던 것이다. 각 부락에는 이 조면기를 갖춘 농가가 대개 1호는 있다. 농한기라도 된다 치면 마을 내의 부인들이 면화를 가져와 [근대적인 조면기로] 씨앗을 빼내고, 그러한 대신에 일정한 양의 면화를 기업자에게 주었다. 그런데 이번의 공판제 강화의 결과로 이러한 조면기의 사용이 벌금으로 금지되어 기계가 완전히 봉쇄되는 데에 이르렀다.

그런데 위에서 서술한 바와 같은 경우는 이번의 공판제 강화에 의하여 초래된 면화의 전반적인 위기인데, 또한 그러한 결과 전 일본의 방적공업 발전을 위하여 가장 우려할 바는 면화의 총생산이 현저하게 감퇴하려 하고 있는 경향이다. 우리는 서선지방 농촌의 몇몇 곳의 공동판매장을 순회해 보았다. 공판장의 전면에서 돼지 꼬리를 잡고 순번을 기다리고 있는 면화

판매 농민 대부분이 입버릇처럼 이야기하고 있던 것은 내년부터는 이제 면화 대신 조를 심는다는 것이었다. 19전 2리라는 공정가격으로 인해, 조의 쪽이 이익이 있다는 것이다.

그로부터 지금 재래면의 주요 산지 평안남도 용강군의 모 자작 농가에 대하여 면화 생산 및 판매의 상황을 조사해 보면 다음과 같다.

1. 재배 면적: 5단보

2. 생산비 지출

(1) 종자대: 6두 3원 60전

(2) 비료대

금비: 암모니아 1포 반 7원

퇴비: 50바리(駄)[73] 18원

소계: 25원

3. 고용비

경우(耕牛) 사역비: 시비 2일 반 7원 50전

동(同): 경운 1일 3원

인부비(식사도 포함함): 시비 - 연(延) 5인 5원

경운 - 연 1인 1원

파종 - 연 3인 3원

제초(5회) - 연 27인 27원

적취 - 연 30인 30원

소계: 76원 50전

생산비 총계: 105원 10전

73 말 한 필에 싣는 중량. 36관, 135kg.

4. 면화 실수고

단보당의 실수고는 평균 120근으로 총수량은 600근이다.

5. 현금 총수입

1근당 공정가격은 19전 2리이므로 600근을 전부 매각한다 해도 현금 총수입은 114원 12전이다. 따라서 생산비를 공제한 수입 잔고는 9원 2전에 지나지 않는다.

그런데 이상의 생산비 중에는 농구비가 산입되어 있지 않을 뿐만이 아니라, 이러한 생산에 종사하는 가족 노동력의 가격 또한 아예 고려되어 있지 않다. 이를 전부 고려에 넣어서 보았을 때에는 면화의 재배가 얼마나 곤란한 것인지 이해할 수가 있을 것이다. 조를 심는 쪽이 낫다는 농민의 말도 또한 이유가 없는 것이 아니다. 저들 농민이 말하는 바로는 면화 1근의 공정가격은, 어찌 하여도 최저 30전은 필요하다고 말하는 것이다.

어쨌든 이렇게 공판제 강화로 인하여 면화 재배가 점차 감퇴의 경향을 나타내는 듯한 데에서는, 공판제 그것의 본래의 의의에도 반하는 것임은 자명한 이치이다. 방직 자본가의 개인적인 요구의 여하를 불문하고, 이때 면화를 구하는 것은 농가 경제를 구하는 바다. 이는 또한 국가의 전체 경제를 위해 긴급한 과제이기도 하다.

3. 양잠정책

1) 1910년대 양잠정책

(1) 개관 및 해제

한국 전통 직물로는 면직물(綿布), 견직물(絹布), 삼베(麻布), 모시(苧布) 등이 있었다. 면직물의 경우에는 면화를 재배하고 면화에서 면사(綿絲)를 분리하며, 면사를 직조하여 면포(綿布)를 제조한다. 견직물의 경우에는 뽕나무를 재배하여 누에를 키우고 고치를 만들며, 고치에서 생사(生絲)를 분리하고, 생사를 직조하여 견포(絹布)를 제조한다. 뽕나무를 재배하여 누에를 키우고 고치를 만드는 과정은 양잠(養蠶), 고치에서 생사를 분리하는 과정은 제사(製絲)이며, 생사를 직조해 견포를 제조하는 작업은 견직(絹織)이다.

1910년 데라우치 마사타케(寺內正毅) 조선총독은 각 도 장관 훈시를 통해 종묘(種苗), 누에씨, 잠구(蠶具) 무상 배부를 통한 양잠의 개량을 명하고, 뽕나무 품종과 누에씨 종류의 변경을 추진했다. 뽕나무 품종은 1908년 노상(魯桑), 시평(市平), 도지내(島之內), 적목(赤木)이 지정돼 있었다. 누에씨 종류는 1912년 봄누에로 우석(又昔), 소석환(小石丸), 청숙(青熟), 여름누에로 신옥(新屋), 가을누에로 백룡(白龍)이 지정되었다. 이에 따라 재래종은 1912년에는 12만 4,267매(77%)로 정점에 달하였지만, 1920년에는 자취를 감췄다. 이에 반해 일본종은 1912년 3만 8,150매(23%)에서 1920년 21만 2,577매(100%)로 증가했다.[74]

1910년대 양잠정책은 《매일신보》 등에 보도되고 있다. 원잠종제조소(原蠶種製造所), 간이잠실, 양잠조합, 누에고치 공동판매 등에 대한 내용이 담겨 있다. 한편 『주막담총(酒幕談叢)』은 공주 헌병대 본부, 충청남도 경무부가 1911년부터 1914년까지 관할 구역 내의 주막이나 장터에서 수집한 담화와 풍설을 보고했던 내용이 수록되어 있다(1912년 2월 제1권, 1914년 2월 제3권, 1915년 2월 제3권). 1913년 공주 지역의 농민이 "묘목대(苗木代)를 헛되이 들였"다고 하거나, "돈

74 이영학, 2015, 「1910년대 조선총독부의 농업정책」, 『한국학연구』 36, 인하대학교 한국학연구소, 566~570쪽 참조.

이 있다 해도 심을 밭이 없다"고 하는 등 1910년대 양잠정책을 우려했던 내용이 담겨 있다. 또한 1910년대 양잠정책을 구체적으로 보여 주는 자료로서 「조선 잠업에 대하여(朝鮮蠶業に就て)」(《조선》 91호)를 정리했다.

(2) 신문 기사·경찰 정보 보고를 통해 본 1910년대 양잠정책

① 신문 기사를 통해 본 1910년대 양잠정책

〈자료 362〉 원잠종제조소(原蠶種製造所)(매일신보, 1912.01.26, 2면 4단)

1912년도(明治 45) 예산에 계상한 원잠종제조소는 경성에 설치할 터인데 오는 4월에는 개시하리라 하며 동 제조소의 목적은 내지의 누에씨 통일의 의미가 아니라 완전히 재래종을 구축(驅逐)하고 내지 우량종의 보급을 꾀하여 수년 후부터 점차 통일의 방침을 취할 터라더라.

〈자료 363〉 양잠조합규정, 경기도청의 제정(매일신보, 1912.03.10, 2면 7단)

히가키(檜垣) 경기도장관은 해당 도내의 양잠업을 기어이 발전할 취지로 양잠조합 설립에 관한 규정을 제정하여 부윤, 군수에게 훈령을 발하여 관내 인민으로 하여금 지키고 받들어 시행케 하였는데 그 규정은 다음과 같다.

(…)

〈자료 364〉 중요 농산물과 총독의 훈령(2), 나카무라(中村) 농무과장의 담화, 잠업 장려의 요지(매일신보, 1912.03.19, 2면 4단)

잠업이 조선 풍토에 적응함은 지금 다시 이야기할 필요가 없을지라. 그러나 농가 부업 중 가장 중요한 지위를 점하고 또 이익이 다내하여 일반 농가가 경제상에 적지 않은 영향을 주므로 당국에서는 각지에 잠업전습소를 설치하고 잠업 교육의 보급에 노력하더니 지금 그 효과가 현저하게 커서 남자는 물론하고 여자에 이르기까지 이에 종사하여 점차 발전의 기운을 향할 뿐 아니라 병합 때에 하사하신 은사금(恩賜金)[75]으로 수산(授産)[76] 사업으로 누에씨를 장려함에 이르러 이 업의 한층 발달을 보았으나 그러나 현재의 잠업은 이제까지 유치의 영역을 벗어나지 못하여 잡박(雜駁)[77], 열등의 재래 누에씨가 있어 아직 구태를 바꾸지 않았으므로 이때 본부[조선총독부]에서는 내년도 즉 본년부터 원잠종(原蠶種)의 제조에 착수하여 조선의 기후에 순화한 누에씨를 각 도에 배부하여 이의 통일을 꾀하고 재래의 불잠종(不蠶種)을 구축(驅逐)하여 점차 견가(繭價)의 통일을 꾀하고자 하노라. 잠업의 개량 장려 사항으로는 우량 누에씨의 보급에 노력하는 동시에 치잠[어린누에] 공동사육소의 설치를 장려하여 그 보조액을 증가하였는데 다시 산견(産繭) 판매에 상당한 편의를 꾀하여 농·산업 단체 또는 그 기관의 이용에 노력케 함은 물론이오 지도 장려의 임(任)에 당한 자로 하여금 간절히 알선의 노력을 취하게 하여 이 업의 발달을 꾀함을 기하였으나 그러나 이에 일언으로 주의코자 함은 조선 산업 발달의 결과는 내지에서는 누에고치가 부족한 결과로 매년 청국에서 80여만 엔의 수입을 의지하지 아니하는가 조선 잠업의 발달은 조선 전체의 경제를 상진(上進)케 할 뿐 아니라 나아가 내지에 대한 수입을 방지하고 나아가 국부를 증진할 것이라 할 수 있을지로다.

〈자료 365〉 원잠종제조소(原蠶種製造所)(매일신보, 1912.07.17, 2면 4단)

한강 건너편 잠실(蠶室) 부근 지단(地段)[78]은 자고로 몇 주 뽕나무가 존재하였으나 해당 지단은 황폐한 지경에 이르러 일반인이 분하고 서운해하던 바이더니 당국에서 잠업을 장려 발전케 할 목적으로 원잠종제조소를 해당 땅에 건설하기로 계획 중인데 부지 총평수는 7,500평 외에 부속 뽕나무밭 약 4,000정보를 가진 광대한 구역이라. 건설물은 청사, 잠실, 누에씨 저장 창고로 시작하여 관사 및 기숙사 총 19부에 나누고 공비(供費)는 약 5만여 원으로 예산하여 본월 18일부터 공사에 착수하여 오는 11월 중에 준공할 터이라는데 위를 준공 후에는 원잠종(原蠶種) 5,000매를 제조하여 양잠(良蠶) 보급에 노력하기로 결정하였더라.

75 일본의 천황이 지급한 자금. '은혜'를 '하사'하였다는 의미.
76 생활이 곤란한 사람에게 살길을 열어 주기 위하여 일자리를 마련해 줌.
77 여러 가지가 마구 뒤섞여 무질서함.
78 땅을 나누어 가른 하나의 부분.

〈자료 366〉 잠업조합의 보급(매일신보, 1913.06.22, 2면 4단)

경기도 내에 종래는 13개 정(町)[79]의 잠업조합을 설치하였더니 이 업의 발달을 꾀하기 위하여 권장하는 바가 있은 결과로 5월 말까지 인천부 외 14군 31개 정에 잠업조합을 신설하였은즉 총계 44조합에 달하였더라.

〈자료 367〉 총독 지시(2), 3. 잠업에 관한 건(매일신보, 1913.12.11, 2면 1단)

▲ 뽕나무 재배의 주의: 뽕나무의 증식이 매년 증가하여 1912년(大正 1)에는 각 도의 면적이 약 1,600정보를 헤아리고 이번 봄은 각 관청의 무상 배부 뽕나무가 980여만 본의 다수에 달하였으나 아직 그 수용을 흡족하게 만족시킬 수 없어서 당업자가 구입, 재식(栽植)한 것이 360여만 본에 이르니 이는 실로 기뻐할 만한 현상이라. 그러나 이들 뽕나무 중에는 내지에서 이입한 것이 있어서 활착이 양호치 못하며 혹은 그 품종의 선택 재식지(栽植地)의 선정 또는 재식 방법에 실수하며 또한 혹 비배(肥培) 관리의 불충분으로 뽕나무의 생육이 양호치 못하니 이와 같은 경우는 다만 예기의 성적을 거둘 수 없을 뿐 아니라 나아가서는 이 업의 발전을 저애할 우려가 있으므로 지금부터 한층 뽕나무는 지방에 적당한 품종을 선택 육성하여 그 공급에 부족이 없기를 극면(克勉)하며 재배법에 대하여는 당업자를 실지지도하는 동시에 농잠 기관으로 일반에 그 모범을 보임은 물론 잠업전습생에 대하여 또한 한층 재상(栽桑)상의 실무를 습득케 하고 한편 강습, 강화, 기타 적당한 기회를 이용하여 재상에 대한 지식 보급에 힘써서 현실 효과를 거두기를 기할지라.

▲ 우량 누에씨의 보급: 우량 누에씨를 사육하는 자는 근시 갑자기 증가하여 본년은 그 고치 산액이 약 2만 2,700석, 총산견액(總產繭額) 6할 4푼 이상에 달하였으나 우량 누에씨의 공급이 불충분하므로 지금 또한 재래 누에씨는 그 자취가 끊어지지 않음을 따라서 양견(良繭)의 산출이 적지 않으며 또한 우량 고치를 생산한 자 중에는 혹 살용(殺蛹), 건견(乾繭)의 방법을 실수하여 견질(繭質)을 손상하거나 조악한 생사(生絲)를 제조하므로 판매상 적지 않은 불리를 초래하는 듯하니 이와 같은 경우는 필경 당업자의 지식이 유

79 일본의 지방 행정 단위로, 한국의 읍·면에 해당한다.

치함과 구래의 관습이 그렇게 할 바이라. 이에 대한 주의가 주도치 아니함은 아니나 잠업의 개량을 계도코자 할진대 특히 우량 누에씨의 제조에 노력하여 그 공급을 원만케 하는 동시에 살용, 건견의 설비 충실 및 그 지식의 보급에 힘써서 우량 고치를 제사(製絲) 하는 자에게는 고치 판매의 유리함을 알게 하여 당업자로 개량에 따른 이익을 얻게 함에 주의할지어다.

〈자료 368〉 간이 잠실(蠶室)과 보조(매일신보, 1914.07.17, 2면 2단)

근시 잠업 발달의 결과 각 지방에서 치잠[어린누에] 공동사육 사업을 경영하는 자가 증가하였는데 이 경영상에 적당한 가옥을 얻기 어려워 이 업상 불편이 심하므로 경기도에서 권장한 결과 관내 각 군에서 간이 잠실을 신설하기로 하고 금년 신설의 15개소에 대하여 도에서 20원씩, 합계 금 300원의 보조를 하였다더라.

〈자료 369〉 고치 공동판매 계획(매일신보, 1917.06.07, 2면 7단)

경기도에서는 금회 관내 고치 공동판매 계획을 세워서 모두 생산 고치는 부윤, 군수의 감독, 지도로 각종 양잠조합으로 하여금 공동판매를 행할 것으로 하여 고치는 일정한 기한에 일정한 장소로 조합 또는 개인 대표자로 하여금 집합하여 가지고 올 것으로 할 터이오 고치는 1등, 2등, 3등, 4등, 등외 설옥(屑玉) 등을, 기술원으로 하여금 등급을 감별케 하여 계획한 후 건조를 행하는 등 공동판매의 방법은 전년과 대차가 없으나 내도(內渡) 자금의 융통 즉 각 금융조합에 교섭하여 고치 수입할 때에 인정 가액의 5할 내지 7할의 선급금을 지불하도록 하여 한층 알선에 노력할 터인즉 그 판매량에 다대한 증가를 볼지오 또한 봄고치는 6월 하순부터 출회하여 7월에는 성히 나올 터이므로 공동판매는 7월 상중순경에 행하는 것이 많을 듯하고 공동판매를 행하는 부·군은 봄고치는 6월 13일, 여름고치는 8월 20일까지에 경기도청으로 도달하도록 그 판매소, 판매 희망 기일 및 판매 예정량을 신청할 것으로 되었다더라.

② 경찰 정보 보고를 통해 본 1910년대 양잠정책

〈자료 370〉 『주막담총(酒幕談叢): 1910년대 일제의 비밀사찰기 – 공주를 주막에서 엿듣다』(국립공주대학교 공주학연구원 · 공주시, 2017)

『주막담총』 3권(공주헌병대본부 · 충청남도경무부, 1913/원본 77~78쪽, 번역 399~401쪽)

매년 도장관 순시 때 각 군수에게 양잠을 장려해서 뽕나무 묘목을 반드시 공동구매하여 심으라고 독촉당하고 있다. 사곡면 같은 곳은 몇 년 전부터 뽕나무 묘목을 심었다. 그러나 토양이 적합하지 않았기 때문인지 잘 자라지 않은 곳도 있었던 듯하고 이번도 그렇다. 묘목대(苗木代)를 헛되이 들였으니, 전과 같은 결과가 나오지 않았으면 좋겠다고 생각한다. 묘목대는 집집마다 50전이라 한다. 돈이 있다 해도 심을 밭이 없다.

(3) 1910년대 양잠정책 내용

〈자료 371〉 조선 잠업에 대하여(十時雄次郎, 1922, 「朝鮮蠶業に就て」, 『朝鮮』 91호, 100~103쪽)

(…)

제2. 시정[병합] 후의 조선 잠업

조선의 기후는 육잠(育蠶)에 적합해, 산견(産繭) 품질 또한 양호하여 이르는 곳마다 뽕나무 재배에 적합하지 않은 곳이 없고, 경지는 광대하지만 농법은 조악하므로 오히려 세력이 과잉이 있다. 특히 부녀자는 대개 호외 노작을 하지 않는 관습이 있었기에, 잠업의 지도 장려는 시의적절하지 않았는지 그것의 발달을 기다려야 함을 인정하고, 이에 그것의 장려 방침을 정해 권장함에 크게 노력하는 데에 이르렀다. 즉 양잠은 농가의 부업으로 양잠자 1호가 1칸을 이용하는 정도에서 사육하게 하였으며, 오로지 농업 잉여의 노력, 그중에서 부녀자가 여기에 종사케 하기로 했다. 이에 병합 당시 즉 1910년(明治 43)에는 양잠 호수 7만 6,000호, 산견액(産繭額) 1만 3,000석에 불과하였지만, 이래 매년 진척되어 최근(1921년(大正 10))에는 양잠 호수 31만 2,000호, 산견액 13만 2,000석에 달하기에 이르렀다.

조선의 잠업은 위에서 서술한 것처럼 그것의 연원이 지극히 오래되었지만, 어떠한 개량의 흔적도 없으며 고치의 종류는 조악한 삼면잠(三眠蠶)으로서 체질이 강장(强壯)하나 견질(繭質)이 열등하여 그것이 불리는 말할 것도 없다. 그러므로 누에씨 개량, 즉 삼면잠을 내지종[일본종]으로 대신하며, 잠업의 발달에 따라서 뽕나무밭 증식, 재상(栽桑) 및 육잠 기술의 개량에 대해서는 잠업전습소 및 치잠[어린누에]공동사육소를 설치하길 촉구하고, 산견의 처리에 대해서는 건견기(乾繭器)를 보급하여 이를 공동판매하길 권장하여, 추호도 태만한 바가 없었기 때문에 점점 그것의 성적이 볼만한 바가 있는 데에 이르렀다.

(A) 우량 누에씨의 보급

시정 당시 누에씨 소립 매수는 약 9만 매로, 그중 삼면잠이 약 8만 매, 내지종과 같은 경우에는 겨우 1할여에 불과하였지만, 그 후 내지종 소립이 증가하여 1919년(大正 8)에 달하여서 거의 근절하는 데에 이르렀다. 이로부터 먼저 내지에서 누에씨의 연구가 크게 진전되어 1914년(大正 3) 1대 교잡종 장려를 보는 데에 이르렀다. 그것의 성적이 양호하였기 때문에 조선에서도 그것의 우량함을 인정하여 1918년(大正 7)부터 이를 장려하는 데에 이르렀다. 그것의 성적이 지극히 우량해 1921년(大正 11)에는 1대 교잡종 소립이 대략 5할을 점하고, 해마다 종류는 개량되고 있다.

우량종 보급상 가장 필요한 바는 우량 누에씨의 제조에 있다. 하지만 조선은 종래 누에씨 제조자가 없고 양잠자 스스로 제조하여 자가용으로 이용하므로, 누에씨 유의 개량이 행해지지 않는 동시에 또한 우량한 누에씨를 얻기가 어렵다. 그러므로 당시에 누에씨는 내지로부터의 이입에 의존할 수밖에 없었던 상황이 되었다. 따라서 지방은 누에씨 제조자 양성을 하고, 이러한 시설에 대하여 국가 및 지방은 보조금을 교부하여 그것의 조장을 꾀했다. 이로 인해 누에씨 제조업도 발달하여 순수 일본종을 제조함에 있어서는 조선 내의 수요를 대부분 충당하게 되었지만, 1대 교잡종 제조가 충분하지 않으므로 또한 5~6만 매의 이입에 의존하지 않을 수가 없다.

(B) 잠업전습소 및 치잠공동사육소

양잠의 장려상 간이한 잠업전습소를 은사(恩賜) 수산(授産) 사업으로 경영하게 하는 한편, 육잠의 기술을 용이하게 하기 위해 치잠공동사육소를 지방비의 보조하에 설치하게 했다. 이와 함께 국고에서 보조금을 교부하여 그것의 발달을 도와서, 잠업전습소는 1915년(大正 4) 102개소, 수업자 1,846인을 내는 데에 이르렀다. 양잠의 사상이 점차 보급됨에 따라, 도는 이를 병합하거나, 양잠조합 또는 상당한 학식, 경험이 있는 당업자에게 상당한 보조를 하여 사립 전습소를 경영하게 하는 경향이 생겨, 관청에서 경영하는 것은 점차 감소하여 1921년(大正 10)에는 겨우 52개소에 불과하였지만, 기왕의 수업자 총수는 1만 4,591인에 달했다.

치잠공동사육소는 관변의 장려에 의하여 효과가 현저한 바가 있고, 이로 인해 매년 설치 수가 증가하는 데에 이르렀다. 예를 들면 1910년(明治 43) 겨우 30개소, 인원 673이었지만, 1919년(大正 8)에는 4,631개소, 인원 6만 8,841인에 달하는 것과 같은 경우가 이것이다. 그로부터 이를 보면 육잠 기술이 개량됐음은 짐작하고도 남는 바가 있다. 하지만 돌이켜 본다면 이것의 내면적 관찰을 하는 때는 이렇게 다수의 공동사육소에 대한 적당한 교사가 없다는 점과 종래 관습상 조합원 자신이 와서 그러한 기술을 연마할 바가 비교적 적다는 점 등 유감스러운 점이 적지 않다. 즉 시정 10년 후인 금일 개량 사육의 보급은 오히려 전 양잠 호수의 3할 내외에 불과하고, 직접 장려 역할을 맡은 자의 개탄을 볼 수 있다.

(C) 누에씨의 통일과 건견기의 보급

조선 같은 산역액 근소한 땅에서 수다한 종류가 있음은 산견 처리상 불리를 초래하므로 시정 당시부터 종류를 한정하고, 1919년 이후에는 「조선잠업령 시행규칙」에서 조선이 제조할 고치의 종류를 규정해 스스로 사육할 종류를 제한했다. 이에 따라 현재 일반에서 사육되는 것은 봄고치 1대 교잡종 적숙(赤熟)과 지나[중국] 20호 특대의 교잡종 및 우석(又昔)의 2종을 주로 하고, 여름 · 가을누에씨에서는 백룡(白龍) 및 신옥(新屋)으로 한다.

전부터 조선은 교통이 불편하고 산견액이 근소하여 한층 고치 매매의 원만을 기하기 어렵기 때문에, 혹은 일시 고치를 저장할 필요가 생기기 때문에, 건견기 설비는 가장 필요로 하는 바였다. 그러므로 국고 및 지방은 상당히 보조의 방법을 취하여 보급에 노력했으므로, 1921년에는 그 수 2,348개에 달하였지만, 많은 경우에는 소규모로 불완전함을 면하지 못하여 10석 입(入) 이상으로 하여 완전한 것은 간신히 49개에 불과했다.

(D) 뽕나무밭 증식

뽕나무는 애누에의 유일한 사료로, 이것이 없으면 양잠을 경영할 수 없으며, 엽질(葉質)이 양호하지 않으면 산견의 품질이 열악함을 면하지 못한다. 그러므로 잠업의 장려와 더불어 이것의 재식(裁植)을 장려했다. 그리고 당시에 양잠 1호에 대해 1칸을 이용하는 정도에서 애누에 사육에 충당할 뽕나무 묘목을 무상으로 배부하여 장려에 힘썼다. 점차 보급함에 따라 묘목 구입 알선을 하는 데에 그쳤긴 하였지만, 1921년(大正 10)에는 이미 3만 3,153정보의 뽕나무밭을 보는 데에 이르렀다. 그리고 이것의 재식지(裁植地)는 처음에는 집터(垈)·하천 연안 또는 산록 미간지를 이용하게 하기로 했지만, 1920년(大正 9) 이후 일부 소면적의 숙전(熟田)을 충당하기로 했다. 식상(植桑) 장려 당시에는 주로 노상(魯桑) 실생(實生)이었지만, 점차 노상(魯桑) 접목(接木)을 심기에 이르고, 그러한 뽕나무 묘목 제조 방법 같은 경우 끝까지 견지해 근예사립(根刈仕立)[80]은 극히 근소하다고 본다.

(…)

2) 1920~1930년대 양잠정책

(1) 개관 및 해제

1914~1918년 제1차 세계대전이 발발하면서 일본의 잠업은 번영을 누렸다. 일본은 1930년에 고치 40만 톤을 생산하고 생사(生絲) 70만 표를 생산하여 그중 50만 표를 수출했다. 세계 생사 시장에서 일본의 비중은 70%에 달했고, 일본 수출 총액에서 생사의 비중은 40%에 달했다[81] 이에 따라 조선총독부는 1919년 「조선잠업령」을 제정했다. 「조선잠업령」은 뽕나무,

80 뽕나무를 낮은 데서 베는 묘목 제조 방법.

81 이영학, 2018, 「1920년대 조선총독부의 농업정책」, 『한국민족문화』 69, 부산대학교 한국민족문화연구소, 20쪽.

누에씨, 생고치 등에 대한 면허, 검사 등을 요구하여 잠업에 대한 관리를 체계화했다.[82] 또한 1925년 산견100만석증수계획을 수립했다. 기한은 1925~1939년(15개년), 목표는 뽕밭 10만 정보, 소립 매수 300만 매, 산견(産繭) 100만 석이었다. 구체적인 사업에는 뽕밭 증식 보조금의 교부, 건견장(乾繭場) 설치 보조금 교부, 잠업 직원 증원 등이 포함되었다.[83] 이에 더해 누에고치 공동판매제와 지정판매제도도 실시되었다.[84]

1920년대 양잠정책을 구체적으로 보여 주는 자료로서 「조선잠업령의 발포에 대ᄒᆞ야」(『조선농회보(조선문)』 14권 6호), 『조선농업발달사』, 「조선의 잠사업(朝鮮の蠶絲業)」(『조선』 180호), 「고치의 판매제도에 대하여(繭の販賣制度に就て)」(『잠업지조선(蠶業之朝鮮)』 6권 5호)를 정리했다. 『잠업지조선』은 조선잠사회(朝鮮蠶絲會)의 기관지였다. 조선잠사회는 1920년에 관변단체로 조직되었다. 아루가 미쓰토요(有賀光豊, 조선식산은행장), 도토키 유지로(十時雄次郎, 조선총독부 식산국 농무과 기사), 미야하라 다다마사(宮原忠正, 조선총독부 권업모범장 잠업시험소 소장), 한창수(韓昌洙, 조선총독부 중추원 참의) 등 조선총독부 관련자들이 임원으로 참여했다. 조선잠사회는 1924년부터 월간지 『잠업지조선』을 발간했다. 『잠업지조선』은 논총(論叢), 담총(談叢), 조사 · 연구, 지방, 통계 · 자료, 문원(文苑), 회보 등으로 구성되었다.[85]

1920~1930년대 양잠정책, 그중에서도 누에고치 공동판매제와 지정판매제는 가네가후치방적주식회사(鐘淵紡績株式會社), 가타쿠라제사주식회사(片倉製絲株式會社), 야마주구미(山十組) 등 제사회사들에 유리했으므로 농민들의 반발을 불러왔다. 농민들의 반발에 대해서는 신문 《동아일보》, 《조선일보》, 잡지 《개벽》(1920~1935년 발행), 《혜성》(1931~1932년 발행), 《조선농민》(1925~1930년 발행), 《동광》(1926~1933년 발행), 《신동아》(1931~1936년 발행), 《대중공론》(1929~1930년 발행)에서 확인 가능하다. 《개벽》과 《혜성》은 천도교계 잡지였다. 《동광》은 장로교계의 수양동우회 기관지, 《조선농민》은 천도교계의 조선농민사 기관지였다. 《신동아》는 동아일보사의 잡지였다.

---

82 青木戒三, 1919, 「조선잠업령의 발포에 대ᄒᆞ야」, 『朝鮮農會報(朝鮮文)』 14권 6호, 1-4쪽.

83 湯村辰次郎, 1930, 「朝鮮の蠶絲業」, 『朝鮮』 180호, 25-27쪽.

84 이영학, 2018, 「1920년대 조선총독부의 농업정책」, 『한국민족문화』 69, 부산대학교 한국민족문화연구소, 23쪽.

85 이상의 내용은 옥영운, 2023, 「일제하 조선잠사회의 운영과 잠사업 진흥 활동」, 동아대학교 석사학위논문 참조.

(2) 신문·잡지 기사를 통해 본 1920~1930년대 양잠정책

① 신문 기사를 통해 본 1920~1930년대 양잠정책

㉠ 「조선잠업령」과 산견100만석증수계획

〈자료 372〉 잠업 제령 발포(매일신보, 1919.04.26, 2면 3단)

「조선잠업령」은 총독부 제령 제19호로 24일부(附) 관보로 발포된바 지금 그 주요 사항을 들면 "누에씨 제조자 되고자 하는 자는 도장관의 면허를 받을 것", "원잠종(原蠶種)에서 산출한 고치를 사용치 아니하면 누에씨를 제조할 수 없음", "누에씨 제조자가 원잠종을 만들고자 하는 누에씨에 대하여는 고치 및 어미나방의 검사를 받음을 요하며 또한 보통잠종(普通蠶種)으로 만들고자 하는 누에씨에 대하여도 그 애누에 및 고치에 대하여는 검사를 어미나방에 대하여 매 소립구에 비율 검사를 받음을 요하고", "누에씨는 이를 광제(框製)로 할 것", "검사에 합격한 누에씨에는 증인(證印)을 압날(押捺)하고 불합격은 잎을 태울 것", "누에씨 제조자가 아닌 자는 누에씨의 제조를 할 수 없을 것", "누에씨를 수입 또는 이입코자 하는 자는 조선총독의 허가를 요하고 수이입 누에씨에 대하여는 어미나방 또는 알에 대하여 검사를 받을 것", "누에씨 등에 대하여는 검사 수수료를 징수할 것", "사기 행위로 검사에 합격한 자 또는 불합격품의 잠조 또는 애누에를 양도한 자는 수이입 누에씨의 검사를 받지 않은 자에 대하여는 500원 이하의 벌금에 처할 것", "누에씨 제조자, 매매업자, 고치의 매매업자, 뽕나무 묘목 재배 또는 매매업자는 그 대리인, 가족, 동거자, 고용인, 기타 종업자로 본령 또는 본령에 기하여 발하는 명령에 위반한 시는 자기의 지휘 명령에 나오지 아니하였다는 사유로 그 처벌을 면할 수 없음" 등이더라.

〈자료 373〉 「잠업령」에 대하여, 도토키(十時) 지사 담화(매일신보, 1919.4.27, 2면 5단)

근년 조선의 잠업으로 비상한 발전을 하여 1918년(大正 7)에 수견액(收繭額) 12만여 석에 달하여 이 산출을 하고 누에씨도 48만 8,000매의 다수에 달할지라. 종래 누에씨는 주로 내지[일본]에서 그 공급을 의존하였으나 근년 조선 내지에 있는 제조 사업 발흥과 더불어 이입액 점감하여 지금은 겨우 십수만 매의 이입을 볼 뿐이라. 이 누에씨의 양부(良否)는 전적으로 조선 잠업을 좌우하는 중대 사항이므로 금회 본령에 이입품이든지 조선 내 생산품이든지 조선 내 산품이든지를 불문하고 엄밀한 검사를 실시하고 품질의 향상을 꾀하는 동시에 불량 품종 사육을 절대적 금지하기로 하였으므로 그 이입액은 과다한 수량이 있었으나 이 또한 근년 조선 내에 있는 육성 사업이 발흥하여 지난가을부터 이번 봄에 걸쳐서 식재 총수 60만 본 중 그 9할을 공급할 수 있음에 이른바 이 뽕나무 묘목의 양부도 누에씨의 선악과 같이 잠업 발전에 영향을 미치는바 심대하므로 이들 생산품에 대하여 병충해의 예방 및 구제 또는 뽕나무 묘목의 쇠약을 방지하기 위하여 뽕잎의 채취를 제한할 터이며 기타 일반 잠병(蠶病)의 예방, 고치 매매, 여러 가지의 매매 등에 잠업 발전상 장해를 주는 것에 대하여는 이때 상당한 제한을 가하여 이 업 발달을 조성할 필요가 생긴즉 이에 수년 이래의 현안이던 본령이 발포됨이라.

〈자료 374〉 군청에 인민 쇄도, 군청에서 누에씨를 잘못 사 주어 실패를 당한 인민의 질문 답지(동아일보, 1922.06.12, 3면 4단)

군청 집과 공문서를 불에 태우고 계속하여 부정 사건의 돌발로 일시 고통 중에 빠졌던 평남 성천군청에서는 근자에 이르러 군민 전부의 반대와 불평을 들어 가면서 오히려 천연스러운 얼굴을 들고 매일 50명, 70명 내지 100여 명씩 떼를 지어 질문하러 오는 인민을 대하여 어림없는 대답을 하고 임시로 책임을 모피하기에 매우 분망 중이라는데 인민들의 반대와 불평이라 함은 다만 불평뿐 아니라 소위 군청 당국자의 처사로 인하여 막대한 손해가 미치게 되었다는 것이라. 이제 그 내용을 말하자면 성천군은 본래부터 인민 전부가 양잠으로써 일대 부업을 삼는 땅이며 누에씨는 군청에서 사서 각 인민에게 배부한다는 제도를 취하였는데 본년에는 인민 편에서 1만 2,000장이나 가져가야 될 누에씨를 겨우 8,000장만 청구하여 교배종에 1원 20전 또는 예전 종에 80전씩 받고 배부하기 때문에 누에씨 부족으로 우선 양잠가의 불평과 손실이 막대한 중에 설상가상으로 누에씨가 좋지 못하여 상청(上靑)한 지가 1주일 내지 2주일이 넘도록 누에가 나오지 아니하므로 시기의 절박으로 다수 청구키도 어려운 터이라 인민은 날로 군청 당국을 방문하고 불평을 말한다 하며, 군청에서는 좌우간 3주일까지만 기다려 보라고 임시로 답변을 하였는데 3주일이 넘은 후에 발생된 애누에 수가 3/5도 되지 못하며 누에가 충실치 못하므로 일반 양잠가는 낙심천만하여 막대한 손실을 당하게 되었다 하며 원망이 막심 중이라 원체 누에씨가 부족한 중에 늦게야 발생되었으며 발생된 것이 병든 누에뿐이므로 장래 고치 성적은 어찌 될는지 모르거니와 좌우간 성천 지방의 본년도 양잠업은 아주 낭패할 지경에 이르렀다더라.

〈자료 375〉 극도에 달한 민원, 부정한 누에씨로 문제가 되어, 면민 불평의 초점이 된 성천군(동아일보, 1922.07.03, 3면 5단)

얼마 전부터 인민의 원성이 많고 사회의 비난과 공격이 맹렬한 중에 오히려 천연스러운 얼굴로 뻔뻔스러운 대답을 하여 오던 평남 성천군청 당국자는 근일에 이르러 비로소 '기왕 일은 물론이고 오는 일이나 잘하여 보자'는 말을 하여 가면서 인심을 수습하려 한다는데 이 사실은 이미 본보에 보도한 바이며 일반의 기억이 아직도 새로울 바이지마는 소위 인민의 산업 발달과 행복을 목적한다는 성천군청은 본년도에 그 지방 인민에게 1만 2,000장이나 소용되는 봄누에씨를 겨우 8,000장을 사 배부하기 때문에 원체 수효도 부족한 데다가 값은 철없이 고등하였고 설상가상으로 누에씨가 나빠서 상청(上靑)한 지 2주일 내지 3주일이 넘도록 누에가 발생치 아니하므로 그때에 각 면 인민이 군청으로 몰려들어 야단을 치고 부르짖은 일이 있었고 그 후 3주일을 지내어 누에가 약간 발생되었다 하더라도 태반이나 병든 누에이므로 중간에 잠부(蠶婦)들의 노력만 허비케 하고 죽어 버리었으며 결국 2/10도 고치를 짓지 못하게 되었다. 그리하여 양잠으로 부업을 삼던 그 지방 인민의 원성은 극도에 달하여 어찌할 바를 하지 못하는 중 각 면장과 도평의원을 위시하여 인민 일반은 군청 당국자를 걸어 손해 배상을 청구하기로 의론이 분분한 터이라. 본래 이 누에씨로 말하면 일본인이 경영하는 비선잠업주식회사(斐鮮蠶業株式會社)와 그 회사 강동지점과 대동군 대동강면 동대원리 다나카 료조(田中良三)가 제조한 것이며 성천군청에서는 이 누에씨를 다른 누에씨보다 40전씩이나 값을 더 받아술 삭정으로 한 장에 15전씩의 수수료를 징수하였다는바, (…).

〈자료 376〉 건견장(乾繭場) 설치 및 면작 보조, 곤도(近藤) 농무과장 담화(조선일보, 1923.11.06, 2면 7단)

누에고치는 특수 농산물 중 가장 중요한 것으로 전 도 도처에 그 소산(小産)을 볼 수 없는 곳이 없는바 조선의 풍토, 기후는 이 양잠 경영상에 가장 적합하여 일대 천혜를 가졌으므로 장려와 서로 맞춰 그 생산액은 매년 증가하는 현상이라. 그러나 이에 따른 시설 중 건견장의 설치가 부족하여 산견(產繭)의 품질을 유지치 못하는 결함이 있으니 금년에도 이로 인하여 민간의 손해가 50만 원가량에 달한지라. 당국에서도 이를 살핀 바가 있어서 이 설치의 충실을 꾀하고자 하였으나 저간 경비의 관계로 이를 구체화함에 이르지 못하였으나 내년도 예산에는 이에 요하는 보조 경비도 계상하여 점차 위와 같은 결함을 메워서 막고자 하는 중이오 (…)

〈자료 377〉 양잠 사업 100만석증수계획, 10개년계획으로(조선일보, 1924.12.15, 1면 7단)

긴축 중의 내년도 예산에서 시모오카(下岡) 정무총감의 주창에 의하여 치수, 치산, 수리 등 사업이 실행된다는바 나아가 양잠의 100만석증수10개년계획이 수립되어 이 예산을 수리, 치산 방면으로부터 30만 원을 나누어 이것 또한 1925년도(大正 14)부터 개시케 되었는데 이 증수계획에 의하면,

10개년간 100만 석의 누에고치를 증수키 위하여 연액 약 60만 원을 보조비로 요구하여 총독부는 주로 뽕나무 증식 방면에, 각 도는 사육 방면에 양자가 합력하여 10개년 후에 100만 석에 달하게 하려는 것이던바 1925년도(大正 14) 예산에는 그 반액인 30만 원을 염출하였을 뿐이다. 그러나 이는 긴축 방침을 가진 정부로는 부득이한 것이나 매년 30만 원으로는 10개년간에 50만 석의 증수를 볼 뿐이므로 1926년도(大正 15)부터 60만 원으로 증액키를 희망한 모양이다. 그런데 30만 원을 가지고 내년도 계획은 우선 뽕나무 약 3,000만 본을 각 통에 식부케 된바 이는 3년 후가 아니면 잎을 딸 수 없다. 그러나 2~3년 내 황해, 전남, 충남, 경북, 강원 등 각 도에서 약 500만 본의 뽕나무 묘목을 식부 중이었으므로 상당히 누에고치의 증수를 볼 수 있다 하는바 계속사업으로 하여 100만 석 증수의 구체적 계획이 결정되기는 역시 1926년 이후일 것이다. (…)

〈자료 378〉 누에고치 증수 계획 변경, 10년을 15년으로(조선일보, 1925.03.07, 2면 9단)

잠견100만석계획의 제1년 즉 1925년도(大正 14)의 뽕나무 구입 보조비 30만 원, 각 도 할당액 및 구입 주(株) 수는 이미 보도한 바와 같거니와 이는 동 계획에 대하여서의 소요 경비가

인용되지 못하였으므로 예정 사업의 전부에 착수치 못하고 부득이 예산 범위에서 실행하게 된지라. 1926년도(大正 15) 이후의 계획을 수립하게 되었는데 현재 각 도에 계획 내용을 보여서 실제 방면의 의견을 청취 중이며 각 도는 각 군에 의견을 탐색하기로 되는바 내용에 대하여는 뽕나무 묘목, 기타의 고등을 고려하여 비밀에 부치는 것이나 (…)

〈자료 379〉 누에고치 증수 계획과 건견장(乾繭場) 완비 급무(조선일보, 1925.06.07, 1면 4단)

총독부의 잠견100만석증수계획은 누차 보도한 바와 같이 이내 실시되는 중인데 이에 따라서 현재에도 긴요한 일이라 할 문제가 아직도 남아 있으니 즉 누에고치의 매매에 대하여 그때의 시세 관계로 인하여 또한 이를 보류하여야 할 경우에 필요한 건견(乾繭) 설비이다. 현재 이 건견장은 제사가(製絲家) 및 중매인에게 430개소가 있어 1일의 건견량이 4,414석이라 하며 관공서 또는 조합 등에 의하여 설치된 것은 1,504개소로 1개월 건견량 6,883석이라 한다. 그러나 농가가 일반으로 이를 이용할 수 있는 것은 후자뿐이므로 이와 같아서는 도저히 현재 산출되는 누에고치의 총량을 건견할 수 없다 즉 지금 조선 내의 주요한 집산지에 나오는 누에고치로 건조할 수 없는 것만이라도 3만 4,000석이라 운위하는데 이는 농가의 부담으로는 도저히 될 수 없는 고로 국비 또는 지방비에 의하여 설치하지 아니하면 아니될 것이다. 현재는 지방비로 보조하는 데도 있으나 그도 극히 소액이므로 금후 이 문제를 등한히 할 시는 100만석계획의 진보에 따라서 머지않아 이의 필요를 통감할 것인 고로 총독부에서는 매년 약 20만 원씩의 예산을 세워 건견장 설치의 보조로 산견(産繭)계획에 병행하여 10개년 계속사업을 이를 1926년도(大正 15)에 요구하기로 하였더라.

〈자료 380〉 누에고치 중매 엄중 단속, 전폐(全廢)는 더욱 요원(동아일보, 1926.02.09, 6면 1단)

총독부에서 산견100만석증식계획의 일단을 작년부터 일반 양잠가를 보호하는 의미루 살용(殺蛹) 설비 불완전한 누에고치 중매인에 대하여 단속 방법을 엄중히 하도록 각 도에 통달하였으므로 각 도에서는 중매인을 허가제도로 하여 종래 영업을 계속하여 오던 자도 불허가 되어 영업 불능하게 된 자의 수가 약 1/3에 달하였는데 본년도 이 단속은 한층 엄중하여 생산자로부터 소비사인 제사가(製絲家)에 직접 매출케 하고 중매인을 전폐하리라는 풍설이 있다. 그러나 총독부 당국자의 말에 의하면 중매인이 적고 제사업자(製絲業者)의 전횡의 폐가 생기고 수급 관계가 원활치 못하게 될 터이므로 중매인은 필요한즉 확실한 단속을 하고 「잠업취체령」에 의하여 설비 완전한 자에게 대하여는 우대할 방침이라더라.

〈자료 381〉 누에씨 대금 선납으로 누에씨 청구자 반감, 성천의 일대 위협이라 하여 우려하는 사람이 다수하다, 인민은 당국에 원통함을 하소연할 뿐(조선일보, 1926.04.16, 2면 3단)

전 조선에서 첫째를 다투는 성천의 양잠은 누구나 긍정하고 있다. 한 해에 2만 매의 소립과 70만 원의 생산이 되는 누에고치는 자자손손이 이로 인하여 생활의 일부분을 보충하던 바 당국의 잠업정책은 더욱 엄할 뿐으로 많은 불안과 불편을 주게 되었다. 그리하여 이름 좋은 구실하에 누에씨 사제(私製)를 엄금하고 누에씨는 꼭 군에서 공급하게 되었는데 임의로 잠업가의 수응이 되지 못하고 기한을 정하여 대금을 선납시키므로 경제의 이중, 삼중의 착취를 당하는 그들이 어찌 누에씨 대금인들 쉽사리 구할 것인가. 그러므로 지금까지에 군 당국에 신청된 매수는 불과 6,000여 매로 신청 기일인 3월 31일이 지났으나 예정의 반수도 되지 않았다 하여 군 당국에서도 두통 중인 모양인데 소위 100만석증수계획도 아무 의미를 알지 못할 것이라는 부르짖음이 도처에서 떠들게 되어 방방곡곡에 뽕이 있어도 누에씨 대금 관계로 양잠을 하지 못하게 되는 형국이므로 그들은 당국을 원망하고 있다더라.

〈자료 382〉 견질검사소(繭質檢査所) 신설, 내년도 예산 19만 원 계상(동아일보, 1926.05.30, 6면 1단)

총독부 산견100만석증수계획 생산 고치 공동판매상 제종 결함을 보충키 위함과 제사업자(製絲業者) 측의 수차 요망에 의하여 총독부에서는 잠과(蠶課)의 신설 및 사질(絲質), 견질(繭質)의 시험소 설립은 다년의 현안으로 오던바 우선 견질, 사질 검사소의 신설에 관하여 내년도 예산에는 극력 실현을 기한다는데 예산 계수를 보건대 임시비는 약 40만 원이오, 이에 경상비 5만 원, 합계 초년도 요구액은 19만 원이라 한다. 그러나 시험용의 산견(産繭)이 약 2,500관에 달하고 이에 의하여 4만 원에 달할 터이므로 경상비의 5만 원은 대체로 보상할 수가 있다. 그리고 임시비의 14만 원은 시험소 신설 및 제 기계, 기구의 구입 경비인데 소요 인원은 기사 1명, 기수 2명, 고용원 30명가량이더라.

〈자료 383〉 망본주말(忘本走末)의 조선의 산견(産繭) 장려, 불통일한 표준 고치 사정, 견질(繭質) 시험기관의 필요(조선일보, 1926.05.19, 1면 6단)

(…) 총독부는 현재 겨우 일본에서 인정된 우량 품종을 그대로 쓰는 중이나 조선의 기후, 풍토는 일본과 동일치 않을 뿐 아니라 동일한 조선 내에서도 남북이 또한 현저한 차가 있는지라. 이의 결과도 미루어 생각해 알지며 나아가 한편에 있어서는 현재의 산견 매매가 군농회 또는 양잠조합이 구견자(購繭者)와 양잠가 중에 알선하여 매매의 기초가 될 등급에 대하여는 기술원이 겨우 육안 감정으로 이를 정하는 중인바 자연 목표 고치와 같은 경우는 각 군 공히 사정을 달리하여 거래를 분규케 하는 중인데 이는 요컨대 제사(製絲) 시험기관의 결함에 의한 것으로 당국이 거래의 원활을 희망하여 알선 기관의 공평으로 거래의 신용을 유지하여 품질의 향상, 능률의 증진을 꾀하려 하면 이의 기관 설치는 급을 요하는바 물론 농무과에서는 본년도 예산에도 15~16만 원을 계상하여 시험소의 설치를 계획하였었으나 사정 회의에서 부결하여 버렸는데 내년도는 과연 어떻게 취급될는지가 주목할 바이더라.

〈자료 384〉 누에고치 개선책으로 국립 잠종제조소 설치, 일본 누에씨 이입 금지 (동아일보, 1928.03.24, 6면 1단)

조선의 누에씨는 견질(繭質)을 통일코자 국책으로 경기도 수원 원잠종제조소(原蠶種製造所)에서 제조한 누에씨를 각 도의 군에 분배하고 또 군에서 각 양잠가에 반포하여 애누에를 사육케 하는 외 일본 누에씨를 조선에 가지고 온바 이 일본종을 가져온 결과 매우 폐해가 생겨 최근 견질이 현저히 조악케 되어 일부 제사업자(製絲業者)는 이 개선, 통일을 주장한다. 그 원인은 일본 누에씨를 조선에 가져오는 까닭으로 조선은 대개 일본 불량종의 처치소가 되고 또 원가 30전가량의 일본 누에씨가 각 방면의 손을 경유하여 1원 20~30전으로 조선에 들어오는 결과 한편 수원 원잠종제조소에서 우량 누에씨를 배포한 효과가 생기지 아니하며 산액의 증가, 양잠의 보급이 됨을 따라 더욱 산견(産繭)의 질이 조악게 되는 것이다. 개선책으로는 일본 누에씨의 이입을 근절하는 동시에 국립 원잠종제조소를 조선 내 적지(適地), 적지에 설치하여 통일, 개량된 누에씨를 전 조선 양잠가에 공급하자는 세창이 있고 특히 금후 매년 발달할 도정에 있는 조선은 이 개선 방법의 수립이 긴급 문제라더라.

〈자료 385〉 뽕잎은 우마 주고, 누에고치는 가용(家用)에 써, 이중의 고통에 싸인 농촌, 잠업 부진의 일면상(동아일보, 1931.07.03, 5면 1단)

전남 영산포 지방은 설상에 가상으로 금년에는 예년에 비하여 양잠 성적이 극히 불량하였을 뿐 아니라 여지없는 견가 폭락으로 사양비(飼養費)도 되지 못하는 이중의 곤경에 싸인 농촌에서는 뽕잎은 사양(飼養)으로 대용하며 수확된 누에고치는 자가에서 제사(製絲), 방적하려는 사람이 대부분이라 한다.

〈자료 386〉 견가(繭價) 폭락으로 뽕잎을 비료, 순천 잠가(蠶家) 궁상(동아일보, 1931.07.08, 5면 5단)

평남 순천 누에고치는 5,000여 석의 산출지로 군민의 과반이 양잠을 부업 혹은 전업으로 삼던 것이 작년 이래에 견가 폭락으로 견가 회복기까지 양잠을 폐지하자는 비참성이 높아지며 뽕잎은 우마의 식초(食草)[86] 혹은 비료로 뽕나무는 땔나무로 대용하게 되어 큰 두통거리가 되었다 하며 내년부터 양잠은 전폐되리라고 예상된다.

〈자료 387〉 고원군 농회에서 불량 누에씨를 배부, 여름누에고치가 전멸 상태라, 군민은 당국을 비난(조선일보, 1931.09.10, 6면 1단)

함남 고원군은 잠업 발달지로 유명한 지대로 매년 누에고치에 대한 연 수입이 4~5만 원에 달하여 농촌 경제의 일부를 좌우하게 되는데 금년은 더욱 누에고치 가격 폭락으로 농잠가의 큰 타격인 가운데 여름누에고치 수확으로 다소의 경제적 도움이라도 예상하고 있던 군민은 금년 근농회에서 배부한 불량 누에씨로 말미암아 최청(催靑)[87] 당시에 잠종지(蠶種紙)[88]의 3분의 2가 부화되지 않아 배부된 1,000여 매에 대한 수확 예상고보다 1/3에도 해당치 못하여 군민의 손해가 막대하므로 일반 군민은 극도로 분개하여 군 당국자에 대한 비난이 자못 높아간다고 한다.

---

86 동물의 먹이로 쓰는 풀.

87 누에 깨기.

88 누에 알을 놓는 종이.

〈자료 388〉 양잠 소작제 본격화! 1935년도부터 3년간, 전 소작인 8할 목표(조선일보, 1933.11.29, 4면 2단)

평남도에서는 1935년(昭和 10)부터 1937년(昭和 12)까지 3개년간 양잠 소작제도를 실시하기로 되었다는데 현재 안주, 순천 지방에서 실시되어 양호한 성적을 내고 있어 위와 같이 3개년 계속사업으로서 본격적으로 중화, 강동, 대동, 용강, 강서, 평원 등 6개 군에 소재한 소작인의 8할을 목표로 실시할 계획이라고 한다. 그래도 농무과에서는 금년도부터 1935년까지를 준비 시대로 하고 지주 간담회, 소작인 간담회 등을 개최하여 양잠 소작의 취지에 노력하는 동시에 이에 대한 소책자를 발행하여 군·면 지도원에 양해를 얻기로 되어 있다고 한다.

〈자료 389〉 양잠 소작제, 함북에도 실시? 도·농회서 계획 중(동아일보, 1935.10.05, 4면 1단)

고지대 잠업으로서 함남의 양잠업은 착착 좋은 성적을 내고 있는데 금번 다시 함북에서도 양잠 소작제를 병행시킬 양잠 계획이 도 및 농회를 중심으로 계획되고 있다.

함북은 종래 모든 농작에 있어서 천혜 박하고 단보당 수량 같은 것도 대두[콩], 맥류[보리류] 각 2표 전후의 수납밖에 없는데 식상(植桑), 뽕나무의 수익은 이에 나은 실성에 있으므로 내년도부터 농회를 중심으로 양잠 소작을 실시하여 단보당 상환 1원, 15년간 대부를 행하려고 총독부에 신청 중이다.

〈자료 390〉 산견(產繭)계획 일신, 양잠 소작을 보급, 장차 각 도에 장려 방침(조선일보, 1936.03.01, 8면 3단)

본 견직물의 세계 각국 시장에의 진출에 비추어 총독부에서는 이 기회에 산견증산계획의 진용을 일신하여 적극적으로 장려에 박차를 가하게 되어 구체 방법의 연구를 진행하고 있는바 함남 각 군농회에서 1932년(昭和 7) 이래 실시하고 있는 뽕나무밭 소작이 좋은 성적을 거두고 있으므로 이를 전 조선적으로 보급하여 각 군농회로 하여금 산견 장려에 진출케 하기로 되었다. 즉 함남에서는 각 군농회가 기채(起債)하여 뽕나무밭을 매수하여 일반 양잠 농가에 소작시키고 그 이익에 의하여 부채의 상환을 한 자에 대하여 무상 불하 또는 영소작(永小作)을 시키는 방법을 취하고 있는데 그 결과 비배(肥培) 관리, 해충 구제, 제초 등이 철저하여 좋은 성적을 거두고 있으므로 금년도는 우선 전북이 이를 모방하여 군농회의 기채로 뽕나무밭 소작을 개시하려고 준비를 진행하고 있다. 총독부에서는 이를 점차 타도에도 보급하여 전 조선적으로 장려할 방침이라 한다.

㉡ 누에고치 공동판매제 · 지정판매제

〈자료 391〉 누에고치 공동구입에 불평, 인민의 손해가 막대하다고, 농사에 바쁜 인민들이 와서 고치를 팔아 밥값으로 소비(조선일보, 1924.06.19, 3면 6단)

강원도 춘천에서는 1주일 전부터 누에고치 공동구입을 시작하였는데 몇십 리씩 고치를 팔러 들어오는 사람들은 고치 사는 장소인 춘천잠업조합 마당에 매일 100명의 농군이 끊일 새 없이 모여서 극히 혼잡을 이루는 동시에 그들의 불평이 한 가지, 두 가지 점점 높아 간다는데 그 내용인즉 제일로 고치 사는 곳이 한 곳뿐이어서 당일 팔고 돌아가려고 온 농촌 사람들이 잘못하면 3~4일씩 묵게 되어 몇 마리 못 되는 고치 값은 밥값으로 다 들어가게 되고 농사에 며칠씩을 못하게 되어 손해가 많으며 또 고치 값으로 말할지라도 조선 전 도가 일반이오 운송비 관계에만 1관에 10~20전밖에 다르지 아니할 것인데 충청남도 시세는 특등 8원, 1등 7원 11전인데 춘천에서는 1관에 1원 50~60전씩 다르니 웬일이냐고 비난하며 또 세금 독촉은 야간 금고까지 열면서 고치 사기에는 여러 날 동안 몇백 명씩 묵게 되는 것은 어찌한 일인가. 또한 당일 취급자와 친분이나 있는 사람은 즉시 팔고 갈 수 있고 먼 곳에서 온 농촌 사람은 더욱 여러 날을 지체하는 것이 무슨 일이냐는 불평이 비등하며 백성의 편의를 도모키 위하여 공동 구입을 한다더니 며칠씩 묵게 하는 것이 편의를 보아 주는 것이냐고 일반은 군 당국을 원망함이라더라.

〈자료 392〉 장성 누에고치의 판매난, 불평이 자자한 장성잠업조합, 봄고치 공동판매와 각지 민원(조선일보, 1925.06.21, 2면 1단)

장성군 잠업조합에서는 지난 10일부터 누에고치판매소를 개시한바 일반 조합원인 생산자의 원성이 자자하다는데 들은 바에 의하면 장성지방은,

원래 기후와 토질이 양잠에 적당하여 타군보다 고치 생산이 많으나 팔 길이 여의치 못하여 조합원을 위한다는 판매소로 오는 터인데 판매소에서는 번호를 주어 팔게 하기 때문에 어떤

자는 번호를 일찍 맡아 두었다가 파는 악폐까지 있으며 또 등급 조정은 오전, 오후가 같지 아니하여 등급 조정에 친불친(親不親)의 사정이 적지 않아서 천진(天眞)한 촌사람은 악영향을 받을 것은 사실이요 또 종일 기다리다가 지리하여 못 견디게 될 때 간상들은 생산자를 매우 위하는 듯이 종일 기다리기 지리하지 않으냐 오후에는 등급이 잘못 잡힌다는 등 감언이설로 권매(勸賣)를 하다가 듣지 아니하면 결국은 강제로나 늑매까지 하는 간상이 없지 않아 어떤 간상은 당일에 40~50원 이익을 얻었다 하니 이것이 모두 조합의 불규칙으로 인하여 대다수인 조합원이 그 영향을 입는 것이라 하겠더라.

〈자료 393〉 일본인은 배척, 조선인은 유임 청원(願留), 양잠기를 앞두고 문제 되는 기술원(조선일보, 1926.04.08, 2면 8단)

전남 장성군 잠업조합 촉탁 기술원 시미즈 다다요시(清水直義)를 배척하기 위하여 구 읍내 재류 일본인들이 궐기하여 진정까지 하고 여러 가지로 운동을 한다 함은 이미 본보에 보도한 바거니와 근자의 장성군의 조선인 측 사회에서는 자못 공기가 험악하여지며 가장 긴장하였었다는데 그 내면의 진상에 대하여 확실한 편의 선하는 말을 듣건내 앞에서 기술한 시미즈는 심상치 않은 인물로서 자기 오기 전에 오카자키(岡崎)라는 자가 있어 일본인 양잠가를 옹호하고 조선 사람에게는 조금도 동정이 없고 도리어 착취를 하여 오던 것이 폭로되어 조선인 측의 불평으로 인하여 장성을 떠나게 되었으나 앞에서 기술한 시미즈가 와서 그 뒤를 이어 누에고치 판매를 하는데 역시 일본인을 위하여 동정이 많은 반면에 조선인의 고치에 대하여는 등급을 낮게 잡고 일본인의 등급은 보통 높아서 상인의 불평을 없이 하며 도리어 아첨하는 모양이 보인다 하여 사회의 여론이 매우 고조된 중에 있던바 그때의 각 신문지상의 보도와 사회의 공격을 받고서 성명하기를 "나는 건견실(乾繭室)의 발동기를 보고 고장이 자주 생겨서 대개는 그곳에 있게 되어 조합 평의원이라고 일본인 두 사람도 내가 데려다가 둔 것이 아니요, 조합장이 그 사람을 지정하였으므로 평등히 한 것이 그와 같이 차별적 등급을 정하였었다"고 하며 금번에는 작년 가을 분부터 도무지 차별을 부치지 않도록 하는 동시에 그네들이 소위 주장하는 별구(別口)[89]라는 것을 취급하지 않고 재작년까지도 3등짜리가 볼 수 없

89 다른 종류, 다른 루트, 다른 거래.

던 등급이 4, 5등까지 있게 되므로 일본인 편은 그를 배척하기 위하여 백방으로 노력 중인데 일반 조선인은 이러한 쇠퇴하여 가는 농촌에서 이러한 인물을 보내고 보면 나중에 오는 자는 일본인이 배척하는 세력이 많다 하여 그 편을 아첨하기 위하여 조선인 양잠가의 고치 등급을 낮추고 일본인의 고치 등급을 올리어 주며 별구를 또 취급하게 되면 조선인 측으로서도 배척 운동을 할 수가 있으나 만일 그러한 행동이 있느니만큼 경제적 파멸을 스스로 당할 것이니 차라리 그대로 있어 주는 것이 좋다고 하며 조합의 처치를 주목 중이라더라.

〈자료 394〉 사설: 잠업 장려와 지정판매(동아일보, 1927.05.18, 1면 1단)

(…)

3. 다시 말하면 일반 농민의 지식이 향상되어야 그 100만석계획이 실현될 것도 물론이지마는 우선 경제적으로 생산자의 이익을 보호하여야 생산업이 장려될 것도 너무나 분명한 일이다. 그런데 실례를 들어 보면 다수 농가인 누에고치의 생산자 이익을 희생하여 제사자(製絲者)의 배를 불리려고 하는 것이 왕왕히 보이는 터이니 이것은 적어도 당국자 스스로가 100만석계획을 파괴시키는 모순 행동이라고 할 것이다. 즉 중간 이득자를 제외하기 위하여 유력한 제사업자(製絲業者)에게 매수권을 특허하는 것도 경우에 따라서는 생산자를 보호하는 한 방도가 될 터이지마는 경우와 형편을 돌아보지 아니하고 한 도의 생산품을 어느 제사업자에게 그 매수권을 특허하는 것은 요컨대 매수자에게 독점적 특권을 허락하여 가서 도령으로 이를 발포하고 실행함을 보고 안동 등지에서 맹렬히 반대한다는 것은 이러한 결함을 체험한 결과가 아닌가 한다. 적어도 매수권자를 지정함에는 독점적 폐해가 없어야 하는 동시에 교통 관계를 충분히 고려하여 가지고 생산자가 그 생산품을 매각함에 시가에 해당하는 금전과 상환할 수 있는 지방적 교통 사정까지도 충분히 참작하지 아니하면 아니 될 것이다. 조선에서는 흔히 원칙상으로 보아서 합당하다는 이유로 특권을 허락하여 가지고 한두 개인이나 회사의 이익을 위하여 다수인의 이익을 희생시키는 일이 적지 않으니 이것은 행정상으로 보아서 부당한 행동일 뿐 아니라 산업상으로 보아서 크게 경계할 바라고 할 것이다.

〈자료 395〉 누에고치 특매제도에 대하여(1), 본사 평양 특파원 김형식(조선일보, 1927.05.21, 1면 6단)

3. 각 도의 특매 현황

이와 같이 무리한 제도는 조선총독부의 방침으로 조선 전 도에 실시되는 것이지마는 도에 의하여는 제사공장(製絲工場)이 혹 3~4처 되는 곳도 있고 전무한 곳도 있으며 그 외에 사정도 잠재하여 현재 누에고치 특매하는 상황은 각 도가 동일치 아니하다. 지금 이 현상을 일별하면,

▲ 경기도는 도내 각 제사가(製絲家)에 분배하여 특매하되 경성 시대에서만은 자유판매를 실시

▲ 강원도는 야마주(山十), 미쓰이(三井), 조선제사(朝鮮製絲)에게 특매함

▲ 함경남도는 미쓰이, 야마주, 조선 우치다제사소(內田製絲所)에서 특매하고, 영흥군만은 토지인(土地人)에게 특매

▲ 충청남도는 충청제사(忠淸製絲), 군청제사(郡廳製絲)에 특매

▲ 충청북도는 종방(鐘紡)[가네가후치방적], 조선 오구치구미(小口組), 미쓰이에게 지정판매

▲ 전라북도 미정

▲ 전라남도 군제제사(郡是製絲)에게 특매하되 나주만은 현품 경쟁입찰을 실시

▲ 경상북도 일부는 현품 경쟁입찰을 하고 대부분은 도내 제사가에게 특매함

▲ 경상남도 대부분 도내 제사가에게 특매

▲ 황해도 미정

▲ 평안북도 미정

▲ 평안남도 야마주구미 1개소에 특매

(단 위에서 기술한 미정지에 대하여는 방금 미쓰이, 종방, 오구치구미, 가타구라구미(片倉組), 야마주, 군제 등이 각각 특매권을 얻고자 경쟁임)

위와 같이 조선 내에서 산출되는 32만 석가량의 누에고치는 몇 개 일인(日人) 기업가가 독점하므로 20만여 인의 양잠가는 일인 몇 개인에게 농락, 전횡을 당하되 조선인으로서는 추

호도 간여할 수가 없고 이로 인연되어 경제계가 더욱 침체되는 것도 자연의 세이다. (…) 유독 평안남도만은 자유판매 구역도 없고 현품 경쟁입찰도 아니할 뿐 아니라 야마주회사 1개소에다가 독점케 하므로 횡포와 전자(專恣)를 임의로 하되 기탄이 없으며 가격을 임의 헤아려 정하되 생산자는 항의를 제출할 방도가 없으니 생산자의 불이익은 말할 것도 없다.

(…)

〈자료 396〉 사설: 누에고치 공동판매 문제, 산업제일주의의 일면상(조선일보, 1926.06.25, 1면 1단)

1. 해마다 누에고치를 따게 될 때에는 그의 공동판매 문제로 인하여 민원이 일어남을 보게 되니 일찍 단평으로 지적하였었다. 이는 전 조선적인 문제로서 한 지방에 국한된 바 아니오 방금에도 함남의 문천군, 황해도의 평산군 및 남조선[조선 남부] 각지에서 모두 다소의 물의를 일으키고 있거니와 지방 산업에 미치는바 여러 관계를 무시하고 공동판매의 권(權)을 1개 일본인의 상사(商事) 기관인 야마주구미(山十組)의 독점에 부쳐 바야흐로 대표적인 민원의 부(府)를 짓고 있는 평남 당국의 그것은 가장 당면의 문제 되는 바이다.
2. 공동판매에 당사(當事)한 직원이 생산자인 농민에게 모멸과 불친절한 태도를 가지거나 혹은 폭행을 가함으로 인하여 원망과 탄식의 정을 일으킴이 있고 혹은 고치의 등급을 불공평하게 사정함이 있어 불평이 적지 않게 하며 판매권을 독점한 자의 횡폭한 처치로 자못 중대한 물의를 일으킴이 있으니 작년 함남 문천에 있어서 야마주구미에 관련된 공동판매 및 자유판매의 분쟁 문제로 1차 거의 지방민의 떠들썩한 정경을 봄에 미쳤었고 현재 평남도 당국의 처치에 의한 동일한 야마주구미의 독점권의 행사가 다시 물의를 일으킬 뿐 아니라 이에 의해 지방 경제 또는 전 조선 잠업 문제상에 심상치 아니한 영향을 끼치려 함이 중요한 사례이다.
3. 평안남도 내의 산견(産繭)은 본년 2만 7,000석에 달하고 가격으로 약 200만 원이오, 만일 원활하게 되면 평안북도 및 황해도의 산견도 평양으로 집중되어 그 거래고는 자못 거액에 달할 것이고 그것이 지방 경제에 미치는 영향은 자못 중대한 바 있을 것이다. 과거에 있어서는 약 600여의 중매자의 손으로 이를 취급하였었고 그 판매기에 대하여서도 가급적 단시일로 제한하여 자유판매의 여유를 주었었고 이로 인하여 비록 때로 물의가 일

어남이 있었으나 오히려 적이 조화됨이 있었던 것이다. 금년의 처치는 완전히 이와 반하여 1개 일본인의 상사 기관인 야마주구미에게 독점케 하고 자유판매 금지 기한을 6월로부터 8월 말까지 제한하여 일반의 중매업자는 고사하고 전 생산자들의 불리가 자못 거대한 바 있었으니 이는 매우 폭거인 것이다.

4. 독점이 있는 곳에 곧 횡포가 있을 수 있고 따라서 생산자인 세민들이 한갓 불평을 품고 손실을 견디는 것은 면할 수 없는 사정이다. 그리고 이들 생산자의 불평 및 의구의 정(情)은 저절로 많은 흥미롭지 못한 사태를 생기게 하여 그로써 지방의 안온이 파괴될 염려가 있을 뿐 아니라 산견 매매의 순당한 진행을 장해하고 따라서 금융 상태의 당연한 추세를 경색케 하여 지방 산업을 ■독함에 이를 뿐 아니라 이로 인해 전 조선적으로도 적지 않은 영향이 있을 것을 예단하지 아니할 수 없는 문제이다. 조선의 지리, 풍토가 자고로 양잠업에 적절하였고 현대에 있어서도 생사(生絲)의 수출 및 견직물의 발달 같은 것이 조선 경제 발전에 중대한 관계가 있을 것을 예단하여 금후 누에고치 100만 석의 수확을 목표로 시설 및 개선에 노력하는 바 있으니 누에고치 처치에 대한 적부(適否) 및 인민 신뢰의 여하는 그 장래의 결과가 결코 심상치 아니한 바이라. 우리는 매년과 같이 속출하는 민원 문제를 보고 이들 당로자의 태도를 의하하지 아니할 수 없다.

(…)

〈자료 397〉 누에고치 판매에도 선일인[조선인과 일본인]을 차별(조선일보, 1927.07.02, 2면 3단)

충남 논산군 누에고치 공동판매소에는 주체 되는 군 당국에 대하여 요사이 일반의 비난이 자자하다는데 그 내용을 들어 보면 여기에도 차별이 심하여 일반 양잠가들은 불평을 품고 다른 고을로 혹은 경성으로 가지고 와서 판매한다는데 차별의 심한 예를 들면, 촌 간에서 고치를 가지고 온 때에 사람이 복잡한 판매장이라 순서를 따라 적은 후 그 순서에 의하여 팔고 가도록 하는 것이 당연할 것인데 군 당국자들은 순서는 오는 대로 적어 놓고서는 매양 근량을 계산할 때에는 일본인의 것을 먼저 하고 조선인의 것을 뒤에 하여 40~50리나 되는 촌에서 고치를 지고 온 촌민으로써 해가 지도록 두어 고통을 느끼게 하는 것이 항례인데 게다가 고치의 등급을 정하는 데도 대개 다과에 의하여 등급이 다를 까닭이 없고 일인, 조선인에 따라 등급의 우열이 있을 리가 없는 것인데 실지는 일본인은 많고 적고 간에 특등 또는 1등을 매[기]고 조선인이 가지고 간 것은 분량이 많은 고치는 일본 사람의 특등이나 1등 고치만 한 성적을 가졌더라도 2등에 더 오르지 못하고 더구나 분량이 적은 것은 4, 5등, 심지어 등외로 취급하여 군민의 불평이 높다는데 더구나 불평의 이유는 금년은 각 면에 잠업 기수가 있어 면면촌촌에 다니며 기술과 완전한 설비로 양잠한 데에도 불구하고 일본인, 조선인에 대하여 차별하는 것이라더라.

〈자료 398〉 생산비 고율에 농회 당국을 비난, 누에고치 판매에 양잠가의 불평(동아일보, 1927.06.17, 4면 3단)

익산군을 위시하여 전북도 각 군에는 현재 봄고치의 출회가 왕성한바 금년은 특히 강우가 적은 관계로 고치의 품질도 예년보다 비교적 양호한 터인데 각 군 공히 지정판매인을 두어 공동판매 중 전북농회는 그 표준을 어디에 의함인지 본년의 생산비를 570원이라는 전 조선 제일의 고율로 정하여 작년의 생산비 379원에 비하면 실로 191원이라는 증액을 보인바 이 생산비라는 것은 생사(生絲) 1관에 대한 고치로부터 사(絲) 되기까지의 노임으로 이것을 일반 공정 시세에서 차감하여 매매하는 고로 생산비가 높으면 높을수록 그만큼 일반 양잠가는 손해를 입게 되는데 금년이 작년에 비하여 일반 재계가 호황이어서 노임, 기타가 썩 고귀하다면 모르지만은 금년이야말로 재계는 작년보다 말할 수 없이 더욱 불황이어서 노임 같은 것도 어느 정도 저하의 추세임에도 불구하고 전북농회는 동 도내 몇만여 호라는 잠가(蠶家)를 희생하여 두세 제사업자(製絲業者)의 폭리를 꾀하여 취하게 하자는 수작으로 이와 같이 전 조선 최고의 생산비를 정하였음이 아닌가 하여 유식자 측을 비롯하여 일반은 전북농회 당국의 불신을 규탄한다는바 잠업 장려상 적지 않은 지장이 생기리라더라.

〈자료 399〉 산견(産繭) 자유판매로 경찰이 과료 처분, 그 부당과 가혹함을 공박한 "조선농민사의 발표 전문"(조선일보, 1927.10.06, 5면 4단)

함남 단천군 수하면 상·하운승리에 사는 농민들이 금년 산견을 군이 지정하는 공동판매를 하지 않고 조선농민사 알선부에 위탁판매하였다 하여 단천경찰서에서 「잠업령」 위반으로 벌금 및 과료에 처하였다 함은 이미 보도한 바거니와 이번 직접 그 공동판매를 알선한 조선농민사에서 장문의 정견을 발표하여 법령의 불비(不備)와 경찰의 가혹한 처분을 공격하였는데 그 전문은 다음과 같더라.

◇ 법령 반대할 점

「잠업령」에 의한 「생견취인취체[단속]규칙」은 그 본의가 잠사업(蠶絲業)의 진흥과 양잠가의 보호에서 나온 것이겠다. 그러나 조선에서 민도가 유치하고 잠업 생산력이 박약한 때에 대량 판매를 목적으로 만든 공동판매제도는 그것이 금일에 와서는 벌써 폐단이 생겨서 도리어 인민의 원부(怨府)가 되다시피 악용되고 있는 것을 알면서도 당국은 이에 대한 대책을 강구치 아니함은 너무도 민의를 무시함이 심함이오 시대에 눈 어두운 것이 아니냐.

◇ 군 당국을 공격할 점

1. 소위 공동판매는 간상의 농락을 방지한다는 것이면서 생고치 10관에 대하여 판매 수수료로 1원 50전, 건견(乾繭) 수수료로 1원 50전, 생고치 판매 장려비로 1원 50전, 합 4원 50전이라는 고율의 폭리를 착취하는 것.
2. 광범한 지역에 3개소의 건견장(乾繭場)을 설치하여 건견 능력도 시험치 아니하고 생고치를 집합하여 그 생고치를 유감없이 처분치 못하여 드디어 고치의 품질을 손상케 하는 것은 지리상 관계와 민의를 무시함은 물론 조선 산견(産繭)의 명성을 도리어 저락시키는 자가당착인 것.
3. 전문 기술에 통하지 못한 사람을 판매 알선의 임무에 당하게 하여 조삼모사의 죽방울[90] 등급으로 인민의 불평을 사는 것과 도량에 항상 부정 사실이 폭로되는 것.
4. 공동판매 장려는 초기는 인민의 정도가 유치한 것으로 일리가 있었다 하겠으나 금일에 이르러서는 그 필요를 느끼지 못하거늘 오직 군농회의 예산의 수입이 공판으로 착취치 아니하면 방대한 지출을 할 수가 없으므로 일종 영리적 견지에서 이를 행하는 것.

◇ 생산자를 동정할 점

1. 단천군 내 생산자들은 자유판매를 합리, 합법적으로 하였다. 그것은 결코 상업적 거래가 아니고 각자의 생산품을 각자 조금 가져와서 판매하는 것이 자유인 이상 생산자의 부락 회의에서 대표자를 선출하여 대표자에게 위임장까지 주어 화물을 휴대하고 상경케 한

90 장난감의 일종으로 장구 모양의 나무 토막에 실을 걸어서 공중에 던져 올렸다 받았다 하며 논다.

것과 또 화물의 판매를 공동판매 기간 경과 후에 행한 점은 주도한 태도로 볼 수 있는 동시에 이는 합리, 합법으로 나온 것을 부인할 수 없다.

2. 농민들이 공판을 반대함은 당연 또 부득이한 일이다. 결코 감정적이 아니오 이지적, 타산적이라 하겠다. 그것은 공판에서는 1두 4원 70전에서 더 받지 못할 물품을 공판이라는 질곡을 벗어남으로는 1두 5원 60전을 받았다. 1전짜리 성냥 한 갑을 사기도 곤란한 상태에 있는 농민들이 1두의 고치에서 90전의 이득을 취하게 될 때 그들은 공판을 저주하고 반대할 것이 당연에 지나는 당연이라 하겠다.

(…)

〈자료 400〉 사설: 누에고치 판매 문제(동아일보, 1928.01.17, 1면 1단)

1. 조선에 있어서 양잠업이 농가의 부업으로 하여 중요한 지위를 점령하게 되고 최근에 와서는 그 생산액이 상당한 거액에 달하게 되어 조선 산업계의 한 부문으로 하여 경시하지 못할 만큼 되게 되었다. 그런데 누에고치 판매 문제에 있어서 각 지방에서 불평의 소리를 듣지 아니한 곳이 없게 된 것은 퍽 주목할 현상이라고 하지 아니할 수 없으니 그 문제에 관하여는 우리가 이미 많이 주의하여 온 바였었다.

2. 그런데 그동안에 있어서 그 문제에 있어서 하등의 진전을 보지 못하고 지난날의 제도를 그대로 유지하게 되므로 인민의 불평은 더욱 증장(增長)되어 가는 것을 볼 수 있다. 이 문제가 지방민의 생활에 다대한 관계를 가지고 있는 만큼 최근에 있어서는 도평의회 등 회합에 있어서도 상당히 문젯거리가 되는 것을 본다. 그러면 그 문제의 요점은 어디 있는가? 그것은 자유판매제도가 되지 못하고 특매제도 되는 것에 있는 것이니 이 특매제도를 최초에 설치한 것은 그 당시의 사태하에 있어서 이유가 있었을 것은 우리가 구태여 부인하려고 하는 바가 아니다. 아직 그 생산액이 적어서 매수자를 발견하기 곤란한 때가 있었을 것이다. 그때에 있어서는 조선의 양잠계가 사람의 주의를 별로 끌지 못하였었으므로 관청에서 일부러 알선하여서 매수자를 초래할 필요도 없었을 것이요 또 그와 같이 하는 바에는 그 매수자에게 어느 정도의 특권을 부여할 수도 있었을 것이다.

3. 그러나 지금에 와서는 조선의 잠업계에 대하여 흥미를 끌게 되는 정도가 높게 되어 조선 내에 있어서도 제사회사(製絲會社)가 발기되는 바가 있고 일본 내의 상인들도 자진하

여 조선의 누에고치를 구하게 된 형편이다. 이러한 때에 있어서 그저 특매제도를 유지하여 일정한 기간 내에는 특정한 매수자에게만 매수할 권리를 준다는 것은 생산자의 이익을 결코 완전히 보호하는 바가 되지 못할 것이요, 그간에 있어서 특권 회사와 관권과의 어떠한 종류의 결탁은 더욱 그 폐해를 증장하게 하는 바 있을 것이니, 조선 각처에 있어서 일어나는 누에고치 판매 문제에 대한 불평은 결코 이유 없는 일이라고 할 수 없는 것이다. 그러므로 우리는 이 문제를 범연(泛然)히 볼 수 없는 바이니 당국자가 이 점에 있어서 반성하는 바 있어야 할 것이다.

4. 그러면 그것은 자유판매제도로 하는 것이 적당하겠지마는 그와 같이 급격한 변동을 하지 아니한다 하더라도 평남도 평의원의 일부에서 제창하는 바와 같이 다수의 매수 희망자로 하여금 경쟁에 응하게 하여 그 가격을 결정하고 그 가격에 의하여 공동판매를 행하게 하는 방법을 취하는 것도 유리한 것이라고 보지 아니할 수 없을 것이다. 요컨대 현재에 많이 보는 바와 같은 한 매수자에게 특매케 하는 제도는 해가 이익보다 도리어 많은 세도됨을 잃어버리지 아니할 것이니 이는 그 철회의 급속을 요하는 것으로 보지 아니할 수 없다. 우리는 이와 같이 하는 것이 조선의 잠업을 순당히 발달시키는 중요 원인이 될 것이라고 본다.

〈자료 401〉 누에고치 지정판매, 반대 생산자 대회, 수삼 자본가만 옹호한다고, 21일 상주에서 개최(동아일보, 1928.03.20, 4면 6단)

경북 상주에서는 지난 16일 오후 8시 유지 수십 인이 시내 석응목 씨 집에 회집하여 상주 누에고치 생산자 대회를 개최코자 준비위원회를 조직하였다는데 원래 상주는 누에고치의 명읍인 중 최근 이래로 가정 부업의 유일한 생산품인 줄 자각한 양잠가들은 상호 장려하여 누에고치의 생산량이 전 조선 제1위를 점하였있는데 종래 그 판매 방법에 있어서 경쟁입찰법에 의하였으므로 생산자에게 폐해가 없었었는데 작년노부터는 대지본가인 대구 가타쿠라(片倉), 야마주(山十), 조선제사회사(朝鮮製絲會社) 등 제사공장(製絲工場)에 한하여 지정판매를 하게 하여 가격의 인상, 인하를 매주(買主)의 임의로 농단하는 폐가 많아서 민중의 원성이 막대하였으며 작년도 생고치 매매고가 5,000석 이상인바 예년의 경쟁입찰의 예에 비하여 보건대 지정판매의 가격이 1두에 50전씩 저렴하다 하면 2만 5,000원의 금액은 생산자가 받는 손해이며

1원씩 저렴하다면 5만 원의 거액을 도령의 한 조문으로 생산자에게서 착취하여 두세 자본가인 제사가(製絲家)에게만 몽리케 하고 1만 3,000 이상의 대다수인 상주 양잠가를 무시하므로 이에 분개한 생산자들은 부당한 도령을 철폐케 하도록 노력코자 오는 21일 오후 1시에 생산자 대회를 개최코자 방금 대활동 중이라 하며 당일 피선된 준비위원은 다음과 같다더라.

(…)

〈자료 402〉 양잠기를 앞두고 누에고치 특매제 반대, 야마주구미 특매제를 극력으로 반대, 잠견상민회와 상의소 협력(동아일보, 1928.04.23, 4면 1단)

평안남도 내에서 생산하는 누에고치는 전부 평양 야마주구미(山十組)라는 제사공장(製絲工場)에만 팔도록 특매제도를 만든 이래로 생산자와 중개상들의 불평도 불평이려니와 직접 미치는 악영향이 막심하다 하여 평양잠견상민회에서는 앞에서 기술한 특매제도가 실시되던 당초부터 그 부당을 꾸짖었던 동시에 특매제도의 철폐운동을 맹렬히 하여 왔으며 도평의원회에서도 철폐에 대한 건의안이 통과하였었으나 아직까지 특별한 효과를 얻지 못하고 금일에 이르러 양잠기를 앞에 놓고 평양잠견상민회에서는 또다시 이 운동을 일으키게 되었다는데 앞에서 기술한 특매제도로 인한 불평과 폐해는 원래 수년 전까지도 도내에서 생산하는 누에고치를 원매자(願買子)에게 지명 입찰을 시켜 가지고 몇 사람을 지정하여 생산자의 자유로 누구에게든지 지정된 사람에게는 매매할 수가 있었는데 3년 전 제사공업(製絲工業)을 주로 한 일인 측의 야마주구미가 생기면서 도 당국에서는 도내에서 생산하는 누에고치는 전부 야마주구미에만 매매하고 다른 곳에는 일절 팔지 못하게 하기 때문에 야마주구미가 매득권을 독점한 만큼 생산자로 보아서도 가격의 제정에도 불평이 많거니와 근량으로 속는 수도 많으며 더욱이 생산자에게 자유로 구입하여다가 일본 등지로 수출하던 중개상들은 하루아침에 업을 잃게 되고 더욱이 일본의 상당한 자본가들이 평양에 와서 평양을 중심 삼고 누에고치를 구입하던 것이 하루아침에 두절되면서 부내의 금전 융통에서 적지 않은 손실을 끼치는 바이며 이와 같이 판로의 구속을 받기 때문에 일반 생산자들은 할 수 없이 원치 않는 시세에 야마주구미에다가 팔게 되어 수만 명 농민들에게 실로 막대한 타격을 주는 것이라 하여 분기한 평양잠견상민회에서는 평양상업회의소와 협력하여 가지고 도 당국에 수차 교섭과 진정이 있었으나 하등의 효과를 얻지 못하고 다만 야마주구미의 매입은 기일을 작정하여 그 기일만 지내면 타처에다는 자유롭게 판매할 수 있도록 노력하였으나 그것도 결국은 원만한 타협을 얻지 못한 채 금일에 이르렀는데 잠견상민회에서는 수일 전에 총회를 열고 다음 조건을 상업회의소에 의뢰하여 도 당국에 교섭키로 한 후 21일 오후 2시 대표 한중전, 김병운 양 씨가 상업회의소에서 회장 마쓰이(松井) 씨와 회견하고 요망의 건을 교환한 바가 있었다더라.

(…)

〈자료 403〉 문제의 고치 문제에 부정 사건 폭로, 형량(衡量) 부정 시용 사실이 발로, 생산자 및 사회단 궐기(동아일보, 1928.06.11, 4면 4단)

경북 상주에서는 누에고치 특매에 대하여 이를 적극적으로 반대하기 위하여 1만여의 생산자로 하여금 맹렬히 운동한다 함은 누차 보도한 바이거니와 지난 8일 형기(衡器) 부정 사용 사실이 폭로되자 생산가는 대분개하여 즉시 그 증기를 수집한 후 직접 책임자인 군 당국에 질문하기로 결정하고 생산가 측으로 서상열, 상신봉, 박인규, 주준기, 사회 측으로 박정현, 박순, 김주억, 송진황, 기타 일문 신문 각 지국장 입회하 9일 오전 10시에 상주군수 홍의식 씨를 회견하고 누에고치 특매장에서 조사한 사실에 비춰서 생산가 측의 서상렬 씨로부터 8일 중 발견된 3건 즉 상주면 지천리 오봉환 씨의 고치 3,450문을 3,420문으로 계량한 것과 사벌면 매호리 우만덕 씨의 고치 대두(大斗) 2두를 300문으로 계량(실중량은 1,800문 이상임)하여 대금을 무리하게 지불한 사실과 공성면 인창리 김영소 씨의 고치 1,300문을 1,060문으로 계량할 때에 본인으로부터 계량이 서로 다름을 질문함에 대하여 계원(係員)은 천연한 태도로 개정하여 주마 하고 전표를 다시 개정한 것과 기타 제 사실을 말한 후 이에 대한 군 당국의 방침을 물음에 군수는 아직 사실을 자세히 알지 못하니까 어떻다 말할 수 없다고 하고 말을 사양하고 피하므로 생산자 측에서는 즉시 퇴청하여 오카모토(岡本) 서장을 방문하고 사실을 언급한 후 엄중 단속 방법을 의뢰하고 긴급 생산자 대회 준비에 착수하였으며 기자의 물음에 대하여 군수 홍의식 씨는, "그런 부정 사실이 발생하였음은 실로 유감이나 사람은 신이 아닌 이상 만전의 정확을 기할 수야 있겠습니까. 여하간 금후로 절대로 그러한 일이 없도록 특별히 주의하도록 하겠으며 피해자에 대하여는 조사를 충분히 하여 본 후 그 결과에 비추어 상당한 배상이라도 하도록 하겠습니다."라고 하더라.

〈자료 404〉 대전에서도 형량(衡量) 부정 사건, 당국에서는 사실을 부인, 말썽 많은 누에고치 판매(동아일보, 1928.06.13, 4면 8단)

대전군 봄누에고치 공동판매를 지난 6일부터 대전군농회에서 개최하여 4~5일을 계속 취급하여 오는데 견가(繭價)가 협정되지 못하였다고 취급한 견가를 2~3일 후에 출급하므로 생산자 중에는 다소 불평이 있던 중 지난 10일 오후 2시경에 생산자 동군 유천면 평리 송병석과 취급자 김교민과 격투가 일어나 잠시 동안 대혼잡을 이루었으나 임석 경관의 중재로 즉시 무사하였다는데, 그 원인을 들은즉 앞에서 기술한 송병석의 고치 24관을 16관으로 취급하였다고 그리한 것이라 하며, 당국자의 말을 들으면 앞에서 기술한 송 씨가 누에씨 소립 3매에 고치 수확 24관은 절대 불가능이라고 한다 하며 당일 견가는 다음과 같았다더라.

(…)

〈자료 405〉 누에고치 구입에 관한 통제 기관이 문제, 제사가(製絲家) 원료 쟁탈로 인하여(조선일보, 1929.03.16, 6면 1단)

조선 내의 제사공장(製絲工場)은 이미 설비 부수(釜數) 5,000부 이상에 달하여 원료 채산이 점차 불리케 되기 때문에 대제사공장 간에는 원료의 쟁탈전이 연출되게 되었다. 즉 야마주(山十), 가타쿠라(片倉)의 평북공장 신설 운동은 그 한 가지 현상으로 당국은 아직 어디나 공장 설치의 인가를 주지 않은 모양인데 평북에 공장을 신설하려는 양 사 의향은 사업 확장이라는 것보다도 도리어 공장 설치에 의하여 평북지방의 원료 특매에 대한 우선권을 확보하려는 데 있다고 한다. 원료 구입 조절 기관의 필요가 일부 제사업자(製絲業者) 간에 주장되는 한편 총독부 당국으로도 제사협회(製絲協會)의 요망인 공장 인가제도의 확립에 대하여는 아직 방침의 결정을 보지 못하였으나 대체 그 취지에 찬성하므로 신설 공장의 인가에 당하여도 이 점을 충분히 고려하는 모양인데 산견100만석계획의 성적을 보면 15개년 1,000만 원의 예산이므로 1개년 66만여 원이나 작년도는 겨우 예산의 4할을 사용함에 불과하고 더구나 실적은 9할의 좋은 성적을 거두었고 본년은 100만석계획 5년에 당하므로 예산과 같이 자금을 투자하면 증산율은 또다시 현저할 것이므로 장래 이 점까지도 고려할 필요가 있고 지방 유력자의 공장 신설열도 미리 내다볼 수 없는 사실이며 한편 도 당국은 각 도가 모두 점차 원료 자급자족 방침을 취하게 되었으므로 도 단위의 공장은 드디어 군 단위의 공장으로 될 시대도 예상되는데 원료 구입에 관한 통제 기관 문제는 머지않아 실제 문제화할 가능성이 있다고 보더라.

〈자료 406〉 사설: 고치 특매제를 폐지하라(동아일보, 1929.06.18, 1면 1단)

1. 매년 누에고치의 출회기를 당하면 소위 고치 특매제에 대한 일반 생산자의 불평이 도처에서 일어난다는 사실은 이미 일반이 숙지하는 바거니와 당국에서 그 소위 고치의 특매제라는 것을 실시하게 된 동기가 설혹 고치의 매매를 자유로 하던 시대에 있어서의 중간 상인의 간계, 기만의 폭리 수단을 배제하고 생산자를 위하여 그들을 보호, 지도, 장려하여 생산자의 편익을 꾀하는 데 있었다고 할지라도 이때의 실시 이래 10년간의 경험에 의하면 이때는 홀로 실시의 동기가 된 근본 정신을 달하지 못할 뿐만 아니라 도리어 여러 가지로 이때 실시 이전의 폐해보다도 더 심한 손해를 생산자에게 끼치고 있다는 것은 부인할 수 없는 사실이다.
2. 최근 각처로부터 답지하는 불평의 보도를 보라. (1) 등급 사정의 임무를 담당한 기술원이 고치 소지자와의 친소에 따라서 등급을 달리한다든가, (2) 농민이 문맹인 것을 기화로 생고치의 중량을 속이어 10관의 전표를 1관으로 기입한다든가, (3) 그들이 도량형에 대한 지식이 없음을 이용하여 5관을 3관으로 매어 놓는다던가, (4) 각각 그 한 지방을 가지고 보면 고치의 판매처는 이 한 곳밖에 없다는 독점적 우세를 악용하여 70~80리의 먼 지방으로부터 일부러 찾아와서 기다리는 사람에게 혹은 고치는 받고 전표를 주지 아니하며 또 혹은 전표까지는 주어 놓고도 대금의 지불을 지연시키며 심하면 하루나 이틀을 체류하게 만든다든가의 모든 폐해는 다 이 소위 특매제에 부수하여 생기는 불가피한 폐해로 이 제도가 존속하는 이상 이 폐해는 도저히 제거할 수가 없는 것이다.
3. 금일 소위 고치 특매제라는 것의 골자를 말하면 (1) 그것이 고치의 생산자에 대하여 일절로 고치의 자유판매를 금지하고 반드시 공동판매소로 가지고 와야 팔 수 있도록 만든 것, (2) 고치의 구매권을 1개 혹은 소수의 특정 제사회사(製絲會社)에만 제한하여 주는 것, (3) 가격의 결정권은 도 당국이 가지고 칭량(稱量) 및 등급 사정은 군 이원이 하게 된 것 등에 있다. 이에 지적한 골자를 보면 누구나 일견 요연할 바와 같이 이 제도의 근본적 결함의 하나로 꼽을 것은 그것이 비록 경쟁입찰의 형식은 취한다 할지라도 실세상의 귀결에 있어서 1개 혹은 몇 개의 제사가(製絲家)에게 1도 내의 산견(産繭)의 구매권을 독점

시키는 데 있다. 평남의 야마주회사(山十會社)의 예와 같은 것은 완전한 독점이다.

4. 다음 둘째로 가는 이 제도의 근본적 결함은 가격의 협정권과 칭량 및 등급 사정에 있어서 이에 고치의 생산자를 간여시키지 않고 도 당국과 소수의 군리가 제사가와 상대하여 결정하게 되었다는 것이다. 그런 고로 소수의 관리와 구매권을 독점한 제사가 간에 어떤 종류의 정실 관계만 생기면 가격, 칭량, 등급 사정, 기타의 거래 사항을 임의로 농락할 수 있게 되는 것이다. 이와 같이 이 제도는 이미 그 근본에 있어서 중대한 결함을 가졌을 뿐만 아니라 이미 실시 이래 10년의 장시일에 있어서 사실로 여러 가지 폐해를 드러내었다. 그리하여 일반 생산자로 하여금 가격을 제대로 못 받으면 양잠도 소용없다는 관념을 갖게 하여 산견 장려상에도 일대 지장을 초래할 지경에 이르렀다. 여기서 우리는 일반 생산자를 위하여 또는 산견 증가의 대책상으로 보아 이 제도는 단연히 폐지해 버려야 된다고 한다.

〈자료 407〉 독점적 착취 반대, 고치 공판 철폐운동, 김천 사회의 각층을 망라하여, 시민대회 개최 준비(동아일보, 1929.8.13, 5면 1단)

누에고치 공동판매 철폐 문제로 김천상공회 주최와 김천 공직자 각 단체 및 유지 제씨를 망라하여 금 13일 오후 7시부터 김천면사무소 회의실에서 간담회를 열게 된다는바 그 내용을 듣건대 누에고치 공동판매로 말미암아 전 조선 잠사업계(蠶絲業界)에 큰 폐해가 생겨 전국적으로 비난의 소리가 높아짐은 일반이 다 아는 바거니와 전 조선 잠사계(蠶絲界)를 유일한 재원으로 삼는 가타쿠라(片倉), 야마주(山十), 생사(生絲) 등 세 회사가 잠사에 대한 전매권을 가지고 농촌 세민들에게 무리한 착취를 감행하여 오는 터인데 1달 전에 김천 대화정에 60만원의 자본금으로 대표자 관석(館石) 씨의 설계하에 김천제사공장(金泉製絲工場)을 설치하게 되었으므로 이제 네 공장이 생기게 됨은 김천지방 산업 발전상 큰 서광인 동시에 잠사계에 큰 행복일 것임에도 불구하고 지난 11일에 기재된 모 일본 신문의 기사를 종합하여 보건대 원래 조선 잠사업이 이같이 발전의 길을 밟게 됨은 가장 공평하고 가장 적당한 원료 공동판매 제도로 인하여 금일의 발전을 낳게 됨에도 불구하고 이기적 야심을 가진 관석 씨가 공동판매제도를 철폐하고 자유방매를 제창함은 조선 잠사계에 백년대계를 근본적으로 파괴하려는 폭거인즉 방약무인한 태도로 반역적 발호의 행동을 취하는 관석 씨의 무리한 망동을 그대로 묵과할 수 없다 하여 대구에 있는 가타쿠라, 야마주, 생사 세 회사에서는 조선 잠업의 원만한 발전, 「상업령」 발포, 폭거 배제라는 의미로 도 당국에 강경한 진정을 할 모양이라는 의미로 기재가 된바 김천제사공장을 방해하며 무리한 착취 사업을 그대로 진행하려는 공동판매제도는 조선 잠사계 산업 발전상 다대한 악과(惡果)를 미치게 하므로 이 같은 무리한 야심가들의 독단적 태도를 그대로 볼 수 없다 하여 장래의 김천 산업 발전상 큰 공헌이 있을 김천제사공장을 옹호하며 착취 기관의 하나인 공동판매제도를 근본적으로 철폐하자는 의미로 김천상공회와 공직자 각 단체 및 유지 제씨들은 분연히 일어나 시민대회 혹은 군민대회를 열어가지고 그같이 무리한 폭리를 취하는 공동판매제도는 근본적으로 철폐시키자는 의미에서 제반 준비에 분망 중이라는바 적어도 공동판매 문제는 김천에 국한될 문제가 아니오 전 조선적으로 파급이 되며 공명될 중대시할 문제이라더라.

〈자료 408〉 벽동농민사에 대한 경찰의 무리한 압박, 조합 행위를 대리 행위라고, 다수 농민에게 고통 주어(조선일보, 1929.08.24, 2면 4단)

평북 벽동군농민사에서 사원의 이익을 위하여 사원의 집에서 생산한 고치를 지난 /월 31일부터 모아서 판매를 주선코자 하던바 이를 시기한 벽동군농회에서 벽동경찰서에 「잠업령」 위반이라는 당치 않은 구실로 벽동경찰서에 고발하여 벽동경찰서에서는 농민사 간부 다섯 사람과 다수의 농민을 호출하여 취조 중이다 함은 이미 보도한 바거니와 최근에 벽동경찰서에서는 다수의 농민들이 이와 같은 농번기에 먼 곳에서 다수 호출하여 일부러 농민을 괴롭게 할뿐더러 누에고치 판매를 중지시키어 농민으로 하여금 더욱 경제적 궁박을 받게 하는데 이에 대하여 벽동군농민사 일동은 물론 일반 주민도 이 까닭 없는 압박에 대하여 크게 분개하며 군과 경찰에 대한 비난이 점점 높아 가더라.

〈자료 409〉 생산자 이익 도모를 법령 위반으로 처분, 벽동농민사원 24인에, 조합 행위라고 불복 항쟁(조선일보, 1929.11.14, 2면 4단)

평안북도 벽동군농민사에서 삭년에 사원의 고치를 알선하여 공동판매소에서 팔기보다 매관에 80~90전의 이익을 얻었고 금년에 또 4월의 고치 130여 관을 알선하여다가 그것이 평안북도령에 저촉된다 하여 신의주지방법원 초산지청에서 기소되었나 함은 이미 보도한 바와 갈거니와 지난 10월 8일에 초산지청에서는 약식 명령으로 군농회사 이사 김경호 씨 외 네 사람에게는 누에고치 판매 대리 행위라는 죄명으로 벌금 30원씩에 처하고 동 농민사 이사 김정국 씨 외 18인에게는 대리 행위 방조라는 죄명으로 과료 10원씩에 처하였으므로 앞에서 기술한 24인은 모두 약식 명령으로 불복하고 정식 재판을 청구하였다는바 농민사에서는 사원들끼리 만든 기관인 농민사를 통하여 고치를 파는 것은 조합 행위요 결코 대리 행위가 아니라 하여 끝까지 항쟁하리라는데 그 결과는 매우 주목된다더라.

〈자료 410〉 벽동농민사원 23명은 무죄, 평양 복심에서 무죄되어(동아일보, 1930.03.20, 2면 5단)

평북도령에 의한 공동판매에 의하지 않고 누에고치를 그대로 도지사의 허가가 없이 따로 판매하였다고 「조선잠업령」 시행 수속 위반으로 과료 10원 내지 벌금 30원의 판결을 내리어 평양복심에 공소한 벽동농민사원 23명[24명]에 대한 평양복심법원의 판결을 18일 오후 2시 후지무라(藤村) 재판장, 주심 기쿠치(菊地), 조(趙) 양 배석과 이시카와(石川) 검사 입회로 피고는 궐석한 채 전부에게 무죄를 판결하였다. 사건의 내용은 도령으로 발표한 누에고치 공동판매제는 생산자의 이익을 도모치 못하여 첫째로 가격이 헐하므로 벽동농민사에서는 사원 90여 명에 대한 생산품을 재작년 8월에 경성에 가지고 가서 공동판매보다도 한 말에 약 90전의 고가로 판매하였는바 당국은 이것을 불법이라 하여 먼저는 약식 명령으로

▲ 김경배 등 5인 벌금 30원

▲ 현득춘 [등] 19인 과료 10원

을 판결하여 정식 재판도 같은 판결을 내리었음을 복심에 공소하였다가 결국 무죄 판결이 내려진 것이다. 이로써 금후로도 벽동농민사에서는 사원의 생산 누에고치를 불합리한 공동판매에 의하지 않고 팔 수 있게 된 것이라 한다.

〈자료 411〉 등급 사정원이 농민을 무리하게 구타, 단천 누에고치 공동판매장에서

(조선일보, 1930.07.09, 6면 9단)

함남 단천 누에고치 공동판매장에서는 등급 사정원이 모 누에고치 생산자를 구타한 일이 있었는데 이제 그 자세한 내용을 알아보면 맞은 자는 본군 하다면 풍화리 최덕천이란 농민이고 때린 자는 단천군농회 직원 갑비(甲斐)란 일본 사람인데 앞에서 기술한 최덕천은 고치를 1등, 2등, 3등의 세 가지를 팔고 3종의 계산서를 가지고 있을 때에 갑비란 자가 계산서를 달라 하므로 최 씨는 먼저 1등짜리 계산서를 준즉 너에게는 1등이 없는데 웬 계산서냐 하면서 말썽이 되어 옳고 그름을 따지지 않고 함부로 갑비는 최 씨를 때렸으므로 최 씨는 분을 참지 못하여 이곳은 농민을 때리는 곳이냐 하며 일장 농회 성토 연설 비슷한 말을 당당히 말할 때에 다른 사람들의 제지로 그만두게 되었는데 당일 농회장, 단천군수 임창재 씨의 말에는 여하간 농회 직원으로 농민을 때린 것은 큰 잘못이니 사실을 조사하여 보고 좋도록 처치하겠다고 한다.

백천: 황해도 백천에서도 지난 26일부터 누에고치 공동판매를 개시하였는데 수견기(收繭期)만 고대하고 있던 부녀들은 고치 값이 폭락되어서 뽕값도 되지 못한다 하면서 도로 지고 나가는 사람도 많고 부득이 파는 사람은 한숨을 금치 못하고 팔고 나가서는 다시 누에를 먹이지 아니하겠다 하며 뽕나무를 다 캐고 다른 것을 심겠다 하며 우는 사람도 있다는데 견가(繭價)는 다음과 같다 한다.

(…)

영원: 평남 영원군농회에서는 지난 23일 봄고치 공동판매에 대하여 등급 사정이 부정타 하여 인민 대 등급 사정 기수 및 고용인 몇 사람과 피차 언쟁 끝에 일대 풍파가 생기었다는데 이제 자세한 말을 들으면 동 군 동 면 동 리에 있는 방은영 씨가 등급 사정이 불공평하다고 말하다가 농회 기수 김양섭 이하 몇 사람이 앞에서 기술한 방은영이를 폭행 구타하였으므로 피해자는 의사의 진단을 맞아 그곳 경찰에 폭행죄로 고소를 제기하였는바 이 사건이 어찌될까 일반은 매우 주목하고 있다 한다.

이원: 함남 이원군 내의 봄누에는 금년도에는 양호하였다는데 뽕나무의 부족으로 일시는 곤란하였다 하며 금년도 봄고치 시가는 작년도보다 배 이상의 참락을 당하여 필경에는 도로 가지고 가는 자도 있는데 이와 같이 매년 된다면 뽕을 심을 사람이 없으리라 하며 도 당국에서는 여기에 대한 하등의 대책이 없느냐고 부르짖는 사람도 있으며 금년도에도 함흥 가타쿠라회사(片倉會社)에서 무역하는데 약 5,000관가량이 가하며 작년도의 시가에 비하면 다음과 같다 한다.

(…)

〈자료 412〉 대구에다가 밀매자가 속출, 가격 차이가 60전이나 돼, 영천 누에고치계 기현상(동아일보, 1932.06.21, 6면 1단)

경상북도 일대에 있어서 대구를 제한 각 지방은 전부 예년과 같이 공동지정판매를 하게 되었다는데 영천군농회에서는 지난 11일부터 공동판매를 개시하였는데 특등 1관 가격 1원 70전으로 취급되는바 대구와의 가격 차이가 심하므로 직접 대구로 판출한 자 많으며 또는 밀매자에게 매매하는 것이 많은 모양인데 이에 당지 경찰서로부터 밀매자 단속이 엄중한 듯한데 지금까지 처벌당한 자가 5인에 달한다 한다.

이에 밀매하는 원인을 들으면 공동판매에서 1등가량 되는 것을 상인은 특등가로 사 준다고 한다. 그가 1등 고치를 특등가로 사서는 대구로 마련하면 1관에 평균 50~60전의 이익이 있다 한즉 여간 한두 등쯤 더 주어도 상당한 수익이 된다는바 만약 이가 사실이라 하면 영천군 내의 생산 수량을 1만 관으로 예상하고 1관에 50전씩을 공동판매로 인하여 손해를 보게 된다고 가정하면 전 군에 5,000원의 금액이 된다 하여 일반 여론은 자못 끓어오르는 가운데 있는데 더욱이 각계 유지인사들의 대책 질의가 있어 앞으로 주목할 것이라 한다.

〈자료 413〉 사설: 누에고치 공동판매제를 폐지하라, 매매 자유의 구속은 민권의 무시 (동아일보, 1932.06.30, 1면 1단)

1. 요새는 누에고치의 산출기이므로 도처에서 누에고치의 매매가 성행된다. 그러나 누에고치가 판매되는 곳에서마다 일장 비극이 연출됨은 유감이다. 혹은 누에고치 1두에 9전을 받았으니(평강), 하등급 고치를 몰수당했느니(신고산) 등등 이루 헤아릴 수 없다. 어떤

곳에서는 등급 사정을 불공평하게 했다 하며 어떤 곳에서는 매매 중량을 부정히 했다고 한다. 우리는 이런 사실이 사실 아니기를 바라거니와 우리가 실제 농가의 속에 들어가 그 진상을 살펴볼 때 이것이 사실임에는 놀라지 않을 수 없다.

2. 세계적 농업 공황 특히 대(對)미 환의 폭락은 고치가의 미증유한 폭락을 초래하였다. 농가가 불평을 말하는 것도 무리가 아니다. 그러나 이 소위 자연적, 불가항적 주위 정세에 의하여 견가(繭價)가 폭락되는 것은 도리어 감내할 여지가 있다. 그러나 인위적, 의식적으로 견가가 저락되게 되는 것은 농가가 참을 바 못 된다. 보라, 조선에는 소위 누에고치가 산출되는 각 도에 누에고치 공동판매령이 있어 인위적으로 견가가 저락되고 있지 않은가. 공동판매제도에 있어서는 매수인과 매도인의 자유 의사에 의하여 매개가 결정되는 것이 아니라 미리 잠사가(蠶絲家) 대표, 도 관계 당국자가 집합하여 표준 가격을 결정한 후 각 군 산업 기수 또는 군속(郡屬)이 등급 사정원이 되어 그들의 결정, 심사에 의하여 매매된다. 그리하여 표준 견가를 결정함에 생산가의 이익을 표준함보다 제사가(製絲家)의 이익을 표준하기가 쉽고 등급을 사정하는 데에 정실이 붙기 쉽다. 시험 삼아 금년의 표준 고치가를 결정함에 있어서도 요코하마(橫濱)와 조선 간의 운임 관계를 공제하고라도 수단의 차이가 있는 것은 전자를 증명함이 아니며 도처에서 심사 불공평, 중량 부정의 원성이 들림은 후자를 증좌함이 아니뇨.

3. 당국에서는 생사(生絲)의 국민 경제적 입장을 논하여 공동판매의 필요를 변호한다. 그러나 생사가 어떻게 일본의 대외 수출품의 대종이 된다 할지라도 농가를 희생하고 일부 제사가의 이익을 편호하는 정책이 되어서는 안 될 것이다. 제사가에게는 체화(滯貨)[91] 보상안이란 것이 의회마다 통과되어 그 손해가 보상되고 있겠지만 농가에게는 이러한 은전(恩典)이 없지 않은가. 농촌을 희생으로 하고 상공업자를 편호하는 것이 어찌 국민 경제의 득책이 되랴.

또 혹은 우매한 농민들의 이익을 옹호하려면 자유매메에 외하지 않고 행정 관청이 그 대변자가 되어 유리하게 판매케 함이 좋은 대책이라 할지 모르나 구매자가 독점이오 판매자가 다수일 때 판매자에게 불리할 것은 경제상의 원칙이 아닐까.

91 운반하지 못해 밀린 화물.

4. 매매의 자유는 현대 경제의 원칙이다. 이 원칙을 무시하고 일부 제사가, 특수 상인을 이롭게 함은 불가하다. 조선에는 누에고치 외에 면화, 온어[정어리], 연맥[귀리] 등의 공동판매제가 있거니와 이것들이 위와 같은 논술같이 생산자의 이익보다는 제조업자 내지 특수 상인의 이익을 편호하는 제도임은 말할 것이 없다. 공동판매가 생산자의 이익을 돕는 점이 있다 할지라도 매매의 자유를 구속하는 점이 있다면 반대할 것이거늘 하물며 이것이 생산업자를 희생하게 함에 있어서랴. 당국이 1일이라도 빠른 동 영(令) 폐지를 재촉한다.

〈자료 414〉 사설: 누에고치 공동판매제도를 폐지하라, 현 제도는 생산자를 보호치 못한다(조선일보, 1934.05.30, 1면 1단)

1. 예년에 의하여 봄고치 기준 가격을 결정코자 오는 6월 4일부터 총독부 통재(統裁)하에 각 도 당국과 각 제사업자(製絲業者)가 절충을 개시한다. 금년은 작년보다 생산비가 다소 적어 누마즈(沼津)에서 25괘쯤 되므로 조선에서는 18괘쯤으로 되리라 한다. 우리는 누마즈 시가와 조선 시가 간에 이러한 차별을 두는 이유를 이해키 어렵거니와, 그것보다도 우리는 누에고치의 공동판매제를 근본적으로 폐지하기를 다시 말하지 않을 수 없다.
2. 대저 현재의 농가의 누에고치 판매 상황으로 보면 농가에게 불리하기 짝이 없다.
첫째, 누에고치 기준 가격으로 볼지라도 각 도 당국과 각 잠사업자(蠶絲業者)가 협의 결정한다. 물품을 매매함에 판매자의 의견을 듣지 않고, 구매자의 의견을 듣는다 하면, 매양 구매자의 이익에 편중키 쉬우리라는 것은 보통 상식으로 추단할 수 있다. 물론 도 당국과 총독부 당국이 생산자의 처지를 잘 변호한다 하지만, 판매자와 구매자를 한자리에 평등적 입장에서 모여서 결정케 한다면 모르지만 한편은 참석케 하고, 한편은 참석치 않게 한다면 한편에 편호할 우려가 적지 않다.
3. 둘째, 공동판매를 함에 있어서 일정한 기일, 장소를 정해 놓고, 도 및 군에서 임명하는 산업기수가 그 등급을 사정하여 생산자인 판매자의 의사와 편의를 고려치 않는 것이다. 그리하여 10리, 20리는 그만두고, 40리, 50리나 되는 원거리에 일부러 누에고치를 매각하러 와서, 요행으로 팔면 끝나거니와, 순서상 관계로 팔지 못하면 하룻밤을 그곳에서 묵지 않으면 밤새도록 귀가하였다가 다음 날 다시 간다. 그리고 등급 사정에 불만이 있

더라도 하등 항의할 곳이 없으므로 울며 겨자 먹기 식의 억울한 매매를 하는 이가 적지 않다. 만일 당국이나 제3자가 1차 지방 공동판매 시절에 지방을 순회하면 누구나 목도할 일일 것이다.

4. 물론 당국의 의사는 무지한 농민으로 하여금 간상(奸商)에게 농락되지 않게 하겠다는 선한 방면도 있겠지마는 사실은 그 폐해보다도 현 공동판매제도의 폐해가 한층 더하지 않은가. 농민이 당국에서 정해 놓은 공동판매 시장에서나 농민 자신이 만든 생산조합에서 타도 혹은 임의의 제사가(製絲家)에게 자유로이 고가인 곳에 팔게 한다 할진대 생산자인 농민의 이익이 될 것이 아닌가.

5. 정부는 매년 잠사손실보상법안(蠶絲損失補償法案) 같은 것을 통과시켜 제사업자 혹은 생사(生絲) 수출 상인을 비호한다. 그런데도 불구하고 농가가 긍정하지 못하는 뽕나무 묘목을 거의 반강제적으로 재배토록 장려하고, 오히려 생산비에도 이르지 못하는 경우를 만드는 때가 많게 하니 이리하여 자본가를 편호한다는 비난을 면치 못할 것이 아닌가. 당국이 현 공동판매제도의 폐지를 촉구한다.

② 잡지 기사를 통해 본 1920~1930년대 양잠 정책

〈자료 415〉 평남의 2대 민폐, 누에고치 공동판매와 도로경진회(개벽 51호, 1924.9, 124~126쪽)

본도에는 금년부터 실시하는 '누에고치 공동판매'와 '도로경진회'라는 것이 있다. 본도의 인민은 이를 가리켜 '평남의 2대 민폐'라고 지적한다. (…)

누에고치 공동판매라 함은, 평남도령에 의하여 금년부터 실시된 것인데, 도지사로부터 누에고치 판매에 관한 일정한 구역과 기간을 지정하고, 도지사의 허가를 맡은 지정 상인에게만 한하여, 고치를 판매케 하되, 만일 지정 기간 내에 지정 장소 이외에서 고치를 매매 양도할 시는 100원 이하의 벌금에 처하게 된 것이다. 도 당국의 말에 의하면, 제한 없어 횡행하는 중간 상인의 협잡을 막아, 양잠 농가를 보호하려는 취지에서 그리한 것이라 하나, 금년 실행의 결과에 의하면, 공동판매 당시에는 1년에 평균 5원을 넘게 한 평가가 없던 것이, 그 후 지정기간이 지나며, 자유매매가 개시된 후에는 1두에 일약 8~9원의 시가를 나타낸바 공동판매 기간

안에 판 사람은 1두에 평균 2원 이상의 손해에 이르고, 자못 이익을 본 자는 가타쿠라구미(片倉組), 사이토 규타로(齋藤久太郎)[92] 등의 지정 상인인바, 평남 세민의 본년 1년 양잠은 결국 두어 명의 지정 상인을 배불리기 위하여 한 데에 지나지 못하였다. 이에 대하여 당국자는 또 말하되, 금년은 예외로 그리된 것이오 해마다 그렇게 될 시세는 없을 것이라 하나, 여하간, 양잠가에 대해서는 수 명의 지정 상인에게 제한매매를 하는 것보다, 부정 상인에게 자유매매를 함에서 더 높은 값을 받게 될 것은 물론인즉, 공동판매는 결국 세민 양잠가의 등을 뜯어 유산(有産) 호상(豪商)의 배를 부르게 함에 지나지 못하는 것이다. (본도 누에고치는 연 약 1만 5,000석)

(…)

〈자료 416〉 누에고치 공판제의 결함과 그 대책(鄭寅寬, 조선농민 6권 4호, 1930.6, 39~42쪽)

고치가 상품으로서 시장에 나오게 될 때에 이것을 양잠가 편으로 보면 생산품이 되는 것이요 제사가(製絲家) 편으로 보면 원료품이 되는 것이다. 생산품으로 판매하는 처지에 서 있는 양잠가로서는 온 봄 동안, 온 여름 동안 잠을 자지 못하고 땀을 흘려 가면서 양잠한 결과는 이것을 이롭게 판매하고 못함에 잠업 경영상 성패의 여하가 결정되는 것이다. 그러므로 양잠가로서는 그 사육 중에 양호한 고치를 얻기에 노력할 것은 물론이지만 최후 결정의 마당인 판매 시장에서 상당한 값을 받으려 할 것은 당연한 일이다.

그러나 제사가의 편으로도 원료품을 될 수 있는 대로 헐하게 구입하려 할 것이니 여기서 서로 이해 충돌이 생기는 것이다.

먼저 오늘날의 누에고치 가격이 어떻게 결정되는가를 말하려 한다.

생고치 1관에서는 그 견질(繭質) 여하에 따라 생사량(生絲量)을 혹 90문 나고, 혹 100문, 혹 110문도 나는바 고치 1관에서 생사(生絲) 100문이 나는 원료 고치를 표준으로 하여 누에고치 가격을 결정하나니 이것이 조선에서는 보통으로 2등 고치에 해당하는 것이다. 그러고 누에고치 가격으로부터 생사 가격을 산출하는 것이 아니라 거꾸로 일본의 요코하마(橫濱) 생사 시세로 누에고치 가격을 산출한다. 요코하마 생사 시세는 날마다 신문지상 경제면에 발표되

92 원문: 二業藤久太郎. 사이토 규타로는 1894년 조선으로 건너와서 수출입 무역을 운영하다 1917년 제사견직물공장(製絲絹織物工場)을 설립했다(한국사데이터베이스 한국근현대인물자료).

는바 이제 일례를 들면 생사 100근을 얻는 데에는 누에고치(생고치) 160관을 요하게 되고 요코하마 생사 100근 시세가 1,200원 되는 때에 이에 요하는 노동 임금, 기계 손료(損料), 영업비 등 생산비 약 2할(240원)과 제사가의 이윤 약 8푼(96원)과 합 336원을 감하면 나머지 864원은 누에고치 160관의 가격이 되는 것이니 이 경우에 누에고치 1관 값은 5원 40전이 된다. 이것은 2등 고치 가격이므로 보통 1등 견가(繭價)는 이보다 1할이 높고 3등 견가는 이보다 1할이 낮게 된다.

원래 모든 상품의 가격은 원료를 중심으로 하여 결정되는 것이니 생사도 원칙상 견가와 생산비를 합한 원가에 의하여 결정되어야 할 것임에도 불구하고 반대로 생사 가격에 의하여 원료 대금이 좌우되고 있다. 그러므로 생사 시세가 저락되거나 생산비가 높아지거나 생사가 이윤을 많이 먹는 때에는 누에고치 가격이 저락되게 된다. 생산비와 이윤은 견가에 밀접한 관계가 있으니 비록 생사 가격이 저락된다 하더라도 생산비와 이윤 등이 그와 함께 저락된다 하면 견가는 비교적 유리하게 결정될 수가 있다. 즉 이 경우에는 사가(絲價) 지락에 의한 손실 전부가 양잠가에게 돌아가고 만다. 앞에서 기술한바 생사 시세가 1,200원에서 80원으로 저락되었음에도 불구하고 생산비와 이윤의 합계 360원은 여전히 지속한다고 하면 그 나머지는 720원이 되고 생고치 1관 가격 4원 50전밖에 안 되어 모든 손실을 양잠가가 혼자 부담하게 된다. 그러고 조선 양잠가에게는 또 한 가지 불리한 점이 더 있다. 양잠가인 농민은 일반으로 무지하기 때문에 근대 물질문명상에 대한 지식과 연구가 없는 반면에 제사가 혹은 고치를 중개하는 상인 측은 이 방면에 대한 훈련이 충분하여 항상 농민의 무지를 이용하는 일이 적지 아니하다. 옛날부터 고치를 판매하는 방법은 상인이 직접으로 농촌의 양잠가를 찾아가거나 혹은 양잠가가 시장에 가지고 가서 판매하는 것인데 집에 앉아서 판매하는 것은 상인에게 속기 쉽고 시장에서 판매하는 것도 속는 일이 많으나 그중에 가장 진보된 방법은 고치가 생산되는 지방에서 그 중앙의 중요한 집산지에 고치 시장을 만들어 놓고 시장 관리인이 있어 시장 거래의 기간을 정하여 일정한 규정을 광고한 뒤에 양잠가와 제사가가 한곳에 모여 그 값을 경쟁입찰하되 그 값에 팔고 안 파는 것은 양잠가의 자유이다. 그러나 조선에서는 자유판매를 하지 못하고 「조선잠업령」 및 각 도령을 이용하여 심찰을 지정한 한 중개인에게 허가하여 공동판매를 하게 된다. 이 방법은 영국이나 독일 같은 발달된 생산조합이 하고 있는 생산, 판매 방법이므로 그 주지는 매우 아름답다. 우리 조선에 있어서도 그 유리한 조건 빛

가지를 들어 보면,

1. 교통기관이 발달되지 못한 지방에서 고치를 한곳에 모으지 못하면 큰 제사가를 부를 수가 없으나 이 방법은 제사가를 부를 수가 있는 동시에 중간 상인의 손을 거치지 않는 것
2. 날마다 요코하마로부터 들어오는 생사 시세의 전보에 의하여 가격을 정하는 것이므로 시세에 속지 않는 것
3. 계약상 거래하는 당초에는 생사 시세가 좋았다가 뒤에는 좋지 못한 시세를 가지는 때라 하더라도 양잠가가 팔기를 원하는 때에 제사가가 손해를 보면서 이것을 인수치 아니치 못하는 것이니 양잠가의 편으로 보아 유리한 때가 있는 것

등이니 그 취지로 보든지 그 내면의 조건으로 보든지 대단히 좋은 방법이다. 그러나 법의 운용은 사람에게 있다. 아무리 아름다운 법이라도 그것이 실제에 있어서 선용(善用)되고 악용됨을 따라 이상과 같은 이익도 얻을 수 있거니와 또한 막대한 불리를 보는 일도 있다. 오늘날 우리 조선에 있어서 유리하여야 할 공동판매가 무슨 까닭으로 그 비난과 원망이 자자하게 되는가는 오직 이 방법을 악용한다는 데에 문제가 돌아가는 것이다. 이제 이 방법을 악용하는 때의 불리한 예를 들어 보면,

1. 계약의 불순으로부터 생기는 문제인데 이것은 홀로 고치 판매에만 한한 것이 아니고 오늘날 자본주의 경제 조직 아래에서는 자본가의 세력이 거의 모든 일을 지배하고 있어 정치가들도 이 금전 세력에는 어쩌지 못하는 터이지만 조선의 큰 제사가들은 다 일류의 자본가로 조직된 것이므로 그네들은 모든 방면에 큰 세력을 가지고 있다. 따라서 큰 제사가들은 금전 세력을 이용하여 불순한 지정 계약 혹은 특매 계약을 체결하게 되고 수천, 수만의 농민의 생산품은 한 회사나 한 개인에게 지정판매하게 되는 일이 있는 것
2. 등급의 불공평이니 이것은 공동판매의 본래의 취지는 그렇지 아니하나 실제상 그 일에 종사하는 기술자의 인격과 기술 여하에 의하여 그 사정하는 등급이 짐작 없이 불공평함에 이른다. 남의 물품에 대한 그 가치를 사정하는 기술자가 되려면 적어도 이에 대한 소양과 경험이 풍부치 않으면 안 될 것이거늘 오늘날 조선에서 하고 있는 꼴을 보면 대개

는 그러지 못한 사람이 사정의 책임을 맡아서 어림도 없는 죽방울 등급으로 동일한 고치가 아침에 1등이 되었다가 저녁에 2등이 되는 수도 있고 아침에 2등이 저녁에 3등이 되는 수도 있어 생산자로부터 극도의 반감을 사는 것

3. 저울질과 말질의 농락이니 이것도 공동판매의 취지 자체는 그렇지 않겠지만 실제로 그 일에 종사하는 사람이 제사가의 편이 되는 일이 많아서 생산자의 눈을 속여 저울질과 말질을 부정하게 하는 일이 적지 않은 것
4. 언사와 행동의 불친절이니 생산자가 고치를 팔 때에 쌍방이 서로 의논하여 의견이 서로 맞는 때에 팔고 사는 것이 아니라 한쪽은 관청이요 한쪽은 인민으로서 공동판매 취급자는 무슨 훌륭한 지위에나 앉은 듯이 거만한 태도와 불손한 말로 인민을 내려 보고 심지어 구타, 모욕하는 일까지 있으며 생산자는 자기의 물건을 팔면서도 얼마만 한 수량, 등급, 가격인지를 알지 못하는 것

등이다. 참으로 생산자를 위하는 성의가 있다면 이상에 말한 장점과 단점을 충분히 고려하여 가장 적당한 방법을 취하지 않으면 안 될 것이다. 그 방법을 요약해 말하면,

1. 누에씨 때부터 생산품 통일을 도모할 일
2. 고치의 품질을 잘 감별하는 전문 기술가로 하여금 등급 사정의 책임을 맡게 할 일
3. 판매 계약은 다수의 제사가 혹은 고치 중개상을 불러 공공연하게 경쟁입찰을 하게 하여 일반 생산자로 하여금 의혹을 품지 않게 할 것
4. 공동판매에 종사하는 사람은 인민을 위한다는 진정한 생각으로 인민의 고치는 즉 자기의 고치라는 관념 아래에서 친절한 태도로 하되 될 수만 있으면 관리의 손을 벗어나서 하도록 할 일
5. 저울질과 말질과 등급 사정함에 생산자회에서 선거한 대표자를 입회시킬 일
6. 누에고치의 집산이 적고 교통이 불편한 지방에서는 공동판매제를 쓰고 대량으로 생산되는 지방이나 제사장(製絲場)이 가까운 지방에서는 시장 거래 방법을 쓸 일

등이다. 조선의 공동판매제는 그 자체가 나쁘다기보다 그를 운용하는 사람이 나쁘다는 것

이니 이 제도를 잘 운용하면 지방을 따라서는 매우 유리한 경우가 있다. 더욱 요사이 공동판매를 비난하는 사람 중에는 그 지방의 유력한 중개상이 앞잡이가 되어 선동하는 것과 같은 것은 오히려 그 반면에 아름답지 못한 심리가 잠재함을 알 수가 있다. 그러나 위에 말한 단점을 바로잡기 전에는 공동판매라는 미명도 결국 판매자의 원부(怨府)로밖에는 되지 못할 것이다.

〈자료 417〉 견가(繭價) 폭락과 농민 문제(金壽吉, 대중공론 2권 6호, 1930.7, 57~58쪽)

1. 현재 조선에 있어서는 다른 나라처럼 체계적으로 자본주의가 발전되지 못하고 갑자기 변동되는 전래의 정세에 따라 급격한 변동을 일으키는 동시에 전 인구의 8할 이상이 농업에 종사하고 있으며 전토의 8할이 또한 농경지로 되어 있기 때문에 우리는 농촌 문제를 중대시하지 않으면 안 될 것이라고 생각하는 바이다. 이에 대하여는 전 호에다가 개념적으로 얼만큼 서술한 바가 있기로 여기에 대하여서는 긴말을 피한다.

작금에 있어서 각 신문지를 통하여 보도되는 조선 농촌의 경향을 살펴본다면 해마다 조선 농민들이라는 그들은 대부분이 기아에서 헤매고 있다고 볼 수 있다. 부(父), 조(祖) 전래의 농막을 버리고 서북만주로! 또는 일본으로! 또는 타향(他鄕)으로! 이산을 하고 있으며 그보다 심한 자는 이주의 여유도 없어서 앉아서 죽는 이가 적지 않다고 한다. 이것이 어떠한 원인과 결과였음을 우리는 잘 분석해 볼 필요가 있다고 생각하는 바이다.

이와 같은 경우에 임하게 됨에는 물론 자본주의가 발전됨에 따라 도시 공업이 발달되어 일반 농가에서 부업적 생산을 하던 수공업을 모두 뺏기게 되며 또한 농업에 대한 기술이 — 방법이 아직 봉건적 옛 형태를 벗어나지 못한 데다가 신문화적 이기(利機)라든지 곡물 재배의 비료가 발명됨에 따라 전보다 갑절로 농자(農資)를 요하며 그 반면에 대자본벌이 점차로 조선 농촌에다가 입각하게 됨에 따라 그들은 자작농에서 소작농으로 매년 격증하게 되고 지주 계급도 역시 전보다 증가되어 또한 이때에 따라 과거에 있어 소작농 계급이라고 볼 수 있던 그들 농민들은 필연적으로 이산을 면하기 어렵게 되는 것이라고 볼 수 있다. 그러한 정세하에 조선 농민은 지주 계급, 자작 계급, 자작농 겸 소작농 계급, 소작농 계급, 농노(農勞)[농업노동자], 이와 같이 다섯 계급으로 나누어 볼 수 있다. 그중에도 가장 그 수가 적은 것은 지주 계급이고 그 수가 많다고 볼 것이 자작 겸 소작농 계급이겠는데 여기에 한 통계를 볼 것 같으면 지주 계급이 감소되고 또한 자작농이 적어지는 동시에 소작농만이 반비례로 추가되고 있다. 그리고 현재에 있어 대체로 조선 농민이라고 할 것 같으면 모두가 소작농 계급이라고 볼 수 있다. 이는 소작농이 사실에 있어 그 숫자적으로 많을 뿐만이 아니라 자작농이라든지 자작 겸 소작농 층의 경농 상태를 본다면 경작지인 논밭 그것이 자기의 명의도 있으나 대재벌에게 저당되어 있음이 많음을 우리는 관측할 수 있다. 비록 조선 농민이 경농하는 방식이 아직 재래식에서 크게 변동되지 못하였으나 그러나 그들의 일절 수요품에 있어서 전보다 몇 갑절 증가하게 되며 부담이 추가함에 있어 그 수입이 증가하지는 못하므로 그들은 어찌 할 수 없이 점차로 궁핍과 곤란으로 경주하여지지 않을 수 없게 되는 것이다.

2. 이제 조선 농민들의 생산을 볼 때 그들의 수입은 극히 감소되어 있다. 꼭 같은 경작지를 가지고 옛날이나 마찬가지의 작농(作農)을 한다고 할지라도 그들의 수요품비가 외래의 정세로 말미암아 자연히 전보다 증대되는 관계로 수입이 감소된다고 볼 수밖에 없다. 그리고 각층 농민들이 영위하는 농업에 있어 부업 생산을 볼 때 저들이 과거에 영위하던 모든 수공업은 돌변하여서 대자본을 요하게 되므로 결국 잃어버리고 전에 영위하지 않던 부업을 현 위정 당국에서 장려하고 있다. 이에 있어서는 각 지방을 따라 모두 다르겠으나 그러나 전 조선을 통하여 통일된 장려 부업으로는 "가마니" 치기라든가 양잠하는 것이라고 볼 수 있다. 이에 있어 다방면으로 오늘날도 장려 도중에 있음은 사실이다. 그리고 그 장려로 말미암아 전보다 갑절로 증식되었음도 사실이다. 이에 부업으로서 전 조선을 통하여 생산고를 많이 내고 있는 것은 양잠이다. 이 양잠은 재래에 각 농가에 있어 대개가 사육하여 왔다. 그 방식에 있어 전이나 지금에 별다른 큰 차이가 없으므로 일반이 크게 힘쓰고 있다. 그중에도 가장 다산(多産) 지방은 경상도와 전라도라고 한다. 인구 비례로 보아, 농산 비례로 보아 전 조선에 있어 제일 밀도가 높을 뿐 아니라 농업을 위주로 그 생애를 지지하고 있는 지방으로 그들은 연이어서 엄습하는 각종 재해로 말미암아 궁핍이 극에 달하여 날로 아사에 임한 군중들이 여기저기서 밀려다니는 처지라 한다. 그러한 환경에 처한 그들은 농토를 가졌다고 할지라도 작농비(作農費)에 곤란을 무한히 당하고 있을 것은 더 말할 여지도 없는 것이다. 그러므로 그들은 견수기(繭收期)를 무엇보다도 중대시하여 왔으며 또한 수년 이래로 그들은 견수기에 있어 많은 노움을 입어왔었다. 그러므로 그들은 각종 재해의 만회책으로 전보다 갑절로 양잠에 주력하였음이

라 한다. 이는 대세에 눈이 어두운 농민이요 또한 재계 정세에 관찰력이 부족한 농민들인 관계상 그들은 현재와 같은 대공황을 추측하고 판단하지 못하였음도 사실일 것이다. 일반적으로 견가에 있어 5할 이상이 폭락되고 견사(繭絲)에 있어서도 4할 이상이 격증되어 있었다. 이로 말미암아 각지 양잠업자들은 견수기에 있어 그 실비에 반도 수입 못 되는 지방이 많다고 한다. 강원도 어떤 곳에서는 옥견(玉繭)이라 할지라도 산견(産繭)할 때까지의 경비를 살펴보면 잠종대(蠶種代)라든지 상엽대(桑葉代)에 있어서는 감하되지 않았고 뽕잎은 도리어 등귀하였었다고 한다. 이를 실지로 양잠을 하지 않았을지라도 그 경비 판출은 대개는 가히 추측하고 판단할 수 있는 것이다. 그러므로 그들 농민들은 보릿고개를 넘는 유일한 방도로 여기고 부채에 부채를 더더 지며 사육한 결과 하늘과 땅의 격차로 매 관에 수십 전이라는 상대(桑代)도 못 되는 가격이 발표되고 말았다. 이는 일찍이 모 신문지를 통하여 어떤 대변자는 말하기를 "조선의 견가와 일본의 견가에 있어서는 일본의 가격이 고귀하고 조선의 것은 가격이 저렴할지라도 실지에 있어서는 조선의 것이 훨씬 그 가격이 고귀한 것이다. 이는 다름이 아니라 일본의 산견자(産繭者)는 전업적으로 양잠을 영위하고 조선에서는 일반 농가에서 부업으로 산출하기 때문에 조선서 3~4원(1관 대) 하는 것이 일본서 7~8원 하는 것보다 그 실지 산견자에 있어서는 수확이 과대함이다"라고 말하였다. 그런 견지에서 본다면 오늘에 조선의 견가가 아무리 폭락되더라도 그다지 큰 영향이 없을 것 같으나 실지 농촌에 있어 막대한 영향이 일어나고 있음을 우리는 목격하고 있다. (이하 생략)

3. 그리고 조선에 산견량(産繭量)이 매년 증가되고 있음에 따라 전래의 대자본벌의 공업적 기업가들이 이를 상대로 조선 내에다 대공장을 설치하고 위정 당국에서는 일절 사매(私賣)를 금지하는 동시에 지역을 따라 공동판매를 실시하고 있다. 이 공동판매가 실현됨에 따라 부정배가 횡횡하게 되었다. 이것이 금년에 있어서는 예년보다 더욱 심하다는 것이 각 신문 지면을 통하여 연일 보도되고 있음을 우리는 본다. 어떤 지방에서는 관제 도량기를 부정 사용하며 또는 지정 가격에 있어서도 그대로 지불하지 않고 얼마큼씩 지불하였다고 하며 그뿐만 아니라 농촌 농민의 문맹을 이용하여 가지고 등급 사정과 전표에 있어 기만적 행동을 취한다고 한다. 이와 같은 부정 사건이 각지를 통하여 연일 중첩으로 발생되고 있다. 이것이 농민 계급에서 생산하는 그 생산품과 자본가 사이에 있어나

는 불가피의 부정 사건이라고 볼 수밖에 없다고 생각한다. 아무리 부정 사건이 많이 일어나고 기만을 당한다고 할지라도 발등에 불이 떨어질 것을 면하기 위하여 자아의 생산품을 공판장으로 가져가지 않을 수 없는 현상이다. 이와 같이 외래의 대자본적 기업가가 그 업무를 발전시킬수록 그 반면에 빈농민 계급이라고 볼 수밖에 없는 조선 농민들은 누에고치와 같은 일부 생산품에 있어서도 이와 같은 정세를 초래하게 된다. 그러므로 우리는 자본가적 대기업가들의 발전이라든지 또는 전 민중의 대부대를 형성하고 있는 그들 농민층의 경제적 지위라든지 그들이 날로 궁핍으로 경주하고 있음에 대하여 우리는 조선농 문제를 구명하여 냉정한 비판하에 그 진로를 취하여야 할 것이라고 생각한다.

〈자료 418〉 잠견가(蠶繭價) 폭락의 추세, 생사(生絲) 생산비 문제와 공판의 폐해(동광 35호, 1932.7, 12~16쪽)

1. 견가(繭價)의 누년 추세

조선의 양잠업은 현저히 발전한 것이 사실이다. 그 발달의 추세는 매우 급속하였으니 작년의 산견액(産繭額)은 실로 57만여 석에 달한 것이다. 이는 1925년(大正 14)에 수립하여 실시한 조선산견100만석계획의 진전으로 점차 증가하는 것이라 이제 제6년을 경과하였다. 그러나 최근 4~5년 동안에 견가의 폭락은 너무나 엄청난 정도였다. 최근 5개년 동안의 일본과 조선의 고치 시세로 총독부에서 조사한 바에 의하여 살펴보면 이러한 것이다.

(생산 1관 가격)

	일본		조선	
	봄고치	가을고치	봄고치	가을고치
1926년	9.34	6.99	7.68	5.81
1927년	7.18	3.88	5.29	3.26
1928년	6.90	5.35	5.26	4.05
1929년	7.58	6.06	5.94	4.38
1930년	4.02	2.16	3.04	1.56
1931년	3.12	-	1.95	1.30

(6년 분은 평균 가격이 아니요, 실가격에 의한 추정이다).

이상과 같이 고치 값은 해마다 줄곧 떨어진 추세를 띠었다. 오직 1929년(昭和 4)분이 1928년(昭和 3)분보다 약간 높았을 뿐이었으나 1930년(昭和 5)분의 가격은 1929년분의 약 절반 가격으로 떨어지고 1931년(昭和 6)분도 1930년 분에 비하여 엄청나게 떨어졌었다. 이제 1932년(昭和 7)분의 견가가 조선에서는 아직 정확한 바가 나타나지 아니하였으나 일본에서는 이미 현재에 봄고치가 거래되고 있어 작년 가격보다는 약 3할이 저락한 것이니 이에 비추어 조선의 금년 견가는 작년에 비하여 3할 이상이 저락할 것을 이제 예상할 수 있는 것이 사실일 것이다.

2. 금년 견가의 협정

그러면 금년의 고치 값은 얼마나 될 것인가. 앞으로 고치 수확기가 임박하였으므로 여러 가지로 예상이 제각각이었었다. 혹은 10괘를 말하기도 하고 혹은 최고로 14괘를 말하기로 하였다가 지난 5월에 총독부와 제사업자(製絲業者) 대표의 봄고치 기준 가격 협정에서 다음과 같이 작정되었다는 것이다.

(1) 사가(絲價) 432원

(1) 괘수(掛數) 13괘 8분

(1) 사가가 16원 이상 오르고 내릴 시에는 반 괘(掛)를 올리고 내림

이와 같은 결정이 작년의 시세에 비하면 얼마나 떨어진 것이며 일본의 금년 시세에 비하면 얼마나 떨어진 것인가. 작년에는 사가가 570원이었으므로 18괘 7분이었다. 이것이 작년에는 432원이므로 13괘 8분이라 하니 작년보다 약 4괘 9분이 저하하였으니 약 3할의 저락이다. 그리고 또 이를 일본의 작년 시세와 비하면 그도 엄청난 염가의 결정이니 지난 5월 27일의 일본 소진 고치상(繭商) 시세는 다음과 같은 것이엇다.

	황견(黃繭)	백견(白繭)
고가	3원	2원 67전
저가	2월 4전	2원 29전

평균	2원 73전	2원 51전 6리
괘수	22괘	22괘
사량(絲量)	12문	12문

이와 같이 일본의 고치상 시세는 의외의 저락율에 놀란 것이라 하나 그 괘수는 22괘이다. 이후에는 이보다 약한 추세여서 약 1괘쯤 저하된 값으로 거래되기도 하지마는 이를 조선의 협정 기준인 13괘 8분에 비하면 실로 7괘 2분이나 높은 것이다. 내지 견가보다 조선의 견가는 약 1/3이나 염가이니 과연 조선의 견가는 그만큼 일본의 견가에 비하여 헐하지 아니하면 안 될 이유가 있는 것이다. 그는 우리의 의심이 없지 않은 바이다.

3. 문제 되는 생사 생산비

조선의 고치 값이 오늘날의 정세하에서는 같지 아니할 이유가 첫째 일본의 생사 시세를 따르는 것이다. 조선 생사도 요코하마(橫濱)가 수출지가 되어 있기 때문에 그곳에까지 가져가는 회물 운송만큼 헐하도록 하려는 것이 이 조선의 오늘날의 처지가 그렇게 하도록 시키는 바라 어쩔 수 없겠지마는 그 이상에 무엇이 있다면 그것은 고치 질의 여하에 있을 것이다. 그러나 조선 산견의 질은 결코 일본 산견의 질에 비하여 손색이 없는 것이다. 이러한 터에 고치 값이 1/3이나 헐하다는 것이 그 정당한 정도를 넘어서 너무나 헐한 것이라 아니할 수 없는 것이다.

동일한 시기에 준비하는 것으로써 고치 값이 헐하다면 그것은 생사 생산비의 분량이 반비례적으로 많아지는 것이니 조선의 제사(製絲) 생산비는 과연 그만큼 아니하면 안 되는 것인가. 사실에 있어 일본에서는 생사 100근의 생산비를 보통 200원으로 추정하였으니 이는 농림성에서 조사한 최근 통계에 의하여 나타난 숫자이다. 그리고 그 최저의 생산비는 159원까지도 있었던 것이다. 이러함에도 불구하고 조선에서는 제사업자(製絲業者)들이 생사 생산비를 300원을 주장하여 결국 270원으로 협정하였으니 이는 일본의 최저 생산비의 거의 2배에 달하는 거액이다. 이것이 나년의 제사협회(製絲協會) 임원회에서 문제가 되었다. 그것은 일반 제품의 생산비가 모조리 3할, 4할이 저하하였고 노임은 그만큼 떨어져서 종래의 생산비를 그대로 계산한다는 것이 이미 사회적으로 아주 노골화한 무리인 까닭이다.

그러나 그것이 문제가 되기는 하였었으나 그 얼마나 저하한다는 것에 대하여는 어떠한 발표가 없었다. 그 생산비를 저하하여 일본보다 견가는 결국 4~5괘를 저하한다고 하던 것이 그 기준 가격 결정에 있어 7괘여를 저하하였으니 생사 생산비의 저하라는 것은 오직 문제에 올리기만 하였고 그 실제의 저하는 실현되지 않은 것이 아닌가 생각된다. 먹는다는 말만으로는 배가 불러지지 않는 것이니 생산비를 내린다는 말만으로는 고치 값이 나아질 수가 없는 것이다.

4. 견가상의 무리한 차

조선과 일본의 상품이나 원료를 거래하는 관계에 있어 실제로 동일한 경제 구역이 되어 있다. 물건의 질이 같으면 값도 반드시 같아야 될 것이다. 조선의 물건이 헐하다 하면 일본에서 아니 가져가지를 못하고 일본이 헐하다 하면 조선에서 또한 비싸게 할 수가 없는 것이다. 그 뿐 아니라 조선에서 나는 원료일지라도 일본에서 가공하는 것이 유리하다 하면 조선에 공장이 첫 번부터 생겨날 수가 없을 뿐 아니라 원료는 두말할 것도 없이 일본으로 흘러가고 말 것이다.

조선에서 생산비를 비싸게 먹는다고 원료를 헐하게 사려 하면 그 원료는 운임을 먹여서라도 일본으로 보내서 팔지 아니치 못하게 되는 것이니 조선의 고치라는 생사 원료의 값도 반드시 그러하여야 할 것이다. 생산비를 많이 먹으니 고치를 헐하게 사야만 제사업(製絲業)이 지탱될 수가 있다는 것은 적이 무리한 말인가 한다. 왜 그러냐 하면 원래 고치를 헐하게 사려는 것이 무리이다. 생사 제조업을 조선에서 경영하지 아니하면 안 된다는 것은 양잠업자로서는 반드시 생각하는 바가 아닐 것이다. 상품인 고치를 비싸게 판다는 것만이 고치 생산자의 알 바요 그 나머지의 실을 어디서 뽑아내든지 그것은 물을 바가 아닌 것이니 동일한 경제 구역 내에서 조선에서 생사 생산비가 높다고 일본 고치 값을 받지 말라는 것이 얼마나 무리가 심한 것인가. 그러므로 생사 제조업자들이 그 생산비가 많아서 생긴다는 손실을 양잠업자들에게 짊어지우고라도 조선에서 제사업을 경영하지 아니하면 안 된다는 이유는 어디서도 발견할 수 없는 것이다. 이는 조선의 생산업을 발달시킨다는 의미에서 일으킨 기업이라면 그보다는 차라리 자본가 자신의 이윤을 더 많이 짜내기 위하여 조선의 기업을 일본으로 이전하여서 조선 양잠업자들로 하여금 무리한 부담이 커지지 않도록 하는 것이 피차에게 유리한 바가 아닐까 생각된다.

5. 공판제의 희생

그러면 조선의 양잠업자들은 어찌하여 누에고치를 값이 비싼 일본으로 수출하지 못하는 것이며 또한 그것이 이로울 줄 알면 어찌하여 중간 상인이 나타나지 않는가. 여기에 대하여는 어찌하지 못하는 구속이 있는 것이다. 즉 일정한 지역에서 생산하는 고치는 도에서 지정한 매수인에게만 팔 수가 있게 된 것이다. 공동판매라는 것은 생산자가 서로 약속하여 유리하도록 고치를 파는 장소가 아니라 도에서 고치 매수의 허가를 얻은 제사업자의 원료로 매수하는 것이니 이 지정인 외에는 사지도 못하고 팔지도 못하게 된 것이다. 이미 고치의 기준 가격을 협정한 것이 제사비(製絲費)를 확대한 계산으로 말미암아 헐하게 된 데다가 지방 사정의 참작이라 하여 함부로 떨어뜨린 가격이요 기타에도 가지가지의 부정 수단으로 말미암아 고치 판매인의 불평과 비난이 끊어지지 않지마는 그 매매에 다른 방법을 취할 수가 없게 된 것이다. 어떠한 무리가 있으나 지정된 매수인과 해당 지역 내의 고치 생산자와는 떠날 수 없는 관계를 지어 놓는 것이다. 결국 자유판매를 불허하는 구속이니 이러한 사정하에서는 조선의 견가가 아무리 불리할지라도 일본으로 이출될 수가 없는 것이요, 또 그러하니 중간상 이익이 많을 줄을 알지라도 원료 고치를 살 수가 없는 것이다. 물론 고치 매수인 중에는 극소수의 비(非)제사업자가 없지 않지마는 그 대부분은 조선의 제사업자이니 그들 비제사업자가 매수한 것은 늘 대부분이 일본으로 고치를 이출하는 것이니 이것이 더욱 유리한 까닭이다. 특히 지금에도 경성과 대구에서는 고치를 자유로 판매하는 터이라 누구가 누구에게 팔든지 그것이 자유인 까닭에 고치 매매 가격은 자유경쟁의 원칙하에서 오르내리는 고로 이 두 지방의 견가는 어느 때에나 전의 부자유한 판매 구역에 비하여 비싼 것이다. 요컨대 고치의 자유판매를 불허하는 것이 견가를 헐하게 하고 생사 시세를 따르는 변동을 부자유롭게 하여서 양잠업자의 불리를 키우고 있으니 그 값을 무리하게 저하하면서 경제상의 유동 법칙에 의한 수급적 균형의 길을 막고 있으니 이야말로 자유경쟁적 법칙의 경제 조직 안에서 독점의 무리가 만들어 내는 모순일 것이다.

6. 양잠업자의 곤황(困況)

이와 같이 조선의 견가는 어느 방면으로 보아도 시세 이상으로 떨어진 값이니 이것도 금년뿐이 아니요 어느 해에도 그러하였다. 생사 생산비를 절대로 문제시하면서 고치 생산비는 어찌하여 말하지 않는 것이 옳을까. 고치 생산자가 생산비를 주장할 수가 있고 원료 매수에 자유로운 경쟁이 가능하다면 조선의 헐한 고치를 독점하기 위하여 일본의 제사업자들이 조선에 건너라도 오게 될 것이다. 이러한 의미에서 공동판매의 폐해는 실로 심대한 것이다. 요컨대 생산비를 묻지 못하는 생산자의 비애는 여간이 아닌 것이다. 세계의 공황이 아무리 심하다 할지라도 밤잠을 못 자고 생산한 고치가 그 생산비를 보상하지 못함이 큼에서야 그 생산의 본의는 완전히 상실되고 만 것이다. 그러나 산견 100만 석 계산은 무리하게도 진행하고 있어 손실을 돌보지 않는 양잠자 수가 늘어 가니 이것도 조선이 희생한 경제 사정하에서가 아니면 볼 수 없는 기현상일 것이다. 어찌 농업 공황이 극히 심각한 때라 일반 원료 가격이 놀랄 만큼 폭락한 것이 사실이지마는 견가는 해마다 반분에서 반분으로 폭락하여 이제는 아주 그저 주지만 않을 만큼 된 것이니 여기에서 입는 손실은 곧 농가의 줄곧 적체되는 부채요 파탄인 것이다. 그러나 이는 일부의 미지근한 대책으로 벗어날 수 없는 희생이다. 금융자본이 금융자본의 활동을 계속하는 이상 가장 헐한 원료의 획득책은 없어지지 않는 것이요, 이것이 가능해야만 해외에 대한 수출력은 강대화하는 것이니 이 조선의 원료 생산업이 입은 거대한 희생을 어찌 우연이라 하랴.

7. 부업의 손실은 도외시하는가

혹은 이렇게 말한다. 조선은 노력이 많이 남는 터이니 생산비가 적은 것이 사실이요 또 조선의 양잠업이라는 것은 농가에서 여가를 이용하는 한 부업이니 그 생산비는 더욱 적은 것이다. 그러므로 견가가 많이 떨어진 이때에도 조선의 양잠업자로서는 손실이 없다는 것이다. 이 노동력이 많이 날 것이 사실이나 이는 정당한 생산력이 되지 못하는 것이 아닌 이상 노동의 결과를 그저 빼앗을 수는 없는 것이 아닌가. 또 이미 전업(專業)하고 양잠가가 열심스러운 당국의 장려에 의하여 많이 생겨난 이상 여가, 여가로 기르는 소규모의 산견으로 생산비의 표준액을 받으려는 것이 큰 무리가 아닌가 한다. 특히 전업이 아닌 부업 생산자에게는 전업 이상의 고난이 많이 부수하는 것이지마는 그 가치는 늘 사회적으로 판단할 것이라 자유경쟁의 경제 조직하에서 그 상품은 중량과 질로 평가할 뿐이요 개인의 사정 여하는 어떠한 참작도 되지 못하는 것이다. 경국 고치를 생산함에는 그 먹을 것은 다 먹고 그 손댈 데는 다 대야 되는 것이며 또 조선의 농가라는 것은 농업이 그의 전업이고도 항구적으로 실업 정세하에 머물러 있는 터이니 조선의 양잠자는 그 전부가 엄정한 의미에서 무업자들이다. 이 기회는 누구들보다도 더욱 기다리든 바요 겸하여 열심하는 때이다. 그뿐 아니라 그 수중에 자금이 없는 자로서는 조선에서 특유한 고리대금 업자에게서 고리로서 융자하지 아니하면 안 되는 것이니 이는 견가의 폭락으로 곤란하여 받는 고통의 남달리 심한 일례일 것이다.

8. 제사 원료 획득상의 모순

그러나 조선 내의 제사업자의 경영만을 중시한 견가의 협정은 그것이 너무나 헐한 것이다. 일본의 최근 견가에 비하여 7괘 이상의 저락율에 이른 것이니 이는 반드시 농가의 산견으로 하여금 상품이 되지 않게 하는 커다란 요인이 될 것이다. 금년보다 훨씬 비쌌다고 할 만한 작년의 견가로서는 고치를 방매치 아니하고 실을 뽑고 명주를 짜며 항라[93]를 짜 버렸다. 제사업자의 원료 매입이 예정 수량에 달하지 못하였고 그래서 금년 2~3월경에는 제사업자들은 원료 고치가 많이 부족하여 일본에서 가져오는 등 사실이 있었던 것이다. 금년의 고치 생산비가 작년에 비하여 줄었을 조건은 아무것도 없다. 고치 생산비는 줄어지지 아니하고 견가만이 4할에 가깝도록 떨어졌다 하면 작년에도 자가용이 많았거든 금년에 더욱 많을 것은 넉넉히 미루어 생각할 수가 있는 바일 것이다. 즉 고치 매판량이 줄지 않을 수가 없을 것이다. 요컨대 조선에 제사업이 왕성하여 이제 기계 제사공장(製絲工場)이 52개소, 총부수는 7,500부를 헤아린다. 생사 생산액은 25만여 관에 달하였으니 그 발전은 극히 신속한 것이다. 그러나 제사업의 이로운 발전은 고치 생산자의 퇴축을 초래하고 또한 고치 판매량을 엄청난 정도로 줄이고 있으니 이것도 현내 경세의 어느 부면에서나 볼 수 있는 한 모순상이다. 조선의 양잠업은 장차 어찌 되려는가. 견가가 오르지 아니하면 뽕나무를 뽑아 버리는 수밖에는 할 수가 없을 것인가?

93 명주, 모시, 무명실 등으로 짜는 직물.

〈자료 419〉 일·미 생사(生絲) 무역을 중심으로 한 조선의 양잠과 견가(繭價) 문제

(徐椿, 혜성 1권 5호, 1931.8 4~8쪽)

1. 조선 양잠

조선의 양잠업은 면화 재배, 축우, 속작(粟作) 등과 같이 조선총독부의 장려 사업의 하나로 꼽히는 것이다. 따라서 사양(飼養) 호수로 보나 고치 산액으로 보나 매년 증가함을 본다. 이제 이것을 통계 숫자상으로 본다 하면 1920년(大正 9)에는 사양 호수 32만 6,000호, 소립 매수 48만 5,000매, 고치 산액 13만 3,000석, 가액 887만 6,000원이던 것이 그 후 10년을 경과한 1929년(昭和 4)에 와서는 사양 호수 64만 8,000호, 소립 매수 약 93만 1,000매, 고치 산액 48만 8,000석, 이 가액 2,253만 8,000원으로 어느 편으로 보나 다 월등히 증가했음을 본다. 즉 이 10년간에 사양 호수 및 소립 매수에 있어서는 약 2배, 산견액(産繭額) 및 가액에 있어서는 약 3배의 증가가 있었음을 본다. 이 추세대로 가면 금후 10년을 지나지 못하여 산견액이 100만 석 이상에 달할 것은 이를 추측키 곤란치 아니하다.

따라서 양잠업은 조선 농산업에 있어서도 저 일본에서와 마찬가지로 점차 중요성을 띠게 되어 가는 것이다. 동시에 미가에 대한 관심과 마찬가지 정도로 견가의 고저 여하에 대해서는 관심을 가지게 될 수밖에 없다.

저 산미증식책의 경우와 마찬가지로 당국의 산견(産繭)장려책에는 이를 농가의 입장을 보아 중대한 결함이 있다. 그것은 즉 생산 수량을 증가시키기에만 오로지 힘을 다하고 생산한 고치의 가격을 유지, 안정하여 농가의 수입을 증대시키는 방면은 이를 등한에 부쳤다는 것이다. 물론 당국으로 하여금 말하게 하면 고치의 판매 방면을 농가에 유리하게 하기 위하여 고치의 공동판매제를 안출(案出), 장려 중이라고 변명, 해명할는지 모르나 문제의 공판제는 금일까지의 실적에 나타난 것으로 보면 당국이 기대한 바와는 정반대로 조선 내 제사가(製絲家)에게 독점권을 부여하여 그 결과로 농가에 대하여 여러 가지로 공판제 없는 때보다 불리를 받게 한 것밖에 없는 것이다.

이에 조선 농가로 보면 고치의 생산은 당국의 장려로 하여 가거니와 그 판매에 있어서는 이를 당국에만 의뢰할 수가 없이 자력으로 그 판매를 유리한 방면으로 하여 갈 방도를 강구할 수밖에 없게 되었다. 적어도 현재의 상태는 바로 그런 정세에 있다.

고지의 판매를 농가에 유리하게 하는 데는 물론 제도상에 고쳐야 될 점도 많거니와 그것만으로는 부족하고 반드시 견가를 지배하던 세계적 사정을 살펴 알아야 된다. 여기서 나는 다른 문제는 다 다른 기회로 밀고 금번은 견가를 지배하는 세계적 사정의 대강을 들어 보고자 하는데 우선 순서에 따라서 일본의 잠사업(蠶絲業)의 개황을 말하고 다음 본문제로 들어가려고 한다.

2. 일본 잠사업의 중요성

조선 사람은 다만 고치를 생산하지 그 생산한 고치를 원료로 하여 생사를 만든다든가 또는 생사를 원료로 하여 견직(絹織)을 한다든가 하는 데는 일절로 손을 대지 아니하는 고로 조선에서는 다만 어떠하면 고치의 생산량을 증가시킬까 또는 어떻게 하면 그 생산한 고치를 유리한 가격으로 판매할까 하는 것만이 직접 당면한 문제가 되는 것이오 기타 생사, 견직물(絹織物) 등에 대해서는 그 수요량과 그 가격이 견가에 영향을 미치는 정도로밖에 관심을 가지지 아니한다. 따라서 조선서는 견가 문제가 다만 고치의 생산자 즉 농가의 문제가 될 뿐이다.

그러나 이를 일본의 처지로 보면 그 산견액 및 생사 제조액이 전 세계에서 뛰어난 만큼 농·상·공 세 방면에 걸쳐서 실로 중대한 관계를 가지고 있다. 따라서 조선서는 다만 양잠업이지마는 일본서는 이를 잠사업이라고 하게 된다.

먼저 이를 농업 방면으로 보면 일본 농가 총호수 550만 호에 대하여 양잠 호수는 260만여 호로서 전 농가의 약 3할 7푼에 달하며 또한 양잠업에 의한 농가 1호당 수입은 금해금(金解禁)[94] 이전 이전의 6~7년간에는 250엔 내지 400여 엔에 달한다. 이것을 보아 양잠업이 일본 농가 경제에 대하여 얼만한 중대성을 가졌는가 하는 것을 알 수가 있다.

다음 이를 제사(製絲)라는 공업 방면으로 보면 일본의 기계 제사공장(製絲工場)은 일본 전국에 걸쳐서 그 수 3천 수백을 헤아리며 투하 총자본액은 약 3억 엔이라 하며 생사의 생산 가격은 약 10억 엔에 달한다고 한다. 이리하여 그 규모에 있어서 일본의 섬유공업 중 방적업과 아울러서 양대 공업의 칭호를 듣는 것이다.

94 금 수출 금지의 해제로, 금본위제 복귀를 의미한다.

또는 이를 상업 특히 무역 방면으로 보면 일본의 총수출액 20억 엔에 대하여 그중 8억 엔까지는 생사 수출의 대가이다. 이것이 생사의 수출이 일본의 수출 무역의 대종이라는 칭호를 듣는 이유이다.

다음 일본 생사의 세계적 지위와 생사로 인한 미국과의 관계를 일언하면 일본의 생사 생산액은 세계 전 산액의 3할 7푼을 점하고 세계 최대의 생사 소비국인 미국의 생사 수입고의 8할 내지 9할은 일본으로부터 가는 생사이다. 이만했으면 잠사업의 일본 경제계에 있어서의 중요성을 알 수가 있는 동시에 이 업의 안락과 근심이 일본 경제계에 미치는 영향이 얼마만한지 엿볼 수가 있을 줄로 생각한다.

3. 생산을 지배하는 세계적 사정

앞에서 기술한 숫자로 본 바와 같이 일본은 그 수출 총액의 4할 이상이 생사이니만큼 잠사업이 아니고는 국제 대차의 평형을 유지할 길이 없는 나라이다. 그 때문으로 일본은 특히 잠사업을 장려하여 그 증산을 기도해 온 것이다. 그 결과로 일본의 잠사업은 최근 10여 년간에 특히 장족으로 발전했음을 본다. 이제 이것을 숫자상으로 볼지라도 잠깐 요코하마(横濱), 고베(神戸) 양 항에의 생사 입하고를 생사의 생산고로 간주하고 보면 1928년(昭和 3) 6월부터 1929년(昭和 4) 5월에 이르는 생사연도의 생사 생산고는 수백만 짝(梱)으로 구주대전 개시 당시의 1914년(大正 3)에 비하여 약 3배의 증가가 있었음을 본다.

그러나 특히 재작년부터의 공황 이래로 생사를 지배하는 세계적 사정은 일본 잠사업의 앞길에 대하여 결코 낙관을 불허할 정세로 끌어가고 있음을 본다.

(1) 첫째는 인견의 압박이다. 즉 인견의 발달과 그 수요의 증가는 천연견(天然絹)의 영역을 침식하되 급속하고 대량으로 하고 있다. 인조견이 천연견을 구축하는 무기는 두 가지가 있다. 그 첫 번째는 천연견에 손색이 없으리만큼 만들 수 있다는 기술의 발달이오 그 두 번째는 가격의 저렴이다. 특히 재작년 이래의 공황으로 세계 각 국민의 고가물(高價物)에 대한 구매력의 감퇴는 점차 천연견을 버리고 인조견으로 가게 하고 있다. 일본이 수출하는 생사 수량의 9할 푼분까지를 써 주는 미국의 실례로 볼지라도 최근 6년간의 숫자에 의하면 생사 소비의 증가율은 해마다 감소하는 데 대하여 인견 소비량의 증

가율은 해마나 3할, 4할의 비율로 격증해 감을 본다. 고로 이 인견의 발달은 일본의 생사에 대하여는 거의 대책이 있을 수 없는 중대한 압박으로 볼 수밖에 없는 것이다.

(2) 일본 잠사업의 앞길을 비관하는 둘째 사정은 생사의 가격 지배권이 미국의 손에 달렸다는 것이다. 미국의 경기 여하의 바로미터(척도)가 되는 스틸(steel) 주(株)가 올라가면 일본의 생사도 따라서 올라간다. 내려가면 생사도 따라서 내려간다. 즉 이것이 일본 생사의 가격 지배권은 미국에 있다는 실증이다. 그러면 어찌하여 생산자인 일본 측에 그 지배권이 있지 못하고 소비자인 미국 측에 그 지배권이 있게 되느냐. ① 첫째는 세력 관계이다. 일국 내에서 금력(金力)으로 약한 농민은 항상 자가 생산품에 대하여 가격 지배권을 가지지 못하고 금력으로 강한 상공업자에게 그 지배권을 빼앗기고 반드시 국제 간에도 역시 금력으로 우세한 나라가 가격 지배권을 가지게 되는 것이다. 그러면 금력으로 우세하면 어떤 이유로 가격 지배권을 가지게 되느냐. 금력으로 우세한 자가 파는 쪽에 서는 때는 안 팔고 두려면 아무래도 안 팔고 묵힐 수가 있고 밑지고라도 일단 팔려고 결심만 하면 아무래도 팔 수가 있기 때문으로 그 파는 가격을 올리고 내리는 것을 임의로 하게 되는 것이오, 또한 그가 사는 쪽에 설 때에는 안 사고 두려면 아무래도 안 살 수가 있고 사려고 들면 어떠한 고가를 주고라도 암만이고 살 수가 있으니까 그 사는 값을 올리고 내리는 것을 임의로 할 수가 있는 것이다. 그런데 생사에 대한 미국의 태도는 바로 이 후자의 경우에 속한다. ② 미국이 지배권을 가지는 둘째 이유는 미국이 일본 생사의 최대 수요국이라는 사실에 기인하는 것이다. 일본은 누구나 다 알 바와 같이 자기가 소비하기 위하여 생사를 만드는 것이 아니다. 대외 특히 대미 수출이 유일한 목적이다. 고로 미국의 일본의 생사 수출 총액의 9할 5푼까지를 소비해 주지 아니하면 일본의 생사는 그냥 두어 썩히거나 그러지 아니하면 자국 내에서 면사 가격 이하의 저렴한 가격으로 국내 소비를 할 수밖에 없다. 이러한 사정에 있기 때문으로 미국이 경기가 좋아서 잘 사 주면 그 가격이 오르는 것이오 그렇지 못하면 내릴 수밖에 없는 것이다. ③ 셋째 이유는 생사 자체가 비교적 사치품에 가깝다는 사정에 기인한다. 사치품은 그것이 생활 필수품과는 달라서 소비자의 구매력 여하에 따라서 가격이 결정되는 것인 고로 소비자에게 가격 결정권이 돌아가게 되는 것이다. 바꾸어 말하면 소비자의 재력에 여유가 있어서 잘 사 줄 때에는 가격이 아무래도 오를 수가 있지

마는 소비자에게 여유가 없으면 전과는 반대로 아무래도 내릴 수가 있는 것이다. 이를 생사의 경우로 말하면 미국이 아무리 부유한 나라라고 할지라도 그것은 그 나라에 소수의 거부가 있다는 말이오 그 국민 대다수가 골고루 부자인 것을 가리키는 말은 아니다. 따라서 미국서도 역시 생사를 원료로 만든 견직물은 사치품에 속하는 것이다. 특히 씨 앗는 방면이 거의 전부가 부인의 의복용으로 씨 앗는 것이니까, 경기가 좋아서 남편이 잘 벌어야 여편네한테 명주옷을 제공할 수 있지 심각한 불경기 속에서 실업을 당하고 앉아 있는 사람으로는 가능치 못한 일이다. 사치품의 가격 지배권은 소비자 측에 있는데 미국은 생사라는 사치품의 소비이기 때문에 그 지배권을 가지게 되는 것이다.

④ 그 넷째 이유는 일본 잠사업에 내재한 결함에 기인한 것이다. 이를 간단히 말하면 일본의 양잠가는 자본의 결핍, 기타에 몰리어서 고치를 생산비 이하로 투매할 수밖에 없고 일본의 제사가는 자금 융통난, 동업자의 경쟁, 과도한 투기 등에 의하여 생사를 투매하는 폐가 있는 고로 생사를 사는 쪽에서 미국은 일본 측의 이 약점을 교묘히 이용하게 되는 고로 그들이 지배권을 가지게 되는 것이다.

(3) 일본 잠사업에 대하여 압박을 준 제3 원인은 일본의 금해금 단행이다. 금해금으로 인하여 일본의 화폐 가치는 1할 3푼가량 등귀하였는데 이 때문으로 이에 반비례하여 일본의 생사 가격은 1할 3푼 저락될 운명에 있었다.

(4) 일본의 사가(絲價)를 폭락시킨 제4 원인은 재작년 뉴욕 주식 폭락 이래의 분은 1할 3푼밖에 아니 되는데 사실에 있어서는 재작년 이래로 사가가 폭락하여 그 저락율이 5할 이상에 달한 것은 미국의 공황이 그 중대한 원인을 지은 것이다. 이를 숫자상으로 말하면 재작년 봄에 1,300엔 이상이 가던 생사 가격이 지금 580엔 근방으로 떨어지게 된 것은 미국 공황이 그 중대 원인을 지은 것이다.

4. 일본 잠사업의 결함

먼저 양잠가의 결함을 들어 말하면 일본의 양잠가가 첫째는 양잠은 여가를 이용해 하는 부업에 지나지 못한다는 인습적 관념에 지배되어 수지 채용을 무시하고 오직 그 생산량의 증가에다 치중한다는 것은 중대한 결함의 하나이다. 일본 양잠가의 두뇌에는 "원가는 계산해 무엇하게 우리는 곡물 재배의 여가를 이용하여 부업적으로 이를 경영하고 있는 것이니까, 다만 될 수 있는 대로 많이 생산하면 그만이다. 비록 저락할지라도 그 대신 생산 수량을 많게 하여 많이 팔면 수입에 있어서는 마찬가지이다." 이러한 인습적 관념에 의하여 채산을 무시하고 생산 수량을 많게 하기에만 치중하는 것이 견가를 저락시키는 중대 원인의 하나이다.

그뿐 아니라 농가는 대개 빈한한 고로 채무 세금, 기타의 금전의 필요에 몰려서 두었다가 팔면 가격이 오를 줄을 보면서도 투매를 할 수밖에 없는 것이 또는 결함의 하나이다.

이제 이것을 공업자인 제사가 측으로 보아도 역시 (1) 금융난, (2) 동업 경쟁, (3) 투기, (4) 판매 조직의 난잡 등의 결함을 가지고 있기 때문으로 생사의 가격 통제를 마음대로 할 수가 없이 미국 측 기업가(생사를 원료로 하여 견을 제조하는 자)에게 가격의 지배권을 빼앗기게 되는 것이다. (…)

〈자료 420〉 견가(繭價) 결정의 불합리성(裵成龍, 신동아 9호, 1932.7, 50~53쪽)

1. 일본 견가보다 4~5괘 저렴

세월은 빠르다. 6월이니 누에고치를 수확할 때에 이르렀다. 또 신문지상에는 예년과 같이 지방의 누에고치 생산자로서 또 판매자로서의 가지가지의 밑지는 사실, 속은 사실이 드러날 것인가. 등급 사정에 불평, 가치 결정에 불평, 중량 및 용량의 불평이 어느 해, 어느 곳에서나 없는 곳이 없으니 금년에도 예년과 같은 방법으로 누에고치를 매매할 것인 이상 재래의 누에고치 생산자의 불안이 없을 수가 없을 것이다.

특히 금년은 견가가 작년보다도 엄청난 정도로 떨어질 모양이다. 벌써 일본서는 봄고치가 매매되고 있어 작년보다 많이 틀림이 있는 가격으로 거래되고 있다. 그래서 일본 견가보다도 훨씬 헐한 조선의 견가이니 지금부터 조선의 견가는 얼마나 되리라는 것을 예상하게 된다. 작년보다 헐한 것이 거의 결정적 사실이라 하면 그 헐한 정도는 얼마만 한 것일까. 지난 5월 26일의 신문이 보도한 바에 의하면 봄고치 시세가 제사업자(製絲業者) 측에서는 10괘기량을 바라보고 있는데 총독부의 조정으로 예년과 같이 일본보다 5괘가 떨어진 12괘가량으로 되어 최저 11괘, 최고 14괘가량으로 낙착하리라 하였다. 이에 최근 일본의 고치 시세를 살펴보건대 5월 29일에 누마즈(沼津) 시장에서 거래된 바는 다음과 같았다.

등별	잠견가(蠶繭價)	백견가(白繭價)
최고	2엔 64전	2엔 57전
최저	2엔	2엔 31전
보통	2엔 38전 6리	2엔 45전 3리
괘목(掛目)	21괘	21괘

이 표에 의하여 본다면 일본보다 5괘가 떨어진 것은 16괘가 될 듯하니 이것이 어찌 되어서 12괘가 되는지 모를 일이다. 특히 제사업자들이 말하는 10괘라는 것은 무엇에 근거하여 나타난 주장인지 그것도 모를 것이니 모두가 아마 헐한 것을 기호(嗜好)함에서 부르게 된 바가 아닌가 한다.

2. 견가는 어찌하여 결정될까

이 글을 쓰는 날이 6월 5일이다. 5일, 6일 양일에 조선제사협회(朝鮮製絲協會)와 총독부 당국과 모여서 봄고치 기준 가격을 협정할 터라는 것이다. 이에 앞서서 제사협회에서 지난 3일에 자기네들끼리 준비적 협의가 있었다는바 이에서 생사(生絲)의 생산비를 문제 삼았었다 한다. 그래서 전년의 생산비 270원보다 좀 줄인다면 결국 일본보다 4~5괘를 떨어뜨려서 14괘쯤 되리라 하였으나 요컨대 지금까지 말이 되는 춘견가(春繭價)는 가장 나은 것이 10괘요 높은 것은 14괘이다. 이것이 장차 어떻게 결정될는지 모르나 이 최고의 14괘가 된다 하더라도 앞에서 기술한 일본 누마즈 고치 시세보다도 7괘가 낮은 것이다. 그리고 다른 한편으로 시세의 그보다도 더 폭락할 것을 추측하는 일부에서는 금년의 견가는 작년의 약 반값으로 되어서 특등이라야 한 1원 20전이나 되고 2등의 1원 10전 이하로 될 듯하다고도 하니 그 어떻게 결정될 것을 예상하기가 어렵다. 일본 고치 시세가 또렷이 드러난 오늘에도 일본의 견가에 의거한다는 그 고치 값을 그 동시에 알 수 없다는 것은 다만 거기에만 의거함이 아닌 것을 증명함이 아닐까 한다. 고치 한 말에 좋은 것이라야 1원 10~20전이라는 것이 얼마나 무섭게 떨어진 값이냐. 이러할지라도 농가에서 생산한 누에고치를 팔 것인가. 만약 부유한 사람으로서 혹은 재미로 길렀고 또 돈을 모으기 위하여 누에를 기르는 것이라 하면 그도 반드시 명주실을 내어서 옷을 해 입게 할 것이다. 그렇지마는 얼마라도 이익을 얻어서 생활에 좀 보태 쓰려는 뜻으로 남의 돈을 꾸어서 뽕잎을 사서 먹이고 기타에도 양잠에 필요한 설비를 해서 생산한 고치라 하면 여기에서는 고치 값이 아무리 떨어져서 한 말에 30~40전을 받는다 할지라도 팔지 않고는 배겨날 수가 없을 것이다. 과연 전 조선의 양잠 호수가 86만여 호 중에 누에를 재미로 길러 보았고 못 되면 그뿐이요 잘되면 돈이라도 모으고 그날그날의 생활에 관련시키지 않는 이가 몇 사람이나 있을 것인가. 놀기 겸해서 있는 뽕을 먹이며 소규모로 도락(道樂)[95]으로 양잠하지 않는 이들의 곤란이 재작년보다는 물론이요 작년보다도 훨씬 더 심할 것을 넉넉히 잘 추측할 수가 있는 것이다.

3. 고치 생산비 문제

이와 같이 고치 값이 해마다 엄청난 정도로 떨어지지마는 양잠하는 호수는 해마다 늘어 가고 또 따라서 조선의 총산견량(總産繭量)도 줄곧 늘어 가기만 한다. 고치 값이 그 생산 비용을 물 수 없을 만큼 헐하지마는 관청에서는 아직 양잠을 많이 하라고 장려만 한다. 고치 값이 헐해서 손해를 보겠거든 고치를 훨씬 많이 지어 내도록 하여 손해가 없도록 하라는 것이다. 양잠에서 이익을 보지 못하거든 뽕값이 많이 들지 않는 여름·가을고치로 그 손해를 메꾸게 하라기도 하고 금년의 고치 값은 작년보다는 나을 듯하다. 그렇지 않더라도 부업으로는 노는 것보다는 나을 것이니 길러 보라는 것이다. 사실에 있어 조선의 산견100석계획이 이제 겨우 6년을 지났으나 작년의 수견고(收繭高)가 아직도 57만 석밖에는 되지 못하였던 것이다. 그것이 100만 석에 찰 때까지는 백열적(白熱的)으로 장려할 것이니 이미 계획한 100만 석의 수견(收繭)이 있을 때까지는 그저 줄 만한 값일지라도 장려하는 곳에서만 계획은 성공일 것이니 뚜렷한 정책으로 보아서 원료를 많이 생산케 하는 데 무슨 불리를 느낄 것이냐. 양잠가들이 손실을 면하지 못하여 불평하여 기르라고 권장한 것이니 거기에서 혹 미안을 느낄는지는 모르나 그 미안이 양잠가들의 손실을 채울 수는 없는 것이니 양잠가들의 손실은 현실적으로 있어서 피할 길이 없는 것이다. 원료를 많이 생산하고 겸하여 그것도 헐한 값으로 살 수 있으니 이것이 산업 진흥에 매우 유리한 조건이 됨에서랴.

최근에 모 신문지상에서는 "잠사(蠶絲) 시세 폭락으로 양잠가 매년 감소"라는 제목이 나타

---

95 도(道)를 깨달아 스스로 즐김. 본업 외의 취미에 빠져 즐김.

났다. 나는 양잠 호수가 늘어 가는 줄 아는데 매년 감소라는 것을 의심하였더니 사실 줄지 않은 것을 줄어 간다고 한 것이다. 해마다 고치 값이 떨어져서 혹 결단성이 강한 것으로써 뽕나무를 뽑아 버리는 일이 있기는 하였으나 양잠가 수가 줄어든 일은 없는 것이다. 해마다 손실을 보는 데서도 권장으로 말미암아 양잠 호수는 늘었고 금년에 있어 너무나 엄청난 정도로 견가가 떨어져서 양잠가들의 손실은 너무나 확대되었으니 이에 대하여 총독부에서 대책을 강구하기는 하였으나 무슨 좋은 방법이 없고 다만 조선잠사협회(朝鮮蠶絲協會)를 시켜서 누에고치 생산비를 조사케 한다는 것이니 그 생산비가 있다면 견가를 올리고 또 헐하면 견가를 떨어뜨리게 될는지가 모를 것이다. 그렇지도 않는 것이라면 생산비를 조사한다는 것도 아무 쓸데가 없을 것이 아닌가 한다. 이제 잠사회(蠶絲會)에서 조사할 항목이라는 것을 열거하면 이러한 것이다.

1. 뽕나무밭의 비용
1. 토지 사용 상황
1. 농구의 손료(損料)
1. 노임
1. 누에씨 대금
1. 수견량(收繭量)
1. 보조비
1. 잠실(蠶室)의 손료
1. 점등비
1. 송과 부담금
1. 잡비
1. 잡수입

이러한 여러 가지 사실을 전 조선의 대표적이라 할 만한 양잠가 486호를 가리어 조사하기로 하였다 한다.

가격이 폭락에다가 폭락이 두 번, 세 번 거듭하는 때에 고치 생산비를 조사하면 생산자에게 어떠한 이익이 있는가를 알 수가 있을 것이다. 있을 만한 일이지마는 이번의 이 조사를 의탁한 데가 조선잠사협회이다. 물론 생산비를 알아서 견가가 좌우될 것 같지도 않을 뿐 아니라 조선잠사협회의 조사가 과연 고치 생산자의 이익을 위하여 정확한 숫자를 만들어 낼 수가 있을는지도 큰 의문이 되지 않을 수가 없는 것이다. 그것을 관청에서 조사하든지 그렇지 아니하면 생산 당사자가 조사하는 것이 혹은 권장하는 책임상으로나 또 이해에 관심하는 성의가 드러날 것이 아닌가. 그러므로 잠사협회에 의탁한 조사는 다만 생산비를 조사한다는 소리만 들리게 하고 결국에는 견가가 그만큼 떨어졌더라도 생산자의 손실은 없다는 답안이 튀어나올 것을 우리는 이제로부터 예상하고 싶은 것이다. 요컨대 양잠가들을 위하여 옳은 조사가 될 수가 없는 것이다.

4. 부업에서는 손실은 손실

조선의 모든 생산품에 대하여 생산비가 헐하다는 것은 이미 보편화한 상식이다. 그뿐 아니라 조선 사회의 경제적 정치적 지위가 그를 벌써 예시(豫示)하고 있는 것이다. 그리하여 대자본가, 대기업가들은 조선의 노력이 많고 노임이 헐하다는 것은 어느 때에나 듣고 있는 바이다. 이에 조선총독부 식산국 기사 다나카 아키라(田中日) 씨의 고치 생산비 문제에 대해 논한 바를 소개하면 이러한 것이다.

> "조선은 어떠하냐. 견사가(繭絲價)의 폭락으로 양잠가는 일본에서와 같이 어느 정도의 타격은 있으나 그러나 조선은 일본과 달라서 양잠가를 전업으로 하는 자가 적고 대부분은 부업적으로 경영하고 또 노임이 저렴하므로 금년(1931년(昭和 6))과 같이 견가가 하락한 때도 생산 원가를 해하는 일이 없을 줄 안다. (…)"

이에 의하면 타격이라는 것은 이익이 없는 것을 의미하는 것이다. 생산 원가는 밑지지 않는다면 이것이 손실이 없는 바일 것은 사실이나 그 이익 없는 것을 부업적으로 경영하는 까닭에 무방한 것으로 생각하는 것은 옳은 견해일까. 총독부에서 양잠을 적극적으로 장려하는 이때이다. 만약 양잠을 전업으로 하는 이들도 없지 아니하니 이들의 생산비는 부업자를 표준으로 하기 때문에 손실 있는 것이 의당함이라 할 것인가. 매우 애매한 말이다. 그리고 조선의 노력이 많고 헐한 것을 어디서나 말하는 바이니 말이지 만일 실업자를 고용한다면 1일에 1전의 임금만을 받을지라도 그는 놀고 수입 없는 것보다는 이익이니 노동자에게 대복음이라는 이론을 넉넉히 세울 수가 있는 이들인가 생각된다. 오늘날의 농업 공황이 세계적으로 확대되어 공업 등의 공황보다도 한층 더 심한 터이라. 그 전업으로 해서 생산비를 계산할 수 있다는 일본의 양잠가로서는 파탄을 면치 못하겠거든 더욱이 조선의 생산 고치는 금년 같은 해에는 거의 그저 주지 아니할 만한 것이라. 그 양잠가들이 입은 손실을 무엇으로 보상할 수가 있을는지가 여간한 문제가 아닐 줄 안다.

5. 제사(製絲) 생산비 문제

일본의 견가는 어찌하여 그같이 그칠 줄을 모르고 떨어지며 또 조선 견가가 일본보다도 그렇게 헐한 것일까. 금년의 견가에 대한 일부의 의견을 들으면 견가 기준은 주위의 정황에 비추어 작년의 생사 시가가 570원일 때에 생산비가 270원이어서 결국 18괘 1/7이었으니 비례에 의한다면 금년은 생사 시세가 440원이니 생산비 270원이면 10괘 6분 내지 11괘가량밖에는 아니 된다는 것이다. 일본에서는 약 3할이 떨어졌으나 조선에서는 약 4할이 떨어지지 않을 수가 없다는 것이니 이것이 일본보다 헐하게 되는 이유요 또 일본의 견가가 그같이 떨어지는 것은 생사가(生絲價)가 떨어지는 까닭인데 생사가 수출이 잘 되지 않고 생산은 여전히 많은 까닭이니 이는 세계 공황 특히 가장 많이 수출되는 미국 경제계가 곤황(困況)에서 곤황으로 기울어지고 있는 까닭이다. 사실에 있어서 같은 생사 시세를 표준으로 하는 고치 시세로써 조선이 훨씬 더 헐한 것이다. 조선에서 생산되는 고치는 대부분이 조선 안에서 제사업자의 원료가 되는 것이니 거기에서 모든 조건을 같은 것으로 본다 하면 조선에서 수출지인 일본 요코하마(橫濱)까지의 운임만이 불리일 것이다. 그러나 제사업자들은 조선에서의 제사의 생산비를 엄청나게 많이 계산하고 있다. 노동력이 남고 헐하다고는 하면서 노임이 그 대부분을 점령하는 생산비가 일본에 비하여 훨씬 높다는 것이다. 일본에서 생사 100근에 생산비를 200원으로 계산함에 반하여 조선에서는 270원을 잡는다는 것이다. 생사 시세에서 제사비(製絲費)를 공제하고는 남는 것이 견가라 하여 생사 가격이 떨어지면 떨어질수록 견가만이 줄도록 계산이 된다. 그리고 제사업자들은 말하기를 조선의 생사 생산비는 적을 것 같지마는 그 실은 반대로 많은 이유가 여러 가지로 있다는 것이다. 견질(繭質)이 불량하느니 모든 수수료가 많으니 금리가 높고 직공이 미숙자뿐이니 하여 그 생산비 많은 까닭을 얼마든지 나열한다. 그들이 생산비가 많은 조선에 와서 제사 기업하는 것이 조선의 고치 생산자를 위해서는 큰 불리인 것이다. 조선 고치를 일본의 생사 제조 공장에다가 공급한다면 그 일본까지 운반하는 운임만이 손실이 되고 기타에는 견질의 여하를 따라서 일본 견가와 동일한 값을 받을 터인데 조선에서 제사하는 까닭에 생산비가 많아지니 이 생산비가 많아지는 것을 조선 양잠가에다가 물리는 것이니 조선의 양잠가들이 그것을 물어야 할 어떠한 의무가 있는 것인가. 제사공장(製絲工場)이 조선에 있으면 조선으로서는 혹 노동력이 그만큼 수요되는 것이니 그것을 기뻐할는지는 모를 일이지마는 자본가, 기업자로서는 생산비가 많다면 조선에 와서 제사공장을 설비하지를 않을 것이다. 그 이익을 얻으려는 기업을 무슨 까닭에 불리한 곳에 가서 일으킬 까닭도 없거니와 그 불리를 고치 생산자에게 물리려는 것도 미리 예상할 수는 없을 것이다. 그러므로 조선의 견가는 일본의 견가보다 헐하다 하면 견질의 우열한 정도와 운임 이외에는 무엇도 이유를 붙일 수가 없는 것이다. 그 이외에 무슨 이유가 있다면 고치 생산자는 일본에다가 고치를 팔 수가 있는 까닭이다.

6. 분발의 결과는 부채의 가중

요컨대 조선에서 생사 생산비가 높으니 견가가 헐하리라는 것은 말이 아니된다. 불리한 기업은 누구도 권하지도 못할 뿐 아니라 스스로 가장 유리한 곳은 간택하는 것이 원칙인 까닭이다. 그뿐 아니라 조선에서 생산하는 누에고치는 그 종류가 잡다하지 않다는 것이 제사업자로서는 무엇보다 환영할 만한 사실일 것이다. 그 종류의 통일된 원료를 얻을 수가 있고 또 고치 판매를 자유로 방임치 아니하고 공판제도를 채용하여 구입상에 막대한 편리가 있는 것이니 이는 생산비를 줄이는 바요, 사질(絲質)을 더욱 우량케 할 좋은 조건이 될 것이다. 견가를 작정함에 있어 어찌 이러한 호조건은 불문에 부치고 마는가. 크게 의문되는 바이다.

이러한 불리 즉 생산자와 제조업자 사이의 관계에 있어 희생이 늘 생산자에게 전가되는 불리는 어찌 고치에만 한한 것이랴. 모든 상품 생산에 있어 다 그러한 것이다. 경제적으로 예속적 지위에 머무는 사회의 항례가 되어 있는 것이다. 가격 생활자로서 일반 시세를 도외시하는 생산품의 공급에서 참담한 희생을 입게 되고 그리하여 부담의 과중은 필경에 경제 생활이 완전한 파탄을 벗어나지 못하는 것이니 조선의 양잠업자의 불리는 일본의 양잠업자의 그것에도 비할 수 없을 만큼 혹심한 것이라. 고치 생산액이 해마다 증대할수록 양잠업자의 부채는 늘어가지 않을 수가 없는 것이 최근 수삼 년 동안의 일관되는 대세이니 그 밤잠을 못 자고 각고분려(刻苦奮勵)한 결과가 부채의 가중이라는 데서야 경제 행위의 모순도 너무나 노골화한 것이라 아니할 수 없을 것이다.

(3) 1920~1930년대 양잠정책 내용

① 「조선잠업령」

〈자료 421〉 「조선잠업령」의 발포에 대하여(青木戒三, 1919, 「조선잠업령의 발포에 대ᄒᆞ야」, 朝鮮農會報(朝鮮文) 14권 6호, 1~4쪽)

(…)

「조선잠업령」은 5월 1일로부터 시행하게 되었는데, 조선의 양잠은 본시 상당한 근거가 있음과 기후, 풍토가 적합함에 비추어 병합 이래 본부[조선총독부] 및 각 도에서 그 보급 장려에 노력한 결과, 그 산견액(產繭額) 1910년(明治 43)에는 1만 3,000석에 불과하던 것이 지난 1918년(大正 7)에는 12만 1,000석, 약 10배에 달하는 성황을 띤지라. 그러나 이전은 오로지 양잠의 보급 장려에 주력하고 단속 방면에 대하여는 아직 충분히 주의치 아니하였으므로 누에씨의 품질을 해하며 누엣병의 발생을 보는 등 유감이 적지 않아 견질(繭質)을 해하고 또한 수견액(收繭額)을 감소하는 등 양잠가가 손해를 입음을 면하지 못하는 상태에 있었는지라. 내지에서는 일찍이 누에씨 단속의 필요를 인정하고 1897년(明治 30) 「잠종[누에씨]검사법」을 발포한 이후 누차 법령의 개정을 거쳐서 1918년부터 진보한 학리에 의하여 현재의 사정에 적합한 현행 「잠사업령(蠶絲業令)」의 실시에 이르러 잠업의 개량 장려상 매우 양호한 효과를 거두는 중이라.

조선에서도 앞에서 기술한 사정에 비추어 대체로 내지의 본 법령을 표준으로 하고 한층 수속을 간명히 하여 실상에 적합하도록 「조선잠업령」 및 그 부속 법규를 제정함에 이른지라. 규정의 내용은 매우 다기에 걸치나 그 취지는 누에씨 및 산견(產繭)의 품질 향상, 품종의 통일, 누엣병의 예방 구제, 뽕나무 묘목의 병충해 예방, 누에씨, 고치, 뽕나무 묘목 매매상 폐해 교정에 있으니 지금 일반 잠업 관계자가 특히 주의를 요함으로 인정하고 몇 항을 적록(摘錄)하여 간단히 설명하여 참고에 기여코자 하노라.

1. 누에씨 제조자가 되고자 하는 자는 도장관의 면허를 받음을 요함(「조선잠업령」 제3조 참조)
   누에씨를 제조코자 하는 자는 모두 도장관의 면허를 받을 것이니 학술 연구를 목적하여 특히 조선총독의 허가를 얻은 경우 이외는 위 면허를 얻은 자가 아니면 누에씨를 제조할 수 없음. 따라서 또한 금후는 자가용이라도 누에씨 제조를 행치 못하나니 이는 즉 누에씨의 품질을 향상하며, 일반 양잠가를 보호하는 목적에서 나옴이라. 이로 누에씨 제조자가 제조하는 누에씨에 대하여는 관청에서 애누에, 고치 및 어미나방에 대하여 수회 엄밀한 검사를 행하여 우량한 누에씨를 공급케 함에 다름 아님.
2. 검사 합격의 증인이 없는 누에씨 및 그 애누에는 이를 양도 또는 사육할 수 없음(동 제11조 참조)
   앞에서 기술한 바와 같이 누에씨 제조자가 제조한 누에씨에 대하여 엄밀한 검사를 실시할 뿐 아니라 조선 이외에서 수이입하는 누에씨에 대하여도 도장관이 검사한 후 검사에 합격한 우량한 자에 대하여는 합격 증인을 압날(押捺)하므로 위 증인에 의하여 우량 누에씨임이 증명된 것이 아니면 이를 사육치 못하게 하여 누에씨 불량에 기인하는 불의의 손해를 피하게 함.
3. 누에씨를 수입 또는 이입코자 하는 자는 조선총독의 허가를 받음을 요하며 그 허가를 받아서 누에씨를 수입 또는 이입한 자는 그 누에씨에 대하여 어미나방 또는 알의 검사를 받음을 요함(동 제13조 참조).
   위는 조선 내의 고치 품종 통일을 기하며 또한 불량 누에씨가 조선 내에 사육됨이 없기를 기하는 것이니, 위 규정에 의하여 누에씨 수입 또는 이입코자 하는 자는 품종, 수량 또는 원잠종(原蠶種), 보통잠종(普通蠶種)의 구별 등 필요한 사항을 기재한 원서를 제출하여 허가를 받은 시는 그 허가서를 누에씨의 포장 중에 봉입하여 그 포장의 표면에 허가서 내용을 기재하거나, 혹은 누에씨가 세관 또는 세관 관리를 파견한 우편국에 도달할 시 허가서를 제시함이 아니면 이를 수령할 수 없음.
4. 애누에의 사육 또는 생고치의 취급을 행코자 하는 자는 병잠(病蠶) 및 폐잠(斃蠶)의 병원

균 감쇄하거나 기타 잠병 예방상 필요한 시설을 함을 요함(동 제15조 참조).

애누에를 사육하는 자 또는 누에고치의 취급을 하는 자는 누에구더기 또는 그 번데기 혹은 파리를 발견한 시는 즉시 이를 포살하며 병환이 있음으로 인정하는 애누에, 누에파리, 누에나방 또는 그 시체를 발견한 시는 즉시 이를 소각하여 버리거나 또는 약액(藥液) 중에 투입하며 사롱견(死籠繭)[96], 박피견(薄皮繭)[97]은 이를 건조 또는 열탕 중에 투입하는 등 방법에 의하여 병원체를 감쇄하여 잠병의 전파를 예방할지라. 약액의 사용 및 건조 방법에 관하여는 「조선잠업령 시행심득(施行心得)」[98]을 참조함이 가함.

생고치의 취급을 하는 자는 생고치를 집산 또는 보존하는 방(室)에 누에구더기 및 그 파리의 산일(散逸)을 막을 만하게 간격을 봉하거나 또는 치밀한 포류(布類)를 깔고 또 방의 내부에는 높이 2촌을 내려가지 않는 널빤지장애물(板障)을 설치함이 가함. 단 고치가 널빤지장애물에 접촉하는 경우에는 그 고치의 표면에서 2촌 이상의 높이를 유지하게 하며 (누에구더기 및 그 파리의 산일을 막기에 족할 만한 구조의 포(包) 또는 용기에 생고치를 보존하는 경우에는 본 항의 설비를 필요로 하지 않음) 상 위에 구더기 무리 또는 그 파리가 잠복할 염려가 있는 시는 상 위 청소를 행하고 그 티끌은 소각하여 버리거나 또는 120시간 이상 수액 중에 담가 두며 생고치를 운반하는 시는 누에구더기 또는 그 파리가 산일할 염려가 없는 대 또는 상자류를 씀이 가함.

5. 생고치의 취급을 하는 자는 씨명 또는 명칭, 주소 및 직업, 생고치 취급 장소, 생고치 취급 예정 기간, 생고치 취급 예정 수량을 취급 장소 소재를 관할하는 도장관에게 제출하며, 생고치 취급자 자신이 그 취급 장소를 관리치 않는 시는 자기를 대리할 만한 관리자를 정하여 그 씨명 및 주소를 도장관에게 제출함을 요함. 단 양잠자, 누에씨 제조자 또는 자가용으로 하는 생고치 취급자는 위의 제출을 필요로 하지 않음(「조선잠업령 시행규칙」 제46조 참조).
6. 사롱견을 제한 외 화용(化蛹)[99]치 않는 생고치는 이를 매매할 수 없음. 단 화용 전 반출치

---

96 애누에가 죽은 누에고치.
97 고치층(繭層) 즉 번데기, 허물을 빼낸 껍질이 극히 넓은 누에고치.
98 마음가짐, 주의사항, 소양, 지식.
99 애누에가 번데기로 되는 과정.

않는 경우는 이에 한하지 않음(동 제51조 참조).

화용치 않는 고치의 취급은 혹 애벌레의 껍질층(皮層)을 손상하여 고치층(繭層)을 오염하며 영견(營繭)[100] 중에 있는 것은 실가닥를 절단하여 이중 고치층이 생기며 또 운반 시에 특히 증열(蒸熱)을 초래하는 등 견질을 손상함이 심하므로 화용하지 않는 고치의 매매를 금함이라. 단서의 규정이 있음은 반출치 아니한 시는 위의 폐해가 없음이라.

7. 타인에게 양도하는 목적으로 뽕나무 묘목의 생산을 업으로 하는 자는 매년 3월 말일(실생묘(實生苗)에 대하여는 6월 말일)까지 씨명 또는 명칭 및 주소, 뽕나무 묘목 제조의 장소, 뽕나무 묘목의 품종별 생산 예정 수, 제조법별 상묘포(桑苗圃)의 면적을 상묘(桑苗) 제조 장소의 소재를 관할하는 도장관에게 제출함을 요함(동 제52조 참조).

우량한 뽕나무 묘목을 공급케 하기 위하여 판매용의 뽕나무 묘목을 제조하는 자는 위의 제출을 행하게 하여, 한편 제조 방법의 지도, 유액(誘掖)[101]을 편하게 함과 동시에 한편 뽕나무 묘목 잎의 적채의 제한 또는 병충해 부착 뽕나무 묘목의 핀매 금지 등 법에 의하는 단속의 완전을 기하게 함.

8. 누에씨의 판매를 업으로 하는 자는 씨명 또는 명칭 및 주소, 내지산[일본산]·조선산별, 누에씨의 품종별 판매 예정 수를 판매소의 소재를 관할하는 도장관에게 제출하고 판매하는 누에씨의 표면에는 그 씨명, 주소를 기재함을 요함.

누에씨 판매를 업으로 하는 자는 왕왕 부정 수단으로 조악한 누에씨를 판매하는 폐가 있으므로 앞에서 기술한 제출을 하게 하여 단속에 편하게 하며 그 판매하는 누에씨에 대하여는 우량한 것이라는 책임을 지게 하여 제종의 부정 수단을 행하지 못하게 하기 위하여 누에씨의 이면에 판매자의 씨명, 주소를 기입케 하기로 한지라.

(…)

100 애누에가 고치를 짓는 과정.

101 이끌어 도와줌.

〈자료 422〉 생사(生絲) 공업 약진, 「조선잠업령」 개정, 누에씨 남조(濫造) 단속(小早川九郎, 1959, 『補訂 朝鮮農業發達史: 政策篇』, 友邦協會, 409~410쪽)

(…)

잠업 방면을 보면, 그간 조선에서 제사업(製絲業)은 직접적으로는 일본의, 간접적으로는 북미합중국의 덧없는 동요에 영향받고 있었지만 극히 현저한 발달의 걸음을 보였다. 1919년(大正 8)에는 제사공장(製絲工場) 아직 겨우 9개소, 생사 생산고 약 1만 6,000관이었지만, 그 후 매년 증가하여 1932년(昭和 7)에는 잠업계가 특히 불황의 시기에 처하였음에도 불구하고 공장 수는 58개소를 헤아리고, 생사 생산고는 14만 5,000관을 헤아렸다. 모두 현저한 약진 양상을 보인 것이다. 따라서 이러한 면에서 보아도, 이와 같은 정세가 산견고(産繭高)에 커다란 관계를 가졌을 것임은 예상될 수가 있는 바이다. 과연 견가(繭價)는 매년 대체로 하향의 보조를 취하고, 특히 본기 말경 폭락까지 보임에도 불구하고 산견고가 매년 점차 증가하는 한길만을 걸어왔던 데에 대해 상당한 공헌을 했다고 보인다. 그와 같은 사이 누에고치 증수에 관한 총독부 제 시설이 그 기간적(基幹的) 요인으로 강력히 움직였던 것은 말할 것도 없다. 그중 1925년도(大正 14)부터 실행되었던 산견100만석증수계획은 아마 본 기간 잠업 장려 시설 중 백미라고까지 할 수 있다. 그것은 또한 조선의 잠업 개발상 가장 효과적인 계획이었다고 인정된다.

위의 증수계획이 수립되는 데에 이르기까지도 총독부는 전기(前期)부터 계속하여 여러 가지 잠업 시설을 행하여 착착 견실한 잠업 발달로의 방도를 강구해 오고 있다. 즉 1920년(大正 9) 6월에는 「조선잠업령」의 일부를 개정·정비하고,* 또한 식산국장은 다음 1921년(大正 10) 5월 각 도지사에 통첩**하여 각 도 원잠종제조소(原蠶種製造所)에서 한층 더 우량한 누에씨를 제조하길 독려하는 한편 누에씨가 점점 남조되는 경향이 있음을 경계했다. 6월에는 「원잠종배부규정(原蠶種配付規定)」***을 공포하여, 권업모범장의 무상 또는 유상에 의한 원잠종 배부 방법을 규정했다. 이로써 장려 품종 보급과 그것이 가지는 우량성 유지에 유감이 없기를 기했다. 하지만 당시 민간의 누에씨 제조 기술은 또한 심히 유치했다. 업자가 소유한 설비 또

---

* 『朝鮮農會報』(제15권 제6호), 1920.

** 植田尙正, 『朝鮮蠶業關係法規』, 1927년도판, 150쪽.

*** 『朝鮮農會報』(제16권 제7호), 1921.

한 심히 불완전했다. 이뿐 아니라 업자 중에는 농민의 무지에 편승해 왕왕 종지(種紙)[102]에 두 마리 나방을 덧붙여 대놓기(二蛾付鎧張) 등과 같은 부정 수단으로 농락하는 자도 있다. 이것들이 맞물려서 양잠업자 사이에 조선산 누에씨보다도 오히려 일본산 누에씨를 한층 환영하는 풍이 도처에서 발생한다. 그러한 결과로 계산상으로는 조선 내에서 생산된 누에씨가 매년 수만 매가 남음에도 불구하고, 실제에서는 수십만 매의 누에씨가 일본에서 수입되고 있다 하는 기현상이 생기고 있었던 것이다. 그러므로 1924년(大正 13) 9월 식산국장은 각 도지사에 통첩* 했다. 누에씨 제조업자를 독려하여서, 천혜의 이용과 설비의 충실과 기술의 향상에 의하여 더욱 우량 누에씨를 제조해 조선산 누에씨의 명성을 향상하게 함으로써, 조선 내에서 수요할 누에씨는 모두 조선산으로 충당할 수 있도록 이끌어 가기로 했다.

(…)

② 산견100만석증수계획

〈자료 423〉 조선의 잠사업(蠶絲業)(湯村辰次郎, 1930, 「朝鮮の蠶絲業」, 朝鮮 180호, 25~27쪽)

(…)

7. 산견증수계획

(1) 개요: 조선의 잠업은 기원이 오래되었으며, 옛날부터 현재까지 장려를 더하여 상당히 발달을 가져오게 되었다는 기록은 단순히 옛말로 얘기하고 싶을 만큼 미미한 것이다. 현재 반도[조선] 잠업이 특별한 진전을 보이고, 또한 장래도 장려 시설이 적절함을 얻는다면 현저한 발달을 기하리라 확신한다.

최근 경제계 추이를 보면 사해(四海)가 대체로 헛되이 국난이라든가, 긴축이라든가 표방하고 있기는 하지만, 이것을 나개할 단시를 묻고가 한다면 파악할 수가 있을지. 요컨대 그것의 핵심은 단지 실행에 있을 뿐이다. 그와 같은 실행에는 각종의 방법이 있기는 하지만, 조선 총인구의 약 9할을 점하는 농업자를 가장 유리하게, 또한 단시일에 구제

---

102 누에 알을 놓는 종이.

* 朝鮮農會, 1936, 『朝鮮農務提要』.

할 수가 있으며, 이는 실로 양잠을 유일한 가장 좋은 길이라 생각한다.

(2) 산견100만석증수계획이 생겨나기까지 조선의 지세 · 기상 · 민도 등에서 각종 업태(業態)에 생각을 미쳐서 보면, 먼저 농사의 생활 향상을 도모하지 않으면 안 된다는 것이다. '농(農)은 나라의 본(本)'이라는 것은 너무나도 세상에 회자되고 있는 속담이기는 하나, 사실이랄 것도 없다. 인구 약 2,000만이라 이야기되는 조선에서 대부분의 사람들은 모두 농경 생활자다.

이러한 농가의 수익을 증가하기 위해서는 농업 경영 및 조직을 근본적으로 바꾸지 않으면 안 된다. 즉 경영을 집중적으로, 조직을 복식(複式)으로 바꾸어 가는 것이다. 종래 일반 농가가 취해 온 주업에만 의존하는 단일식 농경법에 부업을 가미하지 않으면 안 된다.

부업이라 하더라도 다종다양하지만, 그것의 채택에 대해서는 기왕 많은 경험, 실적에서 보아 우열과 적부(適否)는 저절로 판명될 것이라고 생각된다. 요컨대, 산업개발—이는 조선 통치의 제1의다. 미작 · 면작 · 과수 원예 같은 경작에 의한 생산도 물론 유망할 테지만, 한편 잠업은 특히 개발의 여지가 충분해 치수, 치산과 더불어 크게 박차를 가하고 있다.

이러한 관찰로 미루어 조선의 잠업(재상(栽桑) · 양잠)은 어찌 해도 눈을 감을 수가 없는 국민복지 증진 업무이고, 이러한 데에서 생긴 것인 산견증수계획이다.

(3) 산견100만석증수계획 수립: 본부[조선총독부]에서는 1925년도(大正 14)부터 이후의 15개년을 기하여 산견100만석계획을 수립하고, 매년 실행 독려를 게을리 하지 않아, 지금은 성상(星霜) 15개년을 경과하여 착착 실적을 거두고 있음은 이미 세상에서 주지하는 바다.

본년도와 같은 경우에는 각지에 한발의 영향을 입어서 보통 농작은 부작(不作) 위협을 받고 도탄의 고통을 맛보고 있었다. 그런데 잠업은 여전히 풍년 만작(萬作)을 초래하였고, 그와 같은 산견액(産繭額)도 실로 48만 5,000석에 달하는 성황이며, 최근 50만 석 돌파도 의심치 않는다. 이전에 본 계획 수립에 당하여 본부가 국책 수행상 사업의 정리, 재정 긴축의 때임에도 불구하고, 산업제일주의의 선구로서 다액의 국비를 투자하여 이러한 업무에 집중적 장려를 단행한 이유는 국가 이익과 국민 복지를 꾀하는 데에서 급무이기 때문이다.

지금 당초 계획에 대하여 대요를 서술하자면 다음과 같다.

(A) 계획 연도

1925년(大正 14)부터 1939년(昭和 14)에 이르는 15개년

(B) 계획 요령

1. 산견(産繭)을 100만 석에 달하게 할 것
2. 양잠 호수를 100만 호에 달하게 할 것
3. 양잠 소립 매수를 양잠가 1호당 봄고치 2매, 여름고치 1매의 비율로 하여, 합계 300만 매로 증가시킬 것
4. 뽕밭을 양잠가 1호당 1단보 비율로 하여 10만 정보로 증가시킬 것

(C) 장려상 필요한 이유

1. 농가 경제 향상을 꾀하기 위하여 필요한 것
2. 제국[일본] 수출 무역의 진흥에 기여하는 데에 있어 필요한 것
3. 양잠이 조선의 현상이 알맞은 것
4. 양잠 발달의 여지가 많은 것

등으로, 산견100만석증수계획 달성을 위하여 이것의 기본이 돼야 하는 식상(植桑)에 대하여 당업자의 상묘(桑苗) 대금 부담을 경감시킬 목적으로 매년 뽕밭 증식 보조금을 교부했다. 그러한 동시에 산견 증가에 따라서 고치 거래의 원활과 견질(繭質), 사실(絲質) 손모(損耗) 방지를 위하여 건견장(乾繭場) 설치가 필요함을 인정하여 도농회에 대하여 건견상 설치 보조금을 교부하였으며, 한편 국비에 의한 잠업 직원 증원을 꾀하고 재상(栽桑)을 주로 담당케 하여 지

도 장려상 유감이 없기를 기하고 있다.

(4) 산견100만석증수계획 수립 후의 실적: 다음으로 본 계획 실시 후 금일에 이르는, 주된 잠업 성적 통계를 보이고, 그러한 특별한 발달의 개황을 엿보려 한다.

연차	뽕밭 면적(정)	지수		양잠 호수(호)	지수		누에씨 소립 매수(매)	지수		산견액(석)	지수	
		대(對) 1910년	대(對) 1924년		대(對) 1910년	대(對) 1924년		대(對) 1910년	대(對) 1924년		대(對) 1910년	대(對) 1924년
1910	3,344.5	100	-	76,037	100	-	89,980	100	-	13,931	100	-
1924	34,195.9	1,023	100	467,475	615	100	640,404	712	100	243,852	1,750	100
1925	39,538.3	1,182	116	498,100	655	107	693,338	771	108	285,142	2,047	117
1926	49,031.3	1,466	143	542,690	714	116	791,190	879	124	317,080	2,276	130
1927	58,816.6	1,759	172	572,927	754	123	796,141	885	124	355,192	2,550	146
1928	67,340.5	2,014	197	594,209	782	127	837,911	931	131	386,113	2,772	158
1929	73,822.6	2,208	216	648,079	852	139	931,362	1,035	145	484,802	3,480	199

③ 누에고치 공동판매제 · 지정판매제

〈자료 424〉 고치의 판매제도에 대하여(大村勇藏, 1929, 「繭の販賣制度に就て」, 蠶業之朝鮮 6권 5호, 3~8쪽)

(…)

◇

한편 조선의 양잠업 추세를 보면 근년 장족의 진척을 이루고 있는 것이다. 양잠업에 대해서는 완전하게 처녀지고, 정실(情實)도 없고 인연도 없는 완전한 백지 상태다. 이와 같은 백지 위에 본부[조선총독부]가 각반의 시설을 더하여 혹 생산의 증가에, 혹 품질의 개선에, 혹 제도의 확립에 착착 뛰어난 효과를 거두고 있지만, 그중 본부가 가장 심혈을 기울여서 조사하고 연구하며 여러 가지 곡절을 거쳐서 마침내 실시를 보는 데에 이른 시설 중에 고치 공동판매제도의 확립이 있다. 그리고 조선의 고치 공동판매의 장려, 알선은 소위 양잠 · 제사(製絲)의 공존공영에 입각해 건실한 잠사업(蠶絲業) 발달을 촉구시키는 조선 잠업의 근본 시설이다.

◇

그렇다면 공동판매제도라는 것은 어떠한 것인가, 어떠한 방법에 의하여 거래되고 있는가, 또한 어떠한 근거에 의하여 이러한 방법이 가장 합리적인 것으로 채용되고 있는가 등에 대해 이하에서 약술해 보자. 조선의 공동판매제도는 앞에서 기술한 것처럼 본부의 방침에 기초한 것으로, 거의 조선 전체에서 행해지고 있다. 도에 따라서 다소 취지를 달리하지만, 주로 도가 감독하고, 군, 군농회, 잠업조합 등의 직원 제씨가 알선을 맡는다. 판매소는 주로 군청 소재지 또는 고치 집중지의 건견장(乾繭場), 동 고치 거래소가 보통 취급하며, 군청, 면사무소 같은 장소, 기타 공공단체의 건조물 등을 이에 충당하는 바도 있다. 그리고 그러한 판매 방법의 종류는,

현물 거래(경쟁입찰 현물 공동판매)

예약 거래(경쟁입찰 예약 공동판매)

수의 계약 거래(매수인 시징 예약 공동판매)

셋으로 크게 나눌 수 있다.

1. 현물 거래(경쟁입찰 현물 공동판매)

이 방법은 주로 교통 편리하고 고치의 출회 수량이 많은 장소에서 행해진다. 하지만 이러한 종류의 장소는 매우 적으므로 일부 부분으로 국한되고 있다.

◇

본 방법에 의한 거래는, 먼저 도는 고치 출회 장소, 판매 기간 및 고치 출회 예정 수량, 고치 구입 심득(心得) 등을 일반 구매자에게 알리는 동시에, 양잠가에 대해서도 그 기간에 지정한 장소에 가급적 생고치로 가져오게 준비한다. 이리하여 결국 공동판매가 개시되면 양잠가가 가져온 고치를 감정해 특등, 1등, 2등, 3등, 4등, 등회, 설견(屑繭) 및 옥견(玉繭)을 분류한다. 위의 등급별로 분류한 고치가 예상 수량에 상당한 액으로 집적한 때에 일신자는 당시 생사(生絲) 시세(조선총독부가 고치 판매 시기에는 사황(絲況)을 타전함), 생사 생산비, 기타 시세의 경기, 고치의 됨됨이 등을 고려해 표준 고치(사량(絲量) 10문으로 예상되는 것 즉 2등 견)에 대한 예정가격을

산출해 두고, 구매자에 각 등별로 분류한 현품을 보이며, 그러한 표준 고치에 대해 경쟁입찰을 하게 한다. 그것의 가격이 예정가격 이상일 때에는 최고 입찰자에 낙찰하게 하나, 만약 예정가격 미만일 때에는 재입찰을 하게 한다. 그럼에도 또한 예정가격에 달하지 않았을 때에는 가장 가까운 값의 입찰자와 협정해 가격을 결정한다. 이상처럼 가격이 결정된 때에는 입찰에 부치는 전 수량에 대한 거래가 성립한 것으로 보아서, 매수인은 곧바로 현금을 지불해 고치를 거래한다.

◇

이 방법이 특장으로 하는 바는 구매자에 있어서는 (1) 처음에 도에서 발표된 출회 예정 수량에 의하여 미리 그곳에서는 어느 정도의 고치를 얻을지 계획을 세울 수가 있고, 생각한 만큼의 수량의 고치를 매수하는 것이 가능하다. (2) 근소한 고치 매매 수수료(고치 총가액의 100분의 2 내지 3, 이는 군농회 수입이 되고, 이들 단체가 활동할 경비의 일부가 된다)로 구입할 수 있다. 같은 양의 고치를 양잠가 각호에 대하여 구입하는 경비 수수료에 비하면 아무것도 아니다. 또한 양잠가 측에 있어서도 타당한 가격으로 고치를 판매할 수가 있음은 말할 것도 없다.

◇

결점으로서는, 이와 같은 방법으로 거래하는 경우에는 입찰의 가격에 경기가 가미되는 바가 크기 때문에 때로는 고가로 판매할 경우가 있지만, 또한 때로는 법외(法外)의 염가로 입찰하여 결국 거래하지 못하는 경우를 보는 것도 드물지가 않다. 이로 인해 왕왕 거래의 안정을 기할 수가 없는 한편, 교통이 불편한 지방은 양잠가가 가져오기에 불편하므로 형편이 나쁘고, 또한 출회 수량이 적은 지방에서는 이러한 방법의 묘미도 다분히 감쇄되는 감이 있다. 그러므로 이러한 방법은 점차 관행 지역이 좁아지는 중이다. 이에 따라 행해지는 것이 다음 예약 거래 방법이다.

2. 예약 거래(경쟁입찰 예약 공동판매)

이 방법은 도가 미리 고치 출회 장소, 판매 기간, 출회 예정 수량 등을 구매자에 통지하고, 경쟁입찰하게 하기 전까지는 앞 방법과 마찬가지이다. 하지만 그러한 입찰을 각 군별로 1군을 단위로, 또한 실제 고치 출회 시기의 10일 내지 15일 전에 도청 혹은 기타의 장소에 고치 구매자를 모아 하도록 한다는 점에서 차이가 있다.

입찰의 방법을, 또한 현물 거래의 경우에 예정가격을 산출하여 두는 것과 동일하게, 알선자는 예정 생산비를 산출하여 두고 이것 이상인 경우는 재입찰을 하게 한다. 낙찰하지 않은 때는 최저 입찰자와 협정하여 계약한다. 이와 같이 낙찰인은 일정 시기 출회 고치 전부를 매수할 수가 있다.

주: 여기에서 "생산비"란 용어를 썼지만, 이는 생사 생산비의 의미이다. 그런데 "생사 생산비"라는 용어를 사용할 때에는 왕왕 "공장 생산비"와 혼효될 우려가 있기에 현재는 각 도 협의 후에 "견치기(繭値基)[고치 가격 기준]"로 개칭하고 있다. 그런데 견치기의 산출은,

견치기 = (공장 생산비 + 이윤 + 기타) - 설물(屑物) 잡수입

이다. 이와 같은 견치기가 견가(繭價) 결정의 한 가지 요소가 된다. 즉 예약 거래에서의 매일의 고치 시세를 산출하자면

견가 = 원료 고치 가격(掛目) × 사량(絲量)

원료 고치 가격 = (평균 사가(絲價) - 견치기) / 16

평균 사량 = (요코하마 청산시장 선물 시세 + 동(同) 당한(當限) 시세) / 2

다만 청산 시세는 뒷장 제2절의 시세(引値), 표준격 "D"격

생고치 100문에 대한 표준 사량은

	특등	1등	2등	3등	4등	등외
봄고치	12문 예상	11문 예상	10문 예상	9문 예상	8문 예상	7문 예상
여름 · 가을 고치	11문 예상	10문 예상	9문 예상	8문 예상	7문 예상	6문 예상

이 방법이 특장으로 하는 바는 한 번 입찰하여 낙찰하면 그 구역 내 출회 고치 전부를 한번에 구입하는 것이 가능하다. 또한 현물 거래처럼 매일 입찰하는 경우 같은 수수(手數)를 생략

해 고치 구매자, 판매자 쌍방 모두 편리하다. 또한 소액 수수료를 통하여 고치를 구입할 수가 있고, 견가의 산출 방법은 현물 거래에 비해 꽤 복잡하고 합리적이며, 경기에 의하여 견가의 불안정을 빚어낼 우려가 적어서 한층 더 타당한 견가를 얻을 수가 있다. 단 본 방법에 의할 때는 출회 고치 전부를 한번에 매수하는 것이므로 예상보다 많다거나 적다고 하는 결점이 있다.

◇

또한 이 방법은 현물을 보지 않고 매매 계약을 하므로 현물 거래 방법에 비하여 일견 심히 위험한 듯하다. 하지만 고치의 품질 및 운반의 편부(便否) 등은 각 군에 따라 대체로 일정하므로 그것만 주의해 입찰하면 이와 같은 점에 대해서는 하등 걱정이 없을 것이다.

예약 거래의 방법은 1926년(大正 15)까지 본도[평안남도]에도 행해지고 있던 방법이다. 그런데 앞에서 기술한 두 방법, 경쟁입찰에 의한 방법은 현물 거래든, 예약 거래든 표준 고치 예정가격 산출 혹은 견치기 산정에 의하여 견가의 타당한 결정을 얻을 테지만 왕왕 입찰자 간에 소위 "담합"을 하는 폐해가 많다. 따라서 공정한 견가를 얻기가 어렵다 하는 폐해가 있다. 또한 낙찰자가 직접 제사가(製絲家)가 아니라 고치 중매업자인 경우에는 생산자(양잠가)로부터 직접 소비자(제사가)로의 경제 목표에 배치될 뿐만 아니라, 중간자가 있다 함은 양잠, 제사 양자의 관계를 밀접하게 하려는 취지에도 반한다. 이에 따라 양잠, 제사 양 사업이 원활한 발달을 이루게 하고 또한 생산 고치 판매상 불안을 제거해 양잠 경영 안정을 기하게 하기 위해 본부는 1926년(大正 15) 이래 다음의 방침을 채용하여 실행되고 있다.

(1) 조선 내 제사공장(製絲工場)에 대해 수의 계약 우선권을 줄 것.

A. 우선권을 부여하는 순위는 도 내 제사공장을 우선순위로 하고 도 외 제사공장을 다음 순위로 할 것.

B. 조선 내 제사공장의 소요 원료 이상으로 판매에 기여할 고치가 있는 경우는 도가 적당하다고 인정할 만한 고치 구매자와 수의 계약을 할 것.

C. 수의 계약 우선권을 부여하는 제사공장은 될 수 있는 한 100부(釜) 이상의 공장에 한할 것.

D. 본 계약은 하나의 공장마다 체결할 것.

(2) 계약 수량은 공장마다 소요 원료 수량을 고려하고 조사하여 그 수량 공급에 대략 적당한 지역에 배당할 것.

A. 공장의 소요 원료 수량은 해당 공장의 현상을 조사하여 결정할 것.

B. 공장마다 배당할 지역을 결정하는 경우에는 예상 정견(精繭) 출회 수량의 8괘를 원료 고치 소요액으로 간주할 것.

C. 공장에 의하여 소요 원료 고치에 우열이 있어도 전항의 표준에 의하여 결정할 것.

D. 계약 기간 중의 출회 고치는 예상보다 증감 있는 경우라고 하더라도 그 공장이 매수를 하게 할 것.

E. 계약은 봄·여름·가을고치를 통하여 하게 할 것.

F. 공장의 소요 수량 이상으로 본 계약을 체결하게 하지 말 것.

(3) 판매 방법은 예약 거래로 하고, 고치의 가격은 출회마다 결정하며, 본부에서 통보하는 견가 산출 기준인 견치기를 참고하여 도에서 지정할 것.

이상의 취지에 의하여 거래 방법이 수의 계약의 거래(매수인 지정 예약 공동판매)로 지금은 각 도에서 일제히 실행되고 있으며, 또한 본부도 당분간 이러한 방침으로 나아가게 되리라고 보고 있다.

본부가 어째서 이러한 방법을 일반적으로 실행하기에 이르렀는지 말하면 그것은 고치 거래 안정을 기하는 것, 즉 '고치 생산자인 양잠가에 대해서도, 또한 고치 소비자인 제사가에 대해서도 공정가격으로 거래하게 한다'라고 하는 것이 이러한 방법을 채용한 주안이 되고 있다. 대개 생산물을 공평하고 신속하게 처리하기 위하여 해야 하는 지도는 그러한 업무에 대한 절대적인 보호이고 은혜이다. 그러므로 수의 계약에 의한 고치 판매 방법의 철저한 실행을 통하여 견실한 양잠업의 발달을 기대할 수 있다고 하더라도 또한 반드시 과장의 언사는 아니다. 그러므로 본도에서도 1927년(昭和 2) 이래로 이와 같은 방법을 채용하고 도·군 당국이 성심을 다함에 따라서 원만, 공평한 거래가 실행되고 있는 것은 실로 기뻐하지 않을 수 없는 바이다. 다만 일부 국부 지방에서 예외적으로 공동판매 개시 전후 기간에 허가를 받아서

[허가 받은] 그 점포에 대해서만 매매를 할 수 있는 고치 중매업이라고 칭하는 업무를 인정하고 있기는 하지만, 이들 거래는 극히 근미한 수량에 불과할 뿐만이 아니라, 공동판매 성적에 비해 대개 염가로 거래된다. 따라서 해마다 그 거래 수량이 점차 감소하게 되고, 영업자와 같은 경우에도 다음 표처럼 점차 그 수가 주는 중이다.

평안남도 고치 중매업자 누년표

연도	출원자			허가자		
	본업	종업	계	본업	종업	계
1924	325	590	915	247	364	612
1925	2,330	3,274	5,604	269	200	469
1926	715	953	1,668	235	75	310
1927	139	127	266	67	18	85
1928	164	121	285	75	11	86

비고: 1928년도(昭和 3) 허가자는 예상 수다.

하지만 고치의 직접 소비자인 제사가보다도 중간업자인 고치 중매인이 고가로 고치를 매입한다 하는 것은 도리로 할 수 없는 것임은 말씀드릴 것도 없다. 또한 실제에서도 다음 표처럼 기왕 15~16년간의 평균 거래 가격으로 직접 제사가에게 판매하기보다도 중매인에게 판매하는 편이 1석에 대해 약 4원 염가로 거래되고 있음을 알 수 있다.

개인판매 및 공동판매 단가 비교표(평안남도)

연도	공동판매(엔)	개인판매(엔)
1913	35.00	31.30
1914	34.88	32.40
1915	29.70	24.02
1916	43.20	38.13
1917	64.38	64.12
1918	71.03	65.34
1919	99.20	112.78

1920	58.07	50.42
1921	51.32	44.65
1922	83.18	77.80
1923	71.21	56.12
1924	45.64	56.49
1925	81.26	80.53
1926	65.80	58.09
1927	44.60	35.74
1928	42.63	35.06
평균	57.56	53.93

즉 개인판매보다도 공동판매의 가격이 4원 비싸다는 것은 환언하면 양잠가가 중매인을 매개하여 고치를 매각할 때에는 1석 4원의 수수료를 중매인에게 지불하고 있다고 말씀드릴 수 있다. 이러한 무용한 수수료를 양잠가에게 지불하도록 하지 않는다는 것이 공동판매 실행의 한 가지 이유를 이루고 있다. 양잠가 주머니 속에서 무용한 수수료를 제3자에게 착취당하게 하지 않는다는 직접 양잠가 보호 시설일 뿐만 아니라, 장래 보다 한층 고가로, 적어도 유리하게 고치를 처분할 수 있다는 간접적 보호정책도 크게 가미돼 있다. 즉 고치 공동판매의 개설에 의하여 고치 중매인으로 하여 누에고치에 그의 손가락 끝을 접촉시키지 않게 하는 결과로써, 고치의 선량한 품질의 보존이 적확하게 유지되고, 제사 원료로서의 가치를 올리며, 고치 대금으로서의 지불액을 증가시킨 장래를 이끈다 하는 것도 공동판매 실행의 중대한 사명 중 하나다.

이와 같이 양잠, 제사 양 업자의 밀접한 관계를 유지할 수 있으며, 내지처럼 막다른 골목에 막히는 전철을 밟게 하지 않는다는, 이것은 어떠한 점에서 보아도 현행 고치 공동판매제도는 추호의 결점도 없으며, 이외에도 양잠 보호, 건전한 잠사업(蠶絲業) 발달이라는 중대 사명을 가지는 이상적 시설이다. 따라서 우리는 어디까지 이러한 방침에 순응하고 가슴속에 품어 두며 맹세하여 경영의 대성을 기하지 않으면 안 된다. 따라서 어떤 목적이 있는 유언비어에 현혹되어서 적어도 이러한 업무를 해하는 것과 같은 유감이 없도록 경계해야 할 것이다.

3) 전시체제기 양잠 통제

(1) 개관 및 해제

조선총독부는 전시체제기에 전시 물자에 대한 필요성이 증대하자 1940년 산견50만석증수계획을 실시했다. 기한은 1940~1940년(6개년)이었고, 목표는 뽕밭 5만 정보(1940년 이후 4개년, 1943년도 완성), 소립 매수 70만 매, 산견(産繭) 50만 석이었다. 구체적인 사업에는 잠업 지도원 설치비 보조, 비료대 · 상묘대(桑苗代) 보조 등이 포함되었다.[103] 한편 조선총독부는 1941년 조선잠사주식회사(朝鮮蠶絲株式會社)를 설립했다. 또한 1942년 「조선잠사업통제령(朝鮮蠶絲業統制令)」을 제정하고, 조선잠사주식회사를 조선잠사통제주식회사(朝鮮蠶絲統制株式會社)로 지정했다.[104] 조선잠사통제주식회사는 누에씨, 고치, 생사 등 잠사업(蠶絲業) 전반에 걸쳐서 일원적인 통제를 담당했다.[105] 이에 따라 공동판매제는 공출제(供出制)로 전환되었다.

조선식산은행은 1918년 농공은행(農工銀行)들을 통합해 설립되었다. 1920년대~1930년대 초반에는 주로 농업 투자 자금을 공급했고, 1930년대 중반~1940년대에는 주로 광공업 투자 자금을 공급했다. 《식은조사월보(殖銀調査月報)》는 조선식산은행 조사부가 발간했던 월간지다. 한편 조선금융조합연합회는 1933년 각 도 금융조합연합회(이후 조선금융조합연합회 각 도 지부)를 통할하는 조직으로 창설되었다. 《조사휘보(調査彙報)》는 조선금융조합연합회가 발간했던 월간지다. 《식은조사월보》, 《조사휘보》 중 전시체제기 양잠 통제 관련 내용을 정리했다. 또한 조선총독부가 일본 제국의회에서 정책 설명을 위한 작성한 『제국의회설명자료』 중 전시체제기 양잠 통제 관련 내용도 정리했다.

---

103 朝鮮金融組合聯合會, 1940.5, 「産繭五十萬石增産計畫實施」, 『調査彙報』 9호, 54쪽; 朝鮮金融組合聯合會, 1940.7, 「産繭六個年計畫要綱發表」, 『調査彙報』 10호, 53-54쪽.

104 朝鮮殖産銀行, 1942.5, 「朝鮮蠶絲業統制令公布」, 『殖銀調査月報』 48호, 41-42쪽.

105 朝鮮總督府, 1941, 「蠶絲業ノ管理統制」, 『第78回帝國議會說明資料』, 61쪽.

(2) 신문 기사를 통해 본 전시체제기 양잠 통제

〈**자료 425**〉 위기 직면한 잠업 갱생, 강철 톱니바퀴, 비행기 등의 대용 원료로 등장! 주저되던 잠사(蠶絲) 증산도 적극 진출, 총독부 농무과 계획(동아일보, 1938.09.13, 5면 1단)

조선의 양잠계는 매년 현저한 발전을 하고 있으나 시국 관계로 대용품 생산에 일대 원료로서 새로 등장하여 그 업의 중요성은 더한층 가중되었다.

종래에는 생사(生絲)의 미국 수출을 목표로 생산을 조절해 왔는데 이 견사(絹絲)로 중요 대용품이 완전히 제작됨을 따라서 그 증산의 의의는 중대하게 되었다.

이제 이 견사를 대용품 제작의 중요물 몇 가지를 들어 보면 아래와 같다.

강철 톱니바퀴를 견사로 제작하는 데 열이 발생되지 않고 폭음이 나지 않고 그의 성능이 원품보다 우수하다 하여 기타 피혁, 양복감 대용, 견모피, 사양 식료, 비누 등 완성 대용품 등이 현재까지 200여 종이라고 한다.

독일의 강철과 미국의 면화를 수입치 않고도 이 견사로 능히 대용할 수 있다는 것인데 종래의 해군용 양모 "담요"는 양모에서의 진분(塵粉)으로 맹장염이 많이 걸리었는데 이 견모포는 이것을 제어할 수 있고 미국의 양모 수입을 않고도 될 수 있다는 것이며 자양 식료로는 번데기로 과자, 간유(肝油)를 제조할 수 있고 유분(油分)으로 비누 등을 제조할 수 있다는 것이다.

그래서 이 양잠 증식 문제에 대하여 금번 시국대책조사위원회에서도 여러 가지로 문제가 되어 그 증산의 필요를 인정하였다 한다.

그리고 비행기, 파라솔, 다이아 등에 중요히 사용되고 있다.

이의 생산 수지 관계로 보아도 퍽 유리한 점을 발견할 수 있다는데 면작 1단보당에 100근 수확된다고 가정하고 거기서 종자를 취해 내면 5관가량이 되는데 뽕밭 100보에서는 춘추 5관 400문이 생산되니 이것을 염가로 속출한다 해도 농가에 얼마나 이익이 될지를 알 수 있다고 한다. 이러한 의미에서 총독부 농무과 잠사계(蠶絲界)에서는 내년도부터 적극 증산계획을 수립하여 매진한다고 하며 오는 10월경에 이것을 일반에게 알리기 위하여 완성품 200종을 3월에 수집하여 견사 대용품 전람회를 개최한다고 한다.

〈자료 426〉 조선 잠업 진흥 대책, 과거의 성적 불량에 비추어서, 생산자 자발 종업 지도(동아일보, 1939.06.14, 4면 2단)

농림국서는 외화 획득상 중요성을 증가하고 있는 잠업의 적극적 진흥을 기도하고 현재 구체안을 가리고 있는데 1939년도(昭和 14)로 종료될 양잠100만석계획의 불성적의 원인이,

1. 조선에 있어서의 농민의 경제력이 적고 잠업의 지속성이 없는 것
2. 사가(絲價)가 오랫동안 저위에 있어서 잠업의 채산이 맞지 않았던 것
3. 지도 기관이 빈약한 것

등등으로 이 중 1의 조선 농가 경제력 빈약이 조선의 잠업 발전을 저해하고 있음에 비추어 금후의 장려는 농민층 전반에 미침보다도 비교적 경제력이 충실한 즉 뽕밭 1단보 이상의 소유 계급을 향해서 전력을 주입하고 농민으로 하여금 잠업의 항구성을 갖게 하는 한편 종래 다소 관청에 대한 의무로부터 양잠을 진행시키었던 것을 생산자의 자발에 의하여 업을 진행토록 할 방침을 결정하였다. 이에 따라서 정부의 지도진의 한층 충실을 꾀함과 더불어 공동 시설의 전면적 확충을 진행시킬 방침으로 최근과 같은 시가 호조는 당분간 지속될 모양이므로 위와 같은 총독부 장려책 강화는 좋은 성과를 거둘 것으로 기대된다.

〈자료 427〉 사설: 잠업 진흥책, 증산계획의 합리화 요망(동아일보, 1939.06.15, 1면 1단)

1. 조선에 있어서 양잠업은 산업상 중요한 지위를 점하고 있다. 양잠 호수는 약 82만 호로 농가 호수의 약 2할에 해당하고 산견액(産繭額)은 약 2,500만 원으로 총농산액의 2푼에 불과하나 이것이 가공 과정에 있어서는 전 조선에 기계 제사공장(製絲工場)과 족답(足踏), 좌조(坐繰) 제사공장을 합하여 160여 개소가 있으며 여기서 제사(製絲)되는 것이 130여만으로 금액은 4,000만 원에 달하여 전 공산액에 비하면 약 5푼이나 되는 형편이니 이것으로 보아 양잠업은 농과 공에 중요한 지위에 처해 있다 하겠다. 그리고 이 제사는 다시 방적용으로 조선 내에서도 많이 소비되지마는 이의 대부분이 해외로 진출되어 외화 획득에 중대한 역할을 해 왔고 현재 비상 시에 있어서는 그 의의가 더욱 중대하다 함은 누언을 필요치 않는 바이다. 원래 조선은 기후, 풍토와 토지, 노력이 잠사업(蠶絲業)에 적합하

여 다른 데서 유례를 볼 수 없을 만큼 경영상 모든 천혜와 편리를 가지고 있으므로 이에 적당한 진흥책에 있어서 지도, 장려로 매진한다면 놀라운 발전을 볼 것은 명약관화의 사실이다.

2. 물론 과거에 있어서 이 업의 지도, 장려가 없었다는 것은 아니다. 1925년(大正 14)부터 15개년간 산견 100만 목표로 국고 보조 30여만 원, 지방비 보조 50만 원을 매년 지급하여 뽕밭 및 상묘포(桑苗圃), 잠업전습소, 원잠종제조소(原蠶種製造所), 치잠[어린누에]공동사육소, 살용건견장(殺蛹乾繭場), 잠업조합 및 작잠견[산누에]제사장(柞蠶繭製絲場) 설치, 품평회 등등에 적극적으로 지도 장려해 온 것은 사실이나 대계획의 최종연도인 금년으로 그 목표 석수에 도달하지 못하게 되었으니 계획 수립 전의 산액이 겨우 24만여 석이던 것이 작년까지 70여만 석을 돌파하였다는 업적으로 보아서는 위대한 공적이라 하겠지만 거액의 보조와 허다한 노력에 비해서는 크다고 할 수 없고 계획 진행의 최고 성적이 1년간에 약 10만 석 증산이오 평균하면 4~5만 석 증산밖에 못 되는 터이라. 금년 1년으로 30만 석 증산은 고사하고 70만 석 확보도 문제가 되어 있는지라. 15개년계획의 100만 석 증산은 이것으로 완전히 실패한 것이라 아니할 수 없다. 그러므로 이에 다시 우리는 과거를 회고, 검토하고 내일의 진흥 대책을 신중히 고려할 시기가 도래한 것이라 하겠다.

3. 총독부 농림국에서도 현재 이 진흥책의 구체안을 연구 중이라 하므로 금후의 진전은 기대되는바 많지마는 과거의 계획 사업이 진행 중에 있어서 너무나 등한시되었다는 것을 지적할 수 있으니 계획 초년도에는 국고와 지방비 보조를 합하여 거진 80만 원에 달하던 것이 매년 감소되어 계획의 13년째인 1937년(昭和 12)에는 겨우 40여만 원에 불과하였고 최종년인 금년에는 국고 보조를 전폐까지 하였으며 지도와 장려가 너무 강제적 경향이 많아서 그 지속성이 적고 실적이 아주 빈약하였다는 등의 결점을 들 수 있다. 한동안에도 삼사가(蠶絲價)가 낮은 수준에 있어서 잠업의 채산이 맞지 않았다는 원인도 없지 않으나 지도 기관의 불비(不備)와 지도 방법의 불합리성이 잠업 부진의 주요 원인이 되었다고 하겠다. 첫째 잠사업 관계 지도원 수를 보면 총독부 기사가 4명, 기수는 10명이고 도 기사는 1명, 도 기수는 25명에 불과한데 일본 내지의 나가노현(長野縣)에만 있어서 보면 산액이 조선의 반도 못 되나 농림성 기사가 34명에 기수는 207명이고 지방 기수는 7명, 기타 농림 주사, 고원(雇員) 등 다수가 있음을 볼 때에 조선은 그 지도 기관이 얼마나

빈약한가를 알 수 있으며 이 소수의 지도원으로는 잠업에 대한 산업적 의의와 수익 관계 등의 인식을 충분히 시킬 수 없을 뿐 아니라 그 기술 문제에 있어서도 도저히 정치한 업적을 발휘할 수는 없을 것이다. 그러므로 종래의 방침을 변경하여 생산자의 자발적 정신을 함양하고 잠업의 항구화와 경영의 합리화를 목표로 보조와 지도 기관을 충실히 설치하지 않으면 아니 될 것이다.

〈자료 428〉 산견(産繭)계획 협의 도 산업주임회의(매일신보, 1940.02.15, 4면 9단)

1925년(大正 14)에 수립된 15개년 산견100만석증수를 기할 제1차 증산계획은 1939년도(昭和 14)로 완료되었으므로 농림국에서는 제2차 6개년 50만 석의 산견급속증산계획을 수립하고 1940년도(昭和 15)부터 실시에 옮기기로 되었는데 위 증산계획을 협의한 도 잠업주임 협의회는 2월 13일부터 16일까지 4일간에 걸쳐서 총독부 및 수원농시[수원농사시험장]에서 개최되었는데 첫날은 본부[조선총독부] 제2회의실에서 개최, 유무라(湯村) 농림국장, 아쓰지(厚地) 농무과장, 이노마타(猪股) 기사 외 계(係) 및 각 도 산업 주임 및 도 원잠종(原蠶種)[원잠종제조소] 소장 등 약 50명 출석, 유무라 농림국장의 훈시, 지시가 있고, 국장 통재(統裁)하에 자문에 대답이 있고 오후 4시 산회, 2일도 본부에서 회의를 속행, 협의를 마치기로 되었다. 자문 사항 및 협의 사항은 다음과 같다.

(…)

〈자료 429〉 오는 6년간 연간 50만 석 고치 급속 증산에 착수(동아일보, 1940.05.11, 4면 4단)

총독부에서는 산견급속증산계획을 하고 1940년도(昭和 15)부터 실시키로 하였는데 계획 내용 및 시설 사항은 다음과 같다.

산견급속증산계획 요항

계획의 취지

금차 사변 발발 이래 면, 양모, 마 등 섬유의 결핍에 따라서 잠견사(蠶絹絲) 유는 각종 섬유의 대체품으로 그 수요가 더욱 격증되고 있을 뿐 아니라 한편 본방[일본] 수출 무역의 대종으로 외화 획득상 잠견사에 기대하는바 절실한 때에 당하여 이의 급속한 증산을 꾀함은 각하(刻下) 끽긴(喫緊)의 중요한 일이다.

그러고 조선에 있어서의 양잠의 장려는 그간 누차 엄습해 온 고치가의 폭락과 지도망의 손 부족으로 인해서 예기의 진전을 못 보았으되 금차 사변하 난국에 있어서는 극히 양잠 경영상 유리한 제종의 조건을 구비하고 있으므로 이를 이용하여 최대 한도의 증산 능력을 발휘시키고, 하나는 외화 획득 자원의 강화 확충에 대비하여, 다른 하나는 군수 및 국내 수요를 충족하여 섬유 결핍의 완화에 기여하여 온 조선이 부하한 당연한 임무일 것이므로 우선 응급적 조치로 1940년(昭和 15) 이후 6개년을 기하여 산견50만석급속증산계획을 실시하여 국방 자원의 충실과 농가 경제의 향상에 기여하고자 한다.

계획의 목표

1. 기간: 1940년(昭和 15)부터 1945년(昭和 20)까지 6개년

2. 지역: 각 도

3. 산견액(産繭額): 50만 석

4. 뽕밭 5만 정보를 새로 확장할 것

5. 식상(植桑) 본수 5억만 본으로

6. 누에씨 소립 매수 70만 매를 증가할 것

시설 사항

낭상 1940년(昭和 15)에 있어서는

1. 잠업 지도원 설치비 보조 30,000원

2. 뽕밭 설치비 보조 70,000원

금후 고려 중의 시설 사항

1. 직원 설치

2. 상수(桑樹) 병충해 구제 예방비

3. 뽕밭 다수확 품평회비

4. 기설 뽕밭의 개량비

5. 산견(產繭) 처리비

6. 농사시험장 확충비

〈자료 430〉 잠사업(蠶絲業)의 신체제 통제 회사를 설립(매일신보, 1940.11.05, 6면 6단)

해외 의존 정책으로부터 국내 대체 섬유로의 일대 전환을 요청케 된 우리[일본] 잠사업 체제 재편성의 구체책에 관하여는 지난번 이래로 농림성에서 예의주시하여 연구를 진행, 원안을 작성 중이던바 대체로 잠사업통제법안(蠶絲業統制法案, 가칭) 및 그 실행 단체인 일본잠사통제주식회사법안(日本蠶絲統制株式會社法案, 가칭)의 두 축으로서 차기 의회에 제출하려고 늦어도 다음 주 중에는 성안을 얻도록 준비를 진행 중이다. 그러고 그 내용은 다음과 같다.

1. 고치의 계획적 생산을 중심으로 하여 견종(繭種)[누에씨(蠶種)], 제사(製絲)의 각 생산 부문을 조정한다.
1. 일본잠사통제회사(日本蠶絲統制會社)는 견종, 고치, 생사(生絲)의 일관한 배급 통제를 행한다. 생사에 대하여는 국내 향(向)은 물론 수출 향도 대체로 본 회사에서 매수를 행할 터이다.
1. 고치 및 사가(絲價)의 안정 시설을 행한다.
1. 잠사업 관계 법규의 개폐 및 회비, 시장, 양잠실행조합 등의 개폐, 위 통제 회사의 자본금에 대하여는 중앙잠사회(中央蠶絲會) 안의 2,000만 엔에 대하여 상당히 증액이 될 터이다.

〈자료 431〉 잠사(蠶絲) 통제, 신회사 설립(매일신보, 1941.01.29, 4면 4단)

농림국에서는 잠업의 획기적 전환을 강구하는 한편에 제품의 가격 수급 조절을 꾀하기 위하여 조선잠사업통제회사(朝鮮蠶絲業統制會社, 가칭)를 설립하기로 되어 현재 구체적 연구를 진행 중인바 동 사의 자본금은 500만 원 정도로 주로 민간 자본에 의하여 설립되는 것이며 사업 목적은 대체로 다음과 같다.

1. 누에, 생사(生絲)의 생산 판매

1. 누에씨, 뽕나무 묘목의 판매 사업

등 유통 부문의 전면적 통제를 확립하는 것이다.

〈자료 432〉 잠사통제회사(蠶絲統制會社)는 관민 절반 출자하기로(매일신보, 1941.03.13, 4면 1단)

잠사업통제회사(蠶絲業統制會社)는 지난번의 제1회 관민 합동 간담회의 소위원회에서 성안을 작제, 당국에 제출하였는데, 위에 의하면 자본금은 500만 원으로 관민 각 반액 출자로 하고 조선 내의 뽕나무 묘목, 잠사(蠶絲), 제사(製絲)를 통제 경영하여 종래 나온 생사(生絲)는 요코하마(橫濱)에서 검사를 받았는데 대구 혹은 경성에 약 26만 원으로 검사장을 설치하여 본부[조선총독부] 내에 관민 합동의 심의회를 각 도에 지부를 설치할 방침이다.

〈자료 433〉 잠사통제회사(蠶絲統制會社) 설립 발기인 총대 하야시 시게조(林繁藏) 씨(매일신보, 1941.08.19, 4면 1단)

총독부에서는 조선 내 잠사업(蠶絲業)의 통제를 도모하기 위하여 자본금 500만 원의 회사를 설치하기로 방침을 정하고 그동안 준비에 분망하였었는데 지난 16일 오전 9시에 총독부 제3회의실에서 발기인회를 개최하고 회사 설립에 관하여 협의한 결과 발기인 대표로는 하야시 시게조 씨가 결정되었다. 또 설립 요강과 발기인 씨명은 다음과 같다.

▲ 회사

본점 소재지: 경성

명칭: 조선잠업주식회사

자본금: 500만 원(단 주식 총수 10만 주로 하여 1주의 금액 50원, 제1회 납입의 주에 대하여 12원 50전)

발기인: 가네가후치방적주식회사(鐘淵紡績株式會社) 사장 쓰다 신고(津田信吳) 대리 이토 노부치카(伊藤信親), 도요제사주식회사(東洋製絲株式會社) 대표 이사 이토 다쓰오(伊東愼雄), 미쓰이물산주식회사(三井物産株式會社) 경성지점장 이케부치 쇼지로(池淵祥次郎), 조선잠사

회(朝鮮蠶絲會) 회장 하야시 시게조, 조선잠종제조업조합중앙회(朝鮮蠶種製造業朝鮮中央會)[조선누에씨제조업조합중앙회] 회장 오가노 세이조(小賀野清藏), 조선제사협회(朝鮮製絲協會) 회장 오구치 하지메(小口肇), 조선상묘연합회 회장 가와하라다 하지메(河原田甫) 대리 가키무라 모리요시(柿村森吉), 미쓰비시상사주식회사(三菱商事株式會社) 경성지점 나가야마 진노스케(長山甚之助), 가타쿠라제사방적주식회사(片倉製絲紡績株式會社) 사장 가타쿠라 가네타로(片倉兼太郎) 대리 야마모토 가오루(山本薰), 조선인견직물공업조합(朝鮮人絹織物工業組合) 이사장 히라오 세이치로(平尾精一郎), 군제제사주식회사(郡是製絲株式會社) 사장 하타노 린이치(波多野林一) 대리 모리 준지로(森準次郎), 조선국용제사연합회(朝鮮國用製絲聯合會) 회장 스미토모 산시로(住友三四郎)

(…)

〈자료 434〉 잠사통제회사(蠶絲統制會社) 제2회 발기인회(매일신보, 1941.09.04, 4면 4단)

조선 내 잠사업(蠶絲業)의 일원적 통제 기관으로서 설립되는 조선잠사통제회사(朝鮮蠶絲統制會社) 제1회 발기인회는 지난번 본사[매일신보사]에서 개최하였는데 3일 오전 9시부터 잠사회관에서 제2회 발기인회를 개최, 지난번 결정한 정관, 기타에 대하여 재검토를 마치고 동 3시 산회하였다.

〈자료 435〉「잠사통제령(蠶絲統制令)」 원안 드디어 성안(매일신보, 1941.11.8, 1면 9단)

내수 전환을 불가피하게 된 조선산 잠사업(蠶絲業)의 일원적 통제 기관으로 총독부는 조선잠사통제회사(蠶絲統制會社)의 설립을 급히 하고 있는데 이에 먼저 하여 제 통제(생산, 배급, 가격)에 대한 법적 근거가 될「조선잠사업령(朝鮮蠶絲業令, 제령)」을 제정키로 되어 농림국이 중심으로 원안을 작성 중 현재 심의실에 회부되어 머지않아 중앙과 절충한 뒤 조급히 실시할 방침이다. 위 통제령은 조선 내 잠사(蠶絲)의 생산, 배급, 가격 등의 계획화에 따라서 이들 제 통제에 국가적 통제를 더하려는 것으로 그 대상은 누에씨, 고치, 생사(生絲) 등 잠사업 전반에 걸친 감독, 검사, 기타의 규정이 있는 것이다.

〈자료 436〉 조선 내 잠사업(蠶絲業) 일원 통제, 금 8일 조선잠사통제회사(朝鮮蠶絲統制會社) 창립(매일신보, 1941.12.09, 4면 5단)

현재 체제에 적합한 잠사업 통제의 중추 기관으로서 총독부에서는 「잠사업관리통제령(蠶絲業管理統制令)」을 제정하고 잠사업의 종합적 관리 통제를 하여 국방 국가로서 대미 외화 획득의 대종이던 잠사(蠶絲)를 국내 소비 자원으로 전환하고 국민 생활 기구상 공헌을 하게 되었는데 법령 제정의 준비가 아직 미완료하였으므로 총독부에서는 우선 상법에 근거를 둔 보통 상사 회사의 형식으로 설립하여 누에씨, 고치, 생사(生絲) 등의 잠사에 관하여 전반적으로 일원적 통제를 하고 매입, 매도도 독점으로 하게 되어 자본 500만 원을 민간에서 출자하고 제1회는 1/4을 납입하기로 되어 오늘 12월 8일에 창립총회를 개최하고 금일 하세가와정(長谷川町) 은행 집증소(集會所)에서 11시부터 약 30분에 걸쳐서 총회를 개최하고 설립을 보게 되었다. 총회는 오전 11시부터 개최되어 (1) 회사 설립 사무 보고 (2) 정관 승인 (3) 이사, 감사역 선임 (4) 임원 보수 결정으로 완료되었는데 선임 임원의 씨명은 다음과 같은바 이 선임자는 조선총독의 인가를 받아 정식으로 결정될 것이다

▲ 사장 = 유무라 다쓰지로(湯村辰二郎)

▲ 부사장 = 오가노 세이조(小賀野清藏)

▲ 전무 이사 = 우에키 히사시(植木壽), 야자와 모토카즈(矢澤茂登一)

▲ 이사 = 오구치 하지메(小口肇), 이토 다쓰오(伊東愼雄), 노자키 구마지로(野崎熊次郎), 이케가미 아키라(池上照), 이시다 이치로(石田一郎), 히라오 도쿠이치로(平生德一郎)

〈자료 437〉 잠사통제회사(蠶絲統制會社) 3부문 강력 통제(매일신보, 1942.03.12, 4면 3단)

조선의 누에씨, 고치 및 생사(生絲)의 일원적 통제를 목적으로 하는 「조선잠사업통제령(朝鮮蠶絲業統制令)」은 이미 법제국에서 총독부 원안이 승인되어 금월 12월경까지에는 공포하여 4월 1일부터 실시할 예정이다. 신 통제 회사의 사장 및 부사장은 총독부의 임명으로 되어 있는데 현 회사의 사장, 부사장을 그대로 임명하고 현 이사도 이사로서 주주총회의 결의를 거쳐서 임명될 터이다. 그리고 신 통제 회사의 사업은 누에씨, 고치 및 생사의 3부문에 걸쳐서 강력한 통제를 실시할 터인데 이것을 부문별로 보이면 다음과 같다.

▲ 누에씨: 조선 내 수요의 전부를 우선 업자로부터 매상하는 형식을 취하는 본부의 배급 명령에 기하여 각각 알선 기관을 거쳐 농민에 판매한다.

▲ 고치: 종래와 같이 공동판매 방법에 의하여 회사가 우선 매상하여 제사업자(製絲業者)에 판매할 터인데 실제는 제사공장(製絲工場)에 대행하여 통제 수량은 신회사가 실정에 의하여 가감한다.

▲ 생사: 수출은 현재 전무이므로 국용사(國用絲) 중 내지[일본] 발송의 통제를 행할 터인데 조선 내의 견직물(絹織物)은 생사를 내지에 이출하여 직물로 재이입하는 현상이므로 금후는 조선 내의 수요와 설비에 응하여 제사공장에 하명, 필수 품종의 제직(製織)을 행하도록 원료사(原料絲)의 우선 배급을 행하고[106] 내지 발송은 종(從)으로 한다.

〈자료 438〉 잠사(蠶絲)를 계획적 통제, 금일 시행규칙 공포 실시(매일신보, 1942.05.19, 1면 9단)

총독부에서는 지난 3월 25일 「조선잠사업통제령(朝鮮蠶絲業統制令)」을 공포하여 잠사 통제의 법적 근거를 부여하였었던바 18일부로 동 영의 시행규칙을 제정하여 발포 당일 실시하여 잠사의 생산, 배급, 가격 등에 대한 계획적 통제를 가하게 되었다. 그리고 총독부에서는 18일부로 조선잠사주식회사(朝鮮蠶絲株式會社)를 조선잠사통제주식회사(朝鮮蠶絲統制株式會社)가 될 수 있는 회사로 지정하였으므로 동 회사는 총독부의 인가를 얻어 머지않아 통제 회사로서의 활동을 하게 될 것이다.

〈자료 439〉 양잠 흉작 원인 도 당국서 검토 중(매일신보, 1942.06.30, 4면 2단)

강원도의 봄누에고치 공동판매는 순조롭게 진행되어 현재 북부지방이 최성기에 접어들게 되었는데 금년의 공판 목표 수량 34만 6,000관에 대하여 지난 22일 현재로 출회된 것이 겨우 7만 2,000여 관에 달하였다고 한다. 금년에는 자가소비를 극력 억제하여 적극 출하를 독려하였음에도 불구하고 이같이 성적이 불량한 것은 산견량(産繭量)이 예상외로 훨씬 감소된 때문이라는데 기후가 양잠에 가장 적합한 금년 같은 해에 흉작을 보게 된 것은 이면에 깊은 원인

106 원문: 行하는.

이 있을 것이라 하여 도 당국에서는 흉작의 원인을 구명, 검토하기로 되었다.

〈자료 440〉 누에고치 증산 방책 결정, 뽕밭 관리·섬유자원을 확보(매일신보, 1943.01.29, 2면 4단)

현재의 섬유 사정에 비추어 총독부에서는 잠업의 적극적 진흥을 꾀하고자 이의 구체적 방책을 협의코자 도 잠업주임관회의를 소집하고 지난 25일부터 3일간 협의를 마쳤는데 이와같이 증산 방책을 결정하고 기정 생산 목표 달성에 만전을 기하기로 되었다. 즉,

1. 본년도 증산 목표는 전년대로 614만 관으로 하고 이 목표 확보에 다음의 방책을 중점으로 지도 강화함.
1. 소신 내에 8만 4,000정보의 뽕밭 면적이 있지만 그중에는 유명무실한 것도 있으므로 이에 내용 충실을 기하여 보식(補植) 개선, 관리를 철저하게 실시하여 난보딩 증산을 꾀한 것.
1. 강하고 견고한 신품종의 보급 철저로 누에 농사 안정 확보.

〈자료 441〉 섬유자원 확보차, 누에고치 적극 증산 단행, 29일 각 도에 정무총감 통첩(매일신보, 1943.01.31, 2면 1단)

아국[일본] 잠사(蠶絲)의 생산은 국내 소비와 외화 획득을 목적으로 하는 수출용에 중점을 두고 증산을 수행하여 왔었는데 국제 정세에 의하여 수출은 두절되었으나 국내 섬유 사정에 의한 민수의 증가와 군수의 확대에 의하여 종래의 수출용을 국내 소비에 전용하여도 부족을 면치 못하고 있으므로 조선에서는 종래의 잠사 증산 방침을 한층 확대하여 국내 섬유 수급에 완벽을 기하기로 되어 총독부에서는 29일 다음과 같은 내용의 정무총감 통첩으로 각 도지사에 잠사 증산에 관한 건을 발송하였다.

정무총감 통첩 내용

현재 정세와 잠사업(蠶絲業)의 중요성에 비추어 이전에 그 인정 및 발달을 꾀하기 위하여 각각 조치하여 왔던바 근년 잠사의 생산은 각종 사정에 의하여 매년 감산되고 있는 것은 국내 섬유 자원 확보의 견지로 보아 참으로 유감으로 여기는 바이다. 최근 잠사의 섬유로서 극히

우수한 특성에 착안한 신규 용도는 더욱더 광범에 걸치고 있는바 타 섬유류의 부족과 함께 잠사의 군수는 매년 현저하게 증가하여 특히 조선 내에 있어서의 생사(生絲) 수요는 격증하고 있으며 더욱 종래와 같이 이를 내지[일본]에 기대하기 어려운 정황에 있으므로 이때 잠사의 적극적 증산을 꾀함은 중요한 임무이다. 이에 각자는 이러한 업무의 중요성에 대하여 한층 인식을 깊이 하여 근시 다소 침체한 듯한 당업자의 기세 앙양에 힘쓰는 동시에 특히 뽕밭의 비배(肥培) 관리, 사육 기술의 향상, 치잠[어린누에]의 보급, 지도 직원의 훈련, 누에씨의 제조 등에 관한 중점적 지도를 주지로 하여 각 지방의 실정에 즉응한 적절한 기획하에 잠사 증산 확보를 꾀하는 데 유감이 없기를 기하기 바란다.

〈자료 442〉 내년도의 잠사(蠶絲) 생산, 610만 관을 목표, 섬유자원 확보에 만전 (매일신보, 1943.02.23, 2면 2단)

현재 긴요한 섬유 자원으로 그 수요가 격증된 잠사의 생산을 확보하고자 총독부에서는 1943년도(昭和 18)의 누에씨, 고치, 생사(生絲)의 생산 계획을 결정하고 이에 따라 각 도에 대하여 누에씨의 제조 수량과 소립 매수, 고치의 생산 및 그 공판 책임 출하 수량을 배정하게 되었다. 이것은 「조선잠사업통제령(朝鮮蠶絲業統制令)」에 따라 결정한 것으로 22일 각 도지사에게 통첩을 발했는데 이와 동시에 총독부에서는 이날 시오다(鹽田) 농림국장 담화를 발표하여 생산 증강에 정진해 달라고 관계자들의 분기를 촉구하였다. 1943년도의 생산 계획 수량을 530만 관으로 결정하였지만 노력 목표는 610만 관으로 하여 이 목표 달성을 위하여 매진하는 것인데 국장 담화 내용은 별항과 같다.

(…)

〈자료 443〉 누에고치 적극 증산, 뽕밭 작부통제규칙 개정, 완화(매일신보, 1944.03.26, 2면 4단)

총독부에서는 내지[일본]에 순응하여 전시하 주요 식량의 증산을 꾀하기 위하여 1942년(昭和 17) 「조선농지작부통제규칙」을 발포하고 뽕나무, 과수 등 불요·불급의 작물은 이를 제한 또는 억제하여 왔는데 요즘 위 규칙을 개정, 완화하고 뽕나무에 관하여서 금후 현재의 순 뽕나무 면적을 유지하기로 하고 이 개식(改植)에 관하여서는 식량 농작물에 지장을 미치지 않는 범위 내에서 면화, 대마, 아마 등의 섬유 작물과 동일하게 취급하고 적극적으로 누에고치의 증산에 착수하기로 되었다. 즉 위 규칙 제정 당시 내지의 뽕밭은 주요 농작물 이용 면적 밭 840만 8,000정보에 달하여 8.8%의 대량을 점한 데 대해 조선 내 뽕밭은 주요 농작물 이용 면적 밭 623만 9,000정보에 대하여 겨우 0.6%에 불과한 상태에 있으므로 조선으로서는 오히려 결전하 섬유 자원의 확보상 뽕밭의 조장을 기하는 점에서 금회의 조치로 나오게 된 것이다.

〈자료 444〉 공출 보상과 특배(特配), 양잠가 우대의 낭보(매일신보, 1945.05.23, 2면 4단)

섬유 자원을 확보하기 위하여 특히 누에고치 증산은 그 생산 입지 조건이 극히 유리한 만큼 내지에서는 금년 산견(產繭) 가격을 대폭으로 올렸으나 조선에서는 농촌의 실정에 즉응한 가격 인상을 하려고 그 대책에 대하여 연구 중이었는데 이즈음 성안되어 곧 실시하기로 되었다. 그 방법은 내지와 동 비율의 가격 인상을 하지 않는 대신에 현재 농촌에 극히 필요한 물자를 배급하여 주기로 되었다. 그래서 그 구체적 방법으로는 전 조선 각 양잠 농가에 대하여 누에씨 1매에 대하여 등유를 1합 1작의 비율로 배급하기로 되어 현재 실시 중이다. 그리고 이 밖에 특히 생산에 열중하여 많은 공출을 한 양잠가에 대하여는 공출보상제를 실시하여 그 열의에 보답하기로 되었다.

보상 물자의 종류는 면포, 견직물(絹織物), 재봉실과 양품 등이며 그 배부 방법은 부락[촌락]에서는 공출 수량 30관 이상에 대하여는 초과량 1관에 대하여 약 4원, 60관 이상에 대하여는 1관에 약 6원, 100관 이상은 약 8원에 해당하는 보상 물자를, 또 개인의 경우에는 공출 1관 이상의 공출 초과량에 대하여 1관 약 3원, 5관 이상 1관 약 5원, 10관 이상 1관 약 7원에 해당하는 보상 물자를 각각 배부하기로 된바 이 대금 300만 원은 조선잠사통제회사(朝鮮蠶絲統制會社)에서 부담하기로 되었다.

〈자료 445〉 봄누에고치 공출에 면포와 백미를 특배(特配)(매일신보, 1945.06.22, 2면 9단)

연천군에서는 본월 17일부터 동 말일까지를 봄고치의 공판 기간을 정하고 양잠계 직원이 각기 면에 주재하면서 공출의 독려와 아울러 공판을 하게 되었는데 이번에는 도의 방침으로 고치 1관에 대하여 면포 반 마씩을 무상으로 주게 되었으며 더구나 한산(韓山) 군수는 양잠가를 위로하고 겸하여 증산에 대한 의욕을 더욱 돋우기 위하여 예년에 없던 백미의 특배를 주게 되었는데 이것은 역시 고치 1관에 대하여 5합씩이며 더구나 책임 수량을 돌파한 사람의 보상에 관해서는 달리 고려 중이라고 한다.

(3) 전시체제기 양잠 통제 내용

① 산견50만석증수계획

〈자료 446〉 산견50만석증산계획 실시(朝鮮金融組合聯合會, 1940.5, 「産繭五十萬石增産計畫實施」, 調査彙報 9호, 54쪽)

산견50만석급속증산계획은 드디어 본년도부터 실시되기로 되었기 때문에, 본부[조선총독부] 농림국에서는 이전에 관계관을 각 도에 파견하고 전 조선 7개 양잠 도(道)에서 기술원 협의회를 열어서 만반의 준비로 나가고 있다. 증산계획 요강은 다음과 같다.

산견급속증산계획 개요

1. 취지

이번 사변[중일전쟁] 진전에 따라서 국가의 경제력 완화는 외화 획득 확대를 촉진하는 한편, 국내 면, 양모, 마 등 섬유류 결핍에 의하여 대체 섬유류 수급 상황을 원활케 해야 할 필요가 있다. 또한 조선 내 농가 갱생상 현금경제의 완화 원활을 꾀하기 위하여, 영농의 일각에 순부업의 범위에서 양잠을 짜내게 해야 할 필요가 있다. 이러한 사실 등에 비추어 산견(産繭) 급속 증산을 하려 한다.

2. 목표

(1) 기간: 1940년(昭和 15)부터 1945년(昭和 20)까지의 6개년

(2) 지역: 각 도

(3) 뽕밭 조성 면적: 5만 정보(1940년도(昭和 15) 이후 4개년, 1943년도(昭和 18)로 완성)

(4) 누에씨 소립 수량: 70만 매

(5) 산견액(産繭額): 50만 석

3. 시설 조성

(1) 인건비: 당장 1940년도(昭和 15)에는 산업 지도원(순 기술자인 자, 가급적이면 지방 산업 기수)을 설치하고 1인당 300원을 조성한다.

(2) 뽕밭 시설비: 당장 1940년도(昭和 15)에는 비료대 및 상묘대(桑苗代)에 대하여 식부 당년 단보당 2원을 조성한다.

(3) 기타 조성비(장래 조성하기 위해 고려 중인바)

△ 인건비(기사, 기수) △ 뽕나무 병충해 제거 예방비 △ 뽕밭 다수확 품평회비

△ 기설 뽕밭 비배(肥培) 충실비 △ 산견 처리비

4. 협의 사항

1. 산견 급속 증산에 관한 건: 1940년도(昭和 15) 이후 6개년간에 걸친 산견급속증산계획 수행 방도
2. 누에씨류 공통 시험에 관한 건: 본년도 실시 성적 및 내년도 실시 사항
3. 뽕나무 간작[사이짓기] 및 혼작[섞어짓기] 시험에 관한 건: 본년도 실시 성적 및 내년도 실시 사항
4. 재래 뽕나무 공통 시험에 관한 건: 작년 이래 실시한 사항에 관하여 다시 협의
5. 뽕나무 급속 조성에 관한 건: 시국하에서 누에고치 급속 증산의 중요성에 비추어 보아, 이에 즉응하기 위해 뽕잎 급속 조성에 관하여 협의
6. 상묘(桑苗) 생산 방법에 관한 건: 상묘 수요 점증의 경향이 있음에 비추어 지방의 지후, 토질에 따른 상묘의 생산 방법에 관하여 협의
7. 누에 농사 안정에 관한 건: 누에 농사의 안정은 잠사업(蠶絲業) 경영상 가장 중요한 사항이라는 사실에 비추어 이것의 방법에 관하여 협의

그리고 산견급속증산계획 실시에 필요한 1940년도(昭和 15) 국고 조성은 지도원 1인당 300원, 뽕밭 조성비 단보당 2원을 예정한다. 각 도 조성 할당은 다음과 같다.

도명	지도원(인)	뽕밭 조성 면적 (정보)	지도원비(원)	뽕밭 조성비(원)
경기	7	245	2,100	4,900
충북	7	245	2,100	4,900
충남	8	280	2,400	5,600
전북	7	245	2,400	4,900
전남	8	280	2,400	5,600
경북	13	455	3,900	9,200
경남	8	280	2,400	5,600
황해	7	245	2,100	4,900
평남	7	245	2,100	4,900
평북	7	245	2,100	4,900
강원	10	350	3,000	7,000
함남	8	280	2,100	5,600
함북	3	105	900	2,000
계	100	3500	30,000	70,000

〈자료 447〉 산견6개년계획 요강 발표(朝鮮金融組合聯合會, 1940.7, 「産繭六個年計畫要綱發表」, 調査彙報 10호, 53~54쪽)

이번 사변[중일전쟁] 발발 이래 면, 양모, 마 등 섬유의 결핍에 따라서 잠견사(蠶繭絲)류는 각종 섬유의 대체품으로 수요가 더욱더 격증하고 있을 뿐만 아니라, 한편 본방[일본] 수출 무역의 대종으로서 외화 획득상 잠견사에 기대하는 바가 점점 간절한 바가 있다. 따라서 본부[조선총독부]는 급속한 증산을 꾀하는 것으로 되어서 5월 10일 그것의 내용을 다음 같이 발표했다.

조선의 양잠 장려는 그간 누차 엄습해 온 견가(繭價)의 폭락과 지도망의 손 부족에 의하여 예상한 진전에 이르지 못했다. 하지만 이번 사변하 난국에서는 양잠 경영상 유리한 여러 가지 조건을 구비하고 있기에, 이를 이용해 최대한도의 증산 능력을 발휘시켜서 한편으로는 외화 획득 자원의 강화와 확충에 대비하고, 다른 한편으로는 군수 및 국내 수요를 충족해 섬유 결핍 완화에 기여함은 조선이 짊어진 당연한 임무일 것이다. 이에 따라 당장 응급적인 조치로서 1940년(昭和 15) 이후 6개년을 기해 산견50만석급속증산계획을 실시해 국방 자원 충실과 농가 경제 향상에 기여하고자 한다.

△ 계획 목표

1. 기간: 1940년(昭和 15)부터 1945년(昭和 20)까지 6개년

2. 지역: 각 도

3. 산견액(産繭額): 50만 석

4. 뽕밭: 5만 정보를 새롭게 확장

5. 식상(植桑) 본수: 5억 본

6. 누에씨 소립 매수: 70만 매를 증가시킨다.

△ 시설 사항

당장 1940년(昭和 15)에는 △ 잠업 지도원 설치비 보조 3만 원 △ 뽕밭 설치비 보조 7만 원

△ 고려 중인 시설 사항

▲ 직원 설치 ▲ 뽕나무 병충해 구제 예방비 ▲ 뽕밭 다수확 품평회비 ▲ 기설 뽕밭 개량비 ▲ 산견(産繭) 처리비 ▲ 농사시험장 확충비

〈자료 448〉 내년도 조선 내 고치 생산계획(朝鮮殖産銀行, 1943.4, 「明年度鮮內繭生産計畫」, 殖銀調査月報 59호, 15~17쪽)

일설에 총독부 농림국에서 각 도 잠사업(蠶絲業) 주임관 회의를 열어서 시국하 긴요한 섬유자원인 잠사(蠶絲)의 1943년도(昭和 18) 생산계획을 결정했다. 그런데 21일 위에 기초하여 각 도에 대하여 1943년도 누에씨 제조 수량, 소립 수량, 고치 생산 수량, 공동판매 책임 출하 수량의 할당을 결정해 각 도지사 앞으로 의명통첩(依命通牒)을 발포했다. 그러한 동시에 별항처럼 이에 관한 농림국장 담화를 발표해 예성 계획 수량의 완수에 대하여 관계 관민의 협력 분기를 요망했다. 즉 1943년도 생산 계획 수량 중 고치의 생산은 작년도 그대로 기치한 530만

관으로 결정하는 동시에 최고 노력 목표를 610만 관으로 결정했다. 이외에 누에씨에 대해서는 111만 매, 생사(生絲) 생산 계획 수량은 3만 2,500표, 전 조선 각 도의 고치 공동판매 책임 출하 수량은 265만 관으로 정했다. 이에 따라 특히 생사는 금후 조선 내의 수요가 증가의 한 길로 나아갈 뿐으로, 전부 조선 내의 소비로 전용키로 됐던 점이 주목된다. (…)

누에씨: 1,110,000매

내역

1943년(昭和 18) 여름 · 가을누에씨: 485,920매

1944년(昭和 19) 봄누에씨: 624,080매

고치

(1) 계획 수량: 5,300,000관

내역

봄 누에고치: 3,400,000관

여름 · 가을 누에고치: 1,900,000관

(2) 노력 목표 수량: 6,100,000관

내역

봄 누에고치: 3,900,000관

여름 · 가을[107] 누에고치: 2,200,000관

생사

내역

기계 생사 18,000표

족답(足踏) 생사, 좌조(座繰) 생사: 14,500표

공판 책임 출하수: 2,650,000관

107 원문: 壽秋

내역

봄 누에고치: 1,730,000관

여름·가을 누에고치: 920,000관

〈자료 449〉 고치 증산 대책(朝鮮殖産銀行, 1943.5, 「繭の增産計畫」, 殖銀調査月報 60호, 22쪽)

조선의 산견고(産繭高)는 대체로 500만 관으로 추정되지만 실제 공동판매에 부쳐진 것은 그중 200만 석 내외에 불과하다. 총생산고의 과반수가 자가소비에 충당되고 있는 현상이다. 그런데 내지[일본]의 인견, 인조 섬유(staple fiber) 등의 이입은 점감(漸減)하는 한 길로 나아가는 중이다. 결국 조선의 의료(衣料) 보급은 고치 증산과 이것의 공판으로의 출회 촉진에 의지할 수밖에 없으며, 이에 대한 대책으로 견가(繭價)의 인하가 당면의 문제로서 다뤄지고 있다. 하지만 잠사통제회사(蠶絲統制會社)에서는 정부의 저물가 정책으로서 적대시하여 견가의 인상이 제품에 영향을 미치게 하지 않고 직물업자·판매업자·통제 회사 등 중간 기관 부담으로 최저 10괘의 견치기(繭値基)[고치 가격 기준] 인상을 실시하기 위하여 대책을 고구(考究) 중이다. 이를 위해 잠사통제회사에서는 다음의 세 가지 안을 준비해 농림 당국과 설충 중이다.

제1안 공판 고치 괘목(掛目)을 현행의 56괘에서 66괘로 인상한다.

제2안 중간 기관 수수료를 총독부 고시에 의하여 변경해 차액을 증산 장려금으로 하여 생산자에게 교부한다.

제3안 이상의 2안이 내지와의 관계, 기타 형편에 따라서 급속하게 실현할 수 없는 경우에는 직물업자 이하 판매업자 기부에 의하여 10괘 인상에 상당하는 액의 장려금을 생산자에게 교부한다.

위 중 제1안은 내지가 현재 61괘로 하고 있는 관계에서 내지가 괘목 변경을 하지 않는 한 실시 곤란한 사정이 있고, 제2안 총독부 고시 변경은 수속상 상당한 시일이 필요할 전망이라, 모두 본년 봄고치에 맞추기 어렵다. 결국 제3안 업자 기부금에 기초한 장려금의 교부책으로 귀결되지는 않을는지 여겨지고 있다.

〈자료 450〉 고치 출회 부진 대책(朝鮮殖産銀行, 1943.9, 「繭出廻不振對策」, 殖銀調査月報 64호, 34~35쪽)

본년도부터 계획 생산을 실시한 반도[조선]의 봄고치는 총독부를 비롯하여 관계 방면 필사적 지도와 독려에도 불구하고, 공판의 성적이 소기의 목표에 도달하지 못하여 가까운 시일 내에 일단의 종결을 보려 하고 있다. 이에 따라 잠사통제회사(蠶絲統制會社)에서는 모든 각 도에서 이번 봄고치의 누에 농사를 검토, 출회가 부진한 근본적 원인을 탐구해 이에 대한 대책을 발견하기 위하여, 5일 동 사 아쓰지(厚地) 총독부 농산과장 이하 관계관의 임석하에 참여회를 개최했다. 그런 결과 다음처럼 문제는 자가용 소비와 명목에 따르는 고치의 횡류(橫流)[108]에 있으며, 이에 대한 해결을 위해서는 현행 「잠업령」 및 「섬유설비제한규칙」의 개정에 의하여 4부(釜) 이하 제사업(製絲業) 및 2대 이하 소기업(小機業)의 철저한 정비가 절대로 필요하단 결론에 도달했다. 즉,

1. 기후: 본년도 기후는 소립에서 사면(四眠)[109]까지는 예년에 보이지 않았던 적절함이나 순조로움의 혜택을 봤지만, 오령(伍齡)[110]에 들어가 30도가 넘은 고온으로 인해 한소(旱掃) 지방을 제하면 이것의 잠작에의 영향은 상당히 강한 바가 있었다. 하지만 이러한 정도의 기온은 조선에서는 드물지 않아서 흉작의 주된 요인으로 보기에는 타당하지 않다.
1. 품종: 원원종(原原種)은 타당하지 않다. 현재 가장 보급되고 있는 원원종은 일(日) 115와 지(支) 108의 교잡종이지만, 이는 사질(絲質) 본위의 품종이었기 때문에 반도의 환경에는 지나치게 약하다. 원종(原種)도 열변(劣變)하고 있으며, 특히나 누에씨 제조업이 말단 양잠가에 배포하는 누에씨 중에는 합격품이지만 합격품 중 저위에 있는 것이 많고, 그중에는 모 업자의 제조 누에씨 전부가 흉작으로 끝난 것도 있다.
1. 시국 인식의 불침투: 잠사(蠶絲)의 중요성, 누에고치 증산 운동은 총독부의 태도 명시와 관계 방면의 노력에 의해 지도 상층부에도 점차 이해되었다. 하지만 하층부 특히 면장 이하 지도층에 철저하게 침투되고 있지 않다. 그중에는 견가(繭價)가 인상된 사실을 완전

108 물 따위가 제 곬으로 흐르지 않고 옆으로 흐름. 물품을 정당한 경로를 밟지 않고 파는 행위.
109 누에가 알에서 깨어나 네 번 잠을 자는 것.
110 누에가 네 번째 잠을 잔 뒤부터 고치를 짓도록 섶에 올릴 때까지의 사이.

히 모르는 양잠가도 있을 정도이다. 또한 관계업자나 제1선 지도원의 인식 부족에서 누에씨 배급 수수에 유감인 점이 있어 변종(變種)한 경우도 있다.

이상이 고려될 수 있는 잠작에의 영향이다. 그렇다면 전반적인 작황의 여하로 말하면 이러한 영향도 받은 것이 아니기 때문에, 생산액이라는 점에서 보았을 경우에는 작년 재작년과 비교되지 않을 풍작이다. 더구나 출하 실적이 소기의 실적을 올리지 못하는 이유는 자가용 소비를 빙자한 암거래의 횡행으로, 실례로 남선[조선 남부] 모 면과 같은 경우는 호수 7,000호에 대하여 7,000대의 기대(機臺)가 있는 경우 등이 있다. 원료 고치에 대한 견직물 가격이 비싸서 이와 같은 결과가 초래되는 것이다. 이에 따라 대책으로는 제사(製絲) 직기(織機)에 대한 철저한 정비 이외에는 없다고 생각된다.

② 전시 누에고치 공출

〈자료 451〉 내지에 순응해 잠사업 통제(朝鮮金融組合聯合會, 1941.3, 「内地に順應して蠶絲業統制」, 調査彙報 14호, 98쪽)

잠사업(蠶絲業) 통제 법안은 오는 의회에 제출될 예정으로, 해당 안에 의하면 1억 엔의 반관반민(半官半民) 신회사를 창립하려는 모양이지만, 조선도 내지[일본]와 동일 보조를 취할 필요가 있기 때문에 본부[조선총독부] 농림국에서는 잠사업 관리제도 실시에 따른 경비 235만 원을 1941년(昭和 16) 추가 예산으로 요구했다. 성안한 이후는 재무국의 손을 거쳐 미즈타(水田) 재무국장 쪽으로 제출하고, 대장성에 요구하는 것으로 되는 것이다. 이러한 추가 예산은 편성 도상에 있기 때문에 확고해질 때까지는 다소의 변화가 있겠지만 대체로 내지와 동일하다.

1. 정부가 출자한 반관반민 신회사를 만들고 여기에서 누에씨, 고치, 생사(生絲)의 독점 매매를 하게 할 것
2. 그리고 회사에만 통제를 맡길 때는 독점의 위기가 있기에, 관민 합동에 관계 심의회를 창립하고, 심의회가 적정 가격 결정, 기타 조사·검토를 행하여 이것을 본부에 답신하며, 이를 참고로 하여 본부에서 결정하고, 그와 같은 가격에 의하여 신회사가 매매를 행한다

3. 국영 생사검사소(生絲檢査所)를 몇 개소 신설한다

등의 방법들이 고려되고 있다. 여기서 문제가 되는 것은 조선의 수출 생산을 어떻게 취급할지이다. 내지의 계획 수출에 조선이 얼마나 비집고 들어갈 수 있을지, 또는 조선의 생사는 국내 소비에 할당하도록 할지 등은 우리 반도 생사계(生絲界)에 중대한 문제가 되고 있다. 본 문제에 대해서는 본부 농림국도, 제사업자(製絲業者)도 침묵을 지키고 있지만, 농림성과의 근본적 협의로 결정되어 있지 않으므로 이제부터 이뤄질 모양이다.

〈자료 452〉 양잠 보급책 결정(朝鮮金融組合聯合會, 1941.4, 「養蠶普及策決定」, 調査彙報 15호, 56쪽)

조선의 잠사(蠶絲) 관리는 통제 회사의 원안이 아직 결정되지 않았지만, 금년부터의 양잠 장려를 내수에 중점을 둘지, 지금까지와 마찬가지로 외수를 주로 하면서 내수를 극력 제압할지는, 지금까지의 외수 제일을 배격하고 내수 우선으로 결정하는 모양이다. 따라서 양모 대용 혹은 국내로 향하는 혼방 교직용 특수용 고치의 증산을 장려하고, 공동판매 가격 등도 특수용 고치를 우대하며, 보통 고치도 내수로 향하는 시기 등이 있다 해도 실의 양이 많은 고치를 우대할 것이다. 조선은 자가용 고치의 수용이 많음에도 불구하고 지금까지는 이것을 가급적 억제해 왔지만, 금후는 자가용도 상당히 인정하는 것으로 되는 듯하다. 자가용 고치의 소비를 과감하게 인정하는 것으로 된다면, 도리어 조선의 양잠은 농촌에 빠르게 보급될는지도 모른다.

〈자료 453〉 잠사(蠶絲) 통제 계획 진보(朝鮮殖産銀行, 1941.3, 「蠶絲統制計畫進步」, 殖銀調査月報 34호, 72쪽)

내지[일본]에서는 생사(生絲), 누에씨, 뽕나무 전부를 포함한 잠사업(蠶絲業)의 통제 회사 설립안이 의회에 제출되어 현재 심의 중이다. 자본금은 1억 엔, 납입 5,000[만] 엔으로 고치의 증산을 기하는 바이다. 총생산고의 1/3은 수출용, 1/3은 국내용, 1/3은 양모 대용으로 하는 안이다. 내지 통제 회사 설립안에 호응하여 조선에도 통제 회사 설립이 급함을 인정해 3,000만 원 정도로 창설될 모양이다. 동 사의 설립에 의하여 다년 창조된 조선의 고치증산계획의 진전을 기하고, 아울러 이러한 업무의 체제 정비를 하고자 한다. 현재 농림국 이노마타(猪股) 기사가 도쿄로 올라가 농림성과 절충하는 중이다.

더구나 총독부에서는 긴박한 국제 정세에 비추어 보아, 잠사업의 대외 의존을 던져 버리고 수출품의 내수로의 전환을 기조로 하는 정책의 확립을 꾀하게 되었다. 현재 생산, 배급의 일원적 통제를 연구하는 중이지만, 먼저 조선 내의 생사 소비 상태의 조사에 착수하기 위하여 27일 각 도에 다음처럼 식산국장 통첩을 발했다.

견직물(絹織物) 생산에 관한 조사 요항

1. 자가 제사(製絲)에 따라 생사(「조선제사령(朝鮮製絲令)」에 의한 제사업자(製絲業者)가 생산한 것을 제외)를 원료로 하여 소비하는 공업자는 본 조사에서 제외한다.
2. 산업조합 또는 기업조합 같은 경우에 있어서는 단체로 일괄 조사하고 또한 역직기(力織機)를 소유하는 자에 대해서는 각개 조사도 첨부할 것.
3. 조선인 견직물업(絹織物業) 조합원에 대해서도 조사할 것.

〈자료 454〉 잠사업(蠶絲業) 통제 문제 진척(朝鮮殖産銀行, 1941.5, 「蠶絲業統制問題進陟」, 殖銀調査月報 36호, 85~86쪽)

잠사업 재편성 문제에 관하여 총독부 농림국에서는 5~6일 양일 민간 유력 업자를 조선잠사회관(朝鮮蠶絲會館)에 초대하고 본부[조선총독부]에서 유무라(湯村) 농림국장, 기타 관계 과장들이 열석하여, 먼저 본부 시간을 제시해 민간 측의 기탄없는 의견의 개진을 구했다.

1. 내지[일본]의 잠사업 재편성 문제는 아메리카 수출 두절 대책을 출발점으로 하지만, 조선은 이러한 의미가 출발점이 되는 전환책이 되어선 안 된다. 사실상 내지의 그것과는 성격을 달리한다.
2. 조선의 생사(生絲)는 내지만큼 진전되지 않았으며, 내지로 이출한 생사가 다시 직물이 되어 조선에 역이입되는 현황에 있다. 이에 따라 먼저 대외 의존, 대(對)내지 의존의 생각을 불식하여 반도 내 소비를 고려해야 한다.
3. 생사 제품을 섬유 대용품 또는 피복, 기타 대체 자원으로 고려한다.

4. 이를 위해서는 고치 품종 개선, 생사 생산 재검토를 해야 한다.

5. 통제 회사 설립은 이것을 내지와 동일 기구가 되지 않도록 하고, 조선의 실정에 조응해 독자적인 성격을 부여해야 한다.

라고 의견의 일치를 보았다. 당일 제시된 본부의 참고안은 철회하고, 민간 측이 통제 요강을 작성해 이를 기초로 하여 실행을 확립하기로 총독부도 동의했다. 이에 따라 민간 측에서도 조급히 그날의 논의를 기초로 「조선잠사통제요강」을 연구해 결론을 내리고 본부에 제출하기로 되었다.

〈자료 455〉 잠사통제회사(蠶絲統制會社) 창립으로 결정(朝鮮金融組合聯合會, 1941.12, 「蠶絲統制會社創立に決定」, 調査彙報 23호, 32쪽)

잠사통제회사 창립에 대해서는 전부터 농림국에서 준비 중이었지만, 주식 할당, 납입 등도 마쳤기 때문에 드디어 12월 8일 오전 10시부터 은행구락부에서 창립총회를 개최하기로 되었다. 위 회사는 500만 원, 1/4 납입으로, 일단 상법에 의한 회사 조직으로 하고, 현재 법제국에 회부되어 있는 「조선잠사업통제령(朝鮮蠶絲業統制令)」의 공포를 기다려 통제 회사로 개조하기로 되었던 것이다. 이러한 경비는 통상의회에 제출하기로 되어 있다. 또한 사장에는 전 농림국장 유무라 다쓰지로(湯村辰次郎) 씨가 취임, 기타의 임원도 이미 내정되어 있는 것으로 보인다.

〈자료 456〉 「조선잠사업통제령(朝鮮蠶絲業統制令)」 공포(朝鮮殖産銀行, 1942.5, 「朝鮮蠶絲業統制令公布」, 殖銀調査月報 48호, 41~42쪽)

우리나라[일본] 잠사업(蠶絲業)은 국제 정세 진전에 따라서 어쩔 수 없이 수출중점주의에서 내수로 전환을 하기에 이르게 되었다. 하지만 동시에 한편으로 수출에도 대응할 수 있는 체제를 정비할 필요가 있었다. 이에 따라 이미 내지에서는 「잠사업통제법(蠶絲業統制法)」의 제정을 보고 있다. 조선으로서도 작년 조선잠사주식회사(朝鮮蠶絲株式會社)를 설립, 사실상의 통제에 착수하고 있었다. 그런데 이만큼 제반의 준비를 마쳤기 때문에 「조선잠사통제령」을 25일부(附) 관보로 공포하는 데에 이르렀다. 그러한 동시에 조선잠사통제회사(朝鮮蠶絲統制會社)로는 현재의 조선잠사주식회사를 지정하는 것으로 되었다. 잠사(蠶絲) 생산, 배급, 가격 등에 대해 일정한 계획하에 필요한 통제를 가하려 하는 것이다. 위에 대해 야마자와(山澤) 농림국장은 다음과 같이 담화를 발표했다.

농림국장 담화

주지하는 바와 같이 잠사업은 아국[일본]의 중요한 수출 산업으로서 외화 획득에 기여하는 바가 적지 않고, 전시 경제 운영에 공헌하는 바가 극히 컸다. 하지만 국제 정세 전환 및 우리의 국방 경제 완성의 방침에 비추어 종래의 수출 의존 상태를 바꾸고, 국내 실용 섬유 보급으로 중점을 옮기는 동시에, 한편으로 수출에도 대응할 수 있도록 확고부동한 체제를 정비할 필요가 있다. 따라서 내지에서는 이전에 「잠사업통제법」의 제정을 보았고, 조선에서도 작년 이러한 관리, 통제의 중추 기관이 되어야 한다는 사명에 의하여 조선잠사주식회사의 설립을 보았다. 그런데 본일 다시 조선 잠사 통제의 법적 근거로 「조선잠사업통제령」이 공포되는 데에 이르렀다.

본령은 잠사에 대한 내외 수요에 응하여 잠사업 통제를 행하고, 이로써 잠사의 안정 및 발달을 꾀하는 동시에, 잠사업에 대한 국민 경제의 요구를 충족함을 목적으로 한다. 그러한 내용 대요는 다음과 같다.

(1) 조선총독부는 매년 잠사에 관한 생산 계획을 정하고 해당 계획의 실시상 필요한 명령을 할 수 있음.

(2) 누에씨, 고치, 생사(生絲) 또는 부잠사(副蠶絲)의 매도 또는 매입은 원칙적으로 조선잠사통제주식회사(朝鮮蠶絲統制株式會社)를 통하지 않으면 할 수 없음.

(3) 잠사 가격 통제에 관하여 규정함.

(4) 생사 및 고치는 검사 또는 검정을 거치지 않으면 매매, 거래하는 것이 가능하지 않음.

(5) 조선잠사통제주식회사는 조선 잠사 가격 안정 또는 수급의 조정을 꾀하기 위하여 필요한 사업을 운영함을 목적으로 하는 자본금 500만 원의 국책 회사로 하고, 잠사, 고치, 생사 및 부잠사의 독점 매입 및 매도를 하는 한편, 본 회사의 목적을 달성하기 위하여 필요한 제 사업을 운영할 수 있음.

(6) 조선잠사통제주식회사는 고치 및 생사의 가격 안정을 꾀하기 위하여 견사(繭絲) 가격 안정 자금을 설정할 필요가 있음.

(7) 기타 잠사업 통제 및 통제 회사 감독에 관하여 필요한 사항을 규정함.

그러나 본령의 일부는 다음 달 중순경 시행될 전망이고, 조선잠사통제주식회사로는 현재의 조선잠사주식회사가 지정되는 것으로 되었다. 이를 요약하면 잠사 생산, 배급 가격 등에 대해 일정한 계획 아래서 필요한 통제를 가하게 되었다. 잠사 수급 조정 및 가격의 안정에 관하여 필요한 근본 기구가 수립되었다.

종래 조선 잠사업은 고치 공동판매, 견가 협정, 제사공장(製絲工場)에 대한 원료 고치 할당 등에 의해 통제 있는 발전을 해 왔다. 하지만 본령의 시행에 의하여 드디어 확고한 통제가 실시되는 것으로 되었다. 언제 어떤 환경의 변화가 있어도 미동조차 하지 않는 확고한 기구를 갖추게 되었기 때문에, 관계 업자는 물론 일반에서는 통제의 취지를 적절하게 이해하고 더욱 조선 잠사업 발전에 협력해 주시길 희망하여 마지않는 바다.

〈자료 457〉「잠사통제령 시행규칙(蠶絲統制令施行規則)」 공포되다(朝鮮金融組合聯合會, 1942.6,「蠶絲統制令施行規則公布さる」, 調查彙報 29호, 24쪽)

조선 잠사업(蠶絲業)의 자급자족 체제를 확립키 위하여 이전에 통제 규칙인「조선잠사통제령(朝鮮蠶絲統制令)」의 공포를 보았다. 이번에 동 령 제1조 내지 제3조, 제7조, 제10조 내지 제12조, 제15조 내지 제32조, 제36조 내지 제38조, 제41조 내지 제50조를 발동하는 것으로 되었다. 위에 따라 조선총독부에서는 18일 이것의「시행규칙」을 공포, 당일 실시했다. 주된 내용은 다음과 같다.

시행규칙 발췌

1. 제3조의 규정에 의하여 통제되는 잠사(蠶絲)류
   (1) 견단섬유(繭短纖維, 단섬유(短纖維)용으로 직조한 경우를 포함함)
   (2) 진면(眞綿)
   (3) 고치 또는 견섬유(繭纖維)를 원료로 하는 제품으로서 조선총독부가 지정한 것
   (4) 번데기 및 이것을 원료로 하는 제품

(5) 뽕나무 가지, 뽕나무 껍질 및 이것을 원료로 하는 것

2. 제3조의 잠사 생산에 관한 계획

(1) 잠사 생산에 관한 계획은 보통잠사(普通蠶絲) 및 생사(生絲)에 대하여 한다.

(2) 조선총독부는 전조 계획에 기초해 각 도별로 누에씨 소립 매수 및 고치의 생산 수량을 정해 도(道)에 할당하고 도(道)는 부 · 군 · 도(島)에 할당한다.

(3) 조선총독부는 제사업자(製絲業者)에 대하여 생사의 할당 또는 누에씨, 고치, 생사의 품종 지정 또는 제한을 할 것.

(4) 「잠사통제령(蠶絲統制令)」을 보강해 동 영의 면허에서 제외되어 있는 5부(釜) 미만의 제조 설비를 가진 생사 제조업자도 도지사의 인가를 요한다.

(5) 생사 제조업자 또는 5부 미만의 제조 설비를 가진 생사 제조업자에 대하여 도지사가 제조 수량 또는 고치의 할당을 할 수 있다.

〈자료 458〉 잠사업(蠶絲業)의 관리 통제(朝鮮總督府, 1941, 「蠶絲業ノ管理統制」, 『第78回帝國議會說明資料』, 61쪽)[111]

잠사업은 시국하에 외화 획득 및 국내 섬유 자원 보급 등을 위해 더욱 중요성을 더해 오고 있는바, 현재의 국제 정세 동향에 비추어 우리[일본] 국방 경제 완성의 방침에 따라서 수출 의존 상태를 바꾸어 국내 섬유 자원의 보급에 중점을 두기로 했다. 잠사(蠶絲)에 대한 내외 수요에 따라 조선 잠사업을 통제하여 그것의 안전한 발달을 꾀하는 동시에, 잠사업에 대한 국민 경제상 요구를 충족하기 위하여 누에씨, 고치, 생사(生絲), 기타 잠사 전반에 걸쳐서 생산, 배급, 소비 등에 관해 필요한 통제를 더하는 것으로 했다. 이의 중추 실시 기관으로 조선잠사통제주식회사(朝鮮蠶絲統制株式會社)를 설립키로 했다. 그리고 본년도 춘잠기(春蠶期) 이래 이와 같은 종합적 관리 통제 기구를 착착 정비해 매년 실시로 옮기는 중이다.

111 第78회 제국의회 설명자료(1941년) 외에 第79회 제국의회 설명자료(1941년), 第84회 제국의회 설명자료(1943년)에도 동일한 내용이 축약, 수정되어 있다.

(1) 「조선잠사업통제령(朝鮮蠶絲業統制令)」

잠사업 관리 통제에 관한 기초 법령으로서 「조선잠사업통제령」을 공포키로 하여 수속 중이다.

(2) 조선잠사통제주식회사

「조선잠사통제령」에 따라 누에씨, 고치, 생사 등 잠사 전반에 걸쳐서 일원적으로 이것의 매입 및 매도 사업을 장악하게 하기 위해 조선잠사통제주식회사(자본금 500만 원, 제1회 납입 1/4)를 민간 출자로 설립하기로 했다. 그리고 해당 기관은 여러 가지 정세에서 급속하게 설립할 필요가 있음에 비추어 일단 상법에 의한 보통 상사 회사의 형식으로 1941년(昭和 16) 12월 8일 창립총회를 개최하였고, 법령 공포 후는 동령에 기초해 특수회사로 하기로 하여서, 동 회사는 사업의 개시에 착수했다.

4. 면화·양잠정책 관련 법령 및 실행 결과

1) 면화 · 양잠정책 관련 법령

(1) 법령 목록 및 해제

〈면화 · 양잠정책 관련 법령 목록 〉

연번	법령(명칭/호수/제정 연월일)				출처
1	조선잠업령	제정	제령 제10호	1919년(大正 8) 4월 24일	『朝鮮總督府官報』, 1919.4.24
2	조선잠사업통제령	제정	제령 제24호	1942년(昭和 19) 3월 25일	『朝鮮總督府官報』, 1942.3.25

잠업은 뽕나무, 누에씨, 생사 등 생산과 유통이 다양한 층위로 나뉘어 있었고, 각각의 층위 모두에 대한 관리가 요구되었다. 따라서 면입이 도령(道令)의 형태로 「면화단속규칙」을 제정해 도에 따라 각기 생산과 유통을 관리했다면, 잠업은 제령의 형태로 「조선잠업령(朝鮮蠶業令)」(제령 제10호, 1919.4.24 제정), 「조선잠사업통제령(朝鮮蠶絲業統制令)」(제령 제24호, 1942.3.25)을 제정하여 일원적인 형식으로 생산과 유통을 관리했다.[112] 조선총독부는 1912~1918년 토지조사사업을 완료하며 식민통치 기반을 확립한 뒤 1920년대부터 본격적인 농산물의 증산에 나섰다. 조선총독부는 1919년 「조선잠업령」을 제정해 뽕나무, 누에씨, 고치 등에 대한 면허, 검사 등을 도입했다.

조선총독부는 전시체제기에 전시 군수물자에 대한 수요가 증대하자 1941년 조선잠사주식회사(朝鮮蠶絲株式會社)를 설립했다. 이에 더해 1942년 「조선잠사업통제령」을 제정하고 조선잠사주식회사를 조선잠사통제주식회사(朝鮮蠶絲統制株式會社)로 지정했다. 조선잠사통제주식회사는 뽕나무, 누에씨, 고치 등 잠사업 전반에 걸쳐서 일원적인 통제를 담당했다. 이에 따라 공동판매제는 공출제(供出制)로 전환되었다.

---

112 이에 따라 면화 관련 법령들은 수록하지 않았으며, 양잠 관련 법령들만 수록했다(전자의 경우는 제2부 면화생산정책 중 Ⅱ. 면화유통정책 참조).

(2) 관련 법령

〈자료 459〉

1. 「조선잠업령」(제령 제10호, 1919년(大正 8) 4월 24일, 朝鮮總督府官報)

제1조 이 본령에서 누에씨 제조자라 함은 타인에게 양도할 목적으로 누에씨를 제조하는 자를 말한다.

제2조 이 본령에서 잠병(蠶病)이라 함은 미립자병 · 연화병 · 경화병 · 농병 및 저병을 말한다.

제3조 누에씨 제조자가 되고자 하는 자는 도장관의 면허를 받아야 한다.

제4조 누에씨 제조자는 원잠종에서 산출한 고치를 이용하는 것이 아니면 누에씨를 제조할 수 없다.

제5조 ① 누에씨 제조자는 현재 보통잠종 애누에의 부화 또는 사육을 하는 건물 안에서 누에씨 제조용 애누에의 부화에서부터 누에씨 제조의 종료까지의 작업을 할 수 없다.

② 누에씨 제조자는 현재 보통잠종 제조용 애누에를 사육하는 실내에서 원잠종 제조용 애누에의 부화에서부터 누에씨 제조의 종료까지의 작업을 할 수 없다.

제6조 원잠종 제조용 애누에의 사육은 나방별로 각각 하여야 한다. 다만, 조선총독이 지정하는 누에씨에 대해서는 그러하지 아니하다.

제7조 ① 누에씨 제조자는 원잠종으로 하고자 하는 누에씨에 대하여 조선총독이 정하는 바에 의하여 애누에 · 고치 및 어미나방의 검사를 받아야 한다.

② 누에씨 제조자는 보통잠종으로 하고자 하는 누에씨에 대하여 조선총독이 정하는 바에 의하여 그 애누에 및 고치에 대하여는 검사를, 어미나방에 대한 부화구마다 보합 검사를 받아야 한다.

③ 누에씨 제조자는 전 항의 보합 검사에 합격하지 아니한 누에씨에 대하여 조선총독이 정하는 바에 의하여 어미나방 또는 알에 대한 검사를 받을 수 있다. 다만, 제9조 단서의 기간 내에 검사의 청구를 요하여야 한다.

제8조 ① 누에씨는 광제(框製)로 하여야 한다. 다만, 특별히 조선총독의 인가를 받은 경우

는 그러하지 아니하다.

② 누에씨의 대지 또는 용기에 관하여 단속상 필요한 사항은 조선총독이 정한다.

제9조 도장관은 제7조 또는 제13조 제2항 · 제3항의 검사에 합격한 누에씨에는 증인을 날인하고, 검사에 합격하지 아니한 누에씨는 소각하여야 한다. 다만, 제7조 제2항의 보합 검사에 합격하지 아니한 누에씨에 대해서는 도장관이 정하는 기간 내에 동 조 제3항의 규정에 의하여 검사의 청구가 없을 때에는 그 기간을 경과한 후에 소각하여야 한다.

제10조 조선총독은 제7조의 규정에 불구하고 권업모범장, 도 원잠종제조소, 학교강습소 등에서 제조한 누에씨 및 제13조의 검사에 합격한 누에씨를 원잠종 또는 보통잠종으로 지정할 수 있다.

제11조 검사 합격의 증인이 없는 누에씨 및 그 애누에는 양도하거나 사육할 수 없다. 다만, 전조의 규정에 의하여 지정받은 누에씨 및 애누에는 그러하지 아니하다.

제12조 ① 누에씨 제조자가 아닌 자는 누에씨를 제조할 수 없다.

② 학술 연구를 위한 경우에 있어서는 조선총독의 허가를 받아 전조 또는 전항의 규정에도 불구하고 누에씨의 제조 또는 애누에의 사육을 할 수 있으며, 이 경우에는 조선총독이 정하는 바에 의하여 이 법령 중 누에씨 제조자에 관한 규정의 전부 또는 일부를 준용할 수 있다.

제13조 ① 누에씨를 수입 또는 이입하고자 하는 자는 조선총독의 허가를 받아야 한다.

② 전항의 허가를 받아 누에씨를 수입 또는 이입한 자는 그 누에씨에 대하여 어미나방 또는 그 알에 대하여 검사를 받아야 한다. 다만, 전조 제2항의 규정에 의하여 허가를 받은 자는 그러하지 아니하다.

③ 수입 또는 이입 전 관공서의 증명을 받은 누에씨에 대하여서는 전항의 검사를 대신하여 그 증빙에 대하여 검사를 행할 수 있다.

제14조 조선총독은 필요하다고 인정할 때에는 누에씨의 제조, 양도, 양수 또는 제조하여야 하는 누에씨의 종류를 제한할 수 있다.

제15조 ① 애누에의 사육 또는 생고치를 취급하는 자는 조선총독이 정하는 바에 의하여 병잠 및 폐잠의 병원체를 멸살하고 기타 잠병 예방을 위하여 필요로 하는 시설을

하여만 한다.

② 조선총독은 학술 연구를 위하여 애누에의 사육 또는 생고치를 취급하는 자에 대하여 전항의 규정을 적용하지 아니할 수 있다.

③ 누에씨 제조자는 조선총독이 정하는 바에 의하여 잠실(蠶室) 및 잠구(蠶具)의 소독을 하여야 한다.

제16조 조선총독은 뽕나무의 재배 또는 뽕나무 묘목·누에씨·고치의 매매에 관하여 단속상 필요한 명령을 발할 수 있다.

제17조 도장관이 필요하다고 인정하는 때에는 산누에의 사육·채종 또는 생고치 취급을 업으로 하는 자에 대하여 전2조의 규정을 적용할 수 있다.

제18조 제3조, 제7조, 제9조, 제13조 제2항 및 제22조 내지 제25조의 규정은 지방비로 경영하는 누에씨의 제조 사업에 대하여 적용하지 아니한다.

제19조 ① 제7조 및 제13조 제2항·제3항의 검사, 기타 잠병 예방에 대하여 필요한 비용은 지방비의 부담으로 한다.

② 전항의 검사에 관하여는 조선총독이 정하는 바에 의하여 검사 수수료를 징수할 수 있다.

③ 검사 수수료는 지방비의 수입으로 한다.

제20조 해당 관리·리원은 잠병 예방·뽕나무의 병충해 예방 또는 누에씨 제조의 단속에 관하여 누에씨 제조자·누에씨 매매자·애누에 사육자·생고치 취급자·뽕나무 묘목의 양성 또는 매매를 하는 자의 점포·창고·제조장·사육장·포장(圃場) 등을 임검하고, 물품 및 장부, 기타 서류를 조사하거나 필요한 분량에 한하여 무상으로 물품을 수거할 수 있다.

제21조 누에씨 제조자, 누에씨·고치의 매매를 업으로 하는 자 또는 뽕나무 묘목의 양성·매매를 업으로 하는 자의 행위로 이 법령 또는 이 법령에 의한 명령을 위반한 때 또는 공익을 해할 우려가 있다고 인정된 때에는 도장관은 그 업무의 정지·제한 또는 면허의 취소를 할 수 있다.

제22조 다음의 각호의 1에 해당하는 자는 500원 이하의 벌금에 처한다.

1. 사기의 행위로 제7조 또는 제13조 제2항 또는 제3항의 검사를 받은 자

2. 제11조의 규정에 위반하여 누에씨 또는 애누에를 양도한 자

3. 제13조 제1항의 허가를 받지 아니하고 누에씨를 수입 또는 이입한 자

제23조 다음의 각호의 1에 해당하는 자는 300원 이하의 벌금 또는 과료에 처한다.

1. 제3조의 면허를 받지 아니하고 타인에게 양도할 목적으로 누에씨를 제조한 자

2. 제4조의 규정을 위반한 자

3. 제15조 제1항 또는 제3항의 규정을 위반한 자

4. 제21조의 규정에 의한 업무의 정지 또는 제한을 위반한 자

제24조 다음 각호의 1에 해당하는 자는 200원 이하의 벌금 또는 과료에 처한다.

1. 제5조, 제7조 또는 제12조 제1항의 규정을 위반한 자

2. 제11조의 규정을 위반하여 애누에를 사육한 자

3. 제13조 제2항 또는 제3항의 규정에 의한 검사를 받지 아니한 자

4. 제20조의 규정에 의한 직무의 집행을 거부 · 방해 또는 기피한 자

제25조 ① 제22조, 제23조 제1호 · 제2호 또는 전조 제1호 내지 제3호의 범죄에 관계되는 누에씨 · 애누에 또는 고치는 몰수하고 이미 양도한 경우에는 그 가격에 상당하는 금액을 추징한다.

② 전항의 누에씨 또는 애누에가 범인 이외의 자의 소유인 때에는 행정 관청이 몰수할 수 있다.

제26조 누에씨 제조자, 누에씨의 매매를 업으로 하는 자, 애누에의 사육을 업으로 하는 자, 고치의 매매를 업으로 하는 자 또는 뽕나무의 재배 · 매매를 업으로 하는 자가 미성년자 또는 금치산자인 때에는 이 법령 또는 이 법령에 의한 명령에 의하여 이에 적용하여야 할 벌칙은 법정 대리인에게 적용한다. 다만, 그 영업에 관하여 성년자와 동일한 능력을 가진 미성년자에 대해서는 그러하지 아니하다

제27조 누에씨 제조자, 누에씨의 매매를 업으로 하는 자, 애누에의 사육을 업으로 하는 자, 고치의 매매를 업으로 하는 자 또는 뽕나무의 재배 · 매매를 업으로 하는 자는 그 대리인 · 호주 · 가족 · 동거자 · 고용인, 기타 종업자가 그 업무에 관하여 이 법령 또는 이 법령에 의한 명령에 위반하는 행위를 한 경우에는 자기의 지휘에 의한 것이 아니라는 이유로 그 처벌을 면할 수 없다.

제28조 법인의 대표자 또는 고용인, 기타 종업자가 법인의 업무에 관하여 이 법령 또는 이 법령에 의한 명령에 위반한 경우에는 1911년 제령 제4호 제3조의 규정을 준용한다.

제29조 조선총독은 이 법령에 규정한 직권의 일부를 도장관에 위임할 수 있다.

부칙 ① 이 법령 시행 기일은 조선총독이 정한다.

② 이 법령 시행 전에 제조 또는 수입·이입한 누에씨로서 도장관이 원잠종 또는 보통잠종으로 지정한 것은 제10조의 규정에 의하여 조선총독이 지정한 누에씨으로 본다.

2. 「조선잠사업통제령」(제령 제24호, 1942년(昭和 19) 3월 25일, 朝鮮總督府官報)

제1조 이 법령은 잠사에 대한 내외의 수요에 응하여 잠사업의 통제를 행함으로써 그 안정 및 발달을 도모함과 동시에 잠사업에 대한 국민 경제상의 요구를 충족하는 것을 목적으로 한다.

제2조 이 법령에서 잠사(蠶絲)라 함은 누에씨·고치·생사·부잠사(副蠶絲), 기타 조선총독이 정하는 잠사류를 말한다.

제3조 조선총독은 잠사의 생산에 관한 계획을 정하여 잠사의 생산을 업으로 하는 자에 대하여 생산 수량 또는 품종의 지정, 기타 해당 계획의 실시에 관하여 필요한 명령을 할 수 있다.

제4조 ① 누에씨·고치·생사 또는 부잠사의 생산·수입 또는 이입을 업으로 하는 자는 조선총독이 정하는 바에 의하여 그 생산·수입 또는 이입에 관계된 누에씨·고치·생사 또는 부잠사를 조선잠사통제주식회사에 매도하여야 한다. 다만, 조선총독이 정하는 때에는 그러하지 아니하다.

② 조선총독이 정하는 잠사의 생산을 업으로 하는 자 또는 섬유 제품의 제조를 업으로 하는 자는 생산의 용도로 제공되는 누에씨·고치·생사 또는 부잠사를 조선잠사통제주식회사 이외의 자로부터 매입할 수 없다. 다만, 조선총독이 정하는 때에는 그러하지 아니하다.

제5조 ① 고치의 생산 수량의 감소, 기타 사유로 인하여 특별히 필요한 경우에 조선잠사통

제주식회사는 조선총독의 인가를 받아 생사의 생산을 업으로 하는 자에 대하여 소유한 고치 매입을 신청할 수 있다.

② 전항의 신청을 받은 자는 그 신청에 응하여 고치를 매도하여야 한다. 다만, 조선총독이 정하는 때에는 그러하지 아니하다.

제6조 조선총독은 고치 또는 생사의 가격 조정에 필요하다고 인정하는 때에는 조선잠사통제주식회사에 대하여 고치 또는 생사의 매입·매도에 관하여 필요한 명령을 할 수 있다.

제7조 ① 조선총독은 전3조의 규정에 의하여 조선잠사통제주식회사가 매입 또는 매도하는 누에씨·고치 또는 생사의 표준 매입 가격 및 표준 매도 가격을 정한다.

② 전항의 표준 매입 가격 및 표준 매도 가격은 각각 누에씨·고치 또는 생사의 생산비를 기준으로 하여 잠사의 수급 상황, 물가, 기타 경제 사정을 참작하여 정한다.

제8조 ① 조선잠사통제주식회사는 전조의 표준 매입 가격 및 표준 매도 가격에 준하여 누에씨·고치 또는 생사의 매입 가격 및 매도 가격을 정하여 조선총독의 인가를 받아야 한다.

② 조선총독은 전항의 인가를 한 때에는 그 정하는 바에 의하여 고시한다.

제9조 제4조 내지 제6조의 규정에 의한 누에씨·고치 또는 생사의 매입 및 매도는 전조의 규정에 의하여 조선총독이 인가한 가격에 의하지 아니하면 행할 수 없다.

제10조 ① 조선총독은 제8조의 규정에 의하여 인가한 가격을 제외하고 잠사의 가격 지정을 할 수 있다.

② 조선총독은 전항의 지정을 한 때에는 그 정하는 바에 의하여 고시한다.

제11조 전조의 경우에 잠사의 매입 및 매도는 동 조의 규정에 의하여 조선총독이 지정한 가격에 의하지 아니하면 할 수 없다. 다만, 조선총독이 정하는 때에는 그러하지 아니하다.

제12조 조선총독은 잠사의 수급·조정 또는 수출의 진흥에 특별히 필요하다고 인정하는 때에는 잠사의 생산·가공·수출·수입·이출·이입 또는 취급을 업으로 하는 자 또는 조선총독이 정하는 섬유 제품의 제조를 업으로 하는 자에 대하여 그 정하는 바에 의하여 잠사의 생산·배급·소비·사용·수출·수입·이출 또는 이입의 통제

에 관하여 필요한 명령을 할 수 있다.

제13조 ① 생사는 조선총독이 정하는 검사에 의한 정량 및 품위에 의하지 아니하면 매매 거래를 할 수 없다.

② 도는 조선총독이 정하는 바에 의하여 고치의 품위에 대하여 검정을 하여야 한다.

③ 고치는 전항의 검정에 의한 품위에 의하지 아니하면 매매 거래를 할 수 없다.

④ 조선총독은 전3항의 규정을 적용할 필요가 없다고 인정하는 때에는 그 정하는 바에 의하여 적용을 제외할 수 있다.

제14조 ① 조선총독이 필요하다고 인정하는 때에는 그 정하는 바에 의하여 잠사업을 경영하고자 하는 자에 대하여 행정 관청의 허가를 받을 것을 명할 수 있다.

② 행정 관청은 전항의 허가를 받은 자의 행위가 이 법령 또는 이 법령에 의한 명령 또는 이에 의하여 행한 처분에 위반하거나 공익을 해하거나 해할 우려가 있다고 인정하는 때에는 허가를 취소하거나 업무를 제한 또는 정지할 수 있다.

제15조 행정 관청은 필요하다고 인정하는 때에는 제12조에 규정한 자에 대하여 업무 및 재산 상황에 관한 보고를 하게 하거나 해당 관리가 장부, 서류, 기타 물건의 검사를 하도록 할 수 있다.

제16조 조선잠사통제주식회사는 조선의 잠사의 가격 안정 또는 수급의 조정을 도모하기 위하여 필요한 사업을 경영하는 것을 목적으로 하는 주식회사로서 본점을 경성부에 둔다.

제17조 조선잠사통제주식회사의 자본은 500만 원으로 한다. 다만, 조선총독의 인가를 받아 증가할 수 있다.

제18조 조선잠사통제주식회사의 주식은 기명식으로 하고 공공 단체, 제국[일본] 신민 또는 제국 법인으로 하며 사원, 주주, 또는 업무를 집행하는 임원의 반수 이상, 자본의 반액 이상 또는 의결권의 과반수가 외국인 혹은 외국 법인에 속하지 아니하는 것에 한하여 소유할 수 있다.

제19조 조선잠사통제주식회사가 아닌 것은 조선잠사통제주식회사 또는 이와 유사한 명칭을 상호로 할 수 없다.

제20조 조선잠사통제주식회사에 임원으로 사장 · 부사장 각 1인 및 이사 · 감사 각 2인 이

상을 둔다.

제21조 ① 사장은 조선잠사통제주식회사를 대표하며, 그 업무를 총리한다.

② 부사장은 사장이 사고가 있는 때에는 그 직무를 대리하며, 사장이 결원인 때에는 그 직무를 행한다.

③ 부사장 및 이사는 사장을 보좌하며 정관이 정하는 바에 의하여 조선잠사통제주식회사의 업무를 분장한다.

④ 감사는 조선잠사통제주식회사의 업무를 감사한다.

제22조 ① 사장 및 부사장은 조선총독이 임명하며, 그 임기를 5년으로 한다.

② 이사는 주주총회에서 선임하여 조선총독의 인가를 받는 것으로 하며, 그 임기를 4년으로 한다.

③ 감사는 주주총회에서 이를 선임하며 그 임기를 2년으로 한다.

제23조 사장·부사장 및 이사는 다른 직업에 종사할 수 없다. 다만, 조선총독의 인가를 받은 때에는 그러하지 아니하다.

제24조 ① 조선잠사통제주식회사는 누에씨·고치·생사 및 부잠사의 매입 및 매도를 한다.

② 조선잠사통제주식회사는 조선총독의 인가를 받아 전항의 사업 이외에 본회사의 목적 달성상 필요한 모든 사업을 경영할 수 있다.

제25조 조선총독은 조선잠사통제주식회사의 업무를 감독한다.

제26조 조선잠사통제주식회사는 사채를 모집하거나 차입금을 행하고자 하는 때에는 조선총독의 인가를 받아야 한다.

제27조 조선잠사통제주식회사의 정관의 변경, 이익금의 처분, 합병 및 해산의 결의는 조선총독의 인가를 받지 아니하면 그 효력이 없다.

제28조 조선잠사통제주식회사는 매 영업연도의 사업계획을 정하여 조선총독의 인가를 받아야 하며, 이를 변경하고자 하는 때에도 같다.

제29조 조선총독은 조선잠사통제주식회사의 업무에 관하여 감독상 필요한 명령을 할 수 있다.

제30조 ① 조선총독은 조선잠사통제주식회사에 감리관을 두어 조선잠사통제주식회사의 업무를 감시하게 한다.

② 조선잠사통제주식회사의 감리관은 조선잠사통제주식회사의 금고·장부 및 제반 문서·물건을 검사할 수 있다.

③ 조선잠사통제주식회사의 감리관은 필요하다고 인정하는 때에는 조선잠사통제주식회사에 명하여 업무에 관한 제반 계산 및 상황을 보고하게 할 수 있다.

④ 조선잠사통제주식회사의 감리관은 주주총회 및 기타 제반 회의에 출석하여 의견을 진술할 수 있다.

제31조 조선총독은 조선잠사통제주식회사의 의결 또는 임원의 행위가 법령, 법령에 의한 처분 또는 정관에 위반하거나 공익을 해하거나 해할 우려가 있다고 인정하는 때에는 결의를 취소하거나 임원을 해임할 수 있다.

제32조 조선잠사통제주식회사는 고치 및 생사의 가격 안정을 도모하기 위하여 조선총독이 정하는 바에 의하여 견사가격안정자금을 설정하여야 한다.

제33조 제4조, 제9조 또는 제11조의 규정, 제6조 또는 제12조의 규정에 의한 명령에 위반한 자는 5,000원 이하의 벌금에 처한다.

제34조 제13조 제1항의 규정에 위반한 자는 3,000원 이하의 벌금에 처한다.

제35조 제3조 또는 제14조 제1항의 규정에 의한 명령, 제5조 제2항 또는 제13조 제3항의 규정에 위반한 자는 1,000원 이하의 벌금에 처한다.

제36조 다음 각호의 1에 해당하는 자는 500원 이하의 벌금에 처한다.

1. 제15조의 규정에 의한 보고를 하지 아니하거나 허위보고를 한 자
2. 제15조의 규정에 의한 검사를 거부, 방해 또는 기피한 자

제37조 ① 조선잠사통제주식회사의 임원 또는 사용인은 그 직무에 관하여 뇌물을 수수, 요구하거나 약속한 때에는 2년 이하의 징역 또는 3,000원 이하의 벌금에 처하며, 이로 인하여 부정행위를 하거나 알맞은 행동을 하지 아니한 때에는 3년 이하의 징역 또는 5,000원 이하의 벌금에 처한다.

② 전항의 경우에 수수한 뇌물은 이를 몰수하며 만일 그 전부 또는 일부를 몰수하는 것이 불가능한 때에는 그 가액을 추징한다.

제38조 ① 전조 제1항에 규정한 자에게 뇌물을 교부, 제공하거나 약속한 자는 2년 이하의 징역 또는 500원 이하의 벌금에 처한다.

② 전항의 죄를 범한 자가 자수한 때에는 형을 감경하거나 면제할 수 있다.

제39조 사람 또는 법인의 대리인 · 호주 · 가족 · 동거자 · 고용인, 기타 종업자가 그 사람 또는 법인의 업무에 관하여 제33조 내지 제35조 또는 제36조 제1호의 위반 행위를 한 때에는 그 사람 또는 법인은 자기의 지휘로 인한 행위가 아니라는 이유로 처벌을 면할 수 없다.

제40조 제33조 내지 제35조 및 제36조 제1호의 벌칙은 그자가 법인인 때에는 이사, 취체역, 기타 법인의 업무를 집행하는 임원에게 적용하고, 미성년자 또는 금치산자인 때에는 그 법정 대리인에게 적용한다. 다만, 영업에 관하여 성년자와 동일한 능력을 가진 미성년자에 대하여는 그러하지 아니하다.

제41조 조선잠사통제주식회사는 다음 각호의 1에 해당하는 때에는 사장 또는 사장의 직무를 행하거나 대리하는 부사장을 5,000원 이하의 과료에 처한다. 부사장 또는 이사의 분장 업무에 관계된 때에는 부사장 또는 이사를 과료에 처하는 것도 같다.

1. 이 법령 또는 이 법령에 의한 명령에 의하여 인가를 받아야 하는 경우에 인가를 받지 아니한 때
2. 제24조의 규정에 의하지 아니하고 업무를 경영한 때
3. 제29조의 규정에 의한 명령에 위반한 때

제42조 조선잠사통제주식회사의 사장, 부사장 또는 이사가 제23조의 규정에 위반한 때에는 1,000원 이하의 과료에 처한다.

제43조 제19조의 규정에 위반한 자는 1,000원 이하의 과료에 처한다.

부칙

제44조 이 법령 시행 기일은 각 규정에 대하여 조선총독이 정한다.

제45조 ① 조선총독이 지정하는 주식회사는 조선총독이 정하는 바에 의하여 「조선민사령」에 의할 것을 정한 「상법」 제343조에 정한 주주총회의 결의로써 조선잠사통제주식회사로 할 수 있다.

② 전항의 경우에는 동시에 명칭의 변경, 기타 정관 변경의 결의와 이사 및 감사의 선임을 하여야 한다.

③ 전 2항의 결의 및 전항의 선임은 조선총독의 인가를 받지 아니하면 효력이 없다.

第46조 ① 전조 제1항의 결의가 없는 경우에는 조선총독은 설립위원을 임명하여 조선잠사통제주식회사의 설립에 관한 사무를 총리하게 한다.

② 설립위원은 정관을 작성하여 조선총독의 인가를 받아야 한다.

③ 전2항에서 정하는 것 이외에 조선잠사통제주식회사의 설립에 관하여 필요한 사항은 조선총독이 정한다.

第47조 ① 제19조의 시행 당시 조선잠사통제주식회사 또는 이와 유사한 명칭을 상호로 하는 회사는 동 조의 규정 시행 후 6월 이내에 그 상호를 변경하여야 한다.

② 제43조의 규정은 전항의 기간 내에 동항의 회사에는 적용하지 아니한다.

第48조 「조선소득세령」 중 다음과 같이 한다.

제31조의 6 「조선잠사통제령」 제32조의 규정에 의하여 견사가격안정자금에 편입된 금액은 제6조 제1항의 규정에 의한 법인의 보통 소득의 계산상 손금에 산입한다.

第49조 「조선영업세령」 중 다음과 같이 한다.

제12조의 5 조선잠사통제주식회사에는 각 사업연도에 「조선잠사업통제령」 제32조의 규정에 의하여 견사가격안정자금으로 편입된 금액의 당해 사업연도의 이익금에 대한 비율을 당해 사업연도의 영업세액에 곱하여 산출한 금액에 상당한 영업세를 면제한다.

第50조 「조선임시이득세령」 중 다음과 같이 한다.

제8조의 4 「조선잠사업통제령」 제32조의 규정에 의하여 견사가격안정자금에 편입된 금액은 제5조 제1항의 규정에 의한 법인의 현 사업연도의 이익의 계산상 손금에 산입한다.

2) 면화양잠정책 실행 결과

(1) 자료 해제

농업은 쌀, 보리, 잡곡 등의 식량 생산과 함께 면작, 양잠 등 의류(衣類)의 원료 생산도 중요한 부분이다. 면화와 고치 생산은 면사를 제조하는 방적공업(紡績工業), 견사를 제조하는 제사공업(製絲工業) 등에 필요한 원료로서 자본주의 공업화가 진행되면서 그 필요성이 증대되었다. 면화정책은 조선면화주식회사, 남북면업주식회사, 스즈키상점(鈴木商店) 등 방적자본, 양잠정책은 가네가후치방적주식회사(鐘淵紡績株式會社), 가타쿠라제사주식회사(片倉製絲株式會社), 야마주구미(山十組) 등 제사자본을 우선하면서 전개되었다. 육지면재배6개년계획, 면작장려계획, 조선면화증산계획, 산견100만석증수계획, 산견50만석증수계획 등을 통해 면화와 고치의 수량을 늘리려 했고, 공동구매와 지정판매를 통해 면화와 고치의 가격을 낮추려 했다. 따라서 면작 농가나 양잠 농가는 안정성을 유지하기 어려웠다.

한국통감부는 『통감부통계연보』를 1908년판부터 발간했고, 조선총독부는 병합 이후 『조선총독부통계연보』로 개편해 1942년판까지 발간했다(해당 연도에 대한 통계는 2년 뒤에 발간, 즉 1942년판은 1944년 발간). 해방 이후 남조선 과도정부가 1943년판 『조선통계연감』으로 발간했다.[113] 토지, 기상, 호구, 농업, 임업, 광업, 상업, 공업 등 다방면의 통계를 수록했다. 농업 항목 중 특용작물 부분에 면화 관련 내용이 담겨 있고, 농업 항목 중 집누에(家蠶), 산누에(柞蠶), 누에씨(蠶種) 제조, 뽕밭(桑田), 상묘(桑苗) 생산 부분에 양잠 관련 내용이 담겨 있다. 이 중에서 면화 작부 면적, 수확량, 1단보 수확량, 뽕밭 면적, 집누에 소립 매수, 집누에 고치 생산에 대한 통계를 정리했다. 이외에도 『조선의 면화 사정(일만면화협회 조선지부)』 중에서 면화 공동판매에 대한 통계를 정리했다.

(2) 관련 통계

〈표 1〉 면화 작부 면적, 수확량, 1단보 수확량

연도	육지면			재래면		
	작부 면적 (정보)	수확량 (근)	1단보 수확량 (근)	작부 면적 (정보)	수확량 (근)	1단보 수확량 (근)
1910	1,268.1	668,151	53	58,892.0	20,410,685	35

113 송규진, 2016, 「조선총독부의 사회경제조사 내용분석: 〈조선총독부통계연보〉를 중심으로」, 『역사와 담론』 80, 호서사학회, 2-3쪽.

1911	3,042.9	2,737,050	90	58,713.2	23,970,126	41
1912	7,313.4	7,216,133	99	57,252.9	27,345,803	48
1913	15,822.4	13,445,278	85	56,187.8	26,033,763	46
1914	23,964.5	17,470,452	73	51,017.5	22,001,015	43
1915	34,715.9	28,668,371	83	43,705.1	19,118,228	44
1916	54,179.1	31,331,414	58	36,940.6	16,239,464	44
1917	72,194.5	54,553,665	76	36,301.3	17,701,476	49
1918	94,321.2	60,680,920	64	36,097.6	17,223,540	48
1919	109,136.2	86,024,602	79	36,300.9	11,334,375	31
1920	106,967.4	88,461,396	83	39,709.0	26,256,211	66
1921	104,940.7	67,857,572	65	42,796.8	27,588,550	64
1922	104,025.5	88,778,383	85	47,056.8	29,929,730	64
1923	109,660.0	96,826,736	88	49,219.3	30,771,272	63
1924	117,526.2	106,926,927	91	52,911.5	30,928,208	58
1925	138,843.7	101,225,045	73	59,003.8	38,959,337	66
1926	150,726.6	118,264,570	78	65,183.3	43,819,705	67
1927	137,964.1	107,717,711	78	67,115.4	44,315,403	66
1928	137,663.1	121,771,181	88	67,714.2	49,095,978	73
1929	123,894.7	113,522,481	92	62,325.4	44,716,099	72
1930	132,458.8	127,329,208	96	60,414.9	41,441,512	69
1931	131,108.9	78,721,846	60	61,436.5	37,191,440	61
1932	100,332.0	111,909,164	112	58,937.6	42,389,593	72
1933	117,320.8	114,313,478	97	59,338.2	45,102,096	76
1934	133,367.4	120,773,889	91	60,147.4	34,261,185	57
1935	147,643.7	169,948,818	115	61,924.2	43,800,149	71
1936	164,235.5	89,392,474	54	64,351.0	47,982,738	75
1937	175,059.9	200,420,292	114	48,111.4	39,868,172	83
1938	188,950.5	180,083,198	95	46,612.2	30,287,023	65
1939	222,230.6	191,462,497	86	30,954.5	18,873,627	61
1940	279,174.4	180,222,540	65	14,302.9	6,618,018	46
1941	317,056.1	199,620,232	63	9,805.6	4,607,436	46
1942	332,181.7	210,279,107	63	8,103.7	3,773,743	47

출전: 朝鮮總督府, 『朝鮮總督府統計年報』, 각년판

단위: 정보

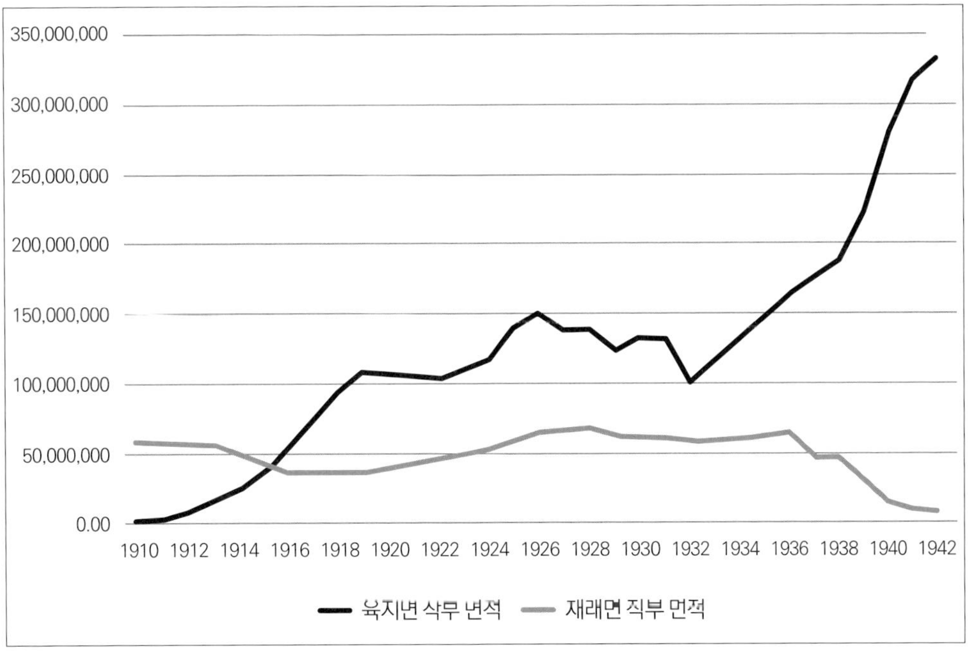

〈그림 1〉 면화 작부 면적

단위: 근

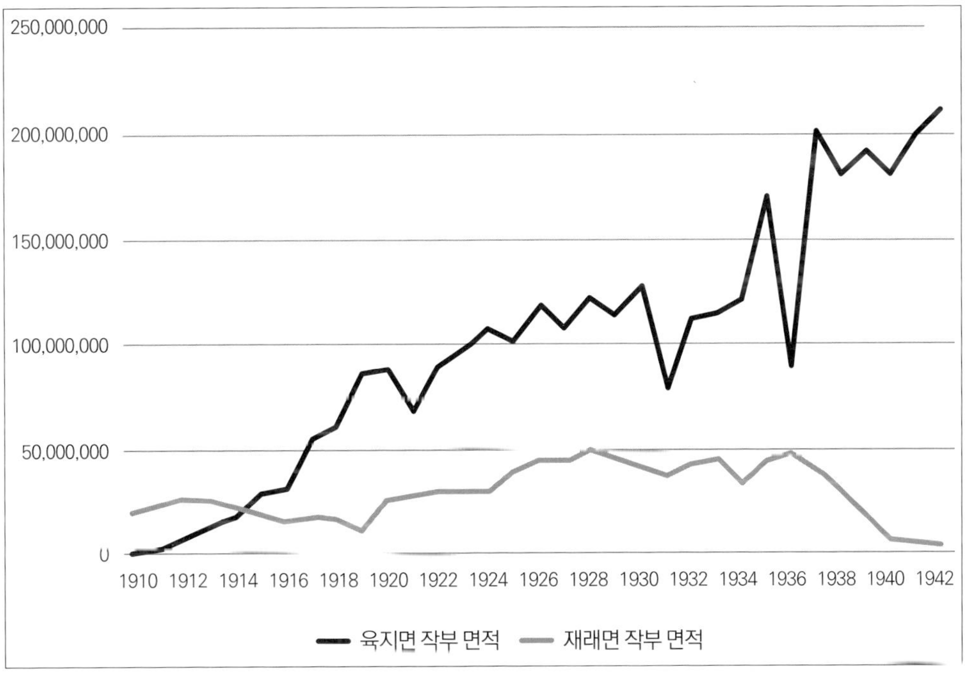

〈그림 2〉 면화 수확량

단위: 근

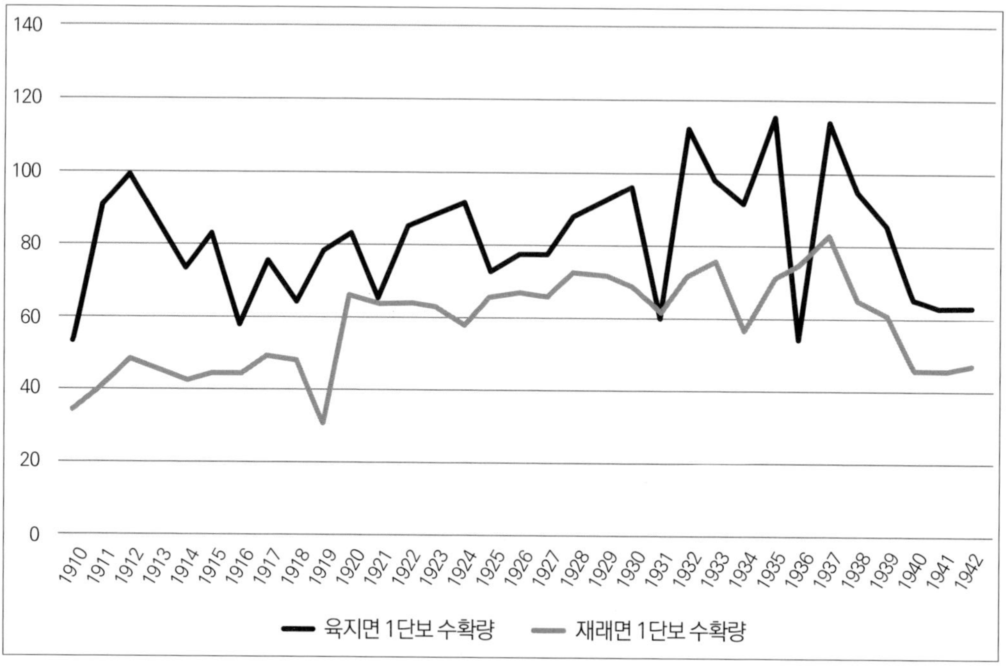

〈그림 3〉 면화 1단보 수확량

〈표 2〉 면화 공동판매

연도	실면			조면			합계		
	수량 (근)	가액 (원)	평균 가격 (원)	수량 (근)	가액 (원)	평균 가격 (원)	수량 (근)	가액 (원)	평균 가격 (원)
1917	25,077,062	5,202,678	20.75	880,904	609,373	69.18	27,719,774	5,812,051	20.97
1918	14,882,826	3,742,480	25.15	306,301	274,236	89.53	15,801,729	4,016,716	25.42
1919	16,513,164	5,640,806	34.16	55,836	62,835	112.53	16,680,672	5,703,641	34.19
1920	21,634,187	2,481,198	11.47	15,061	5,399	35.85	21,679,370	2,486,597	11.46
1921	6,884,994	849,846	12.34	6,391	2,775	43.42	6,904,167	852,621	12.35
1922	21,710,548	3,784,732	17.44	31,081	17,561	56.50	21,803,791	3,802,293	17.44
1923	31,814,897	7,933,388	24.94	82,826	65,345	78.90	32,063,375	7,998,733	24.95
1924	46,868,080	12,653,375	27.00	64,553	50,991	78.99	47,061,739	12,704,366	27.00
1925	29,895,658	5,954,953	19.92	46,440	29,110	62.68	30,034,978	5,984,063	19.92
1926	20,239,783	2,244,963	11.09	10,659	3,894	36.53	20,271,760	2,248,857	11.09
1927	26,357,238	4,656,808	17.67	72,361	41,873	57.87	26,574,321	4,698,681	17.68
1928	34,099,530	6,015,283	17.64	69,913	37,627	53.82	34,309,269	6,052,910	17.64

1929	46,614,646	6,532,110	14.01	15,167	6,989	46.08	46,660,147	6,539,099	14.01
1930	41,846,520	3,329,797	7.96	325	74	22.77	41,847,495	3,329,871	7.96
1931	15,066,437	987,959	6.56	274,399	56,166	20.47	15,889,634	1,044,125	6.57
1932	43,505,618	6,037,955	13.88	1,968	800	40.65	43,511,522	6,038,755	13.88
1933	46,818,254	5,844,918	12.48	5,441	2,170	39.88	46,843,577	5,847,088	12.48
1934	54,772,413	9,337,875	17.05	4,904	2,567	52.35	54,787,125	9,340,442	17.05
1935	100,796,941	17,083,321	16.95	13,956	7,466	53.50	100,838,809	17,090,787	16.95

출전: 日滿棉花協會朝鮮支部, 1937, 『朝鮮の棉花事情』, 87~88쪽

* 비고

1. 합계란 수량은 조면은 실면으로 환산하여 합계한 것으로 한다.
2. 평균 가격은 100근 단위로 한다.

단위: 근

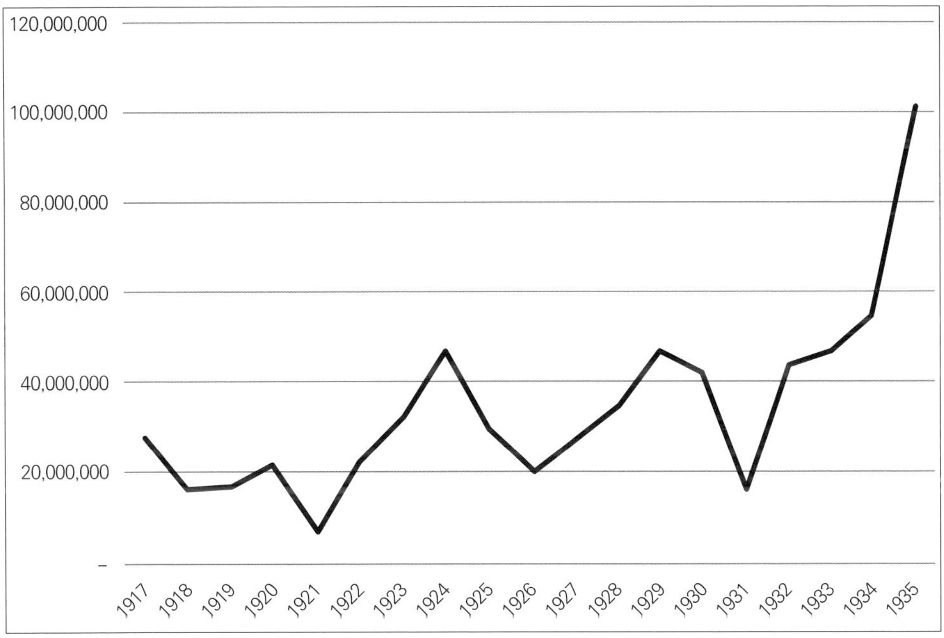

〈그림 4〉 면회 공동판매 전체 수량

단위: 원

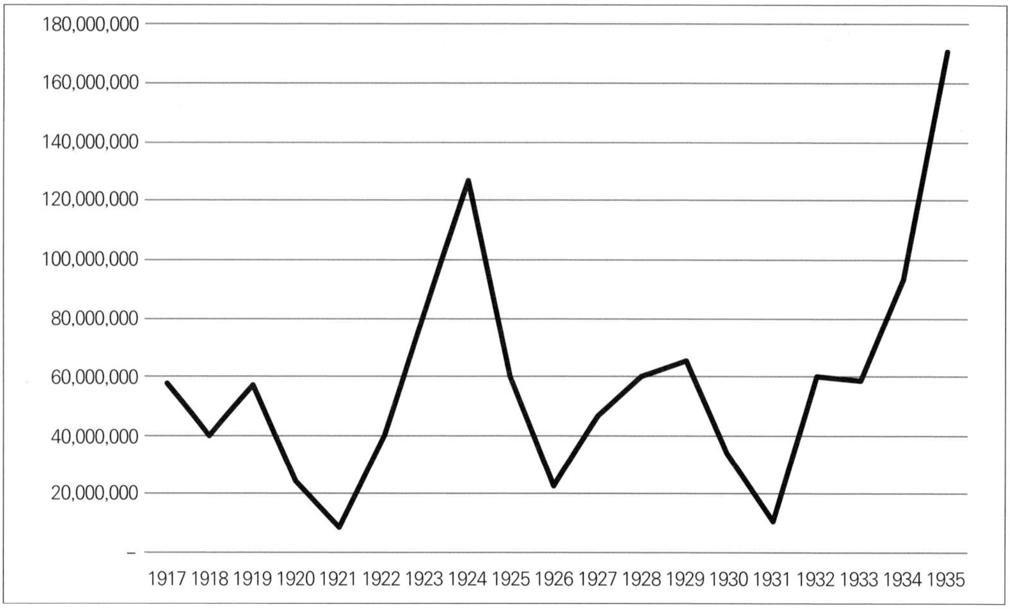

〈그림 5〉 면화 공동판매 전체 가액

단위: 원

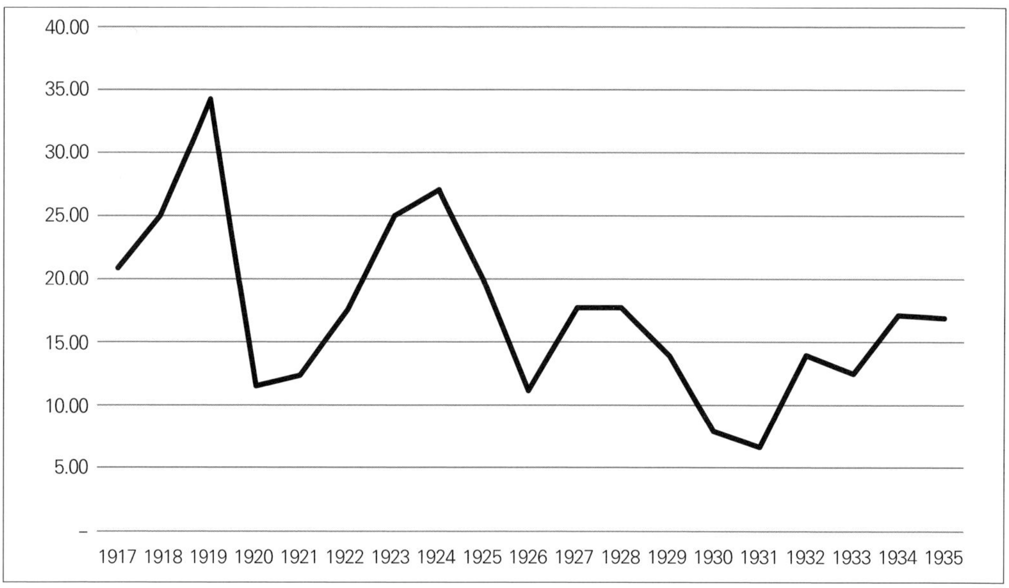

〈그림 6〉 면화 공동판매 전체 평균 가격

〈표 3〉 뽕밭 면적

단위: 1910~1933년-정보, 1933~1944년-맥(陌)

연도	본면적(정보)	견적면적(정보)	총수(정보)	본면적(맥)	견적면적(맥)	총수(맥)
1910	891.6	2,451.9	3,343.5			
1911	948.8	2,982.3	3,931.1			
1912	1,237.2	3,989.2	5,226.4			
1913	2,167.2	5,294.3	7,461.5			
1914	2,928.2	7,318.0	10,246.2			
1915	4,039.5	8,793.7	12,833.2			
1916	5,396.6	10,081.9	15,478.5			
1917	7,420.2	11,317.2	18,737.4			
1918	9,477.2	13,708.5	23,185.7			
1919	12,064.1	15,642.6	27,706.7			
1920	13,221.3	18,403.5	31,624.8			
1921	13,572.8	19,580.4	33,153.2			
1922	11,855.8	19,694.0	31,549.8			
1923	11,858.0	20,071.5	31,929.5			
1924	13,035.6	21,160.3	34,195.9			
1925	14,833.2	24,705.1	39,538.3			
1926	18,664.8	30,366.5	49,031.3			
1927	22,268.7	36,547.9	58,816.6			
1928	24,629.4	42,711.1	67,340.5			
1929	26,619.5	47,203.1	73,822.6			
1930	27,487.2	48,585.6	76,072.8			
1931	28,038.2	51,036.2	79,074.4			
1932	26,489.1	52,400.6	78,889.7			
1933	27,864.7	51,304.1	79,168.8	27,634.4	50,880.1	78,514.5
1934				27,938.3	49,216.1	77,154.4
1935				27,419.5	49,025.9	76,445.4
1936				27,072.3	49,165.2	76,237.5
1937				26,732.7	50,925.3	77,658.0
1938				26,207.3	52,333.4	78,540.7
1939				26,440.1	54,916.8	81,356.9
1940				27,981.9	55,798.4	83,780.3
1941				29,938.5	56,798.5	86,737.0
1942				30,956.2	57,265.2	88,221.4

출전: 朝鮮總督府, 『朝鮮總督府統計年報』, 각년판

단위: 정보

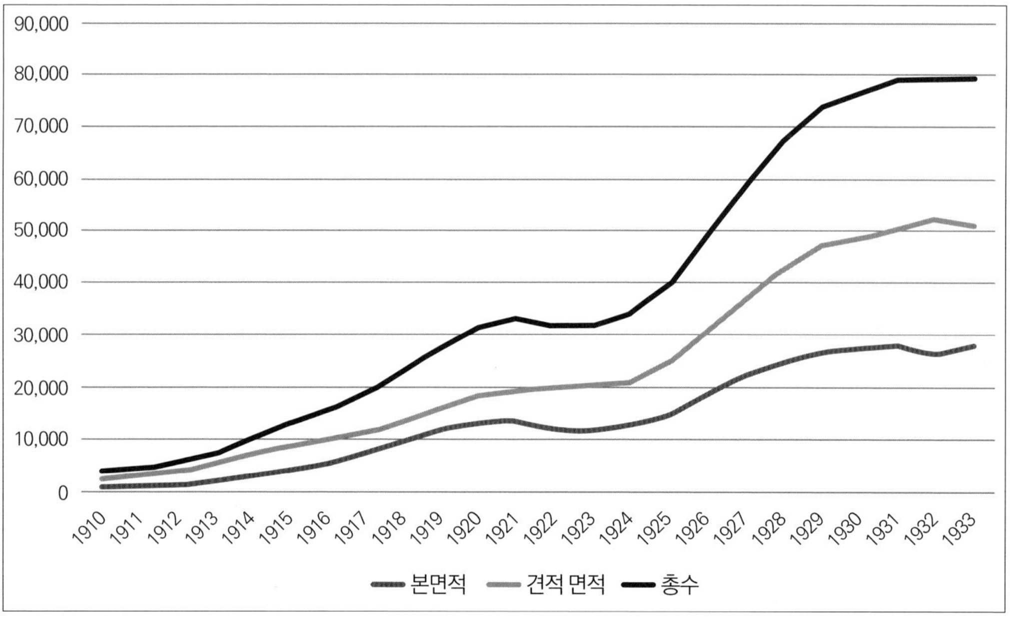

〈그림 7〉 뽕밭 면적 1

단위: 맥(陌)

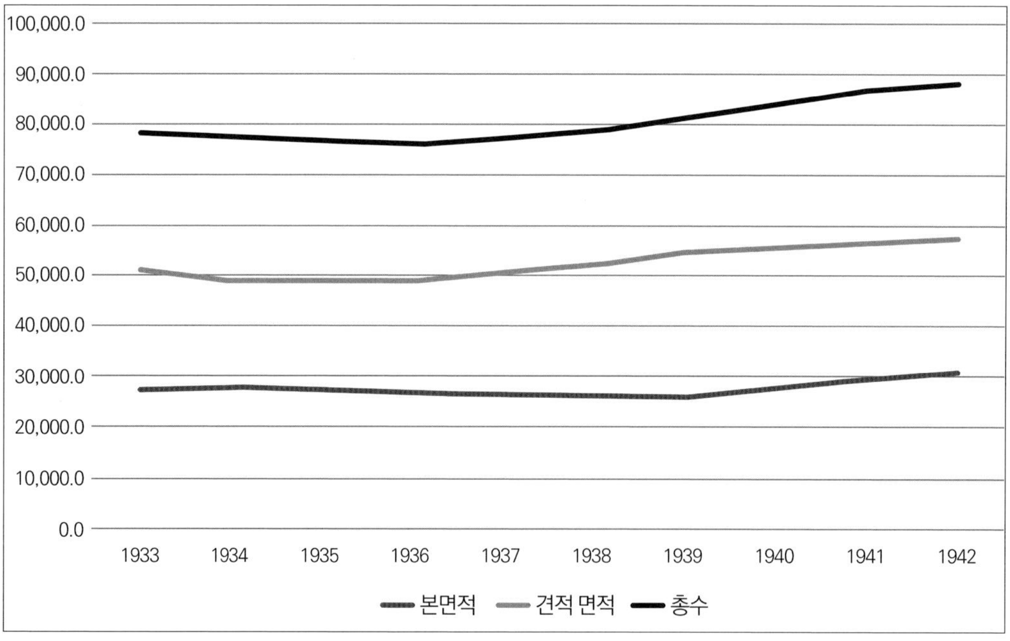

〈그림 8〉 뽕밭 면적 2

〈표 4〉 집누에 소립 매수

단위: 매

연도	봄고치	여름 · 가을고치	합계
1910	84,586	5,394	89,980
1911	117,963	9,161	127,124
1912	162,417	16,954	179,371
1913	177,641	26,070	203,711
1914	191,747	46,295	238,042
1915	236,014	47,353	283,367
1916	285,560	62,260	347,820
1917	328,014	116,716	444,730
1918	417,604	125,531	543,135
1919	408,638	149,034	557,672
1920	389,704	95,396	485,100
1921	356,701	102,081	458,782
1922	372,078	127,753	499,831
1923	425,886	153,108	578,994
1924	502,027	138,377	640,404
1925	513,220	180,118	693,338
1926	546,849	244,341	791,190
1927	562,172	233,969	796,141
1928	563,407	274,504	837,911
1929	604,939	326,423	931,362
1930	680,604	321,711	1,002,315
1931	662,490	350,113	1,012,603
1932	685,490	347,010	1,032,500
1933	664,287	463,893	1,128,180
1934	680,000	400,047	1,080,047
1935	628,625	416,775	1,045,400
1936	629,932	422,182	1,052,114
1937	609,002	441,791	1,050,793
1938	612,828	426,009	1,038,837
1939	611,111	445,536	1,056,647
1940	629,419	488,697	1,118,116
1941	651,696	472,684	1,124,380
1942	648,242	452,677	1,100,919

출전: 朝鮮總督府, 『朝鮮總督府統計年報』, 각년판

단위: 매

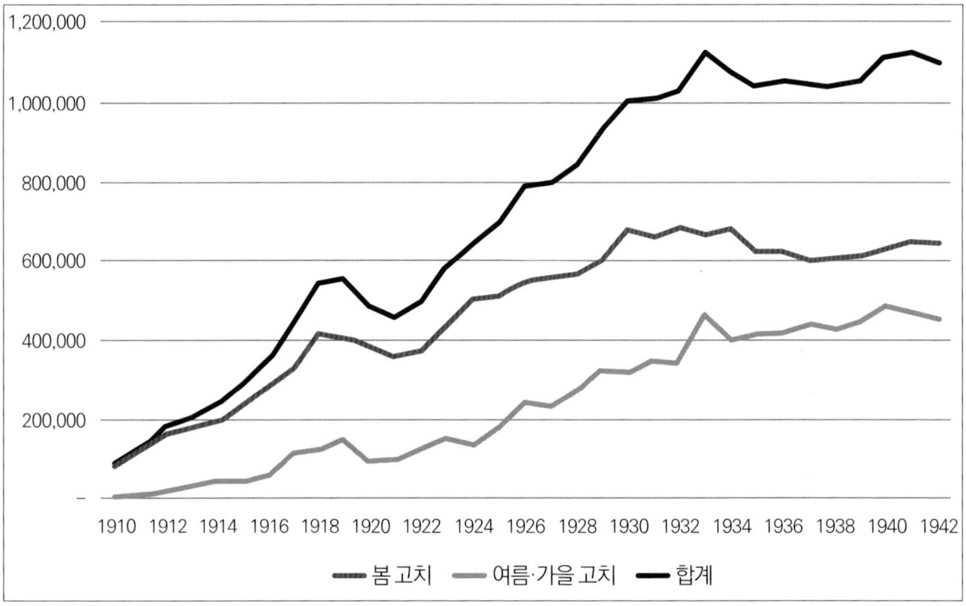

〈그림 9〉 집누에 소립 매수

〈표 5〉 집누에 고치 생산

단위: 1910~1933년-석, 1934~1942년-kg

연도	봄고치	여름 · 가을고치	합계
1910	12,960	971	13,931
1911	18,383	1,649	20,032
1912	26,327	3,113	29,440
1913	32,207	4,664	36,871
1914	39,391	6,803	46,194
1915	52,260	6,896	59,156
1916	61,468	10,453	71,921
1917	78,012	19,173	97,185
1918	98,244	22,825	121,069
1919	99,117	23,188	122,305
1920	115,867	17,079	132,946
1921	112,515	20,138	132,653
1922	118,666	24,025	142,691
1923	173,322	34,390	207,712
1924	210,121	33,731	243,852

1925	227,500	57,642	285,142
1926	234,655	82,425	317,080
1927	269,586	85,606	355,192
1928	286,013	100,100	386,113
1929	346,798	138,004	484,802
1930	404,197	151,035	555,232
1931	407,864	170,397	578,261
1932	416,555	176,503	593,058
1933	427,140	240,894	668,034
1934	15,882,304	7,106,784	22,989,088
1935	14,696,918	6,621,642	21,318,560
1936	14,883,440	7,688,081	22,571,521
1937	14,759,626	7,778,297	22,537,923
1938	14,246,449	7,646,642	21,893,091
1939	14,082,759	6,483,482	20,566,241
1940	14,157,036	8,556,091	22,713,127
1941	12,715,363	7,470,593	20,185,956
1942	10,291,919	4,461,452	14,753,371

출전: 朝鮮總督府, 『朝鮮總督府統計年報』, 각년판

단위: 석

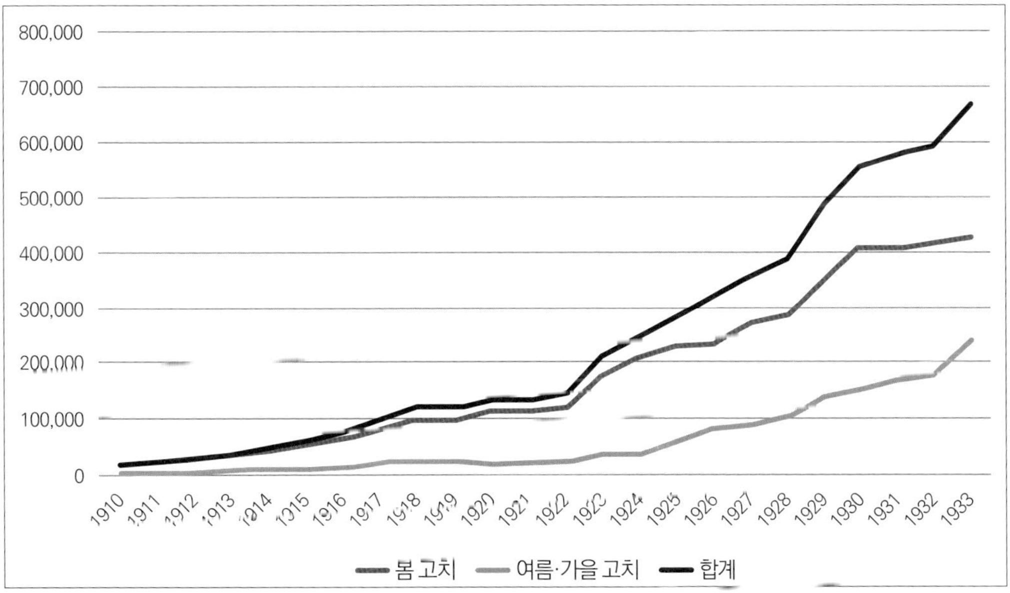

〈그림 10〉 집누에 고치 생산 1

단위: kg

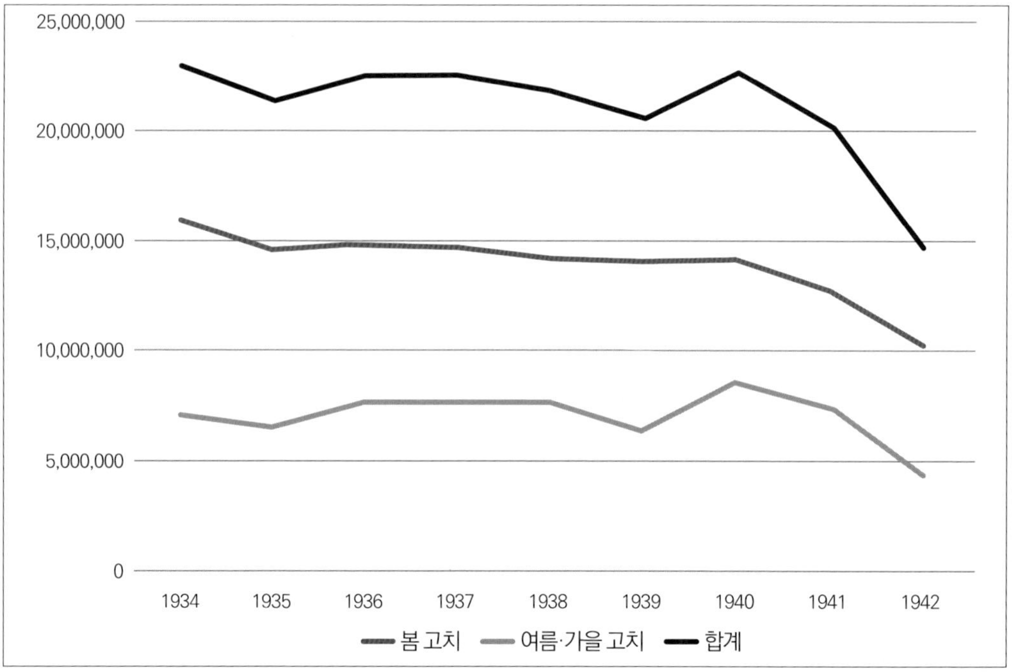

〈그림 11〉 집누에 고치 생산 2

| 자료목록

자료번호	편저자	문건명(호수, 일자 등)	자료(책)명	발행처	발행일	원문 쪽수	본문 쪽수
1		임적조사 방법	경남일보		1910.03.08		25
2		임적조사의 완성 ①	매일신보		1911.01.13		26
3		임적조사의 완성 ②	매일신보		1911.01.14		27
4		국유, 사유 구분 표준	매일신보		1912.10.16		28
5		임야구분조사 관계자의 주의	매일신보		1915.04.28		29
6		당국은 무엇을 하느냐? 민중의 사활 문제	동아일보		1920.05.04		30
7		산림 사건 또 분규	동아일보		1920.05.07		31
8		경기도 식림장려 실행	동아일보		1923.06.08		32
9		국수봉 산림 국유 편입 문제	조선일보		1930.11.27		32
10		벌목과 양목(養木)을 규정한 조선목상회사(朝鮮木商會社) 특허조약문	駐韓日本公使館記錄 14		1896		33
11	林 公使	러시아인의 산림벌채 특허에 관한 건	駐韓日本公使館記錄 19		1903		36
12	朝鮮總督府	임적조사	朝鮮の林業	朝鮮總督府	1923	9~10	38
13	岡衛治	임적조사의 배경	朝鮮林業史	朝鮮山林會	1945	299~301	39
14	齋藤音作	한국정부시대의 임적조사사업	朝鮮林業日誌	朝鮮山林會	1933	39~81	41
15	齋藤音作	한국 임야정리에 관한 의견서	朝鮮林業日誌	朝鮮山林會	1933	59~81	44
16	朝鮮總督府	국유림구분조사	朝鮮の林業	朝鮮總督府	1923	15~20	49
17	岡衛治	국유임야구분조사	朝鮮林業史	朝鮮山林會	1945	349~351	51
18		임야 청원 격증	동아일보		1920.08.21		56
19		임야조사리원(林野調査吏員)의 내정을 의심하는 성천군민	동아일보		1922.10.09		57
20		임야조사 상황	동아일보		1923.05.30		57
21		임야사정에 대한 민원	조선일보		1923.06.07		58
22		국유·민유의 계쟁(係爭) 산림	조선일보		1923.07.28		58
23		민성(民聲)	조선일보		1923.09.21		59
24		임야조사회의 심사 건수 7만	동아일보		1924.01.24		59
25		임야조사 성적	동아일보		1924.06.28		60
26		구성군민(龜城郡民) 사활 문제, 연고림 불하 진정	동아일보		1926.08.07		60

자료번호	편저자	문건명(호수, 일자 등)	자료(책)명	발행처	발행일	원문쪽수	본문쪽수
27		삼방약수포(三防藥水浦)를 독점하려는 일본인	조선일보		1927.05.13		61
28		연고림 양여의 출원기가 절박	동아일보		1927.12.13		62
29		화전민 생활 곤란	동아일보		1928.03.14		62
30		공유임야를 자기 소유로 만들고 피소	동아일보		1928.12.08		63
31		지주총대 기회로 동민(洞民) 임야 사측	조선일보		1930.02.13		64
32		조사위원이 뇌물을 받고 부정하게 임야를 사정	조선일보		1930.04.13		64
33		임야사정(林野査定) 불복 격증	조선중앙일보		1933.06.01		65
34	岡衛治	임야조사	朝鮮林業史	朝鮮山林會	1945	304~331	65
35	朝鮮總督府農林局	임야조사 집행기관	朝鮮林野調査事業報告	朝鮮總督府	1938	11~15	68
36	岡衛治	임야조사위원회의 경과	朝鮮林業史	朝鮮山林會	1945	346~349	71
37	朝鮮總督府農林局	분쟁지 처리	朝鮮林野調査事業報告	朝鮮總督府	1938	74~75	73
38	岡衛治	특별연고삼림의 처분	朝鮮林業史	朝鮮山林會	1945	567~579	74
39		산림측량에 대한 일탄(一嘆)	대한매일신보		1909.11.16		84
40		사설: 「삼림법」에 대한 문답	경남일보		1910.01.07		85
41		사설: 「삼림법」에 대한 경고	경남일보		1910.01.17		86
42		지적보고에 관해서	대한매일신보		1910.04.01		87
43		「삼림령」과 민원서(民願書)	매일신보		1913.11.29		88
44		소위 연고림에 대하여 상(上)	조선일보		1924.02.16		88
45		폭등하는 청양 시탄(柴炭) 가격	조선일보		1925.12.21		89
46		배고픈데 추위까지 앓으며 나무 도적	조선일보		1927.02.27		90
47		연고림 취득 문제로 면사무소에 쇄도, 면장 구타	조선일보		1928.12.16		90
48		단천에서 면사무소 습격	조선일보		1930.07.21		91
49		단천사건의 발단	조선일보		1930.07.24		91
50		춘천 삼림조합에서 총동원 일제 취체	조선일보		1931.01.23		92
51		금산군 삼림조합리(森林組合吏)의 취체 수단이 가혹	조선일보		1931.01.27		92
52		「삼림령」 위반에 벌금형 받고 유리하다 자살	조선일보		1931.08.04		93
53		「삼림령」 위반 농민을 염천(炎天)하에 사역, 솔가지 하나 꺾었다는 죄로	조선일보		1931.08.16		94
54		「삼림령」 위반 8천 건	동아일보		1932.12.28		94
55		삼림보호와 민정(民政)	조선일보		1933.09.02		95
56		삼림범죄의 격증	조선일보		1934.07.08		96
57		임야정책의 완화	조선일보		1935.08.05		98

자료번호	편저자	문건명(호수, 일자 등)	자료(책)명	발행처	발행일	원문 쪽수	본문 쪽수
58		「삼림령」 위반	조선일보		1933.08.31		99
59	공주헌병대본부·충청남도경무부	1910년대 일제의 비밀사찰기-공주를 주막에서 엿듣다	酒幕談叢 1·3·4권	국립공주대학교 공주학연구원·공주시	1911 1911 1913 1914	344/466 15/159	100
60	岡衛治	「삼림령」 및 부속법규	朝鮮林業史	朝鮮山林會	1945	195~197	101
61	齋藤音作	「조선삼림령」 및 부속법령 제정의 사정	朝鮮林業逸志	朝鮮山林會	1933	196~220	102
62	朝鮮總督府	국유림·민유림 보호	朝鮮の林業	朝鮮總督府	1938	46~51·88	114
63	岡衛治	보호명령의 활용	朝鮮林業史	朝鮮山林會	1945	354	115
64	朝鮮總督府	삼림조합	朝鮮の林業	朝鮮總督府	1923	65~66	120
65	朝鮮總督府	「민유림지도방침대강」	朝鮮林務提要	朝鮮總督府	1935	905~906	120
66		지역주민의 명맥인 2천 정보의 국유산림을 속히 대부하라는 진정서	동아일보		1923.01.27		129
67		한 명의 일본인을 위하여 조선인 오천 명을 사경에 넣은 동래 철마산의 산림 대부 사건	동아일보		1923.06.11		130
68		인민의 생명과 법률 본말을 전도	동아일보		1923.06.14		131
69		예산 부정대부	동아일보		1923.06.14		133
70		강동(江東) 임야 부정대부로 수천 주민의 탄원	동아일보		1924.02.09		134
71		누구를 위한 임정, 산림도 겸병된다	동아일보		1924.03.21		134
72		150만 평 산림을 일본인에게 무상양여	동아일보		1924.04.10		136
73		무릉리(武陵里) 산림 분쟁	조선일보		1925.10.29		136
74		원부의 칭호 잇는 소위 '황해사(黃海社)'	동아일보		1926.02.17		137
75		연고림 부정대부로 8천 주민 생활위협	조선일보		1926.08.27		138
76		정녕(丁寧) 계약한 동척 산림 보호, 회사 측의 배신으로 보호민 적극 항쟁	조선일보		1928.11.09		138
77		국유 임야 처분을 신중히 하라	동아일보		1935.06.21		139
78	岡衛治	제1종 불요존임야의 처분	朝鮮林業史	朝鮮山林會	1945	409~410	140
79	岡衛治	제2종 불요존임야의 처분	朝鮮林業史	朝鮮山林會	1945	432	142
80	後藤房治	조선임업	明治林業逸史	大日本山林會	1931	509~512	142
81	東洋拓殖株式會社	동양척식주식회사의 산림사업	東洋拓殖株式會社二十年誌	東洋拓殖株式會社	1928	68~74	144
82	東洋拓殖株式會社	조림대부지 산림보호계약서	國有林野讓與許可の件-黃海道黃州郡南面(국가기록원 관리번호 CJA0010589)	東洋拓殖株式會社	1922	284	147
83	岡衛治	일본 기업의 조림 경영	朝鮮林業史	朝鮮山林會	1945	715~718	148

자료번호	편저자	문건명(호수, 일자 등)	자료(책)명	발행처	발행일	원문쪽수	본문쪽수
84		5천 생명의 빈사를 듣고	조선일보		1924.04.16		153
85		화전민의 궁상	동아일보		1924.05.04		154
86		조선고(朝鮮苦)	개벽		1924.07	14~26	155
87		화전민의 방축(放逐), 인도상 중대 문제	동아일보		1929.07.10		157
88		다시 갑산 화전민 사건에 대하여	동아일보		1929.07.31		158
89		영서(嶺西) 일대에 산재한 화전민의 사활 문제	조선일보		1930.12.08		159
90		화전민 생활의 위기	동아일보		1931.02.12		160
91		화전민 생활의 위기, 생활의 고려가 선결점	동아일보		1933.03.12		161
92		화전민의 격증	동아일보		1934.11.13		163
93		비참! 화전민 생활!! 의사, 의생도 못보고	동아일보		1936.08.15		164
94	이여성·김세용	산으로 가는 대중	數字朝鮮研究 1	世光社	1931	50~56	165
95	火田調査委員會	화전정리요강	小委員會報告書	朝鮮總督府	1929	13~34	169
96	朝鮮總督府	화전정리·화전민 지도	朝鮮の林業	朝鮮總督府	1936	73~81	175
97	善生永助	화전민의 생활	火田の現狀	朝鮮總督府	1926	99~113	177
98		천연림을 보호?	동아일보		1928.02.04		187
99		당국의 조림장려가 민간의 남벌을 조장	동아일보		1930.10.14		188
100		조선과 산림, 침엽단순림의 약점	조선일보		1930.11.27		188
101		천연생 묘목을 보식하라!	동아일보		1933.03.18		190
102		조림을 강제 장려하지 않고 지방에 따라 지도할 방침	동아일보		1934.05.30		190
103		경기의 삼림자원 개발	매일신보		1937.11.20		191
104		산창령(山蒼嶺)의 도유림 2만 척체 벌채	매일신보		1938.01.17		193
105		목재 수요 격증으로 목재정책 신전회(新轉回)	동아일보		1938.02.17		193
106		삼림자원의 확보, 목재 자급책 필요	동아일보		1938.02.22		193
107		갱목(坑木) 수요 일부 국유림에서 공급	동아일보		1938.03.01		194
108		동척 삼림사업 채산 유리	동아일보		1938.07.05		195
109		압록강의 천고밀림(千古密林) 남벌 성행으로 황폐화	동아일보		1938.11.02		195
110		도벌을 방지하고자 벌채 허가제를 계획	조선일보		1938.11.02		196
111		조선 내 민유림에 대한 증벌 여력은 상존	동아일보		1938.12.27		196
112		경남도 민유 임야에 용재림 조성을 계획	동아일보		1939.02.02		196

자료번호	편저자	문건명(호수, 일자 등)	자료(책)명	발행처	발행일	원문 쪽수	본문 쪽수
113		석탄 목재의 공급, 만주 의존은 절망	동아일보		1939.05.24		197
114		공유림 "증산시설"	조선일보		1939.05.26		197
115		용재 부족 완화책	동아일보		1940.07.26		198
116		산림 축적량을 조사: 벌재증재계획(伐材增材計劃) 수행에 만전 기도	매일신보		1942.09.04		198
117		목재 증산을 협의: 황해도에서 관계 업자 모아	매일신보		1943.04.24		198
118		벌채와 조림의 목표: 전년에 비해 각 20%를 인상	매일신보		1943.05.05		200
119		공출 촉진과 수송력 강화, 목재 증산에 총력전	매일신보		1943.07.31		200
120		목재는 결전의 무기. 증산에 총력을 바치자	매일신보		1943.08.20		202
121		임야의 비상 벌채 소유자 협력 요청	매일신보		1944.11.16		204
122	朝鮮總督府	조선임정계획	朝鮮林政計劃書	朝鮮總督府	1927	1~77	204
123	岡衛治	북선개척사업	朝鮮林業史	朝鮮山林會	1945	1097~1105	213
124	朝鮮産業經濟調査會	산림의 이용 증진	朝鮮産業經濟調査會諮問答申書	朝鮮産業經濟調査會	1936	11~13	218
125	朝鮮總督府	민유 임야 용재림 조성계획	朝鮮の林業	朝鮮總督府	1940	88	219
126	United States Armed Forces in Korea	해방 이후 남한의 임업과 임상	駐韓美軍史		1948	246~299	219
127		임업개발회사 설립 교섭 순조	조선일보		1937.04.13		232
128		50만 정보의 국유림 개발	동아일보		1937.06.24		232
129		「임업개발회사령」	동아일보		1937.06.26		232
130		목재자원 확보 근본 방침 결정	동아일보		1938.03.01		235
131		산림과장회 개최, 사변하 임정 토의	조선일보		1938.06.01		236
132		민유림 증벌 가망(可望)	조선일보		1938.12.27		237
133		2만여 화전민 정리	조선일보		1939.05.24		237
134		임업보국에 매진 산림과장회의 석상 농림국장 훈시	조선일보		1939.07.14		238
135	朝鮮總督府	「조선임업개발주식회사 설립 요강」	朝鮮林業開發株式會社設立要綱	朝鮮總督府	1937	1~14	239
136	朝鮮總督府	조선임업개발주식회사	朝鮮の林業	朝鮮總督府	1940	133~134	243
137	朝鮮林業開發株式會社	조선임업개발주식회사 영업보고서	第六期營業報告書	朝鮮林業開發株式會社	1942	60~70	244
138	United States Armed Forces in Korea	남한의 임업과 조선임업주식회사	駐韓美軍史		1948	271~292	246
139		도벌군(盜伐群) 1소대(小隊)	조선일보		1938.01.11		250

자료번호	편저자	문건명(호수, 일자 등)	자료(책)명	발행처	발행일	원문쪽수	본문쪽수
140		군용림 도벌 혐의, 도민 총검거 중	조선일보		1938.01.16		250
141		연료 기근의 괴변, 군용림 도벌단	동아일보		1938.01.19		251
142		전시체제하의 연료를 국책상 적극적으로 통제	동아일보		1938.01.22		251
143		세궁민을 울리는 개성의 신탄 기근	조선일보		1938.02.11		252
144		신탄 가격 폭등으로 산림도벌이 격증	동아일보		1938.12.04		252
145		신탄 값은 오르고 "왕겨"도 구할 수 없다	조선일보		1938.12.24		253
146		1년에 50% 폭등, 경찰 관내마다 조합을 결성	동아일보		1939.01.20		253
147		장작 값도 통제 억압!	동아일보		1939.01.20		254
148		신탄 최고 가격 결정, 연료난 완화책으로	동아일보		1939.01.31		254
149		공정가격 무시자에 엄벌주의로 억압	조선일보		1939.02.02		255
150		신탄 가격 폭등으로 격증하는 도벌자(盜伐者)	조선일보		1939.02.17		255
151		장작 배급망 정비하고자 신탄시장을 계획	조선일보		1939.10.04		255
152		신탄 가격 앙등 일로, 수원 세민 대곤경	동아일보		1939.10.20		256
153		개성 연료 가격 폭등	조선일보		1939.12.05		256
154		신탄 가격 통제 단행	동아일보		1939.12.21		256
155		신탄 지정상인들의 수수료가 문제	동아일보		1940.01.09		257
156		연료부족은 부득이	조선일보		1940.02.04		257
157		통제조합을 오해하고 생산자에서 출하 중지	동아일보		1940.07.12		258
158		장작 배급에 수송난, 시세(市勢)의 낙관을 불허-통제가격 여행(勵行)이 급무	매일신보		1940.11.03		258
159		저온생활운동	매일신보		1941.11.14		259
160		목재는 전력(戰力) 강화에, 개인 배급은 불허, 단체에는 중점 배급	매일신보		1943.07.27		260
161	朝鮮林學會	조선의 임산연료대책	朝鮮ニ於ケル林産燃料對策	朝鮮林學會	1941	1~26	260
162	朝鮮總督府	「조선목재통제요강」	朝鮮木材株式会社株式引受ノ件	朝鮮總督府	1942	157~174	263
163	朝鮮總督府	「조선목재주식회사 설립 설명서」	朝鮮木材株式会社株式引受ノ件	朝鮮總督府	1942	108~112	271
164	江頭虎雄	조선의 최근 목재 사정과 목재 통제의 필요	朝鮮 336	朝鮮總督府	1943	33~40	273
165	①	「삼림법」	大韓帝國官報		1908.01.24.		284
	②	「삼림령」	大韓帝國官報		1911.06.20		286

자료번호	편저자	문건명(호수, 일자 등)	자료(책)명	발행처	발행일	원문쪽수	본문쪽수
165	③	「삼림령 시행규칙」	大韓帝國官報		1911.06.20.		288
	④	「조선임야조사령」	大韓帝國官報		1918.05.01		294
	⑤	「조선특별연고림양여령」	大韓帝國官報		1926.04.05.		297
	⑥	「조선임업개발주식회사령」	大韓帝國官報		1937.06.26		298
	⑦	「조선목탄배급통제규칙」	大韓帝國官報		1940.07.26		300
	⑧	「조선목재통제령」	大韓帝國官報		1942.06.18		301
	⑨	「조선신탄배급동세규칙」	大韓帝國官報		1942.08.01		311
166		한(韓), 면 시험 재배	황성신문		1905.05.04		322
167		면화지 선정	황성신문		1905.06.12		322
168		면화 재배 조직 변경	매일신보		1910.11.03		322
169		면화재배협회 해산식	매일신보		1912.03.02		323
170		면작 장려 방침	매일신보		1912.03.10		323
171		전남면작조합	매일신보		1912.07.14		324
172		면작조합의 창립	매일신보		1913.02.11		324
173		육지면의 장려	매일신보		1913.02.28		325
174		충남 육면[육지면] 재배 장려	매일신보		1913.03.15		325
175		경북 육면[육지면] 보급 장려	매일신보		1913.04.08		326
176		본년도 면작 장려	매일신보		1913.04.11		327
177		데라우치(寺内) 총독의 지시(1), 농업기술관회의에서	매일신보		1914.12.05		327
178		조선 면작 장려	매일신보		1917.02.23		327
179		육지면작 방침	매일신보		1918.03.09		328
180	兒島惣次郎→長谷川好道	소요 사건에 관한 민정휘보	朝鮮騷擾事件關係書類(共7册其7)		1919.05.06		330
181	桑原八司→宇佐美勝夫	지방 소요에 관한 건	大正八年騷擾事件ニ關スル道長官報告綴(七册ノ内六)		1919.04.19		330
182	鈴木隆→山県伊三郎	소요사건이 지방 사무에 미친 영향의 건	大正八年騷擾事件ニ關スル道長官報告綴(七册ノ内六)		1919.05.08		331
183	日滿棉花協會朝鮮支部	육지면의 시험 재배	朝鮮の棉花事情		1937	161~167	332
184	日滿棉花協會朝鮮支部	시정[병합] 이전 면작 장려	朝鮮の棉花事情		1937	168~186	334
185	日滿棉花協會朝鮮支部	제1기 면작장려계획	朝鮮の棉花事情		1937	187~205	342
186		면작 2기 계획(1), 25만 정보를 확장, 2억 5,000만 근의 생산을 얻고자	매일신보		1918.12.23		359
187		총독 지시 사항(6), 산업에 관한 건	동아일보		1921.05.01		360
188		식산국장 훈시	조선일보		1923.07.20		360

자료번호	편저자	문건명(호수, 일자 등)	자료(책)명	발행처	발행일	원문쪽수	본문쪽수
189		면작 장려에 의한 지도리동(指導里洞) 정황, 150개소	동아일보		1924.07.15		361
190		면가 폭락으로 당국 비난, 경작은 강제, 금회는 냉담	조선일보		1926.11.13		362
191		면가 저락, 구제는 절망	동아일보		1926.11.19		362
192		면작증식5년계획	조선일보		1927.08.15		362
193		면작 장려의 제3기 계획 착수, 10년 후 2억 5,000만 근 예상	조선일보		1929.01.18		363
194		100여 농민이 군 기수를 구타	조선일보		1928.04.08		363
195		면리원이 협력하여 무고 인민을 난타	동아일보		1928.05.04		364
196		간작한 진과[참외]를 면기수가 발취, 피해자는 고소를 준비 중, 면작 장려를 이유로	동아일보		1928.07.10		365
197		면가조차 폭락, 면화 재배 손해	동아일보		1930.10.12		365
198		면작 강제 지정	조선일보		1930.10.28		366
199		면작 장려 반대로 농민들이 면에 쇄도, 손해 지는 면작 할 수 없다	조선일보		1931.03.17		366
200		면작 장려 당국의 반성을 촉구함, 영천지국 김언교	조선일보		1931.07.09		367
201		면작 배수(倍收) 계획으로 몰락되는 경북 농촌	조선일보		1931.10.25		368
202		면작 장려에 대하여, 당국의 반성을 촉구함, 포항 일 기자	동아일보		1932.01.16		369
203		국책적 견지로 면작 대장려, 내년도 착수, 2억 5,000만 근 목표로	동아일보		1932.09.10		370
204		사설: 조선면증식계획	동아일보		1932.09.23		370
205		면작 장려의 근본안 결정	동아일보		1932.10.21		370
206		면작 장려, 실적은 의문, 국가 보상이 없는 한 위험하다고, 면가 폭락의 이때에	동아일보		1932.10.30		371
207		집약 농법으로 면작 대장려, 20개년 계속사업, 6억 근 수확 목표	조선일보		1933.02.18		371
208		사설: 면작증식계획에 대하여, 손실 보상법이 필요	동아일보		1933.03.31		371
209		보복관세 실시와 조선에의 영향, 영국, 조선의 통상 관계	조선일보		1933.06.10		372
210		인도 면 불매 결의로 면작 계획을 촉진, 계속 연도는 단축하고 작부 단별은 확장	조선일보		1933.06.11		373
211		면 대작(代作)의 산미제한책	조선일보		1933.09.05		373
212		면작 증산 대확장, 4억 2,000만 근을 목표, 1934년도(昭和 9)부터 착수	조선일보		1934.01.13		374

자료번호	편저자	문건명(호수, 일자 등)	자료(책)명	발행처	발행일	원문 쪽수	본문 쪽수
213		10개년 계획으로 조선 면화 대증산, 11도 165군 부락에 제1기 장려 실시	동아일보		1934.02.03		374
214		면작 재배의 강제를 반대, 강제 장려가 도리어 폐해, "자급자족 후에 판매"	동아일보		1934.03.13		375
215		"무조건 면작 재배는 당업자의 생활 위험, 손실은 당국이 책임지는가", 면작의 손실 보상 여하?	동아일보		1934.03.15		376
216		면작 강제 재배에 대하여, 포항 일기자	동아일보		1934.05.03		376
217		면작이 불량한데 대파(代播), 간작〔사이짓기〕도 불허, 시례, 청천 등지는 전멸 상태로서 일대의 인심은 불안 중	동아일보		1934.06.23		377
218		면작 증식 난관 봉착, 미국 면 시세의 불안 관계와 1단보 실수 100근 미만으로 당국 장려 방침 변경?	조선일보		1934.08.24		377
219		수확 일무지(一無地)에 면작을 강제 장려, 실정 모르는 당국 방침	조선일보		1934.10.31		378
220		다수 농가가 반대하는 면작 강제 장려 통격(痛擊), 경북도회에서 상당히 논란, "면화는 타작물보다 손해"	동아일보		1935.03.01		378
221		면작 지도 위반했다고 팔십 노인을 구타, 함안군 계원의 탈선된 폭행에 사회의 불평 비난 자자	조선일보		1935.07.16		379
222		면작 강권하는 지도원에 100여 동민이 폭행, 군기수 2명은 현장에서 중상, 주동자 5명은 피검(被檢)	동아일보		1935.05.09		380
223		미작보다 나은 유리(有利) 대작(代作) 없다	동아일보		1936.04.05		380
224		무럭무럭 발육하는 보리밭을 면작하라고 강제 경작, 1,000여 두락이나 되는 보리밭을 영일 신광면의 괴상한 처사	동아일보		1936.04.26		380
225		면작 강제와 민원, 포항 일 기자	동아일보		1936.05.16		381
226	백남운	조선 경제의 현 단계론	개조 16권 5호 [백남운 전집 4: 휘편]	[이론과실천]	1934.4 [1991]	[110~111]	382
227	日滿棉花協會朝鮮支部	제2기 면작장려계획	朝鮮の棉花事情		1937	205~221	383
228	日滿棉花協會朝鮮支部	현행 면화증산계획	朝鮮の棉花事情		1937	221~238	391
229	이청원	농촌의 계급 분화와 토지 소유	朝鮮讀本: 朝鮮の社會とその政治·經濟生活	學藝社	1936	218~222	403

자료번호	편저자	문건명(호수, 일자 등)	자료(책)명	발행처	발행일	원문쪽수	본문쪽수
230		면화 증산이 공제제도를 실시, 농산과 신예산 계상?	동아일보		1935.07.12		409
231		면화 보상, 대장성 난색	동아일보		1935.12.04		410
232		조선 면화 증산, 작부 단별 증가이나 단보당 수량 부진, 여전히 100근의 미만이라고, 이유 재배 공부 부족, 농림국장 지적	조선일보		1936.08.25		410
233		면화 대증산 계획, 산조(產調)에서 대강 결정, 10억 5,000만 근 목표	조선일보		1936.10.27		410
234		산조(產調) 답신안 내용, 농림수산에 관한 건, 농림업	조선일보		1936.10.27		411
235		면화의 보상, 1937년도(昭和 12)부터 실시	조선일보		1937.01.17		411
236		면화 생산비 조사 실시, 금년 파종기부터	조선일보		1937.05.11		412
237		면화 공제제 재검토	조선일보		1937.06.20		412
238		면화보상제도 이번 가을경부터 실현, 현재 생산비를 조사 중	동아일보		1937.07.09		412
239		면화보상제 내용, 매 근 7전 이하는 차액 전액 보상, 13전 이상은 차액 2할을 적금, 내년도부터 실시 결정	조선일보		1937.08.11		413
240		면화 재배 손실 보상, 본년도 이후 실시, 1일부로 각 도에 통첩을 발송, 농가 수익 안정 방책, 농림국장 담화	조선일보		1937.12.02		413
241		「면화재배 손실보상 업무규정 준칙」	조선일보		1937.12.04		414
242		면화 대증산, 2차 자급책 수행, 총독부 품종 개량 착수	동아일보		1938.01.27		415
243		조선면화계획 방기론은 부당, 북지 면화가 개발된다 하더라도 기정 방침대로 매진	조선일보		1938.03.03		416
244		면적 증대는 유예하고 단보당 다수확 노력, 면작 지도 방침 결정	동아일보		1938.03.24		416
245		면작 증산 대불안, 평입(坪入) 본수(本數) 증가와 수량 인상 등, 계획 달성에 적극 지도	조선일보		1938.11.29		416
246		현행 계획 갱신코 면화를 대증산, 평시 국내 소비고 600만 담(擔)의 3분 1, 200만 담 생산 목표	조선일보		1939.07.01		417
247		면작 증산 적극화 목표코, 병해충을 철저 방제, 종자 소독 약제 살포 등 방법 결정, 각 도에서 실행 방침 지시	동아일보		1940.02.08		418
248		농사개량 자금에 농업 약품도 추가, 8월 1일부터 실시	동아일보		1940.08.03		418

자료번호	편저자	문건명(호수, 일자 등)	자료(책)명	발행처	발행일	원문쪽수	본문쪽수
249		면작 증산 조성금, 섬유협회에서 교부	매일신보		1942.04.10		418
250		10개년계획 목표로 제2기 면작 대증산 머지않아 소요 예산 재무국에 제출할 터	매일신보		1942.07.15		418
251	朝鮮總督府警務局經濟警察課	농민	情報週間展望 6집		1941.04.19	740	420
252	朝鮮總督府警務局經濟警察課	농촌 청년의 혐농(嫌農) 경향	情報週間展望 9집		1941.05.10	770	420
253	朝鮮總督府警務局經濟警察課	강우와 면작 상황	情報週間展望 17집		1941.06.28	876	420
254	대동출판사	면화 재배 손실 보상, 농가 수익의 안정을 도모	농업조선 1권 1호		1938.1	57	421
255	千田貞雄	조선면화증산확충계획	朝鮮 303호		1940	22·26	422
256	久間健一	농업기구의 기저에 흐르는 것	朝鮮農政の課題	成美堂書店	1943	8~11	426
257		조선면화회	경남일보		1911.04.29		431
258		면화 회사의 근황	매일신보		1911.05.26		431
259		조선면화주 응모의 호황	매일신보		1912.04.24		431
260		전남면작조합	매일신보		1912.07.14		431
261		목포의 면화 검사	매일신보		1912.11.15		432
262		목포 면화회사 개업	매일신보		1913.05.17		432
263		전남 면화판매소	매일신보		1913.09.06		432
264		목포 신설 조면공장	매일신보		1913.09.10		433
265		면작 공장 개시기	매일신보		1913.09.20		433
266		경남면과 목포, 목포 3회사의 발전	부산일보		1916.04.29		433
267		대구에서, 면화판매소 설치	매일신보		1916.09.28		434
268		면 판매제 갱개(更改)	매일신보		1917.08.22		434
269		면업회사 합동	매일신보		1918.06.23		434
270		전남과 면화업, 미쓰이(三井), 스즈키(鈴木)의 내빙사(大放賞)	조선시보		1918.09.16		435
271		남북면업회사 출발	매일신보		1919.01.30		435
272		남북면업주식회사 허가	매일신보		1919.02.8		435
273		면화 판매 개정, 등급의 정일(整一)	매일신보		1919.09.21		435
274	小早川九郎	육지면 자유판매 구속시대 등	補訂 朝鮮農業發達史 : 政策篇	友邦協會	1959	166~168	436
275	小早川九郎	면작 거래상 폐해 등	補訂 朝鮮農業發達史 : 政策篇	友邦協會	1959	230~233	437
276		면업조합과 당국	동아일보		1921.12.13		442
277		면화 트러스트 남선 지방의 일대 문제	조선일보		1921.12.15		443

자료번호	편저자	문건명(호수, 일자 등)	자료(책)명	발행처	발행일	원문쪽수	본문쪽수
278		전남 면화 문제, 최후 수단에 나서나	동아일보		1921.12.20		444
279		전남 면화 문제, 진정위원 입경(入京)	동아일보		1921.12.22		445
280		면화구매조합 해산기성동맹	동아일보		1922.02.08		445
281		전라남도 면화조합 문제, 아직 미해결이기로 재배에 영향 적지 않음	동아일보		1922.02.24		446
282		면작 장려	동아일보		1922.07.08		446
283		예천 면작 기수의 비행, 촌사람이 가져온 면화를 함부로 흙에다 넣고 밟아 버리다가 싸움	조선일보		1923.12.19		447
284		「면화취체규칙」, 경북도령으로 공포	동아일보		1924.08.20		448
285		「면화취체규칙」, 9월 1일부터 시행	조선일보		1924.09.05		448
286		면화 공동판매의 결함, 송정리 일 분개생	동아일보		1924.10.26		448
287		면화 판매제도를 개선하라, 담양 일기자	동아일보		1924.11.28		449
288		면작조합 밀정이 촌민을 난타, 고창 면작조합 밀정이 장성판매소에서 행악	조선일보		1924.12.12		450
289		면작조합원의 불평, 공동판매를 철폐하라고	조선일보		1924.12.21		451
290		면화 공동판매와 생산자의 불평, 중간 협잡이 많이 있어 생산자는 손해가 많다	조선일보		1924.12.29		451
291		몰염치, 무체면한 고창면작조합, 고창 일 농부	조선일보		1925.03.10		452
292		조선농회… 조직 개요, 실시는 4월부터	조선일보		1925.11.20		452
293		조선면화동업회 창설	동아일보		1927.07.27		453
294		조선산 조면에 검사 규정 설치	조선일보		1927.08.25		453
295		불경기로 인하여 면화 밀매자 속출, 관계 당국은 대책 강구 중	조선일보		1929.09.17		454
296		면가조차 폭락, 면화 재배 손해	동아일보		1930.10.12		454
297		사천군 농회에서 면화 판매 강제, 만일 베를 짜면 벌금 증수, 면가 폭락과 생산자 비난	동아일보		1930.10.28		454
298		면화 강제 공매, 생산자 원고(怨高), 지정면 사람은 더욱 곤란, 사매(私賣), 가용(家用)은 절대 금지	동아일보		1930.11.08		455
299		사설: 면화의 강제 판매	동아일보		1930.11.09		455
300		면화 공판 문제로 경고문 발송 결의, 경상북도청과 각 군에, 물산 장려의 이사회	조선일보		1930.11.12		457

자료번호	편저자	문건명(호수, 일자 등)	자료(책)명	발행처	발행일	원문쪽수	본문쪽수
301		면작 장려가 본의? 공동판매가 위주? 면작 기술원들의 활동 내용이 면작 공동판매 장려에만 주력, 문제의 수조기(手繰機) 보관(1)	동아일보		1930.11.18		457
302		면작 장려가 본의? 공동 판매가 위주? 면작 기술원들의 활동 내용이 면작 공동판매 장려에만 주력, 문제의 수조기(手繰機) 보관(2)	동아일보		1930.11.19		459
303		면작 장려가 본의? 공동 판매가 위주? 면작 기술원들의 활동 내용이 면작 공동판매 장려에만 주력, 문제의 수조기(手繰機) 보관(3)	동아일보		1930.11.23		460
304		사설: 면화 강제 판매는 불가, 농민에 불리한 이 "산업 행정"	조선일보		1930.12.01		461
305		저락하는 면화, 판매기의 시세, 매근 6전 내외를 예상	조선일보		1931.08.29		462
306		면화판매소에서 비료대 임의 징수, 당국 무리를 비난	조선일보		1932.01.07		463
307		면화 시성판매세는 몇 개 사본 공장 옹호, 30여 개 공장은 하루 아침에 파괴, 전남 면화 통제 반대 이유	동아일보		1933.09.05		463
308		경쟁입찰제 철폐하고 3공장에 지정판매, 금년은 15일부터 판매 개시, 경남 면화 판매 통제?	동아일보		1933.09.14		464
309		면화 지정판매의 불가, 당국에 고려를 촉구함, 진지동 일 기자	동아일보		1933.09.24		464
310		황해도 면화 단속, 16일에 발령	조선일보		1933.09.21		465
311		면 지정판매에 쌍방이 불평, 생산자나 소비자나 다 불평, 사리원서 24일 개시	동아일보		1933.09.28		465
312		평남 면화 공판 반대 소리 더욱 높아져, 당국은 단속 이원(吏員) 설치, 타지 판매 철저 방지	조선일보		1933.10.03		466
313		면화 공동판매, 조선방직회사를 지정매수자로 확성, 사가용이라도 개인매매는 불허, 일반의 여론을 환기	조선일보		1933.10.06		466
314		면화 지정판매제를 철폐하라, 사리원 일 기자	동아일보		1933.10.17		467
315		누에고치, 면화, 가마니 등 공판의 절대 불가를 절규	조선일보		1934.03.02		468
316		면화 공판제의 철폐를 주장, 적당한 시기에 하겠다고, 황해도회의 제3일	동아일보		1934.03.18		468

자료번호	편저자	문건명(호수, 일자 등)	자료(책)명	발행처	발행일	원문쪽수	본문쪽수
317		면화 공판 내용을 비난, 면작자 의견 무시의 상태로, 방적, 지정상(指定商) 본위?	조선일보		1934.04.08		468
318		면화 지정매수제 실시로 재벌만이 폭리를 독점, 농가와 소비 대중에 손해 막대, 남포 조면업자 등 궐기	동아일보		1934.10.11		469
319		자가용 면화 매수, 금지 해제를 진정, 남포 부민대회 실행위원회에서, 22일 위원 5씨 출발	동아일보		1934.10.21		470
320		사설: 자가용 면화 금지의 반대 결의, 당국의 채용이 정당	조선일보		1934.10.23		470
321		"자가용 면화 매수, 금지 사실 전무, 용강문 농회에 제지하겠소", 진정위원에게 도지사 언명	동아일보		1934.10.24		471
322		진남포 면화 문제, "가용(家用) 매수는 무방, 금지는 농회의 독단, 평남 도지사의 언명	조선일보		1934.10.25		472
323		경기도 관하에 면화 공판 강화, 판매 장소와 기간을 한정코, 위반자에 100원 벌금	동아일보		1935.09.01		473
324		자가용도 금지하는 가혹한 면화 통제, 황주 농민들의 불평성(不平聲) 일고(日高)	조선일보		1935.09.21		473
325		"면화 지정 판매는 특수 권익의 옹호", 조방(朝紡) 매입가비(買入價比) 작년 1전 저(低)로, 봉산 면화 생산자 불평	조선일보		1935.10.24		474
326	유달산인	면화 지정판매제도와 전남도 당국의 재고를 촉구함	호남평론 1권 1호		1935.04.20	6~7	474
327	小早川九郎	면화협의회 개최 등	補訂 朝鮮農業發達史 : 政策篇	友邦協會	1959	233~236	477
328	小早川九郎	면화 판매 문제 등	補訂 朝鮮農業發達史 : 政策篇	友邦協會	1959	382~385	480
329	日滿棉花協會朝鮮支部	현행 면화 공동판매	朝鮮の棉花事情		1937	68~74	482
330		물자 조정과 총독부서 신설, 수급 조정에 매진	동아일보		1938.03.19		487
331		수입 원료 제한과 본격적 계획 통제, 원료의 배급은 각 공업별로 배정, 대용품의 사용도 지도	조선일보		1938.03.20		487
332		사설: 면화 공판 가격 기준 변경 급무	조선일보		1938.08.14		488

자료번호	편저자	문건명(호수, 일자 등)	자료(책)명	발행처	발행일	원문 쪽수	본문 쪽수
333		조면은 협회서 통제, 면화 공판 비상 수단, 기준 가격을 변경, 미면(미국면) 현물 시세에 10원을 가산, 재배자 자가소비 절감	조선일보		1938.09.14		489
334		면포가 고(高), 실면가 저(低)로 농가서 방매 주저, 전남 면화 공판 한산	매일신보		1938.10.30		490
335		강화되는 면화실(綿花實) 통제, 자가용 면화 매매는 엄금, 다면(打綿)도 도지사의 허가를 요, 평남도 도령으로 제정	조선일보		1938.11.06		490
336		면포가는 앙등, 면화가는 저렴, 개풍군 농민에 타격	조선일보		1938.11.10		491
337		"씨앗"·"물레" 수난, 면 공판 독려한다고 함부로 파괴, 강원도 모 군청원의 탈선	조선일보		1938.12.20		492
338		실리 감소에 비명, 안성군민 면작에 불평, 면화는 증산이나 가격 저렴으로	조선일보		1938.12.20		493
339		면화 밀매자 20명, 강서군 적발 처분	조선일보		1939.01.23		493
340		면화 저(低)에 면포 고(高)의 모순을 지적, 논급	동아일보		1939.02.11		493
341		"자가면(自家棉) 제한 완화와 의생(醫生)의 질적 향상을 노력하라", 도비 직원에 조선인의 다수 채용도 절규, 경북도회에 논진(論陣) 백열(白熱)	동아일보		1939.02.15		494
342		면화 생산, 공판에 모순, 결함을 지적, 제5일	동아일보		1939.02.24		495
343		논진(論陣) 백열(白熱)하는 각 도회 예산·교육 확충을 비롯(1), 소작, 보건 문제에 논급, 경남도회 제3, 4일 질문전	동아일보		1939.02.26		495
344		논진(論陣) 백열(白熱)하는 각 도회 예산·교육 확충을 비롯(2), 소작, 보건 문제에 논급, 경남도회 제3, 4일 질문전	동아일보		1939.02.28		496
345		무명 직조·판매 금지, 면화 공판 출회량을 감소시킨다고, 평남도서 관하에 엄달	조선일보		1939.06.01		496
346		면화증산 강하에 따라서 공판가 개정 필요, 오사카(大阪)의 수출 시세 의거는 무의미, 농림 당국 연구를 진행	동아일보		1939.07.07		497
347		면화증산책 대처, 공판가 기준 개정	동아일보		1939.09.05		498
348		순 면제품 판매허가제	조선일보		1939.09.09		498
349		면직물 암거래 성행, 화순군, 경(警) 당국 엄중 단속	동아일보		1939.11.03		498

자료번호	편저자	문건명(호수, 일자 등)	자료(책)명	발행처	발행일	원문쪽수	본문쪽수
350		면화 공동판매장에서 고인(雇人)이 농민에 폭행, 의령서(宜寧署)서도 엄중 감시	동아일보		1939.12.01		499
351		면화 밀매매 발각, 목포서 경제계 엄조(嚴調) 중	동아일보		1940.05.21		499
352		면화 출회 적극 촉진, 농가의 매석과 상인의 매점도 배제, 농림국 독려반 파견	매일신보		1941.11.23		500
353		면화 공출 잘하면 면포를 우선 배급, 강원에서 애국반을 독려	매일신보		1941.12.10		500
354		「면화취체규칙」을 강원도서 개정, 실시	매일신보		1942.10.10		500
355		면화 공출 완료반에 자가용 타면(打綿)을 허가	매일신보		1943.03.06		501
356		면화 공출에도 보상제 실시, 책임량 돌파자에 생필품 무상 배급	매일신보		1944.11.04		501
357	朝鮮總督府警務局經濟警察課	볍씨(籾)·면화 공출에 대한 군·면 직원의 도를 넘어선 행동 및 부정 배급	經濟治安日報 56집		1942.05.30	4~5	502
358	朝鮮總督府警務局經濟警察課	농민의 보리·면작 등 기피	經濟治安日報 71집		1942.09.14	10	502
359	朝鮮農會	면작기술원협의회 개최	朝鮮農會報 16권 12호		1942.12	54	503
360	朝鮮農會	면 출하에 장려금을 교부	朝鮮農會報 16권 12호		1942.12	63~64	505
361	인정식	사변과 조선 농촌의 제 동향	朝鮮の農業地帶	生活史	1940	22~28	506
362		원잠종제조소(原蠶種製造所)	매일신보		1912.01.26		512
363		양잠조합규정, 경기도청의 제정	매일신보		1912.03.10		512
364		중요 농산물과 총독의 훈령(2), 나카무라(中村) 농무과장의 담화, 잠업 장려의 요지	매일신보		1912.03.19		512
365		원잠종제조소(原蠶種製造所)	매일신보		1912.07.17		513
366		잠업조합의 보급	매일신보		1913.06.22		514
367		총독 지시(2), 3. 잠업에 관한 건	매일신보		1913.12.11		514
368		간이 잠실(蠶室)과 보조	매일신보		1914.07.17		515
369		고치 공동판매 계획	매일신보		1917.06.07		515
370	공주헌병대본부·충청남도경무부	1910년대 일제의 비밀사찰기-공주를 주막에서 엿듣다	酒幕談叢 3권	국립공주대학교 공주학연구원·공주시	1913(2017)	77~78	516
371	十時雄次郎	조선 잠업에 대하여	朝鮮 91호		1922	100~103	516
372		잠업 제령 발포	매일신보		1919.04.26		521

자료번호	편저자	문건명(호수, 일자 등)	자료(책)명	발행처	발행일	원문 쪽수	본문 쪽수
373		「잠업령」에 대하여, 도토키(十時) 지사 담화	매일신보		1919.04.27		521
374		군청에 인민 쇄도, 군청에서 누에씨를 잘못 사 주어 실패를 당한 인민의 질문 답지	동아일보		1922.06.12		522
375		극도에 달한 민원, 부정한 누에씨로 문제가 되어, 면민 불평의 초점이 된 성천군	동아일보		1922.07.03		523
376		건견장(乾繭場) 설치 및 면작 보조, 곤도(近藤) 농무과장 담화	조선일보		1923.11.06		523
377		양잠 사업 100만석증수계획, 10개년계획으로	조선일보		1924.12.15		524
378		누에고치 증수 계획 변경, 10년을 15년으로	조선일보		1925.03.07		524
379		누에고치 증수 계획과 건견장(乾繭場) 완비 급무	조선일보		1925.06.07		525
380		누에고치 중매 엄중 단속, 전폐(全廢)는 더욱 요원	동아일보		1926.02.09		525
381		누에씨 대금 선납으로 누에씨 청구자 반감, 성천의 일대 위협이라 하여 우려하는 사람이 다수하다, 인민은 당국에 원통함을 하소연할 뿐	조선일보		1926.04.16		526
382		견질검사소(繭質檢查所) 신설, 내년도 예산 19만 원 계상	동아일보		1926.05.30		526
383		망본주말(忘本走末)의 조선의 산견(産繭) 장려, 불통일한 표준 고치 사정, 견질(繭質) 시험기관의 필요	조선일보		1926.05.19		527
384		누에고치 개선책으로 국립 잠종제조소 설치, 일본 누에씨 이입 금지	동아일보		1928.03.24		527
385		뽕잎은 우마 주고, 누에고치는 가용(家用)에 써, 이중의 고통에 싸인 농촌, 잠업 부진의 일면상	동아일보		1931.07.03		528
386		견가(繭價) 폭락으로 뽕잎을 비료, 순전 잠가(蠶家) 궁상	동아일보		1931.07.08		528
387		고원군 농회에서 불량 누에씨를 배부, 여름누에고치가 전멸 상태고, 군민은 당국을 비난	조선일보		1931.09.10		528
388		양잠 소작제 본격화! 1935년도부터 3년간, 전 소작인 8할 목표	조선일보		1933.11.29		529
389		양잠 소작제, 함북에도 실시? 도, 농회서 계획 중	동아일보		1935.10.05		529
390		산견(産繭) 계획 일신, 양잠 소작을 보급, 장차 각 도에 장려 방침	조선일보		1936.03.01		529

자료번호	편저자	문건명(호수, 일자 등)	자료(책)명	발행처	발행일	원문쪽수	본문쪽수
391		누에고치 공동구입에 불평, 인민의 손해가 막대하다고, 농사에 바쁜 인민들이 와서 고치를 팔아 밥값으로 소비	조선일보		1924.06.19		530
392		장성 누에고치의 판매난, 불평이 자자한 장성잠업조합, 봄고치 공동 판매와 각지 민원	조선일보		1925.06.21		530
393		일본인은 배척, 조선인은 유임 청원(願留), 양잠기를 앞두고 문제 되는 기술원	조선일보		1926.04.08		531
394		사설: 잠업 장려와 지정판매	동아일보		1927.05.18		532
395		누에고치 특매제도에 대하여(1), 본사 평양 특파원 김형식	조선일보		1927.05.21		533
396		사설: 누에고치 공동 판매 문제, 산업제일주의의 일면상	조선일보		1926.06.25		534
397		누에고치 판매에도 선일인을 차별	조선일보		1927.07.02		535
398		생산비 고율에 농회 당국을 비난, 누에고치 판매에 양잠가의 불평	동아일보		1927.06.17		536
399		산견(産繭) 자유판매로 경찰이 과료처분, 그 부당과 가혹함을 공박한 "조선농민사의 발표 전문"	조선일보		1927.10.06		536
400		사설: 누에고치 판매 문제	동아일보		1928.01.17		538
401		누에고치 지정판매, 반대 생산자 대회, 수삼 자본가만 옹호한다고, 21일 상주에서 개최	동아일보		1928.03.20		539
402		양잠기를 앞두고 누에고치 특매제 반대, 야마주구미 특매제를 극력으로 반대, 잠견상민회와 상의소 협력	동아일보		1928.04.23		540
403		문제의 고치 문제에 부정 사건 폭로, 형량(衡量) 부정 사용 사실이 발로, 생산자 및 사회단 궐기	동아일보		1928.06.11		541
404		대전에서도 형량(衡量) 부정 사건, 당국에서는 사실을 부인, 말썽 많은 누에고치 판매	동아일보		1928.06.13		542
405		누에고치 구입에 관한 통제 기관이 문제, 제사가(製絲家) 원료 쟁탈로 인하여	조선일보		1929.03.16		542
406		사설: 고치 특매제를 폐지하라	동아일보		1929.06.18		543
407		독점적 착취 반대, 고치 공판 철폐 운동, 김천 사회의 각층을 망라하여, 시민대회 개최 준비	동아일보		1929.08.13		544
408		벽동농민사에 대한 경찰의 무리한 압박, 조합 행위를 대리 행위라고, 다수 농민에게 고통 주어	조선일보		1929.08.24		545

자료번호	편저자	문건명(호수, 일자 등)	자료(책)명	발행처	발행일	원문쪽수	본문쪽수
409		생산자 이익 도모를 법령 위반으로 서분, 벽동농민사원 24인에, 조합 행위라고 불복 항쟁	조선일보		1929.11.14		545
410		벽동농민사원 23명은 무죄, 평양 복심에서 무죄되어	동아일보		1930.03.20		546
411		등급 사정원이 농민을 무리하게 구타, 단천 누에고치 공동판매장에서	조선일보		1930.07.09		547
412		대구에다가 밀매자가 속출, 가격 차이가 60전이나 돼, 영천 누에고치계 기현상	동아일보		1932.06.21		548
413		사설: 누에고치 공동판매제를 폐지하라, 매매 자유의 구속은 민권의 무시	동아일보		1932.06.30		548
414		사설: 누에고치 공동판매제도를 폐지하라, 현 제도는 생산자를 보호치 못한다	조선일보		1934.05.30		550
415		평남의 2대 민폐, 누에고치 공동판매와 도로경진회	개벽 51호		1924.09	124~126	551
416	정인관	누에고치 공판세의 결함과 그 대책	조선농민 6권 4호		1930.06	39~42	552
417	김수길	견가(繭價) 폭락과 농민 문제	대중공론 2권 6호		1930.07	57~58	556
418		잠견가(蠶繭價) 폭락의 추세, 생사(生絲) 생산비 문제와 공판의 폐해	동광 35호		1932.07	12~16	559
419	서춘	일·미 생사(生絲) 무역을 중심으로 한 조선의 양잠과 견가(繭價) 문제	혜성 1권 5호		1931.08	4~8	566
420	배성룡	견가(繭價) 결정의 불합리성	신동아 9호		1932.07	50~53	571
421	青木戒三	「조선잠업령」의 발포에 대하여	朝鮮農會報(朝鮮文) 14권 6호		1919	1~4	578
422	小早川九郎	생사 공업 약진, 「조선잠업령」 개정, 누에씨 남조(濫造) 단속	補訂 朝鮮農業發達史 : 政策篇	友邦協會	1959	409~410	582
423	湯村辰次郎	조선의 잠사업(蠶絲業)	朝鮮 180호		1930	25~27	583
424	大村勇藏	고치의 판매제도에 대하여	蠶業之朝鮮 6권 5호		1929	3~8	586
425		위기 직면한 잠업 갱생, 강철 톱니바퀴, 비행기 등의 대용 원료로 등장! 주지되던 잠사(蠶絲) 증산도 적극 진출, 총독부 농무과 계획	동아일보		1938.09.13		595
426		조선 잠업 진흥 대책, 과거의 성적 불량에 비추어서, 생산자 자발 종업 지도	동아일보		1939.06.14		596
427		사설: 잠업 진흥책, 증산계획의 합리화 요망	동아일보		1939.06.15		596
428		산견(産繭) 계획 협의 도 산업주임회의	매일신보		1940.02.15		598
429		오는 6년간 연간 50만 석 고치 급속 증산에 착수	동아일보		1940.05.11		598

자료번호	편저자	문건명(호수, 일자 등)	자료(책)명	발행처	발행일	원문쪽수	본문쪽수
430		잠사업(蠶絲業)의 신체제 통제 회사를 설립	매일신보		1940.11.05		600
431		잠사(蠶絲) 통제, 신회사 설립	매일신보		1941.01.29		600
432		잠사통제회사(蠶絲統制會社)는 관민 절반 출자하기로	매일신보		1941.03.13		601
433		잠사통제회사(蠶絲統制會社) 설립 발기인 총대 하야시 시게조(林繁藏) 씨	매일신보		1941.08.19		601
434		잠사통제회사(蠶絲統制會社) 제2회 발기인회	매일신보		1941.09.04		602
435		「잠사통제령(蠶絲統制令)」 원안 드디어 성안	매일신보		1941.11.08		602
436		조선 내 잠사업(蠶絲業) 일원 통제, 금 8일 조선잠사통제회사(朝鮮蠶絲統制會社) 창립	매일신보		1941.12.09		603
437		잠사통제회사(蠶絲統制會社) 3부문 강력 통제	매일신보		1942.03.12		603
438		잠사(蠶絲)를 계획적 통제, 금일 시행 규칙 공포 실시	매일신보		1942.05.19		604
439		양잠 흉작 원인 도 당국서 검토 중	매일신보		1942.06.30		604
440		누에고치 증산 방책 결정, 뽕밭 관리·섬유자원을 확보	매일신보		1943.01.29		605
441		섬유자원 확보 차, 누에고치 적극 증산 단행, 29일 각 도에 정무총감 통첩	매일신보		1943.01.31		605
442		내년도의 잠사(蠶絲) 생산, 610만 관을 목표, 섬유자원 확보에 만전	매일신보		1943.02.23		606
443		누에고치 적극 증산, 뽕밭 작부통제 규칙 개정, 완화	매일신보		1944.03.26		606
444		공출 보상과 특배(特配), 양잠가 우대의 낭보(朗報)	매일신보		1945.05.23		607
445		봄누에고치 공출에 면포와 백미를 특배(特配)	매일신보		1945.06.22		607
446	朝鮮金融組合聯合會	산견50만석증산계획 실시	調査彙報 9호		1940.05	54	608
447	朝鮮金融組合聯合會	산견6개년계획 요강 발표	調査彙報 10호		1940.07	53~54	610
448	朝鮮殖産銀行	내년도 조선 내 고치 생산계획	殖銀調査月報 59호		1943.04	15~17	611
449	朝鮮殖産銀行	고치 증산 대책	殖銀調査月報 60호		1943.05	22	613
450	朝鮮殖産銀行	고치 출회 부진 대책	殖銀調査月報 64호		1943.09	34~35	614
451	朝鮮金融組合聯合會	내지에 순응해 잠사업(蠶絲業) 통제	調査彙報 14호		1941.03	98	615

자료번호	편저자	문건명(호수, 일자 등)	자료(책)명	발행처	발행일	원문쪽수	본문쪽수
452	朝鮮金融組合聯合會	양잠 보급책 결정	調査彙報 15호		1941.04	56	616
453	朝鮮殖産銀行	잠사(蠶絲) 통제 계획 진보	殖銀調査月報 34호		1941.03	72	616
454	朝鮮殖産銀行	잠사업(蠶絲業) 통제 문제 진척	殖銀調査月報 36호		1941.05	85~86	617
455	朝鮮金融組合聯合會	잠사통제회사(蠶絲統制會社) 창립으로 결정	調査彙報 23호		1941.12	32	618
456	朝鮮殖産銀行	「조선잠사업통제령(朝鮮蠶絲業統制令)」 공포	殖銀調査月報 48호		1942.05	41~42	618
457	朝鮮金融組合聯合會	「잠사통제령 시행규칙(蠶絲統制令施行規則)」 공포되다	調査彙報 29호		1942.06	24	620
458	朝鮮總督府	잠사업(蠶絲業)의 관리 통제	第78回帝國議會說明資料		1941	61	621
459	1	「조선잠업령」	朝鮮總督府官報		1919.04.24		624
	2	「조선잠사업통제령」	朝鮮總督府官報		1942.03.25		628

| 참고문헌

– 자료

《매일신보》《동아일보》《朝鮮新聞》《朝鮮時報》.

《농업조선》《朝鮮》《朝鮮農會報》《殖銀調査月報》《調査彙報》.

『第78回帝國議會說明資料』.

공주헌병대본부 · 충청남도경무부, 2017, 『주막담총: 1910년대 일제의 비밀사찰기-공주를 주막에서 엿듣다』, 국립공주대학교 공주학연구원.

이여성 · 김세용, 1931, 『숫자조선연구』, 세광사.

岡衛治, 1945, 『朝鮮林業史』, 朝鮮山林會.

日滿棉花協會朝鮮支部, 1937, 『朝鮮の棉花事情』.

善生永助, 1926, 『火田の現狀』, 朝鮮總督府.

小早川九郎, 1959, 『補訂 朝鮮農業發達史: 政策篇』, 友邦協會.

朝鮮産業經濟調査會, 1936, 『朝鮮産業經濟調査會諮問答申書』, 朝鮮總督府.

朝鮮山林會, 1933, 『朝鮮林業逸志』, 朝鮮山林會.

朝鮮林業開發株式會社, 1942, 『第六期營業報告書』, 朝鮮林業開發株式會社.

朝鮮林學會, 1941, 『朝鮮ニ於ケル林産燃料對策』, 朝鮮林學會.

朝鮮總督府, 1927, 『朝鮮林政計劃書』, 朝鮮總督府.

朝鮮總督府, 1935, 『朝鮮林務提要』, 朝鮮總督府.

朝鮮總督府, 1937, 『朝鮮林業開發株式會社設立要綱』, 朝鮮總督府.

朝鮮總督府, 1942, 『朝鮮木材株式会社株式引受ノ件』, 朝鮮總督府.

朝鮮總督府 農林局, 1938, 『朝鮮林野調査事業報告』, 朝鮮總督府.

朝鮮總督府, 각년도판, 『朝鮮の林業』, 朝鮮總督府.

火田調査委員會, 1929, 『小委員會報告書』, 朝鮮總督府.

United States Armed Forces in Korea, 1948, 『駐韓美軍史』.

– 저서

권태억, 1989, 『한국근대면업사연구』, 일조각.

배재수 외, 2021, 『일제강점기 산림정책과 산림자원의 변화』, 국립산림과학원.

산림청, 1997,『한국임정50년사』, 산림청.

정연태, 2014,『식민권력과 한국농업』, 서울대출판문화원.

최병택, 2009,『일제하 조선임야조사사업과 산림정책』, 푸른역사.

萩野敏雄 저 · 배재수 역, 2001,『韓國近代林政史』, 한국목재신문사.

– 논문

강영심, 1983,「일제하의 '조선임야조사사업'에 관한 연구(上)」,『한국학보』 33, 일지사.

______, 1998,「일제의 삼림수탈과 한국인의 저항」, 이화여자대학교 박사학위논문.

______, 1998,「일제의 삼림조합 결성과 한국인의 저항」,『한국근현대사연구』 8, 한국근현대사학회.

______, 1998,「일제시기 전시(1937년~1945년) 임정하에서의 삼림수탈」,『한국사연구』 102, 한국사연구회.

강정원, 2014,「일제의 산림법과 림야조사 연구: 경남지역 사례」, 부산대학교 박사학위논문.

______, 2014,「한말 일제의 산림조사와 삼림법의 성격」,『한국근현대사연구』 70, 한국근현대사학회.

______, 2018,「일제 전시체제기 조선임업개발주식회사의 설립과 운영」,『역사문화연구』 66, 한국외국어대학교 역사문화연구소.

______, 2018,「일제의 조선 산림 관습조사와 그 성격」,『한국민족문화』 68, 부산대학교 한국민족문화연구소.

______, 2019,「1910년대 일제의 국유림구분조사 과정과 법률적 성격」,『한국사연구』 187, 한국사연구회.

김정아, 2020,「일제강점기(1916~1937)의 화전민문제와 조선총독부의 산농지도정책」, 고려대학교 석사학위논문.

김태현, 2022,「식민지시기 산림이용권을 둘러싼 갈등과 그 성격」,『역사문제연구』 26, 역사문제연구소.

노성룡 · 배재수, 2020,「조선후기 송정의 전개과정과 특성」,『아세아연구』 181, 고려대학교 아세아문제연구소.

방기중, 1996,「일제 말기 대동사업체의 경제자립운동과 이념」,『한국사연구』 95 한국사연구회.

배재수 · 윤여창, 1996,「1926년부터 1936년까지의 일제의 한국 국유임정책에 관한 연구」,『한국임학회지』 85(3), 한국산림과학회.

배재수, 1997,「조선임업사를 넘어」,『산림경제연구』 5(2), 한국산림경제학회 .

______, 2000,「임적조사사업(1910)에 관한 연구」,『한국산림과학회지』 89(2), 한국임학회.

______, 2002,「조림대부제도의 전개과정에 관한 사적 고찰」,『한국산림과학회지』 91(1), 한국임학회.

______, 2009,「한국의 산림 변천: 추이 특징 및 함의」,『한국산림과학회지』 98(6), 한국산림과학회.

송규진, 2016,「조선총독부의 사회경제조사 내용분석: 〈조선총독부통계연보〉를 중심으로」,『역사와 담론』 80, 호서사학회.

옥영운, 2023,「일제하 조선잠사회의 운영과 잠사업 진흥 활동」, 동아대학교 석사학위논문.

우대형, 2008,「일제하 久間健一의 농업 인식과 식민지 농정의 모순」,『일제하 경제정책과 일상생활』, 혜안.

이영학, 2015,「1910년대 조선총독부의 농업정책」,『한국학연구』 36, 인하대학교 한국학연구소.

______, 2018,「1920년대 조선총독부의 농업정책」,『한국민족문화』 69, 부산대학교 한국민족문화연구소.

정안기, 2007, 「1930년대 日印통상마찰과 조선면화증산정책의 연구」, 『경제사학』 42, 경제사학회.

______, 2014, 「1930년대 조선형 특수회사 '조선임업개발(주)'의 연구」. 『경제사학』 57, 경제사학회.

조형근 · 박명규, 2011, 「식민권력의 식민지 재현전략: 조선총독부 기관지 『朝鮮』의 사진이미지를 중심으로」, 『사회와 역사』 90, 한국사회사학회.

최병택, 2004, 「전시체제 하 일제의 물자수급 및 통제정책: 경성의 신탄 수급 통제를 중심으로」, 『역사와 현실』 53, 한국역사연구회.

______, 2007, 「1930년대 전반 일제의 민유림정책 '전환'과 임야세제 도입의 배경 및 의미」, 『한국사연구』 138, 한국사연구회.

______, 2008, 「일제하 전시체제기(1937~1945) 임업동원책과 삼림자원 공출」, 『한국사학보』 32, 고려사학회.

______, 2012, 「조선총독부의 화전 정리 사업」, 『한국문화』 58, 서울대학교 규장각한국학연구원.

최윤경, 2017, 「1910년 전후 『경남일보』의 사회개조론과 정치적 성격: 신문발행 참여자의 성향과 사설분석을 중심으로」, 『지역과 역사』 41, 부경역사연구소.

– 기타

국가기록원 조선총독부기록물 정보주간전망 해제.

국사편찬위원회 식민지 시기 일본인 발행 신문 해제.

국사편찬위원회 한국근현대잡지자료 해제.

한국사데이터베이스 한국근현대인물자료.

| 찾아보기

ㄱ

ㄴ

ㄷ

ㅁ

ㅂ

ㅅ

ㅇ

ㅈ

ㅊ

ㅌ

ㅍ

ㅎ

동북아역사재단 일제침탈사 자료총서 33
경제편

농업 · 임업정책(3)
일제 임업 및 면화·양잠정책

초판 1쇄 발행 2024년 12월 30일

기획 | 동북아역사재단 일제침탈사 편찬위원회
편역 | 이송순 · 노성룡 · 이대열
펴낸이 | 박지향
펴낸곳 | 동북아역사재단

등록 | 제312-2004-050호(2004년 10월 18일)
주소 | 서울시 서대문구 통일로 81 NH농협생명빌딩
전화 | 02-2012-6065
홈페이지 | www.nahf.or.kr
제작 · 인쇄 | (주)동국문화

ISBN 979-11-7161-167-6 94910
978-89-6187-695-7 (세트)